1.001
QUESTÕES
COMENTADAS
POLÍCIA
RODOVIÁRIA
FEDERAL

Diretor Presidente
Evandro Guedes

Diretor Editorial/Operações e Gestão
Javert Falco

Diretor de Marketing/TI
Jadson Siqueira

Coordenadora Editorial
Wilza Castro

Editoras de Texto
Mariana Castro
Paula Craveiro
Patricia Quero

Gerente de Produto
Fábio Oliveira

Analista de Conteúdo
Mateus Ruhmke Vazzoller

Assistente Editorial
Tatiane Zmorzenski

Supervisor de Editoração
Alexandre Rossa

Capa, Projeto Gráfico e Diagramação
Alexandre Rossa e Nara Azevedo

Coordenação de Autores
Daniel Lustosa

C35mpf

CASTRO, Wilza (Org.) - Passe Já 1001 Policia Rodoviária Federal. Cascavel: Editora AlfaCon, 2021.

464 p 16 x 23

ISBN: 978-65-5918-033-2

Exercícios gabaritados. Questões comentadas. Atividades de fixação. Concurso público. AlfaCon.

CDU: 37.01

Português - Rachel Ribeiro e Alexandre Soares
RLM - Daniel Lustosa
Informática - João Paulo Colet Orso
Física - Leonardo Oliveira
Ética - André Adriano
Geopolítica - Nilton Matos
Inglês - Fabio Roldão
Legislação de Trânsito - Pedro Canezin
Direito Administrativo - Ricardo Barrios
Direito Constitucional - Rodrigo Gomes
Direito Penal - Evandro Guedes / Leone Maltz
Direito Processual Penal - Wallace França
Leis Especiais - Lucas Fávero
Direitos Humanos - Diogo Medeiros

Dúvidas?
Acesse: www.alfaconcursos.com.br/atendimento
Núcleo Editorial:
Rua: Paraná, nº 3193, Centro - Cascavel/PR
CEP: 85810-010
Núcleo Comercial/Centro de Distribuição:
Rua: Dias Leme, nº 489, Mooca - São Paulo/SP
CEP: 03118-040
SAC: (45) 3037-8888

Data de fechamento 1ª impressão: 17/01/2021

Proteção de direitos
Todos os direitos autorais desta obra são reservados e protegidos pela Lei nº 9.610/98. É proibida a reprodução de qualquer parte deste material didático, sem autorização prévia expressa por escrito do autor e da editora, por quaisquer meios empregados, sejam eletrônicos, mecânicos, videográficos, fonográficos, reprográficos, microfílmicos, fotográficos, gráficos ou quaisquer outros que possam vir a ser criados. Essas proibições também se aplicam à editoração da obra, bem como às suas características gráficas.

Atualizações e erratas
Esta obra é vendida como se apresenta. Atualizações - definidas a critério exclusivo da Editora AlfaCon, mediante análise pedagógica - e erratas serão disponibilizadas no site www.alfaconcursos.com.br/codigo, por meio do código disponível no final do material didático Ressaltamos que há a preocupação de oferecer ao leitor uma obra com a melhor qualidade possível, sem a incidência de erros técnicos e/ou de conteúdo. Caso ocorra alguma incorreção, solicitamos que o leitor, atenciosamente, colabore com sugestões, por meio do setor de atendimento do AlfaCon Concursos Públicos.

APRESENTAÇÃO

A Coleção Passe Já foi criada para lhe auxiliar durante seus estudos para concursos públicos nas áreas Policial, Militar, Tribunal, Administrativa e Fiscal.

Esta obra que está em suas mãos é voltada ao Concurso da Polícia Rodoviária Federal e, nela, a distribuição do conteúdo leva em consideração o peso de cada disciplina e a frequência com a qual ela é cobrada em praticamente todas as provas de concursos públicos. Assim, temos a seguinte disposição:

Lingua Portuguesa	150 questões
Informática	50 questões
Raciocínio Lógico-matemático	82 questões
Direito Constitucional	50 questões
Direito Administrativo	50 questões
Direito Penal	50 questões
Direito Processual Penal	50 questões
Leis Especiais	50 questões
Direitos Humanos	43 questões
Ética	42 questões
Legislação de Trânsito	250 questões
Física	50 questões
Geopoltica Brasileira	42 questões
Língua Inglesa	42 questões

O AlfaCon é especialista em concursos públicos e comprova que é essencial dominar as principais disciplinas, fazendo com que o candidato tenha um aproveitamento superior em relação aos seus concorrentes. O fato de incluir as áreas específicas, com certeza, fará diferença para o caminho de sua aprovação.

A edição 2021 do Passe Já - Polícia Rodoviária Federal traz para o concurseiro um conteúdo robusto e de qualidade, composto por 1.001 questões gabaritadas e comentadas por renomados professores e especialistas, facilitando a compreensão das disciplinas abordadas e auxiliando em sua fixação.

Para agregar ainda mais valor aos seus estudos, disponibilizamos gratuitamente uma série de conteúdos exclusivos on-line, que ajudarão o concurseiro em aspectos que costumam ser pontos de atenção durante as provas. Nosso leitor terá acesso ao plano de estudos para PRF e PF com Evandro Guedes. Acesse grátis por 7 dias o curso Unificado PRF/PF.

Esperamos que você aproveite muito este material.

Bons estudos e muito sucesso!

Se liga no **vídeo!**

O **AlfaCon Notes** é um aplicativo perfeito para registrar suas **anotações de leitura**, deixando seu estudo **mais prático**. Viva a experiência Alfacon Notes. Para instalar, acesse o Google Play ou a Apple Store.

Cada tópico de seu livro contém **um Código QR** ao lado.

Escolha o tópico e faça a leitura do Código QR utilizando o aplicativo AlfaCon Notes para registrar sua anotação.

Pronto para essa **nova experiência?** Então, baixe o App **AlfaCon Notes** e crie suas anotações.

Acesse seu material complementar:

1 Acesso o site **www.alfaconcursos.com.br** para se cadastrar **gratuitamente** ou para efetuar seu login.

2 Digite o código abaixo na aba **Regastar código**. Seu código estará disponível por 120 dias a partir do primeiro acesso.

3 Após a validação do código, você será redirecionado para a página em que constam seus materiais (cursos on-line, mentoria, atualizações, material complementar e erratas). Todo esse conteúdo está disponível gratuitamente.

Mais que um livro, é uma experiência!

COMO ESTUDAR PARA UM CONCURSO PÚBLICO!

Para se preparar para um concurso público, não basta somente estudar o conteúdo. É preciso adotar metodologias e ferramentas, como plano de estudo, que ajudem o concurseiro em sua organização.

As informações disponibilizadas são resultado de anos de experiência nesta área e apontam que estudar de forma direcionada traz ótimos resultados ao aluno.

CURSO ON-LINE GRATUITO

- Como montar caderno
- Como estudar
- Como e quando fazer simulados
- O que fazer antes, durante e depois de uma prova!

Ou pelo link: alfaconcursos.com.br/cursos/material-didatico-como-estudar

ORGANIZAÇÃO

Organização é o primeiro passo para quem deseja se preparar para um concurso público.

Conhecer o conteúdo programático é fundamental para um estudo eficiente, pois os concursos seguem uma tendência e as matérias são previsíveis. Usar o edital anterior - que apresenta pouca variação de um para outro - como base é uma boa opção.

Quem estuda a partir desse núcleo comum precisa somente ajustar os estudos quando os editais são publicados.

PLANO DE ESTUDO

Depois de verificar as disciplinas apresentadas no edital, as regras determinadas para o concurso e as características da banca examinadora, é hora de construir uma tabela com seus horários de estudo, na qual todas as matérias e atividades desenvolvidas na fase preparatória estejam dispostas.

PASSO A PASSO

VEJA AS ETAPAS FUNDAMENTAIS PARA ORGANIZAR SEUS ESTUDOS

PASSO 1	PASSO 2	PASSO 3	PASSO 4	PASSO 5
Selecionar as disciplinas que serão estudadas.	Organizar sua rotina diária: marcar pontualmente tudo o que é feito durante 24 horas, inclusive o tempo que é destinado para dormir, por exemplo.	Organizar a tabela semanal: dividir o horário para que você estude 2 matérias por dia e também destine um tempo para a resolução de exercícios e/ou revisão de conteúdos.	Seguir rigorosamente o que está na tabela, ou seja, destinar o mesmo tempo de estudo para cada matéria. Por exemplo: 2h/dia para cada disciplina.	Reservar um dia por semana para fazer exercícios, redação e também simulados.

Esta tabela é uma sugestão de como você pode organizar seu plano de estudo. Para cada dia, você deve reservar um tempo para duas disciplinas e também para a resolução de exercícios e/ou revisão de conteúdos. Fique atento ao fato de que o horário precisa ser determinado por você, ou seja, a duração e o momento do dia em que será feito o estudo é você quem escolhe.

TABELA SEMANAL

SEMANA	SEGUNDA	TERÇA	QUARTA	QUINTA	SEXTA	SÁBADO	DOMINGO
1							
2							
3							
4							

AlfaCon
Concursos Públicos

SUMÁRIO

LÍNGUA PORTUGUESA 9

INFORMÁTICA 81

MATEMÁTICA E RLM 101

DIREITO CONSTITUCIONAL.. 147

DIREITO ADMINISTRATIVO... 165

DIREITO PENAL... 183

DIREITO PROCESSUAL PENAL... 203

LEIS ESPECIAIS.. 221

DIREITOS HUMANOS... 245

ÉTICA.. 271

LEGISLAÇÃO DE TRÂNSITO... 287

FÍSICA... 395

GEOPOLÍTICA BRASILEIRA.. 427

LÍNGUA INGLESA 439

LÍNGUA PORTUGUESA

**ALEXANDRE SOARES
E RACHEL RIBEIRO**

LÍNGUA PORTUGUESA

1. **(CESPE - 2014 - POLÍCIA FEDERAL - AGENTE DE POLÍCIA FEDERAL)** Os termos "série" e "história" acentuam-se em conformidade com a mesma regra ortográfica.

Certo ( )   Errado ( )

Sé-rie: paroxítona terminada em ditongo.

His-tó-ria: paroxítona terminada em ditongo.

As paroxítonas terminadas em ditongo crescente podem ser classificadas também como proparoxítonas eventuais

GABARITO: CERTO.

2. **(CESPE – 2019 – PRF – POLICIAL RODOVIÁRIO FEDERAL)** No que se refere aos sentidos e às construções linguísticas do texto precedente, julgue o item a seguir.

A substituição da locução "a cidade toda" (l.30) por **toda cidade** preservaria os sentidos e a correção gramatical do período.

Trecho de apoio: "Imagino que algum funcionário trepava na antena mais alta no topo do maior arranha-céu e, ao constatar a falência da luz solar, acionava um interruptor, e a cidade toda se iluminava."

Certo ( )   Errado ( )

A cidade toda: "toda" é advérbio e equivale a "totalmente". A cidade se iluminava totalmente. Toda cidade: "toda" é pronome indefinido e equivale a "qualquer". Por isso, a substituição acarreta alteração do sentido.

GABARITO: ERRADO.

3. **(CESPE – 2018 – POLÍCIA FEDERAL – PAPILOSCOPISTA POLICIAL FEDERAL)** No que se refere aos aspectos linguísticos do texto 14A15AAA, julgue o item que segue.

A substituição do termo "do futuro", em "modelos do futuro" (l. 5 e 6), pelo adjetivo **futuristas** manteria os sentidos originais do texto.

Trecho de apoio: "A natureza jamais vai deixar de nos surpreender. As teorias científicas de hoje, das quais somos justamente orgulhosos, serão consideradas brincadeira de criança por futuras gerações de cientistas. Nossos modelos de hoje certamente serão pobres aproximações para os modelos do futuro."

Certo ( )   Errado ( )

A locução adjetiva "do futuro" significa algo que ainda está por vir. Essa locução não pode ser substituída pelo adjetivo "futurista", pois este significa aquilo que causa estranheza, que é extravagante, excêntrico.

GABARITO: ERRADO.

4. **(CESPE - 2014 - POLÍCIA FEDERAL - AGENTE ADMINISTRATIVO)** Os termos "Lá" (l.9) e "cá" (l.10) são utilizados como recursos para expressar circunstância de lugar, o primeiro referindo-se a "outras partes do mundo" (l.8) e o segundo, ao Brasil.

Trecho de apoio: "Pôde-se constatar que, em outras partes do mundo, fenômenos sociais semelhantes também ocorreram. Lá como cá, diferentes tipos de ação atingiram todo o grupo social, gerando vítimas e danos materiais. Nem sempre a intervenção das forças do Estado foi suficiente para evitar prejuízos.

Certo ( )   Errado ( )

Os advérbios podem ser empregados como recursos coesivos. No texto, forma utilizados para retomar temos e situar a ação no espaço (lugar). O advérbio lá tem como referente "outras partes do mundo" e o advérbio "cá" faz referência ao local onde estamos (Brasil).

GABARITO: CERTO.

5. **(CESPE – 2019 – PRF – POLICIAL RODOVIÁRIO FEDERAL)** Julgue o seguinte item, a respeito das ideias e das construções linguísticas do texto apresentado.
A locução "em razão de" (l.9) expressa uma ideia de causa.

Trecho de apoio: "Se prestarmos atenção à nossa volta, perceberemos que quase tudo que vemos existe em razão de atividades do trabalho humano."

Certo ( )   Errado ( )

A locução prepositiva "em razão de" equivale a, "por causa de", "devido a, em virtude de", ou seja, expressa uma ideia de causa. A palavra "razão" já denuncia essa ideia, pois é sinônimo de "causa", "motivo". "Se prestarmos atenção à nossa volta, perceberemos que quase tudo que vemos existe em razão de (por causa de) atividades do trabalho humano."

GABARITO: CERTO.

6. **(CESPE – 2018 – PC/SE – DELEGADO DE POLÍCIA)** Acerca dos sentidos e de aspectos linguísticos do texto precedente, julgue o item a seguir.
Na linha 4, o termo "como" estabelece uma comparação de igualdade entre o que se afirma no primeiro período do texto e a informação presente na oração "a sua ausência culminaria na impossibilidade de manutenção de relações pacificadas" (l.4-6).

Trecho de apoio: "A existência da polícia se justifica pela imprescindibilidade dessa agência de segurança para a viabilidade do poder de coerção estatal. Em outras palavras, como atestam clássicos do pensamento político, a sua ausência culminaria na impossibilidade de manutenção de relações pacificadas."

Certo ( )   Errado ( )

A palavra "como" é uma conjunção é tem a função de ligar as orações no período em que se insere, e não com as ideias do período anterior. Além disso, expressa a ideia de conformidade e pode ser substituída por: segundo, conforme, de acordo com, consoante.

GABARITO: ERRADO.

Alexandre Soares e Rachel Ribeiro

LÍNGUA PORTUGUESA

7. **(CESPE – 2018 – PC/MA – DELEGADO DE POLÍCIA CIVIL)** No texto CG1A1AAA, em "É, então, no entrelaçamento 'paz — desenvolvimento — direitos humanos — democracia' que podemos vislumbrar a educação para a paz" (l. 51 a 53), o vocábulo "então" expressa uma ideia de

a) conclusão.

b) finalidade.

c) comparação.

d) causa.

e) oposição.

A: conclusão: então, por isso, portanto, assim, por conseguinte.

B: finalidade: a fim de que, para que.

C: comparação: como, tal qual, mais (do) que, menos (do) que.

D: causa: pois, porque, já que, visto que, porquanto.

E: oposição: mas, porém, contudo, todavia, no entanto, entretanto.

GABARITO: A.

8. **(CESPE – 2017 – PJC/MT – DELEGADO DE POLÍCIA SUBSTITUTO)** Sem prejuízo para a coerência e para a correção gramatical do texto, a conjunção "Quando" (l.14) poderia ser substituída por

Trecho de apoio: "Quando os descaminhos não conduzirem a isso, competirá ao homem transformar a lei na vida mais digna para que a convivência política seja mais fecunda e humana."

a) Se.

b) Caso.

c) À medida que.

d) Mesmo se.

e) Apesar de

A conjunção "quando" expressa a ideia primária de tempo. Entre as alternativas, não há nenhuma conjunção ou locução que expresse tal ideia. Tal conjunção, atrelada a verbo no modo subjuntivo (conduzirem), traz consigo também a ideia de hipótese, possibilidade, ou seja, uma ideia secundária de condição. Nas alternativas "a" e "b", há conjunções condicionais, mas somente a conjunção "se" pode ser empregada com verbo no futuro do subjuntivo (se conduzirem). A conjunção "caso" deve ser empregada com verbo no presente ou no pretérito imperfeito do modo subjuntivo (caso conduza ou caso conduzisse). Na alternativas "c", a locução conjuntiva "à medida que" expressa a ideia de proporção, então não pode substituir a conjunção "quando". Nas alternativas "d" e "e" há ideia de concessão.

GABARITO: A.

9. **(FEPESE – 2017 – PC/SC – AGENTE DE POLÍCIA CIVIL – ADAPTADA)** Considere o excerto extraído do texto 3.

A crônica não é, portanto, apenas filha do jornal. (§ 2º).

O conector "portanto" expressa uma ideia de conclusão, em relação ao conteúdo do contexto precedente e pode ser substituído por "pois" sem prejuízo de significado e sem ferir a norma culta da língua escrita.

Trecho de apoio: "De extensão limitada, essa pausa se caracteriza exatamente por ir contra as tendências fundamentais do meio em que aparece - o jornal diário. Se a notícia deve ser sempre objetiva e impessoal, a crônica é subjetiva e pessoal. Se o jornal é frio, na crônica estabelece-se uma atmosfera de intimidade entre o leitor e o cronista, que refere experiências pessoais ou expende juízos originais acerca dos fatos versados. A crônica não é, portanto, apenas filha do jornal. Trata-se do antídoto que o próprio jornal produz. Só nele pode sobreviver, porque se nutre exatamente do caráter antiliterário do jornalismo diário."

Certo ( )   Errado ( )

A conjunção "portanto" expressa ideia de conclusão e equivale a "por conseguinte", "então". Neste caso, pode ser substituída pela conjunção "pois" porque aquela está deslocada para depois do verbo (é). A conjunção "pois" é considerada conclusiva sempre que estiver deslocada para depois do verbo. Se estiver iniciando a oração (antes do verbo), será explicativa ou causal.

GABARITO: CERTO.

10. **(CESPE – 2017 – PC/GO – DELEGADO DE POLÍCIA SUBSTITUTO)**

"A principal finalidade da investigação criminal, materializada no inquérito policial (IP), é a de reunir elementos mínimos de materialidade e autoria delitiva antes de se instaurar o processo criminal, de modo a evitarem-se, assim, ações infundadas, as quais certamente implicam grande transtorno para quem se vê acusado por um crime que não cometeu.

(...)

Acrescente-se que o estigma provocado por uma ação penal pode perdurar por toda a vida e, por isso, para ser promovida, a acusação deve conter fundamentos fáticos e jurídicos suficientes, o que, em regra, se consegue por meio do IP."

Carlos Alberto Marchi de Queiroz (Coord.). Manual de polícia judiciária: doutrina, modelos, legislação. 6. ed. São Paulo:
Delegacia Geral de Polícia, 2010 (com adaptações).

Nas orações em que ocorrem no texto, os elementos "assim" (l.4) e "por isso" (l.15) expressam, respectivamente, as ideias de

a) consequência e consequência.

b) finalidade e proporcionalidade.

c) causa e consequência.

d) conclusão e conclusão.

e) restrição e conformidade.

As duas palavras são conjunções que expressam a ideia de conclusão. Portanto, por conseguinte, assim, então, por isso etc.

GABARITO: D.

LÍNGUA PORTUGUESA

11. **(CESPE – 2018 – POLÍCIA FEDERAL – ESCRIVÃO DE POLÍCIA FEDERAL)**

"No fim do século XVIII e começo do XIX, a despeito de algumas grandes fogueiras, a melancólica festa de punição de condenados foi-se extinguindo. Em algumas dezenas de anos, desapareceu o corpo como alvo principal da repressão penal: o corpo supliciado, esquartejado, amputado, marcado simbolicamente no rosto ou no ombro, exposto vivo ou morto, dado como espetáculo. Ficou a suspeita de que tal rito que dava um "fecho" ao crime mantinha com ele afinidades espúrias: igualando-o, ou mesmo ultrapassando-o em selvageria, acostumando os espectadores a uma ferocidade de que todos queriam vê-los afastados, mostrando-lhes a frequência dos crimes, fazendo o carrasco se parecer com criminoso, os juízes com assassinos, invertendo no último momento os papéis, fazendo do supliciado um objeto de piedade e de admiração.

A punição vai-se tornando a parte mais velada do processo penal, provocando várias consequências: deixa o campo da percepção quase diária e entra no da consciência abstrata; sua eficácia é atribuída à sua fatalidade, não à sua intensidade visível; a certeza de ser punido é que deve desviar o homem do crime, e não mais o abominável teatro."

Com relação aos aspectos linguísticos e aos sentidos do texto 13A1AAA, julgue o item a seguir.

Embora tanto o primeiro quanto o segundo parágrafo do texto tratem de acontecimentos passados, o emprego do presente no segundo parágrafo tem o efeito de aproximar os acontecimentos mencionados ao tempo atual, o presente.

Certo ( )   Errado ( )

O presente do indicativo é muito versátil, ou seja, pode ser empregado para expressar uma ideia que acontece no momento da fala, uma ação que se repete com frequência, uma verdade universal, passado histórico e futuro tido como certo. No segundo parágrafo, o verbo no presente do indicativo tem o efeito de aproximar os acontecimentos passados ao tempo atual – presente histórico.

GABARITO: CERTO.

12. **(CESPE – 2018 – POLÍCIA FEDERAL – AGENTE DE POLÍCIA FEDERAL)** Julgue o seguinte item, relativo aos sentidos e aos aspectos linguísticos do texto.

A correção gramatical do texto seria mantida caso a forma verbal "compreenderá" fosse substituída por **compreende**, embora o sentido original do período em que ela ocorre fosse alterado: no original, o emprego do futuro revela uma expectativa de Dupin em relação a seu interlocutor; com o emprego do presente, essa expectativa seria transformada em fato consumado.

Trecho de apoio: "(...) Você compreenderá, agora, o que eu queria dizer ao afirmar que, se a carta roubada tivesse sido escondida dentro do raio de investigação do nosso delegado — ou, em outras palavras, se o princípio inspirador estivesse compreendido nos princípios do delegado —, sua descoberta seria uma questão inteiramente fora de dúvida."

Certo ( )   Errado ( )

No texto, o emprego do futuro do presente – compreenderá – revela a expectativa de Dupin em relação a seu interlocutor, ou seja, ele espera que ele entenda, ou seja, uma ação que ainda vai se realizar. Ao empregar o verbo no presente do indicativo – compreende –, a ação deixa de ter a ideia de futuro e passa a expressar uma ação cujo processo já se completou.

GABARITO: CERTO.

13. **(CESPE - 2016 - POLÍCIA CIENTÍFICA/PE - PERITO CRIMINAL E MÉDICO)**
Alguns nascem surdos, mudos ou cegos. Outros dão o primeiros choro com um estrabismos deselegante, lábio leporino ou angioma feio no meio do rosto. Às vezes, ainda há quem venha ao mundo com um pé torto, até com um membro já morto antes mesmo de ter vivido. Guylain Vignolles, esse, entrara na vida tendo como fardo o infeliz trocadilho proporcionado pela junção de seu nome sobrenome: Vilain Guignol, algo como "palhaço feio", um jogo de palavras ruim que ecoara em seus ouvidos desde seus primeiros passos na existência para nunca mais abandoná-lo.

Jean-Paul Didierlaurent. O leitor do trem das 6h15. Rio de Janeiro: Intrinseca, 2015 (com adaptações).

Seriam mantidos os sentidos e a correção gramatical do texto CG1A1CCC caso a forma verbal "entrara" (l.6) fosse substituída por:

a) entrava.

b) haveria entrado.

c) tinha entrado.

d) há de entrar.

e) entraria.

A forma verbal "entrara" está flexionada no pretérito mais-que-perfeito do modo indicativo. A única alternativa em que se encontra verbo flexionado no mesmo tempo de modo é a alternativa c.

A: entrava. – pretérito imperfeito do indicativo

B: haveria entrado. - futuro do pretérito do indicativo composto

C: tinha entrado. – pretérito mais-que-perfeito do indicativo composto

D: há de entrar. – "Há" presente do indicativo

E: entraria. - futuro do pretérito do indicativo

GABARITO: C.

14. **(FUNIVERSA - 2015 - POLÍCIA CIENTÍFICA/GO - PERITO CRIMINAL – ADAPTADA)** Considerando os aspectos semânticos e sintáticos do texto, analise a alternativa.

Trecho de apoio: "... Daniel fez que espalhassem cinzas por todo o piso do templo, onde eram colocadas diariamente oferendas; no dia posterior, verificarem que apesar de a porta continuar lacrada, pegada de sacerdotes eram observadas no chão e que as oferendas **haviam** sido consumidas."

A forma verbal "haviam" é, na oração em que ocorre, um verbo auxiliar que participa na formação de um tempo composto.

Certo ( )   Errado ( )

O tempo composto é caracterizado pela locução verbal formada pelos verbos auxiliares "ter" ou "haver" seguidos de verbo principal no particípio. Na passagem destaca, pode-se perceber a presença do verbo "haver" e de verbo no particípio (consumidas), o que caracteriza o tempo composto. A presença do verbo "ser" não descaracteriza o tempo composto.

GABARITO: CERTO.

LÍNGUA PORTUGUESA

15. **(CESPE - 2014 - POLÍCIA FEDERAL - AGENTE DE POLÍCIA FEDERAL – ADAPTADA)** A correção gramatical seria preservada caso se substituísse a locução "tinha sido" pela forma verbal **fora**.

Certo ( )   Errado ( )

A locução verbal "tinha sido" caracteriza o tempo composto (verbo "ter" ou "haver" + particípio). O verbo auxiliar (ter ou haver) flexionado no pretérito imperfeito indica que a locução verbal está no pretérito mais-que-perfeito composto. Por isso, pode ser substituída por "fora" (verbo "ser" no pretérito mais-que-perfeito simples). Essa substituição não acarreta alteração de sentido.

GABARITO: CERTO.

16. **(CESPE – 2018 – POLÍCIA FEDERAL – ESCRIVÃO DE POLÍCIA FEDERAL)** A respeito das ideias e dos aspectos linguísticos do texto 13A1AAA, julgue o próximo item.

A expressão "Dir-se-á" (l.40) poderia ser corretamente substituída por **Será dito**.

Trecho de apoio: "Dir-se-á, no entanto, que nenhum deles partilha realmente do direito de julgar; os peritos não intervêm antes da sentença para fazer um julgamento, mas para esclarecer a decisão dos juízes."

Certo ( )   Errado ( )

Em "dir-se-á", há a presença da partícula apassivadora (se) e o verbo "dizer" (transitivo direto) está flexionado no futuro do presente do modo indicativo (será). Essa partícula caracteriza a voz passiva sintética (verbo transitivo direto ou transitivo direto e indireto acompanhado da partícula "se"). A substituição por "será dito" mantém a correção gramatical e o sentido original do texto porque ocorre a transposição da voz passiva sintética para voz passiva analítica (caracterizada pela locução verbal formada pelo verbo "ser" + verbo no particípio). O verbo "ser" está flexionado no futuro do presente (será) porque tal verbo, na passiva sintética, se encontra nesse mesmo tempo. Vale destacar que o sujeito da voz passiva sintética e analítica é a oração introduzida pela conjunção integrante "que" (que nenhum deles partilha realmente do direito de julgar).

GABARITO: CERTO.

17. **(NUCEPE – 2018 – PC/PI – PERITO CRIMINAL – ADAPTADA)** Foram descobertos em tempos imemoriais pelo aumento da produtividade... (Constitui uma estrutura verbal de voz ativa, evidenciada pela expressão que denota circunstância de tempo).

Certo ( )   Errado ( )

"Foram descobertos" constitui uma estrutura verbal de voz passiva analítica. Sempre que houver a locução verbal formada pelo verbo auxiliar SER e pele verbo principal no particípio a oração se encontrará na voz passiva.

GABARITO: ERRADO.

18. **(CESPE – 2018 – POLÍCIA FEDERAL – PERITO CRIMINAL FEDERAL)** Considerando os sentidos e os aspectos linguísticos do texto CB1A1AAA, bem como o disposto no Manual de Redação da Presidência da República, julgue o item que segue.

No trecho "baseia-se na dificuldade" (l. 23 e 24), a partícula "se" poderia ser anteposta à forma verbal "baseia" sem prejuízo da correção gramatical do texto.

Trecho de apoio: "A maioria dos laboratórios acredita que o acúmulo de trabalho é o maior problema que enfrentam, e boa parte dos pedidos de aumento no orçamento baseia-se na dificuldade de dar conta de tanto serviço."

Certo ( )   Errado ( )

O pronome poderia ser anteposto à forma verbal porque não iniciaria a oração. Esse é o maior impeditivo da próclise.

GABARITO: CERTO.

19. **(CESPE – 2018 – PC/SE – DELEGADO DE POLÍCIA)** Com relação aos sentidos e aos aspectos linguísticos do trecho da letra de música anteriormente apresentado, julgue o item que se segue.

Em "Mas não me deixe sentar" (v.11), a colocação do pronome "me" após a forma verbal "deixe" — **deixe-me** — prejudicaria a correção gramatical do trecho.

Certo ( )   Errado ( )

A próclise (colocação do pronome depois do verbo) é proibida quando há termo atrativo de próclise (colocação do pronome antes do verbo). Entre outros, as palavras negativas, os advérbios, os conectivos subordinativos, pronomes indefinidos são atrativos de próclise. Então, a colocação do pronome depois do verbo prejudicaria a correção gramatical porque há palavra negativa (não).

GABARITO: CERTO.

20. **(CESPE – 2017 – PC/MS – DELEGADO DE POLÍCIA)** De acordo com os padrões da língua portuguesa, assinale a alternativa correta.

a) A frase: "Ela lhe ama" está correta visto que "amar" se classifica como verbo transitivo direto, pois quem ama, ama alguém.

b) Em: "Sou **te** fiel", o pronome oblíquo átono desempenha função sintática de complemento nominal por complementar o sentido de adjetivos, advérbios ou substantivos abstratos, além de constituir emprego de ênclise.

c) No exemplo: " Demos **a ele** todas as oportunidades", o termo em destaque pode ser substituído por "Demo lhes todas as oportunidades", tendo em vista o emprego do pronome oblíquo como complemento do verbo.

d) Em: "Não **me** incomodo com esse tipo de barulho", temos um clássico emprego de mesóclise.

e) Na frase: "Alunos, aquietem-**se**! ", o termo destacado exemplifica o uso de próclise.

A: A frase: "Ela lhe ama" está correta visto que "amar" se classifica como verbo transitivo direto, pois quem ama, ama alguém. – O verbo "amar" é transitivo direto, então o emprego do pronome "lhe" está incorreto, pois tal pronome só pode ser empregado como objeto indireto (ela o ama).

LÍNGUA PORTUGUESA

B: Em: "Sou **te** fiel", o pronome oblíquo átono desempenha função sintática de complemento nominal por complementar o sentido de adjetivos, advérbios ou substantivos abstratos, além de constituir emprego de ênclise. – O pronome "te" completa o adjetivo "fiel" (sou fiel a ti).

C: No exemplo: " Demos **a ele** todas as oportunidades", o termo em destaque pode ser substituído por "Demo lhes todas as oportunidades", tendo em vista o emprego do pronome oblíquo como complemento do verbo. – O pronome deveria ficar no singular (lhe).

D: Em: "Não me incomodo com esse tipo de barulho", temos um clássico emprego de mesóclise. – Ocorre mesóclise quando o pronome se encontra no meio do verbo. O que ocorreu foi próclise.

E: Na frase: "Alunos, aquietem-**se**! ", o termo destacado exemplifica o uso de próclise. – Ocorre próclise quando o pronome se encontra antes do verbo. O que ocorreu foi ênclise.

GABARITO: B.

21. **(CESPE – 2013 – PC/DF – ESCRIVÃO DE POLÍCIA)** Julgue o item que se segue, relativo às ideias e estruturas linguísticas do texto acima.

No trecho "que se expressam na subjetividade da liberdade pessoal" (l.9-10), o emprego do pronome átono "se" após a forma verbal — **expressam-se** — prejudicaria a correção gramatical do texto, dada a presença de fator de próclise na estrutura apresentada.

Certo ( )   Errado ( )

A próclise é obrigatória quando há atrativo de próclise. A palavra "que" é um atrativo, por isso o pronome não pode ser colocado depois do verbo.

GABARITO: CERTO.

22. **(CESPE – 2018 – POLÍCIA FEDERAL – AGENTE DE POLÍCIA FEDERAL)** Julgue o seguinte item, relativo aos sentidos e aos aspectos linguísticos do texto 12A1AAA.

No trecho "ao procurar alguma coisa que se ache escondida" (l. 30 e 31), o pronome "que" exerce a função de complemento da forma verbal "ache".

Certo ( )   Errado ( )

A palavra "que" é um pronome relativo, ou seja, retoma o termo antecedente e introduz uma oração subordinada adjetiva. Tal pronome sempre exerce função sintática na oração em que está inserido. Na oração em destaque, exerce função de sujeito paciente da forma verbal "ache". Vale destacar que a partícula "se" é pronome apassivador (acompanha o verbo transitivo direto). "ao procurar alguma coisa que se ache (seja achada) escondida".

GABARITO: ERRADO.

23. **(FEPESE – 2017 – PC/SC – AGENTE DE POLÍCIA CIVIL – ADAPTADA)** Considere o excerto extraído do texto 3. Fruto do jornal, <u>onde</u> aparece entre notícias efêmeras, a crônica é um gênero literário... (§ 1º).

A palavra "onde" é um pronome relativo, que tem como antecedente o substantivo "jornal" e desempenha a função sintática de adjunto adverbial de lugar.

Certo ( )   Errado ( )

A palavra "onde" é um pronome relativo e equivale a "em que", "no qual". Tem o papel de retomar o termo antecedente "jornal" e introduzir uma oração subordinada adjetiva. Todo pronome relativo exerce função sintática. O pronome relativo "onde" sempre exercerá a função de adjunto adverbial de lugar, pois só pode ser empregado para designar a ideia de lugar.

GABARITO: CERTO.

TEXTO DE APOIO PARA AS QUESTÕES A SEGUIR:

A vida humana só viceja sob algum tipo de luz, de preferência a do sol, tão óbvia quanto essencial. Somos animais diurnos, por mais que boêmios da pá virada e vampiros, em geral, discordem dessa afirmativa. Poucas vezes a gente pensa nisso, do mesmo jeito que devem ser poucas as pessoas que acordam se sentindo primatas, mamíferos ou terráqueos, outros rótulos que nos cabem por força da natureza das coisas.

A humanidade continua se aperfeiçoando na arte de afastar as trevas noturnas de todo hábitat humano. Luz soa para muitos como sinônimo de civilização, e pode-se observar do espaço o mapa das desigualdades econômicas mundiais desenhado na banda noturna do planeta. A parcela ocidental do hemisfério norte é, de longe, a mais iluminada.

Dispor de tanta luz assim, porém, tem um custo ambiental muito alto, avisam os cientistas. Nos humanos, o excesso de luz urbana que se infiltra no ambiente no qual dormimos pode reduzir drasticamente os níveis de melatonina, que regula o nosso ciclo de sono-vigília.

Mesmo assim, sinto uma alegria quase infantil quando vejo se acenderem as luzes da cidade. E repito para mim mesmo a pergunta que me faço desde que me conheço por gente: quem é o responsável por acender as

luzes da cidade? O mais plausível é imaginar que essa tarefa caiba a sensores fotoelétricos espalhados pelos bairros. Mas, antes dos sensores, como é que se fazia?

Imagino que algum funcionário trepava na antena mais alta no topo do maior arranha-céu e, ao constatar a falência da luz solar, acionava um interruptor, e a cidade toda se iluminava.

Não consigo pensar em um cargo público mais empolgante que o desse homem. Claro que o cargo, se existia, já foi extinto, e o homem da luz já deve ter se transferido para o mundo das trevas eternas.

MORAES, Reinaldo. **Luz! Mais luz**. Disponível em: <https://www.nexojornal.com.br/colunistas/2016/Luz-Mais-luz>. Acesso em: 8 dez. 2020. (Adaptado).

24. **(CESPE – 2019 – PRF – POLICIAL RODOVIÁRIO FEDERAL – ADAPTADA)** A correção gramatical e os sentidos do texto seriam mantidos caso se suprimisse o trecho "é que" (em destaque), em "como é que se fazia".

Certo ( )   Errado ( )

A expressão é que pode ser chamada de partícula expletiva ou de realce, de modo que a sua retirada do texto não afeta a estrutura sintática ou semântica. A função desse termo é, como o próprio nome diz, enfatizar uma passagem dentro do texto.

GABARITO: CERTO.

25. **(CESPE – 2019 – PRF – POLICIAL RODOVIÁRIO FEDERAL - ADAPTADA)** Sem prejuízo da correção gramatical e dos sentidos do texto, o primeiro período do terceiro parágrafo poderia ser assim reescrito: Contudo, os cientistas avisam que ter tanta luz à nosso dispor custa muito caro ao meio ambiente.

Certo ( )   Errado ( )

A reescrita apresenta vício no uso do acento indicativo da crase. Não se usa crase antes de pronome possessivo masculino (nosso), a forma correta da construção é: *contudo, os cientistas avisam que ter tanta luz ao nosso dispor custa muito caro ao meio ambiente.*

GABARITO: ERRADO.

Alexandre Soares e Rachel Ribeiro

LÍNGUA PORTUGUESA

26. **(CESPE – 2019 – PRF – POLICIAL RODOVIÁRIO FEDERAL - ADAPTADA)** A correção gramatical do texto seria mantida, mas seu sentido seria alterado, caso o trecho "que se infiltra no ambiente no qual dormimos" fosse isolado por vírgulas.

Certo ( )   Errado ( )

O trecho aborda a diferença entre oração subordinada adjetiva explicativa e restritiva. A diferença mais marcante entre as duas é o uso da pausa, o que é mais caracterizado pela vírgula. Quando falamos em orações subordinadas adjetivas, precisamos saber que são introduzidas por pronomes relativos e que as *explicativas* apresentam pausa, ou seja, o uso da vírgula. Dessa forma, quando inserimos as vírgulas no trecho acima, substituímos as orações adjetivas restritivas por explicativas, de modo que temos alteração no **sentido** da oração, porque as **explicativas** evidenciam uma informação a mais sobre o termo antecedente, enquanto as **restritivas** explicitam uma particularidade, isto é, restringem o sentido do referente anteriormente mencionado.

Dica: ExpliCatiVa – Com Vírgula

ReStritiVa – Sem Vírgula

GABARITO: CERTO.

27. **(CESPE – 2019 – PRF – POLICIAL RODOVIÁRIO FEDERAL - ADAPTADA)** A correção gramatical e os sentidos do texto seriam mantidos caso a forma verbal "existia" fosse substituída por **existisse**.

Certo ( )   Errado ( )

A passagem original do texto apresenta o verbo *existir* no pretérito imperfeito do modo indicativo (existia), tempo verbal que indica um fato passado que ainda não foi concluído. A substituição apresenta vício no sentido, pois a forma *existisse* está conjugada no pretérito imperfeito do modo subjuntivo, tempo verbal que indica **hipótese** ou **condição**. Além disso, a troca por *existisse* acarretaria mudança em relação aos outros verbos.

Passagem reescrita com as alterações: *Claro que o cargo, se existisse, já teria sido extinto.*

GABARITO: ERRADO.

TEXTO DE APOIO PARA AS QUESTÕES A SEGUIR:

As atividades pertinentes ao trabalho relacionam-se intrinsecamente com a satisfação das necessidades dos seres humanos – alimentar-se, proteger-se do frio e do calor, ter o que calçar etc. Estas colocam os homens em uma relação de dependência com a natureza, pois no mundo natural estão os elementos que serão utilizados para atendê-las.

Se prestarmos atenção à nossa_volta, perceberemos que quase tudo que vemos existe em razão de atividades do trabalho humano. Os processos de produção dos objetos que nos cercam movimentam relações diversas entre os indivíduos, assim como a organização do trabalho alterou-se bastante entre diferentes sociedades e momentos da história.

De acordo com o cientista social norte-americano Marshall Sahlins, nas sociedades tribais, o trabalho geralmente não tem a mesma concepção que vigora nas sociedades industrializadas. Naquelas, o trabalho está integrado a outras dimensões da sociabilidade – festas, ritos, artes, mitos etc. –, não representando, assim, um mundo à parte.

Nas sociedades tribais, o trabalho está em tudo, e praticamente todos trabalham. Sahlins propôs que tais sociedades fossem conhecidas como "sociedades de abundância" ou "sociedades do lazer", pelo fato de que nelas a satisfação das necessidades básicas sociais e materiais se dá plenamente.

MELLO, Thiago de. **Trabalho**. Disponível em: <http://educacao.globo.com/sociologia/assunto/conflitos-e-vida-em-socie-dade/trabalho.html>. Acesso em: 8 dez. 2020. (Adaptado).

28. **(CESPE – 2019 – PRF – POLICIAL RODOVIÁRIO FEDERAL)** Seriam mantidos os sentidos do texto caso o primeiro período do segundo parágrafo fosse assim reescrito: "Quando prestamos atenção a nossa volta, percebemos que quase tudo que vemos existe pelas atividades do trabalho humano."

Certo ( ) Errado ( )

O segundo parágrafo do texto é iniciado pela conjunção subordinativa adverbial condicional *se* que expressa a ideia de **condição**. O conector *quando* apresenta a ideia **temporal**, que não há problema quanto à correção gramatical, mas haveria mudança de sentido, porque o trecho deixa de ser uma condição para ser uma temporalidade.

GABARITO: ERRADO.

29. **(CESPE – 2019 – PRF – POLICIAL RODOVIÁRIO FEDERAL)** No trecho "Os processos de produção dos objetos que nos cercam movimentam relações diversas entre os indivíduos", o sujeito da forma verbal "cercam" é "Os processos de produção dos objetos".

Certo ( ) Errado ( )

Nesse caso, é possível observar uma oração subordinada adjetiva restritiva *(que nos cercam)* no meio da oração principal *(os processos de produção dos objetos movimentam relações diversas entre os indivíduos)*. A partir dessa identificação, é preciso entender que a oração adjetiva é introduzida por **pronome relativo**, que é um termo essencialmente anafórico e que retoma um substantivo ou um termo de caráter pronominal. É importante saber, também, que o pronome relativo possui função sintática dentro do período, de modo que a identificação da sua função sintática pode ser facilitada pela colocação do referente (termo a que ele se refere) em seu lugar. Na substituição, teríamos:

"Os objetos nos cercam". Isso mostra que, no momento da troca, a expressão *os objetos* está assumindo a função de sujeito na oração, em que a função sintática do pronome relativo será a de sujeito da oração subordinada adjetiva. Lembre-se de que muitos pensam que a função sintática do pronome relativo será a mesma do seu referente, e isso é um erro muito comum. Faça a substituição e analise a função do termo no lugar do *que*. A partir da identificação da função do termo no lugar do pronome relativo, você terá a função do próprio pronome relativo.

GABARITO: ERRADO.

LÍNGUA PORTUGUESA

TEXTO DE APOIO PARA AS QUESTÕES A SEGUIR.

Resta agora examinar de que modo um príncipe deva comportar-se para com os súditos e os amigos. Ciente de que inúmeros autores já trataram desse mesmo argumento, temo, ao retomá-lo, ser considerado presunçoso, principalmente porque me afasto dos critérios que eles adotaram. Mas, sendo meu intento escrever coisa útil a quem a <u>entenda</u>, pareceu-me mais <u>conveniente</u> ir direto à verdade que recorrer à fantasia. (...) É inevitável que um homem desejoso de bem entre tantos que são maus acabe por perder-se. Faz-se, <u>pois</u>, necessário que o príncipe, para continuar no poder, aprenda a não ser bom e siga ou não essa regra conforme a necessidade.

Deixando, <u>pois</u>, de parte as fantasias que têm sido ditas sobre os príncipes e discorrendo acerca da verdade, sustento que os homens dos quais se fala – sobretudo os príncipes, por estarem mais no alto – são julgados por certas qualidades que os fazem merecedores de louvor ou censura. Isto é, alguns são considerados liberais, outros miseráveis; diz-se de alguns que são pródigos, de outros que são rapaces, piedosos ou cruéis, leais ou perjuros, ferozes e audazes ou efeminados e medrosos, religiosos ou descrentes, e assim por diante. Todos reconhecerão, bem o sei, que coisa mui digna de louvor seria, entre as qualidades mencionadas, que um príncipe possuísse apenas as consideradas boas. Mas, dado que a condição humana o impede, ele precisa ser prudente a ponto de saber fugir <u>à infâmia</u> daqueles vícios, que acabariam por lhe arrebatar o poder. Deve guardar-se, se possível, dos que disso não chegam a ameaçá-lo; mas, sendo impossível, poderá entregar-se a eles sem grandes preocupações. Nem tenha escrúpulos de incorrer na infâmia daqueles defeitos sem os quais dificilmente conseguiria salvar seu Estado. Porque, bem consideradas as coisas, qualidades há com aparência de virtude que conduziriam o príncipe à ruína, e qualidades com aparência de vício que lhe assegurariam, ao contrário, sua segurança e bem-estar.

MAQUIAVEL, Nicolau. **O príncipe**. São Paulo: Penguin, 2010. (Adaptado)

30. **(AUTOR – 2021)** A forma verbal "entenda" exige dois complementos verbais: "a quem", objeto indireto, e "a", objeto direto.

Certo ( )   Errado ( )

No contexto, o verbo *entenda* é transitivo direto e seu complemento (objeto direto) é *a* (a entenda – entenda coisa útil). O verbo *escrever* possui dois complementos, sendo *coisa útil*, o objeto direto, e *a quem a entenda*, o objeto indireto.

GABARITO: ERRADO.

31. **(AUTOR – 2021)** O termo "conveniente" é núcleo predicativo de um complemento verbal oracional.

Certo ( )   Errado ( )

Analisando o trecho na ordem direta: ir direto à verdade que recorrer à fantasia pareceu-me mais conveniente. *Conveniente* é predicativo do sujeito oracional.

GABARITO: ERRADO.

32. **(AUTOR – 2021)** O vocábulo "pois", tem caráter conclusivo, podendo, em ambas as ocorrências, ser substituído por *portanto*.

Certo ( )   Errado ( )

O conectivo *pois* quando estiver deslocado, ou seja, depois do verbo, tem valor conclusivo, podendo ser substituído por *portanto, por conseguinte, logo etc*.

GABARITO: CERTO.

33. **(AUTOR – 2021)** A substituição de "sido ditas" por "dito" não prejudicaria a correção gramatical nem o sentido geral da passagem.

Certo ( )   Errado ( )

"Deixando, pois, de parte as fantasias que têm sido ditas sobre os príncipes e discorrendo acerca da verdade...", o agente da ação está indeterminado (tem sido dita por quem? Por alguém); e, quando faz a substituição por "têm dito", o agente da ação continua indeterminado, "as fantasias que têm dito" sobre os príncipes (quem tem dito? Alguém.)

GABARITO: CERTO.

34. **(AUTOR – 2021)** O pronome "se" indetermina o sujeito da forma verbal "diz".

Certo ( )   Errado ( )

O pronome se é uma partícula apassivadora. "diz-se de alguns que são pródigos" → diz-se de alguns isso → isso é dito de alguns.

GABARITO: ERRADO.

35. **(AUTOR – 2021)** O pronome relativo "que", logo após a palavra "mencionadas", tem como referente o termo "qualidades mencionadas" e introduz uma oração subordinada adjetiva explicativa.

Certo ( )   Errado ( )

Que é conjunção integrante. "... coisa mui digna de louvor seria, entre as qualidades mencionadas, que um príncipe possuísse apenas as consideradas boas". → seria isso.

GABARITO: ERRADO.

36. **(AUTOR – 2021)** A preposição "de", regida pela forma verbal "examinar", introduz um objeto indireto oracional.

Certo ( )   Errado ( )

A preposição não é regida pela forma "examinar". A preposição faz parte do adjunto adverbial de modo (de que modo) que está ligado ao verbo "comportar-se". Quem se comporta se comporta de um modo.

GABARITO: ERRADO.

37. **(AUTOR – 2021)** A substituição de "são julgados" por "se julgam" preservaria a correção e o sentido do texto.

Certo ( )   Errado ( )

A correção seria mantida, mas o sentido seria alterado, porque o pronome passaria a ter ideia reflexiva. "...os homens dos quais se fala (...) são julgados por certas qualidades..." → "...os homens dos quais se fala (...) se julgam por certas qualidades..."

GABARITO: ERRADO.

38. **(AUTOR – 2021)** A substituição de "à infâmia" por "para a infâmia" manteria a correção gramatical e o sentido original.

Certo ( )   Errado ( )

LÍNGUA PORTUGUESA

No contexto, "fugir à infâmia" significa escapar da infâmia. Ao fazer a substituição pela preposição *para*, significa ir em direção à infâmia.

GABARITO: ERRADO.

A impaciência com a morosidade da justiça é compreensível, mas nem sempre cabe. A demora não é uma peculiaridade brasileira, e é antiga. Hamlet, no seu famoso solilóquio, já listava entre as razões para se suicidar "the law's delay", as delongas da lei. Porém, as instâncias e idas e vindas de um processo judicial existem para prevenir o erro, proteger o cidadão do arbítrio e garantir os direitos de todos até o último recurso — pelo menos em tese — por mais que exasperem, nós e o Hamlet, e por mais que favoreçam firulas de advogado e a absolvição pelo esquecimento.

E se serve de consolo: a justiça americana, além de também não ser de cinema, peca tanto pela ausência de trâmites quanto a nossa pelo excesso. Com o agravante que lá erros judiciais muitas vezes não recorridos podem resultar em sentenças de morte. Enfim, há delongas e delongas. São sintomas de um sistema judicial esclerosado, mas também são o que nos protege de uma justiça, digamos, cinematográfica demais.

VERISSIMO, Luis Fernando. Impaciência. **GaúchaZH**, publicado em: 18 jun. 2016. Disponível em: < https://gauchazh.clicrbs. com.br/colunistas/luis-fernando-verissimo/noticia/2016/06/impaciencia-6041833.html>. Acesso em: 8 dez. 2020.

39. **(AUTOR – 2021)** A correção gramatical e o sentido original do texto seriam preservados caso a conjunção "Porém" fosse substituída por **Mas**.

Certo ( )   Errado ( )

A vírgula depois de "porém" não poderia ser mantida, pois não é permitida a vírgula depois da conjunção *mas*.

GABARITO: ERRADO.

40. **(AUTOR – 2021)** No período que começa com o conectivo "Porém", , as formas infinitivas "prevenir", "proteger" e "garantir" constituem estruturas paralelas com ideia de finalidade.

Certo ( )   Errado ( )

Os três verbos estão no infinitivo e constituem estruturas paralelas (simétricas, com a mesma estrutura), com ideia de finalidade introduzida pela preposição *para*.

GABARITO: CERTO.

41. **(AUTOR – 2021)** Na linha 6, a substituição de "exasperem" por **exasperemos** corrigiria a passagem, já que "nós e o Hamlet" é o efetivo sujeito composto dessa forma verbal.

Certo ( )   Errado ( )

O sujeito de "exasperem" é "as instâncias e idas e vindas". Veja o trecho: "... as instâncias e idas e vindas de um processo judicial existem para prevenir o erro, proteger o cidadão do arbítrio e garantir os direitos de todos até o último recurso — pelo menos em tese — por mais que exasperem, nós e o Hamlet, e por mais que favoreçam firulas de advogado e a absolvição pelo esquecimento".

GABARITO: ERRADO.

42. **(AUTOR – 2021)** A locução "além de" estabelece uma relação de adição no período em que ocorre.

Certo ( )   Errado ( )

Observe: "... a justiça americana, além de também não ser de cinema e peca tanto pela ausência de trâmites quanto a nossa pelo excesso".

GABARITO: CERTO.

Como se pode imaginar, não foi o latim clássico, dos grandes escritores romanos e latinos e falado pelas classes romanas mais abastadas, que penetrou na Península Ibérica e nos demais espaços conquistados pelo Império Romano. Foi o latim popular, falado pelas tropas invasoras, que fez esse papel. Essa variante vulgar sobrepôs-se às línguas dos povos dominados e com elas caldeou-se, dando origem aos dialetos que viriam a se chamar genericamente de romanços ou romances (do latim *romanice*, isto é, à moda dos romanos).

No século V d.C., o Império Romano ruiu e os romanços passaram a diferenciar-se cada vez mais, dando origem às chamadas línguas neolatinas ou românicas: francês, provençal, espanhol, português, catalão, romeno, rético, sardo etc. Séculos mais tarde, Portugal fundou-se como nação, ao mesmo tempo em que o português ganhou seu estatuto de língua, da seguinte forma: enquanto Portugal estabelecia as suas fronteiras no século XIII, o galego-português patenteava-se em forma literária.

Cerca de três séculos depois, Portugal lançou-se em uma expansão de conquistas que, à imagem do que Roma fizera, **levou** a língua portuguesa a remotas regiões: Guiné-Bissau, Angola, Moçambique, Cingapura, Índia e Brasil, para citar uns poucos exemplos em três continentes. Muito mais tarde, essas colônias tornaram-se independentes — o Brasil no século XIX, as demais no século XX —, mas a língua de comunicação foi mantida e é hoje oficial em oito nações independentes: Brasil, Portugal, Angola, Moçambique, Cabo Verde, Guiné-Bissau, São Tomé e Príncipe e Timor-Leste.

AZEVEDO, José Carlos de (coord.). **Escrevendo pela nova ortografia**: como usar as regras do Novo Acordo Ortográfico da Língua Portuguesa. Instituto Antônio Houaiss. São Paulo: Publifolha, 2008, p. 16-7 (Adaptado).

43. **(CESPE – 2018 – POLÍCIA FEDERAL – ESCRIVÃO DE POLÍCIA FEDERAL)** A correção gramatical e a coerência do texto seriam preservadas caso a forma verbal "levou" fosse substituída por **levaram**.

Certo ( )   Errado ( )

O trecho "uma expansão de conquistas" apresenta um núcleo que está flexionado no singular (*uma expansão*) e uma expressão particularizadora que está flexionada no plural (*de conquistas*). O verbo *levar* faz parte de uma oração subordinada adjetiva restritiva (*que levou a língua portuguesa a remotas regiões...*), introduzida pelo pronome relativo *que*. Observe que no período, o pronome relativo exerce a função sintática, que pode ser descoberta pela troca do pronome pelo seu referente. O referente do pronome relativo, no trecho, é *uma expansão de conquistas*, logo, na substituição teríamos a seguinte estrutura:

Uma expansão de conquistas levou/levaram...

As duas formas verbais estão corretas, porque é possível usar a conjugação *levou* para concordar com "uma expansão" ou usar a conjugação *levaram* para concordar com "de conquistas".

GABARITO: CERTO.

LÍNGUA PORTUGUESA

No fim do século XVIII e começo do XIX, a despeito de algumas grandes fogueiras, a melancólica festa de punição de condenados foi-se extinguindo. Em algumas dezenas de anos, desapareceu o corpo como alvo principal da repressão penal: o corpo supliciado, esquartejado, amputado, marcado simbolicamente no rosto ou no ombro, exposto vivo ou morto, dado como espetáculo. Ficou a suspeita de que tal rito que dava um "fecho" ao crime mantinha com ele afinidades espúrias: igualando-o, ou mesmo ultrapassando-o em selvageria, acostumando os espectadores a uma ferocidade de que todos queriam vê-los afastados, mostrando-lhes a frequência dos crimes, fazendo o carrasco se parecer com criminoso, os juízes com assassinos, invertendo no último momento os papéis, fazendo do supliciado um objeto de piedade e de admiração.

A punição vai-se tornando a parte mais velada do processo penal, provocando várias consequências: deixa o campo da percepção quase diária e entra no da consciência abstrata; sua eficácia é atribuída à sua fatalidade, não à sua intensidade visível; a certeza de ser punido é que deve desviar o homem do crime, e não mais o abominável teatro.

Sob o nome de crimes e delitos, são sempre julgados corretamente os objetos jurídicos definidos pelo Código. **Porém,** julgam-se também as paixões, os instintos, as anomalias, as enfermidades, as inadaptações, os efeitos de meio ambiente ou de hereditariedade. Punem-se as agressões, mas, por meio delas, as agressividades, as violações e, ao mesmo tempo, as perversões, os assassinatos que são, também, impulsos e desejos. Dir-se-ia que não são eles que são julgados; se são invocados, é para explicar os fatos a serem julgados e determinar até que ponto a vontade do réu estava envolvida no crime. As sombras que se escondem por trás dos elementos da causa é que são, na realidade, julgadas e punidas.

O juiz de nossos dias — magistrado ou jurado — faz outra coisa, bem diferente de "julgar". E ele não julga mais sozinho. Ao longo do processo penal, e da execução da pena, prolifera toda uma série de instâncias anexas. Pequenas justiças e juízes paralelos se multiplicaram em torno do julgamento principal: peritos psiquiátricos ou psicológicos, magistrados da aplicação das penas, educadores, funcionários da administração penitenciária fracionam o poder legal de punir. Dir-se-á, **no entanto**, que nenhum deles partilha realmente do direito de julgar; os peritos não intervêm antes da sentença para fazer um julgamento, mas para esclarecer a decisão dos juízes. Todo o aparelho que se desenvolveu há anos, em torno da aplicação das penas e de seu ajustamento aos indivíduos, multiplica as instâncias da decisão judiciária, prolongando-a muito além da sentença.

FOUCAULT, Michel. Tradução de Raquel Ramalhete. **Vigiar e punir**: nascimento da prisão. Petrópolis, Vozes, 1987, p. 8-26 (Adaptado).

44. **(CESPE – 2018 – POLÍCIA FEDERAL – ESCRIVÃO DE POLÍCIA FEDERAL - ADAPTADA)** A substituição de "**Porém**", destacado no texto, por "Entretanto" manteria a correção gramatical e os sentidos originais do texto.

Certo ( )   Errado ( )

As duas conjunções são classificadas como coordenativas adversativas, ou seja, a alteração não implica mudanças gramaticais ou em relação ao sentido do texto.

GABARITO: CERTO.

45. **(CESPE – 2018 – POLÍCIA FEDERAL – ESCRIVÃO DE POLÍCIA FEDERAL – ADAPTADA)** A locução "no entanto", em destaque no texto, introduz no período uma ideia de conclusão; por isso, sua substituição por "portanto" preservaria a correção gramatical e as relações de sentido originais do texto.

Certo ( )   Errado ( )

A locução *no entanto* apresenta a ideia de adversidade, ou seja, não pode ser substituído por *portanto*.

GABARITO: ERRADO.

46. **(CESPE – 2018 – POLÍCIA FEDERAL – ESCRIVÃO DE POLÍCIA FEDERAL - ADAPTADA)** A supressão da preposição "de" empregada logo após "ferocidade", no trecho "acostumando os espectadores a uma ferocidade de que todos queriam vê-los afastados", sublinhado no texto, manteria a correção gramatical do texto.

Certo ( )   Errado ( )

A preposição *de* é obrigatória no período por causa do termo *afastados* que rege a preposição. Quem quer ver alguém afastado... quer ver alguém afastado *de* algo. Como temos um pronome relativo no período (*que*), a preposição é colocada imediatamente antes do pronome relativo.

GABARITO: ERRADO.

O que temos em jogo com o poder simbólico é a imposição de um modo de apreensão do mundo social que configura a "naturalização" de uma ordem social vigente. Podemos nos questionar a serviço de quem está o poder. Quem são os excluídos pelo poder? O poder simbólico é uma forma transformada ou mascarada de outras formas de poder, notadamente o poder econômico e o político; todavia não se trata simplesmente de uma dominação estritamente consciente, maniqueísta ou intencional. Ele frequentemente é ignorado e apreendido como arbitrário por quem **o** exerce.

HAESBAERT, Rogério e BÁRBARA, Marcelo de Jesus Santa. Identidade e migração em áreas fronteiriças.
Disponível em: <file:///C:/Users/Samsung/Downloads/13398-Texto%20do%20Artigo-52746-1-10-20090910.pdf>.
Acesso em: 9 dez. 2020. (Adaptado).

47. **(CESPE – 2018 – PC/SE – DELEGADO DE POLÍCIA - ADAPTADA)** Acerca dos sentidos e de aspectos linguísticos do texto precedente, julgue o item a seguir.

Trecho de apoio: "A existência da polícia se justifica pela imprescindibilidade dessa agência de segurança para a viabilidade do poder de coerção estatal. Em outras palavras, como atestam clássicos do pensamento político, a sua ausência culminaria na impossibilidade de manutenção de relações pacificadas. "

O termo "como" estabelece uma comparação de igualdade entre o que se afirma no primeiro período do texto e a informação presente na oração "a sua ausência culminaria na impossibilidade de manutenção de relações pacificadas"

Certo ( )   Errado ( )

A palavra "como" é uma conjunção e tem a função de ligar as orações no período em que se insere, e não com as ideias do período anterior. Além disso, expressa a ideia de conformidade. A letra "e" pode ser substituída por: *segundo, conforme, de acordo com, consoante*.

GABARITO: ERRADO.

LÍNGUA PORTUGUESA

48. **(CESPE – 2018 – PC/SE – DELEGADO DE POLÍCIA)** Com relação aos sentidos e aspectos linguísticos do texto precedente, julgue o item que se segue.

Trecho de apoio: "O Departamento de Atendimento a Grupos Vulneráveis (DAGV) da Polícia Civil de Sergipe atende a um público específico, que frequentemente se torna vítima de diversos tipos de violência.

A correção gramatical e o sentido do texto seriam preservados se, no trecho "a um público específico" (linhas 2 e 3), a preposição "a" fosse suprimida.

Certo ( )   Errado ( )

O verbo "atender" poder vir acompanhado ou não de preposição. As duas formas são aceitas pela norma culta: *Atender a alguém ou a alguma coisa / atender alguém ou atender alguma coisa. O médico atende (a)os pacientes naquele pavilhão. Desta vez atendeu (a)os conselhos dos amigos. Atendeu (a)o telefone.*

GABARITO: CERTO.

49. **(CESPE – 2018 – PC/SE – DELEGADO DE POLÍCIA– ADAPTADA)** Com relação aos sentidos e aspectos linguísticos do texto precedente, julgue o item que se segue.

Trecho de apoio: "Agentes e delegados de atendimento a grupos vulneráveis realizam atendimento às vítimas, centralizam procedimentos relativos a crimes contra o público vulnerável registrados em outras delegacias, abrem inquéritos e termos circunstanciados e fazem investigações de queixas."

Os termos "a crimes contra o público" e "de queixas" complementam, respectivamente, os termos "relativos" e "investigações".

Certo ( )   Errado ( )

Os termos "a crimes contra o público" e "de queixas" exercem a função de complemento nominal dos termos que os antecedem (relativos e investigações). O complemento nominal pode referir-se a substantivos abstratos, adjetivos ou advérbios, sempre por meio de preposição. Além disso, representa alvo da declaração expressa por um nome, ou seja, tem valor paciente. Relativos – adjetivo/ a crimes – complemento nominal; investigações – substantivo abstrato / de queixas – complemento nominal (paciente – as queixas são investigadas).

GABARITO: CERTO.

50. **(CESPE – 2018 – PC/MA – DELEGADO DE POLÍCIA CIVIL)** Julgue os itens que se seguem, acerca dos aspectos linguísticos do seguinte período do texto: "Porém, o sentido do discurso, a ideologia que o alimenta, precisa impregná-lo de palavras e conceitos que anunciem os valores humanos que decantam a paz, que lhe proclamam e promovem" (linhas 31 a 34).

I. O termo "o sentido do discurso" exerce função de sujeito da forma verbal "precisa".

II. O verbo **decantar** foi empregado no sentido de **purificar**.

III. O pronome "que" possui o mesmo antecedente nas três ocorrências no trecho "precisa impregná-lo de palavras e conceitos que anunciem os valores humanos que decantam a paz, que lhe proclamam e promovem".

Assinale a opção correta.

a) Apenas o item I está certo.

b) Apenas o item II está certo.

c) Apenas os itens I e II estão certos.

d) Apenas os itens I e III estão certos.

e) Todos os itens estão certos.

I: Quem precisa impregná-lo? O sentido do discurso. Na passagem, "Porém, o sentido do discurso, a ideologia que o alimenta, precisa impregná-lo", há um trecho intercalado entre o sujeito e o verbo (a ideologia que o alimenta), que tem a função de explicar o que foi apresentado anteriormente (sentido do discurso = ideologia que alimenta o discurso).

II: "Decantar" está emprego no sentido de "cantar", "enaltecer".

III: O primeiro "que" retoma "palavras e conceito"; o segundo "que" retoma "valores humanos"; o terceiro "que" retoma "valores humanos". Observe que os verbos "proclamam" e "promovem" estão no plural, então o pronome "que" não pode estar retomando "paz". *Quem proclama e promove a paz? Os valores humanos.*

GABARITO: A.

51. **(CESPE – 2017 – PJC/MT – DELEGADO DE POLÍCIA SUBSTITUTO)** A correção gramatical do seria mantida caso:

I. o termo "sob" fosse substituído por **em**.

Trecho de apoio: "A injustiça (...) promove a desonestidade, a venalidade, a relaxação; insufla a cortesania, a baixeza, sob todas as suas formas."

II. a forma verbal "ver", em todas as suas ocorrências no segundo parágrafo, fosse flexionada no plural — **verem**.

Trecho de apoio: "De tanto ver triunfar as nulidades, de tanto ver prosperar a desonra, de tanto ver crescer a injustiça, de tanto ver agigantarem-se os poderes nas mãos dos maus, o homem chega a desanimar da virtude, a rir-se da honra, a ter vergonha de ser honesto."

III. a forma verbal "é" fosse suprimida.

Trecho de apoio: "E, nesse esboroamento da justiça, a mais grave de todas as ruínas é a falta de penalidade aos criminosos confessos, **é** a falta de punição quando ocorre um crime de autoria incontroversa ..."

IV. o acento indicativo de crase em "à opinião pública" fosse suprimido.

Trecho de apoio: "a falta de punição quando ocorre um crime de autoria incontroversa, mas ninguém tem coragem de apontá-la à opinião pública, de modo que a justiça possa exercer a sua ação saneadora e benfazeja."

Estão certos apenas os itens

a) I e II.

b) I e III.

c) II e IV.

d) III e IV.

e) I, II e III.

I: Não ocorre incorreção gramatical já que a substituição da preposição "sob" pela preposição "em" mantém a mesma estrutura morfossintática.

II: Quem vê é o homem, então o verbo não pode ser flexionado no plural. "De tanto (o homem) ver triunfar as nulidades, de tanto (o homem) ver prosperar a desonra, de tanto (o homem) ver crescer a injustiça, de tanto (o homem) ver agigantarem-se os poderes nas mãos dos maus, o homem chega a desanimar da virtude, a rir-se da honra, a ter vergonha de ser honesto."

LÍNGUA PORTUGUESA

III: O verbo "é" pode ser suprimido, porque na oração anterior esse verbo já foi apresentado para enfatizar a ideia. Por isso, a supressão não acarreta incorreção gramatical.

IV: Observe: ninguém tem coragem de apontá-la à opinião pública / ninguém tem coragem de apontá-la ao julgamento público. O verbo "apontar" está empregado no sentido de "indicar", "mostrar" e, nesse caso, é transitivo direto e indireto. Apontar alguma coisa a alguém. O pronome "la" exerce função de objeto direto e "à opinião pública" exerce função de objeto indireto.

GABARITO: B.

52. **(CESPE – 2018 – PC/MA – DELEGADO DE POLÍCIA CIVIL)** No texto, em "É, então, no entrelaçamento 'paz – desenvolvimento – direitos humanos – democracia' que podemos vislumbrar a educação para a paz", o vocábulo "então" expressa uma ideia de

a) conclusão.

b) finalidade.

c) comparação.

d) causa.

e) oposição.

A: então, por isso, portanto, assim, por conseguinte.

B: a fim de que, para que

C: como, tal qual, mais (do) que, menos (do) que

D: pois, porque, já que, visto que, porquanto

E: mas, porém, contudo, todavia, no entanto, entretanto

GABARITO: A.

53. **(CESPE – 2017 – PJC-/MT – DELEGADO DE POLÍCIA SUBSTITUTO)** Sem prejuízo para a coerência e para a correção gramatical do texto, a conjunção "Quando" poderia ser substituída por

Trecho de apoio: "Quando os descaminhos não conduzirem a isso, competirá ao homem transformar a lei na vida mais digna para que a convivência política seja mais fecunda e humana."

a) Se.

b) Caso.

c) À medida que.

d) Mesmo se.

e) Apesar de

A conjunção "quando" expressa a ideia primária de tempo. Entre as alternativas, não há nenhuma conjunção ou locução que expresse a ideia. Tal conjunção, atrelada ao verbo no modo subjuntivo (conduzirem), traz consigo também a ideia de hipótese ou possibilidade, ou seja, uma ideia secundária de condição. Nas alternativas "a" e "b", há conjunções condicionais, mas somente a conjunção "se" pode ser empregada com o verbo no futuro do subjuntivo (se conduzirem). A conjunção "caso" deve ser empregada com o verbo no presente ou no pretérito imperfeito do modo subjuntivo (caso conduza ou caso conduzisse). Na alternativa "c", a locução conjuntiva "à medida que" expressa a ideia de proporção, então não pode substituir a conjunção "quando". Nas alternativas "d" e "e" há ideia de concessão.

GABARITO: A.

54. **(CESPE – 2018 – PC/SE – DELEGADO DE POLÍCIA – ADAPTADA)** Acerca dos sentidos e de aspectos linguísticos do texto precedente, julgue o item a seguir.

Trecho de apoio: "Para que a atuação policial ocorra dentro dos parâmetros democráticos, é essencial que haja a implementação de um modelo de policiamento que corresponda aos preceitos constitucionais, promovendo-se o equilíbrio entre os pressupostos de liberdade e segurança."

A oração "que haja a implementação de um modelo de policiamento" tem a função de qualificar o adjetivo que a antecede: "essencial".

A oração destacada é classificada como subordinada substantiva, pois é introduzida pela conjunção integrante "que" (é essencial que haja a implementação de um modelo de policiamento / é essencial isso). A oração exerce a função de sujeito do verbo "é" (oração subordinada substantiva subjetiva), tem a função de qualificar o termo antecedente e é classificada como subordinada adjetiva (introduzida por pronome relativo). Esse tipo de oração qualifica um substantivo (ou termo equivalente – pronome), nunca um adjetivo. Exemplo: *Encontrei o documento que procurava*. A oração destacada qualifica o substantivo "documento", e é classificada como oração subordinada adjetiva.

GABARITO: ERRADO.

55. **(CESPE – 2017 – PJC/MT – DELEGADO DE POLÍCIA SUBSTITUTO – ADAPTADA)** No segundo parágrafo do texto CG1A1CCC, o elemento "se" foi empregado em "rir-se" para indicar.

Trecho de apoio: "De tanto ver triunfar as nulidades, de tanto ver prosperar a desonra, de tanto ver crescer a injustiça, de tanto ver agigantarem-se os poderes nas mãos dos maus, o homem chega a desanimar da virtude, a rir-se da honra, a ter vergonha de ser honesto."

a) realce.

b) reciprocidade.

c) apassivação.

d) reflexividade.

e) indefinição.

A: Uma partícula ou expressão expletiva (ou de realce) tem o papel de realçar ou enfatizar um vocábulo ou um segmento da frase. Nunca exerce a função sintática e pode ser suprimida da frase, sem prejuízo sintático ou semântico. Os pronomes oblíquos átonos *me, te, se, nos, vos* podem exercer esse papel. No contexto, a pronome "se" pode ser suprimido sem comprometer a correção gramatical e o sentido (homem chega a desanimar da virtude, a rir da honra).

B: O pronome "se" exercerá esse papel quando os sujeitos praticam e sofrem a ação reciprocamente (eles se olharam – olharam uns aos outros).

C: O pronome "se" exercerá esse papel quando acompanhar o verbo transitivo direto ou transitivo direto e indireto; além disso, o sujeito sofrerá a ação (comprou-se a casa foi a casa foi comprada).

D: O pronome "se" exercerá esse papel quando o sujeito pratica e sofre a ação (ela se feriu com a faca).

E: O pronome "se" exercerá esse papel quando o sujeito estiver indeterminado (precisa-se de funcionários).

GABARITO: A.

LÍNGUA PORTUGUESA

56. **(CESPE – 2018 – PC/SE – DELEGADO DE POLÍCIA – ADAPTADA)** Acerca dos sentidos e de aspectos linguísticos do texto precedente, julgue o item a seguir.

A eliminação da vírgula logo após "legais" prejudicaria a correção gramatical do texto.

Trecho de apoio: "Devido a seu protagonismo e sua importância na organização e garantia da reprodução das normas legais, o Estado democrático não pode abdicar dessa instituição."

Certo ( ) Errado ( )

A vírgula é obrigatória no período em que se insere, porque isola um adjunto adverbial extenso. Sempre que o adjunto adverbial extenso estiver anteposto ao verbo (pode abdicar), a vírgula será obrigatória.

GABARITO: CERTO.

57. **(CESPE – 2017 – PJC/MT – DELEGADO DE POLÍCIA SUBSTITUTO)** A correção e o sentido do texto seriam preservados caso se inserisse uma vírgula logo após

a) "Mais" (linha 12).

Trecho de apoio: "Mais valeria que a vida atravessasse as páginas da Lei Maior a se traduzir em palavras que fossem apenas a revelação da justiça."

Trecho de apoio: "digna" (linha 15).

b) "homem" (linha 3).

Trecho de apoio: "O homem é inteiro em sua dimensão plural e faz-se único em sua condição social."

c) "Igual" (linha 4).

Trecho de apoio: ""Igual em sua humanidade, o homem desiguala-se, singulariza-se em sua individualidade."

d) "fraternização" (linha 6)

Trecho de apoio: ""O direito é o instrumento da fraternização racional e rigorosa."

A: No trecho, "mais" é um advérbio que modifica o verbo "valeria". O emprego da vírgula acarretaria uma quebra na estrutura da frase, tornando o trecho sem sentido.

B: A vírgula é opcional, pois está isolando a oração principal da oração subordinada adverbial final (introduzida pela locução conjuntiva "para que"). Esta vírgula só se torna obrigatória quando a oração subordinada adverbial está anteposta à principal.

C: Não se separa o sujeito (o homem) do verbo (é) com vírgula.

D: O emprego da vírgula acarretaria uma incoerência, pois "igual" está atrelado a "em sua humanidade" e fazendo oposição a "o homem se desiguala em sua individualidade", ou seja, ele se iguala na humanidade e se desiguala na individualidade. O emprego da vírgula intercalaria "em sua humanidade", produzindo o seguinte efeito de sentido: "igual o homem se desiguala".

E: Com emprego da vírgula, os termos "racional e rigorosa" passariam a ter caráter explicativo em relação ao termo "fraternização". Sem as vírgulas, possuem caráter restritivo em relação ao termo "fraternização". Funcionam como as orações adjetivas (restritivas e explicativas).

GABARITO: B.

TEXTO DE APOIO PARA AS QUESTÕES A SEGUIR:

No dia 3 de julho de 1950, a Coreia do Norte atacou e tomou Seul, a capital do Sul. Começava ali uma guerra que opunha os povos de um país dividido, com os Estados Unidos

da América de um lado e a China e a União das Repúblicas Socialistas Soviéticas do outro. O conflito durou cerca de três anos e terminou com o país ainda dividido ao meio. O saldo? Três milhões e meio de mortos.

Recentemente, a Coreia do Norte, mais uma vez, atacou seus irmãos do Sul. Mesmo 65 anos depois do fim da Segunda Guerra Mundial e do rateio do mundo entre comunistas e capitalistas, os coreanos seguem presos aos dogmas de seus governos. O bombardeio ordenado por **Pyongyang** atingiu uma ilha do país vizinho, **matou** duas pessoas e **feriu** pelo menos dezoito. A justificativa do Norte _foram_ manobras supostamente feitas pelos sulistas em águas sob sua jurisdição.

A tensão na fronteira é grande. O governo de Seul ameaça com uma retaliação que pode desencadear um confronto de proporções catastróficas, não só para os coreanos de ambos os lados, mas para todo o planeta.

Jornal do Brasil, publicado em 24 nov. 2010 (Adaptado).

58. **(CESPE – 2011 – PC/ES – AUXILIAR DE PERÍCIA MÉDICO-LEGAL - ADAPTADA)** O núcleo do sujeito das formas verbais "matou" e "feriu" é "Pyongyang", que estão destacados no texto.

Certo ( )   Errado ( )

O núcleo das formas verbais é _bombardeio_.

O bombardeio matou duas pessoas.

O bombardeio feriu pelo menos dezoito.

GABARITO: ERRADO.

59. **(CESPE – 2011 – PC/ES – AUXILIAR DE PERÍCIA MÉDICO-LEGAL)** A forma verbal "foram" (sublinhada) exemplifica um caso em que o verbo está no plural porque concorda com o predicativo.

Certo ( )   Errado ( )

O verbo "ser" é um dos verbos de ligação mais utilizados, em concurso, e a sua concordância apresenta algumas peculiaridades. No texto, trata-se de um verbo de ligação e um predicativo. O verbo "ser" pode concordar com o sujeito ou com o predicativo, como está sendo abordado na questão.

A justificativa do Norte (sujeito) foram (verbo de ligação) manobras (predicativo). Repare que o predicativo está no plural e o sujeito está no singular. A concordância do verbo "ser" é feita com o predicativo, quando houver uma pessoa, ou seja, uma expressão que faça referência a seres. Quando isso não ocorrer, a concordância pode ser com o sujeito ou predicativo.

A solução (sujeito) são (verbo de ligação) os alunos (predicativo sendo representado por pessoa). Aqui há concordância com o predicativo.

A solução (sujeito) é (verbo de ligação) as respostas (predicativo não sendo representado por pessoa). Aqui pode haver a concordância com o sujeito ou predicativo.

GABARITO: CERTO.

LÍNGUA PORTUGUESA

60. **(CESPE – 2011 – PC/ES – AUXILIAR DE PERÍCIA MÉDICO-LEGAL)** A expressão "a capital do Sul" vem antecedida de vírgula porque se trata de um vocativo.

Certo ( )   Errado ( )

A expressão vem antecedida de vírgula por se tratar de um aposto explicativo.

GABARITO: ERRADO.

61. **(CESPE – 2011 – PC/ES – Auxiliar de Perícia Médico-legal)** A presença da preposição a em "aos dogmas" (linhas 11-12) decorre da regência da forma verbal "seguem" (linha 11), que exige complemento regido por essa preposição.

Certo ( )   Errado ( )

A preposição *a* decorre por conta do adjetivo *preso*. Quem segue preso, segue preso *a* alguma coisa. No caso do texto, *aos dogmas.*

GABARITO: ERRADO.

Leio que a ciência deu agora mais um passo definitivo. É claro que o definitivo da ciência é transitório, e não por deficiência da ciência (é ciência demais), que se supera a si mesma a cada dia... Não indaguemos para que, já que a própria ciência não o faz — o que, aliás, é a mais moderna forma de objetividade de que dispomos.

Mas vamos ao definitivo transitório. Os cientistas afirmam que podem realmente construir agora a bomba limpa. Sabemos todos que as bombas atômicas fabricadas até hoje são sujas (aliás, imundas**) porque**, depois que explodem, deixam vagando pela atmosfera o já famoso e temido estrôncio 90. Ora, isso é desagradável: pode mesmo acontecer que o próprio país que lançou a bomba venha a sofrer, a longo prazo, as consequências mortíferas da proeza. O que é, sem dúvida, uma sujeira.

Pois bem, essas bombas indisciplinadas, mal-educadas, serão em breve substituídas pelas bombas *n*, que cumprirão sua missão com lisura: destruirão o inimigo, sem riscos para o atacante. Trata-se, portanto, de uma fabulosa conquista, não?

GULLAR, Ferreira. Maravilha. In: A estranha vida banal. Rio de Janeiro: José Olympio, 1989, p. 109.

62. **(CESPE – 2013 – PRF – POLICIAL RODOVIÁRIO FEDERAL)** A oração introduzida por "porque" (destacada no texto) expressa a razão de as bombas serem sujas.

Certo ( )   Errado ( )

O conectivo *porque* apresenta uma justificativa para as bombas serem sujas, o que na prática ocorre pela liberação do estrôncio 90. Dessa forma, podemos observar que se trata de uma oração subordinada adverbial causal, já que apresenta a **causa** das bombas serem sujas.

GABARITO: CERTO.

63. **(CESPE – 2013 – PRF – POLICIAL RODOVIÁRIO FEDERAL)** Mantendo-se a correção gramatical e a coerência do texto, a conjunção "e", em "e não por deficiência da ciência", poderia ser substituída por *mas*.

Certo ( )   Errado ( )

A conjunção *e* no texto apresenta valor de oposição, visto que liga ideias que são colocadas em lados semânticos opostos. Uma dica importante para identificar essa possibilidade é observar a presença da vírgula antes da conjunção. Se a conjunção *e* apresentar valor adversativo, teremos a vírgula antes do conector.

GABARITO: CERTO.

64. **(CESPE – 2013 – PRF – POLICIAL RODOVIÁRIO FEDERAL)** Tendo a oração "que se supera a si mesma a cada dia" caráter explicativo, o vocábulo "que" poderia ser corretamente substituído por pois ou porque, sem prejuízo do sentido original do período.

Certo ( )   Errado ( )

O conector *que* não é, nesse caso, conjunção explicativa. Essa expressão é classificada como pronome relativo e retoma o termo *ciência*.

GABARITO: ERRADO.

Todos nós, homens e mulheres, adultos e jovens, passamos boa parte da vida tendo de optar entre o certo e o errado, entre o bem e o mal. Na realidade, entre o que consideramos bem e o que consideramos mal. Apesar da longa permanência da questão, o que se considera certo e o que se considera errado muda ao longo da história e ao redor do globo terrestre.

Ainda hoje, em certos lugares, a previsão da pena de morte autoriza o Estado a matar em nome da justiça. Em outras sociedades, o direito à vida é inviolável e nem o Estado nem ninguém tem o direito de tirar a vida alheia. Tempos atrás era tido como legítimo espancarem-se mulheres e crianças, escravizarem-se povos. Hoje em dia, embora ainda se saiba de casos de espancamento de mulheres e crianças, de trabalho escravo, esses comportamentos são publicamente condenados na maior parte do mundo.

Mas a opção entre o certo e o errado não se coloca apenas na esfera de temas polêmicos que atraem os holofotes da mídia. Muitas e muitas vezes é na solidão da consciência de cada um de nós, homens e mulheres, pequenos e grandes, que certo e errado se enfrentam.

E a ética é o domínio desse enfrentamento.

LAJOLO, Marisa. Entre o bem e o mal. *In*: **Histórias sobre a ética**. 5. ed. São Paulo: Ática, 2008 (Adaptado).

65. **(CESPE – 2013 – PRF – POLICIAL RODOVIÁRIO FEDERAL)** O trecho "Tempos atrás era tido como legítimo espancarem-se mulheres e crianças, escravizarem-se povos" poderia ser corretamente reescrito da seguinte forma: Há tempos, considerava-se legítimo que se espancassem mulheres e crianças, que se escravizassem povos.

Certo ( )   Errado ( )

A única troca que ocorreu na questão foi a retirada dos verbos que estavam reduzidos sob a forma de infinitivo (espancarem-se e escravizarem-se) para o formato de orações desenvolvidas. Podemos entender da seguinte maneira:

Era tido como legítimo isso (espancarem-se mulheres e crianças) e isso (escravizarem-se povos).

Trecho modificado pode ser entendido assim: *Considerava-se legítimo isso (que se espancassem mulheres e crianças) e isso (que se escravizassem povos).*

GABARITO: CERTO.

66. **(CESPE – 2013 – PRF – POLICIAL RODOVIÁRIO FEDERAL)** Dado o fato de que nem equivale a e não, a supressão da conjunção "e" empregada logo após "inviolável", na linha 10, manteria a correção gramatical do texto.

Certo ( )   Errado ( )

A questão afirma que poderia ser retirada a conjunção "e" com a manutenção da correção gramatical. Essa conjunção, na verdade, une a oração anterior à oração coordenada sindética alternativa ("nem o Estado nem ninguém tem o direito de tirar a vida alheia."). A retirada

LÍNGUA PORTUGUESA

da conjunção faz com que a oração fique sem sentido, exigindo, então, uma vírgula antes do primeiro "nem", para indicar separação entre as orações.

GABARITO: ERRADO.

67. **(CESPE – 2013 – PRF – POLICIAL RODOVIÁRIO FEDERAL)** SEM prejuízo para o sentido original do texto, o trecho "esses comportamentos são publicamente condenados na maior parte do mundo" poderia ser corretamente reescrito da seguinte forma: publicamente, esses comportamentos consideram-se condenados em quase todo o mundo.

Certo ( )   Errado ( )

A nova possibilidade de escrita apresenta erro quanto ao sentido do texto. O advérbio "publicamente" altera o sentido do termo "condenados", pois mostra a forma como eles serão condenados, ou seja, serão condenados de forma pública, para que o público veja. Na reescrita, o "publicamente" aparece isolado, o que mostra que independentemente do ato, todos os tipos de comportamentos são voltados para o público, o que não tem relação com o texto. Além disso, podemos observar erro em relação ao verbo. No trecho original, não se consegue definir o sujeito da oração, mas constata-se que se trata de uma oração na voz passiva, pois os comportamentos serão condenados por "alguém". Na nova proposta, o uso do verbo seguido do pronome "se" como um verbo reflexivo, isto é, os comportamentos têm a ação de se considerarem condenados, o que não corresponde ao original.

GABARITO: ERRADO.

68. **(CESPE – 2013 – PRF – POLICIAL RODOVIÁRIO FEDERAL)** No trecho "o que consideramos bem" (linhas 3-4), o vocábulo "que" classifica-se como pronome e exerce a função de complemento da forma verbal "consideramos".

Certo ( )   Errado ( )

O pronome relativo retoma o termo anterior que, neste caso, é o termo "o". É importante analisarmos o verbo, pois podemos perceber que ele é transitivo direto, ou seja, exige complemento sem preposição. O complemento do verbo é o termo "o". O termo "bem" é predicativo do objeto direto, no caso, o próprio "o".

GABARITO: CERTO.

69. **(CESPE – 2018 – PC/SE – DELEGADO DE POLÍCIA)**

A existência da polícia se justifica pela imprescindibilidade dessa agência de segurança para a viabilidade do poder de coerção estatal. Em outras palavras, como atestam clássicos do pensamento político, a sua ausência culminaria na impossibilidade de manutenção de relações pacificadas. Devido a seu protagonismo e sua importância na organização e garantia da reprodução das normas legais, o Estado democrático não pode abdicar dessa instituição.

Para que a atuação policial ocorra dentro dos parâmetros democráticos, é essencial que haja a implementação de um modelo de policiamento que corresponda aos preceitos constitucionais, promovendo-se o equilíbrio entre os pressupostos de liberdade e segurança.

No que tange às organizações policiais, falar em participação na segurança pública envolve, necessariamente, a discussão sobre o desenvolvimento do policiamento comunitário, o único modelo de policiamento que define a participação social como um de seus componentes centrais. Para analisar essa participação, é preciso verificar se a ação promovida pelo modelo de policiamento comunitário é efetiva como ferramenta de controle social legítimo da atividade policial e se ela produz uma participação equânime.

Certo ( )   Errado ( )

JUNIOR, Almir de Oliveira (org.). **Instituições participativas no âmbito da segurança pública**: programas impulsionados por instituições policiais. Rio de Janeiro: IPEA, 2016, p. 13 (Adaptado).

A correção gramatical e os sentidos do texto serão preservados caso se reescreva o último período do texto da seguinte forma: Para analisar essa participação, é preciso verificar se ela funciona como controle social legítimo da atividade policial e se acaso ela produz uma participação equânime.

Os sentidos do texto não seriam preservados. O pronome "ela" está retomando "a participação", e não mais "a ação promovida pelo modelo de policiamento comunitário". Na passagem original, "a ação promovida pelo modelo de policiamento comunitário" precisa ser verificada. Na reescritura, ela (a participação social) precisa ser verificada.

GABARITO: ERRADO.

70.   **(CESPE – 2018 – PC/SE – DELEGADO DE POLÍCIA)** Acerca dos sentidos e de aspectos linguísticos do texto precedente, julgue o item a seguir.

Trecho de apoio: "A existência da polícia se justifica pela imprescindibilidade dessa agência de segurança para a viabilidade do poder de coerção estatal. Em outras palavras, como atestam clássicos do pensamento político, a sua ausência culminaria na impossibilidade de manutenção de relações pacificadas. Devido a seu protagonismo e sua importância na organização e garantia da reprodução das normas legais, o Estado democrático não pode abdicar dessa instituição."

A expressão "a polícia" presente em "da polícia" é retomada, ao longo do primeiro parágrafo do texto, por meio das expressões "dessa agência de segurança", "sua", "seu", "sua" e "dessa instituição".

Certo ( )   Errado ( )

A coesão referencial é aquela que cria um sistema de relações entre as palavras e expressões de um texto, permitindo ao leitor identificar os termos a que se referem. Trata-se de um recurso coesivo que ocorre quando um termo ou expressão que já foi citado no texto é retomado por meio de outro termo que o substitui. O que foi mencionado anteriormente é chamado de referente textual. Na passagem destacada, o referente é o termo "a polícia", que é retomado pelas expressões "dessa agência de segurança" (linha 1 e 2), "sua" (linha 3), "seu" (linha 4), "sua" (linha 4) e "dessa instituição" (linha 5).

GABARITO: CERTO.

71.   **(CESPE – 2018 – PC/SE – DELEGADO DE POLÍCIA)** No verso "Às vezes é ela quem diz" (v.2), a supressão de "é" e "quem" prejudicaria a coerência do trecho.

Certo ( )   Errado ( )

Não prejudicaria a correção gramatical, porque é uma expressão expletiva (ou de realce). Expressão expletiva é uma locução que serve para realçar um segmento da frase; ela pode ser suprimida sem prejuízo sintático ou semântico. *"Às vezes é ela quem diz"/" Às vezes ela diz".*

GABARITO: ERRADO.

LÍNGUA PORTUGUESA

72. **(CESPE – 2017 – PJC/MT – DELEGADO DE POLÍCIA SUBSTITUTO)** No último parágrafo do texto, a forma pronominal "la", em "apontá-la", retoma

Trecho de apoio: "E, nessa destruição geral das nossas instituições, a maior de todas as ruínas, Senhores, é a ruína da justiça, corroborada pela ação dos homens públicos. E, nesse esboroamento da justiça, a mais grave de todas as ruínas é a falta de penalidade aos criminosos confessos, é a falta de punição quando ocorre um crime de autoria incontroversa, mas ninguém tem coragem de apontá-**la** à opinião pública, de modo que a justiça possa exercer a sua ação saneadora e benfazeja."

a) "a ruína da justiça".

b) "autoria incontroversa".

c) "ação dos homens públicos".

d) "falta de punição".

e) "a mais grave de todas as ruínas".

O pronome oblíquo "la" retoma "autoria incontroversa". Observe o trecho: "é a falta de punição quando ocorre um crime de autoria incontroversa, mas ninguém tem coragem de apontá-la (apontar a autoria incontroversa) à opinião pública".
GABARITO: B.

73. **(CESPE – 2018 – POLÍCIA FEDERAL – PAPILOSCOPISTA)** O item a seguir apresenta, de forma consecutiva, os períodos que compõem um parágrafo adaptado do texto **Como se identificam as vítimas de um desastre de massa**, de Teresa Firmino (Internet: <www.publico.pt>). Julgue-o quanto à correção gramatical e à coerência e à coesão textual.

Nos casos de cadáveres de vítimas carbonizadas, podem não mais haver impressões digitais.

Certo ( )   Errado ( )

O verbo *haver* está no sentido de *existir* na oração, o que o caracteriza como verbo impessoal (não possui sujeito), então o verbo auxiliar (poder) também assumirá a impessoalidade do verbo principal e não poderá sofrer variação em número.

Deve haver oportunidades de emprego → o verbo haver no sentido de existir faz com que o auxiliar (dever) também fique no singular.

Devem existir oportunidades de emprego → o verbo existir é pessoal (possui sujeito), então a pessoalidade do verbo principal passa para o verbo auxiliar (dever), que deve ficar no plural para concordar com o sujeito **oportunidades de emprego.**

GABARITO: ERRADO.

As perícias médico-legais relacionadas ao fato tanatológico comportam sempre forte impregnação cronológica.

A definição cronológica da morte, isto é, a determinação do momento em que ela ocorreu, é de extrema importância. Em termos jurídicos, é bastante relevante a determinação do momento de ocorrência do êxito letal ou de seu relacionamento com eventos não ligados diretamente a ele — como no caso, por exemplo, dos problemas sucessórios surgidos na comoriência. Também na área do direito penal, sobretudo quando se lida com mortes presumivelmente criminosas, a fixação do momento da morte tem especial importância, pois pode ajudar a esclarecer os fatos e a apontar autorias.

Por outro lado, os progressos da ciência médica têm tornado imperioso que o momento do óbito seja estabelecido com o máximo rigor. De fato, a problemática ligada à separação de partes cadavéricas destinadas a transplantes em vivos exige que sua retirada seja feita em condições de aproveitamento útil, o que impõe, em muitos casos, que esse procedimento seja feito em prazos curtos, iniciados com o momento da morte. É importante, pois, que o médico estabeleça o momento de ocorrência do êxito letal com a maior precisão possível.

Estabelecer o momento da morte é situá-la no tempo e, para situar um acontecimento no tempo, é preciso que se tenha um conceito claro do que seja tempo. Fugindo das conceituações matemáticas ou filosóficas de tempo, pragmaticamente aceitamos a conceituação popular de tempo, isto é, a grandeza que se mede em minutos, horas, dias, meses ou anos. Essa tomada de posição, embora simplista e empírica, é a única que se nos afigura capaz de contribuir para a solução do problema tanatognóstico e, consequentemente, do da conceituação do momento da morte.

Estando a medicina legal a serviço do direito e as conceituações jurídicas estando frequentemente ligadas às noções temporais, compreende-se que se deva esperar da medicina legal uma função cronodiagnóstica. Os critérios cronológicos não se limitam a classificar os fatos em anteriores ou posteriores; vão mais longe. É preciso medir o tempo que separa dois eventos, pois, como afirma Bertrand Russel, só podemos afirmar que conhecemos um fenômeno quando somos capazes de medi-lo, e o conceito de morte está intimamente ligado ao conceito de tempo.

MARLET, José Maria. **Conceitos médico-legal e jurista de morte**. Disponível em: < http://www.revistajustitia.com.br/revistas/37756a.pdf >. Acesso em: 10 dez. 2020. (Adaptado).

74. **(CESPE – 2016 – POLÍCIA CIENTÍFICA/PE – PERITO PAPILOSCOPISTA E AUXILIAR)** No texto a conjunção "pois" (linha22) introduz, no período em que ocorre, uma ideia de

a) conclusão.

b) explicação.

c) causa.

d) finalidade.

e) consequência.

"É importante, pois, que o médico estabeleça o momento de ocorrência do êxito letal com a maior precisão possível." A conjunção "pois" apresenta a semântica de conclusão quando está deslocada na oração, ou seja, a conjunção não inicia a oração. Observe que quem está iniciando a oração é o verbo "ser" na forma "É". A partir desse raciocínio, podemos observar que o "pois" está com o mesmo valor semântico de "portanto", "logo", entre outros conectores conclusivos.

GABARITO: A.

75. **(CESPE – 2016 – POLÍCIA CIENTÍFICA/PE – PERITO PAPILOSCOPISTA E AUXILIAR)** No texto, a partícula "se", em "a grandeza que se mede em minutos, horas, dias, meses ou anos" (linhas 30 e 31), classifica-se como

a) parte integrante de verbo.

b) pronome reflexivo recíproco.

c) pronome apassivador.

d) palavra expletiva.

e) índice de indeterminação do sujeito.

LÍNGUA PORTUGUESA

É importante observarmos que o período possui um pronome relativo (*que*) o qual retoma a expressão "grandeza". Para melhor compreensão, colocaremos o substantivo "grandeza" no lugar do pronome relativo, de modo que teremos a seguinte reescrita:

"Mede-se a grandeza...". – Quando aparecer a partícula "se" associada a um verbo transitivo direto (medir) ou a um verbo transitivo direto e indireto, ela será chamada de "pronome apassivador", transformando a oração em voz passiva sintética. Para conferirmos se a construção está mesmo na voz passiva, passaremos o trecho para a voz passiva analítica, ou seja, com a presença do verbo auxiliar (ser), de modo que teremos: "a grandeza é medida".

GABARITO: C.

76.   **(CESPE – 2019 – PRF – POLICIAL RODOVIÁRIO FEDERAL)** No que se refere aos sentidos e às construções linguísticas do texto precedente, julgue o item a seguir.

A correção gramatical do texto seria mantida, mas seu sentido seria alterado, caso o trecho "que se infiltra no ambiente no qual dormimos" fosse isolado por vírgulas.

Trecho de apoio: "Nos humanos, o excesso de luz urbana que se infiltra no ambiente no qual dormimos pode reduzir drasticamente os níveis de melatonina, que regula o nosso ciclo de sono-vigília."

Certo ( )   Errado ( )

O trecho destacado é introduzido por um pronome relativo "que" (= a qual). Esse pronome introduz uma oração subordinada adjetiva, que pode ser classificada como explicativa (quando isolada por vírgulas) ou restritiva (quando não isolada por vírgulas). Caso o trecho fosse isolado por vírgulas, deixaria de ter uma ideia restritiva e passaria a ter uma ideia explicativa. A correção gramatical seria mantida, mas o sentido seria alterado.

GABARITO: CERTO.

77.   **(CESPE – 2018 – POLÍCIA FEDERAL – AGENTE DE POLÍCIA FEDERAL)** Julgue o seguinte item, relativo aos sentidos e aos aspectos linguísticos do texto.

A supressão da vírgula empregada logo após a palavra "algum" manteria a correção gramatical do texto.

Trecho de apoio: "–Você está enganado. Conheço-o bem. E ambas as coisas. Como poeta e matemático, raciocinaria bem; como mero matemático, não raciocinaria de modo algum, e ficaria, assim, à mercê do delegado."

Certo ( )   Errado ( )

A vírgula empregada antes da conjunção "e" pode ser suprimida porque o sujeito das duas orações é o mesmo.

GABAIRTO: CERTO.

78.   **(CESPE – 2018 – POLÍCIA FEDERAL – AGENTE DE POLÍCIA FEDERAL)** Julgue o seguinte item, relativo aos sentidos e aos aspectos linguísticos do texto.

Feitas as devidas alterações de maiúsculas e minúsculas, o ponto e vírgula empregado logo após "bem" poderia ser corretamente substituído por ponto final.

Trecho de apoio: "— Você está enganado. Conheço-o bem. E ambas as coisas. Como poeta e matemático, raciocinaria bem; como mero matemático, não raciocinaria de modo algum, e ficaria, assim, à mercê do delegado."

Certo ( )   Errado ( )

O sinal de ponto e vírgula é empregado quando se deseja dar uma pausa maior que a vírgula. Na passagem, o sinal de ponto e vírgula poderia ser substituído por ponto (indicando uma pausa maior) já que o ponto e vírgula está isolando trechos independentes.

GABARITO: CERTO.

79. **(CESPE – 2018 – POLÍCIA FEDERAL – AGENTE DE POLÍCIA FEDERAL)** No que se refere aos sentidos e aos aspectos linguísticos do texto apresentado, julgue o item seguinte.

A inserção de uma vírgula imediatamente após a palavra "Assim" (l.2) alteraria os sentidos do texto.

Trecho de apoio: "Imagine uma operação de busca na selva. Sem mapas, binóculos ou apoio logístico; somente com um facão. Assim eram feitas as operações de combate à pornografia infantil pela Polícia Federal até o dia em que peritos criminais federais desenvolveram, no estado de Mato Grosso do Sul, o Nudetective."

Certo ( )   Errado ( )

No texto, a palavra "assim" é um advérbio e expressa a ideia de modo (= dessa maneira). A inserção da vírgula alteraria o sentido dessa palavra, pois passaria a expressar uma conclusão e passaria a ser classificada como conjunção.

GABARITO: CERTO.

80. **(CESPE – 2018 – POLÍCIA FEDERAL – PAPILOSCOPISTA POLICIAL FEDERAL)** Texto associado.

No que se refere aos aspectos linguísticos do texto 14A15AAA, julgue o item que segue.

No fragmento "Em graus diferentes, todos fazemos parte dessa aventura, todos podemos compartilhar (...)" as vírgulas poderiam ser substituídas por travessões, sem prejuízo gramatical para o texto.

Trecho de apoio: "Em graus diferentes, todos fazemos parte dessa aventura, todos podemos compartilhar o êxtase que surge a cada nova descoberta; se não por intermédio de nossas próprias atividades de pesquisa, ao menos ao estudarmos as ideias daqueles que expandiram e expandem as fronteiras do conhecimento com sua criatividade e coragem intelectual."

Certo ( )   Errado ( )

As vírgulas podem ser substituídas por travessões ou por parênteses quando ambas estiverem fazendo o mesmo papel, ou seja, quando as duas estiverem intercalando termos ou oração. Na passagem, a primeira vírgula não exerce a mesma função da segunda, por isso não pode haver a substituição por travessões. A primeira está isolando o adjunto adverbial deslocado "em graus diferentes" A segunda está separando orações coordenadas assindéticas.

GABARITO: ERRADO.

81. **(CESPE – 2018 – POLÍCIA FEDERAL – ESCRIVÃO DE POLÍCIA FEDERAL)** A respeito das ideias e dos aspectos linguísticos do texto 13A1AAA, julgue o próximo item.

Sem prejuízo para o sentido original e a correção gramatical do texto, a oração "se são invocados" poderia ser deslocada para logo após a palavra "crime" (l.31), desde que estivesse isolada por vírgulas.

Trecho de apoio: "Dir-se-ia que não são eles que são julgados; se são invocados, é para explicar os fatos a serem julgados e determinar até que ponto a vontade do réu estava envolvida no crime."

Certo ( )   Errado ( )

LÍNGUA PORTUGUESA

Caso a oração fosse deslocada para depois da palavra "crime", não poderia ficar isolada por vírgulas, pois não se emprega vírgula antes de ponto final.

GABARITO: ERRADO.

82. **(CESPE – 2018 – POLÍCIA FEDERAL – ESCRIVÃO DE POLÍCIA FEDERAL)** Com relação às ideias e aos aspectos linguísticos do texto precedente, julgue o item seguinte.

A correção do texto seria mantida se as vírgulas que isolam o trecho "dos grandes escritores romanos e latinos e falado pelas classes romanas mais abastadas" (l. 2 e 3) fossem substituídas por travessões.

Trecho de apoio: "Como se pode imaginar, não foi o latim clássico, dos grandes escritores romanos e latinos e falado pelas classes romanas mais abastadas, que penetrou na Península Ibérica e nos demais espaços conquistados pelo Império Romano."

Certo ( )　　　Errado ( )

As duas vírgulas estão exercendo o mesmo papel: isolar trecho nominal explicativo. Por isso, ambas podem ser substituídas por travessões ou parênteses.

GABARITO: CERTO.

83. **(CESPE – 2018 – POLÍCIA FEDERAL – PERITO CRIMINAL FEDERAL)** Considerando os sentidos e os aspectos linguísticos do texto CB1A1AAA, bem como o disposto no Manual de Redação da Presidência da República, julgue o item que segue.

Os dois-pontos subsequentes a "técnicas científicas" (l.27) e "relatou" (l.41) foram, ambos, empregados com o objetivo de introduzir um trecho que apresenta um esclarecimento.

Trecho de apoio: "Os programas de investigação criminal de ficção não reproduzem corretamente o que ocorre na vida real quando o assunto são as técnicas científicas: um cientista forense da Universidade de Maryland estima que cerca de 40% do que é mostrado no CSI não existe."

'Esse desencontro entre ficção e realidade pode acarretar consequências bizarras. Em Knoxville, Tennessee, um policial relatou: "Estou com um homem cujo carro foi roubado. Ele viu uma fibra vermelha no banco traseiro e quer que eu descubra de onde ela veio, em que loja foi comprada e qual cartão de crédito foi usado'."

Certo ( )　　　Errado ( )

O primeiro sinal de dois pontos foi empregado para introduzir um esclarecimento, uma comprovação da ideia anterior; o segundo, para introduzir o discurso direto. Comprova isto o emprego das aspas.

GABARITO: ERRADO.

84. **(CESPE – PC/SE – 2018 – DELEGADO DE POLÍCIA)** Acerca dos sentidos e de aspectos linguísticos do texto precedente, julgue o item a seguir.

A eliminação da vírgula logo após "legais" (l.8) prejudicaria a correção gramatical do texto.

Trecho de apoio: "Devido a seu protagonismo e sua importância na organização e garantia da reprodução das normas legais, o Estado democrático não pode abdicar dessa instituição."

Certo ( )　　　Errado ( )

A vírgula é obrigatória no período em que se insere porque isola um adjunto adverbial extenso. Sempre que o adjunto adverbial extenso estiver anteposto ao verbo (pode abdicar), a vírgula será obrigatória.

GABARITO: CERTO.

85. **(CESPE – PC/BA – 2018 – DELEGADO DE POLÍCIA)** Considerando as regras de pontuação de acordo com a norma-padrão, assinale a alternativa em que um trecho do texto está corretamente reescrito.

a) Essa potência vem – entre outros aspectos – do tanto que a literatura exige, de nós leitores.

b) Não falo do esforço de compreender um texto nem da atenção, que as histórias e os poemas, exigem de nós. Embora sejam incontornáveis, também.

c) A literatura para além do prazer intelectual (inegável); oferece algo diferente.

d) A resposta está (como já evoquei mais acima) na potência guardada pela ficção, e pela poesia, para disparar a imaginação.

e) Mas afinal o que é, a imaginação? Essa noção tão corriqueira, e sobre a qual refletimos, tão pouco?

A: Essa potência vem – entre outros aspectos – do tanto que a literatura exige, de nós leitores. – A vírgula está separando o verbo de seu complemento.

B: Não falo do esforço de compreender um texto nem da atenção, que as histórias e os poemas, exigem de nós. Embora sejam incontornáveis, também. – A segunda vírgula está separando o sujeito do verbo.

C: A literatura para além do prazer intelectual (inegável); oferece algo diferente. – O sinal de ponto e vírgula está separando sujeito do verbo.

D: A resposta está (como já evoquei mais acima) na potência guardada pela ficção, e pela poesia, para disparar a imaginação. – As vírgulas isolando "e pela poesia" têm a intenção de enfatizar essa passagem.

E: Mas afinal o que é, a imaginação? Essa noção tão corriqueira, e sobre a qual refletimos, tão pouco? – A primeira vírgula está separando o verbo de ligação do predicativo do sujeito.

GABARITO: D.

86. **(CESPE - 2017 - PJC/MT – DELEGADO DE POLÍCIA SUBSTITUTO - ADAPTADA)** A correção e o sentido do texto CG1A1AAA seriam preservados caso se inserisse uma vírgula logo após:

A valorização do direito à vida digna preserva as duas faces do homem: a do indivíduo e a do ser político; a do ser em si e a do ser com o outro. O homem é inteiro em sua dimensão plural e faz-se único em sua condição social. Igual em sua humanidade, o homem desiguala-se, singulariza-se em sua individualidade. O direito é o instrumento da fraternização racional e rigorosa.

O direito à vida é a substância em torno da qual todos os direitos os direitos se conjugam, se desdobram, se somam parar que o sistema fique mais e mais próximo da ideia concretizável de justiça social.

Mais valeria que a vida atravessasse as páginas da Lei Maior a se traduzir em palavras que fossem apenas a revelação da justiça. Quando os descaminhos não conduzirem a isso, competirá ao homem transformar a lei na vida mais digna para que a convivência política seja mais fecunda e humana.

Cármen Lúcia Antunes Rocha. Comentário ao artigo 3º. In: 50 anos de Declaração Universal dos Direitos Humanos 1948-1998: conquistas e desafios. Brasília: OAB, Comissão Nacional de Direitos Humanos, 1998, p. 50-1 (com adaptações).

LÍNGUA PORTUGUESA

a) "Mais".
    Trecho de apoio: "Mais valeria que a vida atravessasse as páginas da Lei Maior a se traduzir em palavras que fossem apenas a revelação da justiça."
b) "digna".
c) "homem".
    Trecho de apoio: "O homem é inteiro em sua dimensão plural e faz-se único em sua condição social."
d) "Igual".
    Trecho de apoio: ""Igual em sua humanidade, o homem desiguala-se, singulariza-se em sua individualidade."
e) "fraternização" (l.6)
    Trecho de apoio: "O direito é o instrumento da fraternização racional e rigorosa."

A: "Mais" (l.12). – No trecho, "mais" é um advérbio que modifica o verbo "valeria". O emprego da vírgula acarretaria uma quebra na estrutura da frase, tornando o trecho sem sentido.
B: "digna" (l.15). – A vírgula é opcional, pois está isolando a oração principal da oração subordinada adverbial final (introduzida pela locução conjuntiva "para que"). Tal vírgula só se torna obrigatória quando a oração subordinada adverbial está anteposta à principal.
C: "homem" (l.3). – Não se separa o sujeito (o homem) do verbo (é) com vírgula.
D: "Igual" (l.4). – O emprego da vírgula acarretaria uma incoerência, pois "igual" está atrelado à "em sua humanidade" e fazendo oposição à "o homem se desiguala em sua individualidade", ou seja, ele se iguala na humanidade e se desiguala na individualidade. O emprego da vírgula intercalaria "em sua humanidade" produzindo o seguinte efeito de sentido: "igual o homem se desiguala".
E: "fraternização" (l.6) – Com emprego da vírgula, os termos "racional e rigorosa" passariam a ter caráter explicativo em relação ao termo "fraternização". Sem as vírgulas, possuem caráter restritivo e relação ao termo "fraternização". Funcionam tal qual as orações adjetivas (restritivas e explicativas).

GABARITO: B.

87. **(CESPE – 2017 – PC/GO – DELEGADO DE POLÍCIA SUBSTITUTO)** A correção gramatical e o sentido original do texto CB1A2AAA seriam preservados, se, no trecho 'Quando se trata de crianças e adolescentes, há um agravante, pois, no art. 241 do Estatuto da Criança e do Adolescente, é qualificada como crime grave a divulgação de fotos, gravações ou imagens de crianças ou adolescentes' (l. 11 a 15),
   a) fosse inserida uma vírgula imediatamente após a expressão 'crime grave'.
   b) a vírgula imediatamente após a expressão 'crianças e adolescentes' fosse eliminada.
   c) o trecho 'Quando se trata (...) pois, no art. 241' fosse reescrito da seguinte forma: **Há um agravante, quando se trata de crianças e adolescentes, pois, no artigo 241.**
   d) a vírgula imediatamente após o vocábulo 'pois' fosse eliminada.
   e) o trecho 'Quando se trata (...) pois, no art. 241' fosse reescrito da seguinte forma: **Há um agravante quando se trata de crianças e adolescentes. Pois, no art. 241.**

A: Fosse inserida uma vírgula imediatamente após a expressão "crime grave". – O trecho depois de "crime grave" exerce a função de sujeito da oração, então não pode ser separado do restante da frase (predicado) com vírgula mesmo estando na ordem inversa.

B: A vírgula imediatamente após a expressão "crianças e adolescentes" fosse eliminada. – A vírgula é obrigatória porque a primeira oração (subordinada adverbial temporal) está anteposta à oração principal.

C: O trecho "Quando se trata (...) pois, no art. 241" fosse reescrito da seguinte forma: **Há um agravante, quando se trata de crianças e adolescentes, pois, no artigo 241.** – A primeira vírgula está sendo empregada para separar a oração principal da oração subordinada adverbial temporal (facultativa); a segunda é obrigatória em razão da conjunção explicativa "pois"; a terceira é obrigatória porque está combinada com a seguinte intercalando o adjunto adverbial "no art. 241 do Estatuto da Criança e do Adolescente".

D: A vírgula imediatamente após o vocábulo "pois" fosse eliminada. – A vírgula é obrigatória antes das conjunções explicativas.

E: O trecho "Quando se trata (...) pois, no art. 241" fosse reescrito da seguinte forma: **Há um agravante quando se trata de crianças e adolescentes. Pois, no art. 241. – A conjunção "pois" não inicia período.**

GABARITO: C.

88. **(CESPE – 2016 – POLÍCIA CIENTÍFICA/PE – PERITO CRIMINAL E MÉDICO – CONHECIMENTOS GERAIS)**

No texto CG1A1AAA, o sinal de dois-pontos empregado logo após 'incontornável' (l.8) introduz:

Trecho de apoio: 'O dilema com que se defronta o mundo é "claro, aterrador e incontornável: poremos fim à espécie humana ou a humanidade renunciará à guerra?"'

a) uma expressão que o autor desejou realçar.

b) uma enumeração.

c) uma citação.

d) um esclarecimento acerca do que foi enunciado anteriormente no período.

e) uma exemplificação.

O sinal de dois-pontos pode introduzir, em geral, uma enumeração, uma citação, uma explicação, um escurecimento, um resumo, um discurso direto. Na passagem destacada, tem a função de introduzir um esclarecimento acerca da afirmação anterior (dilema claro, aterrador e incontornável).

GABARITO: D.

89. **(CESPE – 2016 – POLÍCIA CIENTÍFICA/PE – PERITO PAPILOSCOPISTA E AUXILIAR – CONHECIMENTOS GERAIS)**

As perícias médico-legais relacionadas ao fato tanatológico comportam sempre forte impregnação cronológica.

A definição cronológica da morte, isto é, a determinação do momento em que ela ocorreu, é de extrema importância. Em termos jurídicos, é bastante relevante a determinação do momento de ocorrência do êxito letal ou de seu relacionamento com eventos não ligados diretamente a ele — como no caso, por exemplo, dos problemas sucessórios surgidos na comoriência. Também

LÍNGUA PORTUGUESA

na área do direito penal, sobretudo quando se lida com mortes presumivelmente criminosas, a fixação do momento da morte tem especial importância, pois pode ajudar a esclarecer os fatos e a apontar autorias.

Por outro lado, os progressos da ciência médica têm tornado imperioso que o momento do óbito seja estabelecido com o máximo rigor. De fato, a problemática ligada à separação de partes cadavéricas destinadas a transplantes em vivos exige que sua retirada seja feita em condições de aproveitamento útil, o que impõe, em muitos casos, que esse procedimento seja feito em prazos curtos, iniciados com o momento da morte. É importante, pois, que o médico estabeleça o momento de ocorrência do êxito letal com a maior precisão possível.

Estabelecer o momento da morte é situá-la no tempo e, para situar um acontecimento no tempo, é preciso que se tenha um conceito claro do que seja tempo. Fugindo das conceituações matemáticas ou filosóficas de tempo, pragmaticamente aceitamos a conceituação popular de tempo, isto é, a grandeza que se mede em minutos, horas, dias, meses ou anos. Essa tomada de posição, embora simplista e empírica, é a única que se nos afigura capaz de contribuir para a solução do problema tanatognóstico e, consequentemente, do da conceituação do momento da morte.

Estando a medicina legal a serviço do direito e as conceituações jurídicas estando frequentemente ligadas às noções temporais, compreende-se que se deva esperar da medicina legal uma função cronodiagnóstica. Os critérios cronológicos não se limitam a classificar os fatos em anteriores ou posteriores; vão mais longe. É preciso medir o tempo que separa dois eventos, pois, como afirma Bertrand Russel, só podemos afirmar que conhecemos um fenômeno quando somos capazes de medi-lo, e o conceito de morte está intimamente ligado ao conceito de tempo.

José Maria Marlet. Conceitos médico-legal e jurista de morte. Internet: <www.revistajustitia.com.br> (com adaptações)

Seriam mantidos o sentido original e a correção gramatical do texto caso fosse inserida uma vírgula imediatamente após a palavra

a) "única" (l.32).

b) "classificar" (l.39).

c) "morte" (l.12).

d) "letal" (l.23).

e) "preciso" (l.26).

A: "única" (l.32). – O sentido seria alterado porque a palavra "que" é um pronome relativo e está introduzindo uma oração subordinada adjetiva restritiva. O emprego da vírgula tornaria tal oração explicativa.

B: "classificar" (l.39). – Não se separa o verbo de seu complemento com vírgula.

C: "morte" (l.12). – Não se separa o sujeito do verbo com vírgula.

D: "letal" (l.23). – O emprego da vírgula é facultativo porque o adjunto adverbial não está deslocado.

E: "preciso" (l.26). – Não se separa o sujeito (oracional) do predicado com vírgula. Em outras palavras, não se separa a oração principal da oração subordinada substantiva com vírgula. A palavra "que" é uma conjunção integrante.

GABARITO: D.

90. **(CESPE – 2016 – PC/PE – AGENTE DE POLÍCIA)**

O crime organizado não é um fenômeno recente.

Encontramos indícios dele nos grandes grupos contrabandistas do antigo regime na Europa, nas atividades dos piratas e corsários e nas grandes redes de receptação da Inglaterra do século XVIII. A diferença dos nossos dias é que as organizações criminosas se tornaram mais precisas, mais profissionais.

Um erro na análise do fenômeno é a suposição de que tudo é crime organizado. Mesmo quando se trata de uma pequena apreensão de crack em um local remoto, alguns órgãos da imprensa falam em crime organizado. Em muitos casos, o varejo do tráfico é um dos crimes mais desorganizados que existe. É praticado por um usuário que compra de alguém umas poucas pedras de crack e fuma a metade. Ele não tem chefe, parceiros, nem capital de giro. Possui apenas a necessidade de suprir o vício. No outro extremo, fica o grande traficante, muitas vezes um indivíduo que nem mesmo vê a droga. Só utiliza seu dinheiro para financiar o tráfico ou seus contatos para facilitar as transações. A organização criminosa envolvida com o tráfico de drogas fica, na maior parte das vezes, entre esses dois extremos. É constituída de pequenos e médios traficantes e uns poucos traficantes de grande porte.

Nas outras atividades criminosas, a situação é a mesma. O crime pode ser praticado por um indivíduo, uma quadrilha ou uma organização. Portanto, não é a modalidade do crime que identifica a existência de crime organizado.

<small>Guaracy Mingardi. Inteligência policial e crime organizado. In: Renato Sérgio de Lima e Liana de Paula (Orgs.). Segurança pública e violência: o Estado está cumprindo seu papel? São Paulo: Contexto, 2006, p. 42 (com adaptações).</small>

No texto CG1A01AAA, isola um trecho de natureza explicativa a vírgula empregada logo após:

a) "traficante" (l.17).

b) "vezes" (l.21).

c) "indivíduo" (l.24).

d) "remoto" (l.10).

e) "casos" (l.12).

A: "traficante" (l.17). – O trecho "muitas vezes um indivíduo que nem mesmo vê a droga" tem a função de explicar a palavra "traficante".

B: "vezes" (l.21). – A vírgula foi empregada para intercalar o adjunto adverbial "na maior parte das vezes".

C: "indivíduo" (l.24). – A vírgula foi empregada para separa elementos com a mesma função sintática (enumeração).

D: "remoto" (l.10). – Separa a oração subordinada adverbial anteposta à principal.

E: "casos" (l.12). – Isolar adjunto adverbial extenso deslocado.

GABARITO: A.

91. **(CESPE – 2017 – PJC/MT – DELEGADO DE POLÍCIA SUBSTITUTO)** No segundo parágrafo do texto CG1A1CCC, o elemento "se" foi empregado em "rir-se" para indicar

Trecho de apoio: "De tanto ver triunfar as nulidades, de tanto ver prosperar a desonra, de tanto ver crescer a injustiça, de tanto ver agigantarem-se os poderes nas mãos dos maus, o homem chega a desanimar da virtude, a rir-se da honra, a ter vergonha de ser honesto."

a) realce.

LÍNGUA PORTUGUESA

b) reciprocidade.

c) apassivação.

d) reflexividade.

e) indefinição.

A: Uma partícula ou expressão expletiva (ou de realce) tem o papel de realçar ou enfatizar um vocábulo ou um segmento da frase. Nunca exerce função sintática e pode ser suprimida da frase sem prejuízo sintático ou semântico. Os pronomes oblíquos átonos ME, TE, SE, NOS, VOS podem exercer esse papel. No contexto, o pronome "se" pode ser suprimido sem comprometer a correção gramatical e o sentido (homem chega a desanimar da virtude, a rir da honra).

B: reciprocidade. – O pronome "se" exercerá esse papel quando os sujeitos praticam e sofrem a ação reciprocamente (eles se olharam – olharam uns aos outros).

C: apassivação. – O pronome "se" exercerá esse papel quando acompanhar verbo transitivo direto ou transitivo direto e indireto; além disso, o sujeito sofrerá a ação (comprou-se a casa foi a casa foi comprada).

D: reflexividade. – O pronome "se" exercerá esse papel quando o sujeito pratica e sofre a ação (ela se feriu com a faca).

E: indefinição. – O pronome "se" exercerá esse papel quando o sujeito estiver indeterminado (precisa-se de funcionários).

GABARITO: A.

92. **(CESPE – 2016 – POLÍCIA CIENTÍFICA/PE – CONHECIMENTOS GERAIS – PERITO PAPILOSCOPISTA E AUXILIAR)** No texto CG1A01AAA, a partícula "se", em "a grandeza que se mede em minutos, horas, dias, meses ou anos" (l. 30 e 31), classifica-se como:

a) parte integrante de verbo.

b) pronome reflexivo recíproco.

c) pronome apassivador.

d) palavra expletiva.

e) índice de indeterminação do sujeito.

A partícula "se" é classificada como partícula apassivadora. Tal partícula exerce esse papel quando acompanha verbo transitivo direto ou transitivo direto e indireto; além disso, o sujeito sofre a ação (a grandeza que é medida em minutos).

A: parte integrante de verbo – Acompanha verbo pronominais.

B: pronome reflexivo recíproco. – O sujeito pratica e sofre a ação.

C: pronome apassivador.

D: palavra expletiva. – Pode ser suprimida da frase sem prejuízo sintático ou semântico.

E: índice de indeterminação do sujeito. Acompanha verbo transitivo indireto, intransitivo ou de ligação.

GABARITO: C.

93. (CESPE – 2016 – PC/PE – AGENTE DE POLÍCIA)

Não são muitas as experiências exitosas de políticas públicas de redução de homicídios no Brasil nos últimos vinte anos, e poucas são aquelas que tiveram continuidade. O Pacto pela Vida, política de segurança pública implantada no estado de Pernambuco em 2007, é identificado como uma política pública exitosa.

O Pacto Pela Vida é um programa do governo do estado de Pernambuco que visa à redução da criminalidade e ao controle da violência. A decisão ou vontade política de eleger a segurança pública como prioridade é o primeiro marco que se deve destacar quando se pensa em recuperar a memória dessa política, sobretudo quando se considera o fato de que o tema da segurança pública, no Brasil, tem sido historicamente negligenciado. Muitas autoridades públicas não só evitam associar-se ao assunto como também o tratam de modo simplista, como uma questão que diz respeito apenas à polícia.

O Pacto pela Vida, entendido como um grande concerto de ações com o objetivo de reduzir a violência e, em especial, os crimes contra a vida, foi apresentado à sociedade no início do mês de maio de 2007. Em seu bojo, foram estabelecidos os principais valores que orientaram a construção da política de segurança, a prioridade do combate aos crimes violentos letais intencionais e a meta de reduzir em 12% ao ano, em Pernambuco, a taxa desses crimes.

Desse modo, definiu-se, no estado, um novo paradigma de segurança pública, que se baseou na consolidação dos valores descritos acima (que estavam em disputa tanto do ponto de vista institucional quanto da sociedade), no estabelecimento de prioridades básicas (como o foco na redução dos crimes contra a vida) e no intenso debate com a sociedade civil. A implementação do Pacto Pela Vida foi responsável pela diminuição de quase 40% dos homicídios no estado entre janeiro de 2007 e junho de 2013.

José Luiz Ratton *et al*. O Pacto Pela Vida e a redução de homicídios em Pernambuco.
Rio de Janeiro: Instituto Igarapé, 2014. Internet: <https://igarape.org.br> (com adaptações)

No texto, a partícula "se" foi empregada para indeterminar o sujeito em

a) "se pensa".

b) "se considera".

c) "associar-se".

d) "definiu-se".

e) "se deve destacar".

A: "se pensa" (l.11). – O pronome indeterminador do sujeito acompanha verbo transitivo indireto, intransitivo ou de ligação.

B: "se considera" (l.12). – Partícula apassivadora, pois acompanha verbo transitivo direto (o fato é considerado).

C: "associar-se" (l.15). – Pronome reflexivo – associar a si mesmas.

D: "definiu-se" (l.25). – Partícula apassivadora pois acompanha verbo transitivo direto (um novo paradigma foi definido).

E: "se deve destacar" (l.11). – Partícula apassivadora pois acompanha verbo transitivo direto (o primeiro marco que deve ser destacado).

GABARITO: A.

LÍNGUA PORTUGUESA

94. **(CESPE - 2014 - POLÍCIA FEDERAL - AGENTE ADMINISTRATIVO)** A partícula "se" é empregada para indeterminar o sujeito.

Trecho de apoio: "Do ponto de vista global, notou-se que a quebra da ordem foi provocada em situações diversas e ora tornou mais graves as distorções do direito, ora espalhou a insegurança coletivamente."

Certo ( )   Errado ( )

Em "..., notou-se que a quebra da ordem...", o termo "se" é pronome apassivador, visto que a oração está na voz passiva pronominal, sendo o sujeito oracional. A partícula apassivadora acompanha verbo transitivo direto ou transitivo direto e indireto. Notou-se que a quebra da ordem / foi notado que a quebra da ordem...

Vale ressaltar que o pronome indeterminador do sujeito acompanha verbo transitivo indireto, intransitivo e de ligação.

GABARITO: ERRADO.

95. **(AUTOR - 2021)** Nos trechos "adicionou-se" e "se diz", a partícula "se" classifica-se como pronome apassivador.

Trecho de apoio: "Depois de uma discussão, adicionou-se um parágrafo em que se diz que, nessa situação, se houver conflito de interesses com os pais, as pacientes receberão auxílio jurídico."

Certo ( )   Errado ( )

Em "adicionou-se", a partícula "se" é classificada como partícula apassivadora, já que acompanha verbo transitivo direto e é possível a transposição para a voz passiva analítica (adicionou-se um parágrafo = um parágrafo foi adicionado). Em "se diz", a partícula "se" também é apassivadora, pelo mesmo motivo (se diz = é dito ...).

GABARITO: CERTO.

96. **(AUTOR - 2021)** Em "Registram-se 153 ocorrências de crimes eleitorais por todo o Brasil.", o emprego do pronome "se" indica que não existe um agente responsável pela ação de registrar.

Certo ( )   Errado ( )

Na passagem, a partícula "se" foi empregada para apassivar a ação verbal, ou seja, como partícula apassivadora. Comprova isso a presença de verbo transitivo direto e a possibilidade de transposição para voz passiva analítica (registraram-se = foram registradas 153 ocorrências). Essa partícula é empregada para apassivar o verbo (pôr o verbo na voz passiva sintética) e indeterminar o agente da ação verbal. Então, não se pode afirmar que não existe um agente responsável pela ação de registrar. Esse agente existe, mas não é possível identificar, determinar.

GABARITO: ERRADO.

97. **(AUTOR - 2021)** Revelaram-se novos trechos de conversas telefônicas do jogador Robinho gravadas com autorização judicial. A Corte de Apelação de Milão confirmou a condenação do jogador Robinho e de seu amigo Ricardo Falco pelo crime de violência sexual de grupo contra uma mulher albanesa, em 2013. O tribunal, a segunda instância da Justiça italiana, também referendou a pena de nove anos de prisão. Em um dos trechos divulgados, Robinho aconselha Ricardo Falco a voltar ao Brasil para se livrar da prisão.

A respeito dos aspectos linguísticos do texto, julgue o próximo item.

Nos trechos "revelaram-se" e "se livrar", a partícula "se" recebe classificações distintas.

Certo ( )   Errado ( )

Na primeira ocorrência, a partícula "se" é empregada como partícula apassivadora, pois acompanha verbo transitivo direto e é possível a transposição para a voz passiva analítica (revelaram-se = foram revelados). Na segunda ocorrência, é classificada como parte integrante do verbo, já que o verbo "revelar-se" é pronominal nesse contexto.

GABARITO: CERTO.

98.   **(AUTOR - 2021)** Na manhã de sábado passado, Deise Gouveia subia uma via da Fazendinha, comunidade do Complexo do Alemão. Copo de cerveja na mão, tentou se escorar no que supunha parede ou muro, mas era porta entreaberta. Rolou escada abaixo, adentrou a sala simples de Paula, mais de metro abaixo do nível da rua.

A partícula "se", empregada em "se escorar", poderia ser suprimida sem prejudicar o sentido e a correção gramatical, tendo em vista que foi empregada para efeitos de realce.

Certo ( )   Errado ( )

A partícula "se", no trecho, é parte integrante do verbo, pois o verbo "escorar-se" é pronominal. Então, não pode ser suprimido pois acarretaria incorreção gramatical.

GABARITO: ERRADO.

99.   **(AUTOR - 2021)** Do alto do morro, vários moradores são vistos compartilhando o pouco que têm. Sem prejuízo da correção gramatical e do sentido original do texto, o trecho "são vistos" poderia ser substituído por "se veem".

Certo ( )   Errado ( )

A substituição de "são vistos" por "veem-se" não prejudicaria a correção gramatical, mas alteraria o sentido original do texto. Em "vários moradores são vistos", o verbo se encontra na voz passiva, ou seja, o sujeito (vários moradores) sofre a ação verbal. Em "vários moradores se veem", a ideia passa a ser reflexiva, ou seja, o sujeito pratica e sofre a ação.

GABARITO: ERRADO.

100.   **(AUTOR - 2021)** No trecho "ele se chegou de mansinho, falando baixinho, pedindo carinho", o elemento "se" foi empregado para indicar

a)   realce.

b)   reciprocidade.

c)   apassivação.

d)   reflexividade.

e)   indefinição.

Uma partícula ou expressão expletiva (ou de realce) tem o papel de realçar ou enfatizar um vocábulo ou um segmento da frase. Nunca exerce função sintática e pode ser suprimida da frase sem prejuízo sintático ou semântico. Os pronomes oblíquos átonos ME, TE, SE, NOS, VOS podem exercer esse papel. No contexto, a pronome "se" pode ser suprimido sem comprometer a correção gramatical e o sentido (ele chegou de mansinho).

LÍNGUA PORTUGUESA

B: reciprocidade. – o pronome "se" exercerá esse papel quando os sujeitos praticam e sofrem a ação reciprocamente.

C: apassivação. – o pronome "se" exercerá esse papel quando acompanhar verbo transitivo direto ou transitivo direto e indireto; além disso, o sujeito sofrerá a ação.

D: reflexividade. – o pronome "se" exercerá esse papel quando o sujeito pratica e sofre a ação.

E: indefinição. – o pronome "se" exercerá esse papel quando o sujeito estiver indeterminado.

GABARITO: A.

101. (AUTOR - 2021)

A onda de polarização que varre as relações, sejam elas particulares ou institucionais, põe em xeque um tema que, por si só, deveria ser unânime: os direitos humanos. Poucas vezes se viram tantas violações, de todos os tipos e em todas as áreas. Ao mesmo tempo, é difícil recordar algum momento em que direitos básicos, como o acesso à saúde ou mesmo a vida, tenham sido tão questionados. Em vez de instrumentalizar garantias, ainda se discute quem faz jus a esse direito.

Rodrigo Berthone

No texto, a partícula "se", em todas as suas ocorrências, foi empregada para indeterminar o sujeito das orações em que ocorre.

Certo ( )   Errado ( )

Em ambas as ocorrências, a partícula "se" foi empregada como partícula apassivadora. Tanto o verbo "viram" quanto o verbo "discute" são transitivos diretos, o que afasta a possibilidade de a partícula "se" ser pronome indeterminador do sujeito como afirma o comentário acima. Também rechaça essa possibilidade a flexão do verbo no plural, pois o pronome indeterminador acompanha, necessariamente, verbo no singular. Se viram tantas violações = foram vistam várias violações / se discute isso = é discutido isso.

GABARITO: ERRADO.

102. (AUTOR - 2021) Depois de grandes nomes do futebol mundial, famosos, amigos e familiares, só faltava ela, a bola. O canal argentino TyC Sports divulgou nesta sexta-feira um vídeo emocionante em que a bola "se despede" de Diego Armando Maradona, que faleceu no dia 25 de novembro, aos 60 anos.

No trecho, o pronome "se" indica que o sujeito dessa forma verbal é indeterminado.

Certo ( )   Errado ( )

O sujeito da forma verbal "despe-se" é "bola", então não se pode afirmar que a partícula "se" é pronome indeterminador do sujeito. Tal partícula é classificada como parte integrante do verbo, pois tal verbo, nesse contexto, é pronominal.

GABARITO: ERRADO.

103. (CESPE - 2018 - POLÍCIA FEDERAL - AGENTE DE POLÍCIA FEDERAL) Julgue o seguinte item, relativo aos sentidos e aos aspectos linguísticos do trecho.

No trecho "ao procurar alguma coisa que se ache escondida", o pronome "que" exerce a função de complemento da forma verbal "ache".

Certo ( )   Errado ( )

52

A palavra "que" é pronome relativo e retoma o termo antecedente "coisa". Tal pronome exerce a função sintática de sujeito da forma verbal "ache" (transitivo direto), que está acompanhada da partícula apassivadora "se". Coisa que seja achada escondida.

GABARITO: ERRADO.

104. **(CESPE - 2018 - POLÍCIA FEDERAL - PAPILOSCOPISTA POLICIAL FEDERAL – ADAPTADA)** No que se refere aos aspectos linguísticos do trecho, julgue o item que segue.

Feito o devido ajuste de inicial maiúscula, a locução "É ... que", por ser puramente de realce nesse caso, poderia ser suprimida do trecho "É a persistência do mistério que nos inspira a criar", sem comprometer a clareza nem a correção gramatical do texto.

Certo ( )   Errado ( )

A expressão expletiva (ou de realce) tem o papel de realçar ou enfatizar um vocábulo ou um segmento da frase. Ela nunca exerce função sintática. Pode ser suprimida (retirada) da frase sem prejuízo sintático ou semântico. Veja: "É a persistência do mistério que nos inspira a criar" / "A persistência do mistério nos inspira a criar". A supressão de "é que" não acarreta alteração no sentido nem na estrutura da frase, por isso é classificada como expletiva.

GABARITO: CERTO.

105. **(CESPE - 2013 - PC/DF - ESCRIVÃO DE POLÍCIA)** Julgue os itens que se seguem, relativos às ideias e estruturas linguísticas do texto acima.

"que" é elemento de coesão empregado em referência a "autenticidade [humana]" e "individualidade humana", razão por que a forma verbal "expressam" está flexionada no plural.

Trecho de apoio: "Diversidade é a semente inesgotável da autenticidade e da individualidade humana, que se expressam na subjetividade da liberdade pessoal."

Certo ( )   Errado ( )

A palavra "que", no trecho, é pronome relativo (= as quais). Tal pronome tem a função de retomar o termo antecedente (coesão referencial) e introduzir uma oração subordinada adjetiva (coesão sequencial). Na passagem destacada, está retomando os termos antecedentes "autenticidade" e "individualidade humana", por isso o verbo "expressam" está flexionado no plural. O que se expressa na subjetividade da liberdade pessoal? A autenticidade e a individualidade humana se expressam na subjetividade da liberdade pessoal.

GABARITO: CERTO.

106. **(AUTOR – 2021)** Dentre as ocorrências da palavra "que", em destaque nos trechos a seguir, todas são classificadas como pronome relativo, EXCETO

a) Ficaram claros os benefícios que são gerados pela vacinação.

b) Pesquisas que demonstrem a importância da vacina para a população serão divulgadas.

c) Foi criada a vacina, que pode ser aplicada em diferentes casos médicos, com grandes melhorias para os pacientes.

d) Ficou comprovado que as pessoas que receberam a vacina ficaram imunes ao vírus.

e) Ficou comprovado que as famílias que receberam a vacina ficaram imunes ao vírus.

A: Ficaram claros os benefícios que são gerados pela vacinação. – pronome relativo (= os quais)

LÍNGUA PORTUGUESA

B: Pesquisas que demonstrem a importância da vacina para a população serão divulgadas. – pronome relativo (=as quais)

C: Foi criada a vacina, que pode ser aplicada em diferentes casos médicos, com grandes melhorias para os pacientes. – pronome relativo (=a qual)

D: Ficou comprovado que as pessoas que receberam a vacina ficaram imunes ao vírus. – pronome relativo (=as quais)

E: Ficou comprovado que as famílias que receberam a vacina ficaram imunes ao vírus. – conjunção integrante (= isso). Ficou comprovado isso.

GABARITO: E.

107. **(AUTOR – 2021)** Leia o trecho a seguir:

Foucault, filósofo **que** (1) morreu em 1984, dizia **que** (2) evidências que poderiam ser destruídas se soubéssemos como foram produzidas historicamente.

Os elementos linguísticos 1 e 2

a) pertencem à mesma classe gramatical e introduzem, respectivamente, uma oração subordinada substantiva e uma oração subordinada adjetiva.

b) pertencem à mesma classe gramatical, mas introduzem orações de função sintática distintas.

c) pertencem a classes gramaticais distintas e introduzem, respectivamente, uma oração subordinada adjetiva e uma oração subordinada substantiva.

d) pertencem a classes gramaticais distintas, mas introduzem orações de mesma função sintática.

O primeiro "que" é um pronome relativo e retoma o termo filósofo (=o qual). Tal pronome introduz uma oração subordinada adjetiva. Essas orações exercem função de adjunto adnominal do substantivo antecedente. O segundo "que" é uma conjunção integrante e introduz uma oração subordinada substantiva que exerce, no contexto função sintática de objeto direto. "Foucault dizia isso."

A: pertencem à mesma classe gramatical e introduzem, respectivamente, uma oração subordinada substantiva e uma oração subordinada adjetiva. – errado: classe gramaticais diferentes – pronome relativo (oração subordinada adjetiva) e conjunção integrante (oração subordinada substantiva).

B: pertencem à mesma classe gramatical, mas introduzem orações de função sintática distintas. – errado: classe gramaticais diferentes – pronome relativo (oração subordinada adjetiva – adjunto adnominal) e conjunção integrante (oração subordinada substantiva objetiva indireta).

C: pertencem a classes gramaticais distintas e introduzem, respectivamente, uma oração subordinada adjetiva e uma oração subordinada substantiva. – certo

D: pertencem a classes gramaticais distintas, mas introduzem orações de mesma função sintática. errado: classe gramaticais diferentes – pronome relativo (oração subordinada adjetiva – adjunto adnominal) e conjunção integrante (oração subordinada substantiva objetiva indireta).

GABARITO: C.

108. **(AUTOR – 2021)** Assinale a alternativa na qual a palavra "que" não esteja empregada como pronome relativo.

a) O sujeito que foi condenado já tinha muitas passagens pela polícia.

b) Acreditava <u>que</u> não seria condenado a tantos anos de prisão.

c) Ele não entendia o <u>que</u> o juiz o promotor relatava durante o processo.

d) Procurava argumentos <u>que</u> justificassem a atitude cruel.

e) Ele havia matado a amiga <u>que</u> conhecera na adolescência.

A: O sujeito <u>que</u> foi condenado já tinha muitas passagens pela polícia. – pronome relativo (= o qual)

B: Acreditava <u>que</u> não seria condenado a tantos anos de prisão. – conjunção integrante (acreditava nisso).

C: Ele não entendia o <u>que</u> o juiz o promotor relatava durante o processo. – pronome relativo. Ele não entendia aquilo o qual o juiz o promotor relatava durante o processo.

D: Procurava argumentos <u>que</u> justificassem a atitude cruel. – pronome relativo (= os quais)

E: Ele havia matado a amiga <u>que</u> conhecera na adolescência. – pronome relativo (=a qual).

GABARITO: B.

109. **(AUTOR – 2021)** Ele está vendo, neste momento, mais máscara para pessoas <u>que</u> estão indo viajar ou indo para aeroportos e rodoviárias.

É correto afirmar que a partícula "que" destacada introduz uma:

a) Oração subordinada substantiva objetiva direta.

b) Oração subordinada substantiva completiva nominal.

c) Oração subordinada adjetiva restritiva.

d) Oração subordinada adjetiva explicativa.

A palavra "que" é um pronome relativo, pois pode ser substituída por "as quais". Esse pronome introduz oração subordinada adjetiva, que pode ser restritiva (sem vírgula) ou explicativa (com vírgula). Na passagem, tal oração é adjetiva restritiva, pois não há vírgula antes do pronome relativo.

As orações subordinadas substantivas são introduzidas por conjunção integrante e podem ser substituídas pela palavra "isso".

GABARITO: C.

110. **(AUTOR– 2021)** Na passagem "Ela que organiza tudo sempre.", é correto afirmar que a partícula "que" destacada exerce função morfológica de:

a) Preposição.

b) Conjunção integrante.

c) Pronome relativo.

d) Substantivo.

e) Partícula expletiva.

A: Preposição. – pode ser substituída por "de" (tenho que fazer / tenho de fazer)

B: Conjunção integrante. – introduz oração subordinada substantiva, que pode ser substituída pela palavra "isso".

C: Pronome relativo. – pode ser substituído por "o qual", "a qual", "os quais", "as quais".

D: Substantivo. – vem precedido de artigo.

LÍNGUA PORTUGUESA

E: Partícula expletiva. – pode ser suprimida sem alterar o sentido e a estrutura da frase. "Ela organiza tudo sempre."

GABARITO: E.

111. (AUTOR – 2021)

Os médicos estão fazendo a autópsia

Dos desiludidos que se mataram

Que grande coração eles possuiam

Vísceras imensas, tripas sentimentais

E um estômago cheio de poesia.

Carlos Drummond de Andrade

Acerca do poema de Drummond, analise as assertivas a seguir.

I. Nas duas ocorrências, a palavra "que" tem a mesma classificação

II. Na primeira ocorrência, a palavra "que" é pronome relativo.

III. Na primeira ocorrência a palavra "que" exerce função sintática de sujeito.

Assinale a alternativa correta:

a) Somente a I está correta.

b) Somente a II está correta.

c) I e III estão corretas.

d) II e III estão corretas.

e) I, II e III estão corretas.

I: Nas duas ocorrências, a palavra "que" tem a mesma classificação. – o primeiro "que" é pronome relativo (=os quais), o segundo é advérbio que modifica o adjetivo "grande".

II: Na primeira ocorrência, a palavra "que" é pronome relativo. – pronome relativo (=os quais)

III: Na primeira ocorrência a palavra "que" exerce função sintática de sujeito. – certo: o pronome relativo "que" substitui o termo antecedente "desiludidos" e exerce a função de sujeito da forma verbal "mataram".

GABARITO: D.

112. (AUTOR– 2021)

Beijo-flor

O beijo é flor no canteiro ou desejo na boca?

Tanto beijo nascendo e colhido na calma do jardim nenhum beijo beijado (como beijar o beijo?) na boca das meninas e é lá que eles estão suspensos invisíveis.

Carlos Drummond de Andrade

No que se refere aos sentidos e às construções linguísticas do texto precedente, julgue o item a seguir.

Por ser puramente de realce, a expressão "é ... que" poderia ser suprimida do trecho "na boca das meninas e é lá que eles estão suspensos invisíveis" sem comprometer a clareza nem a correção gramatical do texto.

Certo ( )   Errado ( )

A expressão "é que" é expletiva e pode ser suprimida do trecho sem prejuízo à correção gramatical e à estrutura morfossintática da frase. Veja: "na boca das meninas e lá eles estão suspensos invisíveis.

GABARITO: CERTO.

113. **(AUTOR– 2021)** Assinale a alternativa na qual o vocábulo "que" exerce função sintática diferente dos demais:

a) Aconselhou os usuários sobre as melhores práticas <u>que</u> agora são comuns nas redes sociais.

b) Ela não é a única influenciadora <u>que</u> ficou desiludida com o que ela chama de "performance" da indústria.

c) Ela não é a única influenciadora que ficou desiludida com o <u>que</u> ela chama de "performance" da indústria.

d) Um tipo de fadiga <u>que</u> afeta não apenas os influenciadores, mas as marcas e os consumidores.

e) Consumidores ficam céticos em relação a muitos dos posts patrocinados <u>que</u> bagunçam seus feeds.

A questão questiona a função sintática do pronome relativo.

A: Aconselhou os usuários sobre as melhores práticas <u>que</u> agora são comuns nas redes sociais. – o pronome relativo exerce a função de sujeito da forma verbal "são". O que são comuns? As melhores práticas. Tal trecho está sendo substituído pelo pronome relativo "que", por isso exerce a função de sujeito.

B: Ela não é a única influenciadora <u>que</u> ficou desiludida com o que ela chama de "performance" da indústria. - o pronome relativo exerce a função de sujeito da forma verbal "ficou". Quem ficou desiludida? A influenciadora. Tal palavra está sendo substituída pelo pronome relativo "que", por isso exerce a função de sujeito.

C: Ela não é a única influenciadora que ficou desiludida com o <u>que</u> ela chama de "performance" da indústria. – o pronome relativo exerce a função sintática de objeto direto da forma verbal "chama". Ela chama "aquilo" (o) de performance. O pronome demonstrativo "o" (aquilo) está sendo substituído pelo pronome relativo "que", por isso exerce a função de objeto direto.

D: Um tipo de fadiga <u>que</u> afeta não apenas os influenciadores, mas as marcas e os consumidores. - o pronome relativo exerce a função de sujeito da forma verbal "afeta". Quem afeta os influenciadores? A fadiga. Tal palavra está sendo substituída pelo pronome relativo "que", por isso exerce a função de sujeito.

E: Consumidores ficam céticos em relação a muitos dos posts patrocinados <u>que</u> bagunçam seus feeds. - o pronome relativo exerce a função de sujeito da forma verbal "ficou". Quem bagunça seus feeds? Os posts patrocinados. Tal expressão está sendo substituída pelo pronome relativo "que", por isso exerce a função de sujeito.

GABARITO: C.

LÍNGUA PORTUGUESA

114. **(AUTOR – 2021)** Das opções abaixo, uma apresenta um vocábulo "que" destacado com classificação DIFERENTE das demais; assinale-a:

a) Mulher adora que verbalizem seus atributos.

b) Diga que ela é uma mulher inteligente.

c) Mas não pense que já conquistou.

d) Diga que ela cozinha melhor que a sua mãe.

e) Fale que ela tem uma voz que faz você pensar obscenidades.

> A: Mulher adora que verbalizem seus atributos. – conjunção integrante: Mulher adora isso.
>
> B: Diga que ela é uma mulher inteligente. - conjunção integrante: Diga isso.
>
> C: Mas não pense que já conquistou. – conjunção integrante: Mas não pense isso.
>
> D: Diga que ela cozinha melhor que a sua mãe. – conjunção integrante: Diga isso.
>
> E: Fale que ela tem uma voz que faz você pensar obscenidades. – pronome relativo: ela tem uma voz a qual faz você pensar obscenidades.
>
> **GABARITO: E.**

115. **(AUTOR– 2021)**

Tem gente que esquece que você não precisa diminuir o outro para crescer. Uma pessoa humilde é aquela que não diminui o outro para crescer, há pessoas que são tão arrogantes que elas só conseguem se elevar se ela diminuir a outra pessoa, e há pessoas inteligentes que crescem junto com o outro.

Mario Sergio Cortella

As palavras destacadas na passagem são classificadas, respectivamente, como:

a) Pronome relativo – conjunção integrante – partícula expletiva

b) Conjunção integrante – pronome relativo – conjunção consecutiva

c) Pronome relativo – partícula expletiva – conjunção integrante.

d) Conjunção integrante – pronome relativo – pronome relativo

> O primeiro "que" é conjunção integrante, pois introduz uma oração subordinada substantiva, que pode ser substituída por "isso" (esquece isso). O segundo "que" é pronome relativo (=a qual), pois substitui o termo antecedente "aquela" e introduz uma oração subordinada adjetiva. O terceiro "que" é conjunção consecutiva, pois introduz uma oração (adverbial) com ideia de consequência. Confirma esta classifica a presença da palavra "tão" na primeira oração (tão... que, tal... que, tanto... que, tamanho... que).
>
> **GABARITO: B.**

A vida humana só viceja sob algum tipo de luz, de preferência a do sol, tão óbvia quanto essencial. Somos animais diurnos, por mais que boêmios da pá virada e vampiros em geral discordem dessa afirmativa. Poucas vezes a gente pensa nisso, do mesmo jeito que devem ser poucas as pessoas que acordam se sentindo primatas, mamíferos ou terráqueos, outros rótulos que nos cabem por força da natureza das coisas.

A humanidade continua se aperfeiçoando na arte de afastar as trevas noturnas de todo hábitat humano. Luz soa para muitos como sinônimo de civilização, e pode-se observar do espaço o mapa das desigualdades econômicas mundiais desenhado na banda noturna do planeta. A parcela ocidental do hemisfério norte é, de longe, a mais iluminada.

Dispor de tanta luz assim, porém, tem um custo ambiental muito alto, avisam os cientistas. Nos humanos, o excesso de luz urbana que se infiltra no ambiente no qual dormimos pode reduzir drasticamente os níveis de melatonina, que regula o nosso ciclo de sono-vigília.

Mesmo assim, sinto uma alegria quase infantil quando vejo se acenderem as luzes da cidade. E repito para mim mesmo a pergunta que me faço desde que me conheço por gente: quem é o responsável por acender as luzes da cidade? O mais plausível é imaginar que essa tarefa caiba a sensores fotoelétricos espalhados pelos bairros. Mas e antes dos sensores, como é que se fazia?

Imagino que algum funcionário trepava na antena mais alta no topo do maior arranha-céu e, ao constatar a falência da luz solar, acionava um interruptor, e a cidade toda se iluminava.

Não consigo pensar em um cargo público mais empolgante que o desse homem. Claro que o cargo, se existia, já foi extinto, e o homem da luz já deve ter se transferido para o mundo das trevas eternas.

MORAES, Reinaldo. **Luz! Mais luz**. Disponível em: <https://www.nexojornal.com.br/colunistas/2016/Luz-Mais-luz>. Acesso em: 8 dez. 2020. (Adaptado).

116. **(CESPE – 2019 – PRF – POLICIAL RODOVIÁRIO FEDERAL)** Infere-se do primeiro parágrafo do texto que "boêmios da pá virada e vampiros" diferem biologicamente dos seres humanos em geral, os quais tendem a desempenhar a maior parte de suas atividades durante a manhã e à tarde.

Certo ( )   Errado ( )

O primeiro parágrafo do texto não apresenta argumentos baseados em premissas biológicas. O texto menciona que há uma discordância apenas entre os seres humanos e os boêmios da pá virada e vampiros.

GABARITO: ERRADO.

117. **(CESPE – 2019 – PRF – POLICIAL RODOVIÁRIO FEDERAL)** É correto inferir do trecho "o homem da luz já deve ter se transferido para o mundo das trevas eternas" (linhas 34 e 35) que provavelmente o funcionário responsável pelo acionamento da iluminação urbana já morreu.

Certo ( )   Errado ( )

O verbo *inferir* pede que tenha uma dedução a partir do texto. Nesses casos, é importante buscar pistas textuais para chegar à informação proposta. O texto aborda um cargo que já foi extinto há muito tempo, o que leva a crer que o funcionário tenha morrido por se tratar de uma ocupação muito antiga. Além disso, há duas figuras que ajudam a chegar a esse entendimento. A metáfora a qual ocorre quando o texto fala que o homem da luz já deve ter se transferido para o mundo das trevas, ou seja, há uma linguagem conotativa (sentido figurado), pois não existe a possibilidade dessa transferência dentro de um sentido real. Além dessa, há um eufemismo (figura utilizada para suavizar uma informação) para a morte, pois o mesmo trecho onde está presente a metáfora é uma suavização para a ideia da morte.

GABARITO: CERTO.

LÍNGUA PORTUGUESA

Na Idade Média, durante o período feudal, o príncipe era detentor de um poder conhecido como *jus politiae* — direito de polícia —, que designava tudo o que era necessário à boa ordem da sociedade civil sob a autoridade do Estado, em contraposição à boa ordem moral e religiosa, de competência exclusiva da autoridade eclesiástica.

Atualmente, no Brasil, por meio da Constituição Federal de 1988, das leis e de outros atos normativos, é conferida aos cidadãos uma série de direitos, entre os quais os direitos à liberdade e à propriedade, cujo exercício deve ser compatível com o bem-estar social e com as normas de direito público. Para tanto, essas normas especificam limitações administrativas à liberdade e à propriedade, de modo que, a cada restrição de direito individual — expressa ou implícita na norma legal —, corresponde equivalente poder de polícia administrativa à administração pública, para torná-la efetiva e fazê-la obedecida por todos.

Disponível em: <www.ambito-juridico.com.br> (Adaptado).

118. **(CESPE – 2016 – PC/GO - CONHECIMENTOS BÁSICOS – INVESTIGADOR DE POLÍCIA)** De acordo com o texto,

a) poder de polícia refere-se à faculdade de que dispõe a administração pública para tornar efetiva e fazer obedecida cada restrição de direitos e liberdades individuais, em consonância com o bem-estar social.

b) a autoridade administrativa, sob a invocação do poder de polícia, poderá anular as liberdades públicas ou aniquilar os direitos fundamentais do indivíduo previstos na Constituição Federal de 1988.

c) o fato de a Constituição, as leis e outros atos normativos conferirem aos cidadãos os direitos à liberdade e à propriedade pressupõe a existência de direito público subjetivo absoluto no Estado moderno, desde que seja respeitada a boa ordem da sociedade civil.

d) o mecanismo denominado como poder de polícia, usado pela administração pública para deter os abusos no exercício do direito individual, é restrito à atuação da administração no âmbito federal.

e) o denominado *jus politiae* que o príncipe detinha na Idade Média equivale, nos dias atuais, ao poder de polícia conferido à administração pública.

A: *"Para tanto, essas normas especificam limitações administrativas à liberdade e à proprie-dade, de modo que, a cada restrição de direito individual — expressa ou implícita na norma legal —, corresponde equivalente poder de polícia administrativa à administração pública, para torná-la efetiva e fazê-la obedecida por todos."* O trecho do texto evidencia que cabe ao poder de polícia fazer valer as normas que são garantidas na Constituição.

B: A ideia não é usar o poder de polícia para aniquilar os direitos fundamentais do indivíduo, mas fazer com que as garantias sejam respeitadas, garantindo o bem-estar social.

C: Não há existência de direito público subjetivo, ou seja, baseado no homem. Esse direito é baseado na Constituição, de modo que é caracterizado como objetivo.

D: O texto não faz essa restrição em relação ao âmbito federal.

E: Esse trecho evidencia que, na Idade Média, isso era restrito à autoridade eclesiástica, o que apresenta uma diferença significativa em relação aos dias atuais.

GABARITO: A.

As atividades pertinentes ao trabalho relacionam-se intrinsecamente com a satisfação das necessidades dos seres humanos — alimentar-se, proteger-se do frio e do calor, ter o que calçar etc. Estas colocam os homens em uma relação de dependência com a natureza, pois no mundo natural estão os elementos que serão utilizados para atendê-las.

Se prestarmos atenção à nossa volta, perceberemos que quase tudo que vemos existe em razão de atividades do

trabalho humano. Os processos de produção dos objetos que nos cercam movimentam relações diversas entre os indivíduos, assim como a organização do trabalho alterou-se bastante entre diferentes sociedades e momentos da história.

De acordo com o cientista social norte-americano Marshall Sahlins, nas sociedades tribais, o trabalho geralmente não tem a mesma concepção que vigora nas sociedades industrializadas. Naquelas, o trabalho está integrado a outras dimensões da sociabilidade — festas, ritos, artes, mitos etc. —, não representando, assim, um mundo à parte.

Nas sociedades tribais, o trabalho está em tudo, e praticamente todos trabalham. Sahlins propôs que tais sociedades fossem conhecidas como "sociedades de abundância" ou "sociedades do lazer", pelo fato de que nelas a satisfação das necessidades básicas sociais e materiais se dá plenamente.

MELLO, Thiago de. **Trabalho**. Disponível em: <http://educacao.globo.com/sociologia/assunto/conflitos-e-vida-em-socie-dade/trabalho.html>. Acesso em: 8 dez. 2020. (Adaptado).

119.   **(CESPE – 2019 – PRF – POLICIAL RODOVIÁRIO FEDERAL)** Conclui-se do texto que, devido à abundância de recursos, nas sociedades tribais os indivíduos não têm necessidade de separar as práticas laborais das outras atividades sociais.

Certo ( )   Errado ( )

A leitura dos dois últimos parágrafos ajuda a caracterizar essa alternativa como incorreta. O autor diz que por conta da não separação do trabalho em relação ao lazer, as sociedades tribais são conhecidas como "sociedades de abundância" ou "sociedades do lazer". A assertiva propõe que devido à abundância de recursos as sociedades são conhecidas por esse nome, o que apresenta erro segundo à proposta original do texto.

"Nas sociedades tribais, o trabalho está em tudo, e praticamente todos trabalham. Sahlins propôs que as sociedades fossem conhecidas como "sociedades de abundância" ou "socie-dades do lazer", pelo fato de que nelas a satisfação das necessidades básicas sociais e materiais se dá plenamente."

GABARITO: ERRADO.

O nome é o nosso rosto na multidão de palavras. Delineia os traços da imagem que fazem de nós, embora não do que somos (no íntimo). Alguns escondem seus donos, outros lhes põem nos olhos um azul que não possuem. Raramente coincidem, nome e pessoa. Também há rostos quase idênticos, e os nomes de quem os leva (pela vida afora) são completamente díspares, nenhuma letra se igualando a outra.

O do autor deste texto é um nome simples, apostólico, advindo do avô. No entanto, o sobrenome, pelo qual passou a ser reconhecido, é incomum. Sonoro, hispânico. Com uma combinação incomum de nome e sobrenome, difícil seria encontrar um homônimo. Mas eis que um surgiu, quando ele andava pelos vinte anos. E continua, ao seu lado, até agora — sombra amiga.

Impossível não existir aqui ou ali alguma confusão entre eles, um episódio obscuro que, logo, viria às claras com a real justificativa: esse não sou eu. Houve o caso da mulher que telefonou para

Alexandre Soares e Rachel Ribeiro

LÍNGUA PORTUGUESA

ele, esmagando-o com impropérios por uma crítica feita no jornal pelo outro, sobre um célebre arquiteto, de quem ela era secretária.

CARRASCOZA, João Anzanello. **Homônimo**. *In*: **Diário das Coincidências**. São Paulo: Objetiva, p. 52 (Adaptado).

120. **(CESPE – 2019 – PRF – POLICIAL RODOVIÁRIO FEDERAL)** A afirmação de que alguns nomes põem nos olhos de seus donos "um azul que não possuem" (linhas 4 e 5) contradiz a ideia de que os nomes definem não as qualidades reais de cada um, mas o modo como os outros o veem.

Certo ( )   Errado ( )

O enunciado diz que a afirmação contradiz uma ideia já mostrada no texto.

Alguns escondem seus donos, **outros lhes põem nos olhos um azul que não possuem**. Raramente coincidem, nome e pessoa. Também há rostos quase idênticos, e os nomes de quem os leva (pela vida afora) são completamente díspares, nenhuma letra se igualando a outra.

Podemos observar que não há contradição no que é afirmado no texto. Ao afirmar que o olhos põem um azul que os indivíduos não possuem, ele quer dizer que os nomes apresentam características que não são observadas efetivamente em uma pessoa, o que invalida a alternativa por não contradizer, mas por reafirmar.

GABARITO: ERRADO.

121. **(CESPE – 2019 – PRF – POLICIAL RODOVIÁRIO FEDERAL)** A informação apresentada pela oração "nenhuma letra se igualando a outra" (linhas 7 e 8) é redundante em relação à informação apresentada na oração imediatamente anterior, servindo para reforçar-lhe o sentido.

Certo ( )   Errado ( )

"Também há rostos quase idênticos, e os nomes de quem os leva (pela vida afora) são completamente díspares, nenhuma letra se igualando a outra."

O termo "díspares" significa diferente, ou seja, rostos e nomes são diversos. Depois o autor menciona que nenhuma letra se iguala a outra, repete a mesma ideia sobre diferença, o que caracteriza redundância. O importante é observar que a redundância pode ser benéfica como apresentada no texto, de modo que ela é usada para reforçar uma ideia. Entretanto, esse recurso deve ser evitado em textos dissertativos por ser prejudicial à estrutura.

GABARITO: CERTO.

122. **(CESPE – 2019 – PRF – POLICIAL RODOVIÁRIO FEDERAL)** Infere-se que o autor do texto é espanhol.

Certo ( )   Errado ( )

O termo "inferir" não traz uma informação explícita, de modo que a resposta vai ter subentendida no texto.

"O do autor deste texto é um nome simples, apostólico, advindo do avô. No entanto, o sobrenome, pelo qual passou a ser reconhecido, é incomum. Sonoro, hispânico. Com uma combinação incomum de nome e sobrenome, difícil seria encontrar um homônimo. Mas eis que um surgiu, quando ele andava pelos vinte anos. E continua, ao seu lado, até agora — sombra amiga."

Apesar do texto afirmar que o sobrenome do autor ser hispânico, isso não pode ser atribuído de modo categórico ao autor como o texto faz. Ocorre uma extrapolação ao afirmar que o autor é espanhol.

GABARITO: ERRADO.

Não são muitas as experiências exitosas de políticas públicas de redução de homicídios no Brasil nos últimos vinte anos, e poucas são aquelas que tiveram continuidade. O Pacto pela Vida, política de segurança pública implantada no estado de Pernambuco em 2007, é identificado como uma política pública exitosa.

O Pacto Pela Vida é um programa do governo do estado de Pernambuco que visa à redução da criminalidade e ao controle da violência. A decisão ou vontade política de eleger a segurança pública como prioridade é o primeiro marco que se deve destacar quando se pensa em recuperar a memória dessa política, sobretudo quando se considera o fato de que o tema da segurança pública, no Brasil, tem sido historicamente negligenciado. Muitas autoridades públicas não só evitam associar-se ao assunto como também o tratam de modo simplista, como uma questão que diz respeito apenas à polícia. O Pacto pela Vida, entendido como um grande concerto de ações com o objetivo de reduzir a violência e, em especial, os crimes contra a vida, foi apresentado à sociedade no início do mês de maio de 2007. Em seu bojo, foram estabelecidos os principais valores que orientaram a construção da política de segurança, a prioridade do combate aos crimes violentos letais intencionais e a meta de reduzir em 12% ao ano, em Pernambuco, a taxa desses crimes.

Desse modo, definiu-se, no estado, um novo paradigma de segurança pública, que se baseou na consolidação dos valores descritos acima (que estavam em disputa tanto do ponto de vista institucional quanto da sociedade), no estabelecimento de prioridades básicas (como o foco na redução dos crimes contra a vida) e no intenso debate com a sociedade civil. A implementação do Pacto Pela Vida foi responsável pela diminuição de quase 40% dos homicídios no estado entre janeiro de 2007 e junho de 2013.

RATTON, José Luiz *et al*. **O pacto pela vida e a redução de homicídios em Pernambuco**. Rio de Janeiro: Instituto Igarapé, 2014. Disponível em: <https://igarape.org.br> (Adaptado).

123. **(CESPE – 2016 – PC/PE - CONHECIMENTOS GERAIS – INVESTIGADOR DE POLÍCIA)** O Pacto pela Vida é caracterizado no texto como uma política exitosa porque

a) teve como objetivos a redução da criminalidade e o controle da violência no estado de Pernambuco.

b) tratou a questão da violência como um problema social complexo e inaugurou uma estratégia de contenção desse problema compatível com sua complexidade.

c) definiu, no estado de Pernambuco, um novo paradigma de segurança pública, embasado em uma rede de ações de combate e de repressão à violência.

d) foi fruto de um plano acertado que elegeu a área da segurança pública como prioridade.

e) resultou em uma redução visível no número de crimes contra a vida no estado de Pernambuco.

A: Essa informação é passível de ser inferida, ou seja, deduzida, entretanto, o texto não mostra a comprovação desses fatores como êxito.

B: Essa informação é passível de ser inferida, ou seja, deduzida, entretanto, o texto não mostra a comprovação desses fatores como êxito.

C: Não há exemplificação, em nenhum momento, de quais foram as ações de combate e de repressão à violência.

D: Essa informação é passível de ser inferida, ou seja, deduzida, entretanto, o texto não mostra a comprovação desses fatores como êxito.

E: Essa informação está explícita no texto e é um fator que comprova o êxito do programa:"A implementação do Pacto Pela Vida foi responsável pela diminuição de quase 40% dos homicídios no estado entre janeiro de 2007 e junho de 2013".

GABARITO: E.

LÍNGUA PORTUGUESA

O crime organizado não é um fenômeno recente. Encontramos indícios dele nos grandes grupos contrabandistas do antigo regime na Europa, nas atividades dos piratas e corsários e nas grandes redes de receptação da Inglaterra do século XVIII. A diferença dos nossos dias é que as organizações criminosas se tornaram mais precisas, mais profissionais.

Um erro na análise do fenômeno é a suposição de que tudo é crime organizado. Mesmo quando se trata de uma pequena apreensão de *crack* em um local remoto, alguns órgãos da imprensa falam em crime organizado. Em muitos casos, o varejo do tráfico é um dos crimes mais desorganizados que existe. É praticado por um usuário que compra de alguém umas poucas pedras de *crack* e fuma a metade. Ele não tem chefe, parceiros, nem capital de giro. Possui apenas a necessidade de suprir o vício. No outro extremo, fica o grande traficante, muitas vezes um indivíduo que nem mesmo vê a droga. Só utiliza seu dinheiro para financiar o tráfico ou seus contatos para facilitar as transações. A organização criminosa envolvida com o tráfico de drogas fica, na maior parte das vezes, entre esses dois extremos. É constituída de pequenos e médios traficantes e uns poucos traficantes de grande porte.

Nas outras atividades criminosas, a situação é a mesma. O crime pode ser praticado por um indivíduo, uma quadrilha ou uma organização. Portanto, não é a modalidade do crime que identifica a existência de crime organizado.

MINGARDI, Guaracy. Inteligência policial e crime organizado. *In*: LIMA, Renato Sérgio de e PAULA, Liana de (orgs.). **Segurança pública e violência**: o Estado está cumprindo seu papel? São Paulo: Contexto, 2006, p. 42 (Adaptado).

124. **(CESPE – 2016 – PC/PE- CONHECIMENTOS GERAIS – INVESTIGADOR DE POLÍCIA)** De acordo com o texto,

a) poucas são as modalidades de crime que podem ser tipificadas como crime organizado.

b) nem sempre o que o senso comum supõe ser crime organizado é de fato crime organizado.

c) há registros da associação de pessoas para o cometimento de crimes desde a Antiguidade.

d) as primeiras organizações criminosas estruturavam-se de modo totalmente impreciso e amador, em comparação com as organizações criminosas da atualidade.

e) o conceito da expressão crime organizado foi distorcido porque a imprensa passou a empregá-la para tratar de qualquer crime que envolva entorpecentes.

A: O texto não afirma o fato de que há poucas modalidades de crime organizado. Ele apenas mostra, por meio de exemplos, como algumas são categorizadas de forma errônea.

B: Essa é a tese do autor presente no texto, ou seja, de que há um equívoco grande no julgamento do que seja realmente um crime organizado. A informação está presente no seguinte trecho: *"Um erro na análise do fenômeno é a suposição de que tudo é crime organizado"*.

C: "Encontramos indícios dele nos grandes grupos contrabandistas do antigo regime na Europa, nas atividades dos piratas e corsários e nas grandes redes de receptação da Inglaterra do século XVIII." Esse trecho evidencia que não há registros, mas **indícios** dessa prática na antiguidade.

D: "A diferença dos nossos dias é que as organizações criminosas se tornaram mais precisas, mais profissionais." O texto não faz qualquer atribuição de juízo de valor às organizações criminosas do passado. Ele apenas diz que as de hoje são mais profissionais.

E: "Um erro na análise do fenômeno é a suposição de que tudo é crime organizado. Mesmo quando se trata de uma pequena apreensão de crack em um local remoto, alguns órgãos da imprensa falam em crime organizado." O erro da alternativa é afirmar que a imprensa passou a ter tal atitude, já que, na verdade, foram **alguns** órgãos da imprensa.

GABARITO: B.

Em julho de 1955, Bertrand Russell e Albert Einstein lançaram um inusitado apelo aos povos do mundo, pedindo-lhes que "pusessem de lado" seus fortes sentimentos a respeito de uma série de questões e se vissem "exclusivamente como membros de uma espécie biológica que traz consigo uma história extraordinária e cujo desaparecimento ninguém pode desejar". O dilema com que se defronta o mundo é "claro, aterrador e incontornável: poremos fim à espécie humana ou a humanidade renunciará à guerra?"

O mundo não renunciou à guerra. Muito pelo contrário. Hoje, a potência mundial hegemônica se dá o direito de fazer a guerra ao seu arbítrio, segundo uma doutrina de "autodefesa antecipada" sem limites conhecidos. Com uma postura essencialmente farisaica, os Estados Unidos da América (EUA) são implacáveis na imposição do direito internacional e de tratados e regras da ordem mundial aos outros países, mas rejeitam-nos como irrelevantes quando se trata de si mesmos — uma prática antiga, levada a limites inauditos pelos governos de Reagan e Bush II.

CHOMSKY, Noam. **Estados fracassados**: o abuso do poder e o ataque à democracia.
Rio de Janeiro: Bertrand Brasil, 2009 (Adaptado).

125. **(CESPE – 2016 – POLÍCIA CIENTÍFICA/PE – PERITO CRIMINAL E MÉDICO)** De acordo com o texto,

a) os tratados e os acordos mundiais são irrelevantes na busca da superação da prática da guerra.

b) os EUA mostram coerência, pois praticam aquilo que propõem para outras nações.

c) a guerra justifica-se pelo arbítrio das nações e suas doutrinas de "autodefesa antecipada".

d) o descumprimento de regras mundiais passou a ser uma prática adotada pelos EUA a partir dos governos de Reagan e Bush II.

e) a preocupação manifestada no apelo de Bertrand Russell e de Albert Einstein, em meados do século passado, era de cunho supranacional.

A: "Os Estados Unidos da América são implacáveis na imposição do direito internacional e de tratados e regras da ordem mundial aos outros países, **mas rejeitam-nos como irrelevantes quando se trata de si mesmos...**". A ideia de ser irrelevante é atribuída aos tratados quando se trata dos Estados Unidos cumprirem, mas não há uma generalização em relação a eles.

B: "Os Estados Unidos da América são implacáveis na imposição do direito internacional e de tratados e regras da ordem mundial aos outros países, mas rejeitam-nos como irrelevantes quando se trata de si mesmos...". Não há coerência por parte dos Estados Unidos, pois eles impõem, mas não seguem quando a norma recai sobre eles.

C: "Hoje, a potência mundial hegemônica se dá o direito de fazer a guerra ao seu arbítrio, segundo uma doutrina de 13 "autodefesa antecipada". O autor menciona que os Estados Unidos possuem essa atitude e não é um arbítrio das nações.

D: O texto propõe uma perspectiva para os dois presidentes (Reagan e Bush II) somente. A expressão "a partir dos" evidencia o erro.

E: Supranacional significa para além das fronteiras de uma nação, de modo que é apresentada, no texto, na função de englobar todo o planeta.

GABARITO: E.

Alexandre Soares e Rachel Ribeiro

LÍNGUA PORTUGUESA

Eu tinha muito orgulho daquela espada dourada, não mais de dois centímetros, espetada na gola da camisa do colégio. Na minha turma da quarta série primária, era a única.

Não me lembro que houvesse outras como ela entre os meus colegas da escola. Não do meu candidato. O broche que algumas crianças usavam trazia uma pequena vassoura. E era do "meu" adversário.

Porque aqueles símbolos, diminutos, eram tão fortes, talvez explique o fato de que — até muito tempo depois da tristeza e perplexidade que senti na derrota de Lott diante de Jânio Quadros —, quando pensava naquela que foi a minha "primeira" campanha, eu lembrasse dela, basicamente, como uma eleição na qual minha espada havia sido, inexplicavelmente, derrotada por uma vassoura.

Aquele ano marcaria o despertar do meu interesse pela política.

LAVAREDA, Antônio. **Emoções ocultas e estratégias eleitorais**. Rio de Janeiro: Objetiva, 2009 (Adaptado).

126. **(CESPE – 2016 – POLÍCIA CIENTÍFICA/PE – PERITO CRIMINAL E MÉDICO)** Com relação ao texto CG1A1BBB e às ideias nele presentes, assinale a opção correta.

a) A maioria das crianças do colégio tinha preferência pelo candidato Lott.

b) O texto apresenta características típicas do gênero relato.

c) A vassoura representa, no texto, a candidatura de Lott.

d) O texto é predominantemente argumentativo.

e) No texto, o narrador descreve as emoções que teve ao votar pela primeira vez em eleições oficiais.

A: "O broche que algumas crianças usavam trazia uma pequena vassoura. E era do "meu" adversário." Esse trecho evidencia que o broche com a vassoura fazia referência a Jânio Quadros, candidato que venceu a eleição. Além disso, o autor não observa que não havia outros broches como o dele (espada).

B: O relato pessoal mostra um acontecimento e as informações acerca deste.

C: A vassoura representa Jânio Quadros. Lott era representado pela espada.

D: O texto apresenta características de relato, de modo que não há uma tese defendida, ou seja, não há uma opinião sobre um determinado assunto.

E: O texto não mostra essa informação. É um relato de um fato que ocorreu na quarta-série.

GABARITO: B.

127. **(CESPE – 2018 – PC/SE – DELEGADO DE POLÍCIA)** Com relação aos sentidos e a aspectos linguísticos do texto precedente, julgue o item que se segue.

O Departamento de Atendimento a Grupos Vulneráveis (DAGV) da Polícia Civil de Sergipe atende a um público específico, que frequentemente se torna vítima de diversos tipos de violência. Idosos, homossexuais, mulheres, crianças e adolescentes têm recebido atenção constante no DAGV, onde o atendimento ganha força e se especializa diariamente.

A unidade surgiu como delegacia especializada em setembro de 2004. Agentes e delegados de atendimento a grupos vulneráveis realizam atendimento às vítimas, centralizam procedimentos relativos a crimes contra o público vulnerável registrados em outras delegacias, abrem inquéritos e termos circunstanciados e fazem investigações de queixas.

Predomina no texto a tipologia narrativa, a qual é adequada ao propósito comunicativo de apresentar ao leitor um relato linear e objetivo da história do DAGV desde o seu surgimento até os dias atuais.

Certo ( )   Errado ( )

O texto é predominantemente dissertativo-expositivo, já que a intenção é informar o leitor sobre as atividades do Departamento de Atendimento a Grupos Vulneráveis. Não se pode afirmar que é narrativo, pois é necessária a presença de personagem, enredo, predominância de verbo no pretérito, sequência de ações e acontecimento.

GABARITO: ERRADO.

128. **(CESPE – 2018 – PC/SE – DELEGADO DE POLÍCIA)**

O Departamento de Atendimento a Grupos Vulneráveis (DAGV) da Polícia Civil de Sergipe atende a um público específico, que frequentemente se torna vítima de diversos tipos de violência. Idosos, homossexuais, mulheres, crianças e adolescentes têm recebido atenção constante no DAGV, onde o atendimento ganha força e se especializa diariamente.

A unidade surgiu como delegacia especializada em setembro de 2004. Agentes e delegados de atendimento a grupos vulneráveis realizam atendimento às vítimas, centralizam procedimentos relativos a crimes contra o público vulnerável registrados em outras delegacias, abrem inquéritos e termos circunstanciados e fazem investigações de queixas.

De acordo com o segundo período do texto, o DAGV é um espaço destinado a alojar grupos vulneráveis, como idosos, homossexuais, mulheres, crianças e adolescentes, dando-lhes refúgio e proteção constante.

Certo ( )   Errado ( )

De acordo com o segundo período do texto, o DAGV é um espaço destinado ao atendimento a grupos vulneráveis, ou seja, os agentes e delegados "realizam atendimento às vítimas, centralizam procedimentos relativos a crimes contra o público vulnerável registrados em outras delegacias, abrem inquéritos e termos circunstanciados e fazem investigações de queixas." Não é um local para alojar esses grupos nem dar refúgio e proteção constante, e sim para atendimento.

GABARITO: ERRADO.

129. **(CESPE – 2018 – PC/SE – DELEGADO DE POLÍCIA)**

(...)

Às vezes eu falo com a vida

Às vezes é ela quem diz

Qual a paz que eu não quero

Conservar para tentar ser feliz

As grades do condomínio

São para trazer proteção

Mas também trazem a dúvida

Se é você que está nessa prisão

Me abrace e me dê um beijo

Faça um filho comigo

Mas não me deixe sentar

Na poltrona no dia de domingo.

(...)

O RAPPA. Minha Alma (A Paz Que Eu Não Quero). In: Álbum Lado B Lado A. Warner Music Group, 1999 (Adaptado).

LÍNGUA PORTUGUESA

No trecho apresentado, a associação de "As grades do condomínio" (linha 5) com as palavras "proteção" (linha 6) e "prisão" (linha 8) remete a uma solução encontrada pelos cidadãos que, para se proteger da violência, se privam de sua liberdade, tornando-se prisioneiros em seus lares.

Certo ( )   Errado ( )

Essas palavras pertencem ao mesmo campo lexical, ou seja, a mesma área do conhecimento: grades, proteção, prisão. Ao mesmo tempo que remetem a proteção dos indivíduos, referem-se também a ideia de prisão (privação da liberdade).

GABARITO: CERTO.

Texto CB1A1AAA

A diferença básica entre as polícias civil e militar é a essência de suas atividades, pois assim desenhou o constituinte original: a Constituição da República Federativa do Brasil de 1988 (CF), em seu art. 144, atribui à polícia federal e às polícias civis dos estados as funções de polícia judiciária — de natureza essencialmente investigatória, com vistas à colheita de provas e, assim, à viabilização do transcorrer da ação penal — e a apuração de infrações penais.

Enquanto a polícia civil descobre, apura, colhe provas de crimes, propiciando a existência do processo criminal e a eventual condenação do delinquente, a polícia militar, fardada, faz o patrulhamento ostensivo, isto é, visível, claro e perceptível pelas ruas. Atua de modo preventivo-repressivo, mas não é seu mister a investigação de crimes. Da mesma forma, não cabe ao delegado de polícia de carreira e a seus agentes sair pelas ruas ostensivamente em patrulhamento. A própria comunidade identifica na farda a polícia repressiva; quando ocorre um crime, em regra, esta é a primeira a ser chamada. Depois, havendo prisão em flagrante, por exemplo, atinge-se a fase de persecução penal, e ocorre o ingresso da polícia civil, cuja identificação não se dá necessariamente pelos trajes usados.

Guilherme de Souza Nucci. Direitos humanos versus segurança pública.
Rio de Janeiro: Forense, 2016, p. 43 (com adaptações).

130. **(CESPE – 2017 – PC/GO – DELEGADO DE POLÍCIA SUBSTITUTO)** O texto CB1A1AAA é predominantemente

a) injuntivo.

b) narrativo.

c) dissertativo.

d) exortativo.

e) descritivo.

Quando falamos em texto dissertativo, não necessariamente faremos referência ao tipo argumentativo da dissertação. O texto dissertativo expositivo ou argumentativo busca defender uma opinião por meio de argumentos que serão usados no convencimento do leitor, e tem a função de transmitir uma informação sobre determinado assunto, ou seja, expõe uma ideia para o leitor. É possível que haja uma insinuação opinativa no texto expositivo, entretanto, o objetivo principal é falar sobre determinado tema.

Injuntivo: texto que traz a predominância de verbos no imperativo (receitas).

Narrativo: texto que mostra um enredo, ou seja, uma história.

Exortativo: é um texto injuntivo com apelo, ou seja, uma convocação.

Descritivo: é o texto que dá características físicas ou psicológicas.

GABARITO: C.

Considerando os sentidos e os aspectos linguísticos do texto CB1A1AAA, bem como o disposto no **Manual de Redação da Presidência da República**, julgue o item que segue.

131. **(CESPE – 2018 – POLÍCIA FEDERAL – PERITO CRIMINAL FEDERAL)** SERIAM mantidos os sentidos originais do trecho "o que ela é capaz, ou não, de realizar" (linha 3), caso a expressão "ou não" fosse deslocada para logo depois da forma verbal "é" — escrevendo-se **o que ela é, ou não, capaz de realizar** — ou para o final do período — escrevendo-se **o que ela é capaz de realizar, ou não**.

Certo ( )   Errado ( )

Precisamos tomar muito cuidado com as expressões que apresentam a semântica da negação dentro das construções de um texto. O enunciado trouxe possibilidades de deslocamento em relação à expressão "ou não", de modo que precisamos analisar cada um para enxergarmos mudança de sentido.

"O que ela é capaz, ou não, de realizar." Observamos que a ideia da negação recai sobre a perspectiva da capacidade. Nesse caso, entendemos que ela pode ou não ser capaz de realizar algo.

"O que ela é, ou não, capaz de realizar." Podemos observar que a ideia da negação continua sobre a perspectiva da capacidade. Logo, entendemos que ela é ou não é capaz de realigar algo.

"O que ela é capaz de realizar, ou não." Nesse exemplo, houve mudança no sentido, pois a ideia da negação recaiu sobre a ação de realizar, ou seja, sabemos que ela é capaz, mas não sabemos se ela irá ou não realizar.

GABARITO: ERRADO.

132. **(CESPE – 2017 – PJC/MT – DELEGADO DE POLÍCIA SUBSTITUTO)**

A injustiça, Senhores, desanima o trabalho, a honestidade, o bem; cresta em flor os espíritos dos moços, semeia no coração das gerações que vêm nascendo a semente da podridão, habitua os homens a não acreditar senão na estrela, na fortuna, no acaso, na loteria da sorte; promove a desonestidade, a venalidade, a relaxação; insufla a cortesania, a baixeza, sob todas as suas formas.

De tanto ver triunfar as nulidades, de tanto ver prosperar a desonra, de tanto ver crescer a injustiça, de tanto ver agigantarem-se os poderes nas mãos dos maus, o homem chega a desanimar da virtude, a rir-se da honra, a ter vergonha de ser honesto. E, nessa destruição geral das nossas instituições, a maior de todas as ruínas, Senhores, é a ruína da justiça, corroborada pela ação dos homens públicos.

E, nesse esboroamento da justiça, a mais grave de todas as ruínas é a falta de penalidade aos criminosos confessos, é a falta de punição quando ocorre um crime de autoria incontroversa, mas ninguém tem coragem de apontá-la à opinião pública, de modo que a justiça possa exercer a sua ação saneadora e benfazeja.

BARBOSA, Rui. **Obras completas de Rui Barbosa**. vol. XLI. 1914. Disponível em: < http://www.casaruibarbosa.gov.br/rbon-line/obrasCompletas.htm>. Acesso em: 12 dez. 2020. (Adaptado).

No que se refere ao gênero textual, o texto CG1A1CCC classifica-se como

a) resenha.

b) discurso.

c) verbete.

d) notícia.

e) relato histórico.

LÍNGUA PORTUGUESA

A: resenha: análise crítica ou informativa de alguma coisa.
B: discurso: o início do texto em que Rui Barbosa se dirige ao público. "A injustiça, Senhores, desanima o trabalho, a honestidade, o bem..."
C: verbete: nota ou comentário que foi registrado em dicionários, glossários e enciclopédias.
D: notícia: informação a respeito de acontecimento.
E: relato histórico: exposição escrita ou oral sobre um acontecimento histórico; narração de um fato histórico.
GABARITO: B.

Muitos acreditam que chegamos à velhice do Estado nacional. Desde 1945, dizem, sua soberania foi ultrapassada pelas redes transnacionais de poder, especialmente as do

capitalismo global e da cultura pós-moderna. Alguns pós-modernistas levam mais longe a argumentação, afirmando que isso põe em risco a certeza e a racionalidade da civilizaçãomoderna, entre cujos esteios principais se insere a noção segura e unidimensional de soberania política absoluta, inserida no conceito de Estado nacional. No coração histórico da sociedade moderna, a Comunidade Europeia (CE) supranacional parece dar especial crédito à tese de que a soberania político-nacional vem fragmentando-se. Ali, tem-se às vezes anunciado a morte efetiva do Estado nacional, embora, para essa visão, uma aposentadoria oportuna talvez fosse a metáfora mais adequada. O cientista político Phillippe Schmitter argumentou que, embora a situação europeia seja singular, seu progresso para além do Estado nacional tem uma pertinência mais genérica, pois "o contexto contemporâneo favorece sistematicamente a transformação dos Estados em *confederatii*, *condominii* ou *federatii*, numa variedade de contextos".

É verdade que a CE vem desenvolvendo novas formas políticas, que trazem à memória algumas formas mais antigas, como lembra o latim usado por Schmitter. Estas nos obrigam a rever nossas ideias do que devem ser os Estados contemporâneos e suas inter-relações. De fato, nos últimos 25 anos, assistimos a reversões neoliberais e transnacionais de alguns poderes de Estados nacionais. No entanto, alguns de seus poderes continuam a crescer. Ao longo desse mesmo período recente, os Estados regularam cada vez mais as esferas privadas íntimas do ciclo de vida e da família. A regulamentação estatal das relações entre homens e mulheres, da violência familiar, do cuidado com os filhos, do aborto e de hábitos pessoais que costumavam ser considerados particulares, como o fumo, continua a crescer. A política estatal de proteção ao consumidor e ao meio ambiente continua a proliferar. Tudo indica que o enfraquecimento do Estado nacional da Europa

Ocidental é ligeiro, desigual e singular. Em partes do mundo menos desenvolvido, alguns aspirantes a Estados nacionais também estão fraquejando, mas por razões diferentes, essencialmente "pré-modernas". Na maior parte do mundo, os Estados nacionais continuam a amadurecer ou, pelo menos, estão tentando fazê-lo. A Europa não é o futuro do mundo. Os Estados do mundo são numerosos e continuam variados, tanto em suas estruturas atuais quanto em suas trajetórias.

MANN, Michael. Estados nacionais na Europa e noutros continentes: diversificar, desenvolver, não morrer. *In*: BALAKRISHNAN, Gopal. **Um mapa da questão nacional**. Vera Ribeiro (Trad.). Rio de Janeiro: Contraponto, 2000, p. 311-4 (Adaptado).

PORT

A natureza jamais vai deixar de nos surpreender. As teorias científicas de hoje, das quais somos justamente orgulhosos, serão consideradas brincadeira de criança por futuras gerações de cientistas. Nossos modelos de hoje certamente serão pobres aproximações para os modelos do futuro. No entanto, o trabalho dos cientistas do futuro seria impossível sem o nosso, assim como o nosso teria sido impossível sem o trabalho de Kepler, Galileu ou Newton. Teorias científicas jamais serão a verdade final: elas irão sempre evoluir e mudar, tornando-se progressivamente mais corretas e eficientes, sem chegar nunca a um estado final de perfeição. Novos fenômenos estranhos, inesperados e imprevisíveis irão sempre desafiar nossa imaginação. Assim como nossos antepassados, estaremos sempre buscando compreender o novo. E, a cada passo dessa busca sem fim, compreenderemos um pouco mais sobre nós mesmos e sobre o mundo a nossa volta.

Em graus diferentes, todos fazemos parte dessa aventura, todos podemos compartilhar o êxtase que surge a cada nova descoberta; se não por intermédio de nossas próprias atividades de pesquisa, ao menos ao estudarmos as ideias daqueles que expandiram e expandem as fronteiras do conhecimento com sua criatividade e coragem intelectual. Nesse sentido, você, eu, Heráclito, Copérnico e Einstein somos todos parceiros da mesma dança, todos dançamos com o Universo. É a persistência do mistério que nos inspira a criar.

GLEISER, Marcelo. **A dança do un**iverso: dos mitos de criação ao Big-Bang.
São Paulo: Companhia das Letras, 2006, p. 384-5 (Adaptado).

133. **(CESPE – 2018 – POLÍCIA FEDERAL – PAPILOSCOPISTA)** Da afirmação "Nossos modelos de hoje certamente serão pobres aproximações para os modelos do futuro" (linhas 4 a 6) deduz-se que os modelos científicos de antigamente têm pouca importância para os estudos atuais.

Certo ( )   Errado ( )

É importante observar que os estudos que são possíveis hoje são desenvolvimentos de estudos passados, entretanto, se observarmos uma perspectiva de cem anos atrás, não seria possível inferir, por exemplo, que seria possível pagar uma conta usando o celular. Seguindo esse pensamento, se projetarmos daqui a cem anos, são inimagináveis as coisas que poderão ser feitas com a tecnologia que foi iniciada neste século. A afirmação do texto que comprova esse raciocínio é:

"No entanto, o trabalho dos cientistas **do futuro seria impossível** sem o nosso, assim como o **nosso teria sido impossível** sem o trabalho de Kepler, Galileu ou Newton." A partir desses raciocínios, podemos inferir que a afirmação está errada, pois os estudos de antigamente são fundamentais.

GABARITO: ERRADO.

134. **(CESPE – 2018 – POLÍCIA FEDERAL – PAPILOSCOPISTA)** Dada a sequência lógica do texto, é correto afirmar que os trechos "Novos fenômenos estranhos, inesperados e imprevisíveis irão sempre desafiar nossa imaginação" (linhas 12 e 13) e "E, a cada passo dessa busca sem fim, compreenderemos um pouco mais sobre nós mesmos e sobre o mundo a nossa volta" (linhas 15 a 17) são usados como argumentos para reforçar a ideia do primeiro período do texto.

Certo ( )   Errado ( )

Por se tratar de um texto argumentativo, é importante observar que há presença de **tese** e **argumentos**. Nesse sentido, é preciso reconhecer a tese e os argumentos utilizados para responder a alternativa.

Alexandre Soares e Rachel Ribeiro

LÍNGUA PORTUGUESA

Tese: "A natureza jamais vai deixar de nos surpreender." É possível identificar esse trecho como tese, pois ele marca a opinião do autor, ou seja, evidencia um posicionamento acerca do assunto abordado.

Os argumentos que confirmam essa tese são:

"Novos fenômenos estranhos, inesperados e imprevisíveis irão sempre desafiar nossa imaginação." Essa passagem demonstra plena concordância com a tese do primeiro período, pois a natureza sempre surpreende.

"E, a cada passo dessa busca sem fim, compreenderemos um pouco mais sobre nós mesmos e sobre o mundo a nossa volta." Vamos repetir a mesma estratégia de utilizar um conector explicativo para observar se há relação entre a tese e o argumento. "A natureza jamais vai deixar de nos surpreender, **porque** e a cada passo dessa busca sem fim, compreenderemos um pouco mais sobre nós mesmos e sobre o mundo a nossa volta." Observe que não há coesão nem coerência da passagem em relação à tese, o que mostra que a assertiva está errada.

GABARITO: ERRADO.

135. **(CESPE – 2018 – POLÍCIA FEDERAL – PAPILOSCOPISTA)** No último parágrafo, o autor inclui a si mesmo, junto com Kepler, Galileu, Newton, Heráclito, Copérnico e Einstein, entre os cientistas que expandiram as fronteiras do conhecimento.

Certo ( )   Errado ( )

"Nesse sentido, você, eu, Heráclito, Copérnico e Einstein somos todos parceiros da mesma dança, todos dançamos com o Universo. É a persistência do mistério que nos inspira a criar." O autor não se coloca de forma única no mesmo nível dos outros cientistas. Ele coloca todos os indivíduos, os quais são capazes de produzir, pois estão observando as mudanças do universo e participando "da mesma dança".

"Em graus diferentes, **todos fazemos parte dessa aventura, todos podemos compartilhar o êxtase que surge a cada nova descoberta**; se não por intermédio de nossas próprias atividades de pesquisa, ao menos ao **estudarmos** as ideias daqueles que expandiram e expandem as fronteiras do conhecimento com sua criatividade e coragem intelectual."

GABARITO: ERRADO.

136. **(CESPE – 2018 – POLÍCIA FEDERAL – PAPILOSCOPISTA)** Para o autor, compreender o novo implica conhecer mais o ser humano e a natureza que o rodeia.

Certo ( )   Errado ( )

"Novos fenômenos estranhos, inesperados e imprevisíveis irão sempre desafiar nossa imaginação. Assim como nossos antepassados, estaremos sempre buscando compreender o novo. E, a cada passo dessa busca sem fim, compreenderemos um pouco mais sobre nós mesmos e sobre o mundo a nossa volta."

Esse trecho evidencia o conhecimento do novo, resulta em um conhecimento maior do indivíduo e do mundo que o rodeia, logo, a alternativa se torna correta.

GABARITO: CERTO.

137. **(CESPE – 2018 – POLÍCIA FEDERAL – PAPILOSCOPISTA)** Conclui-se do texto que as teorias científicas sempre contribuem para a evolução, mas nem sempre permitem apresentar dados precisos, uma vez que a natureza está em constante estado de transformação.

Certo ( )   Errado ( )

"Teorias científicas jamais serão a verdade final: elas irão sempre evoluir e mudar...". Essa parte do texto evidencia a característica de que as teorias científicas evoluem, de modo que essa evolução acontece de um modo geral.

"tornando-se progressivamente mais corretas e eficientes, sem chegar nunca a um estado final de perfeição." Esse trecho evidencia o caráter não conclusivo das teorias científicas, ou seja, não permitem apresentar dados precisos.

"A natureza jamais vai deixar de nos surpreender."

"Novos fenômenos estranhos, inesperados e imprevisíveis irão sempre desafiar nossa imaginação." Temos o caráter transitório da natureza, isto é, ela sempre está mudando.

GABARITO: CERTO.

O que tanta gente foi fazer do lado de fora do tribunal onde foi julgado um dos mais famosos casais acusados de assassinato no país? Torcer pela justiça, sim: as evidências permitiam uma forte convicção sobre os culpados, muito antes do encerramento das investigações. Contudo, para torcer pela justiça, não era necessário acampar na porta do tribunal, de onde ninguém podia pressionar os jurados. Bastava fazer abaixo-assinados via Internet pela condenação do pai e da madrasta da vítima. O que foram fazer lá, ao vivo? Penso que as pessoas não torceram apenas pela condenação dos principais suspeitos. Torceram também para que a versão que inculpou o pai e a madrasta fosse verdadeira.

O relativo alívio que se sente ao saber que um assassinato se explica a partir do círculo de relações pessoais da vítima talvez tenha duas explicações. Primeiro, a fantasia de que em nossas famílias isso nunca há de acontecer. Em geral temos mais controle sobre nossas relações íntimas que sobre o acaso dos maus encontros que podem nos vitimar em uma cidade grande. Segundo, porque o crime familiar permite o lenitivo da construção de uma narrativa. Se toda morte violenta, ou súbita, nos deixa frente a frente com o real traumático, busca-se a possibilidade de inscrever o acontecido em uma narrativa, ainda que terrível, capaz de produzir sentido para o que não tem tamanho nem nunca terá, o que não tem conserto nem nunca terá, o que não faz sentido.

KHEL, Maria Rita. A morte do sentido. Disponível em: <www.mariaritakehl.psc.br> (Adaptado).

138. **(CESPE – 2013 – POLÍCIA FEDERAL – ESCRIVÃO DA POLÍCIA FEDERAL)** De natureza indagativa, o texto coteja o comportamento do povo diante de determinados julgamentos. Em relação a uns, o povo se mobiliza ruidosamente; a outros, manifesta completo desinteresse.

Certo ( )   Errado ( )

O texto não apresenta uma natureza indagativa, pois se trata de um texto argumentativo, defendendo uma tese, ou seja, uma opinião. O autor defende um ponto de vista com base em uma opinião dele sobre a ação das pessoas que foram até o julgamento. A ideia do texto é não indagar, mas argumentar.

GABARITO: ERRADO.

Alexandre Soares e Rachel Ribeiro

LÍNGUA PORTUGUESA

139. **(CESPE – 2013 – POLÍCIA FEDERAL – ESCRIVÃO DA POLÍCIA FEDERAL)** O trecho "o que não tem tamanho nem nunca terá, o que não tem conserto nem nunca terá, o que não faz sentido" (linhas 24-25) evoca o sentimento de revolta das famílias vítimas de violência urbana.

Certo ( )   Errado ( )

Esse trecho tem relação com as mortes súbitas e violentas. Quando se fala em mortes súbitas e violentas, não há como se medir ou consertar esse fato, não faz sentido um crime violento ou uma morte súbita. A partir desse entendimento, o comentário da questão está equivocado, pois ele relaciona essa ideia a um outro contexto do texto.

GABARITO: ERRADO.

O processo penal moderno, tal como praticado atualmente nos países ocidentais, deixa de centrar-se na finalidade meramente punitiva para centrar-se, antes, na finalidade investigativa. O que se quer dizer é que, abandonado o sistema inquisitório, em que o órgão julgador cuidava também de obter a prova da responsabilidade do acusado (que consistia, a maior parte das vezes, na sua confissão), o que se pretende no sistema acusatório é submeter ao órgão julgador provas suficientes ao esclarecimento da verdade.

Evidentemente, no primeiro sistema, a complexidade do ato decisório haveria de ser bem menor, uma vez que a condenação está atrelada à confissão do acusado. Problemas de consciência não os haveria de ter o julgador pela decisão em si, porque o seu veredito era baseado na contundência probatória do meio de prova "mais importante" — a confissão. Um dos motivos pelos quais se pôs em causa esse sistema foi justamente a questão do controle da obtenção da prova: a confissão, exigida como prova plena para a condenação, era o mais das vezes obtida por meio de coações morais e físicas.

Esse fato revelou a necessidade, para que haja condenação, de se proceder à reconstituição histórica dos fatos, de modo que se investigue o que se passou na verdade e se a prática do ato ilícito pode ser atribuída ao arguido, ou seja, a necessidade de se restabelecer, tanto quanto possível, a verdade dos fatos, para a solução justa do litígio. Sendo esse o fim a que se destina o processo, é mediante a instrução que se busca a mais perfeita representação possível dessa verdade.

NEVES, Getúlio Marcos Pereira. Valoração da prova e livre convicção do juiz. *In*: **Jus Navigandi**, Teresina, ano 9, n.º 401, ago./2004 (Adaptado).

140. **(CESPE – 2013 – POLÍCIA FEDERAL – ESCRIVÃO DA POLÍCIA FEDERAL)** Infere-se do emprego das expressões "tanto quanto possível" (linha 24) e "a mais perfeita representação possível" (linha 27) que a instrução processual nem sempre consegue retratar com absoluta exatidão o que aconteceu na realidade dos fatos.

Certo ( )   Errado ( )

Essas expressões evidenciam que há uma tentativa de se aproximar – dentro do possível – do que se aconteceu na realidade dos fatos, entretanto, não, de fato, uma exatidão apresentada pelas instruções processuais e essas expressões evidenciam esse caráter.

GABARITO: CERTO.

141. **(CESPE – 2013 – POLÍCIA FEDERAL – ESCRIVÃO DA POLÍCIA FEDERAL)** Depreende-se do texto que é praticado atualmente, ao menos nos países ocidentais, um método investigativo no qual a contundência probatória da confissão é suficiente para ensejar a condenação do arguido.

Certo ( )   Errado ( )

"Um dos motivos pelos quais se pôs em causa esse sistema foi justamente a questão do controle da obtenção da prova: a confissão, exigida como prova plena para a condenação, era o mais das vezes obtida por meio de coações morais e físicas. Esse fato revelou a necessidade, para que haja condenação, de se proceder à reconstituição histórica dos fatos, de modo que se investigue o que se passou na verdade..." Esse trecho evidencia exatamente o contrário em relação ao que é proposto pela alternativa, ou seja, a confissão não é suficiente para ensejar a condenação, pois ela pode ocorrer sob forte ameaça.

GABARITO: ERRADO.

142. **(CESPE – 2013 – POLÍCIA FEDERAL – ESCRIVÃO DA POLÍCIA FEDERAL)** A argumentação do autor centra-se nessas duas ideias: condenação da imputação da pena baseada na confissão do acusado e valorização da instrução processual na busca de provas suficientes para uma solução justa do litígio.

Certo ( )   Errado ( )

"Um dos motivos pelos quais se pôs em causa esse sistema foi justamente a questão do controle da obtenção da prova: a confissão, exigida como prova plena para a condenação, era o mais das vezes obtida por meio de coações morais e físicas. Esse fato revelou a necessidade, para que haja condenação, de se proceder à reconstituição histórica dos fatos, de modo que se investigue o que se passou na verdade..." A alternativa já inicia com um posicionamento equivocado, pois, no texto, não há uma condenação, visto que a confissão é importante na instrução processual, mas o autor **constata** que essa confissão poderia ser fundamentada com base em coação e, portanto, faz-se necessária a reunião de provas e reconstituições para não prejudicar quem está sendo acusado. Portanto, alternativa errada, pois não há uma **condenação**. O autor **constata**.

GABARITO: ERRADO.

143. **(CESPE – 2018 – PC/SE – DELEGADO DE POLÍCIA)** Com relação aos sentidos e a aspectos linguísticos do texto precedente, julgue o item que se segue.

O Departamento de Atendimento a Grupos Vulneráveis (DAGV) da Polícia Civil de Sergipe atende a um público específico, que frequentemente se torna vítima de diversos tipos de violência. Idosos, homossexuais, mulheres, crianças e adolescentes têm recebido atenção constante no DAGV, onde o atendimento ganha força e se especializa diariamente.

A unidade surgiu como delegacia especializada em setembro de 2004. Agentes e delegados de atendimento a grupos vulneráveis realizam atendimento às vítimas, centralizam procedimentos relativos a crimes contra o público vulnerável registrados em outras delegacias, abrem inquéritos e termos circunstanciados e fazem investigações de queixas.

Internet (com adaptações).

Predomina no texto a tipologia narrativa, a qual é adequada ao propósito comunicativo de apresentar ao leitor um relato linear e objetivo da história do DAGV desde o seu surgimento até os dias atuais.

Certo ( )   Errado ( )

O texto é predominantemente dissertativo-expositivo, já que a intenção é informar o leitor sobre as atividades do Departamento de Atendimento a Grupos Vulneráveis. Não se pode afirmar que é narrativo, pois, para tal, é necessária a presença de personagem, enredo, predominância de verbo no pretérito, sequência de ações e acontecimento.

LÍNGUA PORTUGUESA

GABARITO: ERRADO.

144. **(CESPE – 2018 – POLÍCIA FEDERAL – AGENTE DE POLÍCIA FEDERAL)**

— A polícia parisiense — disse ele — é extremamente hábil à sua maneira. Seus agentes são perseverantes, engenhosos, astutos e perfeitamente versados nos conhecimentos que seus deveres parecem exigir de modo especial. Assim, quando o delegado G... nos contou, pormenorizadamente, a maneira pela qual realizou suas pesquisas no Hotel D..., não tive dúvida de que efetuara uma investigação satisfatória (...) até o ponto a que chegou o seu trabalho.

— Até o ponto a que chegou o seu trabalho? — perguntei.

— Sim — respondeu Dupin. — As medidas adotadas não foram apenas as melhores que poderiam ser tomadas, mas realizadas com absoluta perfeição. Se a carta estivesse depositada dentro do raio de suas investigações, esses rapazes, sem dúvida, a teriam encontrado.

Ri, simplesmente — mas ele parecia haver dito tudo aquilo com a máxima seriedade.

— As medidas, pois — prosseguiu —, eram boas em seu gênero, e foram bem executadas: seu defeito residia em serem inaplicáveis ao caso e ao homem em questão. Um certo conjunto de recursos altamente engenhosos é, para o delegado, uma espécie de leito de Procusto, ao qual procura adaptar à força todos os seus planos. Mas, no caso em apreço, cometeu uma série de erros, por ser demasiado profundo ou demasiado superficial. (...) E, se o delegado e toda a sua corte têm cometido tantos enganos, isso se deve (...) a uma apreciação inexata, ou melhor, a uma não apreciação da inteligência daqueles com quem se metem. Consideram engenhosas apenas as suas próprias ideias e, ao procurar alguma coisa que se ache escondida, não pensam senão nos meios que eles próprios teriam empregado para escondê-la. Estão certos apenas num ponto: naquele em que sua engenhosidade representa fielmente a da massa; mas, quando a astúcia do malfeitor é diferente da deles, o malfeitor, naturalmente, os engana. Isso sempre acontece quando a astúcia deste último está acima da deles e, muito frequentemente, quando está abaixo. Não variam seu sistema de investigação; na melhor das hipóteses, quando são instigados por algum caso insólito, ou por alguma recompensa extraordinária, ampliam ou exageram os seus modos de agir habituais, sem que se afastem, no entanto, de seus princípios. (...) Você compreenderá, agora, o que eu queria dizer ao afirmar que, se a carta roubada tivesse sido escondida dentro do raio de investigação do nosso delegado — ou, em outras palavras, se o princípio inspirador estivesse compreendido nos princípios do delegado —, sua descoberta seria uma questão inteiramente fora de dúvida. Este funcionário, porém, se enganou por completo, e a fonte remota de seu fracasso reside na suposição de que o ministro é um idiota, pois adquiriu renome de poeta. Segundo o delegado, todos os poetas são idiotas — e, neste caso, ele é apenas culpado de uma non distributio medii, ao inferir que todos os poetas são idiotas.

— Mas ele é realmente poeta? — perguntei. — Sei que são dois irmãos, e que ambos adquiriram renome nas letras. O ministro, creio eu, escreveu eruditamente sobre o cálculo diferencial. É um matemático, e não um poeta.

— Você está enganado. Conheço-o bem. E ambas as coisas. Como poeta e matemático, raciocinaria bem; como mero matemático, não raciocinaria de modo algum, e ficaria, assim, à mercê do delegado.

— Você me surpreende — respondi — com essas opiniões, que têm sido desmentidas pela voz do mundo. Naturalmente, não quererá destruir, de um golpe, ideias 64 amadurecidas durante tantos séculos. A razão matemática é há muito considerada como a razão par excellence.

Edgar Allan Poe. A carta roubada. In: *Histórias extraordinárias. Victor Civita, 1981. Tradução de Brenno Silveira e outros*

No que se refere à tipologia e aos sentidos do texto 12A1AAA, julgue o próximo item.

O primeiro parágrafo do texto é predominantemente descritivo, pois apresenta as características da "polícia parisiense".

Certo ( )   Errado ( )

No primeiro parágrafo, afirma-se que a polícia parisiense é hábil. Em seguida, há uma descrição dos agentes ("Seus agentes são perseverantes, engenhosos, astutos e perfeitamente versados nos conhecimentos que seus deveres parecem exigir de modo especial"). Então, não há o predomínio da descrição das características da polícia parisiense. Além disso, para se afirmar que há predomínio, a maior parte do parágrafo deveria ser descritiva, o que também não ocorre. Na outra metade, há uma narração de um fato. Então, não há predomínio de um tipo sobre o outro.

GABARITO: ERRADO.

145. **(CESPE – 2017 – PJC/MT – DELEGADO DE POLÍCIA SUBSTITUTO)**

A injustiça, Senhores, desanima o trabalho, a honestidade, o bem; cresta em flor os espíritos dos moços, semeia no coração das gerações que vêm nascendo a semente da podridão, habitua os homens a não acreditar senão na estrela, na fortuna, no acaso, na loteria da sorte; promove a desonestidade, a venalidade, a relaxação; insufla a cortesania, a baixeza, sob todas as suas formas.

De tanto ver triunfar as nulidades, de tanto ver prosperar a desonra, de tanto ver crescer a injustiça, de tanto ver agigantarem-se os poderes nas mãos dos maus, o homem chega a desanimar da virtude, a rir-se da honra, a ter vergonha de ser honesto. E, nessa destruição geral das nossas instituições, a maior de todas as ruínas, Senhores, é a ruína da justiça, corroborada pela ação dos homens públicos.

E, nesse esboroamento da justiça, a mais grave de todas as ruínas é a falta de penalidade aos criminosos confessos, é a falta de punição quando ocorre um crime de autoria incontroversa, mas ninguém tem coragem de apontá-la à opinião pública, de modo que a justiça possa exercer a sua ação saneadora e benfazeja.

Rui Barbosa. *Obras completas de Rui Barbosa*. Vol. XLI. 1914. Internet (com adaptações).

No que se refere ao gênero textual, o texto CG1A1CCC classifica-se como:

a) resenha.

b) discurso.

c) verbete.

d) notícia.

e) relato histórico.

A: Resenha. Análise crítica ou informativa de alguma coisa.

B: Discurso. Ilustra isso o início do texto em que Rui Barbosa se dirige ao público. "A injustiça, Senhores, desanima o trabalho, a honestidade, o bem..."

C: Verbete. Nota ou comentário que foi registrado em dicionários, glossários e enciclopédias.

D: Notícia. – Informação a respeito de acontecimentos.

E: Relato histórico. Exposição escrita ou oral sobre um acontecimento histórico; narração de um fato histórico.

GABARITO: B.

Alexandre Soares e Rachel Ribeiro

LÍNGUA PORTUGUESA

146. **(CESPE – 2017 – PC/GO – DELEGADO DE POLÍCIA SUBSTITUTO)**

Texto CB1A1AAA

A diferença básica entre as polícias civil e militar é a essência de suas atividades, pois assim desenhou o constituinte original: a Constituição da República Federativa do Brasil de 1988 (CF), em seu art. 144, atribui à polícia federal e às polícias civis dos estados as funções de polícia judiciária — de natureza essencialmente investigatória, com vistas à colheita de provas e, assim, à viabilização do transcorrer da ação penal — e a apuração de infrações penais.

Enquanto a polícia civil descobre, apura, colhe provas de crimes, propiciando a existência do processo criminal e a eventual condenação do delinquente, a polícia militar, fardada, faz o patrulhamento ostensivo, isto é, visível, claro e perceptível pelas ruas. Atua de modo preventivo-repressivo, mas não é seu mister a investigação de crimes. Da mesma forma, não cabe ao delegado de polícia de carreira e a seus agentes sair pelas ruas ostensivamente em patrulhamento. A própria comunidade identifica na farda a polícia repressiva; quando ocorre um crime, em regra, esta é a primeira a ser chamada. Depois, havendo prisão em flagrante, por exemplo, atinge-se a fase de persecução penal, e ocorre o ingresso da polícia civil, cuja identificação não se dá necessariamente pelos trajes usados. Guilherme de Souza Nucci. Direitos humanos versus segurança pública. Rio de Janeiro: Forense, 2016, p. 43 (com adaptações).

O texto CB1A1AAA é predominantemente:

a) injuntivo.

b) Narrativo.

c) dissertativo.

d) exortativo.

e) descritivo.

A: injuntivo. – Exprime uma ordem ao interlocutor para executar ou não uma determinada ação (instruções).

B: Narrativo. – Conta uma história.

C: dissertativo. – Discute ideias de modo expositivo ou argumentativo. O texto em análise é dissertativo-expositivo, pois tem a intenção de informar, não de convencer o leitor.

D: exortativo. – Textos exortativos correspondem a um tipo de discurso comportamental com a função de modificar o comportamento dos seus leitores, influenciando-os no sentido de os leitores virem a fazer algo ou a deixarem de fazer algo.

E: descritivo. – Descreve algo, alguém situação, sem sequência cronológica.

GABARITO: C.

147. **(CESPE – 2016 – POLÍCIA CIENTÍFICA/PE – PERITO CRIMINAL E MÉDICO – CONHECIMENTOS GERAIS – ADAPTADA)**

Eu tinha muito orgulho daquela espada dourada, não mais de dois centímetros, espetada na gola da camisa do colégio. Na minha turma da quarta série primária, era a única. Não me lembro que houvesse outras como ela entre os meus colegas da escola. Não do meu candidato. O broche que algumas crianças usavam trazia uma pequena vassoura. E era do "meu" adversário.

Porque aqueles símbolos, diminutos, eram tão fortes, talvez explique o fato de que — até muito tempo depois da tristeza e perplexidade que senti na derrota de Lott diante de Jânio

Quadros —, quando pensava naquela que foi a minha "primeira" campanha, eu lembrasse dela, basicamente, como uma eleição na qual minha espada havia sido, inexplicavelmente, derrotada por uma vassoura. Aquele ano marcaria o despertar do meu interesse pela política.

Antônio Lavareda. *Emoções ocultas e estratégias eleitorais. Rio de Janeiro: Objetiva, 2009 (com adaptações)*

Com relação ao texto CG1A1BBB e às ideias nele presentes, julgue o item subsequente.

O texto é predominantemente argumentativo.

Certo ( )   Errado ( )

O relato pessoal é um gênero textual que apresenta uma narração sobre um fato ou acontecimento marcante da vida de uma pessoa. Nesse texto, podem se sentidos as emoções e os sentimentos expressos pelo narrador.

Características

As principais características do relato pessoal são: textos narrados em 1ª pessoa; verbos no presente e em grande parte no pretérito (passado), caráter subjetivo, experiências pessoais, presença de emissor e receptor. Pode-se, então, classificar esse texto como narrativo.

GABARITO: ERRADO.

148. **(CESPE – 2014 – POLÍCIA FEDERAL – AGENTE DE POLÍCIA FEDERAL)**

O tráfico internacional de drogas começou a desenvolver-se em meados da década de 70, tendo tido o seu boom na década de 80. Esse desenvolvimento está estreitamente ligado à crise econômica mundial. O narcotráfico determina as economias dos países produtores de coca e, ao mesmo tempo, favorece principalmente o sistema financeiro mundial. O dinheiro oriundo da droga corresponde à lógica do sistema financeiro, que é eminentemente especulativo. Este necessita, cada vez mais, de capital "livre" para girar, e o tráfico de drogas promove o "aparecimento mágico" desse capital que se acumula de modo rápido e se move velozmente.

A América Latina participa do narcotráfico na qualidade de maior produtora mundial de cocaína, e um de seus países, a Colômbia, detém o controle da maior parte do tráfico internacional. A cocaína gera "dependência" em grupos econômicos e até mesmo nas economias de alguns países, como nos bancos da Flórida, em algumas ilhas do Caribe ou nos principais países produtores — Peru, Bolívia e Colômbia, para citar apenas os casos de maior destaque. Na Bolívia, os lucros com o narcotráfico chegam a US$ 1,5 bilhão contra US$ 2,5 bilhões das exportações legais. Na Colômbia, o narcotráfico gera de US$ 2 a 4 bilhões, enquanto as exportações oficiais geram US$ 5,25 bilhões. Nesses países, a corrupção é generalizada. Os narcotraficantes controlam o governo, as forças armadas, o corpo diplomático e até as unidades encarregadas do combate ao tráfico. Não há setor da sociedade que não tenha ligação com os traficantes e até mesmo a Igreja recebe contribuições destes.

Osvaldo Coggiola. O comércio de drogas hoje. In: *Olho da História, nº 4. Internet: (com adaptações).*

Julgue o próximo item, referente aos sentidos do texto acima.

O texto, que se classifica como dissertativo, expõe a articulação entre o tráfico internacional de drogas e o sistema financeiro mundial.

Certo ( )   Errado ( )

O texto se classifica como dissertativo (expositivo), pois discute ideias de modo objetivo. A intenção não é convencer o leitor (argumentação), não é relatar um episódio (narração) ou descrever algo (descrição), e sim apresentar uma informação: comércio de drogas.

GABARITO: CERTO.

Alexandre Soares e Rachel Ribeiro

LÍNGUA PORTUGUESA

149. (CESPE – 2014 – POLÍCIA FEDERAL – AGENTE DE POLÍCIA FEDERAL)
Imigrantes ilegais, os homens e as mulheres vieram para Prato, na Itália, como parte de snakebodies liderados por snakeheads na Europa. Em outras palavras, fizeram a perigosa viagem da China por trem, caminhão, a pé e por mar como parte de um grupo pequeno, aterrorizado, que confiou seu destino a gangues chinesas que administram as maiores redes de contrabando de gente no mundo. Nos locais em que suas viagens começaram, havia filhos, pais, esposas e outros que dependiam deles para que enviassem dinheiro. No destino, havia paredes cobertas com anúncios de mau gosto de empregos que representavam a esperança de uma vida melhor.

Pedi a um dos homens ao lado da parede que me contasse como tinha sido sua viagem. Ele objetou. Membros do snakebody têm de jurar segredo aos snakeheads que organizam sua viagem. Tive de convencê-lo, concordando em usar um nome falso e camuflar outros aspectos de sua jornada. Depois de uma série de encontros e entrevistas, pelos quais paguei alguma coisa, a história de como Huang chegou a Prato emergiu lentamente.

James Kynge. A China Sacode o Mundo. São Paulo: Globo, 2007 (com adaptações).

O texto é narrativo e autobiográfico, o que se evidencia pelo uso da primeira pessoa do singular no segundo parágrafo, quando é contado um fato acontecido ao narrador.

Certo ( )   Errado ( )

O texto é narrativo, pois relata a ida de imigrantes ilegais para a Itália. Contudo, não se pode afirmar que é autobiográfico, pois o narrador não conta própria história.

GABARITO: ERRADO.

150. (IBADE – 2017 – PC/AC – ESCRIVÃO DE POLÍCIA CIVIL – ADAPTADA) Considere a seguinte afirmação sobre aspectos da construção do texto:

I. Em "mas parece que no tema de raça, racismo, negritude, branquitude, nós CAÍMOS em precon-ceito... Por pequena que seja a gota de sangue negro do INDIVÍDUO", as palavras destacadas recebem acento pela mesma regra de acentuação.

Certo ( )   Errado ( )

Caímos – recebe acento porque acentuam-se o "i" e "u" tônicos quando formam hiato com a vogal anterior, estando eles sozinhos na sílaba ou acompanhados apenas de "s", desde que não sejam seguidos por "-nh" nem, quando paroxítonas, estiverem antecedidos de ditongo descrente e regra do hiato).

Indivíduo – recebe acento porque são acentuadas as paroxítonas terminadas em ditongo (in-di-ví-duo). As paroxítonas terminadas em ditongo crescente podem ser classificadas também como proparoxítonas eventuais (in-di-ví-du-o).

GABARITO: ERRADO.

INFORMÁTICA

JOÃO PAULO COLET ORSO

INFORMÁTICA

1. **(CESPE – 2018 – POLÍCIA FEDERAL – AGENTE DE POLÍCIA FEDERAL)** Marta utiliza uma estação de trabalho que executa o sistema operacional Windows 10 e está conectada à rede local da empresa em que ela trabalha. Ela acessa usualmente os sítios da intranet da empresa e também sítios da internet pública. Após navegar por vários sítios, Marta verificou o histórico de navegação e identificou que um dos sítios acessados com sucesso por meio do protocolo HTTP tinha o endereço 172.20.1.1.

    Tendo como referência essa situação hipotética, julgue o item a seguir.

    WHOIS é o serviço que permite a consulta direta dos endereços IPv4 dos sítios visitados por Marta, a partir das URLs contidas no seu histórico de navegação.

    Certo (   )   Errado (   )

    Whois é um serviço que permite identificar a quem pertence um site, é possível utilizar o serviço do próprio Registro.br pelo endereço https://registro.br/tecnologia/ferramentas/whois/. Ao digitar o endereço do site, serão apresentados os seguintes dados, conforme o exemplo para o site do alfaconcursos.com.br, o serviço responsável por identificar qual é o endereço IP do servidor que contém um site informado em uma URL é o serviço de DNS. Contudo, tanto o Whois como o DNS não observarão o histórico do navegador.

    ### Domínio **alfaconcursos.com.br**

TITULAR	JAFAR SISTEMA DE ENSINO E CURSOS LIVRES S/A
DOCUMENTO	15.794.426/0001-31
RESPONSÁVEL	JAVERT GUIMARÃES FALCO
PAÍS	BR
CONTATO DO TITULAR	JSECL
CONTATO TÉCNICO	TEACO16
SERVIDOR DNS	ns-1469.awsdns-55.org
SERVIDOR DNS	ns-171.awsdns-21.com
SERVIDOR DNS	ns-1897.awsdns-45.co.uk
SERVIDOR DNS	ns-530.awsdns-02.net
SACI	Sim
CRIADO	23/10/2011 #8939735
EXPIRAÇÃO	23/10/2028
ALTERADO	03/10/2018
STATUS	Publicado

    GABARITO: ERRADO.

2. **(CESPE – 2014 – POLÍCIA FEDERAL – AGENTE DE POLÍCIA FEDERAL)** Embora apresentem abrangência ampla e sejam utilizadas para interligar cidades distintas, as redes MAN (metropolitan area network) não utilizam tecnologias de transmissão sem fio.

    Certo (   )   Errado (   )

    As redes são descritas pela sua abrangência, assim uma LAN é uma rede local, uma MAN uma rede metropolitana e a WAN é a própria internet em termos de alcance. Ao determinar que uma rede é constituída por tecnologias wireless (sem fio), elas podem receber a letra W como inicial, assim temos WLAN e WMAN, é um tanto quanto pretencioso se pensar em uma WWAN, pois seria necessário possibilitar a conexão na mesma rede de qualquer dispositivo do mundo.

GABARITO: ERRADO.

3. **(CESPE – 2018 – POLÍCIA FEDERAL – AGENTE DE POLÍCIA FEDERAL)** Acerca de redes de comunicação, julgue o item a seguir.

A conexão de sistemas como TVs, laptops e telefones celulares à internet, e também entre si, pode ser realizada com o uso de comutadores (switches) de pacotes, os quais têm como função encaminhar a um de seus enlaces de saída o pacote que está chegando a um de seus enlaces de entrada.

Certo ( )   Errado ( )

A principal função dos switches é trabalhar com o encaminhamento de pacotes de enlace, isso os roteadores embora tenham funções maiores, também realizam encaminhamento de pacotes.

GABARITO: CERTO.

4. **(CESPE – 2018 – POLÍCIA FEDERAL – AGENTE DE POLÍCIA FEDERAL)** Julgue o item subsequente, relativo a redes de computadores.

As redes de computadores podem ser classificadas, pela sua abrangência, em LAN (local area network), MAN (metropolitan area network) e WAN (wide area network).

Certo ( )   Errado ( )

De modo geral, devemos considerar apenas essas três classificações de abrangência de uma rede. Para considerar uma CAN ou uma RAN, devemos encontrar os termos citados na questão, de igual modo temos a PAN que normalmente é apresentada em questões de cunho direto. Assim, em termos de dimensão partindo da menor até a maior podemos listar: PAN, LAN, CAN, MAN, RAN, WAN.

GABARITO: CERTO.

5. **(CESPE – 2018 – POLÍCIA FEDERAL – AGENTE DE POLÍCIA FEDERAL)** Marta utiliza uma estação de trabalho que executa o sistema operacional Windows 10 e está conectada à rede local da empresa em que ela trabalha. Ela acessa usualmente os sítios da intranet da empresa e também sítios da internet pública. Após navegar por vários sítios, Marta verificou o histórico de navegação e identificou que um dos sítios acessados com sucesso por meio do protocolo HTTP tinha o endereço 172.20.1.1. Tendo como referência essa situação hipotética, julgue o item a seguir.

Por meio do serviço de proxy para rede local, Marta poderá acessar, a partir da sua estação de trabalho, tanto os sítios da intranet quanto os sítios da internet pública.

Certo ( )   Errado ( )

Primeiramente, a questão diz que existe acesso a conteúdos da internet, assim como conteúdos da intranet. Para que isso seja possível em um cenário em que existe um servidor de proxy, é necessário que ele esteja com as conexões direcionadas, as portas 80, 8080, 443 e

INFORMÁTICA

8443 estejam liberadas, uma vez que o conteúdo passa por ele. Um servidor de proxy que tem por finalidade principal fazer cache de rede, contudo, como a maioria dos conteúdos, atualmente, são transmitidos de forma criptografada. Tal recurso tem deixado de ser funcional, passando o proxy a ser utilizado para as suas outras atividades, como autenticação e firewall de conteúdo.

GABARITO: CERTO.

6. **(CESPE – 2018 – POLÍCIA FEDERAL – AGENTE DE POLÍCIA FEDERAL)** Marta utiliza uma estação de trabalho que executa o sistema operacional Windows 10 e está conectada à rede local da empresa em que ela trabalha. Ela acessa usualmente os sítios da intranet da empresa e também sítios da internet pública. Após navegar por vários sítios, Marta verificou o histórico de navegação e identificou que um dos sítios acessados com sucesso por meio do protocolo HTTP tinha o endereço 172.20.1.1. Tendo como referência essa situação hipotética, julgue o item a seguir.

O endereço 172.20.1.1 identificado por Marta é o endereço IPv4 de um servidor web na internet pública

Certo ( )   Errado ( )

Questão que exige muita atenção, pois lista uma faixa de endereços IPv4 privada pouco utilizada. É necessário conhecer as seguintes faixas de endereços IPs privados, ou seja, que não estão disponíveis para uso na internet:

10.0.0.0 a 10.255.255.255 » intranet

127.0.0.0 a 127.255.255.255 » localhost

172.16.0.0 a 172.31.255.255 » intranet

192.168.0.0 a 192.168.255.255 » intranet.

GABARITO: ERRADO.

7. **(CESPE – 2018 – POLÍCIA FEDERAL – ESCRIVÃO DE POLÍCIA FEDERAL)** Acerca das características de internet, intranet e rede de computadores, julgue o próximo item.
A internet pode ser dividida em intranet, restrita aos serviços disponibilizados na rede interna de uma organização, e extranet, com os demais serviços (exemplo: redes sociais e sítios de outras organizações).

Certo ( )   Errado ( )

Atualmente podemos dizer que a internet pode ser dividida em **web:** que possui o conteúdo navegável, ou seja, aquele que os motores de buscas tradicionais apresenta por meio dos navegadores tradicionais; **deepweb:** que corresponde à maior parte da própria internet, atribuímos a deepweb a infraestrutura base e todos os serviços necessários para que a web em si possa funcionar, como servidores de e-mail, servidores de banco de dados, de processamento é armazenamento, entre inúmeros outros, de modo geral não olhamos para o conteúdo da deepweb, porém faz parte da rede e algumas estruturas foram disponibilizadas por meio dela, utilizando protocolos não convencionais. Ao usar o navegador TOR (The Onion Rings), é possível acessar parte do conteúdo da deepweb disponibilizado pela "rede" TOR. Existem outras ferramentas, contextos e protocolos que também são utilizados nesse segmento da internet, o objetivo principal é justamente obscurecer as informações da maioria dos usuários e, desse modo, não chamar tanta atenção assim. Outra parte que podemos observar é a **Dark web:** que são escondidos os conteúdos mais profundos dentro da internet. Com isso, observa-se que a intranet não é uma parte da internet, mas sim uma rede paralela que pode ou não estar conectada à rede mundial.

GABARITO: ERRADO.

8. **(CESPE – 2018 – POLÍCIA FEDERAL – ESCRIVÃO DE POLÍCIA FEDERAL)** Acerca das características de internet, intranet e rede de computadores, julgue o próximo item.

A internet e a intranet, devido às suas características específicas, operam com protocolos diferentes, adequados a cada situação.

Certo ( )   Errado ( )

Tanto a internet como a intranet utilizam os mesmos padrões de tecnologia e protocolos, o que muda é o seu uso: se de modo aberto ao público, nesse caso, a internet; ou de maneira mais restrita ao ambiente empresarial, nesse contexto, a intranet.

GABARITO: ERRADO.

9. **(CESPE – 2018 – POLÍCIA FEDERAL – AGENTE DE POLÍCIA FEDERAL)** Marta utiliza uma estação de trabalho que executa o sistema operacional Windows 10 e está conectada à rede local da empresa em que ela trabalha. Ela acessa usualmente os sítios da intranet da empresa e também sítios da internet pública. Após navegar por vários sítios, Marta verificou o histórico de navegação e identificou que um dos sítios acessados com sucesso por meio do protocolo HTTP tinha o endereço 172.20.1.1.

A despeito das configurações dos ativos de segurança corporativos e do serviço de firewall instalado na estação de trabalho, Marta poderá acessar remotamente sua estação de trabalho usando a Conexão de Área de Trabalho Remota, a partir de outra estação conectada à internet.

Certo ( )   Errado ( )

Questão já começa com a maldade do emprego da palavra 'despeito' que representa a ideia de contrário às configurações, por padrão em ambientes de redes domésticas, a conexão de área de trabalho remota é liberada no firewall. Já em ambientes corporativos, é comum que tal funcionalidade seja gerenciada, isto é, existe a possibilidade de configurar em nível de gerência de rede. Por padrão as configurações do firewall do Windows, também conhecido como firewall de host, que permitem a conexão de área de trabalho remota.

GABARITO: ERRADO.

10. **(CESPE – 2018 – POLÍCIA FEDERAL – AGENTE DE POLÍCIA FEDERAL)** Marta utiliza uma estação de trabalho que executa o sistema operacional Windows 10 e está conectada à rede local da empresa em que ela trabalha. Ela acessa usualmente os sítios da intranet da empresa e também sítios da internet pública. Após navegar por vários sítios, Marta verificou o histórico de navegação e identificou que um dos sítios acessados com sucesso por meio do protocolo HTTP tinha o endereço 172.20.1.1.

Tendo como referência essa situação hipotética, julgue o item a seguir.

O sistema operacional utilizado na estação de trabalho de Marta inclui nativamente a plataforma Windows Defender, composta por ferramentas antivírus e de firewall pessoal, entre outras.

Certo ( )   Errado ( )

João Paulo Colet Corso

INFORMÁTICA

Uma das novidades apresentadas pelo Windows 10 em relação ao Windows 7 é a presença do Windows defender, na versão do Windows 7 ou Windows defender era apenas um antispyware, e era possível instalar o Microsoft Security Essentials como antivírus, já no Windows 10 ou Microsoft Windows defender incorporou o Microsoft Security Essentials, passando assim a se tornar um antivírus além de antispyware. Atualmente, na versão do Windows 10, é possível também estar dentro da central de segurança do Windows ou Windows defender firewall.

GABARITO: CERTO.

11.   **(CESPE – 2018 – POLÍCIA FEDERAL – ESCRIVÃO DE POLÍCIA FEDERAL)** Acerca de redes de computadores e segurança, julgue o item que segue.

Um firewall implementa uma política de controle de comportamento para determinar que tipos de serviços de internet podem ser acessados na rede.

Certo ( )   Errado ( )

Tradicionalmente, o firewall não implementa políticas de padrão de comportamento, ele pode ser utilizado para detectar, identificar e analisar esses elementos, mas não opera diretamente com restrições baseadas no comportamento esperado. De modo geral, é simples um firewall possuir regras pré-estabelecidas, como acesso a determinado conteúdo, serviço ou protocolo.

GABARITO: ERRADO.

12.   **(CESPE – 2018 – POLÍCIA FEDERAL – AGENTE DE POLÍCIA FEDERAL)** Os gestores de determinado órgão público decidiram adotar a computação em nuvem como solução para algumas dificuldades de gerenciamento dos recursos de tecnologia da informação. Assim, para cada contexto, análises devem ser realizadas a fim de compatibilizar os recursos de gerenciamento e segurança com os modelos técnicos de contratação.

Considerando essas informações, julgue o seguinte item.

Um estudo técnico de viabilidade e um projeto de re-hosting em computação em nuvem IaaS é indicado para as aplicações legadas do órgão que tenham sido originalmente desenvolvidas para mainframe.

Certo ( )   Errado ( )

É natural da tecnologia se tornar defasada com o passar do tempo, essa é uma preocupação constante do universo tecnológico, a obsolescência tanto de hardware como o software ou mesmo técnicas. Para isso é importante realizar a migração de uma tecnologia antiga para uma nova de tal modo que as funções continuem sendo ofertadas de igual maneira, acrescida, ainda, dos seguintes benefícios: aumentar os ganhos em desempenhos; aquisição de novos recursos e ferramentas; simplificar a operação e manutenção.

GABARITO: CERTO.

13. **(CESPE – 2018 – POLÍCIA FEDERAL – AGENTE DE POLÍCIA FEDERAL)** Os gestores de determinado órgão público decidiram adotar a computação em nuvem como solução para algumas dificuldades de gerenciamento dos recursos de tecnologia da informação. Assim, para cada contexto, análises devem ser realizadas a fim de compatibilizar os recursos de gerenciamento e segurança com os modelos técnicos de contratação.

Considerando essas informações, julgue o seguinte item.

Se, para enviar e receber e-mails sem precisar gerenciar recursos adicionais voltados ao software de e-mail e sem precisar manter os servidores e sistemas operacionais nos quais o software de e-mail estiver sendo executado, os gestores optarem por um serviço de e-mail em nuvem embasado em webmail, eles deverão contratar, para esse serviço, um modelo de computação em nuvem do tipo plataforma como um serviço (PaaS).

Certo ( )   Errado ( )

Questão um tanto capciosa, mas que propõem a implantação de um serviço que não há presente trabalho na sua implantação pela instituição, de tal modo que bastaria criar as contas dos usuários e o serviço estaria apto para uso, devidamente configurado. O perigo da questão encontra assim nos termos utilizados como não precisar manter os servidores dos sistemas operacionais, essa expressão diz justamente que a contratação de IaaS não é viável, uma vez que o contratante teria de instalar o sistema e configurar todo ele. Também é sugerido que uma solução PaaS não é viável, por isso deseja-se algo que não seja necessário gerenciar seus recursos adicionais, como configurações de serviço em outros elementos. Desse modo, resta apenas o SaaS, em que o contratante basicamente apenas utiliza o serviço pronto.

GABARITO: ERRADO.

14. **(CESPE – 2018 – POLÍCIA FEDERAL – AGENTE DE POLÍCIA FEDERAL)** Os gestores de determinado órgão público decidiram adotar a computação em nuvem como solução para algumas dificuldades de gerenciamento dos recursos de tecnologia da informação. Assim, para cada contexto, análises devem ser realizadas a fim de compatibilizar os recursos de gerenciamento e segurança com os modelos técnicos de contratação.

Considerando essas informações, julgue o seguinte item.

Para o armazenamento de dados de trabalho dos colaboradores desse órgão público, incluindo--se documentos, imagens e planilhas, e para o uso de recursos de rede compartilhados, como impressoras e computadores, seria adequado contratar o modelo de computação em nuvem denominado infraestrutura como um serviço (IaaS).

Certo ( )   Errado ( )

Outra questão que apresenta uma certa falha na maneira como apresenta os termos, note que há uma ênfase no hardware, em destaque impressoras, que teve por intervenção na questão induzir, justamente, a necessidade de contratar uma infraestrutura, porém, impressoras não são exatamente a melhor estrutura para representar isso, uma vez que ao contratar uma infraestrutura como serviço, ela não fica na instituição e sim fora dela, o que não faria muito sentido para impressoras utilizadas para a impressão de documentos dentro da instituição.

GABARITO: CERTO.

15. **(CESPE – 2018 – POLÍCIA FEDERAL – ESCRIVÃO DE POLÍCIA FEDERAL)** Uma empresa tem unidades físicas localizadas em diferentes capitais do Brasil, cada uma delas com uma rede local, além de uma rede que integra a comunicação entre as unidades. Essa rede de integração facilita a centralização do serviço de e-mail, que é compartilhado para todas as unidades da empresa e outros sistemas de informação.

Tendo como referência inicial as informações apresentadas, julgue o item subsecutivo.

SMTP é o protocolo utilizado para envio e recebimento de e-mail e opera na camada de aplicação do modelo TCP/IP.

Certo ( )   Errado ( )

Essa é uma das questões mais controversas da prova, uma vez que a banca mudou o gabarito para correto. É importante observar que nem sempre o fato de uma questão ser dada como correta no gabarito de concurso, significa de fato que ela esteja certa ou vice-versa. Deve-se lembrar que em um concurso público o que se tem é o morador que cria as questões e as submete à banca para que sejam utilizadas em provas. A banca utiliza-se dessas questões e após aplicação das provas, abre processo de impetração de recursos. É esse o momento que merece nossa atenção, uma vez que quem entra com recursos, essencialmente, deseja alterar o gabarito em seu benefício, para tanto a pessoa se utiliza dos mais diversos argumentos a fim de convencer o elaborador da questão de que, de fato, o gabarito precisa ser alterado, de tal modo que beneficie a quem impetrou com recurso. Este é um exemplo de questão de que claramente é possível observar esse cenário, pois a ela foi inicialmente dada como errada tal qual tradicionalmente é cobrado e se estuda para as provas de concursos, contudo, alguém discordou da situação em busca de seu benefício e entrou com recurso pedindo a mudança do gabarito para correto. Neste ponto observamos a nova postura que a banca adotou no concurso, em que é necessário também entrar com recursos para manter-se o gabarito. Sendo assim, pouquíssimas pessoas olharam para a questão e viram a necessidade de evitar esse tipo de recurso. Você pode observar essa característica da banca, além da resposta ao recurso impetrado, o Cespe afirmava que de fato o protocolo SMTP é um protocolo da camada de aplicação, que nada foi mencionado e relacionado ao processo em que era utilizado, processo esse que, sem dúvida, é o que você leva em conta ao julgar esse tipo de questão.

Diante de problemas como esse e dos precedentes abertos por essa questão, vamos entender, de fato, como funciona a mecânica dos protocolos de e-mail. Para isso desenvolvi a imagem a seguir:

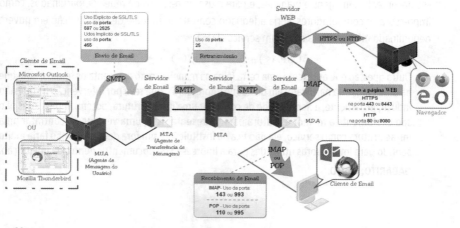

Agora análise a questão de protocolos na seguinte perspectiva: o protocolo é um padrão, isto é, uma regra de comunicação, portanto, é utilizado na troca de informações entre o emissor e o receptor, assim, ao mesmo tempo que alguém executa a ação de enviar de forma ativa, o receptor, utilizará de forma passiva o mesmo protocolo, tratando isso no processo de comunicação emissor receptor. Por outro lado, ao julgar o protocolo de e-mail, estamos analisando a ação executada por uma parte e é nesse momento que observamos o SMTP com o protocolo utilizado para realizar o envio das mensagens de e-mail, uma vez que quem executa é quem desejar enviar mensagem. Já no caso dos protocolos de recebimento, o usuário deverá escolher qual deles atende às suas necessidades, com base em suas características, nessa circunstância, a ação executada será em buscar as mensagens de e-mail, por isso classificamos como protocolos de recebimento os POP e IMAP.

GABARITO: CERTO.

16. **(CESPE – 2014 – POLÍCIA FEDERAL – AGENTE DE POLÍCIA)** Caso deseje imprimir uma lista de mensagens de uma pasta do Mozilla Thunderbird, o usuário deverá selecionar a lista desejada, clicar o menu Arquivo e, em seguida, clicar a opção imprimir.

Certo ( )   Errado ( )

Questão um tanto quanto capciosa, pois o que se deseja imprimir é a lista propriamente dita ou o conteúdo dos e-mails selecionados. Se a referência fosse aos conteúdos, então a questão estaria correta, mas a banca tomou para si a necessidade de imprimir apenas a lista ilustrada na caixa de entrada, como o Mozilla Thunderbird não possui essa opção, a questão se torna errada.

GABARITO: ERRADO.

17. **(CESPE – 2014 – POLÍCIA FEDERAL – AGENTE DE POLÍCIA)** Se um usuário do Mozilla Thunderbird receber e-mail de pessoa cujo nome esteja contido na lista de endereços desse usuário, o endereço de e-mail do remetente não será mostrado ao destinatário.

Certo ( )   Errado ( )

De pronto, não será exibido o endereço de e-mail, mas apenas seu nome cadastrado no catálogo de endereços. Contudo, o usuário pode visualizar o e-mail de seu contato passando o mouse sobre o nome do referido contato.

GABARITO: CERTO.

18. **(CESPE – 2018 – POLÍCIA FEDERAL – AGENTE DE POLÍCIA FEDERAL)** A respeito da utilização de tecnologias, ferramentas, aplicativos e procedimentos associados a internet- intranet, julgue o item seguinte.

Nas aplicações de transferência de arquivos por fluxo contínuo, os dados são transferidos como uma série de blocos precedidos por um cabeçalho especial de controle.

Certo ( )   Errado ( )

No processo de fluxo contínuo, abre-se uma conexão e transmite constantemente os dados, as técnicas mais recentes inclusive utilizam-se dos metadados da abertura da conexão para já enviar parte do conteúdo a ser transmitido.

GABARITO: ERRADO.

João Paulo Colet Corso

 INFORMÁTICA

19. **(CESPE – 2018 – POLÍCIA FEDERAL – AGENTE DE POLÍCIA FEDERAL)** Julgue o item subsequente, relativo a redes de computadores.

Um protocolo da camada de transporte é implementado no sistema final e fornece comunicação lógica entre processos de aplicação que rodam em hospedeiros diferentes.

Certo ( )   Errado ( )

Os protocolos da camada de transporte são implementados no sistema operacional, portanto, de fato, estão implementados no sistema as finais, ou seja, no equipamento final da comunicação. Enquanto os protocolos da camada de aplicação são implementados pelos aplicativos também no hospedeiro final.

GABARITO: CERTO.

20. **(CESPE – 2018 – POLÍCIA FEDERAL – ESCRIVÃO DE POLÍCIA FEDERAL)** Uma empresa tem unidades físicas localizadas em diferentes capitais do Brasil, cada uma delas com uma rede local, além de uma rede que integra a comunicação entre as unidades. Essa rede de integração facilita a centralização do serviço de e-mail, que é compartilhado para todas as unidades da empresa e outros sistemas de informação.

Tendo como referência inicial as informações apresentadas, julgue o item subsecutivo.

Definir os processos de acesso ao meio físico e fornecer endereçamento para a camada de aplicação são funções do controle de acesso ao meio físico (MAC).

Certo ( )   Errado ( )

Primeiro erro da questão é em misturar as camadas de rede, apresentando o que a camada de aplicação estaria conversando diretamente como a camada de enlace, alguns protocolos de controle de acesso ao meio físico são CSMA/CD, CSMA/CA e ALOHA. MAC é o endereço físico de um dispositivo, assim como existe o protocolo de endereçamento MAC.

GABARITO: ERRADO.

21. **(CESPE – 2018 – POLÍCIA FEDERAL – AGENTE DE POLÍCIA FEDERAL)** A respeito da utilização de tecnologias, ferramentas, aplicativos e procedimentos associados a internet- intranet, julgue o item seguinte.

Nas aplicações multimídia, os fluxos de dados podem conter áudio, vídeo e metadados que viabilizam a sincronização de áudio e vídeo. Cada um desses três fluxos pode ser manipulado por diferentes programas, processos ou hardwares, mas, para que os fluxos de dados de determinada aplicação multimídia sejam qualitativamente otimizados na transmissão ou no armazenamento, eles devem ser encapsulados juntos, em um formato de contêiner.

Certo ( )   Errado ( )

Arquivos multimídia, principalmente de vídeo como AVI, MKV e MP4 são na verdade 'contêiners', isto é, são estruturas compostas por mais de uma base, no caso dos formatos citados, além da estrutura de vídeo há também a estrutura de áudio, e a estrutura é de legenda incorporada dentro do mesmo arquivo, de modo similar a um arquivo compactado, tendo dentro de si um arquivo MP3 para cada trilha de áudio e um SRT para cada legenda.

GABARITO: CERTO.

22. **(CESPE – 2018 – POLÍCIA FEDERAL – AGENTE DE POLÍCIA FEDERAL)** A respeito da utilização de tecnologias, ferramentas, aplicativos e procedimentos associados a internet- intranet, julgue o item seguinte.

Nas ferramentas de busca, o indexador é o programa que navega autonomamente pela internet, localizando e varrendo os documentos em busca de palavras-chave para compor a base de dados da pesquisa.

Certo ( )   Errado ( )

Alguns termos importantes em relação ao Google e outros motores de buscas similares, ao publicar um conteúdo no site, é possível criar arquivos que indicam se os motores de busca poderão ou não listar o conteúdo daquelas páginas adicionadas, mas como o Google encontra essas páginas que acabaram de ser publicadas, os motores de busca contam com robozinhos, também chamados de bots de pesquisa que acessam aos servidores disponíveis na internet, varrendo suas pastas compartilhadas em busca de conteúdo a ser indexado, desse modo, temos três nomes importantes: o bote ou Robot, que é o responsável por encontrar as páginas; o farejador, também conhecido como crawler, que olhará dentro do arquivo referente ao site e rastreará todas as suas ligações; ainda temos o indexador, que será o responsável por identificar quais são as palavras-chave dentro do conteúdo e colocá-las junto aos índices de referência para futuras buscas. A busca incessante pelo marketing web faz com que o Google liste a sua página entre as primeiras, com base na relevância de suas palavras-chave, por essa razão, constantemente o Google muda o algoritmo base dos seus indexadores e os mantém sob segredo.

GABARITO: ERRADO.

23. **(CESPE – 2018 – POLÍCIA FEDERAL – ESCRIVÃO DE POLÍCIA FEDERAL)** A respeito de sistemas operacionais e de aplicativos de edição de textos e planilhas, julgue o item a seguir.

A técnica de swapping consiste em transferir temporariamente um processo da memória para o disco do computador e depois carregá-lo novamente em memória.

Certo ( )   Errado ( )

Também conhecido como área de troca ou memória virtual, a Swap é uma técnica empregada para tentar contornar a falta de memória RAM do computador. Deste modo, quando a memória RAM está sobrecarregada, são retirados os dados menos utilizados dela e colocados na área temporária dentro do HD, utilizando o mesmo formato que estava na memória RAM para facilitar o trânsito de um dispositivo para outro. Conforme for liberado o espaço da memória RAM, os dados que estão na memória virtual são trazidos de volta para a memória RAM.

GABARITO: CERTO.

24. **(CESPE – 2018 – POLÍCIA FEDERAL – PERITO CRIMINAL FEDERAL – ÁREA 3)** No que concerne a sistemas operacionais e tecnologias de virtualização, julgue o item seguinte.

Um sistema operacional classificado como multitarefa é aquele em que vários processos de utilizador (tarefas) estejam carregados em memória; nesse caso, um pode estar ocupando o processador e outros ficam enfileirados, aguardando a sua vez.

Certo ( )   Errado ( )

INFORMÁTICA

Um sistema operacional multitarefa é aquele que tem a capacidade de apresentar, após uma sequência de execução de processos, um comportamento como se tivesse executado vários processos em paralelo, ou pelo menos, aparentar ter executado os processos simultaneamente. Uma das características base de um sistema operacional multitarefa é a capacidade de alternar entre as tarefas, realizando pequenos processamentos por vez de cada atividade. Ao se ter apenas um núcleo do processador que efetivamente temos uma tarefa sendo citada por vez, neste caso, enquanto uma tarefa é executada, as demais ficam aguardando na fila pelo seu momento. Já num computador com o processador que possua mais de um núcleo, cada núcleo poderá executar uma tarefa simultânea a outra, mas ainda assim existe alternância entre as tarefas e a Fila de tarefas.

GABARITO: CERTO.

25. **(CESPE – 2018 – POLÍCIA FEDERAL – PERITO CRIMINAL FEDERAL – ÁREA 3)** No que concerne a sistemas operacionais e tecnologias de virtualização, julgue o item seguinte.

Emulador permite a um programa feito para um computador ser executado em outro computador.

Certo ( )   Errado ( )

Emulador é um software, ou até mesmo hardware, o que cria de forma virtual um ambiente similar aquele emulado, um exemplo muito comum disso é a emulação de consoles de videogame antigos, como Atari dentro do Windows ou do Linux. Além de oferecerem a possibilidade de uma gama de entretenimentos, também tem uma importância muito grande no quesito arquivístico, quando simulamos equipamentos mais antigos a fim de evitar a obsolescência de materiais de suporte.

GABARITO: CERTO.

26. **(CESPE – 2018 – POLÍCIA FEDERAL – PERITO CRIMINAL FEDERAL – ÁREA 3)** Acerca das técnicas de recuperação de arquivos de um computador, julgue o item subsequente.

O registro do Windows é um arquivo do sistema no qual são guardados todos os usuários dos aplicativos, para o controle do nível de acesso aos respectivos dados.

Certo ( )   Errado ( )

A partir do Windows 95, a Microsoft inseriu no sistema operacional uma espécie de banco de dados central de informações que chamou de registro. Trata-se de um banco de dados hierárquico que simplifica o sistema operacional permitindo que se tornem mais adaptável. Com registro do Windows, armazena-se elementos de configuração do usuário para humanização do sistema operacional, bem como aquelas características compartilhadas entre os vários usuários do sistema. Uma função principal do Registro no Windows 95 foi servir como um repositório central para informações específicas de hardware para uso pela detecção de hardware e componentes do sistema Plug and Play. Contudo, o registro do Windows não possui uma interface tão amigável ao usuário, podendo ser acessado e editado por meio do regedit (Editor de Registro). As configurações mais relevantes e de uma grande necessidade para usuários estão disponíveis por meio do painel de controle, que aos poucos no Windows 10 vem sendo substituído pela central de configurações.

GABARITO: ERRADO.

27. **(CESPE – 2018 – POLÍCIA FEDERAL – PERITO CRIMINAL FEDERAL – CONHECIMENTOS BÁSICOS – TODAS AS ÁREAS)** Em cada item a seguir, é apresentada uma situação hipotética, seguida de uma assertiva a ser julgada, a respeito de sistemas operacionais, intranet e internet.

Depois de fazer login em uma estação de trabalho com Windows 10, o usuário de nome delegado verificou que estava sem acesso de escrita na pasta c:\temp\bo. Uma das possíveis causas seria o fato de o referido usuário não ser o dono da pasta e(ou) não ter acesso específico a ela. Nessa situação, o administrador da máquina pode eliminar essa restrição por meio do comando chown +w delegado c:\temp\bo, executado no power shell do sistema operacional, que aceita tanto comandos DOS quanto alguns comandos Linux.

Certo ( )   Errado ( )

O Power Shell dentro do Windows 10 aceita muitos comandos que são tradicionalmente utilizados no Linux, porém, não todos, o comando chown é um exemplo de comando que não é reconhecido pelo Power Shell, isso se deve pelo fato da estrutura de permissões utilizadas no Windows e Linux serem diferentes.

GABARITO: ERRADO.

28. **(CESPE – 2014 – POLÍCIA FEDERAL – AGENTE DE POLÍCIA)** No Windows 8, ao se clicar, com o botão direito do mouse, sobre o nome de um arquivo do PowerPoint e, em seguida, selecionar a opção Mostrar, o referido arquivo será aberto para uma visualização rápida; se, após esse procedimento, qualquer tecla for pressionada, o arquivo será fechado.

Certo ( )   Errado ( )

O Windows 7 já apresentava funcionalidades integradas com o Microsoft Office junto à pré-visualização de um arquivo, já no Windows 8, tal funcionalidade fora melhorada para ser mais intuitiva. Contudo, o que está em exibição é uma apresentação de slides, assim, para finalizá-la é necessário utilizar a tecla ESC, logo, não será qualquer tecla como a questão sugere.

GABARITO: ERRADO.

29. **(CESPE – 2014 – POLÍCIA FEDERAL – AGENTE DE POLÍCIA)** Com relação ao sistema operacional Windows e aos ambientes Microsoft Office e BrOffice, julgue o próximo item.

No Windows Explorer, a ação de renomear um arquivo pode ser realizada por meio da opção Renomear, que é acionada com o botão direito do mouse, bem como por meio de um duplo clique pausado.

Certo ( )   Errado ( )

Duplo clique pausado a que se refere a questão é um clique e depois outro, demorando alguns instantes para realizar o segundo clique, também pode ser realizada a operação por meio do atalho F2.

GABARITO: CERTO.

30. **(CESPE – 2014 – POLÍCIA FEDERAL – AGENTE DE POLÍCIA)** No Windows, não há possibilidade de o usuário interagir com o sistema operacional por meio de uma tela de computador sensível ao toque.

Certo ( )   Errado ( )

João Paulo Colet Corso

INFORMÁTICA

O Windows 7 já trouxe muitas melhorias no reconhecimento e uso de dispositivos touchscreen. Enquanto o Windows 8 é desenhado para esse tipo de dispositivo.

GABARITO: ERRADO.

31. **(CESPE – 2014 – POLÍCIA FEDERAL – AGENTE DE POLÍCIA)** Imediatamente após a realização de um backup incremental utilizando-se um software próprio de backup, há expectativa de que esteja ajustado o flag archive de todos os arquivos originais que foram copiados para uma mídia de backup .

Certo ( )   Errado ( )

A palavra ajustado torna a questão confusa para aqueles que sabem mais, pois ela foi empregada na questão com o entendimento de **ser colocado o valor esperado** no flag archive, o que está correto. Após a realização do backup Incremental, o flag archive é marcado como zero, para assim, indicar que o arquivo foi incluído em um backup, quando alteramos o arquivo, esse flag archive é marcado com um. Ao realizar o backup Incremental são armazenados apenas os arquivos marcados com um.

GABARITO: CERTO.

32. **(CESPE – 2012 – PC/AL – DELEGADO DE POLÍCIA)** A cópia de segurança de pastas e arquivos, também denominada backup, deve ser feita com determinada periodicidade, em locais seguros, distintos do local em que os dados foram salvos originalmente, a fim de permitir a recuperação dos dados salvos em caso de perdas.

Certo ( )   Errado ( )

A periodicidade de um backup depende do usuário e a importância do dado para ele, bem como a frequência com que o dado é modificado. Realizar uma cópia dos arquivos para outra pasta dentro do mesmo HD não caracteriza um backup, pois se o HD vier a apresentar defeito, os dados serão perdidos.

GABARITO: CERTO.

33. **(CESPE – 2008 – PC/TO – ESCRIVÃO)** Para se fazer o backup de um arquivo de dados com 500 Mb é suficiente utilizar um CD comercial padrão.

Certo ( )   Errado ( )

O CD convencional possui capacidade de armazenar 700 MB, enquanto um DVD pode armazenar 4,7 GB. Ao realizar um backup não é necessário usar o anterior, independente de qual seja o tipo de backup, pois as indicações para que um arquivo faça ou não parte do backup estão no próprio arquivo a ser salvo.

GABARITO: CERTO.

34. **(CESPE – 2018 – POLÍCIA FEDERAL – ESCRIVÃO DE POLÍCIA FEDERAL)** A respeito de sistemas operacionais e de aplicativos de edição de textos e planilhas, julgue o item a seguir.
Windows e Linux são exemplos de sistemas operacionais de núcleo monolítico, em que um único processo executa as principais funções.

Certo ( )   Errado ( )

Questão apresenta uma das principais características dos sistemas operacionais monolíticos: ter uma única estrutura responsável por controlar os principais processos do sistema, a fim de evitar problemas de segurança e concorrência pelo controle. Linus Torvalds, ao criar o sistema operacional Linux, tomou esse princípio como base, e buscou os principais módulos do kernel do Unix, escreveu todos em um único bloco.

GABARITO: CERTO.

35. **(CESPE – 2018 – POLÍCIA FEDERAL – PERITO CRIMINAL FEDERAL – CONHECIMENTOS BÁSICOS – TODAS AS ÁREAS)** Em cada item a seguir, é apresentada uma situação hipotética, seguida de uma assertiva a ser julgada, a respeito de sistemas operacionais, intranet e internet.

Após verificar que o diretório /var/bo no Linux está sem espaço para novos arquivos, Pedro resolveu mover todos os arquivos e subdiretórios existentes nesse diretório para o diretório /etc/backup/bo localizado em outro disco, também no ambiente Linux. Nessa situação, a partir do diretório raiz do sistema operacional, o comando correto que Pedro deve usar para executar essa tarefa é mv -Rf /var/bo > /etc/backup/bo.

Certo ( )   Errado ( )

Cuidado, pegadinha típica apresentada na questão sobre comandos Linux o uso do sinal >, queira na verdade escrever dentro de um arquivo como resultado de uma operação que se deseja realizar sem, de fato, executar essa operação.

GABARITO: ERRADO.

36. **(CESPE – 2014 – POLÍCIA FEDERAL – AGENTE DE POLÍCIA)** As rotinas de inicialização GRUB e LILO, utilizadas em diversas distribuições Linux, podem ser acessadas por uma interface de linha de comando.

Certo ( )   Errado ( )

Questão capciosa, pois o termo acessado causa dualidade de interpretação. Tais aplicativos são iniciados antes do próprio Sistema Operacional e não são acessados pelo terminal do Linux diretamente, apesar de ser possível sua configuração por meio de tal.

O GRUB pode ser acessado antes do Boot, já o LILO não.

GABARITO: CERTO.

37. **(CESPE – 2014 – POLÍCIA FEDERAL – AGENTE ADMINISTRATIVO)** No ambiente Linux, é possível utilizar comandos para copiar arquivos de um diretório para um pen drive.

Certo ( )   Errado ( )

Podem-se usar linhas de comando no terminal como cp, ou usar gerenciadores de arquivos com interface gráfica como Konqueror e Nautilus.

GABARITO: CERTO.

38. **(CESPE – 2014 – POLÍCIA FEDERAL – CONHECIMENTOS BÁSICOS)** Por ser o Linux o kernel, ou seja, o sistema operacional em si, para que ele funcione, será necessária a sua instalação em conjunto com outros aplicativos ou utilitários, especialmente em distribuições como Debian e Ubuntu.

Certo ( )   Errado ( )

João Paulo Colet Corso

INFORMÁTICA

As distribuições Linux são como personalizações do sistema, na verdade são estruturas de funcionamento completas para dar suporte aos aplicativos da compilação.

GABARITO: CERTO.

39. **(CESPE – 2018 – POLÍCIA FEDERAL – AGENTE DE POLÍCIA FEDERAL)** Julgue o próximo item, a respeito de proteção e segurança, e noções de vírus, worms e pragas virtuais.

A superexposição de dados pessoais nas redes sociais facilita o furto de identidade ou a criação de identidade falsa com dados da vítima, identidades essas que podem ser usadas para atividades maliciosas tais como a realização de transações financeiras fraudulentas, a disseminação de códigos maliciosos e o envio de mensagens eletrônicas falsas por e-mail ou redes sociais.

Certo ( ) Errado ( )

Um dos elementos de segurança da informação a serem considerados é justamente a quantidade de dados, atualmente exposta nas redes sociais, o que reforça ainda mais a importância de não utilizar dados de caráter pessoal como parte de senhas.

GABARITO: CERTO.

40. **(CESPE – 2018 – POLÍCIA FEDERAL – AGENTE DE POLÍCIA FEDERAL)** Julgue o próximo item, a respeito de proteção e segurança, e noções de vírus, worms e pragas virtuais.

Na autenticação em dois fatores, necessariamente, o primeiro fator de autenticação será algo que o usuário possui — por exemplo, um token gerador de senhas — e o segundo, alguma informação biométrica, como, por exemplo, impressão digital ou geometria da face reconhecida.

Certo ( ) Errado ( )

Autenticação em dois fatores, também conhecida como a autenticação em duas etapas, é baseada em uma informação que o usuário conhece, e teoricamente que só ele deve conhecer, a sua senha e outra informação baseada em algo que ele possua fisicamente consigo, os primeiros usos de autenticação em dois fatores contavam com aparelhos especiais utilizados pelos bancos para gerar esses códigos únicos, alguns bancos imprimiram uma quantidade de códigos de uso único em cartões de visita, em papel mesmo, entregavam seus clientes. Note que esse código, para que funcione corretamente, pode ser utilizado apenas uma vez, pois parte do pressuposto que o usuário utilizará no site correto, uma vez empregado, esse código se torna inválido, evitando assim que caso sejam capturados por spywares não venham a ter utilidade.

Atualmente, com o advento da possibilidade, dez pessoas tem o seu número telefone de maneira mais fixa, graças a portabilidade, passou-se a empregar o uso de SMS novamente para fazer a autenticação em dois fatores.

Ainda existe um aplicativo do Google chamado Google authenticator que pode ser utilizado para simplificar a vida do usuário, ao invés de ter vários aparelhos ou geradores de token utilizar apenas um. Note que, nesse caso, é necessário que o site esteja utilizando o recurso.

GABARITO: ERRADO.

41. **(CESPE – 2018 – POLÍCIA FEDERAL – PERITO CRIMINAL FEDERAL – ÁREA 3)** Julgue o item que se segue, a respeito de DNS (domain name service).

Um tipo de ataque contra o serviço DNS é o pharming, que envolve o redirecionamento do navegador do usuário para sítios falsos por meio da técnica conhecida como envenenamento de cache DNS.

Certo ( )　　　　Errado ( )

Res envenenamento de DNS, ou DNS Poison, ou sequestro de DNS são nomes utilizados para apresentar o pharming, um ataque que consiste em adulterar informações dos servidores de DNS. Em essência, o ataque consiste em alterar os registros de endereço IP vinculados aos domínios dos sites, assim, quando um computador solicita o endereço IP do servidor relacionado a um domínio, ao invés de receber a informação desejada, recebe uma informação adulterada. Esse endereço recebido poderá levar a qualquer outro site, seja uma página falsa ou mesmo alguma contendo malwares.

GABARITO: CERTO.

42. **(CESPE – 2018 – POLÍCIA FEDERAL – PERITO CRIMINAL FEDERAL – ÁREA 3)** Softwares desenvolvidos para a web podem ter diversas vulnerabilidades e cada uma delas pode ser explorada com uma técnica específica. Sendo o ataque bem-sucedido, o atacante tem o controle do sistema. A respeito de características de ataques em software web, julgue o próximo item.

O ataque de sequestro de sessão tem por característica o comprometimento do token de autenticação de um usuário, podendo esse token ser obtido interceptando-se a comunicação ou predizendo-se um token válido.

Certo ( )　　　　Errado ( )

Existem três técnicas de sequestro de seções: forçando uma ID (basicamente um invasor tenta descobrir o ID que está sendo utilizado em uma sessão por força bruta); roubando um ID (o invasor escuta rede para tentar capturar uma ID em uso); Cálculo de ID (como uma força bruta melhorada, o invasor tenta descobrir uma ID por meio de cálculos a partir de outras Ids). Os ataques ainda podem ser de forma ativa ou passiva. Na forma ativa o hacker assume a sessão e se passa pelo usuário para executar transações, enquanto na passiva ele apenas monitora a comunicação entre cliente e servidor.

GABARITO: CERTO.

43. **(CESPE – 2018 – POLÍCIA FEDERAL – PERITO CRIMINAL FEDERAL – ÁREA 3)** Certificação digital é amplamente utilizada na internet e em diversos sistemas. No Brasil, a ICP-Brasil, sob a responsabilidade do ITI, é quem regulamenta e mantém a autoridade certificadora brasileira. A respeito da certificação digital e suas características, julgue o item subsequente.

Certificados digitais possuem campos específicos, os quais podem ser de preenchimento obrigatório ou facultativo, de acordo com a necessidade ou a finalidade de uso do certificado digital.

Certo ( )　　　　Errado ( )

Para visualizar os dados do certificado digital, o usuário pode clicar com o botão direito do mouse sobre o cadeado presente na barra de endereços do navegador, Clicar na opção Certificado buscará os detalhes do certificado, assim poderá listar os dados apresentados pelo

INFORMÁTICA

certificado. Cada tipo de certificado digital possui dados obrigatórios opcionais, diretamente relacionado ao grau de segurança oferecido.

GABARITO: CERTO.

44. **(CESPE – 2018 – POLÍCIA FEDERAL – AGENTE DE POLÍCIA FEDERAL)** Julgue o próximo item, a respeito de proteção e segurança, e noções de vírus, worms e pragas virtuais.

Um ataque de ransomware comumente ocorre por meio da exploração de vulnerabilidades de sistemas e protocolos; a forma mais eficaz de solucionar um ataque desse tipo e recuperar os dados "sequestrados" (criptografados) é a utilização de técnicas de quebra por força bruta da criptografia aplicada.

Certo ( )   Errado ( )

A técnica de força bruta consiste em tentativa e erro até descobrir qual a senha utilizada, porém, no caso de ataques de ransomwares, torna-se praticamente impossível descobrir a senha por meio de tentativa e erro, uma vez que as senhas utilizadas são robustas e de grande complexidade.

GABARITO: ERRADO.

45. **(CESPE – 2018 – POLÍCIA FEDERAL – AGENTE DE POLÍCIA FEDERAL)** Julgue o próximo item, a respeito de proteção e segurança, e noções de vírus, worms e pragas virtuais.

A infecção de um sistema por códigos maliciosos pode ocorrer por meio da execução de arquivos infectados obtidos de anexos de mensagens eletrônicas, de mídias removíveis, de páginas web comprometidas, de redes sociais ou diretamente de outros equipamentos.

Certo ( )   Errado ( )

Qualquer arquivo ou mesmo site é suscetível a estar contaminado por algum malware, principalmente, no caso, um vírus. Por essa razão, é sempre importante verificar todo o arquivo recebido, mesmo que sejam de Fontes confiáveis, com o antivírus, para então evitar problemas futuros.

GABARITO: CERTO.

46. **(CESPE – 2018 – POLÍCIA FEDERAL – ESCRIVÃO DE POLÍCIA FEDERAL)** Acerca de redes de computadores e segurança, julgue o item que segue.

Uma das partes de um vírus de computador é o mecanismo de infecção, que determina quando a carga útil do vírus será ativada no dispositivo infectado.

Certo ( )   Errado ( )

Podemos dividir o modus operandi de malwares de modo geral em dois: o primeiro modo que é o momento em que ele fará a infecção; e o segundo, o da sua carga útil, nesse caso, essa é a parte na qual o malware realizará, de fato, as suas tarefas para o qual foi desenhado a executar, isto é, de fato a parte do malware que causará danos ao usuário.

GABARITO: ERRADO.

47. **(CESPE – 2018 – POLÍCIA FEDERAL – ESCRIVÃO DE POLÍCIA FEDERAL)** Acerca de redes de computadores e segurança, julgue o item que segue.

Os aplicativos de antivírus com escaneamento de segunda geração utilizam técnicas heurísticas para identificar códigos maliciosos.

Certo ( )   Errado ( )

Podemos classificar as gerações de antivírus da seguinte forma: primeira geração, baseada apenas na assinatura dos malwares; segunda geração, baseada em heurísticas e padrões de comportamento; terceira geração, baseada em inteligência artificial.

GABARITO: CERTO.

48. **(CESPE – 2018 – POLÍCIA FEDERAL – ESCRIVÃO DE POLÍCIA FEDERAL)** Acerca de redes de computadores e segurança, julgue o item que segue.

No processo conhecido como scanning, o worm, em sua fase de propagação, procura outros sistemas para infectar.

Certo ( )   Errado ( )

A etapa de scanning utilizada pelos worms é basicamente o escaneamento da rede por meio do endereçamento IP para identificar quantos e quais dispositivos estão conectados a ele, assim, ele terá novos alvos para se espalhar.

GABARITO: CERTO.

49. **(CESPE – 2018 – POLÍCIA FEDERAL – ESCRIVÃO DE POLÍCIA FEDERAL)** Acerca de redes de computadores e segurança, julgue o item que segue.

Os softwares de spyware têm como principal objetivo adquirir informações confidenciais de empresas e são usados como uma forma de espionagem empresarial.

Certo ( )   Errado ( )

Questão maldosa, pois bate na característica do spyware de forma bem pontual, os programas espiões têm como finalidade roubar dados de usuários, independentemente se são de uma empresa específica ou não. É possível utilizá-los para capturar dados tendo um alvo específico, porém eles foram feitos para o cenário mais genérico. Já num cenário de ataques de phishing, eles acabam recebendo uma nomenclatura específica quando eu tenho um alvo, nesta situação, podemos denominar de spear phishing.

GABARITO: ERRADO.

50. **(CESPE – 2019 – PRF – POLICIAL RODOVIÁRIO FEDERAL)** Acerca de proteção e segurança da informação, julgue o seguinte item.

Programas antispyware usam basicamente mecanismos de análise comportamental, análise heurística e inteligência artificial para detectar software de spyware instalado indevidamente em um sistema.

Certo ( )   Errado ( )

Os programas antispyware não necessitam utilizar técnicas tão robustas como as utilizadas por programas antivírus, uma vez que sua detecção é um pouco mais simples de se realizar.

GABARITO: ERRADO.

MATEMÁTICA E RLM

DANIEL LUSTOSA

MATEMÁTICA E RLM

Em um aeroporto, 30 passageiros que desembarcaram de determinado voo e que estiveram nos países A, B ou C, nos quais ocorre uma epidemia infecciosa, foram selecionados para serem examinados. Constatou-se que exatamente 25 dos passageiros selecionados estiveram em A ou em B, nenhum desses 25 passageiros esteve em C e 6 desses 25 passageiros estiveram em A e em B.

Com referência a essa situação hipotética, julgue o item que segue.

1. **(CESPE – 2018 – PF – AGENTE)** Se 11 passageiros estiveram em B, então mais de 15 estiveram em A.

    Certo ( )   Errado ( )

    Organizando os dados de acordo com o enunciado:

    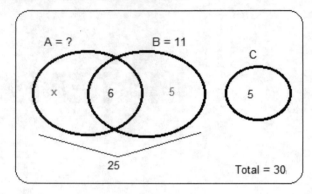

    Calculando o valor de "x":

    x + 6 + 5 = 25

    x + 11 = 25

    x = 25 – 11

    x = 14

    Como x = 14, então estiveram em A um total de "x + 6" passageiros, que corresponde a 20 (14 + 6) passageiros.

    Se 20 é maior que 15, então a questão está certa.

    GABARITO: CERTO.

2. **(CESPE – 2018 – PF – AGENTE)** Considere que, separando-se o grupo de passageiros selecionados que visitou o país A, o grupo que visitou o país B e o grupo que visitou o país C, seja verificado, em cada um desses grupos, que pelo menos a metade dos seus componentes era do sexo masculino. Nessa situação, conclui-se que o grupo de 30 passageiros selecionados tem, no máximo, 14 mulheres.

    Certo ( )   Errado ( )

    Utilizando a mesma distribuição da questão anterior (pode ser outra distribuição, mas usaremos essa que já está pronta) e levando em conta que pelo menos a metade dos componentes dos grupos que visitou o país A, o país B e o país C era do sexo masculino, temos as seguintes situações:

    Considere H = homens e M = mulheres

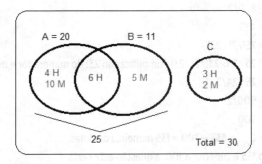

Ou

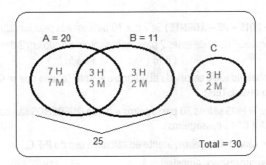

Veja que em uma das situações (na 2ª) temos 14 mulheres (7+3+2+2), porém na outra situação (na 1ª) temos 17 mulheres (10+5+2).
Logo, pode ter mais de 14 mulheres, então, a questão está errada.
GABARITO: ERRADO.

3. **(CESPE – 2018 – PF – AGENTE)** A quantidade de maneiras distintas de se escolher 2 dos 30 passageiros selecionados de modo que pelo menos um deles tenha estado em C é superior a 100.
Certo ( )   Errado ( )

A quantidade de maneiras de escolher dois passageiros de modo que pelo menos um deles tenha estado em C será calculada por uma combinação de 30 em 2 (combinação porque a ordem de escolha dos passageiros não muda a opção – AB e BA são os mesmos 2 passageiros) "menos" uma combinação de 25 em 2
(combinação de 30 em 2 = total de duplas possíveis;
combinação de 25 em 2 = duplas que foram para "A ou B";
$C_{30,2} - C_{25,2}$ = duplas em que pelo menos um foi para C).
Calculando:
$C_{n,p} = n!/p!\cdot(n-p)!$
(n = total de elementos disponíveis; p = quantidade de elementos utilizados)
$C_{30,2} = 30!/2!\times 28!$
$C_{30,2} = 30\times 29\times 28!/2!\times 28!$ (simplificando 28! do numerador e do denominador)
$C30,2 = 30\times 29/2\times 1$

Daniel Lustosa

MATEMÁTICA E RLM

$C_{30,2} = 870/2$

$C_{30,2} = 435$

$C_{25,2} = 25!/2!\times 23!$

$C_{25,2} = 25\times 24\times 23!/2!\times 23!$ (simplificando 23! do numerador e do denominador)

$C_{25,2} = 25\times 24/2\times 1$

$C_{25,2} = 600/2$

$C_{25,2} = 300$

$C_{30,2} - C_{25,2} = 435 - 300 = 135$ maneiras distintas.

Como 135 é superior a 100, a questão está certa.

GABARITO: CERTO.

4.   **(CESPE – 2018 – PF – AGENTE)** Se 2 dos 30 passageiros selecionados forem escolhidos ao acaso, então a probabilidade de esses 2 passageiros terem estado em 2 desses países é inferior a 1/30.

Certo ( )   Errado ( )

A probabilidade é calculada dividindo o evento (aquilo que se QUER) pelo espaço amostral (tudo que se TEM).

O que TEMOS são os 30 passageiros e o que QUEREMOS são os passageiros que estiveram em "A e B" (6 passageiros).

Como são 2 passageiros, atente ao cálculo e uso do P·F·C:

P = evento/espaço amostral

P = quero/tenho

P = 1º passageiro E 2º passageiro

P = $6/30 \times 5/29$ (para a escolha do 2º passageiro o que foi escolhido primeiro já não está mais disponível)

P = 30/870 (simplificando tudo por 30)

P = 1/29

Como 1/29 é maior que 1/30 (com o mesmo numerador a maior fração será a que tem o menor denominador), a questão está errada.

GABARITO: ERRADO.

Em um processo de coleta de fragmentos papilares para posterior identificação de criminosos, uma equipe de 15 papiloscopistas deverá se revezar nos horários de 8h às 9h e de 9h às 10h. Com relação a essa situação hipotética, julgue os itens a seguir.

5.   **(CESPE – 2018 – PF – PAPILOSCOPISTA)** Se dois papiloscopistas forem escolhidos, um para atender no primeiro horário e outro no segundo horário, então a quantidade, distinta, de duplas que podem ser formadas para fazer esses atendimentos é superior a 300.

Certo ( )   Errado ( )

Como são dois papiloscopistas diferentes e como a ordem deles gera resultados diferentes – já que trabalhar de 8 as 9h é diferente de trabalhar de 9 as 10h –, a conta a ser feita é de ARRANJO, e fica:

$A_{n,p} = n!/(n-p)!$

(n = total de elementos disponíveis; p = quantidade de elementos utilizados)

$A_{15,2} = 15!/13!$

$A_{15,2} = 15 \times 14 \times 13!/13!$

$A_{15,2} = 15 \times 14$

$A_{15,2} = 210$ duplas.

GABARITO: ERRADO.

6. **(CESPE – 2018 – PF – PAPILOSCOPISTA)** Considere que uma dupla de papiloscopistas deve ser escolhida para atender no horário das 8 h. Nessa situação, a quantidade, distinta, de duplas que podem ser formadas para fazer esse atendimento é inferior a 110.

Certo ( )   Errado ( )

Como são dois papiloscopistas diferentes e como a ordem deles não gera resultados diferentes – já que a dupla AB ou BA é a mesma dupla – a conta a ser feita é de COMBINAÇÃO, e fica:

$C_{15,2} = 15!/2! \times 13!$

$C_{15,2} = 15 \times 14 \times 13!/2! \times 13!$ (simplificando 13! do numerador e do denominador)

$C_{15,2} = 15 \times 14/2 \times 1$

$C_{15,2} = 210/2$

$C_{15,2} = 105$ duplas.

GABARITO: CERTO.

Para cumprimento de um mandado de busca e apreensão serão designados um delegado, 3 agentes (para a segurança da equipe na operação) e um escrivão. O efetivo do órgão que fará a operação conta com 4 delegados, entre eles o delegado Fonseca; 12 agentes, entre eles o agente Paulo; e 6 escrivães, entre eles o escrivão Estêvão.

Em relação a essa situação hipotética, julgue os itens a seguir.

7. **(CESPE – 2018 – PF – ESCRIVÃO)** A quantidade de maneiras distintas de se escolher os três agentes para a operação de forma que um deles seja o agente Paulo é inferior a 80.

Certo ( )   Errado ( )

A quantidade de maneiras de escolher os 3 agentes de forma que um deles seja Paulo será calculada por uma combinação de 11 em 2 (combinação porque a ordem de escolha dos agentes não muda a opção – AB e BA são os mesmos 2 agentes; e só de 11 em 2 porque o agente Paulo já é um dos 3 agentes).

Calculando:

$C_{11,2} = 11!/2! \times 9!$

$C_{11,2} = 11 \times 10 \times 9!/2! \times 9!$ (simplificando 9! do numerador e do denominador)

$C_{11,2} = 11 \times 10/2 \times 1$

$C_{11,2} = 110/2$

$C_{11,2} = 55$ maneiras diferentes de escolher os 3 policiais (Paulo já é um deles).

GABARITO: CERTO.

MATEMÁTICA E RLM

8. **(CESPE – 2018 – PF – ESCRIVÃO)** Considerando todo o efetivo do órgão responsável pela operação, há mais de 5.000 maneiras distintas de se formar uma equipe para dar cumprimento ao mandado.

Certo ( )   Errado ( )

A quantidade de maneiras de montar a equipe será calculada por combinação (combinação porque a ordem de escolha dos policiais não muda a opção – ABC, BCA ou CAB são os mesmos 3 policiais, por exemplo).

Como são 4 delegados, 12 agentes e 6 escrivães e a equipe tem de ter 1 delegado, 3 agentes e 1 escrivão, o cálculo fica:

$C_{4,1} \times C_{12,3} \times C_{6,1} =$

$C_{4,1} = 4$

$C_{6,1} = 6$

(sempre que p = 1, o resultado da combinação será igual a "n")

$C_{12,3} = 12!/3! \times 9!$

$C_{12,3} = 12 \times 11 \times 10 \times 9!/3! \times 9!$ (simplificando 9! do numerador e do denominador)

$C_{12,3} = 12 \times 11 \times 10/3 \times 2 \times 1$

$C_{12,3} = 1320/6$

$C_{12,3} = 220$

$C_{4,1} \times C_{12,3} \times C_{6,1} =$

4 × 220 × 6 = 5280 maneiras distintas de compor a equipe.

GABARITO: CERTO.

9. **(CESPE – 2018 – PF – ESCRIVÃO)** Se o delegado Fonseca e o escrivão Estêvão integrarem a equipe que dará cumprimento ao mandado, então essa equipe poderá ser formada de menos de 200 maneiras distintas.

Certo ( )   Errado ( )

Como o delegado e o escrivão já são Fonseca e Estevão, respectivamente, então para formar a equipe só falta escolher os agentes.

A quantidade de maneiras de escolher os agentes será calculada por combinação (combinação porque a ordem de escolha dos agentes não muda a opção – ABC, BCA ou CAB são os mesmos 3 agentes, por exemplo).

Calculando:

$C_{12,3} = 12!/3! \times 9!$

$C_{12,3} = 12 \times 11 \times 10 \times 9!/3! \times 9!$ (simplificando 9! do numerador e do denominador)

$C_{12,3} = 12 \times 11 \times 10/3 \times 2 \times 1$

$C_{12,3} = 1320/6$

$C_{12,3} = 220$ equipes.

GABARITO: ERRADO.

10. **(CESPE – 2018 – PF – ESCRIVÃO)** Há mais de 2.000 maneiras distintas de se formar uma equipe que tenha o delegado Fonseca ou o escrivão Estêvão, mas não ambos.

Certo ( )   Errado ( )

Com o delegado Fonseca ou o escrivão Estevão, mas não ambos, a composição da equipe pode ser:

Fonseca E 3 agentes E 1 escrivão (não pode ser Estevão)

OU

1 delegado (não pode ser Fonseca) E 3 agentes e Estevão

Calculando (por combinações):

$1 \times C_{12,3} \times C_{5,1+C3,1} \times C_{12,3} \times 1$

$C_{5,1} = 5$

$C_{3,1} = 3$

$C_{12,3} = 220$

$_1 \times C_{12,3} \times C_{5,1+C3,1} \times C_{12,3} \times 1 =$

$(1 \times 220 \times 5) + (3 \times 220 \times 1) =$

$1100 + 660 = 1760$ equipes.

GABARITO: ERRADO.

Os indivíduos S1, S2, S3 e S4, suspeitos da prática de um ilícito penal, foram interrogados, isoladamente, nessa mesma ordem. No depoimento, com relação à responsabilização pela prática do ilícito, S1 disse que S2 mentiria; S2 disse que S3 mentiria; S3 disse que S4 mentiria.

11. **(CESPE – 2018 – PF – PERITO)** Considerando que a conclusão ao final do interrogatório tenha sido a de que apenas dois deles mentiram, mas que não fora possível identificá-los, escolhendo-se ao acaso dois entre os quatro para novos depoimentos, a probabilidade de apenas um deles ter mentido no primeiro interrogatório é superior a 0,5.

Certo ( )   Errado ( )

A probabilidade é calculada dividindo o evento (aquilo que se QUER) pelo espaço amostral (tudo que se TEM).

O que TEMOS são os 4 suspeitos e o que QUEREMOS é apenas 1 deles mentindo (2 deles mentem).

Como são 2 suspeitos, atente ao cálculo e uso do P·F·C:

P = evento/espaço amostral

P = quero/tenho

P = 1 mentindo E 1 não mentindo OU 1 não mentindo E 1 mentindo (não sabemos quem foi escolhido primeiro, então temos de verificar as duas possibilidades).

$P = (2/4 \times 2/3) + (2/4 \times 2/3)$

$P = 1/3 + 1/3$

$P = 2/3 = 0,666....$

Como 0,666... é maior que 0,5, a questão está certa.

GABARITO: CERTO.

MATEMÁTICA E RLM

Como forma de melhorar a convivência, as famílias Turing, Russell e Gödel disputaram, no parque da cidade, em um domingo à tarde, partidas de futebol e de vôlei. O quadro a seguir mostra os quantitativos de membros de cada família presentes no parque, distribuídos por gênero.

família	masculino	feminino
Turing	5	7
Russell	6	5
Gödel	5	9

A partir dessa tabela, julgue os itens subsequentes.

12. **(CESPE – 2018 – ABIN – OFICIAL TÉNCIDO DE INTELIGÊNCIA)** A quantidade de maneiras distintas de se formar um time de vôlei com seis integrantes, sendo três homens da família Turing e três mulheres da família Gödel, é superior a 700.

Certo ( )   Errado ( )

A quantidade de maneiras de montar o time será calculada por combinação (combinação porque a ordem de escolha dos integrantes não muda a opção – ABC, BCA ou CAB são os mesmos 3 integrantes, por exemplo).

Como o time tem de ter 3 homens da família Turing e 3 mulheres da família Godel, o cálculo fica:

(são 5 homens da família Turing e 9 mulheres da família Godel)

$C_{5,3} \times C_{9,3} =$

$C_{5,3} = 5!/3! \times 2!$

$C_{5,3} = 5 \times 4 \times 3!/3! \times 2!$ (simplificando 3! do numerador e do denominador)

$C_{5,3} = 5 \times 4/2 \times 1$

$C_{5,3} = 20/2$

$C_{5,3} = 10$

$C_{9,3} = 9!/3! \times 6!$

$C_{9,3} = 9 \times 8 \times 7 \times 6!/3! \times 6!$ (simplificando 6! do numerador e do denominador)

$C_{9,3} = 9 \times 8 \times 7/3 \times 2 \times 1$

$C_{9,3} = 504/6$

$C_{9,3} = 84$

$C_{5,3} \times C_{9,3} = 10 \times 84 = 840$ times.

GABARITO: CERTO.

13. **(CESPE – 2018 – ABIN – OFICIAL TÉNCIDO DE INTELIGÊNCIA)** Considere que, em eventual sorteio de brindes, um nome tenha sido retirado, ao acaso, do interior de uma urna que continha os nomes de todos os familiares presentes no evento. Nessa situação, sabendo-se que o sorteado não é uma mulher da família Gödel, a probabilidade de ser uma mulher da família Russel será superior a 20%.

Certo ( )   Errado ( )

A probabilidade é calculada dividindo o evento (aquilo que se QUER) pelo espaço amostral (tudo que se TEM).

O que TEMOS são 28 pessoas (já descontando as mulheres da família Godel) e o que QUE-REMOS é uma mulher da família Russel (tem 5 mulheres).

Calculando:

P = evento/espaço amostral

P = quero/tenho

P = mulher da família Russel/membros das famílias sem as mulheres da família Godel

P = 5/28

P = 0,1785 = 17,85%

Como 17,85% é inferior que 20%, a questão está errada.

GABARITO: ERRADO.

Um batalhão é composto por 20 policiais: 12 do sexo masculino e 8 do sexo feminino. A região atendida pelo batalhão é composta por 10 quadras e, em cada dia da semana, uma dupla de policiais policia cada uma das quadras.

Com referência a essa situação, julgue o item subsequente.

14. **(CESPE – 2014 – PF – AGENTE)** Se a escala dos policiais for feita de modo a diversificar as duplas que policiam as quadras, então, se determinada dupla policiar a quadra X em determinado dia, essa mesma dupla voltará a policiar a quadra X somente mais de seis meses após aquele dia.

Certo ( )   Errado ( )

O total de duplas possíveis de serem formadas é calculado por uma combinação de 20 em 2 (combinação porque a ordem de escolha dos policiais não muda a opção – AB e BA são os mesmos 2 policiais). Calculando:

$C_{20,2} = 20!/2! \times 18!$

$C_{20,2} = 20 \times 19 \times 18!/2 \times 1 \times 18!$ (simplificando 18! do numerador com o do denominador)

$C_{20,2} = 20 \times 19/2$

$C_{20,2} = 380/2$

$C_{20,2} = 190$ duplas

Dessa forma, uma mesma dupla só será repetida 190 dias depois, o que são mais de seis meses (6 meses têm entre 181 e 184 dias).

GABARITO: CERTO.

15. **(CESPE – 2014 – PF – AGENTE)** Caso as duplas de policiais sejam formadas aleatoriamente, então a probabilidade de que em determinado dia os policiais que policiarão determinada quadra sejam do mesmo sexo será superior a 0,5.

Certo ( )   Errado ( )

A probabilidade é calculada dividindo o evento (aquilo que se QUER) pelo espaço amostral (tudo que se TEM).

O total de duplas possíveis de serem formadas é calculado por uma combinação de 20 em 2 (combinação porque a ordem de escolha dos policiais não muda a opção – AB e BA são os mesmos 2 policiais) e fica:

$C_{20,2} = 20!/2! \times 18!$

Daniel Lustosa

MATEMÁTICA E RLM

$C_{20,2} = 20 \times 19 \times 18!/2 \times 1 \times 18!$ (simplificando 18! do numerador com o do denominador)

$C_{20,2} = 20 \times 19/2$

$C_{20,2} = 380/2$

$C_{20,2} = 190$ duplas – espaço amostral da probabilidade (todas as possibilidades)

As duplas de mesmo sexo são também calculadas por combinação e ficam:

Homens:

$C_{12,2} = 12!/2! \times 10! = 12 \times 11/2 = 66$ duplas

Mulheres:

$C_{8,2} = 8!/2! \times 6! = 8 \times 7/2 = 28$ duplas

Somando as duplas formadas só por homens e as formadas só por mulheres tem-se:

$66 + 28 = 94$ duplas – evento da probabilidade (aquilo que se quer)

Agora calculando a probabilidade:

P = evento/espaço amostral

P = quero/tenho

P = policiais do mesmo sexo/todos os policiais

P = 94/190

P = 0,49

0,49 é inferior a 0,5, logo, a questão está errada.

GABARITO: ERRADO.

16. **(CESPE – 2014 – PF – AGENTE)** Considerando que, após concurso público, sejam admitidos novos policiais no batalhão, de modo que a quantidade dos novos policiais do sexo masculino admitidos seja igual ao triplo da quantidade de novos policiais do sexo feminino, e que, devido a essas admissões, 0,7 passe a ser a probabilidade de se escolher, ao acaso, um policial do sexo masculino desse batalhão, então, no batalhão haverá mais de 15 policiais do sexo feminino.

Certo ( )   Errado ( )

A probabilidade é calculada dividindo o evento (aquilo que se QUER) pelo espaço amostral (tudo que se TEM).

Sendo assim, e com a admissão de novos policiais, a probabilidade de se escolher um policial do sexo masculino passou a ser de 0,7, vamos calcular esse aumento (admissão):

P = evento/espaço amostral

P = quero/tenho

P = policiais do sexo masculino/todos os policiais

ANTES da admissão:

P = 12/20

DEPOIS da admissão:

P = 12 + 3x / 20 + 4x (considerando x igual ao número de mulheres, 3x o número de homens – triplo do número de mulheres – e 4x o total de policiais novos admitidos)

$0,7 = 12 + 3x/20 + 4x$

Fazendo a proporção:

$12 + 3x = 7 \cdot (20 + 4x)$

$12 + 3x = 14 + 2{,}8x$

$3x - 2{,}8x = 14 - 12$

$0{,}2x = 2$

$X = 2/0{,}2$

$X = 10$, ou seja, foram admitidas 10 novas mulheres.

Como já existiam 8 mulheres, então no batalhão agora tem 18 (10 + 8 = 18) mulheres, portanto, a questão está certa.

GABARITO: CERTO.

Em uma pescaria, os pescadores Alberto, Bruno e Carlos colocavam os peixes que pescavam em um mesmo recipiente. Ao final da pescaria, o recipiente continha 16 piaus e 32 piaparas. Na divisão dos peixes, cada um deles afirmou que teria pescado mais peixes que os outros dois.

Julgue os itens a seguir, a respeito dessa situação.

17. **(CESPE – 2013 – PC/DF – ESCRIVÃO)** Na situação dada, se 2 peixes fossem retirados do recipiente, aleatoriamente, a probabilidade de que pelo menos um fosse um piau seria maior que 1/2.

Certo ( )   Errado ( )

A probabilidade é calculada dividindo o evento (aquilo que se QUER) pelo espaço amostral (tudo que se TEM).

Para calcular a probabilidade de pelo menos um peixe ser piau a melhor forma é calcular a PROBABILIDADE COMPLEMENTAR dos peixes não serem piaus, pois com isso, ao subtrair do total das probabilidades a probabilidade dos peixes não serem piaus o que sobrar vai ter pelo menos um piau.

O que TEMOS são 48 peixes e o que QUEREMOS é um peixe que não seja piau (tem 32 peixes) – lembra que vamos usar a probabilidade complementar.

Calculando:

Como são 2 peixes, atente ao cálculo e uso do P·F·C:

P = evento/espaço amostral

P = quero/tenho

P = peixe piapara/total de peixes

$P = 1^{\circ}$ peixe E 2° peixe

$P = 32/48 \times 31/47$

$P = 62/141$

Fazendo a probabilidade complementar (aqui vai aparecer a chance de pelo menos um peixe ser um piau):

$P + P' = 1$

$62/141 + P' = 1$

$P' = 1 - 62/141$

$P' = 141/141 - 62/141$

$P' = 79/141 = 0{,}56$

$P' = 0{,}56 = 56\%$

Como 1/2 = 50% e 56% é superior a 50%, então a questão está certa.

GABARITO: CERTO.

Daniel Lustosa

MATEMÁTICA E RLM

Dos 5.000 candidatos inscritos para determinado cargo, 800 foram eliminados pelos procedimentos de investigação social; 4.500 foram desclassificados na primeira etapa; 50 foram reprovados no curso de formação (segunda etapa), apesar de não serem eliminados na investigação social; 350 foram nomeados; todos os classificados na primeira etapa e não eliminados na investigação social até o momento da matrícula no curso de formação foram convocados para a segunda etapa; todos os aprovados no curso de formação e não eliminados na investigação social foram nomeados.

Tendo como referência esses dados hipotéticos, julgue os itens a seguir.

18. **(CESPE – 2013 – PF – ESCRIVÃO)** Menos de 130 candidatos foram classificados na primeira etapa e eliminados na investigação social.

Certo ( )   Errado ( )

Organizando os dados do enunciado (sabendo que são 800 eliminados na investigação social):

5000 candidatos	→	4500 eliminados na 1ª fase		
	→	500 passaram para a 2ª fase	50 reprovados no curso de formação 350 nomeados	→ 100 eliminados na investigação social

Pelos dados apresentados, observamos que apenas 100 pessoas foram classificadas na primeira etapa e eliminadas na investigação social.

Portanto, a questão está certa.

GABARITO: CERTO.

19. **(CESPE – 2013 – PF – ESCRIVÃO)** Infere-se das informações apresentadas que 50 candidatos foram reprovados no curso de formação e também eliminados no processo de investigação social.

Certo ( )   Errado ( )

Organizando os dados do enunciado (sabendo que são 800 eliminados na investigação social):

5000 candidatos	→	4500 eliminados na 1ª fase		
	→	500 passaram para a 2ª fase	50 reprovados no curso de formação 350 nomeados	→ 100 eliminados na investigação social

Pelos dados apresentados, NÃO TEMOS como GARANTIR que os 50 reprovados no curso de formação também foram eliminados na investigação social. Lembre-se que foram 800 reprovados na investigação social, esses 50 candidatos ATÉ PODEM estar entre os reprovados na investigação social, mas NÃO TEMOS como GARANTIR.

Portanto, a questão está errada.

GABARITO: ERRADO.

20. **(CESPE – 2013 – PF – ESCRIVÃO)** Se um candidato inscrito para o referido cargo for selecionado ao acaso, então a probabilidade de ele ter sido eliminado no processo de investigação social será inferior a 20%.

Certo ( )   Errado ( )

A probabilidade é calculada dividindo o evento (aquilo que se QUER) pelo espaço amostral (tudo que se TEM).

O que TEMOS são 5000 candidatos e o que QUEREMOS é um eliminado na investigação social (são 800).

Calculando:

P = evento/espaço amostral

P = quero/tenho

P = eliminado na investigação social/total de candidatos

P = 800/5000

P = 8/50 (multiplica por 2, para dar o resultado da porcentagem mais fácil)

P = 16/100 = 16%.

GABARITO: CERTO.

Em uma página da Polícia Federal, na Internet, é possível denunciar crimes contra os direitos humanos. Esses crimes incluem o tráfico de pessoas — aliciamento de homens, mulheres e crianças para exploração sexual — e a pornografia infantil — envolvimento de menores de 18 anos de idade em atividades sexuais explícitas, reais ou simuladas, ou exibição dos órgãos genitais do menor para fins sexuais.

Com referência a essa situação hipotética e considerando que, após a análise de 100 denúncias, tenha-se constatado que 30 delas se enquadravam como tráfico de pessoas e como pornografia infantil; outras 30 não se enquadravam em nenhum desses dois crimes e que, em relação a 60 dessas denúncias, havia apenas a certeza de que se tratava de pornografia infantil, julgue os itens subsequentes, acerca dessas 100 denúncias analisadas.

21. **(CESPE – 2012 – PF – AGENTE)** Dez denúncias foram classificadas apenas como crime de tráfico de pessoas.

Certo ( )   Errado ( )

Representando os dados da questão conforme o enunciado, tem-se:

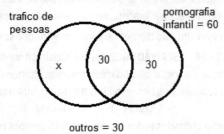

Calculando para encontrar o "x":

x + 30 + 30 + 30 = 100

x + 90 = 100

x = 100 – 90

x = 10

Lembrando que "x" são APENAS os crimes de tráfico de pessoas, e, portanto, a questão está certa.

GABARITO: CERTO.

Daniel Lustosa

22. **(CESPE – 2012 – PF – AGENTE)** Os crimes de tráfico de pessoas foram mais denunciados que os de pornografia infantil.

Certo ( )   Errado ( )

Representando os dados da questão conforme o enunciado, tem-se:

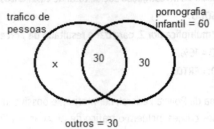

Calculando para encontrar o "x":

x + 30 + 30 + 30 = 100

x + 90 = 100

x = 100 – 90

x = 10

Dessa forma, o crime de tráfico de pessoas foi denunciado 40 vezes (30 + x = 30 + 10 = 40), enquanto o crime de pornografia infantil 60 vezes (30 + 30 = 60). Logo, a questão está errada.

GABARITO: ERRADO.

Dez policiais federais – dois delegados, dois peritos, dois escrivães e quatro agentes – foram designados para cumprir mandado de busca e apreensão em duas localidades próximas à superintendência regional. O grupo será dividido em duas equipes. Para tanto, exige-se que cada uma seja composta, necessariamente, por um delegado, um perito, um escrivão e dois agentes.

Considerando essa situação hipotética, julgue os itens que se seguem.

23. **(CESPE – 2012 – PF – ESCRIVÃO)** Se todos os policiais em questão estiverem habilitados a dirigir, então, formadas as equipes, a quantidade de maneiras distintas de se organizar uma equipe dentro de um veículo com cinco lugares — motorista e mais quatro passageiros — será superior a 100.

Certo ( )   Errado ( )

Já que serão utilizados todos os elementos (5 pessoas para 5 lugares) e a ordem desses elementos faz diferença no resultado da organização da equipe (basta você pensar em você motorista e você passageiro e ver que não é a mesma coisa), trata-se de uma questão de PERMUTAÇÃO, com 5 elementos (5 pessoas).

Calculando:

$P_5 = 5!$

$P_5 = 5 \times 4 \times 3 \times 2 \times 1$

$P_5 = 120$ maneiras diferentes.

Portanto, a questão está certa.

GABARITO: CERTO.

24. **(CESPE – 2012 – PF – ESCRIVÃO)** Há mais de 50 maneiras diferentes de compor as referidas equipes.

Certo ( )   Errado ( )

Para compor as equipes, faremos COMBINAÇÕES (combinações porque a ordem de escolha dos policiais não muda a opção – AB e BA são os mesmos 2 policiais) e P·F·C.

A equipe será composta por:

1 delegado E 1 perito E 1 escrivão E 2 agentes

Calculando:

$C_{2,1} \cdot C_{2,1} \cdot C_{2,1} \cdot C_{4,2} =$

$C_{2,1} = 2!/1! \times 1! = 2$

$C_{4,2} = 4!/2! \times 2! = 4 \times 3/2 = 6$

$2 \times 2 \times 2 \times 6 = 48$ maneiras.

Logo, a questão está errada.

GABARITO: ERRADO.

25. **(CESPE – 2012 – PF – ESCRIVÃO)** Se cinco dos citados policiais forem escolhidos, aleatoriamente e independentemente dos cargos, então a probabilidade de que esses escolhidos constituam uma equipe com a exigência inicial será superior a 20%.

Certo ( )   Errado ( )

O espaço amostral da questão – total de equipes de 5 policiais – será dado por uma conta de COMBINAÇÃO (combinação porque a ordem de escolha dos policiais não muda a opção – ABCDE e BADEC são os mesmos 5 policiais).

Calculando:

$C_{10,5} = 10!/(5! \times 5!)$

$C_{10,5} = 10 \times 9 \times 8 \times 7 \times 6 \times 5!/5 \times 4 \times 3 \times 2 \times 1 \times 5!$ (simplificando o 5! do numerador com o do denominador, e também 10 do numerador com 5 do denominador, 8 do numerador com 4 do denominador e 6 do numerador com 3 do denominador)

$C_{10,5} = (2 \times 9 \times 2 \times 7 \times 2)/2$

$C_{10,5} = 504/2$

$C_{10,5} = 252.$

O evento – equipe especifica – são outras COMBINAÇÕES:

1 delegado E 1 perito E 1 escrivão E 2 agentes:

$C_{2,1} \cdot C_{2,1} \cdot C_{2,1} \cdot C_{4,2} = 48$

Agora calculando a probabilidade, que nada mais é:

P= evento/espaço amostral

P = quero/tenho

P = equipe especifica/total de equipes possíveis

P= 48/252

P = 0,1905 = 19,05%

A questão fala em superior a 20%, porém 19,05% é inferior a 20%, então a questão está errada.

GABARITO: ERRADO.

Daniel Lustosa

MATEMÁTICA E RLM

Conta-se na mitologia grega que Hércules, em um acesso de loucura, matou sua família. Para expiar seu crime, foi enviado à presença do rei Euristeu, que lhe apresentou uma série de provas a serem cumpridas por ele, conhecidas como Os doze trabalhos de Hércules. Entre esses trabalhos, encontram-se: matar o leão de Neméia, capturar a corça de Cerinéia e capturar o javali de Erimanto.

Considere que a Hércules seja dada a escolha de preparar uma lista colocando em ordem os doze trabalhos a serem executados, e que a escolha dessa ordem seja totalmente aleatória. Além disso, considere que somente um trabalho seja executado de cada vez. Com relação ao número de possíveis listas que Hércules poderia preparar, julgue os itens subsequentes.

26. **(CESPE – 2004 – PF – AGENTE)** O número máximo de possíveis listas que Hércules poderia preparar é superior a $12 \times 10!$.

Certo ( )　　　　Errado ( )

Como são 12 trabalhos e ele terá de realizar os 12, devendo apenas pôr na ordem (organizar todos) que irá executá-los, tem-se, então, uma PERMUTAÇÃO de 12, ou seja:

$P_{12} = 12!$

$P_{12} = 12 \times 11 \times 10!$

A questão fala em um número superior a $12 \times 10!$.

Veja que de fato isso ocorre, já que $12 \times 11 \times 10!$ é maior que $12 \times 10!$.

GABARITO: CERTO.

27. **(CESPE – 2004 – PF – AGENTE)** O número máximo de possíveis listas contendo o trabalho "matar o leão de Neméia" na primeira posição é inferior a $240 \times 990 \times 56 \times 30$.

Certo ( )　　　　Errado ( )

Com o trabalho "matar o leão de Neméia" na primeira posição, restam os outros 11 trabalhos a serem realizados para organizar, o que dá permutação de 11, ou seja:

$P_{11} = 11!$

$P_{11} = 11 \times 10 \times 9 \times 8 \times 7 \times 6 \times 5 \times 4 \times 3 \times 2 \times 1 = 39.916.800$

Já, $240 \times 990 \times 56 \times 30 = 399.168.000$

Veja que $39.916.800$ é inferior a $399.168.000$.

GABARITO: CERTO.

28. **(CESPE – 2004 – PF – AGENTE)** O número máximo de possíveis listas contendo os trabalhos "capturar a corça de Cerinéia" na primeira posição e "capturar o javali de Erimanto" na terceira posição é inferior a $72 \times 42 \times 20 \times 6$.

Certo ( )　　　　Errado ( )

Colocando os dois trabalhos nas posições indicadas, restam ainda os outros 10 trabalhos para serem organizados, o que dá permutação de 10. Calculando:

$P_{10} = 10!$

$P_{10} = 10 \times 9 \times 8 \times 7 \times 6 \times 5 \times 4 \times 3 \times 2 \times 1 = 3.628.800$

Agora, $72 \times 42 \times 20 \times 6 = 362.880$

Perceba que $3.628.800$ é superior a 362.880.

GABARITO: ERRADO.

29. **(CESPE – 2004 – PF – AGENTE)** O número máximo de possíveis listas contendo os trabalhos "capturar a corça de Cerinéia" e "capturar o javali de Erimanto" nas últimas duas posições, em qualquer ordem, é inferior a 6! × 8!.

Certo ( )   Errado ( )

Com esses 2 trabalhos nas 2 últimas posições, sobram ainda 10 trabalhos que serão organizados em permutação de 10; porém, o resultado dessa permutação terá que ser multiplicado pela permutação 2 já que os dois últimos trabalhos podem ser feitos em qualquer ordem. Assim:

$P_2 \times P_{10}$

$2! \times 10!$

$2 \times 1 \times 10 \times 9 \times 8 \times 7 \times 6 \times 5 \times 4 \times 3 \times 2 \times 1 = 7.257.600$

Agora:

$6! \times 8! = 6 \times 5 \times 4 \times 3 \times 2 \times 1 \times 8 \times 7 \times 6 \times 5 \times 4 \times 3 \times 2 \times 1 = 720 \times 40.320 = 29.030.400$

Note que 7.257.600 é bem inferior a 29.030.400.

GABARITO: CERTO.

A respeito de contagem, que constitui um dos principais fundamentos da matemática, julgue os itens que se seguem.

30. **(CESPE – 2004 – PF – PAPILOSCOPISTA)** Considere que, na disputa entre duas equipes, a primeira que vencer 4 jogos será considerada vencedora. Se uma das equipes — A — tiver vencido os 3 primeiros confrontos, então o gráfico a seguir é capaz de representar todas as possibilidades de A vencer a disputa.

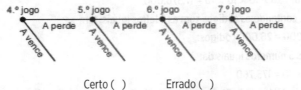

Certo ( )   Errado ( )

Uma questão muito mais de observação do que propriamente de cálculo, já que se A ganhou os 3 primeiros jogos e para uma equipe ser vencedora precisa ganhar 4 jogos, então o desenho representa, de fato, todas as possibilidades para A vencer a disputa.

Pense: A ganhou os 3 primeiros jogos, então se A perder os 3 jogos seguintes – tem-se com isso 6 jogos – o 7º jogo decidirá a disputa, quer seja a favor de A ou contra A.

GABARITO: CERTO.

31. **(CESPE – 2004 – PF – PAPILOSCOPISTA)** O número de cadeias distintas de 14 caracteres que podem ser formadas apenas com as letras da palavra PAPILOSCOPISTA é inferior a 108.

Certo ( )   Errado ( )

Cadeias distintas de 14 caracteres = anagramas da palavra PAPILOSCOPISTA.

Anagrama = PERMUTAÇÃO.

Como a palavra PAPILOSCOPISTA tem 3 "P", 2 "S", 2 "O", 2 "A", 2 "I", temos aqui uma questão de permutação com elementos repetidos.

Calculando:

$P_{14}^{3,2,2,2,2} = 14!/3! \times 2! \times 2! \times 2! \times 2! =$

MATEMÁTICA E RLM

$P_{14}^{3,2,2,2,2} = 14 \times 13 \times 12 \times 11 \times 10 \times 9 \times 8 \times 7 \times 6 \times 5 \times 4 \times 3!/3! \times 2 \times 1 \times 2 \times 1 \times 2 \times 1 \times 2 \times 1$

(Simplificando 3! do numerador como o do denominador e os 2 do denominador com o 4 e 8 do numerador)

$P_{14}^{3,2,2,2,2} = 14 \times 13 \times 12 \times 11 \times 10 \times 9 \times 2 \times 7 \times 6 \times 5 = 908.107.200$

Agora $10^8 = 100.000.000$

Veja que 908.107.200 é superior a 100.000.000.

GABARITO: ERRADO.

32. (CESPE – 2004 – PF – PAPILOSCOPISTA) Considere a seguinte situação hipotética.

Uma grande empresa cataloga seus bens patrimoniais usando códigos formados por uma cadeia de 6 caracteres, sendo três letras iniciais, escolhidas em um alfabeto de 26 letras, seguidas de 3 dígitos, cada um escolhido no intervalo de 0 a 9, não se permitindo códigos com 3 letras iguais e(ou) 3 dígitos iguais. Nessa situação, a empresa dispõe de até 10^7 códigos distintos para catalogar seus bens.

Certo ( )   Errado ( )

Perceba que a questão falou que não são permitidos códigos com as 3 letras iguais e/ou 3 dígitos iguais, ou seja, não são permitidos códigos com 3 letras iguais e 3 números distintos, 3 letras diferentes e 3 números iguais, ou 3 letras iguais e 3 números iguais.

Para calcularmos todas as possibilidades de códigos (incluindo com 3 letras iguais e/ou 3 números iguais), utilizamos o P·F·C (nos cálculos de senhas e códigos utilizamos P·F·C).

Assim, calculando todas as possibilidades temos:

Letra E Letra E Letra E Dígito E Dígito E Dígito

$26 \times 26 \times 26 \times 10 \times 10 \times 10 = 17.576.000$

Agora, contando os códigos com as 3 letras iguais, tem-se:

$26 \times 1000 = 26.000$ códigos;

Com os 3 números iguais dá:

$17576 \times 10 = 175.760$;

E com as 3 letras e os 3 números iguais fica:

$26 \times 10 = 260$ códigos.

Juntando os códigos que não são permitidos, tem-se um total de 201.500 códigos (26.000 + 175.760 – 260 = 201.500 → usando a fórmula para calcular o número de elementos da união de dois conjuntos)

Continuando o cálculo, retirando do total de códigos aqueles que não são permitidos, sobra:

$17.576.000 – 201.500 = 17.374.500$

Como $10^7 = 10.000.000$ e a questão fala "de até" 10^7, o que seria "no máximo" esse valor, a questão está errada, já que 17.374.500 é mais do que 10.000.000.

GABARITO: ERRADO.

Considere que a tabela abaixo mostra o número de vítimas fatais em acidentes de trânsito ocorridos em quatro estados brasileiros:

estado em que ocorreu o acidente	total de vítimas fatais	
	sexo masculino	sexo feminino
Maranhão	225	81
Paraíba	153	42
Paraná	532	142
Santa Catarina	188	42

A fim de fazer um estudo de causas, a PRF elaborou 1.405 relatórios, um para cada uma das vítimas fatais mencionadas na tabela acima, contendo o perfil da vítima e as condições em que ocorreu o acidente. Com base nessas informações, julgue os itens que se seguem, acerca de um relatório escolhido aleatoriamente entre os citados acima.

33. **(CESPE – 2004 – PRF – POLICIAL RODOVIÁRIO FEDERAL)** A probabilidade de que esse relatório corresponda a uma vítima de um acidente ocorrido no estado do Maranhão é superior a 0,2.

Certo ( )   Errado ( )

O espaço amostral, já foi dito no enunciado, é 1.405 (total de vítimas fatais).

O evento são as vítimas do Maranhão, num total de 306 (225 + 81 = 306).

Agora, calculando a probabilidade:

P = evento/espaço amostral

P = quero/tenho

P = 306/1405 =

P = 0,2177.

Veja que 0,2177 é superior a 0,2.

GABARITO: CERTO.

34. **(CESPE – 2004 – PRF – POLICIAL RODOVIÁRIO FEDERAL)** A chance de que esse relatório corresponda a uma vítima do sexo feminino é superior a 23%.

Certo ( )   Errado ( )

O espaço amostral, já foi dito no enunciado, é 1.405 (total de vítimas fatais).

O evento são as vítimas do sexo feminino, num total de 307.

Agora, calculando a probabilidade:

P = evento/espaço amostral

P = quero/tenho

P = 307/1405 =

P = 0,2185 = 21,85%.

Ou seja, 21,85% é inferior a 23%.

GABARITO: ERRADO.

Daniel Lustosa

MATEMÁTICA E RLM

35. **(CESPE – 2004 – PRF – POLICIAL RODOVIÁRIO FEDERAL)** Considerando que o relatório escolhido corresponda a uma vítima do sexo masculino, a probabilidade de que o acidente nele mencionado tenha ocorrido no estado do Paraná é superior a 0,5.

Certo ( )   Errado ( )

O espaço amostral foi reduzido, pois sabe-se que se trata de uma vítima do sexo masculino, então o espaço amostral será de apenas 1.098 (total de vítimas fatais do sexo masculino).

O evento são as vítimas do sexo masculino no Paraná, num total de 532.

Agora, calculando a probabilidade:

P = evento/espaço amostral

P = quero/tenho

P = 532/1098 =

P = 0,4845 = 0,48.

A questão fala em superior a 0,5, mas 0,48 é inferior a 0,5.

GABARITO: ERRADO.

36. **(CESPE – 2004 – PRF – POLICIAL RODOVIÁRIO FEDERAL)** Considerando que o relatório escolhido corresponda a uma vítima de um acidente que não ocorreu no Paraná, a probabilidade de que ela seja do sexo masculino e de que o acidente tenha ocorrido no estado do Maranhão é superior a 0,27.

Certo ( )   Errado ( )

O espaço amostral foi reduzido, pois sabe-se que a vítima não foi do Paraná, então ele será de 731 (total de vítimas fatais que não são do Paraná → 1405 – 674 = 731).

O evento são as vítimas do sexo masculino no Maranhão, num total de 225.

Agora, calculando a probabilidade:

P = evento/espaço amostral

P = quero/tenho

P = 225/731 =

P = 0,3078 = 0,31.

Note que 0,31 é superior a 0,27.

GABARITO: CERTO.

37. **(CESPE – 2004 – PRF – POLICIAL RODOVIÁRIO FEDERAL)** A chance de que o relatório escolhido corresponda a uma vítima do sexo feminino ou a um acidente ocorrido em um dos estados da região Sul do Brasil listados na tabela é inferior a 70%.

Certo ( )   Errado ( )

Aqui tem-se um caso especial de probabilidade, a probabilidade da união de eventos (usada quando na pergunta da questão houver o conectivo OU), que será calculada por:

$P(A \cup B) = P(A) + P(B) - P(A \cap B)$

Em que:

$P(A \cup B) = P(A \text{ ou } B)$

$P(A \cap B) = P(A \text{ e } B)$

120

O espaço amostral é 1.405 (total de vítimas), o evento A (sexo feminino) é 307, o evento B (região sul) é 904 e o evento A∩B (A e B) é 184 (sexo feminino da região sul).

Agora calculando a probabilidade:

P = evento/espaço amostral

P = quero/tenho

P(A) = 307/1405

P(B) = 904/1405

P(A∩B) = 184/1405

P(A ∪ B) = P(A)+ P(B)-P(A ∩ B)

P(A ∪ B) = 307/1405+ 904/1405-184/1405

P(A ∪ B) = 1027/1405

P(A ∪ B) = 0,7309 = 73,1%

Veja que 73,1% é superior a 70%.

GABARITO: ERRADO.

Uma unidade da PRF interceptou, durante vários meses, lotes de mercadorias vendidas por uma empresa com a emissão de notas fiscais falsas. A sequência dos números das notas fiscais apreendidas, ordenadas pela data de interceptação, é a seguinte: 25, 75, 50, 150, 100, 300, 200, 600, 400, 1.200, 800, ...

Tendo como referência essa situação hipotética, julgue o item seguinte, considerando que a sequência dos números das notas fiscais apreendidas segue o padrão apresentado.

38. **(CESPE – 2019 – PRF – POLICIAL RODOVIÁRIO FEDERAL)** O padrão apresentado pela referida sequência indica que os números podem corresponder, na ordem em que aparecem, a ordenadas de pontos do gráfico de uma função afim de inclinação positiva.

Certo ( )   Errado ( )

Pelos dados apresentados temos que o gráfico é uma linha que oscila entre subidas e descidas, porém o gráfico da função afim não oscila, ou ele sobe ou ele desce constantemente.

GABARITO: ERRADO.

Para avaliar a resposta dos motoristas a uma campanha educativa promovida pela PRF, foi proposta a função $f(x) = 350 + 150e^{-x}$, que modela a quantidade de acidentes de trânsito com vítimas fatais ocorridos em cada ano. Nessa função, $x \geq 0$ indica o número de anos decorridos após o início da campanha.

Com referência a essa situação hipotética, julgue os itens que se seguem.

39. **(CESPE – 2019 – PRF – POLICIAL RODOVIÁRIO FEDERAL)** De acordo com o modelo, no final do primeiro ano da campanha, apesar do decréscimo com relação ao ano anterior, ainda ocorreram mais de 400 acidentes de trânsito com vítimas fatais.

Certo ( )   Errado ( )

Resolvendo a função $f(x) = 350 + 150e^{-x}$ com "x = 1" temos:

$f(x) = 350 + 150/e^{x}$

(sabendo que e = 2,718)

Daniel Lustosa

MATEMÁTICA E RLM

$f(x) = 350 + 150/2{,}7181$

$f(x) = 350 + 150/2{,}718$

$f(x) = 350 + 55$

$f(x) = 405$

Então no final do primeiro ano da campanha, o número de mortes será de 405.

GABARITO: CERTO.

40. **(CESPE – 2019 – PRF – POLICIAL RODOVIÁRIO FEDERAL)** Segundo o modelo apresentado, após dez anos de campanha educativa, haverá, em cada um dos anos seguintes, menos de 300 acidentes de trânsito com vítimas fatais.

Certo ( )   Errado ( )

Com o aumento dos anos (aumento do "x") o valor de $150e^{-x}$ tendo a zero, com isso o valor mínimo para a função $f(x) = 350 + 150e^{-x}$ será 350.

Então, o mínimo de mortes por ano será de 350.

GABARITO: ERRADO.

A sequência infinita: a0, a1, a2, a3, ... é definida por: a0 = 1, a1 = 3 e, para cada número inteiro n ≥ 1, $a_{2n} = a_{2n-1} + a_{2n-2}$, e $a_{2n+1} = a_{2n} - a_{2n-1}$.

Com relação a essa sequência, julgue os itens seguintes.

41. **(CESPE – 2018 – ABIN – OFICIAL TÉNCIDO DE INTELIGÊNCIA)** Existem infinitos valores inteiros de p e q tais que ap = aq.

Certo ( )   Errado ( )

Seguindo a construção da sequência temos:

$a_0 = 1$, $a_1 = 3$

(para n = 1)

$a_{2n} = a_{2n-1} + a_{2n-2}$, $a_{2n+1} = a_{2n} - a_{2n-1}$

$a_2 = a_1 + a_0$, $a_3 = a_2 - a_1$

$a_2 = 4$, $a_3 = 1$

(para n = 2)

$a_{2n} = a_{2n-1} + a_{2n-2}$, $a_{2n+1} = a_{2n} - a_{2n-1}$

$a_4 = a_3 + a_2$, $a_5 = a_4 - a_3$

$a_4 = 5$, $a_5 = 4$

(para n = 3)

$a_{2n} = a_{2n-1} + a_{2n-2}$, $a_{2n+1} = a_{2n} - a_{2n-1}$

$a_6 = a_5 + a_4$, $a_7 = a_6 - a_5$

$a_6 = 9$, $a_7 = 5$

(para n = 4)

$a_{2n} = a_{2n-1} + a_{2n-2}$, $a_{2n+1} = a_{2n} - a_{2n-1}$

$a_8 = a_7 + a_6$, $a_9 = a_8 - a_7$

$a_8 = 14$, $a_9 = 9$

Por esses valores já percebemos que $a_0 = a_3$; $a_2 = a_5$; $a_4 = a_7$; $a_6 = a_9$; e se continuar a sequência (infinita) mais termos serão iguais, então temos sim infinitos valores de p e q tais que ap = aq.

GABARITO: CERTO.

42. **(CESPE – 2018 – ABIN – OFICIAL TÉNCIDO DE INTELIGÊNCIA)** A soma $a_{10} + a_9$ é superior a 20

Certo ( )   Errado ( )

Seguindo a construção da sequência temos:

$a_0 = 1$, $a_1 = 3$

(para n = 1)

$a_{2n} = a_{2n-1} + a_{2n-2}$, $a_{2n+1} = a_{2n} - a_{2n-1}$

$a_2 = a_1 + a_0$, $a_3 = a_2 - a_1$

$a_2 = 4$, $a_3 = 1$

(para n = 2)

$a_{2n} = a_{2n-1} + a_{2n-2}$, $a_{2n+1} = a_{2n} - a_{2n-1}$

$a_4 = a_3 + a_2$, $a_5 = a_4 - a_3$

$a_4 = 5$, $a_5 = 4$

(para n = 3)

$a_{2n} = a_{2n-1} + a_{2n-2}$, $a_{2n+1} = a_{2n} - a_{2n-1}$

$a_6 = a_5 + a_4$, $a_7 = a_6 - a_5$

$a_6 = 9$, $a_7 = 5$

(para n = 4)

$a_{2n} = a_{2n-1} + a_{2n-2}$, $a_{2n+1} = a_{2n} - a_{2n-1}$

$a_8 = a_7 + a_6$, $a_9 = a_8 - a_7$

$a_8 = 14$, $a_9 = 9$

(para n = 5)

$a_{2n} = a_{2n-1} + a_{2n-2}$, $a_{2n+1} = a_{2n} - a_{2n-1}$

$a_{10} = a_9 + a_8$, $a_{11} = a_{10} - a_9$

$a_{10} = 23$, $a_{11} = 14$

Somando $a_{10} + a_9$:

$a_{10} + a_9 = 23 + 9 = 32$.

GABARITO: CERTO.

Os indivíduos S1, S2, S3 e S4, suspeitos da prática de um ilícito penal, foram interrogados, isoladamente, nessa mesma ordem. No depoimento, com relação à responsabilização pela prática do ilícito, S1 disse que S2 mentiria; S2 disse que S3 mentiria; S3 disse que S4 mentiria.

43. **(CESPE – 2018 – PF – PERITO)** Caso S3 complete 40 anos de idade em 2020, S1 seja 8 anos mais novo que S3 e S2 seja 2 anos mais velho que S4, se em 2020 a soma de suas idades for igual a 140 anos, então é correto afirmar que S2 nasceu antes de 1984.

Certo ( )   Errado ( )

MATEMÁTICA E RLM

Calculando as idades de S1, S2 e S4, com base a idade de S3:

Em 2020:

S3 = 40 anos

S1 = 8 anos mais novo que S3 = 32 anos

S4 = x

S2 = x + 2

Soma das 4 idades = 140

S1 + S2 + S3 + S4 = 140

32 + x+2 + 40 + x = 140

2x + 74 = 140

2x = 140 − 74

2x = 66

X = 66/2

X = 33 anos

Se x = 33 anos, então S2 tem 35 anos em 2020 e nasceu, assim, em 1985, que é depois de 1984.

GABARITO: ERRADO.

Acerca de análise de dados, julgue o próximo item.

44. **(CESPE – 2018 – PM/AL – SOLDADO)** O gráfico a seguir mostra a distribuição de frequência de delitos ocorridos em determinado bairro nos seis primeiros meses de 2018.

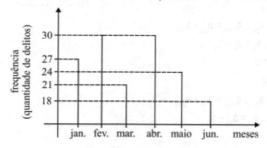

Nesse caso, a média dos delitos ocorridos no semestre considerado foi superior à média dos delitos ocorridos no segundo trimestre.

Certo ( )   Errado ( )

Calculando a média no semestre:

X' = soma dos valores dos meses / quantidade de meses

X' = 27+30+21+30+24+18 / 6

X' = 150/6

X' = 25 delitos

Calculando a média do 2º trimestre:

X' = soma dos valores dos meses / quantidade de meses

X' = 30+24+18 / 3
X' = 72 / 3
X' = 24 delitos
Veja que 25 é maior que 24, então a média de delitos no semestre é maior do que a média de delitos no 2º trimestre.
GABARITO: CERTO.

A figura seguinte mostra a planta baixa de um condomínio. O terreno ocupado pelo condomínio é um quadrado de lados que mede 60 m. Nesse condomínio, as áreas indicadas por E1, E2 e E3 correspondem aos locais onde estão construídos os prédios residenciais, e as regiões em branco correspondem às vias de livre circulação para pedestres e veículos.

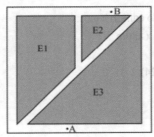

A partir da figura e das informações precedentes, julgue os itens a seguir, considerando que a área de E2 seja igual a 200 m².

45. **(CESPE – 2018 – PM/AL – SOLDADO)** Se a área de E3 for igual à área da região ocupada pelas vias de livre circulação e se a área de E1 for igual a 900 m², então a área de E3 será igual a 1.250 m².

Certo ( )   Errado ( )

Se a área E3 é igual a área das vias de circulação, se E1 = 900 m² e E2 = 200 m² e se o lado do quadrado é 60 m, fazendo os cálculos temos:

- Área do condomínio = E1 + E2 + E3 + área das vias de circulação
- E1 = 900 m²
- E2 = 200 m²
- E3 = X
- área das vias de circulação = X

  Área do condomínio = Área do quadrado = L^2
  $L^2 = 60^2$
  $L^2 = 60 \times 60 = 3.600$ m
  Área do condomínio = 3.600 m²
  Retomando: área do condomínio = E1 + E2 + E3 + área das vias de circulação
  3.600 = 900 + 200 + x + x
  2x + 1.100 = 3.600
  2x = 3.600 – 1.100
  2x = 2.500

Daniel Lustosa

MATEMÁTICA E RLM

X = 2.500/2

X = 1.250 m².

GABARITO: CERTO.

46. **(CESPE – 2018 – PM/AL – SOLDADO)** Considere que um edifício residencial de 8 andares a partir do térreo ocupe toda a área E2. Nesse caso, se a altura de cada andar desse edifício for de 3 m, então o edifício forma um sólido de volume inferior a 5.000 m³.

Certo ( )   Errado ( )

Se cada andar tem 3 m e se o edifício tem 8 andares, então a altura do edifício é:

H = 8 andares de 3 metro cada

H = 8 × 3 = 24 m

Calculando o volume do edifício temos:

Volume = área da base x altura

V = E2 × H

(como E2 = 200 e H = 24)

V = 200 × 24

V = 4800 m³.

GABARITO: CERTO.

Em cada um dos itens a seguir é apresentada uma situação hipotética, seguida de uma assertiva a ser julgada, a respeito de modelos lineares, modelos periódicos e geometria dos sólidos.

47. **(CESPE – 2017 – PM/AL – SOLDADO)** Manoel, candidato ao cargo de soldado combatente, considerado apto na avaliação médica das condições de saúde física e mental, foi convocado para o teste de aptidão física, em que uma das provas consiste em uma corrida de 2.000 metros em até 11 minutos. Como Manoel não é atleta profissional, ele planeja completar o percurso no tempo máximo exato, aumentando de uma quantidade constante, a cada minuto, a distância percorrida no minuto anterior. Nesse caso, se Manoel, seguindo seu plano, correr 125 metros no primeiro minuto e aumentar de 11 metros a distância percorrida em cada minuto anterior, ele completará o percurso no tempo regulamentar.

Certo ( )   Errado ( )

Se ele começou correndo 125 m e vai aumentando 11 m a cada minuto, então ele correrá:

1º minuto: 125 m

2º minuto: 136 m

3º minuto: 147 m

4º minuto: 158 m

5º minuto: 169 m

6º minuto: 180 m

7º minuto: 191 m

8º minuto: 202 m

9º minuto: 213 m

126

10º minuto: 224 m

11º minuto: 235 m

Somando as distâncias:

125+136+147+158+169+180+191+202+213+224+235 = 1980 m

Outra forma de calcular a distância percorrida é por P.A (progressão aritmética), calculando pelo termo geral e a soma dos termos. Calculando:

Termo geral = distância do último minuto:

$a_1 = 125$ m

$r = 11$ m

$a_n = a_1 + (n - 1) \cdot r$

$a_{11} = a_1 + 10r$

$a_{11} = 125 + 10(11)$

$a_{11} = 125 + 110$

$a_{11} = 235$ m

Soma dos termos = distância total percorrida:

$S_n = (a_1 + a_n) \cdot n / 2$

$S_n = (125 + 235) \cdot 11 / 2$

$S_n = (360) \cdot 11 / 2$

$S_n = (180) \cdot 11 = 1980$ m

Como a corrida tinha de ser 2000 m em 11 minutos, então ele não conseguiu completar o percurso.

GABARITO: ERRADO.

48. **(CESPE – 2017 – PM/AL – SOLDADO)** O tanque para água de um veículo de combate a incêndio tem a forma de um paralelepípedo retângulo e está completamente cheio. No combate a um incêndio, gastou-se 1/3 de sua capacidade. No combate a um segundo incêndio, gastou-se 3/7 do que sobrou. Nesse caso, depois de extintos os dois incêndios, restou, no tanque, água até uma altura superior a 1/3 da altura original.

Certo ( )   Errado ( )

Trabalhando com a altura proporcional ao volume, temos:

H = volume do tanque = 1

Volume utilizado nos dois incêndios:

1º incêndio = 1/3

2º incêndio = 3/7 de 2/3 (se no primeiro incêndio foram usados 1/3 do tanque, então para uso no segundo incêndio sobrou 2/3 do tanque)

2º incêndio = 3/7 × 2/3 = 2/7

1º incêndio + 2º incêndio = 1/3 + 2/7

1/3 + 2/7 =

(fazendo MMC de 3 e 7)

7/21 + 6/21 = 13/21 do volume do tanque

MATEMÁTICA E RLM

Calculando, agora, o que sobrou no tanque:

Sobrou no tanque = Volume do tanque − volume usado nos incêndios

Sobrou no tanque = 1 − 13/21

Sobrou no tanque = 21/21 − 13/21 = 8/21

Sabendo que 8/21 = 0,38 e que 1/3 = 0,33, então a questão está certa.

GABARITO: CERTO.

49. **(CESPE – 2017 – PM/AL – SOLDADO)** Os soldados Pedro e José, na função de armeiros, são responsáveis pela manutenção de determinada quantidade de armas da corporação — limpeza, lubrificação e municiamento. Se Pedro fizer a manutenção das armas que estavam a seu encargo e de mais 50 que estavam a cargo de José, então Pedro fará a manutenção do dobro de armas que sobraram para José. Se José fizer a manutenção das armas que estavam a seu encargo e de mais 60 que estavam a cargo de Pedro, José fará a manutenção do triplo de armas que sobraram para Pedro. Nesse caso, a quantidade de armas para manutenção a cargo de Pedro e José é superior a 260.

Certo ( )   Errado ( )

Estruturando os dados do problema temos:

Armas de Pedro = x

Armas de José = y

- Pedro fizer a manutenção das armas que estavam a seu encargo e de mais 50 que estavam a cargo de José, então Pedro fará a manutenção do dobro de armas que sobraram para José:

$X + 50 = 2 \cdot (y - 50)$

$X + 50 = 2y - 100$

$X - 2y = -100 - 50$

$X - 2y = -150$ (equação I)

- Se José fizer a manutenção das armas que estavam a seu encargo e de mais 60 que estavam a cargo de Pedro, José fará a manutenção do triplo de armas que sobraram para Pedro

$Y + 60 = 3 \cdot (x - 60)$

$Y + 60 = 3x - 180$

$-3x + y = -180 - 60$

$-3x + y = -240$ (equação II)

Juntando as duas equações e resolvendo o sistema:

$X - 2y = -150$ (I)

$-3x + y = -240$ (II)

(multiplicando II por 2 e somando as equações)

$X - 2y = -150$ (I)

$-6x + 2y = -480$ (II)

$-5x = -630$

$X = -630/-5$

$X = 126$

(substituindo x na equação I)

X − 2y = −150

126 − 2y = −150

−2y = −150 − 126

−2y = −276

Y = −276/−2

Y = 138

Somando as quantidades de armas:

X + Y = 126 + 138 = 264 armas a cargo de Pedro e José.

GABARITO: CERTO.

Em um tanque A, há uma mistura homogênea de 240 L de gasolina e 60 L de álcool; em outro tanque B, 150 L de gasolina estão misturados homogeneamente com 50 L de álcool.

A respeito dessas misturas, julgue os itens subsequentes.

50. **(CESPE − 2017 − PM/AL − SOLDADO)** Para que a proporção álcool/gasolina no tanque A fique igual à do tanque B é suficiente acrescentar no tanque A uma quantidade de álcool que é inferior a 25 L.

Certo ( )   Errado ( )

A proporção de álcool e gasolina no tanque B é:

Tanque B = 150 L de gasolina e 50 L de álcool

(simplificando tudo por 50)

Tanque B = 3 partes de gasolina e 1 parte de álcool (3:1)

A proporção de álcool e gasolina no tanque A é:

Tanque A = 240 L de gasolina e 60 L de álcool

(simplificando tudo por 60)

Tanque A = 4 partes de gasolina e 1 parte de álcool (4:1)

Para que o tanque A (4:1) fique com a mesma proporção do tanque B (3:1), precisamos aumentar o álcool em:

Dividindo 240 (a quantidade de gasolina não vai mudar) por 3 (já que em B tem partes de gasolina) = 80 L de álcool. Como já tem 60 L de álcool no tanque A, então temos de aumentar 20 L de álcool (80 − 60) no tanque A.

GABARITO: CERTO.

51. **(CESPE − 2017 − PM/AL − SOLDADO)** Considere que em um tanque C, inicialmente vazio, tenham sido despejadas certas quantidades das misturas dos tanques A e B totalizando 100 L. Considere também que, depois de homogeneizada essa mistura no tanque C, a separação de álcool e gasolina por um processo químico tenha mostrado que nesses 100 L, 22 L eram de álcool. Nessa situação, para formar essa mistura no tanque C foram usados mais de 55 L da mistura do tanque A.

Certo ( )   Errado ( )

No tanque A o álcool corresponde a 20% (60/300 = 0,2 = 20%). No tanque B o álcool corresponde a 25% (50/200 = 0,25 = 25%).

Como na mistura C temos 22 L de álcool, então temos a seguinte situação:

Daniel Lustosa

Álcool: 20% de A + 25% de B = 22L (I)
Mistura C: A + B = 100 L (II)
Juntando as duas equações e resolvendo o sistema:
0,2A + 0,25B = 22 (I)
A + B = 100 (II)
(multiplicando II por -0,25 e somando as equações:
0,2A + 0,25B = 22 (I)
-0,25A -0,25 B = -25 (II)

-0,05A = -3
A = -3/-0,05
A = 300/5
A = 60 L
Portanto, do tanque A foram usados 60 L.
GABARITO: CERTO.

Na preparação de uma ação policial, um agente fez algumas medições em uma casa noturna, mostradas na figura a seguir. O agente, em pé no ponto A, de frente para a casa noturna, estava a 10 m de distância do ponto C, correspondente à porta de entrada da casa noturna. Do ponto B, posição dos olhos do agente, ele visualizava uma câmera de segurança no ponto D, no prédio da casa noturna, segundo um ângulo de visão de 30º com a horizontal. Perpendicularmente a AC, e a 24 m de A, ficava localizada uma base móvel para apoio à operação, no ponto E.

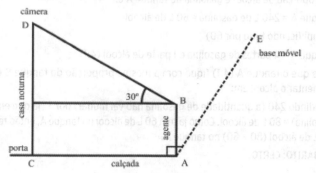

Com referência às informações contidas na situação hipotética e na figura anteriormente apresentadas, julgue os próximos itens.

52. **(CESPE – 2017 – PM/MA – SOLDADO)** Considerando que AB seja igual a 1,70m, que essa seja a altura dos olhos do agente e que 0,58 seja o valor aproximado para tg 30º, então a câmera estava a uma altura inferior a 7m.

Certo ( )   Errado ( )

Projetando as informações do enunciado e da questão na figura e calculando o que foi pedido temos:

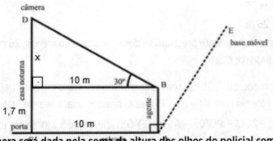

A altura da câmera será dada pela soma da altura dos olhos do policial com o valor de "x" e fica:

tg 30º = cateto oposto / cateto adjacente

0,58 = x/10

(fazendo a propriedade fundamental das proporções – produto dos meios igual ao produto dos extremos)

X = 5,8 m

Altura da câmera = 1,7 + 5,8 = 7,5 m.

GABARITO: ERRADO.

53. **(CESPE – 2017 – PM/MA – SOLDADO)** No dia da operação, caso precise evadir-se do estabelecimento pela porta de entrada e chegar ao ponto correspondente à base móvel, um agente que esteja no ponto C precisará se deslocar por, pelo menos, 26 m.

Certo ( )   Errado ( )

Projetando o triangulo formado entre a porta (ponto C) o ponto A e a base móvel E, e calculando a distância a ser percorrida da porta até a base móvel, temos:

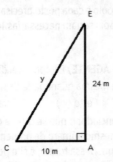

Agora, aplicando o teorema de Pitágoras no triângulo retângulo ACE:

Hipotenusa^2 = cateto^2 + cateto^2

Obs.: pelas medidas apresentadas temos um triangulo pitagórico do tipo 5, 12, 13, e com isso a medida de "y", por essas proporções, é 26 m.

Mas vamos terminar de calcular "y" por Pitágoras:

$y^2 = 10^2 + 24^2$

$y^2 = 100 + 576$

$y^2 = 676$

Daniel Lustosa

MATEMÁTICA E RLM

$y = \sqrt{676}$

$y = 26$ m.

Portanto, o agente precisará se deslocar por, pelo menos, 26 m.

GABARITO: CERTO.

Considerando que 300 pessoas tenham sido selecionadas para trabalhar em locais de apoio na próxima copa do mundo e que 175 dessas pessoas sejam do sexo masculino, julgue o seguinte item.

54. **(CESPE – 2013 – PC/DF – AGENTE)** Considere que 50 locais de apoio sejam espalhados pela cidade. Considere ainda que cada um deles necessite, para funcionar corretamente, de 3 pessoas trabalhando por dia, independentemente do sexo. Nessa situação, se todas as pessoas selecionadas forem designadas para esses locais de apoio e se cada uma delas intercalar um dia de trabalho com um dia de folga ou vice-versa, então os postos funcionarão da forma desejada.

Certo ( )   Errado ( )

Se são 50 postos de apoio, cada posto precisa de pessoas 3 por dia e são necessários 2 dias (um dia de trabalho com um dia de folga ou vice-versa), então as 300 pessoas são suficientes para que os postos funcionarem.

Veja:

50 postos × 3 pessoas = 150 pessoas.

150 × 2 dias = 300 pessoas.

GABARITO: CERTO.

55. **(CESPE – 2013 – PC/DF – AGENTE)** Se, em um dia de jogo, funcionarem 24 postos de apoio e se cada posto necessitar de 6 mulheres e 6 homens, então a quantidade de pessoas selecionadas será suficiente.

Certo ( )   Errado ( )

Se são 24 postos de apoio e cada posto precisa de 6 mulheres, então a quantidade de mulheres não é suficiente, pois seriam necessárias 144 (6×24), mas só têm 125 delas.

GABARITO: ERRADO.

56. **(CESPE – 2013 – PC/DF – AGENTE)** É impossível dividir as 300 pessoas em grupos de modo que todos os grupos tenham a mesma quantidade de mulheres e a mesma quantidade de homens.

Certo ( )   Errado ( )

De acordo com o enunciado: o que se quer é que tenha o mesmo número de mulheres em todos os grupos e o mesmo número de homens, por exemplo 5 mulheres em cada grupo e 6 homens em cada grupo. Dessa forma, é sim possível que todos os grupos tenham a mesma quantidade de homens e a mesma quantidade de mulheres, para tanto, basta calcular o MDC de 125 e 175 e esse será o número de grupos formados, depois basta dividir 125 e 175 pelo MDC e esses resultados serão a quantidade de mulheres e homens que terão em cada grupo, respectivamente.

Veja:

MDC de 125 e 175 = 25 grupos;

125/25 = 5 mulheres por grupo;

175/25 = 7 homens por grupo.

GABARITO: ERRADO.

Considerando que uma equipe de 30 operários, igualmente produtivos, construa uma estrada de 10 km de extensão em 30 dias, julgue os próximos itens.

57. **(CESPE – 2013 – PRF – POLICIAL RODOVIÁRIO FEDERAL)** Se, ao iniciar a obra, a equipe designada para a empreitada receber reforço de uma segunda equipe, com 90 operários igualmente produtivos e desempenho igual ao dos operários da equipe inicial, então a estrada será concluída em menos de 1/5 do tempo inicialmente previsto.

Certo ( )   Errado ( )

Organizando as grandezas e fazendo a regra de três temos:

Operários	Distancia	Dias
30	10	30
120 (30+90)	10	x

Como a distância não mudou, a regra de 3 é simples e compara apenas os dias e os operários.

As grandezas operários e dias são INVERSAMENTE proporcionais, pois, com MAIS operários o serviço será feito em MENOS tempo.

Calculando:

Operários		Dias	
30	↑	30	↓
120 (30+90)		x	

$30/x = 120/30$

(fazendo a propriedade fundamental das proporções – produto dos meios igual ao produto dos extremos)

$120x = 900$

$X = 900/120$

$X = 7,5$ dias.

Sabemos que 1/5 de 30 corresponde a 6 dias (30/5), porem o serviço será feito em 7,5 dias, ou seja, mais de 6 dias.

GABARITO: ERRADO.

58. **(CESPE – 2013 – PRF – POLICIAL RODOVIÁRIO FEDERAL)** Se a tarefa estiver sendo realizada pela equipe inicial de 30 operários e, no início do quinto dia, 2 operários abandonarem a equipe, e não forem substituídos, então essa perda ocasionará atraso de 10 dias no prazo de conclusão da obra.

Certo ( )   Errado ( )

No "início do 5º dia" significa que já foram trabalhados 4 dias e nesses 4 dias foram feitos 4/30 do serviço (fica faltando ser feiro 26/30 do serviço).

Organizando as grandezas e fazendo a regra de três temos:

Operários	Distancia	Dias	Quantidade de serviço
30	10	4	4/30
28	10	x	26/30

Daniel Lustosa

MATEMÁTICA E RLM

Como a distância não mudou, a regra de 3 é composta e compara os dias com os operários e a quantidade de serviço.

As grandezas operários e dias são INVERSAMENTE proporcionais, pois, com MAIS operários o serviço será feito em MENOS tempo.

As grandezas quantidade de serviço e dias são DIRETAMENTE proporcionais, pois, MENOS serviço será feito em MENOS tempo.

Calculando:

Operários		Dias		Quantidade de serviço	
30	↑	4	↓	4/30	↓
28		x		26/30	

$4/x = 28/30 \cdot 4/26$

(simplificando 28 com 30 e 4 com 26, tudo por 2)

$4/x = 14/15 \cdot 2/13$

$4/x = 28/195$

(fazendo a propriedade fundamental das proporções – produto dos meios igual ao produto dos extremos)

$28x = 780$

$X = 780/28$

$X = 28$ dias (aproximadamente).

Ao todo foram necessários 32 dias (28+4) para terminar o serviço, então o atraso foi apenas de 2 dias.

GABARITO: ERRADO.

Considere que a empresa X tenha disponibilizado um aparelho celular a um empregado que viajou em missão de 30 dias corridos. O custo do minuto de cada ligação, para qualquer telefone, é de R$ 0,15. Nessa situação, considerando que a empresa tenha estabelecido limite de R$ 200,00 e que, após ultrapassado esse limite, o empregado arcará com as despesas, julgue o item a seguir.

59. **(CESPE – 2013 – PC/DF – AGENTE)** Se, ao final da missão, o tempo total de suas ligações for de 20 h, o empregado não pagará excedente.

Certo ( )   Errado ( )

Por hora, ele gasta 9,00 reais, veja:

R$ 0,15 × 60 minutos = R$ 9,00

Em 20 h ele terá gastado 180,00 reais:

20 h × 9,00 = R$ 180,00

Se o limite estabelecido foi de 200,00 reais, concluímos o empregado não pagará excedente.

GABARITO: CERTO.

60. **(CESPE – 2013 – PC/DF – AGENTE)** Se, nos primeiros 10 dias, o tempo total das ligações do empregado tiver sido de 15 h, então, sem pagar adicional, ele disporá de mais de um terço do limite estabelecido pela empresa.

Certo ( )   Errado ( )

Por hora, ele gasta 9,00 reais, veja:

R$ 0,15 × 60 minutos = R$ 9,00

Em 15 h ele terá gastado 135,00 reais:

15 h × 9,00 = R$ 135,00

Se o limite estabelecido pela empresa foi de 200,00 reais, então ele ainda tem 65,00 reais (200 – 135) disponível.

Sabemos 1/3 de 200 = 200/3 = R$ 66,66, mas como ele só tem 65,00 reais disponível isso é menos de 1/3 do limite.

GABARITO: ERRADO.

61. **(CESPE – 2013 – PC/DF – AGENTE)** Se, ao final da missão, o empregado pagar R$ 70,00 pelas ligações excedentes, então, em média, suas ligações terão sido de uma hora por dia.

Certo ( )   Errado ( )

Por hora, ele gasta 9,00 reais, veja:

R$ 0,15 × 60 minutos = R$ 9,00

Se ao final da missão ele gastou 270,00 reais (200+70), então ele fez 30 horas de ligação:

270/9 = 30 horas

Como a missão foi de 30 dias, então 30 horas de ligação corresponde a uma média de 1h por dia.

GABARITO: CERTO.

Gráfico para os próximos 5 itens:

Considere que, em 2009, tenha sido construído um modelo linear para a previsão de valores futuros do número de acidentes ocorridos nas estradas brasileiras. Nesse sentido, suponha que o número de acidentes no ano t seja representado pela função F(t) = At + B, tal que F(2007) = 129.000 e F(2009) =159.000. Com base nessas informações e no gráfico apresentado, julgue os itens a seguir.

62. **(CESPE – 2013 – PRF – POLICIAL RODOVIÁRIO FEDERAL)** O número de acidentes ocorridos em 2008 foi, pelo menos, 26% maior que o número de acidentes ocorridos em 2005

Certo ( )   Errado ( )

Em 2005 foram 110 acidentes, em 2008 foram 141 acidentes, ou seja, 31 acidentes (141 – 110) a mais. Calculando, em porcentagem, quanto vale 31 em relação a 110, temos:

Daniel Lustosa

MATEMÁTICA E RLM

110 - 100%

31 - X

(fazendo meios por extremos)

110x = 3100

X = 3100/110

X = 28,18%

Como 28,18% é maior que 26% (pelo menos 26% quer dizer 26 ou mais) a questão está certa.

GABARITO: CERTO.

63. **(CESPE – 2013 – PRF – POLICIAL RODOVIÁRIO FEDERAL)** Os valores associados aos anos de 2008, 2009 e 2010 estão em progressão aritmética.

Certo ( )   Errado ( )

Os valores de 2008, 2009, e 2010 são respectivamente, 141, 159, 183. Analisando os valores, para ver se estão em progressão aritmética (P.A), temos:

159 – 141 = 18

183 – 159 = 24

Veja que a diferença entre os termos não é fixa/constante, então esses valores não estão em P.A.

GABARITO: ERRADO.

64. **(CESPE – 2013 – PRF – POLICIAL RODOVIÁRIO FEDERAL)** A média do número de acidentes ocorridos no período de 2007 a 2010 é inferior à mediana da sequência de dados apresentada no gráfico.

Certo ( )   Errado ( )

Mediana é o valor central da amostral disposta no ROL (dados organizados do menor para o maior). Os dados do gráfico já estão no ROL e a mediana é 141. Calculando a média, temos:

X' = soma dos valores dos meses / quantidade de meses

X' = 110+111+129+141+159+183+189 / 7

X' = 1022 / 7

X' = 146

Como 146 é maior que 141, a questão está errada.

GABARITO: ERRADO.

65. **(CESPE – 2013 – PRF – POLICIAL RODOVIÁRIO FEDERAL)** O valor da constante A em F(t) é superior a 14.500.

Certo ( )   Errado ( )

Desenvolvendo a função para os dados apresentados:

F(t) = At + B

Em 2007 = 2007A + B = 129000 (I)

Em 2009 = 2009A + B = 159000 (II)

Juntando as duas equações e resolvendo o sistema:

2007A + B = 129000 (I)

2009A + B = 159000 (II)

(multiplicando I por -1 e somando as equações)

-2007A – B = 129000 (I)

2009A + B = 159000 (II)

2A = 30000

A = 30000/2

A = 15000.

GABARITO: CERTO.

66. **(CESPE – 2013 – PRF – POLICIAL RODOVIÁRIO FEDERAL)** A diferença entre a previsão para o número de acidentes em 2011 feita pelo referido modelo linear e o número de acidentes ocorridos em 2011 dado no gráfico é superior a 8.000.

Certo ( )   Errado ( )

Pelo modelo linear a previsão para 2011 seria de 189000 acidentes; mas vamos mostrar isso desenvolvendo a função:

$F(t) = At + B$

Em 2007 = 2007A + B = 129000 (I)

Em 2009 = 2009A + B = 159000 (II)

Juntando as duas equações e resolvendo o sistema:

2007A + B = 129000 (I)

2009A + B = 159000 (II)

(multiplicando I por -1 e somando as equações)

-2007A – B = 129000 (I)

2009A + B = 159000 (II)

2A = 30000

A = 30000/2

A = 15000

(substituindo A em I)

2007(15000) + B = 129000

30105000 + B = 129000

B = 129000 – 30105000

B = -29976000

Aplicando os valores de A e B na função e calculando os acidentes de 2011:

$F(t) = 15000t – 29976000$

Em 2011: $F(2011) = 15000(2011) – 29976000$

$F(2011) = 30165000 – 29976000$

$F(2011) = 189000$

Agora veja que no gráfico o valor para 2011 é de 189000, então não tem diferença entre o previsto no modelo e o gráfico.
GABARITO: ERRADO.

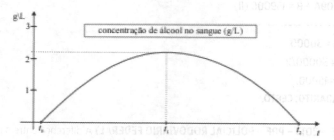

Considere que o nível de concentração de álcool na corrente sanguínea, em g/L, de uma pessoa, em função do tempo t, em horas, seja expresso por $N = -0,008(t^2 - 35t + 34)$. Considere, ainda, que essa pessoa tenha começado a ingerir bebida alcoólica a partir de $t = t_0$ ($N(t0) = 0$), partindo de um estado de sobriedade, e tenha parado de ingerir bebida alcoólica em $t = t_1$, voltando a ficar sóbria em $t = t_2$. Considere, por fim, a figura acima, que apresenta o gráfico da função N(t) para $t \in [t_0, t_2]$.

Com base nessas informações e tomando 24,3 como valor aproximado de $\sqrt{589}$, julgue os itens que se seguem.

67. **(CESPE – 2013 – PRF – POLICIAL RODOVIÁRIO FEDERAL)** O nível de concentração mais alto de álcool na corrente sanguínea da referida pessoa ocorreu em $t = t_1$ com $t_1 > 18$ horas.
Certo ( )   Errado ( )

O nível de concentração mais alto é no t_1. Calculando t_1:

$t_1 = X_v$
$X_v = -b/2a$
$X_v = -(-35)/2(1)$
$X_v = 35/2$
$X_v = 17,5$ h
$t_1 = 17,5$ h
Veja que $t_1 < 18$ horas.
GABARITO: ERRADO.

68. **(CESPE – 2013 – PRF – POLICIAL RODOVIÁRIO FEDERAL)** O valor de t_2 é inferior a 36.
Certo ( )   Errado ( )

Calculando a função e achando os valores de t (t0 e t2) para N = 0:
$N = -0,008(t^2 - 35t + 34)$
$0 = -0,008(t^2 - 35t + 34)$
$t^2 - 35t + 34 = 0/0,008$
$t^2 - 35t + 34 = 0$

(desenvolvendo a fórmula de Bhaskara)

$\Delta = b^2 - 4ac$

$\Delta = (-35)2 - 4(1)(34)$

$\Delta = 1225 - 136$

$\Delta = 1089$

$t = -b \pm \sqrt{\Delta} / 2a$

$t = -(-35) \pm \sqrt{1089} / 2(1)$

$t = 35 \pm 33 / 2$

$t_0 = 35 - 33 / 2$

$t_0 = 2/2$

$t_0 = 1$ h

$t_2 = 35+33 / 2$

$t_2 = 68/2$

$t_2 = 34$ h.

GABARITO: CERTO.

69. **(CESPE – 2013 – PRF – POLICIAL RODOVIÁRIO FEDERAL)** O nível de concentração de álcool na corrente sanguínea da pessoa em questão foi superior a 1 g/L por pelo menos 23 horas.

Certo ( )   Errado ( )

Substituindo a concentração de 1 g/L na função e achando os valores de t:

$N = -0,008(t^2 - 35t + 34)$

$1 < -0,008(t2 - 35t + 34)$

$t^2 - 35t + 34 > 1/-0,008$

$t^2 - 35t + 34 > -125$

$t^2 - 35t + 34 + 125 > 0$

$t^2 - 35t + 159 > 0$

(desenvolvendo a fórmula de Bhaskara)

$\Delta = b2 - 4ac$

$\Delta = (-35)^2 - 4(1)(159)$

$\Delta = 1225 - 636$

$\Delta = 589$

$t = -b \pm \sqrt{\Delta} / 2a$

$t = -(-35) \pm \sqrt{589} / 2(1)$

$t = 35 \pm 24,3 / 2$

$t' = 35+24,3 / 2$

$t' = 59,3/2$

$t' = 29,65$ h

$t'' = 35 - 24,3 / 2$

$t'' = 10,7/2$

Daniel Lustosa

MATEMÁTICA E RLM

t" = 5,35 h

5,35 < t < 29,65

Fazendo a diferença das horas:

29,65 − 5,35 = 24,3 h

Então por 24,3 horas a concentração de álcool foi superior a 1 g/L.

GABARITO: CERTO.

Paulo, Maria e Sandra investiram, respectivamente, R$ 20.000,00, R$ 30.000,00 e R$ 50.000,00 na construção de um empreendimento. Ao final de determinado período de tempo, foi obtido o lucro de R$ 10.000,00, que deverá ser dividido entre os três, em quantias diretamente proporcionais às quantias investidas.

Considerando a situação hipotética acima, julgue os itens que se seguem.

70. **(CESPE – 2012 – PRF – AGENTE ADMINISTRATIVO)** Paulo e Maria receberão, juntos, mais do que Sandra.

Certo ( )   Errado ( )

Se a divisão é proporcional ao que cada um investiu, então Paulo e Maria investiram juntos 50.000,00 reais (20.000+30.000), mas esse valor é o mesmo valor investido por Sandra. Concluímos, portanto, que Paulo e Maria receberão juntos o mesmo que Sandra.

GABARITO: ERRADO.

71. **(CESPE – 2012 – PRF – AGENTE ADMINISTRATIVO)** Se Sandra investir, por 2 anos, a quantia que ela destinou ao empreendimento, à taxa de juros compostos de 10% ao ano, então, ao final do período, o montante do investimento será inferior a R$ 6.000,00.

Certo ( )   Errado ( )

A quantia destinada ao empreendimento por Sandra é de 50.000,00 reais, e aplicando esse valor o montante final será maior que 50.000,00 e, portanto, maior que 6.000,00 reais também.

GABARITO: ERRADO.

Pedro tomou R$ 6.000,00 emprestados de José, comprometendo-se a pagar esse valor, a partir da data do empréstimo, em prestações de R$ 500,00 a cada 4 meses, as quais serão abatidas do valor principal até o encerramento da dívida. Pedro comprometeu-se, ainda, a pagar mais 2% de juros sobre o restante da dívida na data do pagamento da prestação, mas antes de pagar a prestação.

Com base na situação hipotética acima, julgue os itens seguintes.

72. **(CESPE – 2012 – PRF – AGENTE ADMINISTRATIVO)** Pedro quitará sua dívida com José em 4 anos.

Certo ( )   Errado ( )

Como ele vai pagar 500,00 de 4 em 4 meses e sendo a dívida de 6.000,00, o tempo que ele demorara para quitar a dívida será:

6000/500 = 12 parcelas

12 × 4 = 48 meses = 4 anos.

GABARITO: CERTO.

73. **(CESPE – 2012 – PRF – AGENTE ADMINISTRATIVO)** O total de juros que Pedro pagará a José será superior a R$ 800,00.

Certo ( )   Errado ( )

Como ele vai pagar 500,00 por prestação e 2% de juros pelo saldo devedor antes de pagar a prestação, temos:

6000/500 = 12 parcelas

- a primeira parcela de juro será de 120,00 reais (2% de 6000);
- a segunda parcela de juro será de 110,00 reais (2% de 5500);
- a terceira parcela de juro será de 100,00 reais (2% de 5000);
- a última parcela (12ª parcela) de juro será de 10,00 (2% de 500);

Veja que as parcelas de juro decrescem em uma P.A (progressão aritmética), logo, calculando a soma dessas parcelas, teremos o valor total dos juros:

Soma dos termos da P·A = total do juro:

$S_n = (a_1 + a_n)·n / 2$

$S_n = (120 + 10)·12 / 2$

$S_n = (130)·12 / 2$

$S_n = (130)·6 = 780,00$ reais.

GABARITO: ERRADO.

Considere que o interior de um recipiente tenha a forma de um paralelepípedo retângulo de base quadrada de lado medindo 50 cm e altura, 40 cm. Considere, ainda, que esse recipiente tenha sido enchido com um combustível homogêneo composto de gasolina pura e álcool e que 40% do combustível constitua-se de álcool.

Com base nessas informações, julgue os itens subsequentes.

74. **(CESPE – 2012 – PRF – AGENTE ADMINISTRATIVO)** Menos de 55 litros do combustível contido no recipiente constitui-se de gasolina pura.

Certo ( )   Errado ( )

Calculando o volume do recipiente (e do combustível):

Volume = área da base × altura

(área da base = quadrado)

$V = l^2 × h$

$V = (50)^2 × 40$

$V = 2500 × 40$

$V = 100000$ cm³ $= 100$ dm³ $= 100$ L

Se 40% do combustível é de álcool, então tem 40 L de álcool, veja:

40% de 100 =

$40/100 × 100 = 40$ L

Como a quantidade de combustível é 100 L e tem 40 L de álcool, deduzimos que tem 60 L (100−40) de gasolina.

GABARITO: ERRADO.

Daniel Lustosa

MATEMÁTICA E RLM

75. **(CESPE – 2012 – PRF – AGENTE ADMINISTRATIVO)** Se o recipiente estiver assentado sobre um plano horizontal e 30 litros do combustível forem retirados, a altura do combustível que restou no recipiente será inferior a 30 cm.

Certo ( )   Errado ( )

Calculando o volume do recipiente:

Volume = área da base x altura

(área da base = quadrado)

$V = l^2 \times h$

$V = (50)^2 \times 40$

$V = 2500 \times 40$

$V = 100000 \ cm^3 = 100 \ dm^3 = 100 \ L$

Combustível restante: 100 L – 30 L = 70 L

Fazendo a proporção do volume com a altura:

100 L   -   40 cm

70 L   -   x

(fazendo meios por extremos)

100x = 2800

X = 2800/100

X = 28 cm

Portanto, a altura do combustível que restou no recipiente é 28 cm.

GABARITO: CERTO.

76. **(CESPE – 2012 – PRF – AGENTE ADMINISTRATIVO)** Caso o teor de álcool do combustível homogêneo contido no recipiente seja diminuído para apenas 22%, retirando-se do recipiente determinada quantidade do combustível homogêneo e substituindo-a por gasolina pura, a quantidade do combustível homogêneo que deverá ser retirada do recipiente é superior a 40 litros.

Certo ( )   Errado ( )

Calculando o volume do recipiente (e do combustível):

Volume = área da base x altura

(área da base = quadrado)

$V = l^2 \times h$

$V = (50)^2 \times 40$

$V = 2500 \times 40$

$V = 100000 \ cm^3 = 100 \ dm^3 = 100 \ L$

Se o teor de álcool vai diminuir para 22% isso quer dizer que o volume de álcool no recipiente será de 22 L, veja:

22% de 100 =

$22/100 \times 100 = 22 \ L$

Se antes tinha 40 L de álcool e agora vai ter apenas 22 L, então serão retirados do recipiente 18 L (40–22) de álcool.

142

Como o álcool inicial faz parte de uma mistura homogênea de álcool e gasolina, na proporção de 2/3 (se tem 40% de álcool, então tem 60% de gasolina = 40/60 = 2/3), e se sairão 18 L de álcool do recipiente, então sairão também – pela mistura homogênea – "x" L de gasolina. Calculando x:

$18/x = 2/3$

(fazendo meios por extremos)

$2x = 54$

$X = 54/2 = 27$ L de gasolina.

Com isso deduzimos que deverá ser retirado do recipiente 45 L (18+27) do combustível homogêneo.

GABARITO: CERTO.

O batalhão de polícia militar de uma cidade constituída dos bairros B1, B2 e B3 será dividido em três pelotões distintos de modo que cada um fique responsável pelo policiamento ostensivo de um desses bairros. As populações dos bairros B1, B2 e B3 são, respectivamente, iguais a 60.000, 66.000 e 74.000 pessoas; o batalhão possui um efetivo de 4.000 militares dos quais 300 trabalham exclusivamente em uma central única de comunicação e inteligência, não caracterizando atividade policial ostensiva; e todos os militares do batalhão residem na cidade.

Com base nessa situação hipotética, julgue os itens a seguir.

77. **(CESPE – 2012 – PM/CE – SOLDADO)** Se o efetivo for dividido de forma diretamente proporcional às quantidades de habitantes dos bairros, então mais de 1.200 militares ficarão responsáveis pelo policiamento ostensivo do bairro B2.

Certo ( )   Errado ( )

Somando as populações dos 3 bairros temos:

B1 + B2 + B3 =

60000 + 66000 + 74000 = 200000 pessoas.

Fazendo a proporção – direta – dos militares em relação ao bairro B2:

Total de militares ostensivos - total de pessoas

Militares do bairro B2 - pessoas do bairro B2

(sabendo que os militares ostensivos são 3700, pois os 300 da comunicação e inteligência não fazem policiamento ostensivo)

3700 militares - 200000 pessoas

X militares - 66000 pessoas

(simplificando e 200000 e 66000 por 2000

3700 militares - 100

X militares - 33

(fazendo meios por extremos)

$100x = 122100$

$X = 122100/100$

$X = 1221$ policiais responsáveis pelo policiamento ostensivo do bairro B2.

GABARITO: CERTO.

Daniel Lustosa

O resultado de uma pesquisa acerca da satisfação de 200 papiloscopistas, no que diz respeito às tarefas por eles executadas de identificação de vítimas e de descobertas de crimes de falsificação, foi o seguinte:

- 30 papiloscopistas sentem-se igualmente satisfeitos ao executar qualquer uma dessas tarefas;
- 180 papiloscopistas sentem-se satisfeitos ao executar pelo menos uma dessas tarefas.

Considerando que todos os 200 papiloscopistas responderam à pesquisa, julgue os itens seguintes.

78. **(CESPE – 2018 – PF – PAPILOSCOPISTA)** Menos de 30 papiloscopistas não se sentem satisfeitos ao executar alguma das duas tarefas mencionadas.

Certo ( )   Errado ( )

Organizando os dados de acordo com o enunciado:

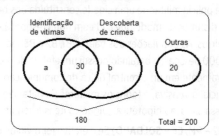

Observe que há 20 papiloscopistas que NÃO são satisfeitos com alguma das duas tarefas mencionadas.

Como 20 é menos que 30, a questão está certa.

GABARITO: CERTO.

79. **(CESPE – 2018 – PF – PAPILOSCOPISTA)** A quantidade de papiloscopistas que se sentem satisfeitos ao executar exatamente uma das referidas tarefas é superior a 100.

Certo ( )   Errado ( )

Organizando os dados de acordo com o enunciado:

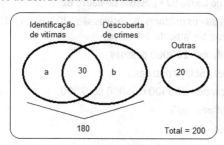

Os papiloscopistas que se sentem satisfeitos ao executar exatamente uma das referidas tarefas são os valores de "a+b".

Calculando:

a + b + 30 = 180

a + b = 180 − 30
a + b = 150 papiloscopistas se sentem satisfeitos ao executar exatamente uma das referidas tarefas.
Como 150 é menos que 100, a questão está certa.
GABARITO: CERTO.

80. **(CESPE – 2018 – PF – PAPILOSCOPISTA)** Nessa situação, as informações dadas permitem inferir que exatamente 75 papiloscopistas sentem-se satisfeitos ao executarem a tarefa de identificação de vítimas.
Certo ( )   Errado ( )
Organizando os dados de acordo com o enunciado:

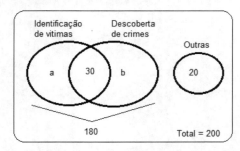

Os papiloscopistas que se sentem satisfeitos ao executarem a tarefa de identificação de vítimas é a soma "a + 30", contudo não temos COMO GARANTIR que esse valor será 75, pois esse valor pode variar de 30 a 180.
GABARITO: ERRADO.

81. **(CESPE – 2018 – PF – PAPILOSCOPISTA)** A probabilidade de que um papiloscopista, escolhido ao acaso, tenha se dito igualmente satisfeito ao executar qualquer uma entre as duas tarefas mencionadas, dado que se sente satisfeito ao executar pelo menos uma das duas tarefas, é inferior a 0,15.
Certo ( )   Errado ( )
A probabilidade é calculada dividindo o evento (aquilo que se QUER) pelo espaço amostral (tudo que se TEM).
O que TEMOS são os papiloscopistas que já são satisfeitos ao executar pelo menos uma das duas tarefas e o que QUEREMOS são os papiloscopistas que tenham se dito igualmente satisfeitos ao executar qualquer uma entre as duas tarefas mencionadas.
Calculando:
P = evento/espaço amostral;
P = quero/tenho;
P = 30/180 (simplificando tudo por 30);
P = 1/6 = 0,1666...
Como 0,1666... é maior que 0,15, a questão está errada.
GABARITO: ERRADO.

Daniel Lustosa

MATEMÁTICA E RLM

82. **(CESPE – 2014 – PF – AGENTE)** Se, dos 20 policiais do batalhão, 15 tiverem, no mínimo, 10 anos de serviço, e 13 tiverem, no máximo, 20 anos de serviço, então mais de 6 policiais terão menos de 10 anos de serviço.

Certo ( )   Errado ( )

Se do total de 20 policiais, 15 têm no mínimo 10 anos (no mínimo 10 anos = 10 anos ou mais), então 5 policiais têm menos de 1.

DIREITO CONSTITUCIONAL

RODRIGO GOMES

DIREITO CONSTITUCIONAL

1. **(CESPE – 2014 – PF – AGENTE)** No que se refere aos princípios fundamentais e à organização do Estado brasileiro, julgue o próximo item.

    O estabelecimento pela CF de que todo o poder emana do povo, que o exerce por meio de representantes eleitos ou diretamente, nos seus termos, evidencia a adoção da democracia semidireta ou participativa.

    > O poder é exercido não só por meio de representantes eleitos pelo povo (democracia indireta ou representativa), mas também diretamente pelo povo (democracia direta), como ocorre no plebiscito, no referendo e na iniciativa popular. Por combinar esses dois meios de manifestação democrática – direta e indireta –, diz-se que a nossa democracia é do tipo semidireta ou participativa.

    GABARITO: CERTO.

2. **(INSTITUTO AOCP – 2019 – PC/ES – AUXILIAR DE PERÍCIA)** Segundo a Constituição Federal, "todos são iguais perante a lei, sem distinção de qualquer natureza, garantindo-se aos brasileiros e aos estrangeiros residentes no País a inviolabilidade do direito à vida, à liberdade, à igualdade, à segurança e à propriedade, nos termos seguintes":
    a) não será concedida extradição de estrangeiro por crime político ou de opinião.
    b) as entidades associativas, mesmo sem autorização expressa, têm legitimidade para representar seus filiados judicial ou extrajudicialmente.
    c) às presidiárias serão asseguradas condições para que possam permanecer com seus filhos durante o período de amamentação, desde que apresentem bom comportamento.
    d) as normas definidoras dos direitos e das garantias fundamentais têm aplicação contida.
    e) os direitos e as garantias expressos nessa Constituição excluem outros decorrentes do regime e dos princípios por ela adotados, ou dos tratados internacionais em que a República Federativa do Brasil seja parte.

    A: Art. 5º, LII, CF – não será concedida extradição de estrangeiro por crime político ou de opinião.

    B: Art. 5º, XXI, CF – as entidades associativas, **quando expressamente autorizadas**, têm legitimidade para representar seus filiados judicial ou extrajudicialmente.

    C: Art. 5º, L, CF – às presidiárias serão asseguradas condições para que possam permanecer com seus filhos durante o período de amamentação; **não** se exige bom comportamento.

    D: Art. 5º, § 1º, CF. As normas definidoras dos direitos e das garantias fundamentais têm aplicação **imediata**.

    E: Art. 5º, § 2º, CF. Os direitos e as garantias expressos nessa Constituição **não excluem** outros decorrentes do regime e dos princípios por ela adotados, ou dos tratados internacionais dos quais a República Federativa do Brasil seja parte.

    GABARITO: A.

3. **(CESPE – 2019 – PRF – POLICIAL RODOVIÁRIO FEDERAL)** À luz da Constituição Federal de 1988, julgue o item que se segue, a respeito de direitos e garantias fundamentais e da defesa do Estado e das instituições democráticas.

Em caso de iminente perigo público, autoridade pública competente poderá usar a propriedade particular, desde que assegure a consequente indenização, independentemente da comprovação da existência de dano, que, nesse caso, é presumido.

Certo ( )   Errado ( )

À luz do art. 5º, XXV – no caso de iminente perigo público, a autoridade competente poderá usar de propriedade particular, assegurada ao proprietário indenização ulterior, **se houver dano**.

A questão trata do instituto da **requisição administrativa**. A assertiva torna-se incorreta ao colocar a indenização como sendo a regra. Na verdade, só haverá indenização se ocorrer dano.

GABARITO: ERRAD

4. **(CESPE – 2018 – PC/SE – DELEGADO)** Julgue o item seguinte, relativo aos direitos e deveres individuais e coletivos e às garantias constitucionais.

Em caso de perigo à integridade física do preso, admite-se o uso de algemas, desde que essa medida, de caráter excepcional, seja justificada por escrito.

Certo ( )   Errado ( )

Súmula Vinculante nº 11

Só é lícito o uso de algemas em casos de resistência e de fundado receio de fuga ou de perigo à integridade física própria ou alheia, por parte do preso ou de terceiros, justificada a excepcionalidade por escrito, sob pena de responsabilidade disciplinar, civil e penal do agente ou da autoridade e de nulidade da prisão ou do ato processual a que se refere, sem prejuízo da responsabilidade civil do Estado.

GABARITO: CERTO.

5. **(CESPE – 2018 – PC/SE – DELEGADO)** Julgue o item seguinte, relativo aos direitos e deveres individuais e coletivos e às garantias constitucionais.

O princípio da individualização da pena determina que nenhuma pena passará da pessoa do condenado, razão pela qual as sanções relativas à restrição de liberdade não alcançarão parentes do autor do delito.

Certo ( )   Errado ( )

Intranscendência da pena: a pena é imposta ao condenado, e somente a ele, salvo a reparação do dano e perda de bens que podem ser estendidos aos sucessores (art. 5º, XLV, CF).

Individualização da pena: a pena de cada infrator é prevista (**legislador**), aplicada (**judiciário**) e cumprida (**executivo**) de forma individual, segundo a gravidade do crime cometido.

GABARITO: ERRADO.

DIREITO CONSTITUCIONAL

6. **(CESPE – 2018 – PF – PAPILOSCOPISTA)** Uma associação, com o objetivo de pleitear direitos relativos à educação de adultos analfabetos, planeja realizar uma manifestação pacífica em local aberto ao público, inclusive para maior visibilidade e aderência.
Considerando essa situação hipotética, julgue o item a seguir.

A máxima da liberdade de expressão no âmbito das associações é extensamente garantida pela Constituição Federal de 1988, que assegura a livre manifestação do pensamento e protege o anonimato.

Certo ( ) Errado ( )

Art. 5°, IV, CF – é livre a manifestação do pensamento, **sendo vedado** o anonimato.

GABARITO: ERRADO.

7. **(CESPE – 2018 – PF – PAPILOSCOPISTA)** Uma associação, com o objetivo de pleitear direitos relativos à educação de adultos analfabetos, planeja realizar uma manifestação pacífica em local aberto ao público, inclusive para maior visibilidade e aderência.
Considerando essa situação hipotética, julgue o item a seguir.

As associações, em regra, não precisam de autorização da administração pública para reunir-se, assim como para a sua criação.

Certo ( ) Errado ( )

Art. 5º, XVIII, CF – a criação de associações e, na forma da lei, a de cooperativas independe de autorização, sendo vedada a interferência estatal em seu funcionamento.

Aqui vale a observação para que não se confunda a autorização para a criação com a autorização para que a associação represente seus filiados (art. 5º, XXI, CF).

Há ainda a previsão do art. 5º, XVI, CF: todos podem reunir-se pacificamente, sem armas, em locais abertos ao público, independentemente de autorização, desde que não frustrem outra reunião anteriormente convocada para o mesmo local, sendo apenas exigido prévio aviso à autoridade competente.

GABARITO: CERTO.

8. **(CESPE – 2018 – PF – ESCRIVÃO)** Com relação aos direitos e às garantias fundamentais constitucionalmente assegurados, julgue o item que segue.

Apesar de o ordenamento jurídico vedar a extradição de brasileiros, brasileiro devidamente naturalizado poderá ser extraditado se comprovado seu envolvimento com o tráfico ilícito de entorpecentes.

Certo ( ) Errado ( )

Art. 5º, LI – nenhum brasileiro será extraditado, salvo o naturalizado, em caso de crime comum, praticado antes da naturalização, ou de comprovado **envolvimento em tráfico ilícito de entorpecentes e drogas afins, na forma da lei.**

GABARITO: CERTO.

9. **(CESPE – 2018 – PF – DELEGADO)** A respeito dos direitos fundamentais e do controle de constitucionalidade, julgue o item que se segue.

De acordo com o STF, é inconstitucional proibir que emissoras de rádio e TV difundam áudios ou vídeos que ridicularizem candidato ou partido político durante o período eleitoral.

Certo ( )   Errado ( )

> **STF declara inconstitucionais dispositivos da Lei das Eleições que vedavam sátira a candidatos**
>
> Por unanimidade, os ministros do Supremo Tribunal Federal (STF) declararam inconstitucionais dispositivos da Lei das Eleições (Lei nº 9.504/1997) que impediam emissoras de rádio e televisão de veicular programas de humor envolvendo candidatos, partidos e coligações nos três meses anteriores ao pleito, como forma de evitar que sejam ridicularizados ou satirizados.
>
> **GABARITO: CERTO.**

10. **(CESPE – 2018 – PC/SE – DELEGADO)** Julgue o item seguinte, relativo aos direitos e deveres individuais e coletivos e às garantias constitucionais.

Conforme texto constitucional vigente, a prisão de qualquer pessoa e o local onde se encontra terão de ser comunicados em até vinte e quatro horas ao juiz competente e à família do preso ou a pessoa por ele indicada.

Certo ( )   Errado ( )

> **Art. 5º, LXII, CF – a prisão de qualquer pessoa e o local onde se encontre serão comunicados imediatamente ao juiz competente e à família do preso ou à pessoa por ele indicada.**
>
> **Vale lembrar o dispositivo do art. 306 do CPP – a prisão de qualquer pessoa e o local onde se encontre será comunicado imediatamente ao juiz competente, ao MP e à família do preso ou à pessoa por ele indicada.**
>
> **GABARITO: ERRADO.**

11. **(CESPE – 2018 – PF – ESCRIVÃO)** Com relação aos direitos e às garantias fundamentais constitucionalmente assegurados, julgue o item que segue.

Em regra, indivíduo civilmente identificado não será submetido à identificação criminal.

Certo ( )   Errado ( )

> **Art. 5º, LVIII, CF – o civilmente identificado não será submetido a identificação criminal, salvo nas hipóteses previstas em lei.**
>
> **As exceções que atendem ao comando "salvo nas hipóteses previstas em lei" estão regulamentadas fundamentalmente na Lei nº 12.037/2009.**
>
> **GABARITO: CERTO.**

12. **(CESPE – 2019 – PRF – POLICIAL RODOVIÁRIO FEDERAL)** À luz da Constituição Federal de 1988, julgue o item que se segue, a respeito de direitos e garantias fundamentais e da defesa do Estado e das instituições democráticas.

São constitucionalmente assegurados ao preso o direito à identificação dos agentes estatais responsáveis pela sua prisão e o direito de permanecer em silêncio.

Certo ( )   Errado ( )

DIREITO CONSTITUCIONAL

Art. 5º, LXIII, CF – o preso será informado de seus direitos, entre os quais o de permanecer calado, sendo-lhe assegurada a assistência da família e de advogado;

Art. 5º, LXIV, CF – o preso tem direito à identificação dos responsáveis por sua prisão ou por seu interrogatório policial.

GABARITO: CERTO.

13. **(CESPE – 2013 – PF – DELEGADO)** No que se refere ao *habeas data* e ao *habeas corpus*, julgue o item seguinte.

    De acordo com o STJ, o *habeas data* é instrumento idôneo para a obtenção de acesso aos critérios utilizados em correção de prova discursiva aplicada em concursos públicos.

    Certo ( )   Errado ( )

    Para o STJ (informativo 288), o *habeas data* NÃO é instrumento idôneo para a obtenção de acesso aos critérios utilizados em correção de prova discursiva.

    GABARITO: ERRADO.

14. **(CESPE – 2013 – PF – DELEGADO)** No que diz respeito aos direitos fundamentais, julgue o item que se segue.

    Segundo o STF, caso o interessado alegue que a sentença condenatória tenha sido prolatada exclusivamente com fundamento em prova emprestada, é possível a arguição de nulidade dessa decisão em sede de *habeas corpus*.

    Certo ( )   Errado ( )

    Processual Penal. *Habeas corpus*. Latrocínio. Sentença condenatória. Nulidade. Ausência. Prova emprestada. Violação ao contraditório e à ampla defesa. Inocorrência. Existência de vasto conjunto probatório a fundamentar a sentença. Reexame de fatos e provas. Impossibilidade. Ordem denegada. I – O exame da alegação de nulidade da sentença condenatória, por estar baseada somente em prova emprestada, é inviável na estreita via do *habeas corpus*, que não admite revolvimento do contexto fático-probatório. II – Ainda que assim não fosse, o acórdão atacado assentou estar o édito condenatório fundado em vasto conjunto de evidências e não apenas na prova emprestada, o que afasta a alegação de sua nulidade. III – Ordem denegada.

    (STF – HC: 95186 SP, Relator: Ricardo Lewandowski, Data de Julgamento: 26/05/2009, Primeira Turma, Data de Publicação: DJe-108 Divulg 10-06-2009 Public 12-06-2009 Ement Vol-02364-01 PP-00117)

    Assim:

    - o Juiz NÃO pode condenar exclusivamente com base nas provas emprestadas (violação ao contraditório e a ampla defesa);

    - no entanto, o HC não se presta a anular sentença.

    GABARITO: ERRADO.

15. **(CESPE – 2013 – PF – DELEGADO)** O *habeas corpus* constitui a via adequada para o devedor de pensão alimentícia pedir o afastamento de sua prisão, alegando incapacidade de arcar com o pagamento dos valores executados.

    Certo ( )   Errado ( )

HC é adequado para afastamento da prisão de devedor de pensão alimentícia, mas não para alegar a incapacidade de pagamento, pois esta somente é aferida mediante dilação probatória.

Conforme o STF, "A ação de habeas corpus, de rito sumário, NÃO se presta à dilação probatória, ainda mais sobre fatos que demandariam profundo reexame do quadro fático-probatório, pois relacionados à capacidade econômico-financeira do executado[...]".

GABARITO: ERRADO.

16. **(CESPE – 2013 – PC/BA – DELEGADO)** A respeito do controle de constitucionalidade, julgue o item que se segue.

O mandado de injunção é remédio jurídico apto a enfrentar a inconstitucionalidade por omissão.

Certo ( )   Errado ( )

O mandado de injunção, assim como a ADIn por omissão, busca tornar efetiva a norma constitucional destituída de efetividade, ou seja, as normas constitucionais de eficácia limitada. A diferença entre os institutos é a seguinte: na ADIn por omissão temos o controle concentrado. Já por meio do mandado de injunção temos o controle difuso, pela via de exceção ou defesa, sendo diferentes os legitimados e efeitos da decisão.

GABARITO: CERTO.

17. **(CESPE – 2011 – PC/ES – ESCRIVÃO)** Julgue o item que se segue, relativo à garantia dos direitos coletivos.

São legitimados para a propositura do mandado de segurança coletivo os partidos políticos com representação no Congresso Nacional, as entidades de classe, as associações e as organizações sindicais em funcionamento há pelo menos um ano, na defesa dos interesses coletivos e dos interesses individuais homogêneos.

Certo ( )   Errado ( )

Art. 5º, LXX – o mandado de segurança coletivo pode ser impetrado por:

a) partido político com representação no Congresso Nacional;

b) organização sindical; entidade de classe; ou associação que seja legalmente constituída e em funcionamento há pelo menos um ano, em defesa dos interesses de seus membros ou associados. Portanto, é importante lembrar que apenas a Associação precisa do requisito de existência e funcionamento há pelo menos 1 ano.

GABARITO: ERRADO.

18. **(CESPE – 2018 – PF – PERITO)** Com relação aos direitos e às garantias fundamentais previstos na Constituição Federal de 1988, julgue o item a seguir.

Ainda que, em regra, inexista distinção entre brasileiros natos e naturalizados, o cargo de oficial das Forças Armadas só poderá ser exercido por brasileiro nato.

Certo ( )   Errado ( )

Art. 12, CF:

§ 2º A lei **não poderá estabelecer distinção** entre brasileiros natos e naturalizados, **salvo** nos casos previstos nesta Constituição.

DIREITO CONSTITUCIONAL

§ 3º São **privativos de brasileiro** nato os cargos:

[...]

VI – de oficial das Forças Armadas.

GABARITO: CERTO.

19. **(CESPE – 2014 – PF – AGENTE ADMINISTRATIVO)** No que se refere aos direitos e às garantias fundamentais, julgue o seguinte item.

Considere que uma criança tenha nascido nos Estados Unidos da América (EUA) e seja filha de pai americano e de mãe brasileira, que trabalhava, à época do parto, na embaixada brasileira nos EUA. Nesse caso, a criança somente será considerada brasileira nata se for registrada na repartição brasileira competente nos EUA.

Certo ( )   Errado ( )

Art. 12. São brasileiros:

I – natos:

b) os nascidos no estrangeiro, de pai brasileiro ou mãe brasileira, desde que qualquer deles esteja a serviço da República Federativa do Brasil.

Pelo fato de um dos pais estar a serviço da RFB, a criança é automaticamente considerada brasileira nata.

GABARITO: ERR.

20. **(CESPE – 2013 – PRF – POLICIAL RODOVIÁRIO FEDERAL)** Julgue o item subsequente, relativo aos direitos e garantias fundamentais previstos na CF.

O estrangeiro condenado por autoridades estrangeiras pela prática de crime político poderá ser extraditado do Brasil se houver reciprocidade do país solicitante.

Certo ( )   Errado ( )

Art. 5, inc. LII, CF – **Não** será concedida extradição de estrangeiro por crime político ou de opinião.

GABARITO: ERRADO.

21. **(CESPE – 2013 – PRF – POLICIAL RODOVIÁRIO FEDERAL)** Julgue o item subsequente, relativo aos direitos e garantias fundamentais previstos na CF.

Consideram-se brasileiros naturalizados os nascidos no estrangeiro de pai brasileiro ou de mãe brasileira, desde que sejam registrados em repartição brasileira competente ou venham a residir na República Federativa do Brasil e optem, em qualquer tempo, depois de atingida a maioridade, pela nacionalidade brasileira.

Certo ( )   Errado ( )

Art. 12, I, c, CF. Consideram-se brasileiros naturalizados os nascidos no estrangeiro de pai brasileiro ou de mãe brasileira, desde que sejam registrados em repartição brasileira competente ou venham a residir na República Federativa do Brasil e optem, em qualquer tempo, depois de atingida a maioridade, pela nacionalidade brasileira.

GABARITO: ERRADO.

22. **(CESPE – 2013 – PC/BA – DELEGADO)** Em relação aos direitos e deveres fundamentais expressos na Constituição Federal de 1988 (CF), julgue o item subsecutivo.

O brasileiro nato que cometer crime no exterior, quaisquer que sejam as circunstâncias e a natureza do delito, não pode ser extraditado pelo Brasil a pedido de governo estrangeiro.

Certo ( )   Errado ( )

Nato = nunca será extraditado!

Naturalizado = será extraditado em duas hipóteses:

a) crime comum (se praticado antes da naturalização);

b) comprovado envolvimento em tráfico ilícito de drogas, na forma da lei (praticado antes ou depois da naturalizado).

Estrangeiro = poderão ser extraditados (exceto em caso de crime político ou de opinião).

GABARITO: CERTO.

23. **(CESPE – 2012 – PC/AL – ESCRIVÃO)** Com relação aos poderes Executivo, Legislativo e Judiciário, julgue o item a seguir.

Os ministros de Estado, inclusive o ministro da Defesa, devem ser escolhidos entre brasileiros natos, com, no mínimo, 21 anos de idade, no exercício dos direitos políticos.

Art. 87. Os Ministros de Estado serão escolhidos dentre brasileiros maiores de vinte e um anos e no exercício dos direitos políticos.

No entanto,

Art. 12, § 3º, CF

§ 3º – São privativos de brasileiros **natos** os cargos:

VII. De Ministro de Estado da Defesa.

GABARITO: ERRADO.

24. **(CESPE – 2012 – PC/AL – ESCRIVÃO)** No que concerne aos princípios, direitos e garantias fundamentais, estabelecidos na Constituição Federal de 1988 (CF), julgue o item a seguir.

O brasileiro naturalizado poderá ser extraditado em caso de crime comum, ainda que praticado após a naturalização.

Certo ( )   Errado ( )

Art. 5º [...]

LI – nenhum brasileiro será extraditado, salvo o naturalizado, em caso de crime comum, praticado antes da naturalização, ou de comprovado envolvimento em tráfico ilícito de entorpecentes e drogas afins, na forma da lei.

Ou seja, se o brasileiro naturalizado é extraditado em virtude de crime praticado **antes da naturalização**, e, em se tratando de tráfico de entorpecentes, o brasileiro naturalizado poderá ser extraditado a qualquer momento, antes ou após a naturalização.

GABARITO: ERRADO.

DIREITO CONSTITUCIONAL

25. **(CESPE – 2019 – PRF – POLICIAL RODOVIÁRIO FEDERAL)** À luz da Constituição Federal de 1988, julgue o item que se segue, a respeito de direitos e garantias fundamentais e da defesa do Estado e das instituições democráticas.

Policial rodoviário federal com mais de dez anos de serviço pode candidatar-se ao cargo de deputado federal, devendo, no caso de ser eleito, passar para inatividade a partir do ato de sua diplomação.

Certo ( )   Errado ( )

Em verdade colocaram os requisitos dos militares conforme texto constitucional:

Art. 14, § 8º, CF – O militar alistável é elegível, atendidas as seguintes condições:

I – se contar menos de dez anos de serviço, deverá afastar-se da atividade;

II – se contar mais de dez anos de serviço, será agregado pela autoridade superior e, se eleito, passará automaticamente, no ato da diplomação, para a inatividade.

GABARITO: ERRADO.

26. **(CESPE – 2018 – PF – ESCRIVÃO)** Gilberto, brasileiro nato, completou sessenta e um anos de idade no mês de janeiro de 2018. Neste mesmo ano, transitou em julgado condenação criminal contra ele, tendo sido arbitrada, entre outras sanções, pena privativa de liberdade.

Considerando essa situação hipotética, julgue o item a seguir, com relação aos direitos políticos de Gilberto.

Em razão de sua idade, o ato de votar nas eleições de 2018 é facultativo para Gilberto.

Certo ( )   Errado ( )

Art. 14. A soberania popular será exercida pelo sufrágio universal e pelo voto direto e secreto, com valor igual para todos, e, nos termos da lei, mediante:

§ 1º – O alistamento eleitoral e o voto são:

II – facultativos para:

b) os maiores de setenta anos;

Mas atenção ainda ao fato de Gilberto ter sido condenado transitado em julgado e, portanto, também ter tido seus direitos políticos suspensos.

GABARITO: ERRADO.

27. **(CESPE – 2018 – PC/DF – ESCRIVÃO)** Gilberto, brasileiro nato, completou sessenta e um anos de idade no mês de janeiro de 2018. Neste mesmo ano, transitou em julgado condenação criminal contra ele, tendo sido arbitrada, entre outras sanções, pena privativa de liberdade.

Considerando essa situação hipotética, julgue o item a seguir, com relação aos direitos políticos de Gilberto.

O processo criminal transitado em julgado é hipótese constitucional para a cassação dos direitos políticos de Gilberto pelo tempo de duração dos efeitos da condenação.

Certo ( )   Errado ( )

Art. 15. **É vedada a cassação** de direitos políticos, cuja perda ou suspensão só se dará nos casos de:

Importante sempre lembrar e não confundir PERDA com CASSAÇÃO de direitos políticos. O que pode haver, isso sim, seria a CASSAÇÃO de MANDATO POLÍTICO.

GABARITO: ERRADO.

28. **(CESPE – 2013 – PF – DELEGADO)** A respeito dos direitos e garantias fundamentais, julgue o seguinte item, de acordo com as disposições da Constituição Federal de 1988 (CF).

Conforme a CF, admite-se a perda de direitos políticos na hipótese de cancelamento da naturalização por decisão administrativa definitiva.

Certo ( )   Errado ( )

Não será por decisão administrativa definitiva, mas sim por decisão PENAL definitiva.

Art. 15. É vedada a cassação de direitos políticos, cuja perda ou suspensão só se dará nos casos de:

I – cancelamento da naturalização por sentença transitada em julgado;

GABARITO: ERRADO.

29. **(CESPE – 2011 – PC/ES – ESCRIVÃO)** Em relação à nacionalidade e à cidadania, julgue os itens subsecutivos.

Considere que João seja reconhecidamente analfabeto. Nessa situação, por não dispor de capacidade eleitoral ativa e passiva, João não pode votar ou ser candidato às eleições, salvo quando expressamente autorizado pela justiça eleitoral.

Certo ( )   Errado ( )

Analfabetos têm capacidade ativa ou alistabilidade, ou seja, podem votar, apesar de o voto ser facultativo. Porém, não possuem capacidade passiva ou elegibilidade (direito de serem votados/eleitos). Concluindo, os analfabetos são alistáveis, porém inelegíveis.

GABARITO: ERRADO.

30. **(VUNESP – 2014 – PC/SP – OFICIAL)** Considerando o que dispõe a Constituição Federal a respeito dos direitos políticos, é correto afirmar, a respeito dos analfabetos, que:

a) não podem se alistar como eleitores.

b) podem ser eleitos apenas para o cargo de Vereador.

c) podem candidatar-se apenas para o cargo de Prefeito.

d) não podem votar.

e) são inelegíveis.

A: São alistáveis, mas facultativos.

B: Não são elegíveis, de forma absoluta.

C: Não são elegíveis, de forma absoluta.

D: São alistáveis e podem votar, mas facultativos.

E: Não são elegíveis, de forma absoluta.

GABARITO: E.

DIREITO CONSTITUCIONAL

31. **(CESPE – 2014 – PF – AGENTE)** A respeito dos direitos sociais e das instituições democráticas, julgue o item abaixo.

É livre a associação sindical das categoriais profissionais, sendo vedado ao poder público exigir, para a fundação de um sindicato, que haja seu registro prévio em órgão competente.

Certo ( )   Errado ( )

Art. 8º É livre a associação profissional ou sindical, observado o seguinte:

I – a lei não poderá exigir autorização do Estado para a fundação de sindicato, ressalvado o registro no órgão competente, vedadas ao Poder Público a interferência e a intervenção na organização sindical.

Conclusão: é livre a criação de sindicatos, porém eles deverão ser registrados no órgão competente.

GABARITO: ERRADO.

32. **(CESPE – 2012 – PRF – POLICIAL RODOVIÁRIO FEDERAL)** Julgue os próximos itens, referentes aos direitos sociais.

É incompatível com o disposto na Constituição Federal o estabelecimento de diferença de salários em razão da idade do trabalhador.

Certo ( )   Errado ( )

Art. 7º – São direitos dos trabalhadores urbanos e rurais, além de outros que visem à melhoria de sua condição social.

XXX. Proibição de diferença de salários, de exercício de funções e de critério de admissão por motivo de sexo, idade, cor ou estado civil.

GABARITO: CERTO.

33. **(CESPE – 2020 – PC/SE – DELEGADO)** Com base nas normas que regem a organização policial, julgue o item a seguir.

A segurança pública é direito fundamental previsto na Constituição Federal de 1988 e assegurado tanto aos brasileiros quanto a estrangeiros residentes no Brasil.

Certo ( )   Errado ( )

Direitos fundamentais = Abrangem os direitos e deveres individuais e coletivos, direitos sociais (aqui incluído o da segurança), direitos da nacionalidade, direitos políticos e partidos políticos.

Direitos Sociais de acordo com o art. 6º da CF = Educação, saúde, lazer, segurança, previdência social, proteção à maternidade e à infância e assistência aos desamparados.

Não confundir com a segurança jurídica do art. 5º da CF.

GABARITO: CERTO.

34. **(CESPE – 2019 – PRF – POLICIAL RODOVIÁRIO FEDERAL)** No que se refere ao poder de polícia, julgue o próximo item.

O patrulhamento ostensivo das rodovias federais é da competência da PRF e das polícias militares.

Certo ( )   Errado ( )

CF/88 Art. 144. A segurança pública, dever do Estado, direito e responsabilidade de todos, é exercida para a preservação da ordem pública e da incolumidade das pessoas e do patrimônio, através dos seguintes órgãos:

§ 2º – A Polícia Rodoviária Federal, órgão permanente, organizado e mantido pela União e estruturado em carreira, destina-se, na forma da lei, ao patrulhamento ostensivo das rodovias federais.

§ 5º – Às polícias militares cabem a polícia ostensiva e a preservação da ordem pública; aos corpos de bombeiros militares, além das atribuições definidas em lei, incumbe a execução de atividades de defesa civil.

GABARITO: ERRADO.

35. **(CESPE – 2019 – PRF – POLICIAL RODOVIÁRIO FEDERAL)** À luz da Constituição Federal de 1988, julgue o item que se segue, a respeito de direitos e garantias fundamentais e da defesa do Estado e das instituições democráticas.

A segurança viária compreende a educação, a engenharia e a fiscalização de trânsito, vetores que asseguram ao cidadão o direito à mobilidade urbana eficiente.

Certo ( )   Errado ( )

Art. 144, § 10. A segurança viária, exercida para a preservação da ordem pública e da incolumidade das pessoas e do seu patrimônio nas vias públicas:

I – compreende a educação, engenharia e fiscalização de trânsito, além de outras atividades previstas em lei, que assegurem ao cidadão o direito à mobilidade urbana eficiente;

GABARITO: CERTO.

36. **(CESPE – 2019 – PRF – POLICIAL RODOVIÁRIO FEDERAL)** À luz da Constituição Federal de 1988, julgue o item que se segue, a respeito de direitos e garantias fundamentais e da defesa do Estado e das instituições democráticas.

A competência da PRF, instituição permanente, organizada e mantida pela União, inclui o patrulhamento ostensivo das rodovias e das ferrovias federais.

Certo ( )   Errado ( )

Art. 144. A segurança pública, dever do Estado, direito e responsabilidade de todos, é exercida para a preservação da ordem pública e da incolumidade das pessoas e do patrimônio, através dos seguintes órgãos:

§ 2º – A Polícia Rodoviária Federal, órgão permanente, estruturado em carreira, destina-se, na forma da lei, ao patrulhamento ostensivo das rodovias federais.

As ferrovias ficam a cargo da Polícia Ferroviária Federal.

GABARITO: ERRADO.

DIREITO CONSTITUCIONAL

37. **(CESPE – 2018 – PF – DELEGADO)** Conforme disposições constitucionais a respeito da organização da segurança pública, julgue o item a seguir.

O poder constituinte originário, ao tratar da segurança pública no ordenamento constitucional vigente, fez menção expressa à segurança viária, atividade exercida para a preservação da ordem pública, da incolumidade das pessoas e de seu patrimônio nas vias públicas.

Certo ( )   Errado ( )

Realmente há menção expressa, mas não foi o poder constituinte originário, e sim o poder constituinte derivado reformador por meio de emenda constitucional (EC 82/2014).

GABARITO: ERRADO.

38. **(CESPE – 2018 – PF – DELEGADO)** Conforme disposições constitucionais a respeito da organização da segurança pública, julgue o item a seguir.

Incumbem às polícias civis a função de polícia judiciária e a apuração de infrações penais contra a ordem política e social, excetuadas as infrações de natureza militar.

Certo ( )   Errado ( )

A apuração de infrações penais contra a ordem política e social é atribuição da PF. Incumbem à PC as funções de polícia judiciária e apuração de infrações penais, exceto militares (art. 144, § 4º).

GABARITO: ERRADO.

39. **(CESPE – 2018 – PC/SE – DELEGADO)** Conforme disposições constitucionais a respeito da organização da segurança pública, julgue o item a seguir.

A segurança pública, exercida para preservação da ordem pública e da incolumidade das pessoas e do patrimônio, é responsabilidade de todos.

Certo ( )   Errado ( )

Art. 144, CF – A segurança pública, dever do Estado, direito e responsabilidade de todos, é exercida para a preservação da ordem pública e da incolumidade das pessoas e do patrimônio, através dos seguintes órgãos.

GABARITO: CERTO.

40. **(CESPE – 2018 – PF – AGENTE)** Com relação à segurança pública e à atuação da Polícia Federal, julgue o item seguinte.

Compete à Polícia Federal exercer, com exclusividade, as funções de polícia judiciária da União.

Certo ( )   Errado ( )

CF, art. 144, § 1º – A polícia federal, instituída por lei como órgão permanente, estruturado em carreira, destina-se a:

[...]

IV – exercer, com exclusividade, as funções de polícia judiciária da União.

GABARITO: CERTO.

41. **(CESPE – 2018 – PF – AGENTE)** Com relação à segurança pública e à atuação da Polícia Federal, julgue o item seguinte.

A Polícia Federal tem a atribuição de apurar infrações que exijam repressão uniforme e tenham repercussão internacional; infrações que exijam repressão uniforme, mas que tenham repercussão interestadual, devem ser apuradas pelas polícias civis e militares.

Certo ( )   Errado ( )

A Polícia Federal tem como atribuição apurar infrações que exijam repressão uniforme e que tenham repercussão internacional e interestadual, não sendo tal função das polícias civil e militar. Ademais, não compete à polícia militar apurar infrações penais.

Art. 144., § 1º – A Polícia Federal, instituída por lei como órgão permanente, organizado e mantido pela União e estruturado em carreira, destina-se a:

I – apurar infrações penais contra a ordem política e social ou em detrimento de bens, serviços e interesses da União ou de suas entidades autárquicas e empresas públicas, assim como outras infrações cuja prática tenha repercussão interestadual ou internacional e exija repressão uniforme, segundo se dispuser em lei.

GABARITO: ERRADO.

42. **(CESPE – 2018 – PF – DELEGADO)** Acerca da disciplina constitucional da segurança pública, do Poder Judiciário, do MP e das atribuições da PF, julgue o seguinte item.

A PF tem competência para apurar infrações penais que causem prejuízos aos interesses da União, ressalvadas aquelas que atinjam órgãos da administração pública indireta no âmbito federal.

Certo ( )   Errado ( )

Art. 144, § 1º – A Polícia Federal, instituída por lei como órgão permanente, estruturado em carreira, destina-se a:

I – apurar infrações penais contra a ordem política e social ou em detrimento de bens, serviços e interesses da União ou de suas entidades autárquicas e empresas públicas, assim como outras infrações cuja prática tenha repercussão interestadual ou internacional e exija repressão uniforme, segundo se dispuser em lei.

A ressalva não é a todas as entidades da administração indireta. A PF deve apurar infrações penais de empresas públicas e entidades autárquicas.

GABARITO: ERRADO.

43. **(CESPE – 2018 – PF – DELEGADO)** Acerca da disciplina constitucional da segurança pública, do Poder Judiciário, do MP e das atribuições da PF, julgue o seguinte item.

A vedação absoluta ao direito de greve dos integrantes das carreiras da segurança pública é compatível com o princípio da isonomia, segundo o STF.

Certo ( )   Errado ( )

Repercussão geral reconhecida com mérito julgado

O exercício do direito de greve, sob qualquer forma ou modalidade, é vedado aos policiais civis e a todos os servidores públicos que atuem diretamente na área de segurança pública. É obrigatória a participação do poder público em mediação instaurada pelos órgãos classistas das carreiras de segurança pública, nos termos do art. 165 do CPC, para vocalização

DIREITO CONSTITUCIONAL

dos interesses da categoria. Com base nessas orientações, o Plenário, por maioria, deu provimento a recurso extraordinário com agravo interposto contra acórdão que concluiu pela impossibilidade de extensão aos policiais civis da vedação do direito à greve dos policiais militares.
[ARE 654.432, rel. p/ o ac. min. Alexandre de Moraes, j. 5-4-2017, P, Informativo 860, Tema 541.]
GABARITO: CERTO

44. **(CESPE – 2018 – PF – PAPILOSCOPISTA)** A respeito dos direitos de ordem social, julgue o item que segue.

Um dos fundamentos da seguridade social é a igualdade na forma de participação de todos que a financiam no seu custeio.

Certo ( )   Errado ( )

O Art. 194, Parágrafo único, inciso V, da CF dispõe que é um objetivo/princípio da seguridade social a equidade na forma de participação no custeio. É um princípio que tem como escopo tratar igualmente os iguais e desigualmente os desiguais na medida de suas desigualdades.
GABARITO: ERRADO.

45. **(CESPE – 2018 – PF – PAPILOSCOPISTA)** A respeito dos direitos de ordem social, julgue o item que segue.

A assistência social, ao contrário da previdência social, é prestada a quem dela necessitar, independentemente de contribuição à seguridade social.

Certo ( )   Errado ( )

Art. 203, CF. A assistência social será prestada a quem dela necessitar, independentemente de contribuição à seguridade social, e tem por objetivos:
GABARITO: CERTO.

46. **(CESPE – 2015 – PRF – POLICIAL RODOVIÁRIO FEDERAL)** Com relação a grupos vulneráveis quanto à etnia, julgue o item que se segue.

Conforme disposição expressa da Constituição Federal de 1988, os índios têm direito às terras que ocupam, por serem de natureza derivada, e podem ser vítimas, mas não agentes de prática de crime, cabendo ao policial rodoviário federal assegurar os seus direitos.

Certo ( )   Errado ( )

Art. 231. São reconhecidos aos índios sua organização social, costumes, línguas, crenças e tradições, e os direitos **originários** sobre as terras que tradicionalmente ocupam, competindo à União demarcá-las, proteger e fazer respeitar todos os seus bens.

Quanto aos índios e sua imputabilidade penal, esta varia de acordo com seu grau de sociabilidade.
GABARITO: ERRADO.

47. **(CESPE – 2014 – PRF – POLICIAL RODOVIÁRIO FEDERAL)** De acordo com os Direitos Humanos e Cidadania, julgue o item a seguir.

Os índios possuem direito às terras que tradicionalmente ocupam e a entidade estatal responsável pela defesa dos índios é o IBAMA, para onde devem ser encaminhados os indígenas em situação de risco.

Certo ( )   Errado ( )

De acordo com o Art. 20 da CRFB/88, as terras tradicionalmente ocupadas pelos índios são bens da União (PROPRIEDADE).

Já o art. 231, § 2º, da CRFB/88 dispõe que essas terras tradicionalmente ocupadas (**posse**) pelos índios se destinam a sua posse permanente, cabendo-lhes o usufruto exclusivo das riquezas do solo, dos rios e dos lagos nelas existentes.

Por fim, a entidade estatal responsável pela defesa dos índios é a Funai – Fundação Nacional do Índio, e não o Ibama.

GABARITO: ERRADO.

48. **(CESPE – 2013 – PF – DELEGADO)** No que se refere à ordem social, julgue o item subsequente.

A CF reconheceu aos índios a propriedade e posse das terras que tradicionalmente ocupam.

Certo ( )   Errado ( )

A CF não reconheceu aos índios a propriedade sobre as terras que tradicionalmente ocupam, mas apenas a posse, de acordo com o que estabelece o art. 231, § 1º, da CF.

GABARITO: ERRADO.

49. **(CESPE – 2013 – PF – DELEGADO)** Considerando o disposto na CF acerca da ordem social, julgue o item subsequente.

As terras tradicionalmente ocupadas pelos índios, incluídas no domínio constitucional da União Federal, são inalienáveis, indisponíveis e insuscetíveis de prescrição aquisitiva.

Certo ( )   Errado ( )

Art. 231 § 4º, CF – As terras de que trata este artigo são inalienáveis e indisponíveis, e os direitos sobre elas, imprescritíveis.

GABARITO: CERTO.

50. **(CESPE – 2013 – PF – DELEGADO)** Considerando o disposto na CF acerca da ordem social, julgue o item subsequente.

A floresta amazônica brasileira, assim como a mata atlântica, é considerada bem da União, devendo sua utilização ocorrer na forma da lei, em condições que assegurem a preservação do meio ambiente, inclusive no que concerne ao uso dos recursos naturais.

Certo ( )   Errado ( )

Art. 225, § 4º – A Floresta Amazônica brasileira, a Mata Atlântica, a Serra do Mar, o Pantanal Mato-Grossense e a Zona Costeira **são patrimônio nacional**, e sua utilização far-se-á, na forma da lei, dentro de condições que assegurem a preservação do meio ambiente, inclusive quanto ao uso dos recursos naturais.

GABARITO: ERRADO.

DIREITO CONSTITUCIONAL

DIREITO ADMINISTRATIVO

RICARDO BARRIOS

DIREITO ADMINISTRATIVO

1. **(CESPE – 2018 – POLÍCIA FEDERAL – AGENTE)** Sob a perspectiva do critério formal adotado pelo Brasil, somente é Administração Pública aquilo determinado como tal pelo ordenamento jurídico brasileiro, independentemente da atividade exercida. Assim, a Administração Pública é composta exclusivamente pelos órgãos integrantes da administração direta e pelas entidades da administração indireta.

Certo ( )   Errado ( )

O Sentido SUBJETIVO, FORMAL ou ORGÂNICO refere-se a **QUEM** "compõe" a Administração Pública, tais como órgãos e entidades.

Já o sentido OBJETIVO, MATERIAL ou FUNCIONAL refere-se a **O QUE** realiza a Administração Pública, ou seja, a ATIVIDADE exercida.

Logo, a primeira parte da questão está correta, pois, o critério FORMAL INDEPENDE DA ATIVIDADE EXERCIDA.

A segunda parte da questão refere-se a quem compõe a Administração Pública. É importante salientar que apesar de a Administração Direta ser formada por:

- UNIÃO
- ESTADOS
- DISTRITO FEDERAL
- MUNICÍPIOS

A Administração Direta se manifesta por meio de seus ÓRGÃOS, logo, a questão permanece correta em falar que a Administração Pública é composta EXCLUSIVAMENTE pelos órgãos integrantes da Administração Direta.

A "outra parte" que compõe a Administração Pública é justamente a Administração Indireta, formada pelas suas Entidades, sendo:

- AUTARQUIAS
- FUNDAÇÕES
- EMPRESAS PÚBLICAS
- SOCIEDADES D

2. **(CESPE – 2018 – POLÍCIA FEDERAL – ESCRIVÃO)** Um servidor público federal determinou a nomeação de seu irmão para ocupar cargo de confiança no órgão público onde trabalha. Questionado por outros servidores, o departamento jurídico do órgão emitiu parecer indicando que o ato de nomeação é ilegal.

Considerando essa situação hipotética, julgue o item a seguir.

O princípio da autotutela permite que o Poder Judiciário intervenha para apreciar atos administrativos que estejam supostamente eivados de ilegalidades.

Certo ( )   Errado ( )

A Autotutela é justamente a prerrogativa que a Administração Pública tem de rever seus PRÓPRIOS ATOS, SEM A NECESSIDADE DE INTERVENÇÃO DO PODER JUDICIÁRIO!

Cabe, então, transcrever a Súmula nº 473 do STF, que resume o tema:

Súmula nº 473 do STF – A administração pode anular seus próprios atos, quando eivados de vícios que os tornam ilegais, porque deles não se originam direitos; ou revogá-los, por motivo de conveniência ou oportunidade, respeitados os direitos adquiridos, e ressalvada, em todos os casos, a apreciação judicial.

GABARITO: ERRADO.

3. **(CESPE – 2018 – POLÍCIA FEDERAL – ESCRIVÃO)** Decorrem do princípio da reserva legal a exigência de que as entidades da administração indireta sejam criadas ou autorizadas por leis específicas e a de que, no caso das fundações, leis complementares definam suas áreas de atuação.

    Certo ( )   Errado ( )

    O Princípio da Reserva Legal ou Legalidade Estrita refere-se, de modo geral, à necessidade que possui a Administração Pública de se submeter à Lei. Um dos reflexos desse princípio é justamente a necessidade das Entidades da Administração Indireta serem CRIADAS (Autarquias e Fundações de Direito Público) ou AUTORIZADAS (Fundações de Direito Privado, Empresas Públicas e Sociedades de Economia M.

4. **(CESPE – 2013 – DEPEN – ESPECIALISTA – TODAS AS ÁREAS)** Segundo o princípio da legalidade, a Administração Pública vincula-se, em toda sua atividade, aos mandamentos da lei, tanto em relação aos atos e às funções de natureza administrativa quanto em relação às funções legislativa e jurisdicional.

    Certo ( )   Errado ( )

    A administração pública pode fazer APENAS O QUE A LEI PERMITE, estando a própria discricionariedade do administrador prevista em lei. Dessa forma, a Administração Pública tem um padrão impessoal e previsível de procedimentos a serem adotados.

    GABARITO: CERTO.

5. **(CESPE – 2012 – PC/AL – ESCRIVÃO)** O princípio da publicidade, no Direito Administrativo, relaciona-se à publicidade, diretamente ligada à eficácia do ato, bem como à transparência, derivada, por sua vez, do princípio da indisponibilidade do interesse público.

    Certo ( )   Errado ( )

    O princípio da publicidade é visto como requisito de EFICÁCIA e MORALIDADE dos Atos Administrativos.

    A indisponibilidade do interesse público é um princípio norteador da Administração Pública, expressando como a impossibilidade de se "abrir mão" do interesse público. A transparência auxilia a garantir a aplicabilidade desse princípio.

    GABARITO: CERTO.

6. **(CESPE – 2008 – PC/TO – DELEGADO DE POLÍCIA)** Em toda atividade desenvolvida pelos agentes públicos, o princípio da legalidade é o que precede todos os demais.

    Certo ( )   Errado ( )

    A questão pode induzir ao erro, uma vez que é válido o raciocínio de que **NÃO EXISTE HIERARQUIA ENTRE OS PRINCÍPIOS DA ADMINISTRAÇÃO PÚBLICA.**

    Porém, dizer que a legalidade "PRECEDE" não quer dizer que esse princípio se reveste de maior importância.

DIREITO ADMINISTRATIVO

A Administração Pública segue o princípio da Legalidade Estrita, só podendo realizar o que a lei permite! Dessa forma, pode-se afirmar que o princípio da Legalidade PRECED.

7. **(CESPE – 2018 – PC/SE – DELEGADO DE POLÍCIA)** A diferença preponderante entre os institutos da descentralização e da desconcentração é que, no primeiro, há a ruptura do vínculo hierárquico e, no segundo, esse vínculo permanece.

Certo ( )   Errado ( )

Na desconcentração, por se tratar de uma **DISTRIBUIÇÃO INTERNA DE COMPETÊNCIAS**, o vínculo hierárquico permanece.

Na descentralização, a administração direta "cria" entidades para desempenhar funções de estado, **NÃO GUARDANDO UMA RELAÇÃO DE HIERÁRQUIA**, mas sim de tutela administrativa, supervisão ministerial ou controle finalístico.

GABARITO: CERTO.

8. **(CESPE – 2018 – ABIN – OFICIAL TÉCNICO DE INTELIGÊNCIA)** Fundações públicas são entidades dotadas de personalidade jurídica de direito público ligadas à administração indireta.

Certo ( )   Errado ( )

Apesar de existirem as Fundações de Direito Público, sendo, na prática, as mais "conhecidas", como FUNAI e IBGE, as fundações são, em REGRA, de DIREITO PRIVADO.

Tal previsão encontra-se no art. 5º, inciso IV do DL 200/67: "IV - Fundação Pública – a entidade dotada de **personalidade jurídica de direito privado**, sem fins lucrativos, criada em virtude de autorização legislativa, para o desenvolvimento de atividades que não exijam execução por órgãos ou entidades de direito público, com autonomia administrativa, patrimônio próprio gerido pelos respectivos órgãos de direção, e funcionamento custeado por recursos da União e de outras fontes."

GABARITO: ERRADO.

9. **(CESPE – 2013 – PC/DF – AGENTE DE POLÍCIA)** Uma autarquia é uma pessoa jurídica de direito público criada somente mediante lei específica, que, embora não tenha subordinação hierárquica com a entidade que a criar, submeter-se-á, na órbita federal, a supervisão ministerial.

Certo ( )   Errado ( )

Questão "aula", uma vez que todas suas proposições estão totalmente corretas. As autarquias, entre outras características:

- são de direito público;
- desempenham atividades típicas de Estado;
- são criadas por lei;
- são guardam hierarquia com o Estado.

GABARITO: CERTO.

10. **(CESPE/2012 – POLÍCIA RODOVIÁRIA FEDERAL – TÉCNICO DE NÍVEL SUPERIOR)** As empresas públicas que explorem atividade econômica não poderão gozar de privilégios fiscais não extensivos às empresas do setor privado.

Certo ( )   Errado ( )

A doutrina considera que apenas as empresas públicas e sociedades de economia mista que prestem serviços públicos podem contar com algumas das prerrogativas da fazenda pública, tais quais os privilégios fiscais.

As que exploram atividade econômica atuam em regime de concorrência com o mercado privado, logo, devem estar em igualdade de condições, não sendo "justo" que contem com tais privilégios.

GABARITO: CERTO.

11. **(CESPE – 2012 – POLÍCIA FEDERAL – AGENTE)** O foro competente para o julgamento de ação de indenização por danos materiais contra empresa pública federal é a Justiça Federal.

Certo ( )   Errado ( )

As empresas públicas e sociedades de economia mista são similares na maioria de suas características, porém possuem **três diferenças relevantes:**

DIFERENÇA 1 – empresa pública conta com capital 100% público. Já a sociedade de economia mista conta com o capital misto, sendo público e privado.

DIFERENÇA 2 – empresa pública pode ser constituída por qualquer forma admitida no direito, enquanto sociedade de economia mista pode ser constituída apenas sob a forma de Sociedade Anônima (S/A).

DIFERENÇA 3 – nas empresas públicas, os processos correm na justiça comum de seu "ente criador". Já nas sociedades de economia mista, a competência para apreciar suas ações será sempre da justiça estadual nas ações sujeitas à justiça comum.

GABARITO: CERTO.

12. **(CESPE – 2011 – PC/ES – AUXILIAR DE PERÍCIA MÉDICA)** As autarquias, fundações e empresas públicas são entes dotados de personalidade jurídica de direito público.

Certo ( )   Errado ( )

As entidades da administração indireta compõem-se de:

- **autarquias** – direito público;
- **fundações** – direito privado (regra), direito público (fundações autárquicas).
- **empresas públicas e sociedades de economia mista** – direito privado

GABARITO: ERRADO.

13. **(CESPE – 2011 – PC/ES – DELEGADO)** A administração pública pode instituir empresas públicas e sociedades de economia mista mediante autorização legal, as quais estarão inteiramente sujeitas ao regime jurídico de direito privado, por força de lei.

Certo ( )   Errado ( )

Questão capciosa! Apesar das Empresas Públicas e Sociedades de Economia Mista serem de DIREITO PRIVADO, estas NÃO estão 100% submetidas a este regime jurídico, uma vez que, entre outros:

1) Existe a necessidade de CONCURSO PÚBLICO para ingresso

2) Estão, em maior ou menor grau, sujeitos à Lei de Licitações e Contratos.

3) Seus dirigentes são ESTATUTÁRIOS

4) Possuem, em sentido amplo, uma finalidade pública.

GABARITO: ERRADO.

DIREITO ADMINISTRATIVO

14. **(CESPE – 2019 – POLÍCIA RODOVIÁRIA FEDERAL – POLICIAL RODOVIÁRIO FEDERAL)** O abuso de poder, que inclui o excesso de poder e o desvio de finalidade, não decorre de conduta omissiva de agente público.

Certo ( )   Errado ( )

A Doutrina Majoritária considera que o abuso de poder se subdivide em três modalidades, sendo:

EXCESSO DE PODER – em linhas gerais, quando o agente exorbita de sua competência, realizando algum ato que não teria a competência para realizar.

DESVIO DE FINALIDADE – quando o agente detém a competência para realizar tal ato, porém o realiza visando ao fim diverso do interesse público.

OMISSÃO – quando o agente tem o poder-dever de agir frente a determinada situação, mas deixa de agir.

GABARI.

15. **(CESPE – 2018 – PC/SE – DELEGADO DE POLÍCIA)** Sobre o Poder de Polícia – poder conferido à Administração Pública para impor limites ao exercício de direitos e de atividades individuais em função do interesse público –, julgue o próximo item.

O Poder de Polícia é indelegável.

Certo ( )   Errado ( )

O Poder de Polícia pode ser visto como ORIGINÁRIO ou DELEGADO, sendo:

1. Poder de Polícia ORIGINÁRIO – Exercido diretamente pelos entes políticos/administração direta (União, estados, DF e municípios).
2. Poder de Polícia DELEGADO, pode ser:
   - para pessoas jurídicas de direito público, integrantes da administração indireta – autarquias (não havendo restrições para a delegação);
   - para pessoas jurídicas de direito privado, integrantes da administração indireta – empresas públicas ou sociedades de economia mista (pode-se delegar as fases de consentimento e fiscalização);
   - para particulares – indelegável.

Logo, o Poder de Polícia é DELEGÁVEL para entidades de direito público da administração indireta.

GABARITO: CERTO.

16. **(CESPE – 2018 – PC/SE – DELEGADO DE POLÍCIA)** Acerca do Poder de Polícia – poder conferido à Administração Pública para impor limites ao exercício de direitos e de atividades individuais em função do interesse público –, julgue o próximo item.

A Polícia Administrativa propõe-se a restringir o exercício de atividades ilícitas e, em regra, tem caráter preventivo.

Certo ( )   Errado ( )

Uma diferenciação importante é a existente entre a Polícia Administrativa e a Polícia Judiciária.

170

A Polícia Administrativa trata da limitação das atividades particulares, abrangendo ilícitos de ordem administrativa, conforme acima visto.

Já a Polícia Judiciária tem por finalidade a preparação da atuação da função jurisdicional no Estado no que se refere a ilícitos penais (crimes e contravenções penais), coletando elementos para o exercício do *jus puniendi* do Estado.

Assim, a principal diferenciação incide na natureza do ilícito, caso seja um ilícito administrativo, estaremos diante do Poder de Polícia administrativa, entretanto, diante de ilícitos de natureza penal, estaremos no âmbito da Polícia Judiciária.

Finalizando o comentário, é importante salientar que o Poder de Polícia é predominantemente de caráter PREVENTIVO.

GABARITO: CERTO.

17. **(CESPE – 2018 – PC/SE – DELEGADO DE POLÍCIA)** São características do Poder de Polícia a discricionariedade, a autoexecutoriedade e a coercibilidade.

Certo ( )   Errado ( )

São três os atributos apontados pela Doutrina, referentes ao Poder de Polícia:

DISCRICIONARIEDADE – o Poder de Polícia é, dentro do previsto na legislação, discricionário. Assim, o administrador possui certa liberdade de atuação no que tange à fiscalização (ela pode escolher o momento oportuno para agir e quais são os meios mais adequados a serem utilizados) e também à escolha e gradação das penalidades.

AUTOEXECUTORIEDADE – em razão desse atributo, o administrador pode executar diretamente suas decisões, inclusive com o uso da força, sem precisar de intervenção judicial para tanto. Exemplos: apreensão de mercadorias com prazo de validade expirado e interdição de um estabelecimento irregular.

COERCIBILIDADE – em razão desse atributo, o ato de Poder de Polícia é imposto unilateralmente pelo Estado, independentemente da concordância do particular, que estará obrigado a obedecer a determinação legal.

GABARITO: CERTO.

18. **(CESPE – 2018 – POLÍCIA FEDERAL – DELEGADO)** A demissão de servidor público configura sanção aplicada em decorrência do Poder de Polícia administrativa, uma vez que se caracteriza como atividade de controle repressiva e concreta com fundamento na supremacia do interesse público.

Certo ( )   Errado ( )

Um servidor público é alguém que é integrado à Administração Pública. o Poder Disciplinar aplica-se às pessoas integradas (servidores públicos, por exemplo), ou que guardem ligação (empresas com contratos com a Administração Pública, por exemplo). Ou seja, o Poder Disciplinar se manifesta INTERNAMENTE.

Já o Poder de Polícia aplica-se EXTERNAMENTE, em particulares que não guardem relação com aquele assunto público tutelado.

GABARITO: ERRADO.

DIREITO ADMINISTRATIVO

19. **(CESPE – 2015 – POLÍCIA RODOVIÁRIA FEDERAL – CURSO DE FORMAÇÃO)** Situação hipotética: uma autoridade administrativa, ao verificar que o seu subordinado havia sido tolerante com o administrado de sua área de atuação funcional incurso em infração regulamentar, resolveu avocar o caso e agravar a penalidade aplicada ao infrator, no uso de sua competência legal.

Nessa situação, é correto afirmar que seu procedimento se enquadra como exercício regular de seus poderes disciplinar e hierárquico.

Certo ( )   Errado ( )

O **PODER HIERÁRQUICO** é caracterizado pela existência de níveis de subordinação existente entre os órgãos e agentes da Administração Pública. Desse poder resultam prerrogativas ao administrador de dar ordens, coordenar, controlar e corrigir a atuação de seus subordinados, bem como decorrem as prerrogativas de DELEGAÇÃO e AVOCAÇÃO dentro da Administração Pública.

Importante destacar que, por si só, o Poder Hierárquico NÃO se destina à aplicação de penalidades.

O **PODER DISCIPLINAR** é aquele que permite ao administrador aplicar sanções em caso de infrações administrativas, praticadas por aqueles que estão sujeitos à sua disciplina interna.

O Poder Disciplinar é **diferente** do Poder Hierárquico, porém, para o administrador aplicar a pena, ele deve ser hierarquicamente superior ao infrator, então pode-se dizer que o Poder Disciplinar **DECORRE DO PODER HIERÁRQUICO**.

GABARITO: CERTO.

20. **(CESPE – 2018 – PC/SE – DELEGADO DE POLÍCIA)** Situação hipotética: Um servidor público efetivo em exercício de cargo em comissão foi exonerado ad nutum em razão de supostamente ter cometido crime de peculato. Posteriormente, a administração reconheceu a inexistência da prática do ilícito, mas manteve a exoneração do servidor, por se tratar de ato administrativo discricionário.

Nessa situação, o ato de exoneração é válido, pois a teoria dos motivos determinantes não se aplica a situações que configurem crime.

Certo ( )   Errado ( )

Em regra, a exoneração *ad nutum* não necessita de motivação, mas, segundo a Teoria dos Motivos Determinantes, os atos administrativos que forem MOTIVADOS sofrem VINCULAÇÃO com os motivos que foram expostos.

Isso é, nem todos os atos administrativos precisam ser vinculados, mas, uma vez que o sejam, os motivos passam a integrar a validade do ato.

No caso apresentado, havendo desconformidade entre o motivo apresentado (crime de peculato) e a realidade (verificou-se a não ocorrência de crime de peculato), o ato deve ser ANULADO.

GABARITO: ERRADO.

21. **(CESPE – 2018 – ABIN – OFICIAL TÉCNICO DE INTELIGÊNCIA)** Na discricionariedade administrativa, o agente possui alguns limites à ação voluntária, tais como: o ordenamento jurídico estabelecido para o caso concreto, a competência do agente ou do órgão. Qualquer ato promovido fora desses limites será considerado arbitrariedade na atividade administrativa.

Certo ( )   Errado ( )

Os atos discricionários são aqueles que permitem uma margem de liberdade ao agente público, os quais se limitam aos critérios de oportunidade e conveniência (mérito administrativo).

Contudo, é importante ressaltar que a mencionada margem não é ilimitada. A lei não autoriza arbitrariedades, devendo, portanto, haver respeito aos moldes e limites pré-estabelecidos pela legislação cabível, bem como a competência para a edição do ato.

GABARITO: CERTO.

22. **(CESPE – 2018 – ABIN – OFICIAL TÉCNICO DE INTELIGÊNCIA)** Na classificação dos atos administrativos, um critério comum é a formação da vontade, segundo o qual, o ato pode ser simples, complexo ou composto. O ato complexo se apresenta como a conjugação de vontade de dois ou mais órgãos, que se juntam para formar um único ato com um só conteúdo e finalidade.

Certo ( )   Errado ( )

Os ATOS COMPLEXOS são aqueles cuja manifestação de vontade de dois ou mais órgãos ou autoridades independentes entre si são conjugados para determinar a formação de um ato administrativo.

Os ATOS SIMPLES decorrem de uma única manifestação de vontade de um único órgão, cuja formação pode ser unipessoal (uma única pessoa manifesta a vontade) ou colegiado (várias pessoas determinam a vontade única).

Os ATOS COMPOSTOS são aqueles que resultam da manifestação de vontade de um único órgão, mas dependente de outro órgão para torná-los exequíveis.

GABARITO: CERTO.

23. **(CESPE – 2017 – ABIN - OFICIAL TÉCNICO DE INTELIGÊNCIA– AGENTE DE INTELIGÊNCIA)** Nas situações de silêncio administrativo, duas soluções podem ser adotadas na esfera do direito administrativo. A primeira está atrelada ao que a lei determina em caso de ato de conteúdo vinculado. A segunda, por sua vez, ocorre no caso de ato de caráter discricionário, em que o interessado tem o direito de pleitear em juízo que se encerre a omissão ou que o juiz fixe prazo para a administração se pronunciar, evitando, dessa forma, a omissão da administração.

Certo ( )   Errado ( )

O **silêncio administrativo** se configura quando a Administração Pública deveria ter se manifestado, mas o fez.

ATOS VINCULADOS: o Poder Judiciário, se provocado, determinará que se cumpra a previsão legal.

ATOS DISCRICIONÁRIOS: o Poder Judiciário, se provocado, fixará prazo para que a Administração Pública apresente decisão acerca do pleito do administrado.

GABARITO: CERTO.

24. **(CESPE – 2014 – POLÍCIA FEDERAL – NÍVEL SUPERIOR)** Mérito administrativo é a margem de liberdade conferida por lei aos agentes públicos para escolherem, diante da situação concreta, a melhor maneira de atender ao interesse público.

Certo ( )   Errado ( )

DIREITO ADMINISTRATIVO

O MÉRITO ADMINISTRATIVO consiste nas razões de conveniência e oportunidade conferidas ao administrador público no exercício de escolha do melhor atendimento ao interesse público, a partir da existência de uma margem de liberdade conferida por lei.

Dessa forma, configura-se a adoção de discricionariedade para a escolha, o que não se deve confundir com arbitrariedade.

GABARITO: CERT

25. **(CESPE – 2013 – DEPEN – TÉCNICO DE APOIO/ASSISTÊNCIA PENITENCIÁRIA)** Em razão da finalidade de interesse público da administração, aos atos administrativos é conferido um regramento próprio, conforme suas características, que se distinguem das dos atos praticados por particulares. Acerca do regime jurídico dos atos administrativos, julgue os itens subsecutivos.

A imperatividade, a presunção de legitimidade e a proporcionalidade são atributos específicos dos atos administrativos.

Certo ( )   Errado ( )

Os atributos comuns a todos os atos administrativos são:
- presunção de legitimidade;
- tipicidade.

Os atributos presentes em apenas alguns atos administrativos, portanto, ESPECÍFICOS, são:
- autoexecutoriedade;
- imperatividade.

GABARITO: ERRADO.

26. **(CESPE – 2013 – PC/DF – ESCRIVÃO DA POLÍCIA)** Considerando que os poderes administrativos são os conjuntos de prerrogativas de direito público que a ordem jurídica confere aos agentes administrativos para o fim de permitir que o Estado alcance seus fins, julgue o item a seguinte.

A concessão de licença é ato vinculado, haja vista que a Administração Pública estará obrigada à prática do ato quando forem preenchidos os requisitos pelo particular. Todavia, caso o agente público, no cumprimento do ato, verifique que ação contrária ao dispositivo legal atenderá com maior efetividade ao interesse público, poderá agir de forma distinta da que prevê a lei, prestando a devida justificativa.

Certo ( )   Errado ( )

As licenças concedidas pela Administração Pública consistem em atos administrativos vinculados e unilaterais.

O agente público que, no cumprimento do ato, caberá tão somente a verificação dos requisitos legais exigidos para a outorga da licença. Portanto, não existe qualquer previsão para agir de forma distinta à lei, nem sob justificativa.

GABARITO: ERRADO.

27. **(CESPE – 2018 – POLÍCIA FEDERAL – AGENTE DA POLÍCIA FEDERAL)** A Administração Pública, além de estar sujeita ao controle dos Poderes Legislativo e Judiciário, exerce controle sobre seus próprios atos. Tendo como referência inicial essas informações, julgue o item a seguir, acerca do controle da Administração Pública. O poder de autotutela tem fundamento, preponderantemente,

174

nos princípios da legalidade e da preponderância do interesse público e pode ser exercido de ofício quando a autoridade competente verificar ilegalidade em ato da própria administração.

Certo ( )   Errado ( )

De acordo com o Princípio da Autotutela, é possível que a Administração Pública reveja seus atos, seja por meio da revogação – quando há análise de mérito administrativo, com verificação de critérios de oportunidade e conveniência – ou por meio da anulação – quando há apreciação de critérios de legalidade, tanto pela Administração, como pelo Poder Judiciário.

Sendo assim, é possível que a Administração corrija seus atos sem a necessidade de recorrer ao Poder Judiciário, atuando de ofício ou mediante requerimento.

Sobre o tema, versa a Súmula 473 do STJ:

"A Administração pode ANULAR SEUS PRÓPRIOS ATOS, QUANDO EIVADOS DE VÍCIOS QUE OS TORNAM ILEGAIS, porque deles não se originam direitos; ou REVOGÁ-LOS, por motivo de conveniência ou oportunidade, respeitados os direitos adquiridos, e ressalvada, em todos os casos, a apreciação judicial."

GABARITO: CERTO.

28. **(CESPE – 2018 – POLÍCIA FEDERAL – DELEGADO DA POLÍCIA FEDERAL)** A fiscalização contábil, orçamentária, operacional e patrimonial da Administração Pública federal sob os aspectos de legalidade, legitimidade e economicidade integra o controle externo exercido pelo Poder Legislativo Federal com o auxílio do TCU.

Certo ( )   Errado ( )

Tiramos a resposta da própria Constituição Federal:

Art. 70. A fiscalização contábil, financeira, orçamentária, operacional e patrimonial da União e das entidades da administração direta e indireta, quanto à legalidade, legitimidade, economicidade, aplicação das subvenções e renúncia de receitas, será exercida pelo Congresso Nacional, mediante controle externo, e pelo sistema de controle interno de cada Poder.

Art. 71. O controle externo, a cargo do Congresso Nacional, será exercido com o auxílio do Tribunal de Contas da União.

ATENÇÃO – O Controle Externo é exercido pelo PODER LEGISLATIVO (na união, Congresso Nacional), com o AUXÍLIO dos Tribunais de Contas.

GABARITO: CERTO.

29. **(CESPE – 2013 – POLÍCIA FEDERAL – DELEGADO DA POLÍCIA FEDERAL)** Julgue o item a seguir, relativos a contratos administrativos, controle da administração, bens públicos e processos administrativos.

O controle prévio dos atos administrativos é de competência exclusiva da própria Administração Pública, ao passo que o controle dos atos administrativos após sua entrada em vigor é exercido pelos Poderes Legislativo e Judiciário.

Certo ( )   Errado ( )

Controle Prévio acontece quando o controle é exercido ANTES do início da prática OU da conclusão do ato administrativo, sendo requisito de validade ou para a produção de efeitos do ato.

DIREITO ADMINISTRATIVO

Podemos tomar como exemplo um Mandado de Segurança Preventivo, que busca impedir a prática de determinado ato ilegal.

Este exemplo citado já invalida a questão, uma vez que o Mandado de Segurança é um Controle Judicial, que pode ser prévio a um ato administrativo.

GABARITO: ERRADO.

30. **(CESPE – 2013 – PC/DF – AGENTE DA POLÍCIA CIVIL)** - No que se refere a controle da administração, julgue o item que se segue.

Os atos administrativos estão sujeitos ao controle judicial; no entanto, tal controle não autoriza que o juiz, em desacordo com a vontade da administração, se substitua ao administrador, determinando a prática de atos que entender convenientes e oportunos.

Certo ( )   Errado ( )

O Poder Judiciário NUNCA realiza o controle de mérito praticado por OUTRO poder, apenas de atos de natureza administrativa praticados pelo Próprio Poder Judiciário.

Conveniência e Oportunidade relaciona-se com DISCRICIONARIEDADE/MÉRITO ADMINISTRATIVO.

Ou seja, quando o Poder Judiciário pratica atos de natureza administrativa PODE controlar o PRÓPRIO MÉRITO.

Quando Provocado, o Poder Judiciário se limita a analisar os critérios de LEGALIDADE e LEGITIMIDADE dos atos praticados por OUTRO poder.

GABARITO:CERT.

31. **(CESPE –2012 – PRF – AGENTE ADMINISTRATIVO)** Acerca do controle da administração, julgue o item que se segue.

No exercício da fiscalização administrativa, somente o controle hierárquico da Administração Pública poderá ocorrer de ofício.

Certo ( )   Errado ( )

Em relação ao Âmbito de Atuação, o Controle da Administração Pública pode ser HIERÁRQUICO ou FINALÍSTICO.

CONTROLE HIERÁRQUICO - Baseado no Poder Hierárquico, da própria estrutura administrativa. É SEMPRE um controle INTERNO e TÍPICO do poder Executivo. Baseia-se na relação Superior-Subordinado.

CONTROLE FINALÍSTICO - Exercido pela Administração Direta, sobre a Administração Indireta.

Este controle depende de norma legal que o estabeleça, determine a forma e os aspectos deste controle. Diferentemente do controle Hierárquico que é pleno e automático.

Apesar disso, não há nada que impeça que o Controle Finalístico seja realizado de ofício, uma vez que NÃO HÁ a necessidade de provocação do interessado para que este controle se manifeste.

GABARITO: ERRADO.

32. **(CESPE – 2018 – POLÍCIA FEDERAL – DELEGADO)** O Estado não será civilmente responsável pelos danos causados por seus agentes sempre que estes estiverem amparados por causa excludente de ilicitude penal.

Certo ( )   Errado ( )

A causa excludente de ilicitude penal não se confunde com a excludente de responsabilidade civil. Isso é, ainda que a conduta do agente público esteja amparada por uma excludente de ilicitude penal, ele ainda poderá ser responsabilizado na esfera cível.

O tema já foi, inclusive, abordado em Tese do STJ: "A Administração Pública pode responder civilmente pelos danos causados por seus agentes, ainda que estejam amparados por causa excludente de ilicitude penal."

GABARITO: ERRADO.

33. **(CESPE – 2018 – POLÍCIA FEDERAL – DELEGADO)** A responsabilidade civil do Estado pela morte de detento sob sua custódia é objetiva, conforme a teoria do risco administrativo, em caso de inobservância do seu dever constitucional específico de proteção.

Certo ( )   Errado ( )

O Estado deve observar o seu dever específico de proteção aos detentos, previsto no art. 5°, inciso XLIX, da Constituição Federal: "É assegurado aos presos o respeito à integridade física e moral."

Em caso de omissão específica, o Estado deverá responder de forma objetiva, e de acordo com a Teoria do Risco Administrativo. Isso é, o Estado poderá ser dispensado do dever de indenizar se restar comprovado que ele não possuía efetiva possibilidade de evitar a ocorrência do dano (morte do detento). Sobre o tema, há o seguinte entendimento do STF:

Informativo n° 819 (Repercussão Geral): "Em caso de inobservância de seus deveres específicos de proteções previstos no art. 5°, inciso XLIX da CF/88, o Estado é responsável pela morte de detento."

GABARITO: CERTO.

34. **(CESPE – 2018 – POLÍCIA FEDERAL – PERITO)** Um numeroso grupo de pessoas se reuniu no centro comercial de determinada cidade para protestar contra a precarização dos hospitais locais. A agitação e a hostilidade dos manifestantes fizeram que lojistas do local acionassem o órgão de segurança pública competente para a necessária assistência. Os agentes não apareceram e vitrines de lojas do centro comercial foram apedrejadas.

Considerando essa situação hipotética, julgue o item a seguir.

Como, segundo o ordenamento jurídico brasileiro, a responsabilidade do Estado é objetiva, é possível a caracterização de responsabilização estatal por atos de omissão, como a não prestação da assistência requerida para conter a multidão.

Certo ( )   Errado ( )

Segundo o ordenamento jurídico brasileiro, a responsabilidade civil do Estado é, em regra, objetiva. Contudo, nos casos de reações multitudinárias (atos de multidão), não há responsabilização em virtude da configuração de uma excludente de responsabilidade civil.

Em caso de omissão estatal diante do requerimento de assistência para conter a multidão, a responsabilidade civil do estado incide na modalidade objetiva, haja vista ser, o Estado, detentor do dever legal de agir.

GABARITO: CERTO.

DIREITO ADMINISTRATIVO

35. **(CESPE – 2014 – POLÍCIA FEDERAL – AGENTE ADMINISTRATIVO)** Considere que, durante uma operação policial, uma viatura do DPF colida com um carro de propriedade particular estacionado em via pública. Nessa situação, a administração responderá pelos danos causados ao veículo particular, ainda que se comprove que o motorista da viatura policial dirigia de forma diligente e prudente.

Certo ( )   Errado ( )

A modalidade de responsabilidade civil do Estado em relação a eventuais danos causados a terceiros é, em regra, objetiva. Isso é, ainda que o agente público tenha agido de forma diligente e prudente, a teoria do risco administrativo determina que o Estado possui o dever de indenizar.

Observe que a verificação de diligência e prudência do agente adentra o campo da subjetividade, em busca da averiguação de dolo ou culpa, cabível tão somente em eventual ação de regresso do Estado contra o agente público causador do dano.

Conforme o art. 37, §6º da Constituição Federal: "As pessoas jurídicas de direito público e as de direito privado prestadoras de serviços públicos responderão pelos danos que seus agentes, nessa qualidade, causarem a terceiros, assegurado o direito de regresso contra o responsável nos casos de dolo ou.

36. **(CESPE – 2013 – PC/DF – AGENTE)** Durante rebelião em um presídio, Charles, condenado a vinte e oito anos de prisão por diversos crimes, decidiu fugir e, para tanto, matou o presidiário Valmir e o agente penitenciário Vicente. A fim de viabilizar sua fuga, Charles roubou de Marcos um carro que, horas depois, abandonou em uma estrada de terra, batido e com o motor fundido. Charles permaneceu foragido por cinco anos e, depois desse período, foi preso em flagrante após tentativa de assalto a banco em que explodiu os caixas eletrônicos de uma agência bancária, tendo causado a total destruição desses equipamentos e a queima de todo o dinheiro neles armazenado.

Com referência a essa situação hipotética e à responsabilização da administração, julgue o item a seguir.

A, uma vez que a falha do Estado foi a causa da fuga, da qual decorreu o novo ato ilícito praticado por Charles.

Certo ( )   Errado ( )

O STJ decidiu que não incide responsabilidade civil do Estado por danos decorrentes de atos ilícitos praticados por foragidos do sistema penitenciário. A exceção a esse entendimento se refere aos casos em que os danos causados decorram direta ou imediatamente do ato de fuga. No caso narrado acima, o dano sofrido pela agência bancária ocorreu somente cinco anos após a fuga do sistema penitenciário, restando comprovado que o ato ilícito praticado por Charles não decorreu direta ou imediatamente do ato de fuga.

GABARITO: ERRADO.

37. **(CESPE – 2012 – PC/CE – INSPETOR)** As empresas públicas e as sociedades de economia mista que exploram atividade econômica respondem pelos danos que seus agentes causarem a terceiros conforme as mesmas regras aplicadas às demais pessoas jurídicas de direito privado.

Certo ( )   Errado ( )

As empresas públicas e as sociedades de economia mista exploradoras de atividade econômica são classificadas como pessoas jurídicas de direito privado. Por isso, quando seus agentes causam danos a terceiros, devem responder de acordo com as mesmas regras aplicáveis às pessoas jurídicas de direito privado.

Observe-se que a modalidade aplicável nesse caso é a responsabilidade civil subjetiva, devendo-se demonstrar os elementos subjetivos de dolo ou culpa.

GABARITO: CERT

38. **(CESPE – 2020 – POLÍCIA RODOVIÁRIA FEDERAL – CURSO DE FORMAÇÃO)** Se um policial rodoviário federal receber ordem verbal de um superior e suspeitar que a determinação seja ilegal, ele poderá deixar de cumpri-la, com base nessa suspeita.

Certo ( )   Errado ( )

O servidor não pode fundar-se apenas na suspeita da ilegalidade da ordem para deixar de cumpri-la, **sendo indispensável o flagrante descumprimento da lei** na emissão do ato superior.

Conforme a Lei nº 8.112/90 tem-se:

Art. 116. São deveres do servidor:

IV - cumprir as ordens superiores, **exceto quando MANIFESTAMENTE ilegais.**

GABARITO: ERRADO.

39. **(CESPE – 2019 – POLÍCIA RODOVIÁRIA FEDERAL – CURSO DE FORMAÇÃO) - Situação hipotética**: Um servidor público cometeu transgressão disciplinar e foi advertido disciplinarmente. No mês seguinte, cometeu nova transgressão disciplinar, sujeita à pena de advertência.

Nessa situação, a nova conduta poderá ter a sanção disciplinar agravada para suspensão.

Certo ( )   Errado ( )

São quatro situações passíveis de SUSPENSÃO na Lei nº 8.112/90:

1 - exercer QUAISQUER atividades que sejam incompatíveis com o exercício do cargo ou função e com o horário de trabalho;

2 - cometer a outro SERVIDOR atribuições estranhas ao cargo que ocupa, exceto em situações de emergência e transitórias;

3 - REINCIDÊNCIA de proibição ou inobservância de dever, que enseje penalidade de advertência.

4 - recusa de Inspeção Médica Injustificada – suspensão de ATÉ 15 dias, cessando quando o servidor aceitar a inspeção.

GABARITO: CERTO.

40. **(CESPE – 2018 – ABIN – OFICIAL TÉCNICO INTELIGÊNCIA) Situação hipotética:** José, servidor nomeado para cargo efetivo, passou pelo estágio probatório com nota dez na avaliação de desempenho do cargo, adquirindo a estabilidade no serviço público.

Nessa situação, a despeito da excelência do seu desempenho, José poderá ser exonerado do serviço público seis meses após a conclusão do seu estágio probatório, caso apresente queda na produtividade por dois meses seguidos.

Certo ( )   Errado ( )

Existem quatro situações que causam a perda do cargo do servidor estável:

- sentença judicial transitada em julgado;
- processo administrativo disciplinar no qual seja assegurada a ampla defesa;
- avaliação periódica de desempenho;
- exoneração por excesso de gastos de pessoal.

A questão busca confundir o conceito da Avaliação Periódica de Desempenho, porém, não há essa previsão de "queda de produtividade por dois meses seguidos".

OBS.: Esta previsão é constitucional e de eficácia limitada, e, até o final de 2020, esta lei ainda não havia sido editada.

GABARITO: ERRADO.

DIREITO ADMINISTRATIVO

41. **(CESPE – 2016 – POLÍCIA RODOVIÁRIA FEDERAL – CURSO DE FORMAÇÃO)** Não poderá ser responsabilizado na esfera administrativa policial rodoviário federal que tenha respondido criminalmente por suposta prática de infração penal e tenha sido absolvido com fundamento que negou a existência do fato.

Certo ( )   Errado ( )

As esferas penal, civil e administrativa são independentes entre si para a apuração da Responsabilidade do Servidor. Porém, a responsabilização nas esferas civil e administrativa são afastadas, quando ocorre a absolvição na esfera penal com fundamento na inexistência do fato ou ausência de .

42. **(CESPE – 2013 – DEPEN – ESPECIALISTA)** É assegurado ao servidor público federal o direito a licença, sem prejuízo da remuneração, para o desempenho de mandato em sindicato representativo da categoria.

Certo ( )   Errado ( )

A licença para mandato classista é concedida SEM REMUNERAÇÃO, conforme preceitua a Lei nº 8.112/90:

Art. 92. É assegurado ao servidor o **direito à licença sem remuneração** para o **desempenho de mandato em confederação, federação, associação de classe de âmbito nacional, sindicato representativo da categoria ou entidade fiscalizadora da profissão ou, ainda, para participar de gerência ou administração em sociedade cooperativa** constituída por servidores públicos para prestar serviços a seus membros, observado o disposto na alínea c do inciso VIII do art. 102 desta lei.

GABARITO: ERRADO.

43. **(CESPE – 2013 – PC/BA– DELEGADO)** Considere que um servidor público federal estável, submetido a estágio probatório para ocupar outro cargo público após aprovação em concurso público, desista de exercer a nova função. Nessa situação, o referido servidor terá o direito de ser reconduzido ao cargo ocupado anteriormente no serviço público.

Certo ( )   Errado ( )

Segundo a Lei nº 8.112/90 tem-se:

Art. 29. Recondução é o retorno do **servidor estável** ao cargo anteriormente ocupado e decorrerá de:

I - inabilitação em **estágio probatório relativo** a outro cargo;

II - reintegração do anterior ocupante.

Apesar da lei trazer apenas a possibilidade da recondução por inabilitação em estágio probatório, a jurisprudência entende que a desistência do novo cargo também **pode gerar recondução.**

Em 1998, o Plenário do STF decidiu que pela possibilidade da recondução do servidor estável na **hipótese de desistência voluntária deste** em continuar o estágio probatório, por se tratar de motivo menos danoso do que sua reprovação.

GABARITO: CERTO.

44. **(CESPE – 2018 – POLÍCIA FEDERAL – PERITO)** Determinado ente público federal realizará dois tipos de operações que envolverão parceiros privados. Na primeira operação, serão adquiridos bens e serviços comuns, de vários valores, por meio de um sistema de apresentação pública de propostas de preços por escrito. Na segunda operação, recursos financeiros serão transferidos a uma entidade privada para o desenvolvimento de projeto social em uma comunidade carente.

Nessa situação hipotética, ambas as operações terão de se dar por meio de licitação, sendo que a segunda, na modalidade convênio.

Certo ( )   Errado ( )

A questão busca induzir ao erro, porém, é importante perceber que **NÃO EXISTE A MODA-LIDADE CONVÊNIO!**

São modalidades de licitação:
1) concorrência;
2) tomada de preços;
3) convite;
4) concurso;
5) leilão;
6) pregão – instituída pela Lei nº 10.520/02.

Além disso, a Lei nº 8.666/93 traz que **NÃO é permitida a CRIAÇÃO ou COMBINAÇÃO de modalidades.**

GABARITO: ERRADO.

45. **(CESPE – 2018 – POLÍCIA FEDERAL – PERITO)** No concurso – modalidade licitatória de caráter intelectual –, o julgamento técnico é relativamente subjetivo, mas não arbitrário.

Certo ( )   Errado ( )

Apesar do JULGAMENTO OBJETIVO ser um dos princípios das licitações, a modalidade concurso, tenta buscar um critério de julgamento mais objetivo possível, **mas, por se tratar de um trabalho de natureza técnica, intelectual ou artística, fica difícil não contar com um grau de subjetividade, mesmo que mínimo.**

Como curiosidade, para maior garantia do princípio do julgamento objetivo e dar maior credibilidade ao processo, **a banca examinadora desconhece quem é o autor de cada trabalho apresentado,** para isso são utilizados **pseudônimos** pelos participantes da modalidade.

GABARITO: CE

Certo ( )   Errado ( )

46. **(CESPE – 2015 – DEPEN – AGENTE PENITENCIÁRIO)** A homologação do certame é o ato administrativo pelo qual se atribui ao vencedor o objeto da licitação, outorgando-lhe a titularidade jurídica do resultado alcançado.

Certo ( )   Errado ( )

A questão tentou confundir os conceitos de homologação e adjudicação, sendo que:

HOMOLOGAÇÃO - ato pelo qual é ratificado todo o procedimento licitatório e conferido aos atos licitatórios aprovação para que produzam os efeitos jurídicos necessários.

ADJUDICAÇÃO - ato pelo qual a Administração atribuiu ao licitante vencedor o objeto da licitação.

GABARITO: ERRADO.

47. **(CESPE – 2020 – PRF – CURSO DE FORMAÇÃO)** A conceituação moderna de Estado defende a teoria da dupla personalidade do Estado, que, em diferentes circunstâncias, atua tanto com personalidade de direito público quanto com personalidade de direito privado.

Certo ( )   Errado ( )

DIREITO ADMINISTRATIVO

No Brasil chegou a vigorar a **Teoria da Dupla Personalidade**, segundo a qual o Estado, enquanto atuando em atividades públicas, teria personalidade de direito público, e, enquanto desempenhando atividades de direito privado, teria personalidade de direito privado.

Atualmente, porém, prevalece a ideia de que o Estado possui uma **única personalidade**, sendo, portanto, uma pessoa jurídica de Direito Público.

GABARITO: ERRADO.

48. **(CESPE – 2018 – ABIN – OFICIAL TÉCNICO DE INTELIGÊNCIA)** O núcleo do princípio da eficiência no direito administrativo é a procura da produtividade e economicidade, sendo este um dever constitucional da administração, que não poderá ser desrespeitado pelos agentes públicos, sob pena de responsabilização pelos seus atos.

Certo ( )   Errado ( )

O princípio da eficiência está previsto na constituição em seu art. 37, segue:

Art. 37. A administração pública direta e indireta de qualquer dos Poderes da União, dos Estados, do Distrito Federal e dos Municípios obedecerá aos princípios de legalidade, impessoalidade, moralidade, publicidade e eficiência e, também, ao seguinte:

O Princípio da eficiência, em linhas gerais, busca fazer MAIS com MENOS, ou com a MESMA QUANTIDADE DE RECURSUS, sem perder a QUALIDADE.

GABARITO: CORRETO.

49. **(CESPE – 2018 – PC/SE – DELEGADO DE POLÍCIA)** Na Administração Pública, desconcentrar significa atribuir competências a órgãos de uma mesma entidade administrativa.

Certo ( )   Errado ( )

Desconcentração trata-se de uma DISTRIBUIÇÃO INTERNA de competências, em que se mantém a hierarquia ao ente que desconcentra a atividade.

GABARITO: CERTO.

50. **(CESPE – 2020 – POLÍCIA RODOVIÁRIA FEDERAL – CURSO DE FORMAÇÃO)** Na conceituação clássica atinente à ideia liberal do século XVII, o poder de polícia relacionava-se à atividade estatal limitadora dos direitos individuais em benefício da coletividade.

Certo ( )   Errado ( )

Segundo Di Pietro "Pelo conceito clássico, ligado à concepção liberal do século XVIII, o poder de polícia compreendia a atividade estatal que limitava o exercício dos direitos individuais em benefício da SEGURANÇA.

O Liberalismo preceitua uma MENOR INTERFERÊNCIA do estado, a qual deve prover alguns serviços essenciais, tais como Segurança, Saúde e Educação.

Limitar os Direitos Individuais em benefício da Coletividade não coaduna com as ideias liberalistas em seu sentido amplo.

GABARITO: ERRADO.

DIREITO PENAL

EVANDRO GUEDES
LEONE MALTZ

DIREITO PENAL

1. **(CESPE – 2018 – PC/SE – DELEGADO DE POLÍCIA)** Em razão do princípio da legalidade penal, a tipificação de conduta como crime deve ser feita por meio de lei em sentido material, não se exigindo, em regra, a lei em sentido formal.

Certo (   )   Errado (   )

A banca foi pouco criativa, trocando os conceitos e as aplicações. Fique ligado!

A criação de normal penal **incriminadora**, que prever crimes e comina penas, **somente** pode ser feita por meio de lei em **sentido formal** (Lei Ordinária/Lei Complementar, por exemplo) – **Princípio da Reserva Legal**, também colocada em prova como **lei em sentido estrito**.

Não é possível prever um crime ou cominar penas por meio de Medida Provisória (lei em sentido material).

GABARITO: ERRADO.

2. **(CESPE – 2018 – POLÍCIA FEDERAL – PERITO CRIMINAL FEDERAL)** A fim de garantir o sustento de sua família, Pedro adquiriu 500 CDs e DVDs piratas para posteriormente revendê-los. Certo dia, enquanto expunha os produtos para venda em determinada praça pública de uma cidade brasileira, Pedro foi surpreendido por policiais, que apreenderam a mercadoria e o conduziram coercitivamente até a delegacia. Com referência a essa situação hipotética, julgue o item subsequente.

O princípio da adequação social se aplica à conduta de Pedro, de modo que se revoga o tipo penal incriminador em razão de se tratar de comportamento socialmente aceito.

Certo (   )   Errado (   )

O princípio da adequação social fixa que determinadas condutas são socialmente aceitas, apesar de formalmente tipificadas como crime, a exemplo da conduta de furar a orelha de um bebê e o Ultimate Fighting Championship (UFC), que poderiam se enquadrar como Lesão Corporal, art. 129 do CP, mas são condutas socialmente aceitas, o que SUPRIME A TIPICIDADE MATERIAL do caso. Nesses casos, não há revogação do tipo penal, pois o fato continua sendo crime, o que poderia apontar de cara um erro na questão.

Além disso, não há de se falar em aplicação da adequação social no caso da questão, pois, presentes a materialidade e a autoria do delito, afigura-se típica, em relação ao previsto no art. 184, § 2º, do Código Penal, conforme Súmula nº 502 do STJ.

GABARITO: ERRADO.

3. **(CESPE – 2013 – PRF – POLICIAL RODOVIÁRIO FEDERAL)** O princípio da legalidade é parâmetro fixador do conteúdo das normas penais incriminadoras, ou seja, os tipos penais de tal natureza somente podem ser criados por meio de lei em sentido estrito.

Certo (   )   Errado (   )

A norma penal incriminadora é aquela que trata da criação de crimes e cominação de penas (alterando para mais ou para menos). Nesse caso, não há possibilidade de manejar por meio de LEI MATERIAL, isto é, DECRETO, MEDIDA PROVISÓRIA OU RESOLUÇÃO.

Norma Penal Incriminadora – Somente Lei Formal.

Esse tipo de questão é muito frequente em prova e foi objeto em 2019 também, então fique ligado: a criação de um crime ou cominação de pena deve ser feita somente por **lei em sentido estrito**, que é a **lei formal**, a exemplo da Lei Ordinária ou Lei Complementar.

GABARITO: CERTO.

4. **(CESPE – 2018 – PC/SE – DELEGADO DE POLÍCIA)** O princípio da individualização da pena determina que nenhuma pena passará da pessoa do condenado, razão pela qual as sanções relativas à restrição de liberdade não alcançarão parentes do autor do delito.

Certo ( )   Errado ( )

A banca fixou um princípio e conceituou outro (INTRANSCEDÊNCIA DA PENA). O princípio da individualização da pena, estatuído no art. 5º, XLVI, da CF/88, determina que, através da avaliação das circunstâncias do caso, a exemplo da gravidade e do histórico do autor, seja feita a correta separação entre os condenados, não havendo obrigação de todos serem punidos da mesma forma, ainda que seja o mesmo crime e em um mesmo contexto fático à individualização da pena (separação).

Para melhor entendimento, trago exemplos expostos no art. 5º da Lei de Execução Penal: "Os condenados serão classificados, segundo os seus antecedentes e personalidade, para orientar a individualização da execução penal; e art. 29 do Código Penal: quem, de qualquer modo, concorre para o crime incide nas penas a este cominadas, na medida de sua culpabilidade."

GABARITO: ERRADO.

5. **(CESPE – 2011 – PC/ES – DELEGADO DE POLÍCIA – ESPECÍFICOS)** Segundo a jurisprudência do STF, é possível a aplicação do princípio da insignificância para crimes de descaminho, devendo-se considerar, como parâmetro, o valor consolidado igual ou inferior a R$ 7.500,00.

Certo ( )   Errado ( )

A jurisprudência é pacífica em aplicar o princípio da insignificância ao crime de descaminho quando o valor iludido não ultrapassar 20 mil reais (STF e STJ).

Importante anotar que a Súmula nº 599 do STJ determina que não se aplica o princípio da insignificância aos crimes contra administração pública. O descaminho, apesar de se encontrar nesse título, tem essência de crime fiscal.

Portanto, o aluno somente deverá responder sobre a aplicação da insignificância no caso específico do descaminho. Se a banca for genérica, tratando crimes contra a administração pública, não será possível aplicar.

GABARITO: ERRADO.

6. **(2018 – PC/BA – INVESTIGADOR DE POLÍCIA – ADAPTADA)** Acerca dos princípios da legalidade e da anterioridade insculpidos no art. 1º do Código Penal e no art. 5º, XXXIX, da Constituição Federal, É CORRETO AFIRMAR QUE um dos desdobramentos do princípio da legalidade é o da taxatividade, que impede a edição de tipos penais genéricos e indeterminados.

Certo ( )   Errado ( )

A taxatividade da lei penal trata que a norma deve ser clara, objetiva e concreta em seu conteúdo, o que veda tipos penais genéricos, vagos ou indeterminados.

Por exemplo: *matar é crime*. Mas matar quem? Nesse caso, a norma ficaria muito vaga. Dessa forma, o legislador utilizou a taxatividade de lei penal, determinando que *matar alguém* é considerado crime.

Atenção! A normal penal em branco não fere a taxatividade, pois a conduta e a pena estão determinadas e claras, o que há, nesse caso, é apenas um complemento por meio de outra norma, a exemplo do crime de tráfico de drogas, que é complementada pela Portaria nº 344 do Ministério da Saúde, que traz um rol de substâncias consideradas como droga.

DIREITO PENAL

Tipo penal <u>aberto</u>: não fere.

Tipo penal <u>vago</u>: fere!

GABARITO: CERTO.

7. **(CESPE – 2019 – PRF – POLICIAL RODOVIÁRIO FEDERAL)** O presidente da República, em caso de extrema relevância e urgência, pode editar medida provisória para agravar a pena de determinado crime, desde que a aplicação da pena agravada ocorra somente após a aprovação da medida pelo Congresso Nacional.

Certo ( )   Errado ( )

Questão frequente e errada! Não é possível criar um crime ou cominar pena, sobretudo, agravar a pena base do indivíduo por meio de Medida Provisória, ainda que extremamente urgente. É vedado! Para se falar de norma penal **incriminadora**, que é o caso da questão, somente é possível por meio de Lei Formal, lei em sentido estrito – Princípio da Reserva Legal.

GABARITO: ERRADO.

8. **(AUTOR– 2021) Situação hipotética**: Normanda cometeu uma série de crimes da mesma espécie, na mesma localidade, e que tiveram início em fevereiro de 2020. Ela encerrou a continuidade delitiva no fim de outubro do mesmo ano. Acontece que, em meados de julho, foi alterada a lei que normatizava a conduta criminosa da autora, agravando a pena do delito cometido. **Assertiva**: nessa situação, no momento da aplicação da pena, o juiz deve se aplicar a lei mais benéfica em atenção ao princípio da irretroatividade da lei penal mais gravosa.

Certo ( )   Errado ( )

Nos casos de crimes continuado ou permanente, aplica-se a regra prevista na Súmula nº 711 do STF: "A lei penal mais grave aplica-se ao crime continuado ou ao crime permanente, se a sua vigência é anterior à cessação da continuidade ou da permanência."

Nesse caso, aplicar-se-á a lei que estiver vigente imediatamente antes da cessação da permanência ou continuidade, ainda que seja mais grave.

Perceba, então, que não haverá extratividade mais benéfica nesses tipos de delito.

GABARITO: ERRADO.

9. **(CESPE – 2014 – POLÍCIA FEDERAL – AGENTE DE POLÍCIA FEDERAL)** Sob a vigência da lei X, Lauro cometeu um delito. Em seguida, passou a viger a lei Y, que, além de ser mais gravosa, revogou a lei X. Depois de tais fatos, Lauro foi levado a julgamento pelo cometimento do citado delito. Nessa situação, o magistrado terá de se fundamentar no instituto da retroatividade em benefício do réu para aplicar a lei X, por ser esta menos rigorosa que a lei Y.

Certo ( )   Errado ( )

A utilização de uma lei revogada mais benéfica é exemplo clássico de **ULTRATIVIDADE DE LEI,** não havendo confusão com o conceito de RETROATIVIDADE, utilização de LEI POSTE-RIOR mais benéfica.

Portanto, o caso em questão é ULTRATIVIDADE DE LEI MAIS BENÉFICA, uma vez que o juiz utilizará a LEI X, que foi revogada pela lei Y.

Atenção! Em uma relação:

1) A × B: se eu me utilizo de "B", lei posterior mais benéfica, estaremos diante da RETROATIVIDADE.

2) A × B: e eu me utilizo de "A", lei revogada mais benéfica, estaremos diante da ULTRATIVIDADE.

GABARITO: ERRADO.

10. **(CESPE – 2013 – POLÍCIA FEDERAL – ESCRIVÃO DA POLÍCIA FEDERAL)** No que diz respeito ao tema lei penal no tempo, a regra é a aplicação da lei apenas durante o seu período de vigência; a exceção é a extratividade da lei penal mais benéfica, que comporta duas espécies: a retroatividade e a ultratividade.

Certo (   )   Errado (   )

O Direito Penal rege-se, em regra, pela aplicação da lei penal vigente à época do fato. Toda regra tem uma exceção, que nesse caso é a extratividade de lei penal mais benéfica (gênero), comportando suas espécies: ultratividade e retroatividade.

Atenção aos crimes continuados e permanentes (aplicação da Súmula nº 711 do STF) e à Lei Excepcional ou Temporária (aplicação do art. 3º do Código Penal).

GABARITO: CERTO.

11. **(CESPE – 2016 – PC/PE – ESCRIVÃO DE POLÍCIA CIVIL)** Um crime de extorsão mediante sequestro perdura há meses e, nesse período, nova lei penal entrou em vigor, prevendo causa de aumento de pena que se enquadra perfeitamente no caso em apreço. Nessa situação hipotética, a lei penal mais grave deverá ser aplicada, pois a atividade delitiva prolongou-se até a entrada em vigor da nova legislação, antes da cessação da permanência do crime.

Certo (   )   Errado (   )

A questão ainda ajuda o candidato ao conceituar como permanente o crime de extorsão mediante sequestro. Nesse caso, não há muito o que se discutir, apenas entender o teor da Súmula nº 711 do STF, que é aplicado aos delitos continuado ou permanente: "A lei penal mais grave aplica-se ao crime continuado ou ao crime permanente, se a sua vigência é anterior à cessação da continuidade ou da permanência." Em outros termos, a lei nova, anterior à cessação ou à continuidade será aplicada ainda que seja mais grave.

GABARITO: CERTO.

12. **(INSTITUTO AOCP – 2019 – PC/ES – PERITO OFICIAL CRIMINAL – ÁREA 8 – ADAPTADA)** Ninguém pode ser punido por fato que lei posterior deixa de considerar crime, cessando em virtude dela a execução, mas não os efeitos penais da sentença condenatória.

Certo (   )   Errado (   )

A figura do *abolitio criminis* exclui formal e materialmente o delito, o que acaba por cessar os efeitos da execução da pena e outros efeitos penais da sentença condenatória. Por outro lado, não cessarão os efeitos civis, como a reparação pecuniária por danos morais ou outros decorrentes, perda da função pública, como efeito administrativo.

Portanto, cessam-se os efeitos de EXECUÇÃO e EFEITOS PENAIS.

GABARITO: CERTO.

13. **(AUTOR – 2021)** A Lei Penal Temporária ou Excepcional é aplicada estritamente durante o período

DIREITO PENAL

de sua vigência. Nesses termos, caso seja cessado o período de sua duração ou as circunstâncias que determinaram a excepcionalidade, o indivíduo não poderá ser responsabilizado nos termos da lei, ainda que tenha praticado a conduta sob seu império.

Certo ( )   Errado ( )

A Lei Excepcional é aplicada em situações de calamidades, de guerra, situações excepcionais que não se sabe quando encerrará. Por outro lado, a Temporária é aquela que tem um prazo determinado para o seu fim, isto é, autorrevogável.

Nesses casos, há efeito ULTRATIVO, pois quem pratica o fato sob a vigência dessas leis, ainda que os efeitos sejam CESSADOS, o indivíduo responderá penalmente. Em outros termos, quem pratica o fato sob a vigência dessas leis será responsabilizado mesmo que seu julgamento seja posterior à sua duração.

*Art. 3º – A lei excepcional ou temporária, **embora decorrido o período de sua duração ou cessadas** as circunstâncias que a determinaram, **aplica-se ao fato praticado durante sua vigência**.*

GABARITO: ERRADO.

14. **(AUTOR – 2021)** A lei brasileira será aplicada aos crimes cometidos dentro de navio de natureza pública ou a serviço do governo brasileiro, ainda que esteja ancorada em território estrangeiro.

Certo ( )   Errado ( )

O Código Penal adotou a territorialidade mitigada/relativa/temperada, uma vez que não haverá prejuízo de aplicação de convenção, tratado ou regras de direito internacional. Além disso, importante limitar o que seria território para fins penais:

*   Território Físico (geografia).
*   Território por Assimilação/Equiparação/Extensão: trata-se de uma extensão do território nacional, fora da geografia e, inclusive, no estrangeiro em determinadas situações.

Será considerado território brasileiro por extensão quando:

– Embarcação/Aeronave Pública ou a serviço do governo brasileiro **(EM QUALQUER LUGAR DO MUNDO).**

– Embarcação/Aeronave Privada ou Mercante **(APENAS NO ESPAÇO AÉREO CORRESPONDENTE OU ALTO-MAR, QUE É TERRA DE NINGUÉM).**

– Embarcação/Aeronave estrangeira de propriedade priva (no Brasil).

Conforme Art. 5º do Código Penal. Portanto, a questão está correta, uma vez que se trata de embarcação de natureza pública ou a serviço do governo brasileiro.

NESSES CASOS, FICA ESTABELECIDA A APLICAÇÃO DA TERRITORIALIDADE.

GABARITO: CERTO.

15. **(CESPE – 2012 – POLÍCIA FEDERAL – AGENTE DA POLÍCIA FEDERAL)** Será submetido ao Código Penal brasileiro o agente, brasileiro ou não, que cometer, ainda que no estrangeiro, crime contra administração pública, estando a seu serviço, ou cometer crime contra o patrimônio ou a fé pública da União, de empresa pública ou de sociedade de economia mista. A circunstância de a conduta ser lícita no país onde foi praticada ou de se encontrar extinta a punibilidade será irrelevante para a responsabilização penal do agente no Brasil.

Certo ( )   Errado ( )

A questão aponta duas situações de EXTRATERRITORIALIDADE INCONDICIONADA: Art. 7º, I, alínea "c" e "b", **respectivamente**. É incondicionada conforme o parágrafo primeiro desse artigo, pois independente de qualquer efeito no estrangeiro (se já cumpriu pena, se foi absolvido, se foi condenado, perdoado etc.), será processado e julgado no Brasil. Tratando-se de uma das hipóteses previstas no Art. 7º, I, o indivíduo **será punido de qualquer forma**, não depende de condições.

GABARITO: CERTO.

16. **(AUTOR – 2021)** A analogia consiste em um meio para suprir lacuna legislativa, mas só é possível a aplicação analógica da lei penal para beneficiar o réu, em respeito à reserva legal.

Certo ( )   Errado ( )

O aluno poderia confundir com o termo interpretação analógica, mas fique ligado para uma dica de prova: analogia tem sinônimos (integração legal, **aplicação analógica**, entre outros). Entretanto, se a banca quiser cobrar sobre INTERPRETAÇÃO ANALÓGICA, ela trará o exato termo: INTERPRETAÇÃO ANALÓGICA.

Portanto, a questão está corretíssima, uma vez que está se referindo à ANALOGIA (APLICAÇÃO ANALÓGICA), que deve ser utilizada somente em benefício do réu.

GABARITO: CERTO.

17. **(CESPE – 2019 – PRF – POLICIAL RODOVIÁRIO FEDERAL)** A norma penal deve ser instituída por lei em sentido estrito, razão por que é proibida, em caráter absoluto, a analogia no direito penal, seja para criar tipo penal incriminador, seja para fundamentar ou alterar a pena.

Certo ( )   Errado ( )

Mais uma vez a banca afirmando que a analogia é vedada no direito penal. O perigo das questões mora entre vírgulas ou após a vírgula no final da assertiva.

Nesse caso está entre vírgulas "em caráter absoluto". Não há proibição absoluta em relação à analogia, pois pode ser aplicada para beneficiar o indivíduo.

GABARITO: ERRADO.

18. **(CESPE – 2013 – DEPEN – AGENTE PENITENCIÁRIO)** O conflito aparente de normas é o conflito que ocorre quando duas ou mais normas são aparentemente aplicáveis ao mesmo fato. Há conflito porque mais de uma pretende regular o fato, mas é um conflito aparente, porque, com efeito, apenas uma delas acaba sendo aplicada à hipótese. Considere que Alberto, querendo apoderar-se dos bens de Cícero, tenha apontado uma arma de fogo em direção a ele, constrangendo-o a entregar-lhe a carteira e o aparelho celular. Nessa situação hipotética, da mera comparação entre os tipos descritos como crime de constrangimento ilegal e crime de roubo, aplica-se o princípio da especialidade a fim de se tipificar a conduta de Alberto.

Certo ( )   Errado ( )

Não há de se falar em especialidade nesse caso, pois o roubo não é uma modalidade especial de constrangimento ilegal. Trata-se de **consunção**, pois para praticar um crime de roubo, passa-se, necessariamente, por um constrangimento ilegal, que é uma das características da consunção/absorção.

Importante apontar que a consunção é aplicada nos seguintes casos:

– Crime complexo (caso da questão).

– Progressão criminosa.

DIREITO PENAL

– Crime progressivo.

GABARITO: ERRADO.

19. **(CESPE – 2012 – POLÍCIA FEDERAL – AGENTE DA POLÍCIA FEDERAL)** Conflitos aparentes de normas penais podem ser solucionados com base no princípio da consunção, ou absorção. De acordo com esse princípio, quando um crime constitui meio necessário ou fase normal de preparação ou execução de outro crime, aplica-se a norma mais abrangente. Por exemplo, no caso de cometimento do crime de falsificação de documento para a prática do crime de estelionato, sem mais potencialidade lesiva, este absorve aquele.

Certo ( )   Errado ( )

A característica fundamental da consunção é o **ELO** entre um CRIME-MEIO para se chegar ao CRIME-FIM, sendo irrelevante o grau de violação ao bem jurídico tutelado pela norma. Um exemplo clássico é o que está exposto na Súmula nº 17/STJ, quando o crime de estelionato (reclusão, de um a cinco anos) absorve o crime de falsificação de documento público (reclusão, de dois a seis anos).

"A jurisprudência desta Corte admite que um crime de maior gravidade, assim considerado pela pena abstratamente cominada, pode ser absorvido, por força do princípio da consunção, por um crime menos grave, quando, repita-se, utilizado como mero instrumento para consecução de um objetivo final único."

Min. Mauro Aurélio Bellize

Portanto, importa o elo entre MEIO e FIM.

GABARITO: CERTO.

20. **(CESPE – 2010 – ABIN – OFICIAL TÉCNICO DE INTELIGÊNCIA – ÁREA DE DIREITO)** No Código Penal brasileiro, adota-se, em relação ao conceito de crime, o sistema tricotômico, de acordo com o qual as infrações penais são separadas em crimes, delitos e contravenções.

Certo ( )   Errado ( )

O direito penal adotou o sistema **dicotômico/bipartido** para infração penal, que é um gênero e comporta duas espécies: contravenção e crime (também chamado de delito). Por outro lado, para definição de crime, adotou-se o sistema **tricotômico/tripartido**, pois ele é dividido em três componentes: fato típico, ilícito (ou antijurídico) e culpável.

GABARITO: ERRADO.

21. **(CESPE – 2018 – POLÍCIA FEDERAL – PAPILOSCOPISTA POLICIAL FEDERAL)** Na tentativa de entrar em território brasileiro com drogas ilícitas a bordo de um veículo, um traficante disparou um tiro contra agente policial federal que estava em missão em unidade fronteiriça. Após troca de tiros, outros agentes prenderam o traficante em flagrante, conduziram-no à autoridade policial local e levaram o colega ferido ao hospital da região.

Nessa situação hipotética, se o policial ferido não falecer em decorrência do tiro disparado pelo traficante, estar-se-á diante de homicídio tentado, que, no caso, terá como elementos caracterizadores: a conduta dolosa do traficante; o ingresso do traficante nos atos preparatórios; e a impossibilidade de se chegar à consumação do crime por circunstâncias alheias à vontade do traficante.

Certo ( )   Errado ( )

Ao se falar sobre crime, é importante saber que ele consiste de fases em relação à sua realização. Para esse tema, dá-se o nome de *iter criminis*, que são as fases do crime (do início ao fim). Nesse contexto, as fases do crime são compostas por 1. Cogitação, 2. Preparação, 3. Execução e 4. Consumação.

Em regra, a punibilidade se inicia na fase de execução, ainda que o crime não se consume por circunstâncias alheias à vontade do autor do delito, que é a figura do crime tentado. Assim, a assertiva fica errada no momento em que aponta como um dos elementos do crime tentado "a entrada nos atos preparatórios", quando na verdade deveria ser "a entrada nos atos executórios".

GABARITO: ERRADO.

22. **(CESPE – 2013 – PRF – POLICIAL RODOVIÁRIO FEDERAL)** Joaquim, plenamente capaz, desferiu diversos golpes de facão contra Manoel, com o intuito de matá-lo, mas este, tendo sido socorrido e levado ao hospital, sobreviveu. Nessa situação hipotética, Joaquim responderá pela prática de homicídio tentado, com pena reduzida levando-se em conta a sanção prevista para o homicídio consumado.

Certo ( )   Errado ( )

Joaquim adentra na esfera de execução (**plenamente punível**) no momento em que desfere golpes de facão contra Manoel. Entretanto, este foi socorrido e o crime não se consumou por circunstâncias alheias à vontade de Joaquim (isto é, ele quer a consumação, mas não consegue). Nesse contexto, por expressa previsão do art. 14, parágrafo único, Joaquim terá sua pena reduzida.

Entende o STJ que o indivíduo receberá a redução de 2/3 (maior redução) quando não lesionar o bem jurídico tutelado pela norma. Dessa forma, caso o indivíduo lesione o bem tutelado, conforme apontado na questão, a redução é mais próxima de 1/3 (menor redução).

GABARITO: CERTO.

23. **(CESPE/CEBRASPE – 2019 – PRF – POLICIAL RODOVIÁRIO FEDERAL – CURSO DE FORMAÇÃO – 1ª PROVA)** Cleiton, policial rodoviário federal e professor de curso de direção defensiva e ofensiva, viajava de carro com sua namorada, Gisele. Durante a viagem, Gisele reclamou da alta velocidade empreendida pelo namorado e o alertou da possibilidade de causar um acidente, tendo em vista o tempo chuvoso. Cleiton, por sua vez, respondeu que nada aconteceria, porque ele era um profissional competente, de excelência, que ensinava outros policiais rodoviários federais a pilotarem viaturas.

DIREITO PENAL

Entretanto, durante uma curva, o veículo derrapou na pista molhada, o carro ficou desgovernado, capotou e Gisele faleceu instantaneamente. Cleiton sofreu pequenas escoriações. A perícia feita no local constatou excesso de velocidade.

Cleiton agiu com dolo eventual, devendo responder pela prática de homicídio doloso.

Certo ( )   Errado ( )

O dolo eventual é caracterizado quando o indivíduo prevê o resultado e mesmo assim não se importa com a produção dele. Diz-se, nesse caso, que o indivíduo assumiu o risco de produzir o resultado, é o verdadeiro "dane-se"; "tô nem aí".

Por outro lado, na culpa consciente, o indivíduo não assume o risco de produzir o resultado, mas sim acredita fielmente que não acontecerá por causa de suas habilidades, apesar da previsão do resultado. Portanto, fica caracterizado que a questão está tratando da culpa consciente, ao verificar o trecho *(...) nada aconteceria, porque ele era um profissional competente, de excelência.*

DOLO EVENTUAL → Tem a previsão do resultado e assume o risco de produzi-lo.

CULPA CONSCIENTE → Tem a previsão do resultado, mas não aceita/não acredita que vai acontecer, porque confia plenamente em suas habilidades.

GABARITO: ERRADO.

24. **(AUTOR – 2021)** Eder Mago, com o objetivo de matar Maria da Charque, lançou uma bomba por meio de um instrumento potencialmente perigoso. Sabendo que se tratava de um avião comercial e que havia várias pessoas naquele avião, se, além de Maria da Charque, todos os passageiros a bordo da aeronave vierem a óbito, Eder Mago responderá com dolo direto de primeiro grau no cometimento do delito contra Maria da Charque e dolo direto de segundo grau no do delito contra todos os demais passageiros do avião.

Certo ( )   Errado ( )

DOLO DIRETO DE 1º GRAU: o agente quer atingir determinado resultado e alcança.

DOLO DIRETO DE 2º GRAU: é o dolo de consequências necessárias, isto é, efeito colateral do dolo de primeiro grau. Em outros termos, trata-se de consequência necessária para alcançar o fim almejado no dolo direto de 1º grau.

Nesse caso, praticou-se dolo direto de 1º grau em relação à Maria da Charque e dolo direito de segundo grau em relação aos demais passageiros, uma vez que se tratava de consequência necessária para alcançar o fim pretendido: matar Maria da Charque.

GABARITO: CERTO.

25. **(CESPE – 2013 – POLÍCIA FEDERAL – ESCRIVÃO DA POLÍCIA FEDERAL)** A culpa inconsciente distingue-se da culpa consciente no que diz respeito à previsão do resultado: na culpa consciente, o agente, embora prevendo o resultado, acredita sinceramente que pode evitá-lo; na culpa inconsciente, o resultado, embora previsível, não foi previsto pelo agente.

Certo ( )   Errado ( )

A culpa consciente é caracterizada por uma previsão do resultado (algo mais concreto de ocorrer), mas não aceitação desse resultado, isso porque o autor acredita plenamente em suas habilidades. Por outro lado, na culpa inconsciente há uma previsibilidade objetiva (previsível, possibilidade, mas não concreta), baseada na teoria do homem médio.

GABARITO: CERTO.

26. **(AUTOR – 2021)** Tobit, ao descobrir que seu amigo Bodelson estava na festa do shortinho, disparou tiros de revólver contra o amigo. Bodelson não morreu no local e foi socorrido de ambulância. Entretanto, a caminho do hospital, o veículo colidiu com um caminhão bauzinho que estava com o chassi todo empenado e que era conduzido por Mago, que ultrapassara o sinal vermelho, tendo Bodelson falecido em razão da colisão.

Nessa situação, Tobit deverá responder por tentativa de homicídio e Mago, por homicídio culposo no trânsito.

Certo ( )   Errado ( )

Apesar de ter sido socorrido por causa dos disparos de arma de fogo efetuados por Tobias, a causa efetiva foi a colisão causada pelo condutor Mago, que ultrapassou o sinal vermelho. Nesse caso, o evento colisão quebra o nexo dos disparos de arma de fogo, não havendo imputação de homicídio consumado a Tobit, mas tão somente tentativa. Importante destacar que o resultado consumado será imputado ao Mago, que deu causa, por si só, à morte.

Art. 13, § 1º – A superveniência de causa relativamente independente exclui a imputação quando, por si só, produziu o resultado; os fatos anteriores, entretanto, imputam-se a quem os praticou.

GABARITO: CERTO.

27. **(IBADE – 2018 – SEJUDH/MT – AGENTE DE SEGURANÇA SOCIOEDUCATIVO – FEMININO – ADAPTADA)** Segundo o Código Penal, o erro sobre elemento constitutivo do tipo legal de crime exclui o dolo, mas permite a punição por crime culposo, se previsto em lei.

Certo ( )   Errado ( )

Comentário: Questão que retrata o texto de lei, pois erro sobre elemento constitutivo do tipo legal de crime exclui o dolo, mas permite a punição por crime culposo, se previsto em lei.

Erro de tipo inevitável – Excluem-se o dolo e a culpa.

Erro de tipo evitável – Exclui-se o dolo, mas é possível punir a título de culpa, se tiver previsão legal.

GABARITO: CERTO.

28. **(AUTOR – 2021)** Situação hipotética: "A" vai a uma balada localizada no município do Congo, que permitia a entrada de pessoas com idade a partir dos 18 anos. Ato contínuo, "A" inicia uma conversa com "B", que diz ter 20 anos, sendo compatível com sua compleição física. Nesse momento, ambos resolvem sair do local e ir para casa de "A", onde tiverem relações sexuais de todo jeito, pirorocoptero, rabo de arraia, conjunção carnal etc. No dia seguinte, "A" encontra a identidade de "B" e constata que ela tem 13 anos de idade. Nessa situação, "A" não responderá por estupro de vulnerável, uma vez que estava sob a falsa percepção da realidade dos fatos, incorrendo em erro de tipo, que exclui o dolo.

Certo ( )   Errado ( )

O erro de tipo essencial é aquele em que o indivíduo sabe que determinada conduta é crime e não quer praticá-la. Entretanto, por uma falsa percepção da realidade, acaba cometendo. Apesar de o crime de furto ser bem didático para esse tema, a questão trouxe um assunto bem característico e inteligente, pois o autor do fato sabe que conjunção carnal/qualquer ato libidinoso com uma pessoa menor de 14 anos configura ESTUPRO DE VULNERÁVEL.

DIREITO PENAL

Todavia, as circunstâncias do fato induzem o agente a pensar que a menina é maior de idade (compleição física; ela afirma ter 20 anos; ela está em um local proibido para menores de 18 anos). Portanto, recai sobre o erro de tipo que sempre excluirá o dolo. Além disso, se fosse evitável, o agente continuaria sem responder por nada, já que não há modalidade culposa para o estupro de vulnerável.

GABARITO: CERTO.

29. **(CESPE – 2019 – PRF – POLICIAL RODOVIÁRIO FEDERAL)** Em decorrência de um homicídio doloso praticado com o uso de arma de fogo, policiais rodoviários federais foram comunicados de que o autor do delito se evadira por rodovia federal em um veículo cuja placa e características foram informadas. O veículo foi abordado por policiais rodoviários federais em um ponto de bloqueio montado cerca de 200 km do local do delito e que os policiais acreditavam estar na rota de fuga do homicida. Dada voz de prisão ao condutor do veículo, foi apreendida arma de fogo que estava em sua posse e que, supostamente, tinha sido utilizada no crime.

Quanto ao sujeito ativo da prisão, o flagrante narrado é classificado como obrigatório, hipótese em que a ação de prender e as eventuais consequências físicas dela advindas em razão do uso da força se encontram abrigadas pela excludente de ilicitude denominada exercício regular de direito.

Certo ( )   Errado ( )

Conforme preceitua o art. 301 do Código de Processo Penal, a autoridade policial e seus agentes **deverão** prender quem quer que seja encontrado em flagrante delito. Da leitura desse texto, verifica-se que há um dever legal para cumprir a prisão, estando, portanto, em ESTRITO CUMPRIMENTO DO DEVER LEGAL.

O exercício regular de um direito é quando há a facultatividade de exercer ou não determinado ato. No caso de prisão em flagrante, estará abarcado pela excludente Exercício Regular de um Direito, o cidadão que prenda quem quer que seja encontrado em flagrante delito, pois este **PODERÁ**.

Policial prendendo em flagrante – ESTRITO CUMPRIMENTO DO DEVER LEGAL.

Qualquer do povo – EXERCÍCIO REGULAR DE UM DIREITO.

GABARITO: ERRADO.

30. **(CESPE – 2013 – PC/BA – ESCRIVÃO DE POLÍCIA)** O agente policial, ao submeter o preso aos procedimentos estabelecidos na lei, como, por exemplo, à identificação datiloscópica, quando autorizada, e ao reconhecimento de pessoas e de coisas, no curso do inquérito policial, encontra-se amparado pelo exercício regular de direito, respondendo criminalmente nos casos de excesso doloso ou culposo.

Certo ( )   Errado ( )

O agente público que está no exercício de suas atribuições, que é imposta pela lei, **encontra-se em ESTRITO CUMPRIMENTO DO DEVER LEGAL**. Não há, nesse caso, direito nenhum para escolher se pratica ou não suas atribuições. Trata-se de um dever, que é imposto pela lei (em sentido amplo).

Importante destacar que o agente pode, em qualquer excludente estabelecida na parte geral do CP, responder pelo excesso doloso ou culposo.

GABARITO: ERRADO.

31. **(PC/CESPE – 2018 – PC/SE – DELEGADO DE POLÍCIA)** Em um clube social, Paula, maior e capaz, provocou e humilhou injustamente Carlos, também maior e capaz, na frente de amigos. Envergonhado e com muita raiva, Carlos foi à sua residência e, sem o consentimento de seu pai, pegou um revólver pertencente à corporação policial de que seu pai faz parte. Voltando ao clube depois de quarenta minutos, armado com o revólver, sob a influência de emoção extrema e na frente dos amigos, Carlos fez disparos da arma contra a cabeça de Paula, que faleceu no local antes mesmo de ser socorrida. Por ter agido influenciado por emoção extrema, Carlos poderá ser beneficiado pela incidência de causa de diminuição de pena.

Certo ( )   Errado ( )

Caracteriza-se a diminuição de 1/6 a 1/3 para o crime de homicídio quando ocorrer em um contexto de RELEVANTE VALOR SOCIAL OU MORAL; ou quando o crime ocorrer quando o autor estiver sob DOMÍNIO DE VIOLENTA EMOÇÃO logo após injusta provocação da vítima. A mera influência é causa de atenuação genérica e não de redução em fração.

GABARITO: ERRADO.

32. **(CESPE – 2014 – POLÍCIA FEDERAL – AGENTE DE POLÍCIA FEDERAL)** No crime de homicídio, admite-se a incidência concomitante de circunstância qualificadora de caráter objetivo referente aos meios e modos de execução com o reconhecimento do privilégio, desde que este seja de natureza subjetiva.

Certo ( )   Errado ( )

Perfeita conceituação, é aquela questão típica que ensina o aluno. Admite-se a incidência de circunstâncias qualificadoras entre si (desde que OBJ + OBJ ou OBJ + SBJ), sendo que uma vai qualificar e a outra vai agravar a pena. Na mesma esteira, é possível comunicar a qualificadora com um privilégio, desde que a qualificadora seja de ordem objetiva, porque o privilégio é sempre subjetivo, sendo o crime qualificado-privilegiado.

Importante destacar que o crime será tão somente qualificado, quando sua natureza for subjetiva, pois afastará a incidência do privilégio.

SUBJETIVA + SUBJETIVA = NÃO SE COMUNICAM!

GABARITO: CERTO.

33. **(CESPE – 2013 – PC/DF – AGENTE DE POLÍCIA)** Alex agrediu fisicamente seu desafeto Lúcio, causando-lhe vários ferimentos, e, durante a briga, decidiu matá-lo, efetuando um disparo com sua arma de fogo, sem, contudo, acertá-lo.

Nessa situação hipotética, Alex responderá pelos crimes de lesão corporal em concurso material com tentativa de homicídio.

Certo ( )   Errado ( )

O direito penal, em regra, pune o agente somente por aquilo que ele quis praticar. O contexto da questão apresenta um conflito aparente de normas. É somente aparente, pois no caso concreto será aplicada uma lei que regule o fato, *sob pena de bis in idem*. Nesse caso, aplicar-se-á o princípio da progressão criminosa, que é um dos desdobramentos da consunção (crime meio absorve o crime fim).

No caso específico da progressão criminosa, é porque o autor do fato tem uma intenção inicial, que é praticar a lesão corporal. Entretanto, no meio da execução do crime (durante

DIREITO PENAL

a prática), ele muda seu intento criminoso, agora querendo matar. Nessa situação, quando fica configurada em um mesmo contexto fático, essa alteração de vontade, dois dolos, em uma relação de crime meio e crime fim, aplica-se a progressão criminosa, **respondendo o agente somente pelo crime fim (homicídio no caso da questão).**

Progressão criminosa – há substituição do dolo no meio do *iter criminis*. **Existem 2 dolos.**

"A" deseja lesionar "B" com vários golpes de facão, pois está com muita raiva já que foi enganado a vida toda sobre seu nascimento. Acontece que "A", após desferir alguns golpes, **mudou sua intenção,** querendo agora matar "B".

Perceba que o **DOLO ANTERIOR** era o de **LESIONAR.** Todavia, **no meio da execução do crime, substituiu sua vontade PARA MATAR.**

CRIME PROGRESSIVO – O DOLO PERMANECE EM TODO *ITER CRIMINIS.*

"A" deseja **MATAR** "B" com vários golpes de facão, pois está com muita raiva já que foi enganado a vida toda sobre seu nascimento. Acontece que para "A" matar "B", **necessariamente,** deverá lesioná-lo, MAS O **DOLO SEMPRE FOI ÚNICO:** MATAR.

GABARITO: ERRADO.

34. **(AUTOR – 2021)** Suponha que "A" seja auxiliado por "B" a suicidar-se. Para tanto, decide pular da janela do prédio em que reside. Acontece que "A" se arrepende e não comete o ato. Pode-se afirmar que "B" não responderá pelo crime de instigação, induzimento ou auxílio ao suicídio, previsto no art. 122 do Código Penal, pois sequer houve lesão grave por parte de "A".

Certo ( )   Errado ( )

Mais uma questão super atualizada para o seu material. O crime do Art. 122, antes da Lei nº 13.968/2019 era condicionado, dependendo da existência de lesão grave ou morte para consumação do crime, (que antes só se falava da figura do suicídio). Se nada ocorresse (pelo menos lesão grave), não haveria crime. Acontece que a Lei nº 13.968/2019 **transformou o art. 122** *caput* **em crime formal, consumando-se com o simples ato de induzir, instigar ou auxiliar** alguém a se suicidar ou a se automutilar (a automutilação foi outra inovação conferida pela nova lei). Além disso, a doutrina vem apontando pela possibilidade de tentativa em relação à prática do *caput,* caso o ocorra por meio de escritos e seja interceptado antes de chegar à vítima.

GABARITO: ERRADO.

35. **(VUNESP – 2018 – PC/BA – INVESTIGADOR DE POLÍCIA – ADAPTADA)** O feminicídio é espécie de homicídio qualificado e resta configurado quando a morte da mulher se dá em razão da condição do sexo feminino. Se o crime for presenciado por descendente da vítima, incidirá ainda causa de aumento de pena.

Certo ( )   Errado ( )

O feminicídio é uma qualificadora do homicídio, e não ocorrerá somente porque a vítima é mulher. Faz-se necessário que a vítima seja mulher e que ocorra o crime por razões do sexo feminino. Haverá aumento de pena de 1/3 a 1/2 nos casos em que:

- durante a gestação ou nos 3 (três) meses posteriores ao parto;
- contra pessoa menor de 14 (catorze) anos, maior de 60 (sessenta) anos, com deficiência ou portadora de doenças degenerativas que acarretem condição limitante ou de vulnerabilidade física ou mental; (Redação dada pela Lei nº 13.771, de 2018);

- na presença **física** **ou** **virtual** **de** **descendente** ou de ascendente da **vítima**;
- em descumprimento das medidas protetivas.

GABARITO: CERTO.

36. **(CESPE – 2016 – PC/PE – AGENTE DE POLÍCIA – ADAPTADA)** O aborto provocado é considerado crime pelo direito brasileiro, não existindo hipóteses de exclusão da ilicitude.

Certo ( )   Errado ( )

Há crime de aborto quando a gestante pratica aborto em si mesma ou consente que outrem lhe provoque; quando terceiro pratica aborto sem o consentimento da gestante ou até com o consentimento dela. Entretanto, a **manobra abortiva será permitida** quando for praticado para salvar a vida da gestante (aborto terapêutico) ou quando se tratar de gravidez decorrente de estupro (aborto sentimental).

GABARITO:ERRADO.

37. **(IBADE – 2017 – PC/AC – ESCRIVÃO DE POLÍCIA CIVIL – ADAPTADA)** Encaminhar uma mensagem de texto a um policial civil que se encontra em outro município, xingando-o de ladrão, configura crime de INJÚRIA.

Certo ( )   Errado ( )

O crime de difamação e calúnia tem como elemento em comum a imputação de FATO. Perceba que a questão não aponta em nenhum momento que foi criado algum histórico associado a um acontecimento, mas se restringiu a xingar o policial, ofendendo a sua dignidade.

Outro destaque importante em relação ao crime de desacato, porque, segundo a doutrina, faz-se necessário que a ofensa seja realizada na presença do servidor, que não aconteceu no caso da questão, estando o policial em outro município. Além disso, a ofensa foi praticada por meio de mensagem de texto.

Fica, portanto, configurado o crime de **INJÚRIA**.

GABARITO: CERTO.

38. **(CESPE – 2019 – PRF – POLICIAL RODOVIÁRIO FEDERAL)** Abordado determinado veículo em região de fronteira internacional, os policiais rodoviários federais suspeitaram da conduta do motorista: ele conduzia duas adolescentes com as quais não tinha nenhum grau de parentesco. Ao ser questionado, o condutor do veículo confessou que fora pago para conduzi-las a um país vizinho, onde seriam exploradas sexualmente. As adolescentes informaram que estavam sendo transportadas sob grave ameaça e que não haviam consentido com a realização da viagem e muito menos com seus propósitos finais.

Considerando a situação hipotética apresentada, julgue o item a seguir.

A conduta do motorista do veículo se amolda ao tipo penal do tráfico de pessoas, em sua forma consumada, incidindo, nesse caso, causa de aumento de pena, em razão de as vítimas serem adolescentes.

Certo ( )   Errado ( )

DIREITO PENAL

O tráfico de pessoas (Art. 149-A CP) ficou configurado porque o autor do crime estava transportando as adolescentes mediante grave ameaça e com o dolo específico de exploração sexual. Haverá aumento de pena nesse caso por envolver adolescente.

É importante destacar que o crime de tráfico de pessoas elenca vários verbos associados a meios de coerção, como violência, grave ameaça, abuso, fraude etc. Além disso, a pratica das condutas tipificadas no caput tem de estar aliada, necessariamente, a uma das finalidades do dispositivo apontado no Art. 149-A, como:

I – Remover-lhe órgãos, tecidos ou partes do corpo;

II – Submetê-la a trabalho em condições análogas à de escravo;

III – Submetê-la a qualquer tipo de servidão;

IV – Adoção ilegal; ou

V – **Exploração sexual** (é caso da questão).

Se a finalidade se consuma, haverá concurso de crime com a respectiva modalidade.

GABARITO: CERTO.

39. **(CESPE – 2013 – PRF – POLICIAL RODOVIÁRIO FEDERAL – ATUALIZADA)** O crime de tráfico de pessoas poderá ser caracterizado ainda que haja consentimento da vítima.

Certo ( )   Errado ( )

É preciso ter cuidado com esse tipo de questão, dada como desatualizada. Hoje, o consentimento **válido** de fato pode descaracterizar o tráfico de pessoas, mas no caso de não utilizarem os meios empregados para o crime: grave ameaça, violência, coação, fraude ou abuso. Nesse contexto, é mais acertado afirmar em relação ao consentimento caso não haja violência ou meio dissimulado. Isso porque o consentimento pode ser dado por meio fraudulento, o que continua configurando o tráfico de pessoas. O consentimento descaracterizar o crime **quando não for utilizado nenhum** meio empregado no Art. 149-A (consentimento válido).

Portanto, a formal verbal PODERÁ mantém a questão como correta, pois se esse ato for realizado por meio de coação ou fraude, o consentimento será irrelevante. Além disso, é de se considerar a idade da vítima também.

GABARITO: CERTO.

40. **(CESPE – 2018 – POLÍCIA FEDERAL – DELEGADO DE POLÍCIA FEDERAL)** Severino, maior e capaz, subtraiu, mediante o emprego de arma de fogo, elevada quantia de dinheiro de uma senhora, quando ela saía de uma agência bancária. Um policial que presenciou o ocorrido deu voz de prisão a Severino, que, embora tenha tentado fugir, foi preso pelo policial após breve perseguição. Nessa situação, Severino responderá por tentativa de roubo, pois não teve a posse mansa e pacífica do valor roubado.

Certo ( )   Errado ( )

Foi adotada a teoria da *amotio* para consumação de furto ou roubo, ocorrendo com a inversão da posse do bem, não se exigindo que seja mansa e pacífica. Além disso, o STF já consolidou o entendimento de que o crime estará consumado ainda que haja perseguição por breve espaço de tempo, interessando, para tanto, a inversão do bem. Nesse caso, não há de se falar em roubo tentado, mas sim roubo consumado, ocorrendo no instante em que o Severino trouxe para si o dinheiro da senhora.

GABARITO: ERRADO.

41. **(CESPE/CEBRASPE – 2015 – PRF – POLICIAL RODOVIÁRIO FEDERAL – CURSO DE FORMAÇÃO – 2ª TURMA – 1ª PROVA)** Antônio e João, previamente acordados, entraram em uma residência para praticar furto, e foram surpreendidos pelo dono da casa. Antônio foi preso em flagrante delito e João conseguiu fugir levando parte dos objetos dali subtraídos. Nessa situação, de acordo com a teoria do crime, Antônio responderá por furto tentado e João, por furto consumado.

Certo ( ) Errado ( )

O furto se consumou no instante em que ocorreu a inversão da posse da coisa subtraída "João conseguiu fugir levando parte dos objetos dali subtraídos". Essa condição se estende aos demais coautores e partícipes do crime, todos respondendo pelo furto consumado na medida de sua culpabilidade.

GABARITO: ERRADO.

42. **(CESPE – 2013 – PRF – POLICIAL RODOVIÁRIO FEDERAL)** Em se tratando do crime de furto mediante fraude, a vítima, ludibriada, entrega, voluntariamente, a coisa ao agente. No crime de estelionato, a fraude é apenas uma forma de reduzir a vigilância exercida pela vítima sobre a coisa, de forma a permitir a sua retirada.

Certo ( ) Errado ( )

Configura o estelionato a fraude utilizada para manter a pessoa em erro, entregando determinado bem voluntariamente (de boa-fé). E furto qualificado quando a fraude reduz a atenção da vítima para que o autor do crime subtraia o bem, isto é, **permite a retirada** da coisa. O conceito na questão está trocado.

GABARITO: ERRADO.

43. **(CESPE – 2018 – POLÍCIA FEDERAL – DELEGADO DE POLÍCIA FEDERAL)** Os livros comerciais, os títulos ao portador e os transmissíveis por endosso equiparam-se, para fins penais, a documento público, sendo a sua falsificação tipificada como crime.

Certo ( ) Errado ( )

O crime de falsificação de documento público é tipificado no Art. 297 (Falsificar, no todo ou em parte, documento público, ou alterar documento público verdadeiro). Perceba que o objeto a ser falsificado deve ser PÚBLICO. Entretanto, existem documentos particulares que são equiparados a documentos públicos para fins penais, e são justamente eles que as bancas cobram:

– O emanado de entidade paraestatal.

– O título ao portador ou transmissível por endosso.

– As ações de sociedade comercial.

– Os livros mercantis.

– Testamento particular (é o mais cobrado).

GABARITO: CERTO.

DIREITO PENAL

44. **(CESPE/CEBRASPE – 2013 – PC/BA – INVESTIGADOR DE POLÍCIA)** Considere a seguinte situação hipotética. Celso, maior, capaz, quando trafegava com seu veículo em via pública, foi abordado por policiais militares, que lhe exigiram a apresentação dos documentos do veículo e da carteira de habilitação. Celso, então, apresentou habilitação falsa. Nessa situação, a conduta de Celso é considerada atípica, visto que a apresentação do documento falso decorreu de circunstância alheia à sua vontade.

Certo ( )   Errado ( )

O Superior Tribunal de Justiça é claro ao afirmar que a conduta apresenta na questão é crime.

"Reiterada é a jurisprudência desta corte e do STF no sentido de que **há crime de uso de documento falso ainda quando** o agente o exibe para a sua identificação em virtude de **exigência por parte de autoridade policial** (STJ, 5.ª T., REsp 193.210/DF, Rel. José Arnaldo da Fonseca, j. 20.04.1999, v.u., DJ 24.05.1999, Seção 1, p. 190)."

GABARITO: ERRADO.

45. **(CESPE – 2013 – POLÍCIA FEDERAL – ESCRIVÃO DA POLÍCIA FEDERAL)** O peculato é conceituado doutrinariamente como crime funcional impróprio ou misto, porquanto na hipótese de não ser praticado por funcionário público, opera tipicidade relativa, passando a constituir tipo penal diverso.

Certo ( )   Errado ( )

O **CRIME FUNCIONAL PRÓPRIO** é caracterizado pelo fato de que somente ocorrerá quando praticado por funcionário público. Em outros termos, retirado o caráter funcional, a consequência é a ATIPICIDADE DO FATO.

Um exemplo de crime funcional próprio é o delito de PREVARICAÇÃO. Retirada a condição de servidor público, não haverá como imputar um crime diverso ao agente.

O **CRIME FUNCIONAL IMPRÓPRIO** é caracterizado pela consequência relativa da presença funcional em relação ao fato. Em outros termos, se for retirado o caráter funcional, haverá outro crime (tipicidade relativa).

Por exemplo, na modalidade de peculato-furto, se retirada a condição de servidor público, o autor do fato responde por crime diverso, isto é, delito de furto (art. 155 CP); se na modalidade peculato-apropriação, retirada a personificação de servidor, o agente pode responder por apropriação indébita (Art. 168 CP).

Portanto, o peculato é um exemplo de crime funcional **impróprio**, porque pode operar tipicidade relativa (crime diverso) se não estiver presente a qualidade de servidor.

GABARITO. CERTO.

46. **(CESPE – 2013 – PC/DF – ESCRIVÃO DE POLÍCIA)** Pratica crime de corrupção passiva o funcionário público que, em razão da função, solicita, recebe ou aceita vantagem indevida, ao passo que pratica crime de concussão o funcionário que, também em razão da função, impõe, ordena ou exige vantagem indevida.

Certo ( )   Errado ( )

Trata-se das figuras do Art. 316 e 317 do CP, concussão e corrupção passiva, respectivamente.

Corrupção passiva – ACEITAR/SOLICITAR/RECEBER.

Concussão – EXIGIR (as bancas gostam de fazer confusão com a corrupção passiva na modalidade SOLICITAR).

A conduta de exigir vantagem é mais impositiva, pois traz consigo uma ideia de ordem. Enquanto a conduta de solicitar vantagem é mais suave, "educada".

GABARITO: CERTO.

47. (CESPE/CEBRASPE – 2013 – PC/BA – INVESTIGADOR DE POLÍCIA) O crime de concussão é delito próprio e consiste na exigência do agente, direta ou indireta, em obter da vítima vantagem indevida, para si ou para outrem, e consuma-se com a mera exigência, sendo o recebimento da vantagem considerado como exaurimento do crime.

Certo ( )   Errado ( )

O crime de concussão somente será praticado quando estiver presente uma condição ou qualidade especial em relação ao autor do crime: SER FUNCIONÁRIO PÚBLICO. Essa exigência classifica a concussão como crime próprio. Além disso, é considerado formal (crime de efeitos cortados ou consumação antecipada), pois não se exige o resultado naturalístico para sua consumação (vantagem indevida), sendo este resultado mero exaurimento do crime. Não importa se o agente recebeu ou não, pois o crime se consuma no instante em que o funcionário público EXIGE vantagem indevida.

GABARITO: CERTO.

48. (CESPE/CEBRASPE – 2020 – PRF – POLICIAL RODOVIÁRIO FEDERAL – CURSO DE FORMAÇÃO – 3ª TURMA – 1ª PROVA) Tanto o crime de contrabando quanto o crime de descaminho têm como fim específico a regularidade fiscal.

Certo ( )   Errado ( )

Apesar de ambos serem crimes contra a administração pública praticados **por particular**, o crime de descaminho realmente tutela a regularidade fiscal, isto é, o pagamento devido dos impostos/direitos em relação às mercadorias lícitas. O contrabando, por sua vez, trata de **mercadoria proibida**, não havendo que se falar em regularidade fiscal, mas em saúde coletiva, incolumidade pública, proteção da coletividade de modo geral.

Descaminho: mercadoria LÍCITA (regularidade fiscal).

Contrabando: mercadoria PROIBIDA (proteção da coletividade).

GABARITO: ERRADO.

49. (CESPE – 2018 – POLÍCIA FEDERAL – ESCRIVÃO DE POLÍCIA FEDERAL) João integra uma organização criminosa que, além de contrabandear e armazenar, vende, clandestinamente, cigarros de origem estrangeira nas ruas de determinada cidade brasileira.

A partir dessa situação hipotética, julgue o item subsequente.

Considere que João e sua organização criminosa utilizem transporte marítimo clandestino para fazer ingressarem no território brasileiro os cigarros contrabandeados. Nessa situação, a pena pelo crime de contrabando será aumentada pela metade.

Certo ( )   Errado ( )

O crime de descaminho ou contrabando será majorado **EM DOBRO (2x)** quando, para a prática do crime, realizar o TRANSPORTE **FAM** (**F**luvial, **A**éreo ou **M**arítimo). Não há nenhuma espécie de qualificadora, já foi perguntado em prova.

Lembre-se: AUMENTO EM DOBRO.

GABARITO: ERRADO.

DIREITO PENAL

50. **(CESPE – 2014 – POLÍCIA FEDERAL – AGENTE DE POLÍCIA FEDERAL)** Carlos praticou o crime de sonegação previdenciária, mas, antes do início da ação fiscal, confessou o crime e declarou espontaneamente os corretos valores devidos, bem como prestou as devidas informações à previdência social.

Nessa situação, a atitude de Carlos ensejará a extinção da punibilidade, independentemente do pagamento dos débitos previdenciários.

Certo ( )   Errado ( )

Em conformidade com o art. 337-A, § 1º, o crime de sonegação previdência (contra administração pública praticado por particular) ensejará na extinção de punibilidade se o agente, **espontaneamente, declara e confessa** as contribuições, importâncias ou valores e **presta as informações devidas à previdência social**, na forma definida em lei ou regulamento, **antes do início da ação fiscal.**

Não confunda com o crime de apropriação indébita previdenciária (contra o patrimônio), porque nesse delito o agente, para ser beneficiado pela extinção de punibilidade, se o agente, **espontaneamente, declara,** confessa e <u>efetua o pagamento das contribuições</u>, importâncias ou valores e presta as informações devidas à previdência social, na forma definida em lei ou regulamento, **antes do início da ação fiscal.**

Portanto, perceba, as características para configuração da extinção de punibilidade são semelhantes, com exceção do PAGAMENTO, que é exigível na APROPRIÇÃO INDÉBITA PREVIDENCIÁRIA.

Como a questão trata da SONEGAÇÃO PREVIDENCIÁRIA, a questão está correta, pois não há necessidade do pagamento, mas somente da declaração e confissão.

Sonegação previdenciária (Art. 337-A) – DECLARA E CONFESSA.

Apropriação indébita previdenciária (Art. 168-A) – DECLARA, CONFESSA E PAGA.

GABARITO: CERTO.

DIREITO PROCESSUAL PENAL

WALLACE FRANÇA

DIREITO PROCESSUAL PENAL

1. **(CESPE – 2010 – PC/ES – POLICIAL CIVIL)** Considerando as disposições constitucionais e legais aplicáveis ao processo penal e, quando for o caso, a doutrina e a jurisprudência correlatas, julgue o item que se segue.

   De acordo com a doutrina e a jurisprudência pátrias, são inadmissíveis, em qualquer hipótese, provas ilícitas ou ilegítimas no processo penal brasileiro.

   Certo ( )   Errado ( )

   > As provas ilícitas são admissíveis de forma excepcional no processo penal brasileiro. Essas provas são admissíveis nos seguintes casos: inocentar acusado inocente, em caso de fonte independente e em caso de descoberta inevitável (art. 157, § 1º e § 2º do CPP).

   > **GABARITO: ERRADO.**

2. **(CESPE– 2012 – PC/AL – ESCRIVÃO DE POLÍCIA)** O CPP não admite as provas ilícitas, determinando que devem ser desentranhadas do processo as obtidas com violação a normas constitucionais ou legais, inclusive as derivadas, salvo quando não evidenciado o nexo de causalidade entre umas e outras ou quando as derivadas puderem ser obtidas por uma fonte independente.

   Certo ( )   Errado ( )

   > Conforme art. 157 do Código de Processo Penal, as provas ilícitas são inadmissíveis e devem ser desentranhadas do processo, inclusive as provas derivadas das ilícitas, com exceção às provas obtidas por fonte independente e os casos de descoberta inevitável e, jurispruden-cialmente, admite-se a prova ilícita para inocentar o réu.

   > **GABARITO: CERTO.**

3. **(CESPE – 2012 - PF - AGENTE DA POLÍCIA)** Com base no Direito Processual Penal, julgue o item que se segue.

   Como o sistema processual penal brasileiro assegura ao investigado o direito de não produzir provas contra si mesmo, a ele é conferida a faculdade de não participar de alguns atos investigativos, como, por exemplo, da reprodução simulada dos fatos e do procedimento de identificação datiloscópica e de reconhecimento, além do direito de não fornecer material para comparação em exame pericial.

   Certo ( )   Errado ( )

   > O direito de o réu não produzir prova contra si mesmo (*nemo tenetur se detegere*) abrange os meios de prova em que o réu necessite praticar algo (ação), a exemplo da reprodução simulada dos fatos e fornecimento de material para comparação em exame pericial.

   > **GABARITO: ERRADO.**

4. **(CESPE – 2011 – PC/ES – DELEGADO DE POLÍCIA)** De acordo com a doutrina e a jurisprudência pátrias, são inadmissíveis, em qualquer hipótese, provas ilícitas ou ilegítimas no processo penal brasileiro.

   Certo ( )   Errado ( )

   > Conforme art. 157 do Código de Processo Penal, as provas ilícitas são inadmissíveis e devem ser desentranhadas do processo, inclusive as provas derivadas das ilícitas, com exceção às provas obtidas por fonte independente e os casos de descoberta inevitável e, jurispruden-cialmente, admite-se a prova ilícita para inocentar o réu.

   > **GABARITO: ERRADO.**

5. **(CESPE – 2010 – PC/ES – POLICIAL CIVIL)** A respeito do inquérito policial (IP) e da *notitia criminis*, julgue o item seguinte.

No curso do IP, poderá ser realizado apenas o exame de corpo de delito; as demais perícias terão de ser realizadas na fase judicial.

Certo ( )   Errado ( )

A questão vai de encontro ao art. 6º, VII, do CCP que diz: "determinar, se for caso, que se proceda a exame de corpo de delito e a quaisquer outras perícias". Além disso, o próprio capítulo que trata das provas, admite que o juiz tenha como base as provas produzidas na investigação que sejam não repetíveis, sendo as perícias, provas, muitas vezes, de momento único de colheita e, com isso, podem ser feitas no inquérito policial.

GABARITO: ERRADO.

6. **(CESPE – 2010 – PC/ES – POLICIAL CIVIL)** A respeito do inquérito policial (IP) e da *notitia criminis*, julgue o item seguinte.

Ao receber a *notitia criminis*, a autoridade policial tem o dever, em qualquer caso, de pronto, de instaurar o IP.

Certo ( )   Errado ( )

A autoridade policial não tem a obrigatoriedade de instaurar de pronto o inquérito baseado em qualquer *notitia criminis*, por exemplo, nas *notitia criminis* inqualificada, conhecida popularmente como "denúncia anônima", não poderá a autoridade policial instaurar o inquérito antes de diligência preliminares. Inclusive esse **é** o entendimento do STF: "(...) assentou o entendimento de que é vedada a persecução penal iniciada com base, exclusivamente, em denúncia anônima. Firmou-se a orientação de que a autoridade policial, ao receber uma denúncia anônima, deve antes realizar diligência preliminares para averiguar se os fatos narrados nessa "denúncia" são materialmente verdadeiros, para, só então, iniciar as investigações." (HC 95244/PE, Rel. Min. Dias Toffoli).

GABARITO: ERRADO.

7. **(CESPE – 2018 - PF - DELEGADO DE POLÍCIA FEDERAL)** Julgue o seguinte item, a respeito de suspeição e impedimento no âmbito do processo penal.

O fato de não ser cabível a oposição de exceção de suspeição à autoridade policial na presidência do IP faz, por consequência, que não sejam cabíveis as hipóteses de suspeição em investigação criminal.

Certo ( )   Errado ( )

Realmente, não poderá haver a oposição de suspeição da autoridade policial, todavia isso não quer dizer que não possa ser aplicada as causas de suspeições as autoridades policiais. Isso é dito, pois o próprio CPP em art. 107, preceitua que a própria autoridade policial poderá declarar-se suspeita, *in verbis*: "Não se poderá opor suspeição às autoridades policiais nos atos do inquérito, mas deverão elas declarar-se suspeitas, quando ocorrer motivo legal". Ademais, de modo contrário, a doutrina já entende que poderá haver a oposição de suspeição perante autoridades administrativas, como o Delegado Geral de Polícia.

GABARITO: ERRADO.

DIREITO PROCESSUAL PENAL

8. **(CESPE – 2004 - PF - POLICIAL FEDERAL)** Tobias foi preso em flagrante pela prática de furto. O auto de prisão em flagrante foi lavrado pela vítima do crime, Abelardo. O inquérito policial foi iniciado com base nesse auto.

Com base nessa situação hipotética, julgue o seguinte item.

As provas colhidas no inquérito policial podem servir como fundamento único para sentença penal condenatória, pois aquele, como procedimento administrativo inquisitório, é regido pelo princípio do contraditório.

Certo ( )   Errado ( )

Em primeiro momento, não poderá uma sentença condenatória ter por base, apenas, os elementos de investigação, tendo em vista umas das características do inquérito policial ser a inquisitoriedade. Logo, seria inviabilizada a ampla defesa e o contraditório. Nesse sentido é o art. 155, do CPP: "O juiz formará sua convicção pela livre apreciação da prova produzida em contraditório judicial, não podendo fundamentar sua decisão exclusivamente nos elementos informativos colhidos na investigação, ressalvadas as provas cautelares, não repetíveis e antecipadas".

GABARITO: ERRADO.

9. **(CESPE – 2018 – PC/ES – DELEGADO DE POLÍCIA)** Julgue o item seguinte, relativo aos direitos e deveres individuais e coletivos e às garantias constitucionais.

No âmbito do inquérito policial, cuja natureza é inquisitiva, não se faz necessária a aplicação plena do princípio do contraditório, conforme a jurisprudência dominante.

Certo ( )   Errado ( )

Umas das características do inquérito é ser um procedimento inquisitorial, ou seja, dispensa o contraditório. Para alguns autores, fazendo uma leitura constitucional do inquérito, deve ser vislumbrado um contraditório diferido, sendo assim haveria, a uma certa medida, contraditório, porém não de forma ampla. Nesse sentido julgado do STF: "(...) por se tratar de procedimento informativo de natureza inquisitorial destinado precipuamente à formação do *opinio delicti*, o inquérito comporta a regular mitigação das garantias do acusatório e da ampla defesa". (Pet. 7.61/DF, Rel. Min. Edson Fachin).

GABARITO: CERTO.

10. **(CESPE – 2018 - PF - AGENTE DE POLÍCIA FEDERAL)** Depois de adquirir um revólver calibre 38, que sabia ser produto de crime, José passou a portá-lo municiado, sem autorização e em desacordo com determinação legal. O comportamento suspeito de José levou-o a ser abordado em operação policial de rotina. Sem a autorização de porte de arma de fogo, José foi conduzido à delegacia, onde foi instaurado inquérito policial.

Tendo como referência essa situação hipotética, julgue o item seguinte.

O inquérito instaurado contra José é procedimento de natureza administrativa, cuja finalidade é obter informações a respeito da autoria e da materialidade do delito.

Certo ( )   Errado ( )

Essa questão aconselho que a guardem como resumo. Realmente, o inquérito é um procedimento de natureza administrativa e não um processo, pois dele não resulta sanção. Ademais, busca a materialidade e autoria do delito para servir de elemento probatório para a ação penal.

GABARITO: CERTO.

11. **(CESPE – 2018 - PF - PAPILOSCOPISTA DA POLÍCIA FEDERAL)** Na tentativa de entrar em território brasileiro com drogas ilícitas a bordo de um veículo, um traficante disparou um tiro contra agente policial federal que estava em missão em unidade fronteiriça. Após troca de tiros, outros agentes prenderam o traficante em flagrante, conduziram-no à autoridade policial local e levaram o colega ferido ao hospital da região.

Nessa situação hipotética, ao tomar conhecimento do homicídio, cuja ação penal é pública incondicionada, a autoridade policial terá de instaurar o inquérito de ofício, o qual terá como peça inaugural uma portaria que conterá o objeto de investigação, as circunstâncias conhecidas e as diligências iniciais que serão cumpridas.

Certo ( )   Errado ( )

Quando a ação penal é pública incondicionada, o inquérito policial será instaurado de ofício de acordo com o art. 5º, I, do Código de Processo Penal. Quanto a peça inaugural, ensina Renato Brasileiro quando em comento dos crimes de ação penal pública incondicionada: "Nesse caso, a peça inaugural será uma portaria, que deve ser subscrita pelo Delegado de Polícia e conter o objetivo da investigação (...)". (BRASILEIRO, R. Manual de Direito Processual Penal. São Paulo: Juspodivm, 2020, p. 198).

GABARITO: CERTO.

12. **(CESPE – 2013 - PF - ESCRIVÃO DE POLÍCIA FEDERAL)** Acerca do inquérito policial, julgue o item seguinte.

O valor probatório do inquérito policial, como regra, é considerado relativo, entretanto, nada obsta que o juiz absolva o réu por decisão fundamentada exclusivamente em elementos informativos colhidos na investigação.

Certo ( )   Errado ( )

Analisemos a questão dividindo-a em duas partes: a primeira quanto ao valor probatório do inquérito e a segunda como motivo para fundamentação de absolvição. Quanto ao seu valor probatório, por não haver o contraditório amplo no inquérito policial, seu valor probatório

Wallace França

DIREITO PROCESSUAL PENAL

é relativo. Já no que toca como fundamento de absolvição, há uma limitação quanto a condenar baseado em provas exclusivamente do inquérito policial, conforme o art. 155, do CPP: "O juiz formará sua convicção pela livre apreciação da prova produzida em contraditório judicial, não podendo fundamentar sua decisão exclusivamente nos elementos informativos colhidos na investigação, ressalvadas as provas cautelares, não repetíveis e antecipadas". Logo há uma vedação relativa a condenação, mas essa mesma vedação não ocorre quanto à absolvição. Resumindo: não se pode condenar baseado apenas em elementos colhidos no inquérito, mas é possível a absolvição baseada apenas em elementos do inquérito policial.

GABARITO: CERTO.

13. **(CESPE – 2013 - PF - DELEGADO DE POLÍCIA FEDERAL)** Fábio, delegado, tendo recebido denúncia anônima na qual seus subordinados eram acusados de participar de esquema criminoso relacionado ao tráfico ilícito de substâncias entorpecentes, instaurou, de imediato, inquérito policial e requereu a interceptação das comunicações telefônicas dos envolvidos, que, devidamente autorizada pela justiça estadual, foi executada pela polícia militar.

No decorrer das investigações, conduzidas a partir da interceptação das comunicações telefônicas, verificou-se que os indiciados contavam com a ajuda de integrantes das Forças Armadas para praticar os delitos, utilizando aviões da Aeronáutica para o envio da substância entorpecente para o exterior.

O inquérito passou a tramitar na justiça federal, que prorrogou, por diversas vezes, o período de interceptação. Com a denúncia na justiça federal, as informações colhidas na intercepção foram reproduzidas em CD-ROM, tendo sido apenas as conversas diretamente relacionadas aos fatos investigados transcritas nos autos.

Acerca dessa situação hipotética e do procedimento relativo às interceptações telefônicas, julgue o item.

Ao instaurar imediatamente inquérito policial e requerer as interceptações telefônicas para averiguar as acusações contra seus comandados, o delegado em questão agiu corretamente, em obediência ao princípio da moralidade administrativa.

Certo ( )   Errado ( )

O Delegado agiu de forma incorreta, tendo em vista que não poderá ser instaurado inquérito baseado apenas em *notitia criminis* inqualificada (denúncia anônima). Devendo antes da instauração do inquérito ser feita diligências preliminares para apuração da *notitia criminis*. Depois disso, caso haja fundamento na *notitia criminis* inqualificada, poderá instaurar o inquérito. Nesse sentido decidiu o STF: "(...) assentou o entendimento de que é vedada a persecução penal iniciada com base, exclusivamente, em denúncia anônima. Firmou-se a orientação de que a autoridade policial, ao receber uma denúncia anônima, deve antes realizar diligência preliminar para averiguar se os fatos narrados nessa "denúncia" são materialmente verdadeiros, para, só então, iniciar as investigações". (HC 95244/PE, Rel. Min. Dias Toffoli).

GABARITO: ERRADO.

14. **(CESPE - 2014 – DPF - AGENTE DE POLÍCIA FEDERAL)** Logo que tiver conhecimento da prática de infração penal, a autoridade policial deverá determinar, se for caso, a realização das perícias que se mostrarem necessárias e proceder a acareações.

Certo ( )   Errado ( )

O art. 6º do CPP disciplina um rol exemplificativo de ações que deverão a autoridade policial realizar logo que tiver notícia de um delito. Dentro desse rol estão as acareações e a realização de perícias, respectivamente, o art. 6º, incisos VI e VII: "proceder a reconhecimento de pessoas e coisas e a acareações." e "determinar, se for caso, que se proceda a exame de corpo de delito e a quaisquer outras perícias".

GABARITO: CERTO.

15. **(CESPE – 2004 - PF - AGENTE DE POLÍCIA FEDERAL)** Julgue o seguinte item, referente a inquérito policial.

O inquérito policial é público, não podendo a autoridade policial impor sigilo, ainda que necessário à elucidação do fato.

Certo ( )   Errado ( )

Umas das características do inquérito policial é seu sigilo, sendo restrita a publicidade dos atos já documentados ao defensor do investigado, conforme Súmula Vinculante nº 14: "É direito do defensor, no interesse do representado, ter acesso amplo aos elementos de prova que, já documentados em procedimento investigatório realizado por órgão com competência de polícia judiciária, digam respeito ao exercício do direito de defesa". Pois bem, fica nítido que até para a defesa do investigado a publicidade é mitigada, quanto mais ao público em geral.

GABARITO: ERRADO.

16. **(CESPE – 2014 - PF - POLICIAL FEDERAL)** A respeito da investigação criminal conduzida pelo delegado de polícia, julgue o item abaixo.

Suponha que um delegado da Polícia Federal, ao tomar conhecimento de um ilícito penal federal, instaure inquérito policial para a apuração do fato e da autoria do ilícito e que, no curso do procedimento, o seu superior hierárquico, alegando motivo de interesse público, redistribua o inquérito a outro delegado. Nessa situação, o ato do superior hierárquico está em desacordo com a legislação, que veda expressamente a redistribuição de inquéritos policiais em curso.

Certo ( )   Errado ( )

Apesar de a redistribuição ser uma exceção, poderá ocorrer de acordo com a prescrição legal contida no parágrafo quarto, art. 1º, da Lei nº 12.830/13 a qual menciona que "O inquérito policial ou outro procedimento previsto em lei em curso somente poderá ser avocado ou redistribuído por superior hierárquico, mediante despacho fundamentado, por motivo de interesse público ou nas hipóteses de inobservância dos procedimentos previstos em regulamento da corporação que prejudique a eficácia da investigação". Logo, se houver interesse público devidamente fundamentado, poderá haver redistribuição.

GABARITO: ERRADO.

Wallace França

DIREITO PROCESSUAL PENAL

17. **(CESPE – 2013 – PRF – POLICIAL RODOVIÁRIO FEDERAL)** O Ministério Público pode oferecer a denúncia ainda que não disponha do inquérito relatado pela autoridade policial.

Certo ( )   Errado ( )

O Ministério Público pode oferecer a denúncia mesmo sem dispor de inquérito policial quando já tiver indícios suficientes para embasamento da ação penal. Isso acontece, pois umas das características do inquérito policial é sua dispensabilidade.

GABARITO: CERTO.

18. **(CESPE – 2013 - PF - ESCRIVÃO DA POLÍCIA FEDERAL)** Acerca do inquérito policial, julgue o item seguinte.

A conclusão do inquérito policial é precedida de relatório final, no qual é descrito todo o procedimento adotado no curso da investigação para esclarecer a autoria e a materialidade. A ausência desse relatório e de indiciamento formal do investigado não resulta em prejuízos para persecução penal, não podendo o juiz ou órgão do Ministério Público determinar o retorno da investigação à autoridade para concretizá-los, já que constitui mera irregularidade funcional a ser apurada na esfera disciplinar.

Certo ( )   Errado ( )

O relatório final é uma forma descritiva de demonstrar as diligências realizadas no decorrer do procedimento de investigação. A doutrina entende que não é indispensável o relatório, tendo em vista que até mesmo o inquérito é dispensável. Porém, por ser dever da autoridade policial, caso comprovada a desídia, deverá haver punição disciplinar.

GABARITO: CERTO.

19. **(CESPE – 2013 - PF - ESCRIVÃO DA POLÍCIA FEDERAL)** Acerca do inquérito policial, julgue os itens seguintes.

O princípio que rege a atividade da polícia judiciária impõe a obrigatoriedade de investigar o fato e a sua autoria, o que resulta na imperatividade da autoridade policial de instaurar inquérito policial em todos os casos em que receber comunicação da prática de infrações penais. A ausência de instauração do procedimento investigativo policial enseja a responsabilidade da autoridade e dos demais agentes envolvidos, nos termos da legislação de regência, vez que resultará em arquivamento indireto de peça informativa.

Certo ( )   Errado ( )

A instauração do inquérito policial não será, em todos os casos, obrigatória como aduz a questão, tendo vista que em ações penais públicas condicionadas à representação, por exemplo, não poderá a autoridade sem a representação do ofendido instaurar o inquérito policial. Outro exemplo seria quando a autoridade policial tem notícia do crime por meio de denúncia anônima; nesse caso, deveria haver diligência preliminar antes da portaria de instauração do inquérito.

GABARITO: ERRADO.

20. **(CESPE – 2012 - PF - AGENTE DE POLÍCIA FEDERAL)** O Código de Processo Penal determina expressamente que o interrogatório do investigado seja o último ato da investigação criminal antes do relatório da autoridade policial, de modo que seja possível sanar eventuais vícios decorrentes dos elementos informativos colhidos até então bem como indicar outros elementos relevantes para o esclarecimento dos fatos.

Certo ( )   Errado ( )

O art. 6º do Código de Processo Penal ao mencionar as diligências a serem feitas, põe entre elas "ouvir o indiciado". Todavia, o código não menciona a ordem em que deve ocorrer esse interrogatório.

GABARITO: ERRADO.

21. **(CESPE – 2009 - PF - AGENTE DA POLÍCIA FEDERAL)** Depois de ordenado o arquivamento do inquérito pela autoridade judiciária, por falta de base para a denúncia, a autoridade policial não poderá proceder a novas pesquisas se de outras provas tiver notícia, salvo com expressa autorização judicial.

Certo ( )   Errado ( )

Havendo o arquivamento do inquérito por falta de base para a denúncia, poderá a autoridade policial, desde que surjam, ao menos, notícias de novas provas, promover novas pesquisas sobre o delito. Nesse sentido, o Art. 18, do CPP, diz: "Depois de ordenado o arquivamento do inquérito pela autoridade judiciária, por falta de base para a denúncia, a autoridade policial poderá proceder a novas pesquisas, se de outras provas tiver notícia".

GABARITO: ERRADO.

22. **(CESPE – 2009 - PF - ESCRIVÃO DA POLÍCIA FEDERAL)** No inquérito policial, o ofendido, ou seu representante legal, e o indiciado poderão requerer qualquer diligência, que será realizada, ou não, a juízo da autoridade.

Certo ( )   Errado ( )

Poderão requerer diligências o ofendido ou seu representante legal e o indiciado, todavia trata-se de ato discricionário da autoridade policial, em regra, logo o pedido poderá ser feito, porém depende de um juízo de conveniência e oportunidade para sua realização. Assim, está previsto no CPP, no art. 14: "O ofendido, ou seu representante legal, e o indiciado poderão requerer qualquer diligência, que será realizada, ou não, a juízo da autoridade".

GABARITO: CERTO.

23. **(CESPE – 2009 - PF - AGENTE DA POLÍCIA FEDERAL)** O término do inquérito policial é caracterizado pela elaboração de um relatório e por sua juntada pela autoridade policial responsável, que não pode, nesse relatório, indicar testemunhas que não tiverem sido inquiridas.

Certo ( )   Errado ( )

O relatório é ato final do inquérito em que serão relatados os acontecimentos da fase investigatória. A questão erra ao mencionar que não poderão ser indicadas testemunhas não inqueridas, quando, na verdade, poderá. Isso, inclusive, é a redação do parágrafo segundo, do art. 10, do CPP: "No relatório poderá a autoridade indicar testemunhas que não tiverem sido inquiridas, mencionando o lugar onde possam ser encontradas".

GABARITO: ERRADO.

Wallace França

DIREITO PROCESSUAL PENAL

24. **(CESPE – 2009 - PF - AGENTE DA POLÍCIA FEDERAL)** O inquérito policial tem natureza judicial, visto que é um procedimento inquisitório conduzido pela polícia judiciária, com a finalidade de reunir elementos e informações necessárias à elucidação do crime.

Certo ( )   Errado ( )

O inquérito policial é um procedimento de natureza **administrativa**. Não chega, sequer, a ser um processo administrativo, pois dele não resulta sanção. É verdade, quando a questão menciona que tem como característica a inquisitoriedade e busca a materialidade e autoria do delito.

GABARITO: ERRADO.

25. **(CESPE – 2018 – ABIN – OFICIAL DE INTELIGÊNCIA)** A respeito do inquérito policial, julgue o item seguinte.

É vedado à autoridade policial negar ao defensor do investigado o acesso a documentos e outros elementos de prova constantes dos autos de inquérito policial.

Certo ( )   Errado ( )

O inquérito policial tem como característica o sigilo, porém esse sigilo não é absoluto sendo possível que o defensor do indiciado tenha acesso aos elementos já documentados no inquérito. Esse é o entendimento da Súmula Vinculante nº 14: "É direito do defensor, no interesse do representado, ter acesso amplo aos elementos de prova que, já documentados em procedimento investigatório realizado por órgão com competência de polícia judiciária, digam respeito ao exercício do direito de defesa".

GABARITO: CERTO.

26. **(CESPE – 2018 – ABIN – OFICIAL DE INTELIGÊNCIA)** A respeito do inquérito policial, julgue o item seguinte.

Nos crimes contra o Sistema Financeiro Nacional, a autoridade policial poderá, em decisão fundamentada, decretar a quebra do sigilo bancário dos investigados.

Certo ( )   Errado ( )

A quebra do sigilo bancário é determinada pela a autoridade judicial a qual é competente para tanto. Inclusive, trata-se se assunto de cunho constitucional, pois se trata de intimidade pessoal, prescrito no art. 5º, X: "são invioláveis a intimidade, a vida privada, a honra e a imagem das pessoas, assegurado o direito a indenização pelo dano material ou moral decorrente de sua violação".

GABARITO: ERRADO.

27. **(CESPE – 2020 – PC/ES – DELEGADO DE POLÍCIA)** Quanto aos princípios, meios e conceitos da investigação criminal, julgue o item a seguir.

Documento público que comprove determinado fato delituoso sob investigação e que seja apreendido no cumprimento de mandado de prisão funcionará como meio de prova, enquanto o mandado de busca será caracterizado como meio de obtenção de fontes materiais de prova.

Certo ( )   Errado ( )

O documento público apreendido revela diretamente um fato por ele descrito, é, portanto, um meio de prova. Diferentemente, o mandado de busca é utilizado para buscar uma prova e, talvez, até um documento, é, portanto, um meio de obtenção de prova.

GABARITO: CERTO.

28. **(CESPE – 2020 – PC/ES – DELEGADO DE POLÍCIA)** Acerca dos meios de provas, suas espécies, classificação e valoração, julgue o item a seguir.

O juiz detém discricionariedade quanto à valoração dos elementos probatórios, porém é limitado à obrigatoriedade de motivação de sua decisão, com base em dados e critérios objetivos.

Certo ( )   Errado ( )

Conforme art. 155 do Código de Processo Penal, o juiz formará sua convicção pela livre apreciação da prova, mas, de todo modo, deverá fundamentar suas conclusões. Adota-se o chamado sistema do livre convencimento motivado ou da persuasão racional.

GABARITO: CERTO.

29. **(CESPE – 2020 – PC/ES – DELEGADO DE POLÍCIA)** Acerca dos meios de provas, suas espécies, classificação e valoração, julgue o item a seguir.

No curso da instrução criminal, é vedado ao juiz determinar, de ofício, a realização de diligências para dirimir dúvida sobre ponto relevante, devendo-se limitar às provas apresentadas pelas partes.

Certo ( )   Errado ( )

A questão é o inverso do que determina o Art. 156, II do código de processo penal. Atualmente, parte da doutrina entende que o juiz não poderia mais agir de ofício por causa do sistema acusatório, confirmado pelo pacote anticrime no regramento do juiz das garantias que se encontra suspenso.

GABARITO: ERRADO.

30. **(CESPE – 2014 - PF - ESCRIVÃO DE POLÍCIA FEDERAL)** Com relação à casuística em escrivania policial, julgue o item.

O juiz formará sua convicção pela livre apreciação da prova produzida em contraditório judicial, fundamentando sua decisão exclusivamente nos elementos informativos colhidos na investigação.

Certo ( )   Errado ( )

Conforme art. 155 do Código de Processo Penal, o juiz não pode fundamentar sua decisão com base exclusivamente nos elementos informativos colhidos na investigação. Vale ressaltar que se a decisão for absolutória, é possível que a decisão tenha por base exclusiva os elementos informativos colhidos na investigação.

GABARITO: ERRADO.

Wallace França

DIREITO PROCESSUAL PENAL

31. **(CESPE – 2014 - PF - ESCRIVÃO DE POLÍCIA FEDERAL)** No que se refere a inquirição e apreensão, julgue o item.

Caso a autoridade policial, quando do interrogatório, ao examinar o único documento de identificação apresentado, levante suspeita quanto à idoneidade desse documento, caberá ao escrivão o encaminhamento do indiciado à identificação criminal, mesmo que se confirmem os dados fornecidos mediante consulta ao prontuário civil.

Certo ( )   Errado ( )

Mesmo que os dados se confirmem mediante consulta ao prontuário civil, pode ser que o investigado esteja usando documentação de outra pessoa e, mesmo assim, os dados serão confirmados, mas não serão da pessoa investigada e, por isso, faz-se necessária a identificação criminal.

GABARITO: CERTO.

32. **(CESPE – 2015 – PRF – POLICIAL RODOVIÁRIO FEDERAL)** No que concerne ao Direito Penal, julgue o próximo item.

A busca em domicílio para o cumprimento de mandado de prisão poderá ser realizada a qualquer hora do dia ou da noite, independentemente de autorização do morador, desde que haja fundada suspeita de que a pessoa contra quem pesa a ordem esteja abrigada na residência e ofereça resistência ao cumprimento da ordem judicial.

Certo ( )   Errado ( )

Conforme art. 245 do Código de Processo Penal e também com fundo constitucional, a busca em domicílio somente pode ser realizada durante o dia, salvo com autorização do morador. "Art. 245. As buscas domiciliares serão executadas de dia, salvo se o morador consentir que se realizem à noite, e, antes de penetrarem na casa, os executores mostrarão e lerão o mandado ao morador, ou a quem o represente, intimando-o, em seguida, a abrir a porta."

GABARITO: ERRADO.

33. **(CESPE – 2015 – PRF – POLICIAL RODOVIÁRIO FEDERAL)** No que concerne ao Direito Penal, julgue o próximo item.

A busca veicular equivale à busca pessoal e independe, de regra, de ordem judicial. No entanto, essa ação está sujeita ao devido controle judicial e ao competente mandado quando se referir a veículos que proporcionem abrigo, como, por exemplo, a boleia do caminhão utilizada para momento de descanso do motorista.

Certo ( )   Errado ( )

O STF entende que os veículos, em regra, não são considerados domicílios, nesse caso, a busca em veículos seria equivalente à busca pessoal (esse entendimento prevalece). Agora, o Supremo entende que quando o veículo for utilizado para moradia (*trailers*, boleia de caminhão), será considerado domicílio quando parado e, desse modo, será necessário mandado. Entretanto, o STJ, ao julgar um caso sobre porte ou posse de arma encontrada em boleia de caminhão, entendeu que se tratava de crime de porte ilegal de arma de fogo (arma fora de casa).

GABARITO: CERTO.

34. **(CESPE – 2014 – PRF – POLICIAL RODOVIÁRIO FEDERAL)** Em relação ao Direito Processual Penal e suas normas e às leis penais extravagantes, julgue o item subsequente.

A busca veicular enquadra-se nas hipóteses albergadas pela inviolabilidade constitucional nos casos em que o veículo vistoriado guarda relação com o conceito de moradia, a exemplo dos *trailers*.

Certo ( )   Errado ( )

> **Conforme entendimento do STF, a busca em veículo equipara-se à busca pessoal e, desse modo, independe de mandado. No entanto, se o veículo for utilizado para moradia (*trailers*, boleia de caminhão), será necessária a autorização judicial para busca. Lembrando que em relação ao porte ou posse de arma de fogo, o STJ entendeu que a arma ilegal em boleia de caminhão configura crime de porte ilegal.**

> **GABARITO: CERTO.**

35. **(CESPE – 2019 – PRF – POLICIAL RODOVIÁRIO FEDERAL)** Em relação ao procedimento de fiscalização em estradas, rodovias federais e áreas de interesse da União no que tange ao enfrentamento do tráfico de drogas, armas e munições, julgue o item a seguir.

A busca pessoal, desde que haja fundada suspeita, inclui a inspeção do corpo e das vestes de alguém, bem como todos os bens sob custódia pessoal, por exemplo, automóveis, motocicletas, barcos etc., independentemente de mandado judicial.

Certo ( )   Errado ( )

> **A busca pessoal deve ser realizada de forma completa, no corpo todo, e inclui os bens móveis que a pessoa porta, mochilas, motocicletas, veículos em geral. Lembrando que o STF entende que se o veículo for utilizado para moradia (*trailers*, boleia de caminhão), ele erá equiparado a domicílio e a busca será equiparada à busca domiciliar, sendo necessário o mandado, nesse caso.**

> **GABARITO: CERTO.**

36. **(CESPE – 2013 – PRF – POLICIAL RODOVIÁRIO FEDERAL)** A prova declarada inadmissível pela autoridade judicial por ter sido obtida por meios ilícitos deve ser juntada em autos apartados dos principais, não podendo servir de fundamento à condenação do réu.

Certo ( )   Errado ( )

> **As provas declaradas inadmissíveis pela autoridade judicial devem ser desentranhadas do processo, conforme art. 157 do Código de Processo Penal.**

> **GABARITO: ERRADO.**

37. **(CESPE – 2013 - PF - ESCRIVÃO DE POLÍCIA FEDERAL)** No curso de uma investigação federal de grande porte, o juízo federal autorizou medida de busca e apreensão de bens e documentos, conforme descrito em mandado judicial, atendendo a representação da autoridade policial. Na realização da operação, houve dificuldade de identificação e de acesso ao imóvel apresentado na diligência, por estar situado em zona rural. Nesse mesmo dia, no entanto, durante a realização de outras diligências empreendidas no curso de operação policial de grande porte, os agentes chegaram ao sobredito imóvel no período noturno. Apresentaram-se, então, ao casal de moradores

DIREITO PROCESSUAL PENAL

e proprietários do bem, realizando a leitura do mandado, com a exibição do mesmo, obedecendo às demais formalidades legais para o cumprimento da ordem judicial. Desse modo, solicitaram autorização dos moradores para o ingresso no imóvel e realização da diligência. Considerando a situação hipotética acima, julgue os próximos itens, com base nos elementos de direito processual.

Existindo o consentimento do marido para a entrada dos policiais no imóvel, com oposição expressa e peremptória da esposa, o mandado não poderá ser cumprido no período noturno, haja vista a necessidade de consentimento de ambos os cônjuges e moradores.

Certo ( )   Errado ( )

Os moradores do imóvel são os titulares da inviolabilidade da intimidade protegida pela inviolabilidade domiciliar e, por isso, para a entrada é necessária o consentimento de ambos os cônjuges.

GABARITO: CERTO.

38. **(CESPE – 2015 – PRF – POLICIAL RODOVIÁRIO FEDERAL)** No que concerne ao Direito Penal, julgue o próximo item.

Configura-se o flagrante fabricado ou forjado na situação em que o sujeito passivo é induzido ou instigado por outro a cometer a prática delituosa. Nessa situação, sendo impossível a consumação do delito, a prisão é inválida ou ilegal.

Certo ( )   Errado ( )

A questão dá o conceito de flagrante preparado o qual ocorre quando o agente é instigado por autoridade pública ou por particular a cometer um delito e, em seguida, ser preso em flagrante. Diante da impossibilidade da consumação do delito, entende-se, nesse caso, que o crime é impossível, logo será afastada a tipicidade da conduta. Por outro lado, o flagrante forjado acontece quando são produzidas provas (implantadas) para que ocorra uma prisão em flagrante.

GABARITO: ERRADO.

39. **(CESPE – 2015 – PRF – POLICIAL RODOVIÁRIO FEDERAL)** No item abaixo, é apresentada uma situação hipotética seguida de uma assertiva a ser julgada acerca do Direito Penal e do processo penal.

Durante uma busca domiciliar, efetivada em cumprimento a mandado judicial, às oito horas da manhã, os policiais encontraram com o morador uma arma de fogo de uso restrito com a numeração raspada, e, por isso, prenderam o homem em flagrante delito e o levaram à presença da autoridade policial. Nessa situação, os policiais agiram em obediência à legislação em vigor.

Certo ( )   Errado ( )

Na questão em apreço, o agente cometeu o crime de posse ilegal de arma de fogo de uso restrito, como o verbo ter em guarda configura crime permanente o flagrante se perdura no tempo. Logo, os policiais agiram corretamente quanto ao flagrante. No tocante ao horário, as autoridades portavam mandado e era durante o dia, atendendo, assim, ao mandamento constitucional que possibilita a violabilidade do domicílio, além disso a nova lei de abuso de autoridade configura como abuso de autoridade a entrada em domicílio fora do seguinte horário: entre 5h e 21h.

GABARITO: CERTO.

40. **(CESPE – 2014 – PRF – POLICIAL RODOVIÁRIO FEDERAL)** Em relação ao Direito Processual Penal e suas normas e às leis penais extravagantes, julgue o item subsequente.

Em prisão em flagrante de condutor de veículo envolvido em crime doloso contra a vida, é autorizado o uso de algemas por parte do policial responsável pela diligência, em face da gravidade e hediondez do delito.

Certo ( )   Errado ( )

O uso de algemas está restrito ao esculpido na Súmula Vinculante nº nº 11 que diz que será permito em caso de resistência, fundado receio de fuga ou por perigo à integridade física própria ou alheia. Logo, não há vinculação entre crimes hediondos e o uso de algemas.

GABARITO: ERRADO.

41. **(CESPE – 2014 – PRF – POLICIAL RODOVIÁRIO FEDERAL)** Em relação ao Direito Processual Penal e suas normas e às leis penais extravagantes, julgue o item subsequente.

Não caberá a prisão em flagrante do autor de crime de menor potencial ofensivo no caso de apresentação imediata ao competente juízo ou no caso em que o agente, mediante termo próprio, assuma o compromisso de comparecer perante a autoridade judiciária quando intimado.

Certo ( )   Errado ( )

O autor de crime de menor potencial ofensivo que assume o compromisso de comparecer em juízo ou a ele comparecer inviabiliza sua prisão em flagrante. Essa é a dicção do parágrafo único, do Art. 69 da Lei nº 9.099/95: "Ao autor do fato que, após a lavratura do termo, for imediatamente encaminhado ao juizado ou assumir o compromisso de a ele comparecer, não se imporá prisão em flagrante, nem se exigirá fiança. Em caso de violência doméstica, o juiz poderá determinar, como medida de cautelar, seu afastamento do lar, domicílio ou local de convivência com a vítima".

GABARITO: CERTO.

42. **(CESPE – 2019 – PRF – POLICIAL RODOVIÁRIO FEDERAL)** Marcela e Pablo se conheceram em uma festa e após conversarem, Pablo a chamou para ir à casa dele. Ao chegarem à casa, Marcela, aproveitando-se da ida de Pablo ao banheiro, trancou-o lá dentro e foi embora levando consigo a carteira, o telefone celular e um computador de Pablo. Ao ouvi-lo gritar, sua vizinha entrou em contato com policiais do posto da PRF que fica próximo a sua residência, os quais se dirigiram ao local. Ao chegarem, os policiais encontraram o documento de identidade de Marcela e o documento de seu veículo. Irradiados os dados do veículo, Marcela foi abordada enquanto dirigia em uma rodovia federal, tendo sido encontrados em sua posse os itens subtraídos de Pablo. Marcela foi presa em flagrante por policiais rodoviários federais na mesma noite do acontecimento.

Com base na situação hipotética precedente, julgue o item.

Como Marcela já havia saído da vigilância da vítima, a prisão dela foi ilegal, pois, no momento em que foi abordada, não estava em situação de flagrância.

Certo ( )   Errado ( )

O caso de Marcela configura o flagrante presumido/ficto/assimilado que ocorre quando logo depois do cometimento de uma infração o agente é encontrado com armas, objetos,

DIREITO PROCESSUAL PENAL

instrumentos, papéis que façam presumir que seria ele o autor da infração. Marcela foi encontrada logo depois com os objetos subtraídos da vítima.

GABARITO: ERRADO.

43. **(CESPE – 2019 – PRF – POLÍCIA RODOVIÁRIO FEDERAL)** Com relação aos meios de prova e os procedimentos inerentes a sua colheita, no âmbito da investigação criminal, julgue o próximo item.

    A entrada forçada em determinado domicílio é lícita, mesmo sem mandado judicial e ainda que durante a noite, caso esteja ocorrendo, dentro da casa, situação de flagrante delito nas modalidades próprio, impróprio ou ficto.

    Certo ( )   Errado ( )

    A constituição considera inviolável o domicílio, porém ressalta algumas exceções, sendo elas: desastre, prestar socorro, durante o dia por determinação judicial ou em caso de flagrante delito. Veja que a constituição fala em flagrante, sendo em sentido amplo, compreende suas espécies previstas legalmente.

    GABARITO: CERTO.

44. **(CESPE – 2019 – PRF – POLICIAL RODOVIÁRIO FEDERAL)** Considerando essa situação hipotética, julgue o seguinte item.

    Durante o procedimento de lavratura do auto de prisão em flagrante pela autoridade policial competente, o policial rodoviário responsável pela prisão e condução do preso deverá ser ouvido logo após a oitiva das testemunhas e o interrogatório do preso.

    Certo ( )   Errado ( )

    O policial responsável pela prisão é o chamado condutor conforme a dicção do CPP e deverá ser ouvido primeiro. Nesse sentido, o art. 304, do CPP: "Apresentado o preso à autoridade competente, ouvirá esta o condutor e colherá, desde logo, sua assinatura, entregando a este cópia do termo e recibo de entrega do preso. Em seguida, procederá à oitiva das testemunhas que o acompanharem e ao interrogatório do acusado sobre a imputação que lhe é feita, colhendo, após cada oitiva suas respectivas assinaturas, lavrando, a autoridade, afinal, o auto".

    GABARITO: ERRADO.

45. **(CESPE – 2019 – PRF – POLICIAL RODOVIÁRIO FEDERAL)** Em decorrência de um homicídio doloso praticado com o uso de arma de fogo, policiais rodoviários federais foram comunicados de que o autor do delito se evadira por rodovia federal em um veículo cuja placa e características foram informadas. O veículo foi abordado por policiais rodoviários federais em um ponto de bloqueio montado cerca de 200 km do local do delito e que os policiais acreditavam estar na rota de fuga do homicida. Dada voz de prisão ao condutor do veículo, foi apreendida arma de fogo que estava em sua posse e que, supostamente, tinha sido utilizada no crime.

    Considerando essa situação hipotética, julgue o seguinte item.

    De acordo com a classificação doutrinária dominante, a situação configura hipótese de flagrante presumido ou ficto.

    Certo ( )   Errado ( )

218

Acontece, no caso em apreço, o flagrante presumido que está tipificado no art. 302, IV, do CPP: "é encontrado, logo depois, com instrumentos, armas, objetos ou papéis que façam presumir ser ele autor da infração". Vejam que o agente foi preso com arma de fogo que supostamente teria sido usada no homicídio.

GABARITO: CERTO.

46. **(CESPE – 2018 - PF - AGENTE DE POLÍCIA FEDERAL)** Depois de adquirir um revólver calibre 38, que sabia ser produto de crime, José passou a portá-lo municiado, sem autorização e em desacordo com determinação legal. O comportamento suspeito de José levou-o a ser abordado em operação policial de rotina. Sem a autorização de porte de arma de fogo, José foi conduzido à delegacia, onde foi instaurado inquérito policial.

Tendo como referência essa situação hipotética, julgue o item seguinte.

Os agentes de polícia podem decidir, discricionariamente, acerca da conveniência ou não de efetivar a prisão em flagrante de José.

Certo ( )   Errado ( )

As autoridades policiais e seus agentes devem efetuar as prisões em flagrante (flagrante obrigatório). Contrário seria, se fosse qualquer do povo, pois seria facultativa a prisão (flagrante facultativo). Nesse sentido o art. 301, do CPP: "Qualquer do povo poderá e as autoridades policiais e seus agentes deverão prender quem quer que seja encontrado em flagrante delito."

GABARITO: ERRADO.

47. **(CESPE – 2018 - PF - ESCRIVÃO DE POLÍCIA FEDERAL)** João integra uma organização criminosa que, além de contrabandear e armazenar, vende, clandestinamente, cigarros de origem estrangeira nas ruas de determinada cidade brasileira.

A partir dessa situação hipotética, julgue o item subsequente.

Se João for preso em flagrante e o escrivão estiver impossibilitado de proceder à lavratura do auto de prisão, a autoridade policial poderá designar qualquer pessoa para fazê-lo, desde que esta preste o compromisso legal anteriormente.

Certo ( )   Errado ( )

Conforme a dicção do art. 285, alínea "a", do CPP, deve ser lavrado o auto de prisão pelo escrivão e assinado pela autoridade. Porém, fazendo uma interpretação sistemática, o art. 305, do CPP diz: "Na falta ou no impedimento do escrivão, qualquer pessoa designada pela autoridade lavrará o auto, depois de prestado o compromisso legal". Logo, precipuamente, deve o auto de prisão ser lavrado pelo escrivão, na falta dele, pode ser feito por qualquer pessoa que se comprometa anteriormente.

GABARITO: CERTO.

48. **(CESPE – 2018 - PF - DELEGADO DE POLÍCIA FEDERAL)** Acerca de prisão, de liberdade provisória e de fiança, julgue o próximo item de acordo com o entendimento do STF e a atual sistemática do Código de Processo Penal.

Situação hipotética: A polícia foi informada da possível ocorrência de crime em determinado local. Por determinação da autoridade policial, agentes se dirigiram ao local e aguardaram o

DIREITO PROCESSUAL PENAL

desenrolar da ação criminosa, a qual ensejou a prisão em flagrante dos autores do crime quando praticavam um roubo, que não chegou a ser consumado. Foi apurado, ainda, que se tratava de conduta oriunda de grupo organizado para a prática de crimes contra o patrimônio. Assertiva: Nessa situação, o flagrante foi lícito e configurou hipótese legal de ação controlada.

Certo ( )   Errado ( )

O caso apresenta um flagrante esperado que acontece quando é de conhecimento da polícia o cometimento de infração penal, e essa sem induzir o autor o prende em flagrante. A ação controlada é procedimento que dependendo do crime a ser realizado, necessita de autorização ou comunicação ao poder judiciário.

GABARITO: ERRADO.

49. **(CESPE – 2018 - PF - DELEGADO DE POLÍCIA FEDERAL)** Acerca de prisão, de liberdade provisória e de fiança, julgue o próximo item de acordo com o entendimento do STF e a atual sistemática do Código de Processo Penal.

Situação hipotética: Um cidadão foi preso em flagrante pela prática do crime de corrupção ativa. A autoridade policial, no prazo legal do IP, remeteu os autos ao competente juízo, quando foi decretada a prisão preventiva do indiciado. Assertiva: Nessa situação, estão preenchidos os requisitos legais para a concessão da fiança, razão por que ela poderá ser concedida como contracautela da prisão anteriormente decretada.

Certo ( )   Errado ( )

No caso da questão, deve-se ser atentado que o juiz converteu a prisão em flagrante em preventiva. A prisão é o último meio cautelar a ser utilizado, logo se o juiz converteu a prisão em flagrante em preventiva, *a priori*, deve ser entendida como incabível outra medida cautelar diversa da prisão.

GABARITO: ERRADO.

50. **(CESPE – 2018 - PF - PERITO CRIMINAL FEDERAL)** A fim de garantir o sustento de sua família, Pedro adquiriu 500 CDs e DVDs piratas para posteriormente revendê-los. Certo dia, enquanto expunha os produtos para venda em determinada praça pública de uma cidade brasileira, Pedro foi surpreendido por policiais, que apreenderam a mercadoria e o conduziram coercitivamente até a delegacia.

Com referência a essa situação hipotética, julgue o item subsequente.

Em regra, após a condução coercitiva de Pedro à delegacia, a competência para lavrar o auto de prisão em flagrante é da autoridade policial.

Certo ( )   Errado ( )

A lavratura do auto de prisão em flagrante pode ser executada pela autoridade policial, escrivão ou, na falta do escrivão, por quem designado pela autoridade policial. Essa interpretação decorre da sistemática dos arts. 304 e 305, ambos do CPP. O art. 304, em sua parte final, atribui ao delegado, já o art. 305 atribui ao escrivão e, em sua falta, por pessoa designada pelo delegado.

GABARITO: CERTO.

LEIS ESPECIAIS

LUCAS FÁVERO

LEIS ESPECIAIS

1. **(CESPE/CEBRASPE – 2020 – PRF – CURSO DE FORMAÇÃO)** Quanto a conceitos e definições legais relativos ao tráfico ilícito de drogas e afins e a fatores que o impulsionam no contexto brasileiro, julgue o item a seguir.

   Conforme previsão legal, com vistas a fortalecer a atividade repressiva, para fins de apreensão policial, o conceito de droga deve ser o mais amplo possível.

   Certo ( )   Errado ( )

   Não só o conceito de droga, mas como toda e qualquer tipificação penal deve ser o menos abrangente possível em razão do princípio da intervenção mínima, que considera o direito penal como *ultima ratio*.

   Logo, o conceito de droga deve ser o menos amplo possível, pois caso contrário poderia abarcar também medicamentos, álcool, tabaco...

   GABARITO: ERRADO.

2. **(CESPE/CEBRASPE – 2018 – ABIN – OFICIAL TÉCNICO DE INTELIGÊNCIA)** Maria, esposa de Carlos, que cumpre pena de reclusão, era obrigada por ele, de forma reiterada, a levar drogas para dentro do sistema penitenciário, para distribuição. Carlos a ameaçava dizendo que, se ela não realizasse a missão, seu filho, enteado de Carlos, seria assassinado pelos comparsas soltos. Durante a revista de rotina em uma das visitas a Carlos, Maria foi flagrada carregando a encomenda. Por considerar que estava sob proteção policial, ela revelou o que a motivava a praticar tal conduta, tendo provado as ameaças sofridas a partir de gravações por ela realizadas. Em sua defesa, Carlos alegou que o crime não fora consumado.

   No que se refere a essa situação hipotética, julgue o próximo item.

   Carlos não será punido, pois, de fato, o crime não se consumou.

   Certo ( )   Errado ( )

   Analisando a conduta de Maria, percebe-se que ela agiu sob coação moral irresistível, conforme art. 22. do CP, o que a isenta de pena.

   Relativamente a Carlos, a infração se consumou na medida em que o art. 33. da Lei de Drogas possui previsão de 18 condutas passíveis de praticar o crime, dentre elas o transportar e trazer consigo, razão pela qual o crime se consumou, devendo ser punido o autor da ordem.

   GABARITO: ERRADO.

3. **(CESPE/CEBRASPE – 2018 – PC/MA – ESCRIVÃO DE POLÍCIA)** Indivíduo não reincidente que semeie, para consumo pessoal, plantas destinadas à preparação de pequena quantidade de produto capaz de causar dependência psíquica se sujeita à penalidade imediata de:
   a) perda de bens e valores.
   b) medida educativa de internação em unidade de tratamento.
   c) advertência sobre os efeitos das drogas.
   d) admoestação verbal pelo juiz.
   e) prestação pecuniária.

   A questão exige que o examinado tenha conhecimento sobre as penalidades a ser aplicadas a quem pratica a conduta descrita no art. 28 da Lei de Drogas.

Para tanto, existem três sanções possíveis:

a) Advertência.

b) Prestação de Serviços Comunitários.

c) Comparecimento a cursos e palestras sobre os efeitos das drogas.

Considerando a casuística apresentada, bem como somado ao fato de o indivíduo não ser reincidente, deve ser aplicada a penalidade mais branda, em homenagem ao princípio da proporcionalidade.

GABARITO: C.

4. **(CESPE/CEBRASPE – 2017 – DPU – DEFENSOR PÚBLICO FEDERAL)** Tendo como referência as disposições da Lei de Drogas (Lei nº 11.343/2006) e a jurisprudência pertinente, julgue o item subsecutivo.

Segundo o entendimento do STJ, em eventual condenação, o juiz sentenciante não poderá aplicar ao réu a causa de aumento de pena relativa ao tráfico de entorpecentes em transporte público, se o acusado tiver feito uso desse transporte apenas para conduzir, de forma oculta, droga para comercialização em outro ambiente, diverso do transporte público.

Certo ( )   Errado ( )

A Sexta Turma do Superior Tribunal de Justiça decidiu que o simples ato de levar drogas ilícitas em transporte público não atrai a incidência de majorante da pena por tráfico, que deve ser aplicada somente quando constatada a efetiva comercialização da substância em seu interior.

Resumindo: se o ato da traficância ocorre no interior do meio de transporte público haverá a incidência da majorante. Se não ocorrer e o veículo for utilizado apenas como meio de transporte, não haverá a incidência da causa de aumento.

GABARITO: CERTO.

5. **(CESPE/CEBRASPE – 2017 – DPU – DEFENSOR PÚBLICO FEDERAL)** Tendo como referência as disposições da Lei de Drogas (Lei nº 11.343/2006) e a jurisprudência pertinente, julgue o item subsecutivo.

Situação hipotética: Com o intuito de vender maconha em bairro nobre da cidade onde mora, Mário utilizou o transporte público para transportar 3 kg dessa droga. Antes de chegar ao destino, Mário foi abordado por policiais militares, que o prenderam em flagrante. **Assertiva:** Nessa situação, Mário responderá por tentativa de tráfico, já que não chegou a comercializar a droga.

Certo ( )   Errado ( )

O art. 33. da Lei de Drogas possui previsão de 18 condutas passíveis de praticar o crime, quais sejam: *"Importar, exportar, remeter, preparar, produzir, fabricar, adquirir, vender, expor à venda, oferecer, ter em depósito, transportar, trazer consigo, guardar, prescrever, ministrar, entregar a consumo ou fornecer".* Percebe-se, pois, que o comportamento apresentado por Mário se amoldava ao núcleo *trazer consigo*. Assim, não há que se falar em tentativa, uma vez que a mercância não é imprescindível à configuração do tráfico. Ademais, trata-se de crime formal de perigo abstrato. Portanto o entorpecente, o crime já está consumado, não havendo se falar em tentativa.

GABARITO: ERRADO.

LEIS ESPECIAIS

6. **(CESPE/CEBRASPE – 2017 – PC/GO – DELEGADO DE POLÍCIA SUBSTITUTO)** Vantuir e Lúcio cometeram, em momentos distintos e sem associação, crimes previstos na Lei de Drogas (Lei nº 11.343/2006). No momento da ação, Vantuir, em razão de dependência química e de estar sob influência de entorpecentes, era inteiramente incapaz de entender o caráter ilícito do fato. Lúcio, ao agir, estava sob efeito de droga, proveniente de caso fortuito, sendo também incapaz de entender o caráter ilícito do fato. Nessas situações hipotéticas, qualquer que tenha sido a infração penal praticada:

a) Vantuir terá direito à redução de pena de um a dois terços e Lúcio será isento de pena.

b) Somente Vantuir será isento de pena.

c) Lúcio e Vantuir serão isentos de pena.

d) Somente Lúcio terá direito à redução de pena de um a dois terços.

Lúcio e Vantuir terão direito à redução de pena de um a dois terços.

Embora a questão se refira à Lei de Drogas, ela labora no sentido de realizar um comparativo com os elementos da culpabilidade. Na ocasião da prática das condutas, ambos os indivíduos não tinham consciência de seus atos, pois eram considerados inteiramente incapazes. Logo a eles aplica-se o disposto no art. 26 do Código Penal no sentido de que é isento de pena aquele que era inteiramente incapaz de compreender o caráter ilícito da conduta.

GABARITO: C.

7. **(CESPE/CEBRASPE – 2017 – PC/GO – DELEGADO DE POLÍCIA SUBSTITUTO)** Considerando o disposto na Lei nº 11.343/2006 e o posicionamento jurisprudencial e doutrinário dominantes sobre a matéria regida por essa lei, assinale a opção correta.

a) Em processo de tráfico internacional de drogas, basta a primariedade para a aplicação da redução da pena.

b) Dado o instituto da delação premiada previsto nessa lei, ao acusado que colaborar voluntariamente com a investigação policial podem ser concedidos os benefícios da redução de pena, do perdão judicial ou da aplicação de regime penitenciário mais brando.

c) É vedada à autoridade policial a destruição de plantações ilícitas de substâncias entorpecentes antes da realização de laudo pericial definitivo, por perito oficial, no local do plantio.

d) Para a configuração da transnacionalidade do delito de tráfico ilícito de drogas, não se exige a efetiva transposição de fronteiras nem efetiva coautoria ou participação de agentes de estados diversos.

e) O crime de associação para o tráfico se consuma com a mera união dos envolvidos, ainda que de forma individual e ocasional.

A: Para aplicar a figura do tráfico privilegiado, é necessário, além da primariedade, que o agente não integre organização criminosa nem se dedique a atividades criminosas. Portanto, não se trata de requisito único, mas sim cumulativos.

B: O art. 41 da Lei de Drogas, que estabelece os benefícios para quem colabora com a investigação, somente prevê a possibilidade de redução da pena de 1 a 2/3, nada dispondo sobre o perdão judicial ou definição de regime mais brando.

C: O art. 32 da LD estabelece que as plantações ilícitas serão imediatamente destruídas, devendo ser resguardada quantia suficiente para realização do laudo.

D: A Súmula nº 607 do STJ não exige a transposição de fronteiras para a configuração do tráfico transnacional. Ademais, não se exige coautoria ou participação e outros agentes de outros estados, tendo em vista que o agente pode atuar sozinho, como, por exemplo, ao levar drogas para posteriormente revender.

E: Para a configuração do delito de associação ao tráfico (art. 35 da LD) exige-se, pelo menos, a presença de duas pessoas e que a união se dê em caráter estável e permanente, conforme entendimento consolidado no STJ.

GABARITO: D.

8. **(CESPE/CEBRASPE – 2016 – PRF – CURSO DE FORMAÇÃO)** Acerca das organizações criminosas e do disposto em legislação vigente aplicável no combate e na repressão ao tráfico de drogas e de armas de fogo no Brasil, julgue o item a seguir.

   Entre as circunstâncias que geram o aumento de pena para o tráfico de drogas, são de constatação comum no cotidiano operacional da PRF aquelas que evidenciam a transnacionalidade do delito e o tráfico entre estados da Federação ou entre estes e o Distrito Federal.

   Certo ( )   Errado ( )

   Embora a questão seja dotada de um certo caráter de abstração, o tráfico ilícito de drogas com as causas de aumento da transnacionalidade e interestadualidade é uma das infrações mais corriqueiras em nossas rodovias.

   GABARITO: CERTO.

9. **(CESPE/CEBRASPE – 2016 – PRF – CURSO DE FORMAÇÃO)** Acerca das organizações criminosas e do disposto em legislação vigente aplicável no combate e na repressão ao tráfico de drogas e de armas de fogo no Brasil, julgue o item a seguir.

   A legislação penal em vigor que define os crimes de tráfico de drogas no Brasil prevê a aplicação do mesmo tratamento penal tanto para o traficante ocasional quanto para o traficante profissional.

   Certo ( )   Errado ( )

   Com o advento da Lei nº 11.343/2006, as figuras do traficante ocasional serão enquadradas com a possibilidade de aplicação do privilégio previsto no art. 33, §4º, da Lei por meio da qual poderá haver uma redução de 1/6 a 2/3 à pena final. Relativamente ao traficante profissional, por integrar organização criminosa ou se dedicar a atividades criminosas, resta impossibilitado de receber referido benefício.

   GABARITO: ERRADO.

10. **(CESPE/CEBRASPE – 2014 – PRF – CURSO DE FORMAÇÃO)** Nas rodovias federais, a PRF ao realizar o patrulhamento ostensivo e executar operações relacionadas com a segurança pública, objetiva preservar a ordem, a incolumidade das pessoas, o patrimônio da União e o de terceiros, atua na prevenção e repressão a diversos crimes, notadamente o tráfico de entorpecentes e drogas afins, o contrabando, o descaminho e outros crimes previstos em lei. Considerando a temática abordada no texto acima, julgue o item subsequente.

    O crime de tráfico de drogas e maquinários é caracterizado pela associação de duas ou mais pessoas.

    Certo ( )   Errado ( )

Lucas Fávero

LEIS ESPECIAIS

As condutas de tráfico de drogas (art. 33, LD) e maquinários destinados ao tráfico (art. 34 da LD) não são crimes de concurso necessário (plurissubjetivos). Logo são crimes unissubjetivos, pois podem ser praticados por uma só pessoa, embora admita o concurso eventual.

GABARITO: ERRADO.

11. **(CESPE/CEBRASPE – 2014 – POLÍCIA FEDERAL – AGENTE DE POLÍCIA FEDERAL)** Com relação à Lei nº 11.343/2006, que estabelece normas para repressão à produção não autorizada e ao tráfico ilícito de drogas, e à Lei nº 10.446/2002, que dispõe a respeito de infrações penais de repercussão interestadual ou internacional que exijam repressão uniforme, julgue o item subsequente.

Considere que a Polícia Federal tenha realizado operação para combater ilícitos transnacionais e tenha encontrado extensa plantação de maconha, em território brasileiro, sem a ocorrência de prisão em flagrante. Nessa situação, mesmo que não haja autorização judicial, a referida plantação será destruída pelo delegado de polícia, que deverá recolher quantidade suficiente para exame pericial.

Certo ( )   Errado ( )

Trata-se da letra do art. 32 da Lei de Drogas. Como geralmente os locais em que são localizadas estas plantações são de difícil acesso/localização. A Lei trata com prudência a questão e determina que seja realizada a imediata incineração do local, resguardando-se material para realização do laudo.

GABARITO: CERTO.

12. **(CESPE/CEBRASPE – 2015 – DPU – DEFENSOR PÚBLICO FEDERAL)** Considerando que Carlo, maior e capaz, compartilhe com Carla, sua parceira eventual, substância entorpecente que traga consigo para uso pessoal, julgue o item que se segue.

A conduta de Carlo configura crime de menor potencial ofensivo.

Certo ( )   Errado ( )

A conduta praticada por Carlo encontra previsão legal no art. 33, §3º, da Lei de Drogas. A pena prevista para o referido delito é de detenção de 06 meses a 01 ano.

Noutro giro, a Lei nº 9.099/95 considera como infração de menor potencial aquelas infrações cuja pena máxima não ultrapasse 2 anos (art. 61, Lei nº 9.099/95). Assim, considerando o *quantum* de pena prevista à conduta de Carlo, é correto afirmar que sua conduta configura um crime de menor potencial ofensivo.

GABARITO: CERTO.

13. **(INSTITUTO AOCP – 2017 – SEJUS/CE – AGENTE PENITENCIÁRIO)** Quem adquirir, guardar, tiver em depósito, transportar ou trouxer consigo, para consumo pessoal, drogas sem autorização ou em desacordo com determinação legal ou regulamentar será submetido às seguintes penas, EXCETO:
a) detenção de 6 (seis) meses a 1 (um) ano.
b) prestação de serviços à comunidade.
c) advertência sobre os efeitos das drogas.
d) medida educativa de comparecimento a programa ou curso educativo.

A análise da referida questão passa pela análise do art. 28 da Lei de Drogas, bastando recordar quais são as penas aplicadas. Para o caso em tela, é importante lembrar o entendimento dos Tribunais Superiores, no sentido de que houve a DESPENALIZAÇÃO da referida conduta. Porém a expressão mencionada remete à ideia de que não haverá pena privativa de liberdade. Preferível e mais fácil lembrar a expressão doutrinária, que remete à DESCARCEIRIZAÇÃO.

GABARITO: A.

14. **(CESPE/CEBRASPE – 2016 – PC/PE – DELEGADO DE POLÍCIA)** Se determinada pessoa, maior e capaz, estiver portando certa quantidade de droga para consumo pessoal e for abordada por um agente de polícia, ela:

   a) estará sujeita à pena privativa de liberdade, se for reincidente por este mesmo fato.

   b) estará sujeita à pena privativa de liberdade, se for condenada a prestar serviços à comunidade e, injustificadamente, recusar a cumprir a referida medida educativa.

   c) estará sujeita à pena, imprescritível, de comparecimento a programa ou curso educativo.

   d) poderá ser submetida à pena de advertência sobre os efeitos da droga, de prestação de serviço à comunidade ou de medida educativa de comparecimento a programa ou curso educativo.

   e) deverá ser presa em flagrante pela autoridade policial.

   • **Novamente a questão exige conhecimento da letra de lei (arts. 28 a 30), em razão disso, é importante recordar:**
   O delito de posse/porte de drogas para consumo pessoal não é suscetível de pena privativa de liberdade;

   • **Para recapitular as penas, lembrar da técnica do MACPA (ao inverso), Advertência; Prestação de serviço comunitário; Comparecimento a cursos ou palestras sobre os efeitos das drogas. As outras duas situações não são penas, mas são medidas garantidoras e serão aplicadas sucessivamente, sendo: Admoestação verbal e Multa.**

   GABARITO: D.

15. **(TJ/DFT – 2007 – TJ/DFT – JUIZ DE DIREITO)** Qual o entendimento do Supremo Tribunal Federal relativamente ao art. 28. da Lei nº 11.343/2006 (Nova Lei de Tóxicos)?

   a) Implicou abolitio criminis do delito de posse de drogas para consumo pessoal.

   b) A posse de drogas para consumo pessoal continua sendo crime sob a égide da lei nova, tendo ocorrido, contudo, uma despenalização, cuja característica marcante seria a exclusão de penas privativas de liberdade como sanção principal ou substitutiva da infração penal.

   c) Pertence ao Direito penal, mas não constitui "crime", mas uma infração penal sui generis; houve descriminalização formal e ao mesmo tempo despenalização, mas não abolitio criminis.

   d) Não pertence ao Direito penal, constituindo-se numa infração do Direito judicial sancionador, seja quando a sanção alternativa é fixada em transação penal, seja quando imposta em sentença final (no procedimento sumaríssimo da Lei dos Juizados), tendo ocorrido descriminalização substancial (ou seja: *abolitio criminis*).

   A questão exige do candidato o conhecimento da jurisprudência sobre o tema.

   A: Segundo entendimento exarado pelas cortes máximas, o art. 28 da Lei de Drogas não implicou em *abolitio criminis*, na medida em que o crime existe, porém punido com pena NÃO privativa de liberdade.

LEIS ESPECIAIS

B: O crime previsto no art. 28 foi (nas palavras de STJ e STF) DESPENALIZADO, pois não é suscetível de pena privativa de liberdade, seja isolada, cumulativa ou alternativamente.

C: Uma corrente doutrinária defendeu uma terceira classificação da infração, como *sui generis*, pois não se enquadrava nos conceitos de crime e contravenção apresentados pelo art. 1º da Lei de Introdução ao Código Penal. Novamente o STF foi interpelado a se manifestar e entendeu no sentido de que a CF possibilita ao legislador a individualização da pena, podendo infligir ao agente penas não privativas de liberdade, sem que isso desnature a configuração de crime.

D: Remete-se ao item "a" acima, pois não houve *abolitio criminis*. Além disso, considerando que a infração está disposta no capítulo "Dos Crimes e das Penas", pertence ao direito penal, pois consiste numa norma penal incriminadora.

GABARITO: B.

16. **(FUNDATEC – 2014 – SUSEPE/RS – AGENTE PENITENCIÁRIO)** Dispõe a Lei nº 11.343/2006, em seu art. 28, que quem adquirir, guardar, tiver em depósito, transportar ou trouxer consigo, para consumo pessoal, drogas sem autorização ou em desacordo com determinação legal ou regulamentar, será submetido às seguintes penas: I – advertência sobre os efeitos das drogas: II – prestação de serviços à comunidade: III – medida educativa de comparecimento a programa ou curso educativo. Referida lei dispõe ainda que as penas previstas nos incisos II e III do *caput* do referido artigo serão aplicadas pelo prazo máximo de:

   a) quatro meses e, em caso de reincidência, serão aplicadas pelo prazo máximo de oito meses.

   b) cinco meses e, em caso de reincidência, serão aplicadas pelo prazo máximo de dez meses.

   c) três meses e, em caso de reincidência, serão aplicadas pelo prazo máximo de seis meses.

   d) dois meses e, em caso de reincidência, serão aplicadas pelo prazo máximo de quatro meses.

   e) um mês e, em caso de reincidência, serão aplicadas pelo prazo máximo de dois meses.

   Novamente versa sobre a letra da lei, especialmente os parágrafos 3º e 4º do art. 28, que estabelecem: "*§3º As penas previstas nos incisos II e III do caput deste artigo serão aplicadas pelo prazo máximo de 5 (cinco) meses. §4º Em caso de reincidência, as penas previstas nos incisos II e III do caput deste artigo serão aplicadas pelo prazo máximo de 10 (dez) meses.*"

   Ressalte-se que a reincidência prevista no §4º diz respeito a uma reincidência específica, ou seja, somente se o agente já foi condenado preteritamente com trânsito em julgado é que se admite a aplicação da pena por até 10 meses. (vide informativo 662 do STJ).

   GABARITO: B.

17. **(INSTITUTO ACESSO – 2019 – PC/ES – DELEGADO DE POLÍCIA)** João Pedro foi abordado por policiais militares que faziam ronda próximo a uma Universidade particular. Ao perceberem a atitude suspeita de João, os policiais resolveram proceder a revista pessoal e identificaram que João portava um cigarro de maconha para consumo pessoal. Nessa situação hipotética, a expressão "não se imporá prisão em flagrante", descrita no art. 48 da Lei nº 11.343/06, significa que é vedado a autoridade policial:

   a) Efetuar a condução coercitiva até a delegacia de polícia.

   b) Efetuar a lavratura do auto de prisão em flagrante.

   c) Lavrar o termo circunstanciado.

d) Apreender o objeto de crime.

e) Realizar a captura do agente.

É necessário que o candidato recorde a providência adotada pela autoridade após a captura de sujeito que tenha drogas destinadas ao consumo. Neste caso, a lei de drogas, em seu art. 48, §2º, veta a prisão em flagrante. Entretanto não há impedimento para a condução do agente e apreensão das substâncias ilícitas.

GABARITO: B.

18. **(FGV – 2019 – DPE – TÉCNICO SUPERIOR JURÍDICO)** Plínio foi flagrado enquanto transportava 10 (dez) "sacolés" de maconha. Na ocasião, admitiu para os policiais que a droga destinava-se a seu consumo pessoal e também de sua esposa, que não estava com ele na oportunidade, sendo que ele adotaria essa conduta de transportar o material para usar com sua esposa recorrentemente. Os policiais, nas suas declarações, disseram que alguns usuários próximos a Plínio conseguiram se evadir antes da abordagem. Diante das declarações, o Ministério Público ofereceu denúncia imputando a Plínio a prática do crime de tráfico de drogas (art. 33, *caput*, da Lei nº 11.343/06). Finda a instrução, com a juntada do laudo definitivo confirmando que o material era entorpecente, sendo apresentadas em juízo as mesmas versões colhidas na fase policial e restando certo que Plínio era primário e de bons antecedentes, os autos foram conclusos para a sentença. Preocupado com sua situação jurídica, e as consequências no caso de condenação, Plínio procura a Defensoria Pública.

Considerando as informações expostas, deverá a defesa técnica esclarecer, com base na jurisprudência majoritária dos Tribunais Superiores, que:

a) a condenação por tráfico com incidência da causa de diminuição da pena prevista no art. 33, §4º, da Lei nº 11.343/06, retira a hediondez do crime, mas não se mostra possível a substituição da pena privativa de liberdade por restritiva de direitos, ainda que a pena seja inferior a 4 (quatro) anos.

b) a condenação pelo crime de tráfico de drogas, ainda que não reconhecida a causa de diminuição do art. 33, §4º, da Lei nº 11.343/06, admitirá a aplicação de regime diverso do fechado de acordo com a sanção aplicada, mesmo que a pena não permita a substituição por restritiva de direitos.

c) o descumprimento injustificado da medida imposta, no caso de condenação pelo crime de porte de droga para consumo próprio (art. 28 da Lei nº 11.343/06), torna possível a aplicação de pena privativa de liberdade apenas pelo prazo máximo de 5 (cinco) meses;

d) a progressão de regime, no caso de condenação por um dos crimes previstos nos arts. 33, caput e §1º, e 34 a 37 da Lei nº 11.343/06, dar-se-á após o cumprimento de dois terços da pena, vedada sua concessão ao reincidente específico.

e) o denunciado que induz, instiga ou auxilia alguém ao uso indevido de drogas incorre na mesma pena do caput do art. 33 da Lei nº 11.343/06.

Importante que o candidato mostre ciência acerca da letra de lei, bem como ao entendimento dos Tribunais Superiores.

A: A incidência do privilégio disposto no §4º do art. 33, além de afastar a hediondez do crime, permite a substituição da Pena Privativa de Liberdade por Restritiva de Direitos, uma vez que o trecho da Lei que vetava esta substituição foi considerado inconstitucional.

B: Com a declaração de inconstitucionalidade de todos os dispositivos que violavam a individualização da pena, tornou-se possível não só ao Tráfico, mas a todos os crimes hediondos

LEIS ESPECIAIS

e equiparados, a aplicação do regime prisional adequado, observando as regras do art. 33 do CP. Em suma, aos crimes hediondos e equiparados não se exige a concessão de regime inicial fechado.

C: De início, impende ressaltar que o crime previsto no art. 28. da Lei de Drogas não é suscetível de pena privativa de liberdade, em hipótese alguma. No caso de descumprimento das penas previstas no *caput* do referido artigo, cabem como medidas coercitivas sucessivas apenas a admoestação verbal e a multa.

D: Com a alteração do art. 112. da LEP pelo pacote anticrime, o condenado por crime hediondo, se primário, poderá progredir de regime após o cumprimento de 40% da pena ou 50% se houver resultado morte (Art. 112, V, e VI, "a", LEP). Ao reincidente em crime hediondo (reincidência específica), poderá ser deferida a progressão de regime, mediante cumprimento de 60% da pena.

E: Àquele que induz, instiga ou auxilia outrem a consumir droga, não responde pela mesma pena daquele que pratica a conduta descrita no art. 33, *caput*. De plano, a conduta é mais branda, pois estimula o consumo e não a traficância em si. Ademais, o art. 33, §2º, prevê pena de 01 a 03 anos de detenção, além de multa de 100 a 300 dias multa. Enquanto a figura do *caput* prevê pena privativa de liberdade de 5 a 15 anos, além de multa de 500 a 1.500 dias multa.

GABARITO: B.

19. **(INSTITUTO AOCP – 2019 – PC/ES - ESCRIVÃO DE POLÍCIA)** Assinale a alternativa que está de acordo com a Lei nº 11.343/2006.

a) Em caso de apreensão de droga remetida do exterior por via postal, a competência para processar e julgar o crime de tráfico internacional de drogas é do juiz federal do local da apreensão.

b) Os crimes previstos nos arts. 33, caput, §1º, 34 e 37 da Lei nº 11.343/2006 são inafiançáveis e insuscetíveis de sursis, graça indulto, anistia e liberdade provisória, autorizada, entretanto, a conversão de suas penas em restritivas de direitos.

c) Em caso de prisão em flagrante, no prazo de 24 horas, a autoridade policial fará comunicação ao juiz competente, remetendo-lhe cópia do auto lavrado, dando-se vista imediata ao Ministério Público.

d) Em 10 dias, o Ministério Público poderá arrolar até 8 testemunhas.

e) Nas hipóteses dos crimes previstos nos arts. 33, *caput*, §1º, 34 e 37 da Lei nº 11.343/2006, dar-se-á o livramento condicional após o cumprimento de 2/5 da pena.

A: Redação da Súmula nº 528, do STJ.

B: Os crimes previstos nos artigos mencionados são, de fato, inafiançáveis e insuscetíveis de graça e anistia, porém, segundo entendimento atual, é permitida a concessão de liberdade provisória e a conversão de pena privativa de liberdade em restritiva de direitos.

C: A vista ao membro do MP deve ser dada em até 24 horas, conforme art. 50.

D: Após o recebimento do IP ou do caderno de investigação pelo membro do MP, este tem o prazo de 10 dias para: requerer o arquivamento, solicitar novas diligências ou oferecer a denúncia e arrolar **até 5 testemunhas**, conforme art. 54 da Lei nº 11.343/2006.

E: Cuide para não confundir o antigo quórum de progressão com o quantum previsto para livramento condicional, que ocorrerá após o cumprimento de 2/3 da pena, conforme art. 44 da Lei de Drogas.

GABARITO: A.

20. **(INSTITUTO AOCP – 2019 – PC/ES – ESCRIVÃO DE POLÍCIA)** No tocante à Lei de Tóxicos n° 11.343/06, para a lavratura do auto de prisão em flagrante por tráfico de drogas previsto no art. 33 *caput*, é indispensável para a materialidade do delito:

a) que o sujeito esteja exercendo a venda da substância entorpecente proibida.

b) o exercício de qualquer ação prevista no art. 33 e o laudo de constatação provisório.

c) que ao agente possua quantidade superior a 10 gramas do entorpecente.

d) que a detenção ocorra em via pública.

e) que haja testemunha do exercício da venda de entorpecente.

Para a resolução desta questão, é preciso uma análise detida do contexto fático, bem como relembrar a parte teórica envolvendo a lei de drogas.

Preliminarmente, recorde-se que o núcleo do crime do art. 33 da Lei n° 11.343/2006 é composto por 18 verbos, contendo inúmeras condutas proibidas de serem praticadas, não configurando crime apenas a venda.

Além disso, não há necessidade de o fato acontecer em via pública e nem quantidade mínima de substância, tendo em vista que um único cigarro de maconha, por exemplo, que contém de 3 a 6 gramas, aproximadamente, pode configurar uso ou tráfico, dependendo da circunstância.

Também não há necessidade de testemunha da venda, pois conforme visto acima, existem outros núcleos/verbos/ações, que também configuram o crime em debate.

Por fim, resta-nos a alternativa B, tendo em vista que, para configurar o tráfico é necessário que um agente pratique uma das ações proibidas e que a autoridade policial promova o laudo preliminar de constatação.

GABARITO: B.

21. **(CESPE/CEBRASPE – 2020 – MPE/CE – ANALISTA MINISTERIAL)** Luciano, morador de Fortaleza – CE, réu primário e de bons antecedentes, foi flagrado na posse de 20 quilos de cocaína durante blitz de trânsito realizada pela polícia militar. Em razão disso, foi denunciado pelo Ministério Público do Estado do Ceará e, ao final do processo, condenado pelo crime de tráfico de drogas. Considerando essa situação hipotética, julgue o item a seguir, com base na Lei de Drogas (Lei n° 11.343/2006).

A natureza e a quantidade da substância entorpecente não devem ser consideradas como circunstâncias preponderantes entre os critérios para aplicação da pena estabelecidos no Código Penal.

Certo ( )   Errado ( )

A Lei de Tóxicos, em seu art. 42 é enunciativa no sentido que o juiz, na fixação das penas, considerará, com preponderância sobre o previsto no art. 59 do Código Penal, a natureza e a quantidade da substância ou do produto, a personalidade e a conduta social do agente.

GABARITO: ERRADO.

LEIS ESPECIAIS

22. **(CESPE/CEBRASPE – 2019 – PRF – POLICIAL RODOVIÁRIO FEDERAL)** Luizinho de Jesus, famoso bicheiro de Duque de Caxias, região do Rio de Janeiro, durante um protesto na BR 040, altura da Vila São Sebastião, afirmou que já havia sido preso várias vezes, apesar de não o merecer; por isso, iria continuar chefiando o jogo. Considerava absurdo o jogo ser proibido, pois este ajudava financeiramente muitas pessoas e apenas lhes fazia o bem. Em suas palavras, manifestava que "o jogo do bicho deve continuar, pois este dinheiro realmente ajuda as pessoas carentes". Em razão de suas falas, os policiais rodoviários que acompanhavam a manifestação às margens da rodovia federal prenderam Luizinho de Jesus em flagrante. O bicheiro portava um revólver marca Taurus, calibre 38, sem a documentação para tal. Com base nessa situação hipotética, julgue o item a seguir.

Luizinho de Jesus responderá por crime de apologia a fato criminoso em concurso com porte ilegal de arma de fogo de uso permitido.

Certo ( )   Errado ( )

A primeira conduta de Luizinho não consiste no crime de apologia ao crime, eis que esse fazia referência ao jogo do bicho, que é contravenção penal. Dessa forma, remanesce a responsabilização pelo delito de porte ilegal de arma de fogo (Art. 14, Lei nº 10.826/2003).

GABARITO: ERRADO.

23. **(CESPE/CEBRASPE – 2019 – PRF – POLICIAL RODOVIÁRIO FEDERAL)** Luizinho de Jesus, famoso bicheiro de Duque de Caxias, região do Rio de Janeiro, durante um protesto na BR 040, altura da Vila São Sebastião, afirmou que já havia sido preso várias vezes, apesar de não o merecer; por isso, iria continuar chefiando o jogo. Considerava absurdo o jogo ser proibido, pois este ajudava financeiramente muitas pessoas e apenas lhes fazia o bem. Em suas palavras, manifestava que "o jogo do bicho deve continuar, pois este dinheiro realmente ajuda as pessoas carentes". Em razão de suas falas, os policiais rodoviários que acompanhavam a manifestação às margens da rodovia federal prenderam Luizinho de Jesus em flagrante. O bicheiro portava um revólver marca Taurus, calibre 38, sem a documentação para tal. Com base nessa situação hipotética, julgue o item a seguir.

Pelo fato de Luizinho ter sido abordado e estar de posse da arma de fogo (revólver Taurus, calibre 38), os policiais rodoviários federais não poderiam lavrar termo circunstanciado de ocorrência.

Certo ( )   Errado ( )

Considerando que o crime de porte de arma (Art. 14 da Lei nº 10.826/2003) tem variação de pena de 02 a 04 anos, insuscetível de termo circunstanciado, eis que este só se aplica às infrações de menor potencial ofensivo (art. 61 Lei nº 9099/95). Logo os policiais não poderiam lavrar o Termo Circunstanciado de Ocorrência, pois é incabível para o delito em questão.

GABARITO: CERTO.

24. **(CESPE/CEBRASPE – 2019 – PRF – POLICIAL RODOVIÁRIO FEDERAL)** No item a seguir é apresentada uma situação hipotética seguida de uma assertiva a ser julgada considerando-se o Estatuto do Desarmamento, o Estatuto da Criança e do Adolescente e o Sistema Nacional de Políticas Públicas sobre Drogas.

Em uma operação da PRF, foram encontradas, no veículo de Sandro, munições de arma de fogo de uso permitido e, no veículo de Eurípedes, munições de uso restrito. Nenhum deles tinha autorização para o transporte desses artefatos. Nessa situação, considerando-se o previsto no Estatuto de Desarmamento, Sandro responderá por infração administrativa e Eurípedes responderá por crime.

Certo ( )   Errado ( )

Ambos responderão por crimes, tendo em vista que as condutas de porte de munição são previstas, independentemente se de uso permitido ou restrito. Haverá, em verdade, a tipificação de acordo com dispositivos diferentes, Sandro, pelo art. 14 e Eurípedes pelo art. 16, as duas condutas previstas na Lei nº 10.826/2003.

GABARITO: ERRADO.

25. **(CESPE/CEBRASPE – 2018 – PC/SE – DELEGADO DE POLÍCIA)** Julgue o item seguinte, referente a crimes de trânsito e a posse e porte de armas de fogo, de acordo com a jurisprudência e legislação pertinentes.

O porte de arma de fogo de uso permitido sem autorização, mas desmuniciada, não configura o delito de porte ilegal previsto no Estatuto do Desarmamento, tendo em vista ser um crime de perigo concreto cujo objeto jurídico tutelado é a incolumidade física.

Certo ( )   Errado ( )

A questão exige o conhecimento do posicionamento jurisprudencial sobre o tema. E acerca disso a matéria já é pacificada que, em se tratando de arma de fogo desmuniciada, mas apta a produzir disparo, haverá a tipificação da infração constante do art. 14 do Estatuto. Além disso, o objeto jurídico tutelado pela Lei de Armas é a paz pública e tranquilidade social, e não a compleição física dos indivíduos.

GABARITO: ERRADO.

26. **(CESPE/CEBRASPE – 2018 – POLÍCIA FEDERAL – DELEGADO DE POLÍCIA FEDERAL)** Julgue o item que se segue, relativos a execução penal, desarmamento, abuso de autoridade e evasão de dívidas.

O registro de arma de fogo na PF, mesmo após prévia autorização do SINARM, não assegura ao seu proprietário o direito de portá-la.

Certo ( )   Errado ( )

O registro da arma de fogo consiste em permissão para detê-la em sua residência ou local de trabalho, não consistindo em autorização para porte ostensivo, conforme previsão do art. 5º Do Estatuto: *"Art. 5º O certificado de Registro de Arma de Fogo, com validade em todo o território nacional, autoriza o seu proprietário a manter a arma de fogo exclusivamente no interior de sua residência ou domicílio, ou dependência desses, ou, ainda, no seu local de trabalho, desde que seja ele o titular ou o responsável legal pelo estabelecimento ou empresa."*

GABARITO: CERTO.

27. **(CESPE/CEBRASPE – 2018 – POLÍCIA FEDERAL – PERITO CRIMINAL FEDERAL)** Em cada item que segue, é apresentada uma situação hipotética, seguida de uma assertiva a ser julgada.

Samuel disparou, sem querer, sua arma de fogo em via pública. Nessa situação, ainda que o disparo tenha sido de forma acidental, culposamente, Samuel responderá pelo crime de disparo de arma de fogo, previsto no Estatuto do Desarmamento.

Certo ( )   Errado ( )

Lucas Fávero

LEIS ESPECIAIS

Como sabido e consabido, só haverá crime culposo quando existir previsão legal.

No caso narrado na situação hipotética, Samuel disparou sem intenção. Logo sua conduta não pode ser tipificada como disparo (art. 15, Estatuto do Desarmamento), tendo em vista que este tipo penal é doloso. Além disso, não há previsão para a conduta culposa, sendo atípica, portanto, a conduta de Samuel.

GABARITO: ERRADO.

28. **(CESPE/CEBRASPE – 2018 – ABIN – OFICIAL TÉCNICO DE INTELIGÊNCIA)** Ainda conforme o disposto no Estatuto do Desarmamento, julgue o próximo item.

O mero disparo de arma de fogo nas adjacências de lugar habitado é crime punido com reclusão, estando seu autor sujeito a um aumento de pena se for integrante dos órgãos elencados na lei.

Certo ( )   Errado ( )

A questão exige do candidato a conjugação dos arts. 15, com art. 20, ambos do Estatuto do Desarmamento.

A conduta de disparo, assim está prevista: *"Art. 15. Disparar arma de fogo ou acionar munição em lugar habitado ou em suas adjacências, em via pública ou em direção a ela, desde que essa conduta não tenha como finalidade a prática de outro crime: Pena – reclusão, de 2 (dois) a 4 (quatro) anos, e multa.").*

Por fim, o novo inciso I do art. 20 do referido Estatuto, recém alterado pela Lei nº 13.964/2019, estabelece que a pena é aumentada se o fato é praticado por membro das forças de segurança pública, estabelecidas no art. 144 da CF.

Vale igualmente o destaque que, apenas dois delitos do Estatuto são punidos com detenção, trata-se da POSSE IRREGULAR DE ARMA DE FOGO DE USO PERMITIDO e a OMISSÃO DE CAUTELA. Os demais delitos são <u>todos</u> punidos com Reclusão.

GABARITO: CERTO.

29. **(CESPE/CEBRASPE – 2018 – ABIN – OFICIAL TÉCNICO DE INTELIGÊNCIA)** Ainda conforme o disposto no Estatuto do Desarmamento, julgue o próximo item.

Comete crime o agente que deixa de observar as cautelas necessárias para impedir que menor de dezoito anos de idade se apodere de arma de fogo que esteja sob a sua posse, ainda que não haja consequências graves.

Certo ( )   Errado ( )

O crime de omissão de cautela, previsto no art. 13 da Lei nº 10.826/2003, considera deixar de observar as cautelas necessárias para impedir que menor de 18 anos ou pessoa portadora de deficiência mental se apodere de arma de fogo que esteja sob sua posse ou que seja de sua propriedade (a pena é de detenção de 01 a 02 anos e multa).

Obs.: Nas mesmas penas incorrem o proprietário ou diretor responsável de empresa de segurança e transporte de valores que deixarem de registrar ocorrência policial e de comunicar à Polícia Federal perda, furto, roubo ou outras formas de extravio de arma de fogo, acessório ou munição que estejam sob sua guarda, nas primeiras 24 (vinte e quatro) horas depois de ocorrido o fato.

GABARITO: CERTO.

30. **(CESPE/CEBRASPE – 2018 – ABIN – OFICIAL TÉCNICO DE INTELIGÊNCIA)** À luz do disposto no Estatuto do Desarmamento – Lei nº 10.826/2003 –, julgue o item que se segue.

Compete à Polícia Federal a autorização de porte de arma de fogo de uso permitido em todo território nacional, ao Ministério da Justiça a autorização aos responsáveis pela segurança de cidadãos estrangeiros em visita ao Brasil e ao comando do Exército a autorização para o porte de trânsito de arma de fogo para colecionadores, atiradores e caçadores e de representantes estrangeiros em competição internacional oficial de tiro realizada no território nacional.

Certo ( )   Errado ( )

A questão trabalha com a letra da Lei do art. 9º e 10º do Estatuto do Desarmamento, que assim prevê:

"Art. 9º. Compete ao Ministério da Justiça a autorização do porte de arma para os responsáveis pela segurança de cidadãos estrangeiros em visita ou sediados no Brasil e, ao Comando do Exército, nos termos do regulamento desta Lei, o registro e a concessão de porte de trânsito de arma de fogo para colecionadores, atiradores e caçadores e de representantes estrangeiros em competição internacional oficial de tiro realizada no território nacional.

Art. 10. A autorização para o porte de arma de fogo de uso permitido, em todo o território nacional, é de competência da Polícia Federal e somente será concedida após autorização do Sinarm."

Assim, num apertado resumo, podemos definir as atribuições:

a) Ministério da Justiça: autorização do porte de arma para os responsáveis pela segurança de cidadãos estrangeiros em visita ou sediados no Brasil;

b) Comando do Exército: registro e a concessão de porte de trânsito de arma de fogo para colecionadores, atiradores, caçadores e representantes estrangeiros em competição internacional oficial de tiro realizada no Brasil;

c) Polícia Federal: autorização para porte de arma de fogo de uso permitido em território nacional. A autorização para porte de arma de fogo de uso permitido somente será concedida após autorização do Sinarm.

GABARITO: CERTO.

31. **(CESPE/CEBRASPE – 2016 – PRF – POLICIAL RODOVIÁRIO FEDERAL/CURSO DE FORMAÇÃO)**
Acerca das organizações criminosas e do disposto em legislação vigente aplicável no combate e na repressão ao tráfico de drogas e de armas de fogo no Brasil, julgue o item a seguir.

Situação hipotética: Durante uma fiscalização de rotina em área de fronteira, um policial rodoviário federal encontrou, sob o banco do motorista de um veículo abordado, um carregador de arma de fogo de uso permitido, bem como duas caixas de munições de calibre compatível com o acessório, não tendo sido, no entanto, localizada nenhuma arma de fogo. Na ocasião, foi verificado que o acessório e as munições haviam sido recém-adquiridos em território estrangeiro, sem autorização de importação pela autoridade competente. **Assertiva:** Nessa situação, a conduta do motorista não configura crime de tráfico internacional, já que, além de o calibre do acessório e as munições serem de uso permitido, não houve apreensão de arma de fogo.

Certo ( )   Errado ( )

A conduta praticada pelo motorista abordado configura tráfico ilícito de arma ou munição, pois, conforme disposto no art. 18 da Lei nº 10.826/2003, configura o referido crime o ato de

LEIS ESPECIAIS

importar, exportar, favorecer a entrada ou saída do território nacional, a qualquer título, de arma de fogo, acessório ou munição, sem autorização da autoridade competente.

Logo não se faz necessária a presença da arma acrescida de munição e acessório. Para a consumação do delito basta a presença de um dos três elementos abaixo indicados:

a) da arma (ainda que desmuniciada, mas apta a produzir disparo); ou

b) acessório (ex.: luneta, silenciador...); ou

c) munição.

GABARITO: ERRADO.

32. **(CESPE/CEBRASPE – 2016 – PC/PE – DELEGADO DE POLÍCIA)** Lucas, delegado de polícia de determinado estado da Federação, em dia de folga, colidiu seu veículo contra outro veículo que estava parado em um sinal de trânsito. Sem motivo justo, o delegado sacou sua arma de fogo e executou um disparo para o alto. Imediatamente, Lucas foi abordado por autoridade policial que estava próxima ao local onde ocorrera o fato.

Nessa situação hipotética, a conduta de Lucas poderá ser enquadrada como

a) crime inafiançável.

b) contravenção penal.

c) crime, com possibilidade de aumento de pena, devido ao fato de ele ser delegado de polícia.

d) crime insuscetível de liberdade provisória.

e) atípica, devido ao fato de ele ser delegado de polícia.

De início, deve se destacar que a conduta praticada por Lucas é suscetível de enquadramento no que estabelece o art. 15 do Estatuto do Desarmamento (*"Art. 15. Disparar arma de fogo ou acionar munição em lugar habitado ou em suas adjacências, em via pública ou em direção a ela, desde que essa conduta não tenha como finalidade a prática de outro crime: Pena – reclusão, de 2 (dois) a 4 (quatro) anos, e multa."*), uma vez que o mesmo praticou disparo em via pública, em local onde presumidamente há trânsito/tráfego de pessoas e veículos.

Não obstante, o novo inciso I do art. 20 do referido Estatuto, recém alterado pela Lei nº 13.964/2019, estabelece que a pena é aumentada se o fato é praticado por membro das forças de segurança pública, estabelecidas no art. 144. da CF, por essa razão, haverá possibilidade de aumento de pena à conduta praticada por Lucas.

GABARITO: C.

33. **(ACAFE – 2008 – PC/SC – DELEGADO DE POLÍCIA)** "Caio", proprietário da empresa de segurança e transporte de valores "Vaisegur", deixou de registrar ocorrência policial e de comunicar à Polícia Federal a perda de uma arma de fogo utilizada na atividade típica da empresa, nas primeiras 24 horas depois de constatado o "sumiço" deste objeto.

Em relação ao Estatuto do Desarmamento, Lei nº 10.826/2003, julgue o item subsecutivo.

Se "Caio" se omitiu dolosamente, deve responder por modalidade equiparada ao crime de omissão de cautela, prevista na Lei nº 10.826/03 (Estatuto do Desarmamento). Se a omissão foi culposa não haverá crime.

Certo ( )   Errado ( )

A situação narrada consiste na conduta descrita no parágrafo único do art. 13 da Lei n⁰ 10.826/2003, a qual aponta que estamos diante de um delito omissivo, porém, para a modalidade de omissão narrada, para a configuração do crime depende dessa omissão ser dolosa, não admitindo uma negligência culposa.

GABARITO: CERTO.

34. **(AUTOR – 2021)** De acordo com o entendimento da doutrina e dos tribunais superiores sobre o Estatuto do Desarmamento, especialmente quanto às armas de fogo, o crime de tráfico internacional de arma de fogo é insuscetível de liberdade provisória.

Certo ( )   Errado ( )

Como já pacífico na jurisprudência dos Tribunais Superiores, é inconstitucional – por violar o princípio da presunção de inocência –, o dispositivo que prevê a impossibilidade de concessão de liberdade provisória para um determinado delito.

GABARITO: ERRADO.

35. **(CESPE/CEBRASPE – 2018 – ABIN – OFICIAL DE INTELIGÊNCIA)** Com relação às regras previstas no Estatuto do Desarmamento (Lei n° 10.826/2003), é correto afirmar que:

Disparar, nas adjacências de lugar habitado, arma de fogo é crime punido com reclusão, será aumentada da metade caso o autor da conduta seja integrante dos órgãos elencados na lei.

Certo ( )   Errado ( )

A questão relata o delito descrito no art. 15 do Estatuto do Desarmamento, no sentido de que haverá o crime quando houver disparo de arma de fogo em local habitado ou em via pública ou em direção a ela. Além disso, se a conduta for praticada contra aquelas pessoas e autoridades descritas nos arts. 6⁰, 7⁰ e 8⁰, a pena será aumentada da metade.

GABARITO: CERTO.

36. **(IBFC – 2020 – PREFEITURA DE VINHEDO – GUARDA MUNICIPAL)** Com relação às disposições da Lei n° 10.826/2003 (Estatuto do Desarmamento) e suas alterações posteriores, acerca do porte, assinale a alternativa correta.

a) É proibida a cobrança de taxas para os serviços relativos ao registro e renovação do registro de arma de fogo, sendo permitida a cobrança para a expedição de segunda via de registro.

b) A autorização para o porte de arma de fogo de uso permitido, em todo o território nacional, é de competência das guardas municipais.

c) As armas de fogo utilizadas em entidades desportivas legalmente constituídas devem obedecer às condições de uso e de armazenagem estabelecidas pelo órgão competente, respondendo o possuidor ou o autorizado a portar a arma pela sua guarda na forma do regulamento da Lei n° 10.826/2003.

d) Compete às guardas municipais a autorização do porte de arma para os responsáveis pela segurança de cidadãos estrangeiros em visita ou sediados no Brasil.

A: Conforme art. 11 do Estatuto, é possível a cobrança de taxas para a prestação de serviços de registro de arma de fogo ou para a renovação de registro de arma de fogo.

LEIS ESPECIAIS

B: Conforme preconiza o art. 10 da Lei nº 10826/2003, a autorização para o porte de arma de fogo de uso permitido, em todo o território nacional, é de competência da Polícia Federal e somente será concedida após autorização do Sinarm.

C: Trata-se da redação do art. 8º, que estabelece que as armas de fogo utilizadas em entidades desportivas legalmente constituídas devem obedecer às condições de uso e de armazenagem estabelecidas pelo órgão competente, respondendo o possuidor ou o autorizado a portar a arma pela sua guarda na forma do regulamento desta Lei.

D: As guardas municipais não têm atribuição para conceder autorizações, porte ou registro de arma de fogo. Ademais, conforme art. 9º do Estatuto, compete ao Ministério da Justiça a autorização do porte de arma para os responsáveis pela segurança de cidadãos estrangeiros em visita ou sediados no Brasil e, ao Comando do Exército, nos termos do regulamento desta Lei, o registro e a concessão de porte de trânsito de arma de fogo para colecionadores, atiradores e caçadores e de representantes estrangeiros em competição internacional oficial de tiro realizada no território nacional.

GABARITO: C.

37. **(IBFC – 2020 – PREFEITURA DE VINHEDO – GUARDA MUNICIPAL)** A Lei nº 10.826/2003 conhecida como o "Estatuto do Desarmamento" dispõe sobre registro, posse e comercialização de armas de fogo e munição. Com relação ao registro, assinale a alternativa incorreta.

   a) A comercialização de armas de fogo, acessórios e munições entre pessoas físicas somente será efetivada mediante autorização do guarda municipal.

   b) É obrigatório o registro de arma de fogo no órgão competente.

   c) A empresa que comercializar arma de fogo em território nacional é obrigada a comunicar a venda à autoridade competente, como também a manter banco de dados com todas as características da arma e cópia dos documentos previstos no art. 4º da Lei nº 10.826/2003.

   d) A empresa que comercializa armas de fogo, acessórios e munições responde legalmente por essas mercadorias, ficando registradas como de sua propriedade enquanto não forem vendidas.

   A: A comercialização de armas de fogo, acessórios e munições entre pessoas físicas somente será efetivada mediante autorização do Sinarm (Sistema Nacional de Armas), nos termos do art. 4º, §5º, da Lei nº 10826/03. Além disso, é importante frisar que a Guarda Municipal não terá participação ou atuação em questões envolvendo arma de fogo.

   B: Trata-se de reprodução do art. 3º, da Lei nº 10826/03.

   C: Previsão contida no art. 4º, §3º, da Lei nº 10826/03.

   D: Trata-se de previsão contida no art. 4º, §4º, da Lei nº 10826/03.

   GABARITO: A.

38. **(CESPE/CEBRASPE – 2018 - POLÍCIA FEDERAL – DELEGADO DE POLÍCIA)** Em cada item que se segue, é apresentada uma situação hipotética seguida de uma assertiva a ser julgada com relação a crime de tortura, crime hediondo, crime previdenciário e crime contra o idoso.

   Cinco guardas municipais em serviço foram desacatados por dois menores. Após breve perseguição, um dos menores evadiu-se, mas o outro foi apreendido. Dois dos guardas conduziram o menor apreendido para um local isolado, imobilizaram-no, espancaram-no e ameaçaram-no, além de submetê-lo a choques elétricos. Os outros três guardas deram cobertura. Nessa situação, os cinco guardas municipais responderão pelo crime de tortura, incorrendo todos nas mesmas penas.

   Certo ( )   Errado ( )

Conforme teoria do domínio do fato, como todos os agentes concorreram para a prática delitiva, devem ser incursos nas mesmas sanções.

A questão gerou discussão à época, pelo fato de afirmar, ao final, que todos incorreriam na mesma pena, o que, na prática, não necessariamente ocorrerá, pois cada indivíduo terá a individualização própria. Porém a banca manteve a questão sob o entendimento de que todos os indivíduos praticaram a mesma conduta e ficariam submetidos às penas a ela previstas.

GABARITO: CERTO.

39. **(CESPE/CEBRASPE - 2018 - POLÍCIA CIVIL MARANHÃO - INVESTIGADOR)** Se, com o objetivo de obter confissão, determinado agente de polícia, por meio de grave ameaça, constranger pessoa presa, causando-lhe sofrimento psicológico,

a) e a vítima for adolescente, o crime será qualificado.

b) estará configurada uma causa de aumento de pena.

c) a critério do juiz, a condenação poderá acarretar a perda do cargo.

d) provado o fato, a pena será de detenção.

e) quem presenciar o crime e se omitir, incorrerá na mesma pena do agente.

A: Nos termos da Lei nº 9455/97 é expressa em seu art. 1º, §4º, que a <u>pena será aumentada</u> (não há que se falar em delito qualificado) de 1/6 a 1/3 nas seguintes hipóteses:

I – Cometido por agente público;

II – Cometido contra criança, adolescente; gestante; portador de deficiência; maior de 60 anos;

III – Mediante sequestro.

B: Crime praticado por agente público é causa para aumento de pena.

C: A perda do cargo não é discricionária. Trata-se de efeito automático (Art. 1º, §5º, da Lei de Tortura).

D: A pena para a tortura castigo é de reclusão, conforme art. 1º da Lei. Só haverá pena de detenção para aquele que possui oi dever de evita-las ou apura-las, omite-se (art. 1º, §2º).

E: Conforme fundamentação supra, a omissão será punida com pena distinta.

GABARITO: B.

40. **(CESPE/CEBRASPE – 2016 – PC/PE – AGENTE DE POLÍCIA)** Rui e Jair são policiais militares e realizam constantemente abordagens de adolescentes e homens jovens nos espaços públicos, para verificação de ocorrências de situações de uso e tráfico de drogas e de porte de armas. Em uma das abordagens realizadas, eles encontraram José, conhecido por efetuar pequenos furtos, e, durante a abordagem, verificaram que José portava um celular caro. Jair começou a questionar a quem pertencia o celular e, à medida que José negava que o celular lhe pertencia, alegando não saber como havia ido parar em sua mochila, começou a receber empurrões do policial e, persistindo na negativa, foi derrubado no chão e começou a ser pisoteado, tendo a arma de Rui direcionada para si. Como não respondeu de forma alguma a quem pertencia o celular, José foi colocado na viatura depois de apanhar bastante, e os policiais ficaram rodando por horas com ele, com o intuito de descobrirem a origem do celular, mantendo-o preso na viatura durante toda uma noite, somente levando-o para a delegacia no dia seguinte.

LEIS ESPECIAIS

Nessa situação hipotética, à luz das leis que tratam dos crimes de tortura e de abuso de autoridade e dos crimes hediondos.

a) os policiais cometeram o crime de tortura, que, no caso, absorveu o crime de lesão corporal.

b) os policiais cometeram somente crime de abuso de autoridade e lesão corporal.

c) o fato de Rui e Jair serem policiais militares configura causa de diminuição de pena.

d) os policiais cometeram o tipo penal denominado tortura-castigo.

e) caso venham a ser presos cautelarmente, Rui e Jair poderão ser soltos mediante o pagamento de fiança.

A: Os policiais praticaram o núcleo do tipo da conduta de tortura, pois impuseram sofrimento físico e psicológico ao custodiado. Ademais, a lesão corporal empregada é o meio para constituir a tortura, por isso resta por esta absorvida (princípio da consunção).

B: As condutas praticadas podem representar concurso entre o abuso de autoridade (Lei nº 13.968/2019) com a tortura.

C: O fato de os agentes serem funcionários públicos configura causa de aumento de pena (art. 1º, §4º, da Lei nº 9455/97).

D: O objetivo dos agentes era a obtenção de confissão, por isso, a tortura praticada era a tortura prova.

E: Não há que se falar em pagamento da fiança, tendo em vista que a tortura é inafiançável (art. 1º, §6º, da Lei de Tortura c/c art. 5º, XLIII, CF).

GABARITO: A

41. **(AUTOR – 2021)** Considerando a Lei nº 9.455/97 – Crimes de Tortura –, julgue o item.

Consoante a Lei nº 9.455/97, que regula os crimes de tortura, será aplicada a lei brasileira quando o crime não for cometido no território Nacional e a vítima for brasileira.

Certo ( )   Errado ( )

Trata-se da questão da extraterritorialidade trazida pela Lei de Tortura. Nesse cenário, seguindo o que preconiza o art. 2º da referida Lei, quando o crime não tiver sido cometido em território nacional e a vítima for brasileira ou o crime tiver sido praticado em local sob a jurisdição brasileira.

GABARITO: CERTO.

42. **(AUTOR – 2021)** Pessoa jurídica pode ser sujeito ativo do crime de abuso de autoridade.

Certo ( )   Errado ( )

Como o rol do art. 2º da Lei nº 13.869/2019 não menciona, entende-se que somente a pessoa física, ao que a lei denomina de "agente público", é que pode praticar o crime de abuso de autoridade.

GABARITO: ERRADO.

43. **(AUTOR – 2021)** A representação da vítima é condição necessária para autorizar o processamento do agente.

Certo ( )   Errado ( )

A representação da vítima não é uma condicionante, tendo em vista que a ação penal prevista para esta modalidade de crime é a ação penal pública incondicionada, na qual não se exige absolutamente nenhuma condição específica para o agir do Ministério Público.

GABARITO: ERRADO.

44. **(AUTOR – 2021)** Pode haver concurso de pessoas com relação ao particular que atua em coautoria com o agente público, desde que o particular conheça a condição funcional do agente.

Certo ( )   Errado ( )

Nos termos do art. 30 do Código Penal, a elementar subjetiva e comunica com o agente, desde que este tenha conhecimento da condição do autor do fato.

GABARITO: CERTO.

45. **(AUTOR – 2021)** Os efeitos extrapenais de inabilitação para o exercício de cargo, mandato ou função pública, pelo período de 1 (um) a 5 (cinco) anos e a perda do cargo, mandato ou função pública pode ser aplicado para qualquer condenado pelo crime de abuso de autoridade, inclusive os primários.

Certo ( )   Errado ( )

Os efeitos extrapenais decorrentes da condenação pelo crime de abuso de autoridade devem se dar de maneira cautelosa.

As medidas mais gravosas, consistentes na inabilitação para o serviço público ou mandato e a perda do cargo só podem ser aplicadas aos condenados reincidentes na prática do abuso de autoridade, e desde que haja motivação idônea na sentença.

GABARITO: ERRADO.

46. **(COVEST – 2019 – UFPB – ASSISTENTE SOCIAL)** Segundo o ECA (Lei nº 8.069/90), "A criança e o adolescente têm o direito de ser educados e cuidados sem o uso de castigo físico ou de tratamento cruel ou degradante, como formas de correção, disciplina, educação ou qualquer outro pretexto, pelos pais, pelos integrantes da família ampliada, pelos responsáveis, pelos agentes públicos executores de medidas socioeducativas ou por qualquer pessoa encarregada de cuidar deles, tratá-los, educá-los ou protegê-los.".

Nesse sentido, entende-se por tratamento cruel ou degradante a conduta ou forma cruel de tratamento em relação à criança ou ao adolescente que lhes humilhe, ameace gravemente ou ridicularize.

Trata-se de reprodução literal do art. 18-A do ECA, que estabelece:

"A criança e o adolescente têm o direito
de ser educados e cuidados sem o uso de castigo físico ou de tratamento
cruel ou degradante, como formas de correção, disciplina,
educação ou qualquer outro pretexto, pelos pais, pelos integrantes da
família ampliada, pelos responsáveis, pelos agentes públicos executores
de medidas socioeducativas ou por qualquer pessoa encarregada
de cuidar deles, tratá-los, educá-los ou protegê-los.
Parágrafo único. Para os fins desta Lei, considera-se:
I – castigo físico: ação de natureza disciplinar ou punitiva aplicada com

LEIS ESPECIAIS

o uso da força física sobre a criança ou o adolescente que resulte em:
a) sofrimento físico; ou
b) lesão;
II – tratamento cruel ou degradante: conduta ou forma cruel de
tratamento em relação à criança ou ao adolescente que:
a) humilhe; ou
b) ameace gravemente; ou
c) ridicularize".
GABARITO: CERTO.

47. **(COVEST – 2019 – UFPB – ASSISTENTE SOCIAL)** No item seguinte, é apresentada uma situação hipotética seguida de uma assertiva a ser julgada, a respeito de crime de tráfico ilícito de entorpecentes, crime contra a criança e adolescente e crimes licitatórios.

Valdo recebeu por e-mail um vídeo gravado por seu amigo Lucas com pornografia envolvendo uma adolescente e uma outra pessoa, maior de idade. Após assistir ao vídeo, Valdo arquivou as imagens no HD do seu computador. Nessa situação, a conduta de Lucas configurou crime de divulgação de vídeos com pornografia envolvendo adolescente, e a de Valdo foi atípica.

Certo ( )   Errado ( )

A conduta de Valdo também é considerada típica, tendo em vista que o art. 241-B do ECA possui a seguinte redação:

"Adquirir, possuir ou armazenar, por qualquer meio, fotografia, vídeo ou outra forma de registro que contenha cena de sexo explícito ou pornográfica envolvendo criança ou adolescente: Pena – reclusão, de 1 (um) a 4 (quatro) anos, e multa."

Para tanto, a simples figura de armazenar já configura o crime, não existindo necessidade de divulgação.

GABARITO: ERRADO.

48. **(CESPE – 2020 – PRF – POLICIAL RODOVIÁRIO FEDERAL/CURSO DE FORMAÇÃO)** Com relação a policiamento e fiscalização, julgue o item a seguir.

No caso de um policial rodoviário federal flagrar um adolescente cometendo ato infracional similar a uma infração penal de menor potencial ofensivo, não havendo a prática de violência ou grave ameaça à pessoa, deverá ser lavrado o boletim de ocorrência circunstanciado.

Certo ( )   Errado ( )

Trata-se da reprodução do art. 173 do ECA, que estabelece que:

"Em **caso de flagrante de ato infracional cometido mediante violência ou grave ameaça a pessoa, a autoridade policial,** *sem prejuízo do disposto nos arts. 106, parágrafo único, e 107,* **deverá:**

I – lavrar auto de apreensão, ouvidos as testemunhas e o adolescente;

II – apreender o produto e os instrumentos da infração;

III – requisitar os exames ou perícias necessários à comprovação da materialidade e autoria da infração.

Parágrafo único. Nas demais hipóteses de flagrante, a lavratura do auto poderá ser substituída por boletim de ocorrência circunstanciada."

Assim, considerando que se trata de infração de menor potencial ofensivo, deve ocorrer a lavratura de termo circunstanciado de ocorrência.

GABARITO: CERTO.

49. **(AUTOR – 2021)** Com base na Lei nº 5.553/1968, julgue o item.

Não é lícito reter qualquer documento de identificação pessoal, ainda que apresentado por fotocópia autenticada.

Certo ( )   Errado ( )

A compreensão da questão gira em torno do art. 1º da Lei nº 5.553/68 que dispõe sobre a apresentação e o uso de documentos de identificação pessoal. Nesse contexto, a Lei estabelece em seu art. 1º que: "*A nenhuma pessoa física, bem como a nenhuma pessoa jurídica, de direito público ou de direito privado, é lícito reter qualquer documento de identificação pessoal, ainda que apresentado por fotocópia autenticada ou pública-forma, inclusive comprovante de quitação com o serviço militar, título de eleitor, carteira profissional, certidão de registro de nascimento, certidão de casamento, comprovante de naturalização e carteira de identidade de estrangeiro.*".

GABARITO: CERTO.

50. **(AUTOR – 2021)** Com base na Lei nº 5.553/1968, julgue o item.

Quando, para a realização de determinado ato, for exigida a apresentação de documento de identificação, a pessoa que fizer a exigência fará extrair, no prazo de até 12 (doze) dias, os dados que interessarem devolvendo em seguida o documento ao seu exibidor.

Certo ( )   Errado ( )

O prazo de doze dias mencionados na assertiva está errado. A Lei nº 5.553/1968 dispõe que o prazo de retenção justificada do documento será de até 5 dias.

GABARITO: ERRADO.

DIREITOS HUMANOS

DIOGO MEDEIROS

DIREITOS HUMANOS

1. **(CESPE – 2012 – PC/CE – INSPETOR DE POLÍCIA)** Acerca da teoria geral dos direitos humanos e da dignidade da pessoa humana, julgue o item a seguir: o direito internacional dos direitos humanos, fenômeno que antecedeu à Primeira Guerra Mundial, pode ser conceituado como uma construção consciente vocacionada a assegurar a dignidade humana.

Certo ( )   Errado ( )

A Internacionalização dos direitos humanos ou direitos humanos contemporâneos é um fenômeno que ocorre após a 2ª Guerra Mundial e não a 1ª Guerra Mundial, mais precisamente quando do surgimento da Carta de São Francisco, em 1945, criando as diretrizes da Organização das Nações Unidas (ONU) e, posteriormente, em 1948, quando do surgimento da Declaração Universal dos Direitos Humanos.

GABARITO: ERRADO.

2. **(FEPESE – 2019 – DEAP/SC – AGENTE PENITENCIÁRIO)** Os direitos humanos são denominados com variados termos.

Assinale a alternativa que não é aceita contemporaneamente, por expressar uma ideia ultrapassada sobre o tema:

a) direitos naturais.

b) direitos fundamentais.

c) direitos da pessoa humana.

d) direitos humanos fundamentais.

e) diretos essenciais da humanidade.

A: Os diretos naturais revelam uma concepção jusnaturalista (corrente do pensamento jurídico que indica um direito que provém da natureza – direito natural – existente antes do surgimento do estado, não positivados e válidos em todos os tempos). Atualmente, a expressão está ultrapassada, eis que os direitos humanos não são imutáveis, mas mutáveis, históricos, de modo que se modificam e se criam outros ao longo do tempo.

B: Direitos fundamentais é a expressão que revela direitos inerentes ao ser humano e que estão previstos na Constituição Federal.

C: Direitos da pessoa humana é terminologia usual na doutrina para se referir a um conjunto de direitos inerentes à ideia de dignidade da pessoa humana, liberdade e igualdade e que devem ser protegidos e promovidos pelo Estado.

D: A expressão é utilizada na doutrina atual e decorre da junção de duas terminologias: direitos fundamentais e direitos humanos. Lembrando que a diferença fundamental entre tais terminologias é que os direitos fundamentais são previstos na Constituição Federal e os direitos humanos previstos em Tratados Internacionais.

E: Direitos essenciais da humanidade não é expressão ultrapassada, sendo utilizada genericamente pela doutrina para expressão direitos inerentes ao ser humano.

GABARITO: A.

3. **(FUNCAB – 2016 – SEGEP/MA – AGENTE PENITENCIÁRIO)** Acerca do conceito e estrutura dos direitos humanos, assinale a assertiva correta.

a) Os direitos humanos têm estrutura variada, podendo ser: direito-pretensão, direito-liberdade, direito-poder e, finalmente, direito-imunidade.

246

b) Os direitos humanos são os essenciais e dispensáveis à vida digna.

c) O direito-pretensão consiste na autorização dada por uma norma a uma determinada pessoa, impedindo que outra interfira de qualquer modo.

d) O direito-liberdade implica uma relação de poder de uma pessoa de exigir determinada sujeição do Estado ou de outra pessoa.

e) O direito-poder consiste na busca de algo, gerando a contrapartida de outrem do dever de prestar.

A: Trata-se de classificação do professor André de Carvalho Ramos, o qual explica que os direitos humanos podem ser divididos em quatro espécies, quais sejam: direito-pretensão; direito-liberdade; direito-poder; direito-imunidade.

B: Os direitos humanos são os essenciais à vida digna.

C: O direito-pretensão consiste na busca de algo e, consequentemente, no dever gerado a outrem de prestar. A alternativa tratou do direito de imunidade.

D: O direito-liberdade trata-se da faculdade de agir que gera a ausência de direito de qualquer outro ente ou pessoa. A alternativa tratou do direito-poder.

E: O direito-poder implica uma relação de poder de uma pessoa de exigir uma sujeição do Estado ou de outra pessoa. A alternativa tratou do direito pretensão.

GABARITO: A.

4. **(CESPE – 2013 – PRF – POLICIAL RODOVIÁRIO FEDERAL)** Julgue o próximo item, relativos aos direitos humanos, à responsabilidade do Estado e à Política Nacional de Direitos Humanos.

A aplicação das normas de direito internacional humanitário e de direito internacional dos refugiados impossibilita a aplicação das normas básicas do direito internacional dos direitos humanos.

Certo ( )   Errado ( )

Trata-se das três vertentes de proteção do direito internacional: direito internacional dos direitos humanos, direito humanitário e direito dos refugiados. Registre-se que são áreas independentes, mas não excludentes entre si, só são voltadas para situações específicas – guerra e direito dos refugiados. A aplicação das normas de direito internacional humanitário e de direito internacional dos refugiados possibilita a aplicação das normas básicas do direito internacional dos direitos humanos.

GABARITO: ERRADO.

5. **(CESPE – 2009 – SEJUS/ES – AGENTE PENITENCIÁRIO)** Acerca dos direitos fundamentais, julgue o item a seguir.

Os direitos humanos são irrenunciáveis, de modo que podem até deixar de ser exercidos por seus titulares, os quais, no entanto, jamais podem renunciar a tais direitos.

Certo ( )   Errado ( )

A irrenunciabilidade significa que nem mesmo o consentimento do titular pode validar a violação de seus direitos.

DIREITOS HUMANOS

Não é possível, por exemplo, determinada pessoa dispor do próprio corpo, quando isso importar a diminuição permanente da integridade física, conforme se extrai do art. 13 do código civil.

GABARITO: CERTO.

6. **(VUNESP – 2013 – PC/SP – AUXILIAR DE PAPILOSCOPISTA POLICIAL)** A noção de direitos humanos foi-se expandindo no decorrer da história, de forma que se passou a falar em diferentes "gerações" ou "dimensões" de direitos. As chamadas primeira, segunda e terceira gerações de direitos compreendem alguns direitos assegurados de forma pioneira em relação à fase histórica anterior, dentre os quais podem ser citados, na ordem cronológica de cada geração, os direitos.

a) sociais, à autodeterminação dos povos e econômico.

b) econômico, políticos e ao desenvolvimento.

c) civis, ao desenvolvimento e políticos.

d) políticos, ao meio ambiente sadio e sociais.

e) civis, sociais e à paz.

A: Direitos sociais referem-se aos direitos de 2ª Geração. A autodeterminação dos povos é um exemplo de direito de 3ª Geração e direitos econômicos se referem aos direitos de 2ª Geração.

B: Direitos econômicos referem-se aos direitos de 2ª Geração. Direitos políticos se relacionam com os direitos de 1ª Geração e desenvolvimento é característica dos direitos de 3ª Geração.

C: Direitos civis referem-se aos direitos de 1ª Geração, desenvolvimento é característica dos direitos de 3ª Geração e direitos políticos se referem aos direitos de 1ª Geração.

D: Direitos políticos referem-se aos direitos de 1ª Geração, meio ambiente sadio é exemplo de direito de 3ª Geração e direitos sociais se referem aos direitos de 2ª Geração.

E: A 1ª Geração é caracterizada por direitos civis e políticos, a 2ª Geração por direitos econômicos sociais e culturais e a 3ª geração tem como titular a coletividade, a paz é um exemplo.

GABARITO: E.

7. **(FEPESE – 2019 – DEAP/SC – AGENTE PENITENCIÁRIO)** A eficácia horizontal dos direitos humanos se caracteriza por ser aquela aplicável nas relações entre:

a) particulares.

b) poderes públicos.

c) Estados soberanos.

d) organizações internacionais.

e) o poder público e os particulares.

A eficácia vertical é uma classificação utilizada para representar a relação do Estado e particular, porque o Estado está acima do particular. O estado goza de supremacia em razão de prevalecer o interesse público.

Na eficácia horizontal, os direitos fundamentais devem ser observados entre os particulares, uma vez que estes estão em igualdade. Na eficácia horizontal, não há a presença do Estado.

Por fim, a eficácia diagonal se refere a uma relação entre particulares, muito embora um deles se encontre em posição de superioridade, mas não é o Estado. A doutrina fala em eficácia diagonal nas relações trabalhistas e nas consumeristas.

GABARITO: A.

8. **(FEPESE – 2019 – DEAP/SC – AGENTE PENITENCIÁRIO)** A teoria das gerações ou dimensões dos direitos humanos expõe perspectivas desses direitos em que se incluem em cada geração ou dimensão determinados direitos e princípios.

Conforme essa divisão clássica da doutrina, é correto afirmar:

a) os direitos de segunda geração ou dimensão se referem aos direitos civis e políticos, compreendendo os direitos de liberdade, englobando as liberdades clássicas, negativas ou formais.

b) os direitos de quinta geração ou dimensão consistem na possibilidade de participação na formação da vontade do Estado, retratando os direitos à democracia e à informação.

c) os direitos de quarta geração ou dimensão se caracterizam por condensar os direitos e liberdades civis, políticas, econômicas, sociais e culturais.

d) os direitos de terceira geração ou dimensão consubstanciam como titulares a coletividade, consagrando o princípio da solidariedade e incluindo direitos como o da paz, ao desenvolvimento, ao meio ambiente equilibrado.

e) os direitos de primeira geração ou dimensão são aqueles relativos aos direitos econômicos, sociais e culturais, em que se acentua o princípio da igualdade.

A: A 1ª Geração é caracterizada por direitos civis e políticos.

B: Direitos econômicos referem-se aos direitos de 2ª Geração. Direitos políticos se relacionam com os direitos de 1ª Geração e o desenvolvimento é característica dos direitos de 3ª Geração.

C: Direitos civis referem-se aos direitos de 1ª Geração, desenvolvimento é característica dos direitos de 3ª Geração e direitos políticos se referem aos direitos de 1ª Geração.

D: Direitos políticos referem-se aos direitos de 1ª Geração, meio ambiente sadio é exemplo de direito de 3ª Geração e direitos sociais se referem aos direitos de 2ª Geração.

E: A 1ª Geração é caracterizada por direitos civis e políticos, a 2ª Geração por direitos econômicos sociais e culturais e a 3ª geração tem como titular a coletividade, a paz é um exemplo.

GABARITO: D.

9. **(FEPESE – 2019 – DEAP/SC – AGENTE PENITENCIÁRIO)** Assinale a alternativa **correta** acerca da classificação dos Direitos Humanos em gerações.

a) A quarta geração de direitos é marcada pelos avanços sociais.

b) As liberdades políticas e civis marcam a segunda geração de direitos.

c) A terceira geração de direitos constitui direitos de igualdade.

d) Os direitos de fraternidade, como o progresso e a paz, são elementos dos direitos de primeira geração.

e) A quarta geração de direitos é ligada aos direitos tecnológicos, como o direito de informação.

A: Há divergência da doutrina quanto aos direitos pertencentes a 4ª Geração: Para Paulo Bonavides, resulta da globalização dos direitos humanos, de sua expansão e abertura além--fronteiras. Ex.: direito à democracia, informação e pluralismo. Direitos da solidariedade. De outro lado da doutrina, para Norberto Bobbio: direito à manipulação genética. Engenharia genética, tecnologia.

B: Liberdades políticas e civis são marcos da 1ª Geração de Direitos. Os direitos de 2ª Geração se relacionam com direitos sociais, econômicos e culturais.

Diogo Medeiros

DIREITOS HUMANOS

C: 4ª Geração são direitos difusos, transindividuais. Pertencentes a todos indistintamente. Direito à paz, meio ambiente equilibrado, autodeterminação, direito do consumidor, direito a um serviço público eficiente.

D: Direitos de fraternidade ou solidariedade referem-se a direitos de 4ª Geração.

E: A 4ª Geração, para Norberto Bobbio, é o direito à manipulação genética. engenharia genética, tecnologia.

GABARITO: E.

10. **(CESPE – 2013 – PRF – POLICIAL RODOVIÁRIO FEDERAL)** No que se refere à fundamentação dos direitos humanos e à sua afirmação histórica, julgue o item subsecutivos.

Conforme a teoria positivista, os direitos humanos fundamentam-se em uma ordem superior, universal, imutável e inderrogável.

Certo ( )   Errado ( )

Com a consolidação do Estado constitucional (séculos XIX e XX), os direitos humanos tidos como naturais foram inseridos no corpo da Constituição e das leis, passando a ser considerados direitos positivados.

A Escola Positivista traduziu a ideia de um ordenamento jurídico produzido pelo homem de forma coerente e hierarquizada, que teria em seu topo a Constituição (pressuposto de validade de todas as demais normas). Os direitos humanos foram inseridos na Constituição, obtendo, com isso, um estatuto normativo superior.

Por sua vez, O jusnaturalismo é uma corrente do pensamento jurídico que defende a existência de um conjunto de normas vinculantes anterior e superior ao sistema de normas fixadas pelo Estado (direito posto). Para a doutrina jusnaturalista, é direito o que é natural, isto é, a juridicidade é um dado eterno, imutável e universal, que provém e deve ser descoberto da "natureza".

GABARITO: ERRADO.

11. **(FEPESE – 2019 – DEAP/SC – AGENTE PENITENCIÁRIO)** Assinale a alternativa incorreta sobre os princípios ou especificidades dos direitos humanos.

a) A indivisibilidade dos direitos humanos se refere a que não se pode cindi-los e que devem ser reconhecidos e protegidos unitariamente.

b) A inalienabilidade dos direitos humanos se caracteriza por vedar a sua disposição pecuniária com o objetivo de venda.

c) A imprescritibilidade dos direitos humanos reconhece que o seu exercício se dá no tempo, devendo ser exigido sob pena de perecimento.

d) A irrenunciabilidade dos direitos humanos se refere à vedação da própria pessoa de permitir violações a esses direitos.

e) A proibição do retrocesso representa que os direitos humanos já concretizados e alcançados não podem mais ser suprimidos.

A: Lembrando que é demandado a alternativa incorreta, porquanto a letra A não possui incorreções. Os direitos humanos possuem mesma hierarquia. São incindíveis entre si e, por consequência, não é possível proteger alguns direitos e esquecer os outros.

B: Lembrando que é demandado a alternativa incorreta, porquanto a letra B não possui incorreções. Os direitos (em abstrato) não podem ser objetos de contrato. Direitos humanos não podem ser transferidos ou cedidos (onerosa ou gratuitamente) a outrem, sendo, portanto, indisponíveis e inegociáveis. No entanto, o exercício de direitos pode ser facultativo, sujeito à negociação.

C: A alternativa está incorreta. Os direitos em abstrato não se perdem pelo decurso do tempo. O que pode existir é a prescrição do direito decorrente do exercício dos direitos humanos.

D: Lembrando que é demandado a alternativa incorreta, porquanto a letra B não possui incorreções. A irrenunciabilidade significa que nem mesmo o consentimento do titular pode validar a violação de seus direitos.

E: Também chamados de "efeito cliquet", princípio da proibição da evolução reacionária ou entrincheiramento. Significa que a proteção conquistada na concretização dos direitos não pode ser suprimida por nosso legislador.

GABARITO: C.

12. **(FUNCAB – 2016 – SEGEP/MA – AGENTE PENITENCIÁRIO)** A característica que consiste no reconhecimento de que todos os direitos humanos possuem a mesma proteção jurídica, uma vez que são essenciais para uma vida digna corresponde à:

a) indivisibilidade.

b) universalidade.

c) indisponibilidade.

d) inalienabilidade.

e) imprescritibilidade.

A: Por indivisibilidade, podemos entender que os direitos humanos possuem mesma hierarquia. São incindíveis entre si e, por consequência, não é possível proteger alguns direitos e esquecer os outros.

B: Por universalidade, os direitos humanos conferem titularidade de gozo às pessoas tão somente por ostentarem a condição humana, independentemente de sexo, raça, cor, religião, etnia ou outra condição. A universalidade surge no **pós-segunda guerra mundial** (contrapondo-se à ideia de superioridade de raças proveniente do nazismo), mormente em 1948, com a edição da Declaração Universal de Direitos Humanos ("Declaração de Paris") a qual dispõe que basta a condição humana para a titularidade de direitos – "todos os seres humanos nascem livres e iguais em dignidade e direitos". (Art. 1º DUDH).

C: A irrenunciabilidade significa que nem mesmo o consentimento do titular pode validar a violação de seus direitos.

D: Os direitos (em abstrato) não podem ser objetos de contrato. Direitos humanos não podem ser transferidos ou cedidos (onerosa ou gratuitamente) a outrem, sendo, portanto, indisponíveis e inegociáveis. No entanto, o exercício de direitos pode ser facultativo, sujeito à negociação.

E: Os direitos em abstrato não se perdem pelo decurso do tempo. O que pode existir é a prescrição do direito decorrente do exercício dos direitos humanos. É possível, portanto, desenvolver relações negociais a partir dos direitos humanos (por exemplo: cedendo o direito à imagem na realização de uma propaganda de televisão).

GABARITO: A.

DIREITOS HUMANOS

13. **(FEPESE – 2019 – DEAP/SC – AGENTE PENITENCIÁRIO)** São características da Declaração Universal dos Direitos Humanos:

1. disponibilidade.

2. interdependência.

3. renunciabilidade.

Assinale a alternativa que indica todas as afirmativas corretas.

a) É correta apenas a afirmativa 2.

b) É correta apenas a afirmativa 3.

c) São corretas apenas as afirmativas 1 e 3.

d) São corretas apenas as afirmativas 1 e 2.

e) São corretas as afirmativas 1, 2 e 3.

A: A única característica correta apresentada é a interdependência. Pelo fato dos direitos humanos possuírem a mesma hierarquia (indivisíveis), são incindíveis entre si e, por consequência, não é possível proteger alguns direitos e esquecer os outros (interdependência).

B: A irrenunciabilidade e não renunciabilidade significa que nem mesmo o consentimento do titular pode validar a violação de seus direitos.

C: A terminologia correta seria: indisponibilidade e irrenunciabilidade.

D: A característica correta é a irrenunciabiliadde e indisponibilidade, e não renunciabilidade e disponibilidade.

E: A única característica correta apresentada é a interdependência. Pelo fato dos direitos humanos possuírem a mesma hierarquia (indivisíveis), são incindíveis entre si e, por consequência, não é possível proteger alguns direitos e esquecer os outros (interdependência).

GABARITO: A.

14. **(CESPE – 2009 – SEJUS/ES – AGENTE PENITENCIÁRIO)** Os direitos humanos são irrenunciáveis, de modo que podem até deixar de ser exercidos por seus titulares, os quais, no entanto, jamais podem renunciar a tais direitos.

Certo ( )   Errado ( )

A irrenunciabilidade significa que nem mesmo o consentimento do titular pode validar a violação de seus direitos. Não é possível, por exemplo, determinada pessoa dispor do próprio corpo, quando isso importar a diminuição permanente da integridade física, conforme se extrai do art. 13. do código civil.

GABARITO: CERTO.

15. **(VUNESP – 2013 – PC/SP – AGENTE DE POLÍCIA)** Assinale a alternativa que indica o movimento que tornou mundialmente conhecidos os ideais representativos dos direitos humanos reconhecidos e representados pela liberdade, igualdade e fraternidade.

a) Independência dos Estados Unidos da América.

b) Revolução Francesa.

c) Cristianismo.

d) Catolicismo.

e) Iluminismo.

A: A independência das antigas 13 colônias britânicas da América do Norte em 1776, reunidas primeiro sob a forma de confederação e constituída, em seguida, em Estado Federal, em 1787, representou o ato inaugural da democracia moderna, combinando sob o regime constitucional a representação popular com a limitação de poder governamental e respeito a alguns direitos.

B: A Declaração Francesa dos direitos do homem e do cidadão de 1789 consagrou liberdade, igualdade e fraternidade. Levou a abolição de privilégios de várias castas e a emancipação de poder pelo povo em substituição ao monarca.

C: O Cristianismo contribuiu para os direitos humanos: vários trechos bíblicos que pregam igualdade e solidariedade com o semelhante.

D: O catolicismo, derivação do cristianismo, contribuiu para os direitos humanos: vários trechos bíblicos pregam igualdade e solidariedade com o semelhante, mas ainda não havia menção a essa tríade de direitos que é própria da revolução francesa.

E: O iluminismo, século das luzes, no século XVIII é um movimento que busca a limitação do poder. Na época, o Poder dos governantes era ilimitado.

GABARITO: B.

16. **(VUNESP – 2013 – PC/SP – AUXILIAR DE PAPILOSCOPISTA POLICIAL)** Em 1791, foi editada a Constituição Francesa. O papel do Estado nessa época era, sobretudo, proteger o(a) _____. Contudo, aos poucos, foi-se evidenciando a necessidade de o Estado intervir para garantir a igualdade material entre os indivíduos. Em meados do século XIX, iniciaram-se os(as)_____. Após os efeitos desastrosos da Primeira Guerra Mundial, o Estado passou a intervir na ordem econômica e social. As Constituições de vários países foram reeditadas para passar a contemplar, dentre outros, os direitos dos_____. Assinale a alternativa que completa, correta e respectivamente, as lacunas do texto:

a) direito do trabalho – ideias iluministas – cidadãos.

b) solidariedade – movimentos liberais –indivíduos.

c) liberdade – movimentos comunistas – trabalhadores.

d) igualdade formal –movimentos liberais – cidadãos.

e) igualdade – movimentos comunistas – governantes.

A: Quando da edição da Constituição Francesa, o momento histórico era da Passagem do estado absolutista para o liberal. Fase do constitucionalismo clássico. Séculoulo XVII a séculoulo XIX. Portanto, proteção da liberdade e não direito do trabalho. Posteriormente, no século XIX, nós temos a passagem do estado liberal para o estado social frente às desigualdades sociais existentes. Portanto, iniciaram-se os movimentos comunistas e não iluministas (essas do século XVIII com o valor liberdade). Posteriormente, após a primeira guerra, há uma exploração de mão de obra do trabalhador e temos os direitos dos trabalhadores, como exemplo: A Constituição Mexicana de 1917 e de Weimar de 1919.

B: Solidariedade é marco de direito pós segunda guerra mundial de 3ª geração. Os movimentos liberais surgem no primeiro momento, no século XVIII, com ideais iluministas que se prestam a proteger o indivíduo contra o arbítrio do estado.

C: Quando da edição da Constituição Francesa, o momento histórico era da Passagem do estado absolutista para o liberal. Fase do constitucionalismo clássico. Século XVII a século XIX. Posteriormente, no século XIX, nós temos a passagem do estado liberal para o estado

D HUM

Diogo Medeiros

DIREITOS HUMANOS

social frente às desigualdades sociais existentes. Portanto, iniciaram-se os movimentos comunistas). Em seguida, após a primeira guerra, há uma exploração de mão de obra do trabalhador e temos os direitos dos trabalhadores, como exemplo: A constituição Mexicana de 1917 e de Weimar de 1919.

D: Igualdade na lei ou igualdade formal é direito de 1ª geração, surge no século XVIII, só que os movimentos liberais também são da 1ª geração, assim como a afirmação dos direitos dos cidadãos.

E: Igualdade é marco dos direitos de 2ª geração, nos idos do século XIX e XX. Os movimentos comunistas realmente se iniciam na época assinalada. As ideias de Karl Marx e Friedrich Engels, no Manifesto Comunista, publicado em 1848, apresentavam sugestões econômicas e políticas para uma nova configuração da sociedade: em resumo breve, eliminar as classes sociais e tratar a todos com igualdade. E no pós guerra não há direitos dos governantes, mas dos trabalhadores.

GABARITO: C.

17. **(CESPE – 2013 – PRF – POLICIAL RODOVIÁRIO FEDERAL)** Julgue o próximo item, relativo aos direitos humanos, à responsabilidade do Estado e à Política Nacional de Direitos Humanos.

Caso o Poder Judiciário, ao fundamentar decisão em lei ou norma constitucional interna, descumpra normas internacionais de direitos humanos, o Estado não poderá ser responsabilizado no plano internacional por essa decisão.

Certo ( )   Errado ( )

A responsabilidade do Estado pode derivar de atos do Poder Executivo, Legislativo e Judiciário.

Com relação aos atos do poder judiciário, a sentença é ato como outro qualquer, apenas será analisado se aquela sentença, independentemente de seu conteúdo, violar tratado internacional.

Há ainda um tema muito sensível no caso dos atos do poder judiciário, é o caso da impunidade, que consiste na falta de investigação, persecução criminal, condenação e detenção dos responsáveis pelas violações de direitos humanos: há dever estatal de reprimir a impunidade por todos os meios legais disponíveis, evitando repetições crônicas de violações. O Estado pode ser também responsabilizado, portanto, pela omissão em punir. Lembrando que a obrigação de investigar e punir é de meio e não de resultado.

GABARITO: ERRADO.

18. **(UECE – 2011 – SEPLAGA/CE – AGENTE PENITENCIÁRIO – ADAPTADA)** No que diz respeito ao sistema de proteção internacional dos direitos humanos, é correto afirmar-se que

a) as obrigações internacionais de proteção dos direitos humanos vinculam apenas o governo federal.

b) não pode ser invocado se o Estado brasileiro se mostrar omisso em proteger direitos fundamentais.

c) o Estado não pode se eximir de sua responsabilidade internacional pela violação de obrigações específicas relacionadas com a proteção do direito à vida e à integridade pessoal por motivos de ordem interna.

d) abrange somente o sistema das Nações Unidas e o sistema da Organização dos Estados Americanos.

e) O Brasil é signatário apenas do sistema de proteção global ou onusiano.

A: As obrigações internacionais vinculam todos os entes federativos que compõem a república federativa do Brasil, União, Estados, Distrito Federal e Municípios. Nada obstante se houver violação a direitos humanos, por qualquer desses entes federativos, será a União chamada a responder perante as cortes internacionais. A União atua como ente com personalidade jurídica internacional (art. 21., I, CF – competência para as relações internacionais).

B: A prática do Direito Internacional destaca três elementos da responsabilidade internacional: fato internacionalmente ilícito, resultado lesivo e nexo causal entre o fato e o resultado lesivo. O fato ilícito pode ser causado por ação ou omissão de qualquer dos três poderes: Legislativo, executivo ou judiciário.

C: O Estado brasileiro não pode alegar descumprimento de uma obrigação em face da legislação vigente, eis que quando assina um tratado, pode-se falar basicamente, em duas ordens/ espécies de obrigações estatais:

- Adequação do direito interno – art. 2, 2 PIDCP, art. 2, 1, PIDESC e art. 2º, CADH) – exemplo da Lei Maria da Penha (Lei nº 11.340/2016);
- Respeito e garantia por parte dos Estados.

D: A responsabilidade internacional pode vir de condenação por violação a algum tratado internacional do sistema global ou onusiano e de violação ao sistema americano, da organização dos estados americanos.

E: O Brasil é signatário tanto do sistema de proteção global ou onusiano como também do sistema interamericano das organizações dos estados americanos – OEA.

GABARITO: C.

19. **(CESPE – 2013 – PRF – POLÍCIA RODOVIÁRIO FEDERAL)** Acerca dos direitos de cidadania e do pluralismo jurídico, julgue o item que se segue.

No Brasil, o pluralismo jurídico configura-se, por exemplo, quando da aplicação de regras criadas por membros de organizações criminosas, distintas das regras jurídicas estabelecidas pelo Estado.

Certo ( )   Errado ( )

A questão demandou conhecimento da teoria crítica dos direitos humanos. Pluralismo jurídico é diferente de pluralismo político (fundamento da república federativa do Brasil – art. 1º, V da CF).

O reconhecimento do pluralismo jurídico depende da existência de duas ou mais normas aplicáveis a uma mesma situação, as quais são provenientes de centros produtores distintos. Cada uma delas é tida, no entanto, como válida dentro do seu sistema – o qual deve garantir a execução dessas –, o que ocorre, também, com as regras criadas por membros de organizações criminosas.

GABARITO: CERTO.

DIREITOS HUMANOS

20. **(FUNRIO – 2009 – DEPEN – AGENTE PENITENCIÁRIO)** Os Direitos Humanos também estão inseridos na Constituição da República Federativa do Brasil de 1988, em seus artigos 5º ao 15. Com relação aos Direitos Humanos, é correto afirmar que:

a) ninguém será submetido a tortura nem a tratamento desumano ou degradante

b) é inviolável a liberdade de consciência e de crença, sendo restringido o livre exercício dos cultos religiosos e garantida, na forma da lei, a proteção aos locais de culto e a suas liturgias

c) são invioláveis a intimidade, a vida privada, a honra e a imagem das pessoas, assegurado o direito a indenização pelo dano material ou moral decorrente de sua involução

d) a lei punirá algumas discriminações tipificadas por ela atentatória, ou não, dos direitos e liberdades fundamentais

e) a prática do racismo constitui crime inafiançável e prescritível, sujeito à pena de reclusão, nos termos da lei

A: Literalidade do art. 5º, II da Constituição Federal.

B: O art. 5º, VI, da CF preceitua que é inviolável a liberdade de consciência e de crença, sendo assegurado (e não restringido) o livre exercício dos cultos religiosos e garantida, na forma da lei, a proteção aos locais de culto e a suas liturgias;

C: O art. 5º, X da CF preceitua que são invioláveis a intimidade, a vida privada, a honra e a imagem das pessoas, assegurado o direito à indenização pelo dano material ou moral decorrente de sua violação e não inviolação.

D: O art. 5º, XLI, da CF preceitua que a lei punirá qualquer discriminação atentatória dos direitos e liberdades fundamentais;

E: O art. 5º, XLII, da CF preceitua que a prática do racismo constitui crime inafiançável e imprescritível, sujeito à pena de reclusão, nos termos da lei;

GABARITO: A.

21. **(CESPE – 2017 – PM/AL – SOLDADO)** Acerca do conceito, da abrangência e da evolução dos direitos humanos, julgue o seguinte item.

Uma vez que a concepção de direitos humanos, que visam à promoção da igualdade e da dignidade humana, surgiu com a emergência dos direitos sociais, os direitos individuais – civis e políticos – não são considerados direitos humanos.

Certo ( ) Errado ( )

Os direitos humanos são históricos, ou seja, decorrentes de evoluções históricas em torno de lutas e retrocessos.

Direitos sociais, de 2ª geração e direitos civis, de 1ª geração, se revelam um todo indivisível, sendo que ambos são considerados direitos humanos e, via de regra, não há hierarquia entre esses direitos, devendo o Estado protegê-los e promovê-los em igual medida.

GABARITO: ERRADO.

22. **(CESPE – 2017 – PM/AL – SOLDADO)** O princípio da dignidade humana pode ser considerado um superprincípio: ele rege os direitos humanos no âmbito tanto do direito internacional, quanto do direito interno, com a positivação dos direitos humanos em cada nação.

Certo ( ) Errado ( )

A dignidade da pessoa é o valor central de toda a Constituição Federal. A ideia central dos direitos humanos está justamente na proteção dos direitos de dignidade, liberdade e igualdade. Dessa forma, existe posição doutrinária afirmando que a dignidade é um supraprincípio (ou superprincípio), dado que norteia a aplicação e interpretação dos demais princípios e das regras do ordenamento jurídico, interno e internacional.

GABARITO: CERTO.

23. **(FEPESE – 2013 – DEAP/SC – AGENTE PENITENCIÁRIO)** Assinale a alternativa **correta** em matéria de Direitos Humanos.

   a) A proteção aos Direitos Humanos, no Estado brasileiro, está limitada às relações de trabalho.

   b) O sistema jurídico brasileiro não incorporou nenhuma norma internacional de Direitos Humanos

   c) prevalência dos direitos humanos como vetor de política internacional não obriga sua observância nas relações domésticas.

   d) Pelo fato de o Brasil não ter participado na Segunda Guerra Mundial, a Declaração Universal dos Direitos Humanos não teve reflexo no sistema jurídico interno.

   e) A Constituição de 1988 estabelece a prevalência dos direitos humanos como princípio do Estado brasileiro em suas relações internacionais.

   A: A proteção aos direitos humanos no Ordenamento Jurídico é ampla. Em primeiro, pelo fato da dignidade da pessoa humana ser fundamento da República Federativa do Brasil (art. 1º, III, da CF), além do princípio da prevalência dos direitos humanos nas relações internacionais (art. 4º, II da CF).

   B: Foram incorporados diversos tratados internacionais de direitos humanos no Ordenamento Jurídico, a exemplo da Convenção Americana de Direitos Humanos ou Pacto de São José da Costa Rica, internalizado pelo Decreto nº 678/1992.

   C: A proteção aos valores essenciais do ser humano que norteia os direitos humanos tem duas dimensões: uma interna, na proteção de direitos básicos de qualquer pessoa dentro da nossa esfera territorial e outra externa: na prevalência dos direitos humanos na ordem internacional, quando do trato com outros Estados Soberanos.

   D: A Declaração Universal dos Direitos Humanos surge em 1948, pós segunda guerra Mundial e nossa Constituição Federal é inspirada nos dispositivos da DUDH, sobretudo o art. 5º da CF.

   E: De fato, o art. 4º, II da CF estabelece o princípio da prevalência dos direitos humanos nas relações internacionais.

   GABARITO: E.

24. **(UPENET – 2010 – SERES/PE – AGENTE PENITENCIÁRIO)** A Constituição Federal permite a recepção de tratados internacionais que versem sobre direitos humanos, tratados esses, que, uma vez aprovados pelo legislativo, se equiparam às (aos):

   a) leis ordinárias.

   b) emendas constitucionais.

   c) decretos legislativos.

   d) medidas provisórias.

   e) leis federais.

Diogo Medeiros

DIREITOS HUMANOS

A: Via de regra, o tratado internacional que não tem como conteúdo direitos humanos, quando internalizado no nosso ordenamento jurídico, tem status de lei ordinária, mas não é o caso da questão que demanda o conhecimento de um tratado de direitos humanos.

B: Os tratados internacionais de direitos humanos aprovados com quórum de emenda constitucional, que é de 3/5 em cada casa e em dois turnos, terão força de emenda constitucional, nos termos do art. 5º, §3º da Constituição Federal.

C: Os tratados internacionais podem assumir status de lei ordinária quando não tiverem conteúdo de direitos humanos, equivalente às emendas constitucionais quando de direitos humanos e aprovados na forma do art. 5º, §3º da Constituição Federal ou status supra legal se forem tratados que versem sobre direitos humanos, e que NÃO sejam aprovados com quórum de emenda.

D: Os tratados internacionais podem assumir status de lei ordinária quando não tiverem conteúdo de direitos humanos, equivalente às emendas constitucionais quando de direitos humanos e aprovados na forma do art. 5º, §3º da Constituição Federal ou status supra legal se forem tratados que versem sobre direitos humanos, e que NÃO sejam aprovados com quórum de emenda.

E: Os tratados internacionais podem assumir status de lei ordinária quando não tiverem conteúdo de direitos humanos, equivalente às emendas constitucionais quando de direitos humanos e aprovados na forma do art. 5º, §3º da Constituição Federal ou status supra legal se forem tratados que versem sobre direitos humanos, e que NÃO sejam aprovados com quórum de emenda.

GABARITO: B.

25. **(AROEIRA - 2014 – PC/TO – AGENTE DE POLÍCIA - ADAPTADA)** A respeito da incorporação das normas internacionais ao direito interno brasileiro, a Constituição de 1988 determina que:

   a) compete privativamente ao Presidente da República celebrar tratados, convenções e atos internacionais, sujeitos a referendo do Congresso Nacional.

   b) compete privativamente ao Congresso Nacional resolver definitivamente sobre tratados, acordos ou atos internacionais que acarretem encargos ou compromissos gravosos ao patrimônio nacional.

   c) é da competência exclusiva do Presidente da República celebrar tratados, convenções e atos internacionais, sujeitos a referendo do Congresso Nacional.

   d) é de competência privativa do Congresso Nacional resolver definitivamente as pendências sobre tratados, acordos ou atos internacionais em matéria de direitos humanos.

   e) Nenhuma das alternativas está correta.

   A: O art. 84, VIII, da CF estabelece que é competência privativa do Presidente da República celebrar tratados, convenções e atos internacionais, sujeitos a referendo do Congresso Nacional.

   B: O erro é sutil, mas importante em provas. Compete exclusivamente ao Congresso Nacional (e não privativamente) resolver definitivamente sobre tratados, acordos ou atos internacionais que acarretem encargos ou compromissos gravosos ao patrimônio nacional, nos moldes do art. 49, I, da Constituição Federal.

   C: A competência, segundo o art. 84 da Constituição Federal é privativa e não exclusiva, nos moldes do art. art. 84, VIII, da CF.

D: Compete exclusivamente ao Congresso Nacional (e não privativamente) resolver definitivamente sobre tratados, acordos ou atos internacionais que acarretem encargos ou compromissos gravosos ao patrimônio nacional, nos moldes do art. 49., I, da Constituição Federal. Não há o termo "pendências sobre tratados".

E: Considerando que a assertiva A está correta.

GABARITO: A.

26. **(CESPE – 2013 – PRF – POLICIAL RODOVIÁRIO FEDERAL)** Considerando o disposto na Constituição Federal de 1988 (CF), julgue o item a seguir, relativo aos direitos humanos.

A possibilidade de extensão aos estrangeiros que estejam no Brasil, mas que não residam no país, dos direitos individuais previstos na CF deve-se ao princípio da primazia dos direitos humanos nas relações internacionais do Brasil.

Certo ( )   Errado ( )

O art. 5º, caput, da CF estabelece a titularidade dos direitos fundamentais aos brasileiros e aos estrangeiros residentes no Brasil. A jurisprudência e doutrina demandam uma interpretação extensiva para abarcar qualquer pessoa humana em face da prevalência dos direitos e, também, da característica da universalidade, ou seja, os direitos humanos pertencem a toda e qualquer pessoa, independentemente de qualquer outra condição.

GABARITO: CERTO.

27. **(CESPE – 2016 – PC/PE – AGENTE DE POLÍCIA)** Assinale a opção correta acerca dos princípios fundamentais que regem as relações do Brasil na ordem internacional conforme as disposições da CF.

Em casos de profunda degradação da dignidade humana em determinado Estado, o princípio fundamental internacional da prevalência dos direitos humanos sobrepõe-se à própria soberania do Estado.

Certo ( )   Errado ( )

A dignidade da pessoa humana é considerada um valor constitucional supremo, sendo fundamento da República Federativa do Brasil (art. 1º, III, da Constituição Federal), serve como fundamento para criação jurisprudencial de novos direitos, auxilia na interpretação adequada das características de um determinado direito, cria limites à atuação do Estado e fundamenta um juízo de ponderação entre dois direitos colidentes.

A internacionalização dos direitos humanos, fenômeno pós segunda guerra mundial, trouxe o reflexo de relativização da soberania dos Estados, de modo que estes não podem tudo com base na soberania, principalmente pelo fato de assinar diversos tratados internacionais por meio dos quais se comprometem a respeitar e garantir direitos humanos.

Portanto, no caso de profunda violação da dignidade da pessoa humana, o princípio da prevalência dos direitos humanos pode se sobrepor à ideia de soberania, justamente em razão dessa internacionalização dos direitos humanos.

GABARITO: CERTO.

28. **(FEPESE – 2019 – DEAP/SC – AGENTE PENITENCIÁRIO)** Analise o texto abaixo:

"Com efeito, não é razoável dar aos tratados de proteção de direitos do ser humano (a começar pelo direito fundamental à vida) o mesmo tratamento dispensado, por exemplo, a um acordo comercial de exportação de laranjas ou sapatos, ou a um acordo de isenção de vistos para turistas estrangeiros. À hierarquia de valores, deve corresponder uma hierarquia de normas, nos planos tanto nacional quanto internacional, a serem interpretadas e aplicadas mediante critérios apropriados".

> CANÇADO TRINDADE, Antônio Augusto. Memorial em prol de uma nova mentalidade quanto à proteção dos direitos humanos nos planos internacional e nacional, In, Os Direitos Humanos e o Direito Internacional, org. Carlos Eduardo de Abreu Boucalt e Nadia de Araújo, Rio de Janeiro: Renovar, 1999, p. 53.

Considerando o trecho doutrinário e a disciplina da Constituição da República Federativa do Brasil, a respeito dos tratados internacionais sobre direitos humanos, é **correto** afirmar:

a) os tratados e as convenções internacionais sobre direitos humanos que forem aprovados, em cada Casa do Congresso Nacional, em três turnos, por dois quintos dos votos dos respectivos membros, serão equivalentes às emendas constitucionais.

b) os tratados e as convenções internacionais sobre direitos humanos que forem aprovados no Senado Federal, em dois turnos, por três quintos dos votos dos respectivos membros, serão equivalentes às emendas constitucionais.

c) os tratados internacionais sobre direitos humanos se incorporam no Brasil desde a subscrição pelo Presidente da República em âmbito internacional.

d) prescinde de referendo do Congresso Nacional a celebração de tratados internacionais sobre direitos humanos, para incorporação no ordenamento jurídico brasileiro.

e) desde que o Brasil seja parte, se aplicam no ordenamento jurídico brasileiro os tratados internacionais de direitos humanos de forma imediata.

A: O art. 5º, §3º da Constituição Federal mostra que os tratados e as convenções internacionais sobre direitos humanos que forem aprovados, em cada Casa do Congresso Nacional, em dois turnos (e não três turnos) por três quintos dos votos dos respectivos membros (e não dois quintos), serão equivalentes às emendas constitucionais.

B: O art. 5º, §3º da Constituição Federal mostra que os tratados e as convenções internacionais sobre direitos humanos que forem aprovados, em cada Casa do Congresso Nacional, (e não só no Senado Federal, mas no Senado e também na Câmara dos deputados) em dois turnos e por três quintos dos votos dos respectivos membros, serão equivalentes às emendas constitucionais.

C: Os tratados internacionais têm quatro fases até serem incorporados no ordenamento jurídico brasileiro. A base está na Convenção de Viena. A 1ª Fase: Negociação + assinatura é de competência privativa do Presidente da República (art. 84, VIII, da CF), a 2ª Fase: Referendo congressual/parlamentar. Após a assinatura internacional, o tratado passa pela análise do congresso nacional (art. 49, I, CRFB/88), podendo deliberar por sim ou não, com a emissão de um decreto legislativo. A 3ª Fase: Ratificação trata-se da fase de confirmação do tratado. A ratificação é a confirmação formal por um Estado de que está obrigado a cumprir o tratado. A competência é exclusiva do Presidente da República. Com a ratificação o Estado assume o compromisso perante a esfera internacional e não na ordem interna (nessa fase, a ratificação obriga o Estado com relação às esferas internacionais – ou seja, perante o mundo). A 4ª Fase: Promulgação + Publicação no diário Oficial, passa a produzir efeitos internos no ordenamento jurídico brasileiro.

D: Os tratados internacionais têm quatro fases até serem incorporados no ordenamento jurídico brasileiro. A 2ª Fase: Referendo congressual/parlamentar. Após a assinatura internacional, o tratado passa pela análise do congresso nacional (art. 49, I, CRFB/88), podendo deliberar por sim ou não, com a emissão de um decreto legislativo.

E: Em conformidade com o disposto no art. 5º, §§1º e 2º da Constituição da República:

Art. 5º [...] §1º As normas definidoras dos direitos e garantias fundamentais têm aplicação imediata.

§2º Os direitos e garantias expressos nesta Constituição não excluem outros decorrentes do regime e dos princípios por ela adotados, ou dos tratados internacionais em que a República Federativa do Brasil seja parte.

GABARITO: E.

29. **(AROEIRA – 2014 – PC/TO – ESCRIVÃO DE POLÍCIA – ADAPTADA)** A edição da Emenda Constitucional nº 45, de 2004, inaugurou um novo panorama nos acordos internacionais relativos a direitos humanos na República Federativa do Brasil. Quanto às formalidades exigidas para a incorporação de normas internacionais em geral e tratados de direitos humanos, essa Emenda determina que:

a) os tratados internacionais deverão ser propostos por um terço, no mínimo, dos membros da Câmara dos Deputados ou do Senado Federal para serem admitidos e enviados à votação do Plenário do Congresso Nacional.

b) os tratados e as convenções internacionais sobre direitos humanos que forem aprovados pelo Senado Federal e pela Câmara dos Deputados, em um só turno de discussão e votação, serão equivalentes às emendas constitucionais, após a sanção do Presidente da República.

c) os tratados internacionais deverão ser propostos por um terço, no mínimo, dos membros da Câmara dos Deputados ou do Senado Federal, devendo serem discutidos e votados em cada Casa, em dois turnos, e serão aprovados se obtiverem, em ambas, três quintos dos votos dos seus respectivos membros.

d) os tratados e as convenções internacionais sobre direitos humanos que forem aprovados em cada Casa do Congresso Nacional, em dois turnos, por três quintos dos votos dos respectivos membros, serão equivalentes às emendas constitucionais.

e) os tratados internacionais que não tem como conteúdo direitos humanos tem um status de norma equivalente as emendas constitucionais.

A: Os tratados internacionais têm quatro fases até serem incorporados no ordenamento jurídico brasileiro. A base está na Convenção de Viena. A 1ª Fase: Negociação + assinatura é de competência privativa do Presidente da República (art. 84, VIII, da CF), a 2ª Fase: Referendo congressual/parlamentar. Após a assinatura internacional, o tratado passa pela análise do congresso nacional (art. 49, I, CRFB/88), podendo deliberar por sim ou não, com a emissão de um decreto legislativo. A 3ª Fase: Ratificação trata-se da fase de confirmação do tratado. A ratificação é a confirmação formal por um Estado de que está obrigado a cumprir o tratado. A competência é exclusiva do Presidente da República. Com a ratificação o Estado assume o compromisso perante a esfera internacional e não na ordem interna (Nessa fase, a ratificação obriga o Estado com relação às esferas internacionais – ou seja, perante o mundo). A 4ª Fase: Promulgação + Publicação no diário Oficial, passa a produzir efeitos internos no ordenamento jurídico brasileiro.

DIREITOS HUMANOS

B: O art. 5º, §3º da Constituição Federal mostra que os tratados e as convenções internacionais sobre direitos humanos que forem aprovados, em cada Casa do Congresso Nacional, em dois turnos (e não só um turno) e por três quintos dos votos dos respectivos membros, serão equivalentes às emendas constitucionais.

C: Os tratados internacionais têm quatro fases até serem incorporados no ordenamento jurídico brasileiro. A 1ª Fase: Negociação + assinatura é de competência privativa do Presidente da República (art. 84, VIII, da CF), que passa para a 2ª Fase: Referendo congressual/parlamentar. Após a assinatura internacional, o tratado passa pela análise do congresso nacional (art. 49., I, CRFB/88), podendo deliberar por sim ou não, com a emissão de um decreto legislativo.

D: Literalidade do art. 5º, §3º da CF: os tratados e as convenções internacionais sobre direitos humanos que forem aprovados, em cada Casa do Congresso Nacional, em dois turnos e por três quintos dos votos dos respectivos membros, serão equivalentes às emendas constitucionais.

E: Os tratados internacionais que não têm como conteúdo direitos humanos são internalizados no nosso Ordenamento Jurídico como equivalentes às leis ordinárias.

GABARITO: D.

30. **(CESPE – 2013 – PRF – POLICIAL RODOVIÁRIO FEDERAL)** Com base na Constituição Federal de 1988 (CF), julgue o item a seguir, relativo aos direitos humanos.

Equivalem às normas constitucionais originárias os tratados internacionais sobre direitos humanos aprovados, em cada casa do Congresso Nacional, em dois turnos, por três quintos dos votos dos respectivos membros.

Certo ( )   Errado ( )

O art. 5º, §3º da CF mostra que os tratados e as convenções internacionais sobre direitos humanos que forem aprovados, em cada Casa do Congresso Nacional, em dois turno se por três quintos dos votos dos respectivos membros, serão equivalentes às emendas constitucionais.

Considerando, portanto, que serão equivalentes às emendas constitucionais é sinônimo de que serão normas constitucionais derivadas pelo fenômeno da reforma constitucional e não norma constitucional originária.

GABARITO: ERRADO.

31. **(FUNCAB – 2016 – SEGEP/MA – AGENTE PENITENCIÁRIO)** De acordo com a Constituição Federal de 1988, que versa sobre a aplicação das leis que tratam sobre direitos humanos, assinale a assertiva correta.

a) Os tratados e convenções internacionais sobre direitos humanos que forem aprovados, em cada Casa do Congresso Nacional, em dois turnos, por três quintos dos votos dos respectivos membros, serão equivalentes às leis complementares.

b) Os tratados e convenções internacionais sobre direitos humanos que forem aprovados, em cada Casa do Congresso Nacional, em dois turnos, por maioria absoluta dos votos dos respectivos membros, serão equivalentes às emendas constitucionais.

c) Os tratados e convenções internacionais sobre direitos humanos que forem aprovados, em cada Casa do Congresso Nacional, em dois turnos, por três quintos dos votos dos respectivos membros, serão equivalentes às emendas constitucionais.

d) Os tratados e convenções internacionais sobre direitos humanos que forem aprovados, em cada Casa do Congresso Nacional, em único turno, por três quintos dos votos dos respectivos membros, serão equivalentes às emendas constitucionais.

e) Os tratados e convenções internacionais sobre direitos humanos que forem aprovados, em cada Casa do Congresso Nacional, em dois turnos, por três quintos dos votos dos respectivos membros, serão equivalentes às leis ordinárias.

A: O art. 5º, §3º da CF mostra que os tratados e as convenções internacionais sobre direitos humanos que forem aprovados, em cada Casa do Congresso Nacional, em dois turnos e por três quintos dos votos dos respectivos membros, serão equivalentes às emendas constitucionais e não leis complementares.

B: O art. 5º, §3º da CF mostra que os tratados e as convenções internacionais sobre direitos humanos que forem aprovados, em cada Casa do Congresso Nacional, em dois turnos e por três quintos dos votos dos respectivos membros (e não por maioria absoluta), serão equivalentes às emendas constitucionais e não leis complementares.

C: O art. 5º, §3º da CF mostra que os tratados e as convenções internacionais sobre direitos humanos que forem aprovados, em cada Casa do Congresso Nacional, em dois turnos e por três quintos dos votos dos respectivos membros, serão equivalentes às emendas constitucionais.

D: O art. 5º, §3º da CF mostra que os tratados e as convenções internacionais sobre direitos humanos que forem aprovados, em cada Casa do Congresso Nacional, em dois turnos (e não único turno) e por três quintos dos votos dos respectivos membros, serão equivalentes às emendas constitucionais e não leis complementares.

E: O art. 5º, §3º da CF mostra que os tratados e as convenções internacionais sobre direitos humanos que forem aprovados, em cada Casa do Congresso Nacional, em dois turnos e por três quintos dos votos dos respectivos membros, serão equivalentes às emendas constitucionais e não leis ordinárias.

GABARITO: C.

32. **(CESPE – 2013 – PRF – POLICIAL RODOVIÁRIO FEDERAL)** Julgue o próximo item, relativo aos direitos humanos, à responsabilidade do Estado e à Política Nacional de Direitos Humanos.

O sistema global de proteção dos direitos humanos foi instaurado pela Carta Internacional dos Direitos Humanos.

Certo ( )   Errado ( )

O sistema global ou onusiano que tem como marco na criação da ONU em 1945. A Carta Internacional dos Direitos Humanos (também chamada de "International Bill of Human rights"), abrange três importantes documentos internacionais, os quais compõem o mosaico protetivo mínimo dos direitos humanos (expressão do doutrinador Valério Mazzuoli):

Declaração Universal de Direitos Humanos de 1948;

Pacto Internacional de Direitos Civis e Políticos, 1966;

Pacto Internacional de Direitos Econômicos, sociais e culturais, 1966.

GABARITO: CERTO.

DIREITOS HUMANOS

33. **(FEPESE – 2013 – DEAP/SC – AGENTE PENITENCIÁRIO)** Assinale a alternativa que contempla a instituição que criou a Declaração Universal dos Direitos Humanos.

a) Mercosul.

b) Comunidade Europeia.

c) Organização do Tratado Norte.

d) Organização das Nações Unidas.

e) Organização dos Estados Americanos.

A: O Mercosul é uma organização intergovernamental e estabelece uma integração, inicialmente econômica, configurada atualmente em uma união aduaneira, na qual há livre-comércio intrazona e política comercial comum entre os países-membros.

B: A Comunidade Europeia trata de cooperação económica, de infraestrutura jurídica e funcional da União Europeia:

C: Organização do Tratado do Atlântico Norte (OTAN) é uma aliança militar intergovernamental baseada no Tratado do Atlântico Norte, que foi assinado em 4 de abril de 1949.

D: A declaração universal dos direitos humanos, aprovada em 1948, está inserida no sistema global ou onusiano. A ONU foi inaugurada pela Carta de São Francisco, em 1945.

E: A organização dos estados americanos constitui-se em sistema regional que o Brasil também faz parte. Todavia a Declaração Universal dos Direitos Humanos está inserida no sistema global ou onusiano.

GABARITO: D.

34. **(IBFC – 2014 – SEAP/MG – AGENTE PENITENCIÁRIO – ADAPTADA)** Complete as lacunas, de acordo com a alternativa que reflete o texto da Declaração Universal dos Direitos Humanos: "Artigo I - Todas as pessoas nascem livres e iguais em _____. São dotadas de razão e _____ e devem agir em relação umas às outras com espírito de _____."

a) Dignidade e direitos – consciência – fraternidade.

b) Direitos e deveres – liberdade – solidariedade.

c) Direitos e obrigações – convicção – solidariedade.

d) Dignidade e obrigações – consciência – harmonia.

e) Direitos e dignidade – fraternidade – consciência.

A: O art. 1º da DUDH preceitua que Todos os seres humanos nascem livres e iguais em dignidade e direitos. São dotados de razão e consciência e devem agir em relação uns aos outros com espírito de fraternidade.

B: Erro muito comum nas bancas de concurso é trocar fraternidade por solidariedade no final do art. 1º da DUDH.

C: A alternativa trocou consciência por convicção, além de direitos e obrigações e solidariedade não corresponderem com a dicção legal do art. 1º da DUDH.

D: O art. 1º da DUDH não fala em dignidade e obrigações e também não há menção a espírito de harmonia, mas espírito de fraternidade.

E: A assertiva trocou a ordem da fraternidade e da consciência.

GABARITO: A.

35. **(FEPESE – 2013 – DEAP/SC – AGENTE PENITENCIÁRIO)** Qual o documento que, em 1993, reiterou os termos da Declaração Universal dos Direitos Humanos de 1948?

a) Protocolo Aditivo de Roma.

b) Protocolo Auxiliar de Bruxelas.

c) Declaração de Direitos Humanos de Ohio.

d) Declaração de Direitos Humanos de Viena.

e) Declaração de Direitos Humanos de Havana.

A: Protocolo de Roma tratou de questões econômicas em 1934, no período entre guerras.

B: Não compreende tema de direitos humanos.

C: Não compreende tema de direitos humanos.

D: A Declaração de Direitos Humanos de Viena é resultado da Conferência de Viena para Direitos Humanos, de 1993, que ganhou destaque entre as Conferências Mundiais por avançar conceitualmente em vários temas, por exemplo: a consolidação dos direitos humanos como tema global e a consagração da universalidade, indivisibilidade e interdependência dos direitos humanos após a polarização da Guerra Fria. Nesse sentido, a declaração reafirma e atualiza os termos da Declaração Universal dos Direitos Humanos de 1948.

E: Não compreende tema de direitos humanos.

GABARITO: D.

36. **(FEPESE – 2013 – DEAP/SC – AGENTE PENITENCIÁRIO)** Assinale a alternativa **correta** acerca da Declaração Universal dos Direitos Humanos.

a) De caráter puramente econômico, não trouxe grandes mudanças nos paradigmas de proteção.

b) A Declaração Universal dos Direitos Humanos assegurou a participação dos países mais pobres e em desenvolvimento nos órgãos internacionais, tais como a ONU.

c) Foi proclamada pela OEA, Organização dos Estados Americanos, logo após a Primeira Guerra Mundial.

d) A Declaração Universal dos Direitos Humanos inspirou a inclusão dos seus princípios em cartas constitucionais ao longo do mundo.

e) A Declaração Universal dos Direitos Humanos foi o grande documento para o final da Guerra Fria entre Estados Unidos e Rússia.

A: A Carta da ONU na Conferência de São Francisco de 1945, não trouxe um rol de direitos considerados essenciais, razão pela qual, em 1948, foi aprovada, sob a forma de Resolução da Assembleia Geral da ONU (resolução 217 A-III), a Declaração Universal de Direitos Humanos ou Declaração de Paris trazendo um rol de direitos de 1ª e 2ª geração, de forma indivisível, no corpo do mesmo texto.

B: A alternativa induz que a ONU seria um país, o que não é verdade, trata-se de uma organização internacional com personalidade jurídica.

C: A DUDH surge no pós-segunda guerra mundial, sendo reconhecida como o marco normativo fundamental na internacionalização de direitos humanos e se insere no sistema global ou onusiano e não no sistema regional americano.

D HUM

DIREITOS HUMANOS

D: A DUDH é fonte normativa para criação de outros tratados internacionais e fonte normativa para criação de diversas leis internas dos países. A exemplo, a nossa Constituição Federal, no art. 5º, repete vários dispositivos da DUDH.

E: A Guerra Fria surge no final da 2ª Guerra Mundial, assim como a DUDH, portanto este documento surge no início da guerra fria e não no final.

GABARITO: D.

37. **(FEPESE – 2017 – PC/SC – AGENTE DE POLÍCIA CIVIL)** É correto afirmar sobre a Declaração Universal dos Direitos Humanos.

   a) A proteção à opinião política é reduzida em razão da salvaguarda das liberdades.

   b) Todos os seres humanos nascem livres e iguais em dignidade e em direitos.

   c) O caráter laico do Estado dispensa proteção ao direito de religião.

   d) Por não possuir natureza comercial, não há previsão de proteção e satisfação de direitos econômicos.

   e) A Declaração somente protege direitos de cidadãos residentes em países ou territórios plenamente livres e soberanos.

   A: O art. 2º, item 1 da DUDH preceitua que "todo ser humano tem capacidade para gozar os direitos e as liberdades estabelecidos nesta Declaração, sem distinção de qualquer espécie, seja de raça, cor, sexo, língua, religião, opinião política ou de outra natureza, origem nacional ou social, riqueza, nascimento, ou qualquer outra condição".

   B: O art. 1º da DUDH mostra que "Todos os seres humanos nascem livres e iguais em dignidade e direitos. São dotados de razão e consciência e devem agir em relação uns aos outros com espírito de fraternidade."

   C: O art. 18 da DUDH mostra que "Todo ser humano tem direito à liberdade de pensamento, consciência e religião; esse direito inclui a liberdade de mudar de religião ou crença e a liberdade de manifestar essa religião ou crença pelo ensino, pela prática, pelo culto em público ou em particular".

   D: O art. 22 da DUDH trata de direitos econômicos (2ª geração). Vejamos: Todo ser humano, como membro da sociedade, tem direito à segurança social, à realização pelo esforço nacional, pela cooperação internacional e de acordo com a organização e recursos de cada Estado, dos direitos econômicos, sociais e culturais indispensáveis à sua dignidade e ao livre desenvolvimento da sua personalidade.

   E: Uma das características da DUDH é sua universalidade, válida para todo e qualquer ser humano. O art. 2º, item 1 aduz que: "Todo ser humano tem capacidade para gozar os direitos e as liberdades estabelecidos nesta Declaração, sem distinção de qualquer espécie, seja de raça, cor, sexo, língua, religião, opinião política ou de outra natureza, origem nacional ou social, riqueza, nascimento, ou qualquer outra condição".

   GABARITO: B.

38. **(FEPESE – 2017 – PC/SC – AGENTE DE POLÍCIA)** É **correto** afirmar sobre a Declaração Universal dos Direitos Humanos.

   a) Admite-se a tortura, excepcionalmente, para se penalizar crimes hediondos.

   b) É vedada a escravatura, porém, admite-se a servidão de pessoas até dezoito anos.

c) Todo acusado deverá ser considerado culpado até que se prove a sua inocência.

d) Não se admite a prisão, a detenção ou o exílio arbitrário.

e) É obrigação dos Estados signatários da Declaração instituírem tribunais parciais e dependentes.

A: O 5º da DUDH menciona que ninguém será submetido à tortura, nem a tratamento ou castigo cruel, desumano ou degradante.

B: O art. 4º da DUDH menciona que ninguém será mantido em escravidão ou servidão; a escravidão e o tráfico de escravos serão proibidos em todas as suas formas.

C: O art. 11, item 1 da DUDH mostra que todo ser humano acusado de um ato delituoso tem o direito de ser presumido inocente até que a sua culpabilidade tenha sido provada de acordo com a lei, em julgamento público no qual lhe tenham sido asseguradas todas as garantias necessárias à sua defesa.

D: O art. 9º da DUDH mostra que ninguém será arbitrariamente preso, detido ou exilado.

E: O art. 10 da DUDH menciona que todo ser humano tem direito, em plena igualdade, a uma justa e pública audiência por parte de um tribunal independente e imparcial, para decidir seus direitos e deveres ou fundamento de qualquer acusação criminal contra ele.

GABARITO: D.

39. **(CESPE – 2013 – PRF – POLICIAL RODOVIÁRIO FEDERAL)** Julgue o próximo item, relativos aos direitos humanos, à responsabilidade do Estado e à Política Nacional de Direitos Humanos.

A Política Nacional de Direitos Humanos contempla medidas voltadas à proteção dos direitos civis, tais como os projetos que tratam da parceria entre pessoas do mesmo sexo e da obrigatoriedade de atendimento do aborto legal pela rede pública de saúde.

Certo ( )   Errado ( )

Os dois temas referem-se à proteção de direitos civis e foram abordados pelo PNDH 3. O atendimento do aborto legal foi trazido pelo Eixo IV (Segurança Pública, Acesso à Justiça e Combate à Violência), na Diretriz 17, Objetivo estratégico II, Ação programática "g", que estabelece: "Implementar mecanismos de monitoramento dos serviços de atendimento ao aborto legalmente autorizado, garantindo seu cumprimento e facilidade de acesso".

A união civil entre pessoas do mesmo sexo veio consignada no Eixo III (Universalizar Direitos em um Contexto de Desigualdades), Diretriz 10, Objetivo Estratégico V, Ação programática «b», que trata de: "Apoiar projeto de lei que disponha sobre a união civil entre pessoas do mesmo sexo".

GABARITO: CERTO.

40. **(CESPE – 2015 – DEPEN – AGENTE PENITENCIÁRIO)** Aprovado em 2009, o terceiro Programa Nacional de Direitos Humanos (PNDH-3) assenta-se nos seguintes eixos orientadores: interação democrática entre Estado e sociedade civil; desenvolvimento e direitos humanos; universalização dos direitos em um contexto de desigualdades; segurança pública, acesso à justiça e combate à violência; educação e cultura em direitos humanos; direito à memória e à verdade. A respeito desse assunto, julgue o item que se segue.

Uma importante diretriz do PNDH-3 refere-se ao combate à violência institucional, com ênfase na erradicação da tortura e na redução da letalidade policial e carcerária.

Certo ( )   Errado ( )

DIREITOS HUMANOS

O combate à violência institucional, com ênfase na erradicação da tortura e na redução da letalidade policial e carcerária foi tratado no Eixo número IV: Eixo Orientador IV: Segurança Pública, Acesso à Justiça e Combate à Violência, na diretriz b° 14, no bojo do Decreto n° 7.037/2009

GABARITO: CERTO.

41. **(FUNIVERSA – 2015 – SEAP/DF – AGENTE PENITENCIÁRIO)** Com relação aos direitos humanos, julgue o item.

Entre as diretrizes do Programa Nacional de Direitos Humanos (PNDH-3), não estão inseridas, entre os direitos humanos, a promoção e a proteção dos direitos ambientais.

Certo ( )   Errado ( )

No Eixo Orientador II: Desenvolvimento e Direitos Humanos, a diretriz 4 trata da efetivação de modelo de desenvolvimento sustentável, com inclusão social e econômica, ambientalmente equilibrado e tecnologicamente responsável, cultural e regionalmente diverso, participativo e não discriminatório.

GABARITO: ERRADO.

42. **(FEPESE – 2019 – DEAP/SC – AGENTE PENITENCIÁRIO)** O Programa Nacional de Direitos Humanos (PNDH-3), aprovado pelo Decreto n° 7.037, de 21 de dezembro de 2009, é estruturado em eixos orientadores que contêm suas respectivas diretrizes.

Nesse contexto normativo, estão incluídas no Eixo Orientador IV, que trata da Segurança Pública, Acesso à Justiça e Combate à Violência, as seguintes diretrizes:

a) Garantia dos Direitos Humanos de forma universal, indivisível e interdependente, assegurando a cidadania plena; Promoção dos direitos de crianças e adolescentes para o seu desenvolvimento integral, de forma não discriminatória, assegurando seu direito de opinião e participação; Combate às desigualdades estruturais; Garantia da igualdade na diversidade.

b) Efetivação das diretrizes e dos princípios da política nacional de educação em Direitos Humanos para fortalecer uma cultura de direitos; Fortalecimento dos princípios da democracia e dos Direitos Humanos nos sistemas de educação básica, nas instituições de ensino superior e nas instituições formadoras; Reconhecimento da educação não formal como espaço de defesa e promoção dos Direitos Humanos; Promoção da Educação em Direitos Humanos no serviço público; Garantia do direito à comunicação democrática e ao acesso à informação para consolidação de uma cultura em Direitos Humanos.

c) Interação democrática entre Estado e sociedade civil como instrumento de fortalecimento da democracia participativa; Fortalecimento dos Direitos Humanos como instrumento transversal das políticas públicas e de interação democrática; Integração e ampliação dos sistemas de informações em Direitos Humanos e construção de mecanismos de avaliação e monitoramento de sua efetivação.

d) Democratização e modernização do sistema de segurança pública; Transparência e participação popular no sistema de segurança pública e justiça criminal; Prevenção da violência e da criminalidade e profissionalização da investigação de atos criminosos; Combate à violência institucional, com ênfase na erradicação da tortura e na redução da letalidade policial e carcerária; Garantia dos direitos das vítimas de crimes e de proteção das pessoas ameaçadas; Modernização da política de execução penal, priorizando a aplicação de penas e medidas alternativas à privação de liberdade e melhoria do sistema penitenciário; Promoção de sistema de justiça mais acessível, ágil e efetivo, para o conhecimento, a garantia e a defesa de direitos.

e) Efetivação de modelo de desenvolvimento sustentável, com inclusão social e econômica, ambientalmente equilibrado e tecnologicamente responsável, cultural e regionalmente diverso, participativo e não discriminatório; Valorização da pessoa humana como sujeito central do processo de desenvolvimento; Promoção e proteção dos direitos ambientais como Direitos Humanos, incluindo as gerações futuras como sujeitos de direitos.

A: A alternativa descreve as diretrizes do eixo orientador número III: Universalizar direitos em um contexto de desigualdades.

B: A alternativa descreve as diretrizes do eixo orientador número V: Educação e Cultura em Direitos Humanos.

C: A alternativa descreve as diretrizes do Eixo Orientador I: Interação democrática entre Estado e sociedade civil.

D: A alternativa descreve corretamente todas as diretrizes do eixo orientador número IV: Segurança Pública, Acesso à Justiça e Combate à Violência.

E: A alternativa descreve as diretrizes do Eixo Orientador II: Desenvolvimento e Direitos Humanos.

GABARITO: D.

43. **(CESPE – 2015 – DEPEN – AGENTE PENITENCIÁRIO)** A Constituição Federal de 1988 (CF) simboliza, sob o ponto de vista jurídico-político, a consumação do processo de reconstrução democrática do Brasil. Direitos humanos e direitos fundamentais nela foram inscritos com tal vigor que lhe renderam a denominação de Constituição Cidadã. É nessa perspectiva de fortalecimento do espírito de cidadania que se devem situar programas, instituições e organismos como o terceiro Programa Nacional de Direitos Humanos (PNDH–3), a PNPS, o SNPS, o Conselho Nacional de Política Criminal e Penitenciária e o Conselho Penitenciário.

De acordo com os dispositivos constitucionais que abordam os direitos humanos e os direitos fundamentais, e considerando os objetivos e as diretrizes dos programas e órgãos acima mencionados, julgue o item subsequente.

Entre outras, assegura-se aos presos a garantia do respeito à sua integridade moral.

Certo ( )   Errado ( )

A Constituição Federal, no art. 5º, XLIX, preceitua que

Todos são iguais perante a lei, sem distinção de qualquer natureza,

garantindo-se aos brasileiros e aos estrangeiros residentes no País a

inviolabilidade do direito à vida, à liberdade, à igualdade, à segurança

e à propriedade, nos termos seguintes:

Art. 5º, XLIX, da CF – é assegurado aos presos o respeito à integridade física e moral;

GABARITO: CERTO.

DIREITOS HUMANOS

ÉTICA

ANDRÉ ADRIANO

ÉTICA

1. **(CESPE – 2020 – MPE/CE – TÉCNICO)** A respeito de moral, ética e valores, julgue o item que se segue. O imperativo categórico, para ser considerado ético, deve limitar-se a determinado grupo social e, portanto, não possuir caráter universal.

Certo ( )   Errado ( )

O conceito de imperativo categórico ou imperativo incondicional foi criado pelo filósofo Immanuel Kant como elemento central de sua teoria ética. Podemos entender esse conceito a partir da ideia do autor de que devemos nos comportar de uma maneira que desejamos que se torne universal, ou seja: nossa ação deve ser tomada como padrão para a ação de todas as demais pessoas. Assim, a assertiva se apresenta absolutamente incorreta, pois o imperativo categórico não se limita a um determinado grupo social, mas a toda a sociedade. Uma dica que pode ajudar é que ao ligar o imperativo ao conceito de ética, já é possível concluir que a questão está errada, pois a ética é universal.

GABARITO: ERRADO.

2. **(CESPE – 2020 – MPE/CE – TÉCNICO)** A respeito de moral, ética e valores, julgue o item que se segue. Os valores éticos possuem origem na natureza e são independentes da cultura social.

Certo ( )   Errado ( )

A ética e os seus valores são essencialmente uma construção social. Portanto, a questão está incorreta. A construção de valores é uma atividade típica da cultura social e, por conseguinte, depende dela. O correto seria dizer que, na verdade, os valores éticos não possuem origem na natureza, pois são dependentes da cultura social.

GABARITO: ERRADO.

3. **(CESPE – 2020 – MPE/CE – TÉCNICO)** A respeito de moral, ética e valores, julgue o item que se segue. A tradição é um dos elementos que formam a moral de uma sociedade.

Certo ( )   Errado ( )

O conceito de moral decorre de expressão latina *moraãlis no sentido do que é relativo aos costumes (HOUAISS, p. 1316). Diante desse quadro, podemos estabelecer que a tradição – entendida como o legado de crenças, técnicas, formas de comportamento –, pode ser considerada como um dos elementos formadores da moral de uma dada sociedade. Afinal, uma tradição que decorra dos costumes locais caracteriza, por consequência, um dos pilares da própria ideia de moral.*

GABARITO: CERTO.

4. **(CESPE – 2020 – MPE/CE – TÉCNICO)** A respeito de moral, ética e valores, julgue o item que se segue. Os valores éticos são imutáveis em relação ao tempo.

Certo ( )   Errado ( )

Embora seja comum afirmar que a ética é imutável, pois constitui a parte da filosofia responsável pelo estudo do comportamento humano, a questão refere-se não propriamente à ética, mas sim aos valores éticos, isto é, as construções axiológicas (valorativas) que são feitas a partir da ética propriamente dita. Assim, sem negar a imutabilidade da ética, é possível dizer que os valores construídos a partir do seu estudo são mutáveis. Um exemplo: a partir dos mesmos pressupostos éticos propostos por Aristóteles, podemos notar uma mudança nos valores deles decorrentes, pois os *valores éticos de então permitiam a existência da escravidão, enquanto os nossos atuais valores éticos não mais admitem a existência desse tipo de coisificação do ser humano.*

GABARITO: ERRADO.

5. **(CESPE – 2019 – PREFEITURA DE BOA VISTA – PROCURADOR)** Acerca de ética no serviço público, moral e exercício da cidadania, julgue o item a seguir. Com o objetivo de promover padrões éticos de moralidade e de probidade no serviço público, o STF, mediante a instituição de súmula vinculante, vedou a prática do nepotismo.

Certo ( )   Errado ( )

A súmula vinculante constitui um precedente jurisprudencial do Supremo Tribunal Federal apto a vincular todo o Poder Judiciário e a função administrativa tanto do Poder Executivo quanto do Poder Legislativo. Uma das mais importantes súmulas vinculantes é justamente a Súmula Vinculante 13, que vedou nos três poderes e em todas as esferas da federação (legislativo, executivo e judiciário) a contração de parentes das autoridades para os cargos em comissão, que são aqueles que não existem concurso público, sendo de nomeação livre. Desse modo, o STF materializou importante valor ético decorrente da moralidade e da probidade do serviço em uma determinação para toda a administração pública, pois a prática – uma vez que não era proibida expressamente por lei – era extremamente comum. Eis o teor da Súmula: "A nomeação de cônjuge, companheiro ou parente em linha reta, colateral ou por afinidade, até o terceiro grau, inclusive, da autoridade nomeante ou de servidor da mesma pessoa jurídica investido em cargo de direção, chefia ou assessoramento, para o exercício de cargo em comissão ou de confiança ou, ainda, de função gratificada na administração pública direta e indireta em qualquer dos poderes da União, dos Estados, do Distrito Federal e dos Municípios, compreendido o ajuste mediante designações recíprocas, viola a Constituição Federal."

GABARITO: CERTO.

6. **(CESPE – 2018 – MPE/PI – ANALISTA)** A respeito da ética, da moral, de valores e democracia, julgue o item a seguir. Além de demandar a obediência a valores e normas de conduta, a solução dos problemas éticos na administração pública requer um padrão transparente e previsível de procedimentos.

Certo ( )   Errado ( )

Como conta a história, à mulher de César não basta ser honesta, precisa parecer honesta. A transparência, que se pode chamar tecnicamente de publicidade aos olhos do direito, e a previsibilidade, que representa, em verdade, a legalidade, constituem parte essencial dos princípios que regulam o funcionamento da administração pública. Desse modo, a resolução dos problemas éticos requer a observância de todos os princípios administrativos. Não basta, por exemplo, agir com moralidade administrativa. Ela deve decorrer da fiel observância à lei e da publicidade necessária do ato.

GABARITO: CERTO.

7. **(CESPE – 2018 – MPE/PI – ANALISTA)** Com relação aos princípios e aos valores éticos e morais no serviço público, julgue o seguinte item. As ações éticas são aquelas realizadas racionalmente pelo ser humano em busca do bem, à luz de princípios morais, e que podem enunciar normas do dever ser de determinados grupos sociais em seus diferentes contextos, para atingir fins morais.

Certo ( )   Errado ( )

André Adriano

ÉTICA

A questão tenta confundir o aluno ao relacionar ações éticas com princípios morais e grupos sociais. Substituindo na leitura a expressão 'ações éticas' por 'valores éticos', chegamos ao mesmo objetivo da questão: enquanto a ética é o estudo do comportamento moral dos indivíduos, e assim, como parte da filosofia, apresenta-se universal e imutável, a priori, seus valores podem direcionar o comportamento de determinados grupos sociais para que haja o atingimento de fins morais. Normalmente esse objetivo se dá por meio do cumprimento de regras decorrentes do emprego da razão na formação de valores éticos, que acabam levando ao estabelecimento de costumes.

GABARITO: CERTO.

8. **(CESPE – 2018 – MPE/PI – ANALISTA)** A respeito da ética, da moral, de valores e democracia, julgue o item a seguir. Moral, vocábulo herdado do latim, e ética, do grego, identificam conceitos que exprimem um conjunto de regras de conduta que se espera que sejam adotadas.

Certo ( )   Errado ( )

Embora o significado corrente de ética e moral seja diferente, a origem etimológica dos termos é exatamente a mesma: ambos exprimem um conjunto de regras de conduta as quais se espera que sejam adotadas. O motivo da diferença no nome é unicamente a origem linguística: enquanto a ética, mais antiga, deriva do grego, a moral deriva do latim. Voltando ao significado, lembre-se que enquanto a ética é um ramo da filosofia que representa o estudo do comportamento humano, a moral cuida da conduta efetivamente realizada, no aspecto prático, variando de acordo com o grupo social em que é analisada.

GABARITO: CERTO.

9. **(CESPE – 2019 – PRF – POLICIAL RODOVIÁRIO FEDERAL)** A respeito de ética no serviço público, julgue o item a seguir. No estrito exercício de sua função, o servidor público deve nortear-se por primados maiores — como a consciência dos princípios morais, o zelo e a eficácia —; fora dessa função, porém, por estar diante de situação particular, não está obrigado a agir conforme tais primados.

Certo ( )   Errado ( )

A primeira regra deontológica do Código de Ética Profissional do Servidor Público Civil, do Poder Executivo Federal, já prevê que a dignidade, o decoro, o zelo, a eficácia e a consciência dos princípios morais devem nortear o servidor público, seja no exercício do cargo ou função ou mesmo fora dele. Os atos, os comportamentos e as atitudes do servidor público representam, mesmo fora da função, o próprio Estado. Consequentemente, os princípios éticos-profissionais do serviço público devem ser aplicados não só durante a atuação como servidor, mas também, em alguma medida, fora das atribuições funcionais.

GABARITO: ERRADO.

10. **(CESPE – 2019 – PRF – POLICIAL RODOVIÁRIO FEDERAL)** A respeito de ética no serviço público, julgue o item a seguir. Servidor público que, no exercício da função pública, desviar outro servidor para atender a seu interesse particular, ou, movido pelo espírito de solidariedade, for conivente com prática como essa, poderá ser submetido à Comissão de Ética.

Certo ( )   Errado ( )

A questão está correta. Ser, em função de seu espírito de solidariedade, conivente com erro ou infração ética, ou seja, deixar de punir ou notificar a autoridade competente para fazê-lo e desviar servidor público para atender a interesse particular são infrações éticas, vedadas expressamente pelo Código de Ética Profissional do Servidor Público Civil do Poder Executivo Federal (alíneas *c* e *j*, respectivamente, do item XV do Código).

GABARITO: CERTO.

11. **(CESPE – 2019 – PRF – POLICIAL RODOVIÁRIO FEDERAL)** A respeito de ética no serviço público, julgue o item a seguir. Na administração pública, moralidade restringe-se à distinção entre o bem e o mal: o servidor público nunca poderá desprezar o elemento ético de sua conduta.

Certo ( )   Errado ( )

O erro da assertiva pode ser encontrado na primeira parte da afirmação: a moralidade não se limita à distinção entre o bem e o mal, devendo ser acrescida da ideia de que o fim é sempre o bem comum. O equilíbrio entre a legalidade e a finalidade, na conduta do servidor público, é que poderá consolidar a moralidade do ato administrativo (conforme item III do Código de Ética Profissional do Servidor Público Civil, do Poder Executivo Federal). A segunda afirmação, embora esteja correta, pois o servidor público não poderá jamais desprezar o elemento ético de sua conduta, não permite concluir pelo acerto da questão.

GABARITO: ERRADO.

12. **(CESPE – 2019 – PRF – POLICIAL RODOVIÁRIO FEDERAL)** A respeito de ética no serviço público, julgue o item a seguir. Servidor público que se apresenta habitualmente embriagado no serviço ou até mesmo fora dele poderá ser submetido à Comissão de Ética, a qual poderá aplicar-lhe a pena de censura.

Certo ( )   Errado ( )

É vedado expressamente pelo Código de Ética Profissional do Servidor Público Civil do Poder Executivo Federal (alínea *n* do item XV) que o servidor público se apresente embriagado no serviço ou que se apresente habitualmente fora dele. Assim, caso se constate qualquer das situações, o servidor deverá ser submetido à Comissão de Ética que tem como sanção aplicável a pena de censura. Perceba que embora os valores éticos devam ser aplicados também na vida particular do servidor, a graduação é diferente: não há tolerância para a embriaguez no serviço, enquanto na vida privada essa não é vedada absolutamente, mas somente se tornar um hábito.

GABARITO: CERTO.

13. **(CESPE – 2018 – FUB – NÍVEL MÉDIO)** Considerando as disposições do Código de Ética Profissional do Servidor Público Civil do Poder Executivo Federal, julgue o item a seguir, relativo à ética e à moral no serviço público. Diante de uma situação urgente de escolha que exija do servidor público o cumprimento dos deveres fundamentais de rapidez e rendimento, ele deverá optar pela conduta legal, justa e conveniente, podendo desconsiderar o elemento ético, a fim de atender com maior efetividade ao interesse público.

Certo ( )   Errado ( )

De acordo com o item II das regras deontológicas do Código de Ética Profissional do Servidor Público Civil do Poder Executivo Federal, o servidor público jamais poderá desprezar o elemento ético de sua conduta, ainda que busque dar maior efetividade ao interesse público.

ÉTICA

É inaplicável no campo da ética o princípio de que os fins justificam os meios. O agir ético dos representantes do Estado está na própria essência da função estatal.

GABARITO: ERRADO.

14. **(CESPE – 2018 – FUB – NÍVEL MÉDIO)** Considerando as disposições do Código de Ética Profissional do Servidor Público Civil do Poder Executivo Federal, julgue o item a seguir, relativo à ética e à moral no serviço público. A Comissão de Ética poderá aplicar pena de demissão ao servidor público que atentar contra a ética, desde que haja a devida motivação para o ato.

Certo ( ) Errado ( )

No campo das sanções, a sanção ética está entre as mais brandas aplicáveis. De acordo com o item XXII, do Código de Ética Profissional do Servidor Público Civil do Poder Executivo Federal, a pena aplicável ao servidor público pela Comissão de Ética é a de censura e sua fundamentação constará do respectivo parecer, assinado por todos os seus integrantes, com ciência do faltoso. A demissão somente é aplicável por meio de processo administrativo ou processo judicial. Em todos os casos, a motivação será essencial.

GABARITO: ERRADO.

15. **(CESPE – 2018 – MPU – ANALISTA)** No que se refere à ética no serviço público, julgue o item seguinte, à luz do disposto no Decreto nº 1.171/1994 (Código de Ética Profissional do Serviço Público). Uma das regras deontológicas que regem a conduta dos servidores públicos federais é o espírito de solidariedade, conforme o qual se espera que o servidor seja complacente em caso de erro ou infração, pois a superação de falhas representa uma oportunidade para o engrandecimento profissional dos servidores públicos.

Certo ( ) Errado ( )

As regras deontológicas preveem exatamente o inverso, afirmando taxativamente os repetidos erros, o descaso e o acúmulo de desvios tornam-se, às vezes, difíceis de corrigir e caracterizam até mesmo imprudência no desempenho da função pública. Assim, é expressamente vedado ao servidor público ser, em razão do espírito de solidariedade, conivente com o erro ou a infração ao Código de Ética. Vale registrar, inclusive, que o servidor que deixar de punir subordinado ou deixar de levar o fato ao conhecimento da autoridade competente para a punição caracteriza o crime de condescendência criminosa (art. 320 do Código Penal).

GABARITO: ERRADO.

16. **(CESPE – 2018 – MPU – TÉCNICO)** No que se refere à ética no serviço público, julgue o próximo item, com base no Decreto nº 1.171/1994 — Código de Ética Profissional do Serviço Público. Constitui dever fundamental do servidor público abster-se de exercer sua função com finalidade estranha ao interesse público, mesmo que observadas as formalidades legais.

Certo ( ) Errado ( )

As funções do servidor público são determinadas em lei, com o objetivo primordial de atender ao interesse público. Assim, é dever do servidor abster-se, de forma absoluta, de exercer sua função, poder ou autoridade com finalidade estranha ao interesse público, mesmo que observando as formalidades legais e não cometendo qualquer violação expressa à lei (conforme item XIV, alínea *u*, do Código de Ética Profissional do Servidor Público Civil do Poder Executivo Federal).

GABARITO: CERTO.

17. **(CESPE – 2018 – MPU – ANALISTA) N**o que se refere à ética no serviço público, julgue o item seguinte, à luz do disposto no Decreto nº 1.171/1994 (Código de Ética Profissional do Serviço Público). Não descumpre o dever de respeito à hierarquia o servidor que denunciar pressões de superiores hierárquicos que visem obter vantagens indevidas.

Certo ( )   Errado ( )

> **Um dos deveres essenciais do servidor público é de resistir a todas as pressões de superiores hierárquicos, de contratantes, interessados e outros que visem obter quaisquer favores, benesses ou vantagens indevidas em decorrência de ações imorais, ilegais ou aéticas e denunciá-las (conforme item XIV, alínea *i*, do Código de Ética Profissional do Servidor Público Civil do Poder Executivo Federal). Esse é justamente um dos motivos que incentivou a criação da estabilidade dos servidores públicos: para que eles sempre observem o interesse público e não o interesse de seus superiores.**

GABARITO: CERTO.

18. **(CESPE – 2018 – IPHAN – TÉCNICO)** À luz da Lei nº 8.112/1990, da Lei nº 12.527/2011 e do Código de Ética Profissional do Servidor Público Civil do Poder Executivo Federal, julgue o item subsecutivo. Em regra, a publicidade do ato administrativo constitui requisito de eficácia e moralidade; por isso, a sua omissão enseja comprometimento ético contra o bem comum, imputável a quem a negar.

Certo ( )   Errado ( )

> **De fato, a publicidade de qualquer ato administrativo constitui requisito de eficácia e mora-lidade, ensejando sua omissão, comprometimento ético contra o bem comum, imputável a quem a negar (conforme item VII do Código de Ética Profissional do Servidor Público Civil do Poder Executivo Federal). A doutrina costuma apontar a publicidade como um sinal de garantias, pois por meio dela é que podemos ter a certeza de que os princípios administrativos estão sendo fielmente observados.**

GABARITO: CERTO.

19. **(CESPE – 2018 – MPE – TÉCNICO)** Com relação aos princípios e aos valores éticos e morais no serviço público, julgue o seguinte item. O servidor público poderá abrir mão do elemento ético de sua conduta quando, no exercício de sua função, determinada situação exigir rapidez e celeridade.

Certo ( )   Errado ( )

> **De acordo com o item II das regras deontológicas, do Código de Ética Profissional do Servi-dor Público Civil do Poder Executivo Federal, o servidor público jamais poderá desprezar o elemento ético de sua conduta, ainda que busque dar maior efetividade ao interesse público. É inaplicável no campo da ética o princípio de que os fins justificam os meios. O agir ético dos representantes do Estado está na própria essência da função estatal.**

GABARITO: ERRADO.

20. **(CESPE – 2018 – IPHAN – NÍVEL SUPERIOR)** Julgue o item seguinte, que versa sobre o disposto no Código de Ética Profissional do Servidor Público e sobre gestão de pessoas e de processos no serviço público. Conforme o Decreto nº 1.171/1994, é vedado ao servidor público civil do Poder Executivo federal atrapalhar ou impedir o exercício regular de direito por qualquer pessoa.

Certo ( )   Errado ( )

ÉTICA

O Código de Ética Profissional do Servidor Público Civil do Poder Executivo Federal veda expressamente ao servidor público usar de artifícios para procrastinar (atrasar) ou dificultar (impedir ou atrapalhar) o exercício regular de direito por qualquer pessoa, causando-lhe, inclusive, dano moral ou material (conforme item XV, alínea *d*). A função pública pressupõe exatamente o contrário: que o servidor garanta ou proporcione o exercício regular de direitos por qualquer do povo.

GABARITO: CERTO.

21. **(CESPE – 2018 – IPHAN – NÍVEL MÉDIO)** Com base no disposto na legislação administrativa, julgue o item a seguir. A punição prevista para servidor por desvio de conduta ética reconhecido por comissão de ética é a censura ética.

Certo ( )   Errado ( )

Esta questão é típica pegadinha formulada pelo examinador com o coração preenchido de ódio, provavelmente por um dia quente e desagradável. No inferno. Embora a questão pareça correta, há uma diferença técnica entre censura e censura ética. Sim! São diferentes. A censura ética está prevista no Código de Conduta da Alta Administração Federal para as autoridades que já tiverem deixado os cargos de Ministros e Secretários de Estado, titulares de cargos de natureza especial, secretários-executivos, secretários ou autoridades equivalentes ocupantes de cargo do Grupo-Direção e Assessoramento Superiores - DAS, nível seis ou de presidentes e diretores de agências nacionais, autarquias, inclusive as especiais, fundações mantidas pelo Poder Público, empresas públicas e sociedades de economia mista. Já a censura é a pena abstratamente prevista no Código de Ética Profissional do Servidor Público Civil do Poder Executivo Federal. Conclui-se, portanto, que a questão está incorreta, pois o certo seria a pena de censura (sem o complemento ética).

GABARITO: ERRADO.

22. **(CESPE – 2018 – IPHAN – AUXILIAR)** Com base no Código de Ética Profissional do Servidor Público Civil do Poder Executivo Federal, julgue o item a seguir. A criação de comissão de ética com a finalidade de orientar o servidor é facultativa às entidades que exerçam atribuições delegadas pelo poder público.

Certo ( )   Errado ( )

A criação de comissão de ética é obrigatória e não facultativa. De acordo com o item XVI, do Código de Ética Profissional do Servidor Público Civil do Poder Executivo Federal: "em todos os órgãos e entidades da Administração Pública Federal direta, indireta autárquica e fundacional, ou em qualquer órgão ou entidade que exerça atribuições delegadas pelo poder público, deverá ser criada uma Comissão de Ética, encarregada de orientar e aconselhar sobre a ética profissional do servidor, no tratamento com as pessoas e com o patrimônio público, competindo-lhe conhecer concretamente de imputação ou de procedimento susceptível de censura.".

GABARITO: ERRADO.

23. **(CESPE – 2018 – IPHAN – AUXILIAR)** Com base no Código de Ética Profissional do Servidor Público Civil do Poder Executivo Federal, julgue o item a seguir. É vedado ao servidor público exercer atividade incompatível com o interesse público, ainda que tal atividade seja lícita.

Certo ( )   Errado ( )

Nos termos do item XV, alínea *p*, do Código de Ética Profissional do Servidor Público Civil do Poder Executivo Federal, é vedado ao servidor público exercer atividade profissional aética ou ligar o seu nome a empreendimentos de cunho duvidoso. Ademais, caracteriza-se como dever fundamental do servidor público abster-se, de forma absoluta, de exercer sua função, poder ou autoridade com finalidade estranha ao interesse público, mesmo que observando as formalidades legais e não cometendo qualquer violação expressa à lei (conforme item XIV, alínea *u*, do mesmo Código).

GABARITO: CERTO.

24. **(CESPE – 2018 – IPHAN – AUXILIAR)** Com base no Código de Ética Profissional do Servidor Público Civil do Poder Executivo Federal, julgue o item a seguir. O servidor deve respeitar a hierarquia e não contrariar ordens de seu superior, ainda que essas estejam em desconformidade com os princípios norteadores da administração pública.

Certo ( )   Errado ( )

De fato, o servidor deve prestar toda a sua atenção às ordens legais de seus superiores, velando atentamente por seu cumprimento. Mas o pressuposto desse cumprimento é, justamente, que elas sejam legais. Caso contrário, o servidor não só pode como deve resistir ao cumprimento das ordens superiores que não se coadunem com os princípios norteadores da administração pública (conforme itens XI e XIV, *i*, do Código de Ética Profissional do Servidor Público Civil do Poder Executivo Federal).

GABARITO: ERRADO.

25. **(CESPE – 2018 – IPHAN – AUXILIAR)** Com base no Código de Ética Profissional do Servidor Público Civil do Poder Executivo Federal, julgue o item a seguir. É proibido ao servidor público utilizar de notícia obtida em razão do exercício de suas funções em proveito próprio ou de terceiros.

Certo ( )   Errado ( )

O sigilo funcional é essencial ao serviço público. Todos os usuários dos serviços públicos partem do pressuposto básico de que o Estado assegurará o sigilo necessário à preservação de sua intimidade e vida privada. Exatamente por isso veda-se ao servidor público fazer uso de informações privilegiadas obtidas no âmbito interno de seu serviço, em benefício próprio, de parentes, de amigos ou de terceiros (conforme item XV, alínea *m*, do Código de Ética Profissional do Servidor Público Civil do Poder Executivo Federal).

GABARITO: CERTO.

26. **(CESPE – 2018 – EBSERH – ASSISTENTE)** Julgue o seguinte item, a respeito da ética no serviço público. Apesar de a função pública ser tida como exercício profissional, ela não se integra à vida particular do indivíduo e, portanto, os atos praticados em sua vida privada não poderão acrescer ou diminuir o seu conceito na vida funcional.

Certo ( )   Errado ( )

A primeira regra deontológica do Código de Ética Profissional do Servidor Público Civil do Poder Executivo Federal já prevê que a dignidade, o decoro, o zelo, a eficácia e a consciência dos princípios morais devem nortear o servidor público, seja no exercício do cargo ou função ou mesmo fora dele. Os atos, comportamentos e atitudes do servidor público representam, mesmo fora da função, o próprio Estado. Consequentemente, os princípios éticos-profissionais do serviço público devem ser aplicados não só durante a atuação como servidor,

ÉTICA

mas também, em alguma medida, fora das atribuições funcionais, podendo inclusive levar a imposição de censura.

GABARITO: ERRADO.

27. **(CESPE – 2018 – EBSERH – ASSISTENTE)** Julgue o seguinte item, a respeito da ética no serviço público. A comissão de ética de um órgão, caso todos os seus integrantes estejam de acordo, pode aplicar penas que vão desde a censura até a demissão de um servidor.

Certo ( )   Errado ( )

No campo das sanções, a sanção ética está entre as mais brandas aplicáveis. De acordo com o item XXII, do Código de Ética Profissional do Servidor Público Civil do Poder Executivo Federal, a pena aplicável ao servidor público pela Comissão de Ética é a de censura e sua fundamentação constará do respectivo parecer, assinado por todos os seus integrantes, com ciência do faltoso.

GABARITO: ERRADO.

28. **(CESPE – 2018 – EBSERH – ASSISTENTE)** Julgue o seguinte item, a respeito da ética no serviço público. O servidor que alegar desconhecimento de alguma norma de serviço ou legislação inerente ao órgão em que atua contrariará os preceitos fundamentais de ética do setor público.

Certo ( )   Errado ( )

O servidor público tem o dever de atualização constante nos assuntos pertinentes ao seu ofício. Todo o estudo e dedicação utilizados para sua aprovação no concurso público é só o primeiro passo numa vida de constante aprendizado. Constitui dever do servidor público nesse sentido manter-se atualizado com as instruções, as normas de serviço e a legislação pertinentes ao órgão onde exerce suas funções (conforme item XIV, alínea *q*, do Código de Ética Profissional do Servidor Público Civil do Poder Executivo Federal).

GABARITO: CERTO.

29. **(CESPE – 2018 – EBSERH – ASSISTENTE)** Julgue o seguinte item, a respeito da ética no serviço público. O uso do cargo ou função pública para obter favorecimento, desde que não haja prejuízo a outrem, não constitui afronta à ética e à moral do serviço público.

Certo ( )   Errado ( )

O prejuízo nesse tipo de conduta é presumido. A famosa "carteirada" deve permanecer na memória simplesmente como exemplo de comportamento aético do servidor público. Essa vedação, em verdade, é a primeira expressa no rol de proibições do Código de Ética Profissional do Servidor Público Civil do Poder Executivo Federal, que prevê ser vedado ao servidor público: "o uso do cargo ou função, facilidades, amizades, tempo, posição e influências, para obter qualquer favorecimento, para si ou para outrem" (item XV, alínea *a*).

GABARITO: ERRADO.

30. **(CESPE – 2018 – EBSERH – ANALISTA)** Julgue o item seguinte, relativo ao regime dos servidores públicos federais e à ética no serviço público. É dever do servidor público respeitar a hierarquia, respeito esse que veda a ele representar contra comprometimentos da estrutura do poder estatal.

Certo ( )   Errado ( )

De fato, a hierarquia é obrigatória na estrutura do serviço público. Contudo, ter respeito à hierarquia não significa nenhum temor de representar contra qualquer comprometimento indevido da estrutura em que se funda o Poder Estatal (conforme item XIV, alínea *h*, do Código de Ética Profissional do Servidor Público Civil do Poder Executivo Federal). Esse é justamente um dos motivos que incentivou a criação da estabilidade dos servidores públicos: para que eles sempre observem o interesse público e não o interesse de seus superiores.

GABARITO: ERRADO.

31. **(CESPE – 2018 – EBSERH – ANALISTA)** Julgue o item seguinte, relativo ao regime dos servidores públicos federais e à ética no serviço público. Comissões de ética são obrigatórias para todos os órgãos da administração pública federal direta, sendo facultativas para entidades da administração indireta.

Certo ( )   Errado ( )

A criação de comissões de ética é obrigatória tanto para a administração direta quanto para a indireta. De acordo com o item XVI, do Código de Ética Profissional do Servidor Público Civil do Poder Executivo Federal: "em todos os órgãos e entidades da Administração Pública Federal direta, indireta autárquica e fundacional, ou em qualquer órgão ou entidade que exerça atribuições delegadas pelo poder público, deverá ser criada uma Comissão de Ética, encarregada de orientar e aconselhar sobre a ética profissional do servidor, no tratamento com as pessoas e com o patrimônio público, competindo-lhe conhecer concretamente de imputação ou de procedimento susceptível de censura.".

GABARITO: ERRADO.

32. **(CESPE – 2018 – EBSERH – ANALISTA)** Julgue o item seguinte, relativo ao regime dos servidores públicos federais e à ética no serviço público. É dever do servidor público facilitar a fiscalização de serviço público cuja prestação esteja sob sua responsabilidade.

Certo ( )   Errado ( )

Constitui um dos deveres fundamentais dos servidores públicos a facilitação da fiscalização de todos atos ou serviços por quem de direito, especialmente aqueles sob sua responsabilidade (conforme item XIV, alínea *s* do Código de Ética Profissional do Servidor Público Civil do Poder Executivo Federal).

GABARITO: CERTO.

33. **(CESPE – 2017 – SEDF – ANALISTA)** À luz da legislação que rege os atos administrativos, a requisição dos servidores distritais e a ética no serviço público, julgue o seguinte item. Servidor público do DF apresentar-se ao trabalho com vestimentas inadequadas ao exercício do cargo não constitui vedação relativa a comportamento profissional e atitudes éticas no serviço.

Certo ( )   Errado ( )

A questão está errada: é dever do servidor público apresentar-se ao trabalho com vestimentas adequadas ao exercício da função (conforme item XIV, alínea *p* do Código de Ética Profissional do Servidor Público Civil do Poder Executivo Federal). Embora não se exija o formalismo de outros tempos, a apresentação adequada ao tipo de serviço prestado é ainda importante, pois o servidor representa a administração.

GABARITO: ERRADO.

ÉTICA

34. **(CESPE – 2016 – FUB – AUXILIAR)** Eduardo, servidor público em estágio probatório, frequentemente se ausentava de seu local de trabalho sem justificativa e, quando voltava, se apresentava nitidamente embriagado. Em razão desses fatos, a comissão de ética, tendo apreciado a conduta do servidor, decidiu aplicar a ele a penalidade de advertência. Eduardo foi, então, reprovado no estágio probatório e, por isso, foi demitido, sem que a administração pública tenha observado o contraditório e a ampla defesa. Considerando essa situação hipotética, julgue o item a seguir. A penalidade de advertência aplicada pela comissão de ética encontra-se prevista no Código de Ética Profissional do Servidor Público.

Certo ( )   Errado ( )

No campo das sanções, a sanção ética está entre as mais brandas aplicáveis. De acordo com o item XXII, do Código de Ética Profissional do Servidor Público Civil do Poder Executivo Federal, a pena aplicável ao servidor público pela Comissão de Ética é a de censura e sua fundamentação constará do respectivo parecer, assinado por todos os seus integrantes, com ciência do faltoso. A sanção de advertência é punição administrativa disciplinar prevista no regime jurídico dos servidores públicos civis e não no Código de Ética.

GABARITO: ERRADO.

35. **(CESPE – 2015 – DEPEN – ESPECIALISTA)** No que se refere à ética e moral, julgue o item subsecutivo. As decisões tomadas por um servidor com base no código de ética profissional do servidor público devem ser pautadas na legalidade, moralidade, conveniência e oportunidade, ao passo que aspectos subjetivos da personalidade dos indivíduos, como honestidade e desonestidade e o bem e o mal, não são passíveis de apreciação.

Certo ( )   Errado ( )

A questão é daquelas perigosas. A primeira leitura indica que ela está errada, posto que o próprio Código de Ética Profissional do Servidor Público Civil do Poder Executivo Federal prevê na regra deontológica II que o servidor não poderá jamais desprezar o elemento ético de sua conduta, portanto, não terá de decidir somente entre o legal e o ilegal, o justo e o injusto, o conveniente e o inconveniente, o oportuno e o inoportuno, mas principalmente entre o honesto e o desonesto. A segunda parte da afirmativa, contudo, não nega essa determinação, pois limita a análise da honestidade e desonestidade e do bem e do mal a aspectos subjetivos, ou seja, impressões não necessariamente representadas em fatos concretos do serviço público.

GABARITO: CERTO.

36. **(CESPE – 2015 – DEPEN – ESPECIALISTA)** No que se refere à ética e moral, julgue o item subsecutivo. De acordo com o Decreto nº 1.171/1994, a moralidade da administração pública fundamenta-se **na** distinção entre o bem e o mal e na ideia de que o fim é sempre o bem comum, devendo a conduta do servidor público ater-se à busca do equilíbrio entre legalidade e finalidade.

Certo ( )   Errado ( )

A questão está perfeita, representando um resumo de uma das principais ideias que fundamentam a ética profissional. Conforme prevê expressamente a regra deontológica III, do Código de Ética Profissional do Servidor Público Civil do Poder Executivo Federal, "morali-dade da Administração Pública não se limita à distinção entre o bem e o mal, devendo ser acrescida da ideia de que o fim é sempre o bem comum. O equilíbrio entre a legalidade e a finalidade, na conduta do servidor público, é que poderá consolidar a moralidade do ato administrativo."

GABARITO: CERTO.

37. **(CESPE – 2015 – DEPEN – ESPECIALISTA)** No que se refere à ética e moral, julgue o item subsecutivo. SITUAÇÃO HIPOTÉTICA: Bruno, servidor público federal, teve de cumprir suas atividades diárias após o horário do expediente devido ao fato de ter se prontificado, durante o dia, a auxiliar um colega de outro setor em uma atividade de caráter emergencial. ASSERTIVA: Nessa situação, Bruno agiu em consonância com a conduta ética que se espera do servidor público, já que, ao ter auxiliado o colega e ainda ter finalizado suas atividades diárias depois do expediente, ele fez mais do que sua função lhe exigia.

Certo ( )   Errado ( )

A questão apresentada é baseada em um caso concreto de dois diferentes dispositivos do Código de Ética Profissional do Servidor Público Civil do Poder Executivo Federal. Primeiro, vale mencionar a regra deontológica de número XIII que prevê: "O servidor que trabalha em harmonia com a estrutura organizacional, respeitando seus colegas e cada concidadão, colabora e de todos pode receber colaboração, pois sua atividade pública é a grande oportunidade para o crescimento e o engrandecimento da Nação.". Em complemento, pode-se mencionar que é dever fundamental do servidor público "exercer suas atribuições com rapidez, perfeição e rendimento, pondo fim ou procurando prioritariamente resolver situações procrastinatórias, principalmente diante de filas ou de qualquer outra espécie de atraso na prestação dos serviços pelo setor em que exerça suas atribuições, com o fim de evitar dano moral ao usuário;" (item XIV, alínea *b*).

GABARITO: CERTO.

38. **(CESPE – 2015 – DEPEN – ESPECIALISTA)** Julgue o próximo item com base no Código de Ética Profissional do Servidor Público Civil do Poder Executivo Federal, no Regime Jurídico dos Servidores Públicos Civis da União e na Lei de Improbidade Administrativa. SITUAÇÃO HIPOTÉTICA: Lucas, servidor público, por não ter conseguido finalizar o trabalho durante o expediente, levou para casa livros e documentos relacionados a um processo sigiloso que estava analisando. A fim de comunicar o fato a seu superior, Lucas escreveu-lhe um bilhete informando o ocorrido. ASSERTIVA: Nessa situação, Lucas poderá sofrer penalidade administrativa, ainda que sua intenção tenha sido a de terminar o trabalho em tempo hábil.

Certo ( )   Errado ( )

Lucas poderá receber a sanção de censura, posto que descumpriu vedação expressa contida no Código de Ética Profissional do Servidor Público Civil do Poder Executivo Federal: "retirar da repartição pública, sem estar legalmente autorizado, qualquer documento, livro ou bem pertencente ao patrimônio público" (item XV, alínea *h*).

GABARITO: CERTO.

André Adriano

ÉTICA

39. **(CESPE – 2015 – DEPEN - ESPECIALISTA)** Julgue o próximo item com base no Código de Ética Profissional do Servidor Público Civil do Poder Executivo Federal, no Regime Jurídico dos Servidores Públicos Civis da União e na Lei de Improbidade Administrativa. Entre os deveres fundamentais do servidor público inclui-se o uso de roupas que estejam condizentes com o desempenho de suas atividades funcionais.

Certo ( )   Errado ( )

A questão está correta, pois é dever do servidor público apresentar-se ao trabalho com vestimentas adequadas ao exercício da função (conforme item XIV, alínea *p* do Código de Ética Profissional do Servidor Público Civil do Poder Executivo Federal). Embora não se exija o formalismo de outros tempos, a apresentação correta ao tipo de serviço prestado é ainda importante, pois o servidor representa a administração.

GABARITO: CERTO.

40. **(CESPE – 2015 – DEPEN – AGENTE E TÉCNICO)** Com base no Decreto nº 1.171/1994, na Lei nº 8.112/1990 e na Lei nº 8.429/1992, julgue o próximo item. Qualquer servidor público está obrigado a manter conduta compatível com a moralidade administrativa e a cumprir as ordens superiores, à exceção das que sejam manifestamente ilegais.

Certo ( )   Errado ( )

A questão está correta. Em primeiro lugar, por representar corretamente a primeira a regra deontológica de número XI, do Código de Ética Profissional do Servidor Público Civil do Poder Executivo Federal, segundo a qual o servidor deve prestar toda a sua atenção às ordens legais de seus superiores, velando atentamente por seu cumprimento. Em consequência, visto que a exigência de cumprimento diz respeito às ordens legais, pode-se concluir que aquelas manifestamente ilegais não exigem cumprimento. Vale mencionar, ademais, que a Lei nº 8.112/1990 prevê também expressamente que embora seja dever do servidor cumprir as ordens superiores, cria exceção quando essas forem manifestamente (isto é, clara e inequivocamente) ilegais.

GABARITO: CERTO.

41. **(CESPE – 2015 – DEPEN – AGENTE E TÉCNICO)** Acerca da ética e da moralidade no serviço público, julgue o item subsecutivo. A conduta ética do servidor deve basear-se não somente na legalidade, mas também em ações fundamentadas na dignidade, no decoro, na eficácia e na consciência dos princípios morais.

De acordo com a primeira regra deontológica do Código de Ética Profissional do Servidor Público Civil do Poder Executivo Federal, a dignidade, o decoro, o zelo, a eficácia e a consciência dos princípios morais são primados maiores que devem nortear o servidor público, seja no exercício do cargo ou função, ou fora dele, já que refletirá o exercício da vocação do próprio poder estatal. Seus atos, comportamentos e atitudes serão direcionados para a preservação da honra e da tradição dos serviços públicos. A questão, assim, amolda-se perfeitamente ao texto do Código.

GABARITO: CERTO.

42. **(CESPE – 2015 – DEPEN – AGENTE E TÉCNICO)** Com base no Decreto nº 1.171/1994, na Lei nº 8.112/1990 e na Lei nº 8.429/1992, julgue o próximo item. De acordo com o decreto mencionado, a remoção é uma das penalidades aplicáveis ao servidor por comissões de ética.

Certo ( )   Errado ( )

A questão está claramente errada. No campo das sanções, a sanção ética está entre as mais brandas aplicáveis. De acordo com o item XXII do Código de Ética Profissional do Servidor Público Civil do Poder Executivo Federal, a pena aplicável ao servidor público pela Comissão de Ética é a de censura e sua fundamentação constará do respectivo parecer, assinado por todos os seus integrantes, com ciência do faltoso.

GABARITO: ERRADO.

ÉTI

ÉTICA

LEGISLAÇÃO DE TRÂNSITO

PEDRO CANEZIN

LEGISLAÇÃO DE TRÂNSITO

1. **(CESPE – 2004 – PRF – POLICIAL RODOVIÁRIO FEDERAL)** Considere a seguinte situação hipotética.

Em duas vias que, em determinado ponto, formam um cruzamento, a sinalização encontrava-se totalmente encoberta por vegetação densa e alta às suas margens. Por isso, dois condutores tiveram seus veículos envolvidos em acidente de trânsito no referido cruzamento, do qual restou comprovada, por um lado, a inexistência de culpa subjetiva dos condutores e, por outro lado, a impossibilidade de esses visualizarem a sinalização de preferencial de uma via sobre a outra. Nessa situação, a administração pública, em decorrência de preceito constitucional que adotou a responsabilidade objetiva do Estado, responderá pela obrigação de restituir os eventuais danos sofridos pelos condutores.

Certo ( )   Errado ( )

A assertiva deixa clara a omissão do Estado em relação aos cuidados com a via, já que a vegetação atrapalha a sinalização. Dessa forma, consoante o CTB, no art. 1º, § 3º: "Os órgãos e entidades componentes do Sistema Nacional de Trânsito respondem, no âmbito das respectivas competências, objetivamente, por danos causados aos cidadãos em virtude de ação, omissão ou erro na execução e manutenção de programas, projetos e serviços que garantam o exercício do direito do trânsito seguro."

GABARITO: CERTO.

2. **(CESPE – 2003 – POLÍCIA MILITAR/DF – SARGENTO)** Segundo o Código de Trânsito Brasileiro (CTB), o tráfego de veículos em uma via interna de um condomínio constituído por unidades autônomas é regulamentado pelas normas regimentais do próprio condomínio, por tratar-se de propriedade privada.

Certo ( )   Errado ( )

O art. 51 do CTB trata expressamente sobre essa questão, uma vez que a sinalização de regulamentação será colocada às expensas do condomínio após aprovação dos projetos pelo órgão ou entidade com circunscrição sobre a via.

Art. 51. Nas vias internas pertencentes a condomínios constituídos por unidades autônomas, a sinalização de regulamentação da via será implantada e mantida às expensas do condomínio, após aprovação dos projetos pelo órgão ou entidade com circunscrição sobre a via.

GABARITO: ERRADO.

3. **(CESPE – 2003 – POLÍCIA MILITAR/DF – SARGENTO)** Os prejuízos causados a um veículo automotor em razão da existência de grande quantidade de buracos em uma rodovia federal resultantes da falta de manutenção são responsabilidade de órgão(s) ou entidade(s) componente(s) do Sistema Nacional de Trânsito (SNT).

Certo ( )   Errado ( )

A assertiva cobra novamente sobre a responsabilidade objetiva do Estado. Lembrando que o parágrafo 3º do art. 1º do CTB enaltece a ideia de que o Estado será responsável por ação, omissão ou erro, tudo isso sob a égide da responsabilidade objetiva, diferente do que acontece no direito administrativo.

GABARITO: CERTO.

4. **(CESPE – 2003 – POLÍCIA MILITAR/DF – SARGENTO)** Segundo o Código de Trânsito Brasileiro (CTB), a PMDF, em ação relativa ao trânsito, cuidará prioritariamente da proteção do patrimônio das pessoas, principalmente se veículo oficial estiver envolvido.

Certo ( )   Errado ( )

A PMDF, atualmente, compõe o Sistema Nacional de Trânsito, sendo assim a prioridade é defesa da vida, não do patrimônio, incluindo-se nela a saúde e o meio-ambiente.

Art. 1º, § 5º Os órgãos e entidades de trânsito pertencentes ao Sistema Nacional de Trânsito darão prioridade em suas ações à defesa da vida, nela incluída a preservação da saúde e do meio-ambiente.

GABARITO: ERRADO.

5. **(CONSULPLAN - 2014 - SURG - AGENTE DE TRÂNSITO** Nos termos do Código de Trânsito Brasileiro, incluem-se entre as vias terrestres, EXCETO:
a) Ruas, avenidas.
b) Rodovias.
c) Logradouros, caminhos.
d) Praias não abertas à circulação pública.

Para conceituar o que são vias terrestres, deve-se estabelecer uma verdadeira classificação. No âmbito urbano, o CTB trabalha com dois tipos de vias urbanas, a saber: (1) ruas, avenidas, logradouros, caminhos e passagens; e (2) via de trânsito rápido, arterial, coletora e local. Por outro, são vias rurais as estradas e as rodovias. Por extensão, o CTB ainda esclarece que serão consideradas vias abertas à circulação as áreas internas de condomínios constituídos por unidades autônomas, as praias **abertas à circulação** e as áreas de estacionamento privativo de uso coletivo. Além disso, toda a área física dos portos que tenha convênio com os órgãos de trânsito será também acessada pelos agentes em caso de autuação.

Para entender melhor o que é via, note o seguinte esquema:

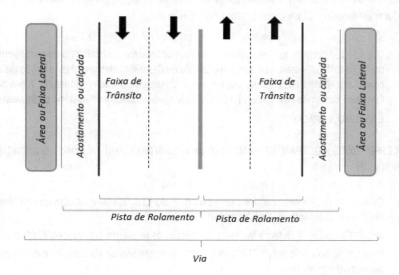

LEGISLAÇÃO DE TRÂNSITO

De acordo com o anexo I do CTB:

VIA – superfície por onde transitam veículos, pessoas e animais, compreendendo a **pista, a calçada, o acostamento, ilha e canteiro central.**

ACOSTAMENTO – parte da via diferenciada da pista de rolamento destinada à **parada ou estacionamento** de veículos, em caso de emergência, e à **circulação de pedestres e bicicletas**, quando não houver local apropriado para esse fim.

CALÇADA – parte da via, normalmente segregada e em nível diferente, não destinada à circulação de veículos, reservada ao **trânsito de pedestres** e, quando possível, à implantação de **mobiliário urbano**, sinalização, vegetação e outros fins.

CANTEIRO CENTRAL – obstáculo físico construído como separador de duas pistas de rolamento, eventualmente substituído por marcas viárias (canteiro fictício).

ILHA – obstáculo físico, colocado na pista de rolamento, destinado à **ORDENAÇÃO DOS FLUXOS** de trânsito em uma interseção.

PISTA – parte da via normalmente utilizada para a **CIRCULAÇÃO DE VEÍCULOS**, identificada por elementos separadores ou por diferença de nível em relação às calçadas, ilhas ou aos canteiros centrais.

FAIXAS DE DOMÍNIO – superfície lindeira às vias rurais, delimitada por lei específica e sob responsabilidade do órgão ou entidade de trânsito competente com circunscrição sobre a via.

GABARITO: D.

6. **(CESPE – 2014 – CÂMARA DOS DEPUTADOS – ANALISTA LEGISLATIVO – CONSULTOR LEGISLATIVO – ÁREA XIII)** Julgue o item a seguir, referente ao Sistema Nacional de Trânsito, à educação e segurança de trânsito e à terminologia adotada pelo Código de Trânsito Brasileiro (CTB).

O Sistema Nacional de Trânsito, executor da Política Nacional de Trânsito, é composto por órgãos e entidades da União, dos estados, do Distrito Federal e dos municípios e coordenado pelo Ministério dos Transportes, ao qual estão subordinados tanto o Conselho Nacional de Trânsito (Contran) quanto o Departamento Nacional de Trânsito.

Certo ( )   Errado ( )

Questão toda errada, uma vez que o coordenador máximo é o Ministério da Infraestrutura (a partir de 2019). Ressalta-se que o Presidente da República designará esse órgão de acordo com o art. 9º do CTB, ou seja, pode haver mudança do órgão responsável. Além disso, o Contran é um órgão vinculado, já o DENATRAN é subordinado ao Ministério da Infraestrutura.

GABARITO: ERRADO.

7. **(CESPE – 2009 – DETRAN/DF – AUXILIAR DE TRÂNSITO)** A PMDF compõe o Sistema Nacional de Trânsito.

Certo ( )   Errado ( )

Questão bem simples, conforme prevê o art. 7º do CTB. Ressalte-se aqui que atualmente a PMDF já é integrante do SNT. Vejamos:

Art. 7º Compõem o Sistema Nacional de Trânsito os seguintes órgãos e entidades:

I – o Conselho Nacional de Trânsito – Contran, coordenador do Sistema e órgão máximo normativo e consultivo;

II – os Conselhos Estaduais de Trânsito – CETRAN e o Conselho de Trânsito do Distrito Federal – Contrandife, órgãos normativos, consultivos e coordenadores;

III – os órgãos e entidades executivos de trânsito da União, dos Estados, do Distrito Federal e dos Municípios;

IV – os órgãos e entidades executivos rodoviários da União, dos Estados, do Distrito Federal e dos Municípios;

V – a Polícia Rodoviária Federal;

VI – as Polícias Militares dos Estados e do Distrito Federal; e

VII – as Juntas Administrativas de Recursos de Infrações – JARI.

É importante salientar que as Polícias Militares não possuem o poder de polícia administrativa de trânsito de forma nata. Para isso, se faz necessário um convênio com os órgãos/entidades de trânsito ou rodoviários dos seus respectivos estados, no caso em análise com os órgãos de trânsito do DF.

Art. 23. Compete às Polícias Militares dos Estados e do Distrito Federal:

(...)

III – executar a fiscalização de trânsito, quando e conforme convênio firmado, como agente do órgão ou entidade executivos de trânsito ou executivos rodoviários, concomitantemente com os demais agentes credenciados.

GABARITO: CERTO.

8. **(CESPE – 2009 – DETRAN/DF – AUXILIAR DE TRÂNSITO)** O presidente do Contrandife é nomeado pelo governador do DF.

Certo ( )   Errado ( )

Consoante o art. 15, os presidentes do CETRAN e do Contrandife são nomeados pelos governadores. Ressalte-se que essas pessoas deverão ter reconhecida experiência em matéria de trânsito, não apenas conhecimento de trânsito.

GABARITO: CERTO.

9. **(CESPE – 2009 – DETRAN/DF – ANALISTA – ADVOCACIA)** Os municípios integram automaticamente o SNT.

Certo ( )   Errado ( )

Com fulcro no § 2º do art. 24, do CTB, em que o legislador deixa claro que, para os municípios possuírem as competências previstas neste artigo (que elenca as competências dos municípios no CTB), é necessária uma integração ao Sistema Nacional de Trânsito (SNT), porém não é automática conforme previsão do art. 333 do mesmo Código (Municipalização de Trânsito). Vale dizer que a Lei no 14.071/2020 viabilizou que o município se tornasse entidade de trânsito pela integração direta por meio das prefeituras. Ou seja, não se mostra mais necessário a criação dos órgãos executivos ou executivos rodoviários para que as prefeituras exerçam atribuições de trânsito.

Art. 24. Compete aos órgãos e entidades executivos de trânsito dos municípios, no âmbito de sua circunscrição:

(...)

LEGISLAÇÃO DE TRÂNSITO

§ 2º Para exercer as competências estabelecidas neste artigo, os municípios deverão integrar--se ao Sistema Nacional de Trânsito, por meio de órgão ou entidade executivos de trânsito <u>ou diretamente</u> por meio da prefeitura municipal, conforme previsto no art. 333 deste Código.

Art. 333. O Contran estabelecerá, em até cento e vinte dias após a nomeação de seus membros, as disposições previstas nos arts. 91 e 92, que terão de ser atendidas pelos órgãos e entidades executivos de trânsito e executivos rodoviários para exercerem suas competências.

§ 1º Os órgãos e entidades de trânsito já existentes terão prazo de um ano, após a edição das normas, para se adequarem às novas disposições estabelecidas pelo Contran, conforme disposto neste artigo.

§ 2º Os órgãos e entidades de trânsito a serem criados exercerão as competências previstas neste Código em cumprimento às exigências estabelecidas pelo Contran, conforme disposto neste artigo, acompanhados pelo respectivo CETRAN, se órgão ou entidade municipal, ou Contran, se órgão ou entidade estadual, do Distrito Federal ou da União, passando a integrar o Sistema Nacional de Trânsito.

GABARITO: ERRADO.

10. **(CESPE – 2005 – PRF – POLICIAL RODOVIÁRIO FEDERAL)** Com referência a atribuições, o Código de Trânsito Brasileiro (CTB) prevê que os órgãos executivos de trânsito das esferas estadual e municipal têm funções concorrentes, ou seja, têm as mesmas atribuições.

Certo ( )   Errado ( )

Em regra, os Estados (Executivos de Trânsito dos Estados) possuem competência, em sentido amplo, de fiscalização da legalidade dos veículos, enquanto, em regra, aos Municípios (Executivos de Trânsito Municipal) caberá a fiscalização por circulação, parada e estacionamento, além de conceder autorização para veículos de tração animal e propulsão humana.

GABARITO: ERRADO.

11. **(CESPE – 2004 – PRF – POLICIAL RODOVIÁRIO FEDERAL)** A coordenação do Sistema Nacional de Trânsito compete ao Conselho Nacional de Trânsito, na condição de órgão máximo normativo e consultivo.

Certo ( )   Errado ( )

A assertiva requer atenção na interpretação, isso porque não se pode confundir o coordenador máximo do Sistema Nacional de Trânsito, que atualmente é o Ministério da Infraestrutura, órgão designado pelo Presidente da República, com o coordenador máximo consultivo e normativo, que é o Contran. Deve-se lembrar que o DENATRAN é órgão máximo executivo.

Art. 7º Compõem o Sistema Nacional de Trânsito os seguintes órgãos e entidades:

I – o Conselho Nacional de Trânsito – Contran, coordenador do Sistema e órgão máximo normativo e consultivo;

GABARITO: CERTO.

A segurança pública, dever do Estado, direito e responsabilidade de todos, é exercida por diversos órgãos, entre eles, a PRF, que se destina ao patrulhamento ostensivo das rodovias e estradas federais. De acordo com o CTB, as competências da PRF incluem a realização de:

12. **(CESPE – 2008 – PRF – POLICIAL RODOVIÁRIO FEDERAL)** Patrulhamento ostensivo no âmbito das estradas e rodovias federais, executando operações relacionadas com a segurança pública, com o objetivo de preservar a ordem, a incolumidade das pessoas, o patrimônio da União e o de terceiros.

Certo ( )   Errado ( )

Uma das principais competências da Polícia Rodoviária Federal é o patrulhamento ostensivo. Entende-se por ostensividade a atividade policial de prevenção, com viaturas bem caracterizadas e chamativas e com agentes destacados. Previsão expressa do art. 20, II do CTB.

Art. 20 (...)

II – realizar o patrulhamento ostensivo, executando operações relacionadas com a segurança pública, com o objetivo de preservar a ordem, incolumidade das pessoas, o patrimônio da União e o de terceiros.

GABARITO: CERTO.

13. **(CESPE – 2004 – PRF – POLICIAL RODOVIÁRIO FEDERAL)** A respeito do atual Código de Trânsito Brasileiro (CTB), dos aspectos históricos da legislação brasileira de trânsito, da composição do Sistema Nacional de Trânsito e das competências da Polícia Rodoviária Federal, julgue o item que se segue.

O Departamento de Polícia Rodoviária Federal, por ser o órgão máximo executivo de trânsito, integra o Conselho Nacional de Trânsito (Contran).

Certo ( )   Errado ( )

Questão toda errada. Isso porque é um erro afirmar que a PRF é o órgão máximo executivo de trânsito da União. Sabemos que esse órgão é o DENATRAN (Executivo de trânsito da União). Além disso, é uma afirmação incorreta dizer que a PRF integra o Contran. Sabemos que a PRF não compõe o Contran. Vale lembrar que a DPRF compõe, junto aos outros órgãos, apenas o Sistema Nacional de Trânsito.

GABARITO: ERRADO.

14. **(CESPE – 2002 – PRF – POLICIAL RODOVIÁRIO FEDERAL)** Considerando que o CTB determina que compete à PRF, no âmbito das rodovias e estradas federais, aplicar e arrecadar as multas impostas por infrações de trânsito, é correto afirmar, com base no referido código, que o policial rodoviário federal pode multar um motorista por excesso de velocidade e, para conferir celeridade ao procedimento, receber em mão o dinheiro relativo à multa, oferecendo ao infrator recibo devidamente assinado.

Certo ( )   Errado ( )

Deve-se lembrar que, sempre que a banca se refere a penalidades, deve haver contraditório e ampla defesa. Primeiramente, não cabe ao agente da autoridade de trânsito a aplicação da penalidade de multa, competência esta da autoridade de trânsito, visto que o agente apenas autua. Em segundo lugar, não cabe ao agente o recebimento de dinheiro em mão para dar celeridade ao procedimento, até porque a aplicação da penalidade se dá após

LEGISLAÇÃO DE TRÂNSITO

garantia do devido processo legal ao condutor infrator, após ser praticada a ampla defesa e o contraditório durante o procedimento administrativo.

GABARITO: ERRADO.

15. **(CESPE – 2002 – PRF – POLICIAL RODOVIÁRIO FEDERAL)** A perseguição dos dois homens que fogem para dentro da mata, suspeitos de terem praticado roubo, poderia ser realizada pelos policiais rodoviários federais, sem violação da competência legalmente atribuída à PRF.

Certo ( )   Errado ( )

Nesta hipótese, estamos diante da prática de um delito, e como as atividades atuais da PRF não se restringem ao patrulhamento ostensivo, mas ao policiamento, engloba-se neste a prevenção e a repressão de crimes. Acrescenta-se que é uma das competências da PRF positivada no inciso X do Decreto nº 1.655/95, a saber: colaborar e atuar na prevenção e repressão aos crimes contra a vida, os costumes, o patrimônio, a ecologia, o meio ambiente, os furtos e roubos de veículos e bens, o tráfico de entorpecentes e drogas afins, o contrabando, o descaminho e os demais crimes previstos em leis.

GABARITO: CERTO.

Com relação ao Sistema Nacional de Trânsito (SNT), julgue os itens a seguir:

16. **(CESPE – 2003 – POLÍCIA MILITAR DO DISTRITO FEDERAL – PM/CABO)** Um dos objetivos do SNT é a fixação da padronização de critérios técnicos, financeiros e administrativos para a execução das atividades e trânsito.

Certo ( )   Errado ( )

Literalidade do art. 6º, II. Com o advento do CTB, houve o entendimento que se fazia necessário à padronização dos critérios citados, a fim de que fossem adotadas as mesmas medidas entre os diversos órgãos que compõem o SNT. Em outras palavras, uma uniformidade entre esses órgãos. Essa padronização é feita de duas formas, seja por meio das resoluções do Contran, seja por meio de um fluxo permanente de informações entre os órgãos que compõem o Sistema Nacional de Trânsito.

Art. 6º São objetivos básicos do Sistema Nacional de Trânsito:

II – fixar, mediante normas e procedimentos, a padronização de critérios técnicos, financeiros e administrativos para a execução das atividades de trânsito.

GABARITO: CERTO.

17. **(CESPE – 2003 – POLÍCIA MILITAR DO DISTRITO FEDERAL – PM/CABO)** No Distrito Federal (DF), compete à PMDF a coleta de dados estatísticos e a elaboração de estudos relativos a acidentes de trânsito.

Certo ( )   Errado ( )

Essa competência caberá ao órgão executivo rodoviário do DF (art. 22, IX).

Art. 22. Compete aos órgãos ou entidades executivos de trânsito dos Estados e do Distrito Federal, no âmbito de sua circunscrição:

IX – coletar dados estatísticos e elaborar estudos sobre acidentes de trânsito e suas causas.

Vale lembrar que também é competência do DPRF, positivada no inciso VII do art. 20.

GABARITO: ERRADO.

18. **(CESPE – 2003 – POLÍCIA MILITAR DO DISTRITO FEDERAL – PM/CABO)** Com relação aos direitos do cidadão no CTB, julgue o item que se segue.

Caso Antônio, brasileiro, residente no DF, desejar solicitar que se instale uma faixa de pedestres em determinada via pública próxima de sua residência em razão do elevado número de atropelamentos lá ocorridos, então ele deverá fazê-lo, por escrito e exclusivamente, à PMDF, que terá a obrigação de analisar a solicitação e de respondê-la, também por escrito, no prazo máximo de quinze dias úteis.

Certo ( )   Errado ( )

Nesta questão existem dois erros. O cidadão realmente tem o direito de solicitar, por escrito, aos órgãos e entidades componentes do SNT melhorias, como sinalização, que é o caso supramencionado. Como a questão aborda a implantação de uma faixa de trânsito, cabe ao órgão executivo rodoviário de trânsito a análise do caso concreto. O segundo erro ocorre quando o examinador fixa um prazo de 15 dias. Como percebemos no artigo abaixo (art. 73), não há prazo expresso pelo legislador, logo, o órgão deverá apenas responder dentro de prazos mínimos.

Art. 72. Todo cidadão ou entidade civil tem o direito de solicitar, por escrito, aos órgãos ou entidades do Sistema Nacional de Trânsito, sinalização, fiscalização e implantação de equipamentos de segurança, bem como sugerir alterações em normas, legislação e outros assuntos pertinentes a este Código.

Art. 73. Os órgãos ou entidades pertencentes ao Sistema Nacional de Trânsito têm o dever de analisar as solicitações e responder, por escrito, dentro de prazos mínimos, sobre a possibilidade ou não de atendimento, esclarecendo ou justificando a análise efetuada, e, se pertinente, informando ao solicitante quando tal evento ocorrerá. Parágrafo único. As campanhas de trânsito devem esclarecer quais as atribuições dos órgãos e entidades pertencentes ao Sistema Nacional de Trânsito e como proceder a tais solicitações.

GABARITO: ERRADO.

19. **(CESPE – 2010 – DETRAN/ES – ANALISTA DE SISTEMAS)** Acerca das normas gerais de circulação e conduta dispostas no CTB, julgue o item.

Cabe ao Contran e aos Estados determinar finalidade e uso das faixas laterais de domínio, bem como das áreas adjacentes às estradas e rodovias, obedecidas as condições de segurança do trânsito pertinentes a elas. Nesses casos, respondem pelo Contran o DNIT e a PRF, e pelos estados, suas respectivas secretarias de transporte, Detrans ou órgãos análogos.

Certo ( )   Errado ( )

Conforme o art. 50 do CTB, ratificada pela definição do anexo I, a competência pelo uso das faixas laterais de domínio é dos órgãos e entidades com circunscrição sobre a via e não do Contran, como menciona na questão.

Art. 50. O uso de faixas laterais de domínio e das áreas adjacentes às estradas e rodovias obedecerá às condições de segurança do trânsito estabelecidas pelo órgão ou entidade com circunscrição sobre a via.

FAIXAS DE DOMÍNIO (ANEXO I) – superfície lindeira às vias rurais, delimitada por lei específica e sob responsabilidade do órgão ou entidade de trânsito competente com circunscrição sobre a via.

LEGISLAÇÃO DE TRÂNSITO

Define-se como "Faixa de Domínio" a base física sobre a qual assenta uma rodovia, constituída pelas pistas de rolamento, canteiros, obras de arte, acostamentos, sinalização e faixa lateral de segurança, até o alinhamento das cercas que separam a estrada dos imóveis marginais ou da faixa do recuo (Glossário de Termos Técnicos Rodoviários).

GABARITO: ERRADO.

Julgue o item a seguir, no que se refere às competências do Conselho Nacional de Trânsito (Contran), de acordo com o CTB.

20. **(CESPE – 2010 – MPU – TÉCNICO DE APOIO ESPECIALIZADO – TRANSPORTE)** Incluem-se, entre as competências desse órgão, o acompanhamento e a coordenação das atividades de administração, educação, engenharia, fiscalização e policiamento ostensivo de trânsito.

Certo ( )   Errado ( )

Questão literal que busca saber apenas se o candidato tem o domínio acerca das competências entre os órgãos normativos e consultivos de trânsito. Perceba que as questões gostam de confundir as atribuições do Contran com as do CENTRAN/Contrandife.

Art. 14. Compete aos Conselhos Estaduais de Trânsito – Cetran e ao Conselho de Trânsito do Distrito Federal – Contrandife:

(...)

VIII – acompanhar e coordenar as atividades de administração, educação, engenharia, fiscalização, policiamento ostensivo de trânsito, formação de condutores, registro e licenciamento de veículos, articulando os órgãos do Sistema no Estado, reportando-se ao Contran.

GABARITO: ERRADO.

21. **(CESPE – 2015 – STJ – ANALISTA JUDICIÁRIO)** Nos trechos da rodovia em que inexista sinalização regulamentando a velocidade máxima permitida, o condutor do veículo utilizado na viagem deverá observar os limites máximo de 90 km/h e mínimo de 45 km/h.

Certo ( )   Errado ( )

Primeiro devemos analisar de qual veículo trata a questão. Pode-se perceber que o veículo transporta dez magistrados mais o condutor, logo não estamos tratando de um automóvel, estando dentro do conceito "demais veículos". Como sabemos, o CTB estabelece velocidades distintas para cada espécie de veículos nas rodovias não sinalizadas e atualmente estabelece também velocidades diferentes em rodovias de pista simples e pista dupla, vejamos:

Art. 61. A velocidade máxima permitida para a via será indicada por meio de sinalização, obedecidas suas características técnicas e as condições de trânsito.

§ 1º Onde não existir sinalização regulamentadora, a velocidade máxima será de:

I – nas vias urbanas:

a) oitenta quilômetros por hora, nas vias de trânsito rápido;

b) sessenta quilômetros por hora, nas vias arteriais;

c) quarenta quilômetros por hora, nas vias coletoras;

d) trinta quilômetros por hora, nas vias locais;

II – nas vias rurais:

a) nas rodovias de pista dupla:

1. 110 km/h (cento e dez quilômetros por hora) para automóveis, camionetas e motocicletas;

2. 90 km/h (noventa quilômetros por hora) para os demais veículos;

b) nas rodovias de pista simples:

1. 100 km/h (cem quilômetros por hora) para automóveis, camionetas e motocicletas;

2. 90 km/h (noventa quilômetros por hora) para os demais veículos;

c) nas estradas: 60 km/h (sessenta quilômetros por hora).

§ 2º O órgão ou entidade de trânsito ou rodoviário com circunscrição sobre a via poderá regulamentar, por meio de sinalização, velocidades superiores ou inferiores àquelas estabelecidas no parágrafo anterior.

É importante notar também que, independentemente de se tratar de rodovia de pista simples ou dupla, para os veículos que não estejam incluídos nas espécies automóveis, camionetas e motocicletas, a velocidade será de 90 km/h. Logo, como estamos tratando de uma rodovia não sinalizada, realmente, a velocidade máxima em rodovia não sinalizada será de 90 km/h, e mínima, conforme previsão do art. 62, que dita a norma da velocidade mínima permitida para a via em 50% da máxima, que nesse caso em concreto será de 45 km/h.

Art. 62. A velocidade mínima não poderá ser inferior à metade da velocidade máxima estabelecida, respeitadas as condições operacionais de trânsito e da via.

AUTOMÓVEL – veículo automotor destinado ao transporte de passageiros, com capacidade para até oito pessoas, exclusive o condutor.

GABARITO: CERTO.

22. **(CESPE – 2015 – STJ – ANALISTA JUDICIÁRIO)** Ao transitar por um túnel, ainda que a viagem seja realizada durante o dia e que o túnel seja provido de iluminação, o condutor do veículo deverá manter os faróis acesos, utilizando luz baixa.

Certo ( )   Errado ( )

Trata-se de questão com previsibilidade no art. 40, I. Vale instar que, atualmente, após advento da Lei no 13.290/16, diuturnamente é obrigatório também o uso de farol baixo nas rodovias.

Art. 40. O uso de luzes em veículo obedecerá às seguintes determinações:

I – o condutor manterá acesos os faróis do veículo, utilizando luz baixa, durante a noite e durante o dia nos túneis providos de iluminação pública e nas rodovias.

GABARITO: CERTO.

23. **(CESPE – 2015 – STJ – ANALISTA JUDICIÁRIO)** Situação hipotética:

Em determinado trecho da rodovia, mostrado na figura a seguir, a pista é composta por três faixas de trânsito de mesmo sentido. O veículo 1, que transporta os magistrados, desloca-se com velocidade superior à desenvolvida pelo veículo 2, nas condições de tráfego ilustradas na figura, e não há outros veículos trafegando nas proximidades, em nenhuma das três faixas de trânsito. Assertiva: Nessa situação, o condutor do veículo 1 somente poderá efetuar a manobra de ultrapassagem pela esquerda.

Certo ( )   Errado ( )

LEGISLAÇÃO DE TRÂNSITO

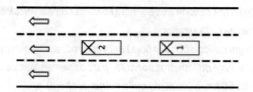

Como o legislador está restringindo a conduta de ultrapassagem, diante do caso concreto só teremos a possibilidade de ultrapassagem pela esquerda, já que a ultrapassagem pela direita só é permitida quando o veículo à frente indicar a intenção de manobrar à esquerda, conforme previsão do art. 29, IX.

Art. 29. O trânsito de veículos nas vias terrestres abertas à circulação obedecerá às seguintes normas:

(...)

IX – a ultrapassagem de outro veículo em movimento deverá ser feita pela esquerda, obedecida a sinalização regulamentar e as demais normas estabelecidas neste Código, exceto quando o veículo a ser ultrapassado estiver sinalizando o propósito de entrar à esquerda;

GABARITO: CERTO.

24. (CESPE – 2015 – STJ – ANALISTA JUDICIÁRIO) Situação hipotética:
Em um trecho da rodovia, na situação descrita na figura a seguir, o condutor do veículo 1, que transportava os magistrados, sinalizou a intenção de efetuar a manobra de conversão à esquerda, indicada pela letra A, e aguardou na via a passagem do veículo 2, que se deslocava no sentido contrário, para fazer a manobra com segurança. Assertiva: Nessas condições, a conduta adotada pelo condutor do veículo 1 esteve em conformidade com o disposto no CTB.

Certo ( )   Errado ( )

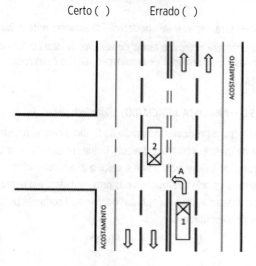

A conduta correta, conforme a figura indicada, seria o veículo 1 ir para o acostamento à direita, já que não existe local apropriado para tal manobra, conforme previsão do art. 37, aguardando os veículos que vêm em sentido oposto para, aí sim, cruzar a pista com segurança.

Art. 37. Nas vias providas de acostamento, a conversão à esquerda e a operação de retorno deverão ser feitas nos locais apropriados e, onde estes não existirem, o condutor deverá aguardar no acostamento, à direita, para cruzar a pista com segurança.

GABARITO: ERRADO.

25. **(CESPE – 2015 – MPU – TÉCNICO DO MPU)** De acordo com o Código de Trânsito Brasileiro (CTB), Lei nº 9503/1997, e as resoluções do Conselho Nacional de Trânsito (Contran), julgue o item a seguir:
Considere a seguinte situação hipotética.

A figura abaixo ilustra uma interseção, do tipo cruzamento, formada por duas vias de mão dupla de tráfego, perpendiculares entre si. No local, as condições de visibilidade permitem a clara visualização de qualquer veículo trafegando nas duas direções e em ambos os sentidos. Na via por onde trafegam os veículos A e B não existe nenhuma sinalização vertical de código R-7 nem linha contínua dupla de código LFO-3. O condutor do veículo B aciona a luz indicadora de direção do veículo, com o propósito de efetuar manobra de conversão à direita, e reduz a velocidade ao se aproximar da interseção. Nessa situação, ainda que nenhum veículo esteja trafegando no sentido oposto ao dos veículos A e B, o condutor do veículo A não poderá efetuar manobra de ultrapassar o veículo B após este ter reduzido a velocidade.

Certo (　)　　　Errado (　)

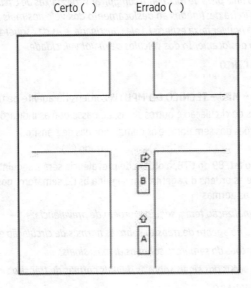

É expressamente proibida a ultrapassagem nos cruzamentos e suas proximidades, sob pena de infração gravíssima (vezes 5) do art. 202, CTB.

Art. 33. Nas interseções e suas proximidades, o condutor não poderá efetuar ultrapassagem.
Art. 202. Ultrapassar outro veículo:

LEGISLAÇÃO DE TRÂNSITO

I – pelo acostamento;

II – em interseções e passagens de nível;

Infração – gravíssima;

Penalidade – multa (cinco vezes).

De acordo com o Código de Trânsito Brasileiro (CTB), Lei nº 9.503/1997, e as resoluções do Conselho Nacional de Trânsito (Contran), julgue os itens a seguir.

GABARITO: CERTO.

26. **(CESPE – 2015 – MPU – TÉCNICO DO MPU)** Em uma pista de rolamento com três faixas de circulação no mesmo sentido, na qual a faixa da direita é destinada exclusivamente a ônibus, é permitido o tráfego de caminhões pela faixa central, apesar de serem considerados veículos mais lentos e de maior porte.

Certo ( )   Errado ( )

Como os veículos de maior porte e mais lentos devem circular pelas faixas mais à direita, nesse caso mencionado, e sendo a faixa mais à direita é destinada exclusivamente a ônibus, logo os caminhões devem circular pela faixa central, uma vez que será a faixa da direita, neste caso em concreto.

Art. 29. O trânsito de veículos nas vias terrestres abertas à circulação obedecerá às seguintes normas:

(...)

IV – quando uma pista de rolamento comportar várias faixas de circulação no mesmo sentido, são as da direita destinadas ao deslocamento dos veículos mais lentos e de maior porte, quando não houver faixa especial a eles destinada, e as da esquerda, destinadas à ultrapassagem e ao deslocamento dos veículos de maior velocidade.

GABARITO: CERTO.

27. **(CESPE – 2015 – MPU – TÉCNICO DO MPU)** As ordens do agente de trânsito terão prevalência sobre as normas de circulação e outros sinais, ao passo que as indicações dos sinais prevalecem sobre as indicações dos semáforos e as demais normas de trânsito.

Certo ( )   Errado ( )

Consoante o art. 89 do CTB, a ordem de prevalência será a seguinte, respectivamente: primeiramente as ordens do agente, em seguida as do semáforo, posteriormente os sinais e, por último, as normas.

Art. 89. A sinalização terá a seguinte ordem de prevalência:

I – as ordens do agente de trânsito sobre as normas de circulação e outros sinais;

II – as indicações do semáforo sobre os demais sinais;

III – as indicações dos sinais sobre as demais normas de trânsito.

GABARITO: ERRADO.

28. **(CESPE – 2015 – MPU – TÉCNICO DO MPU)** Em efetiva prestação de serviço de urgência e devidamente identificados por dispositivos regulamentares de alarme sonoro e iluminação vermelha intermitente, os veículos de polícia gozam de livre circulação, estacionamento e parada e têm prioridade de trânsito; contudo, mesmo em uma perseguição, a preferência de passagem na via e no cruzamento deverá ocorrer com velocidade reduzida e com os devidos cuidados de segurança.

Certo ( )   Errado ( )

Previsão expressa do art. 29, VII, "d". Perceba que ainda que haja as prioridades citadas na questão, deve o policial transitar com a devida cautela, em prol da segurança viária. A Lei nº 14.071/2020 alterou o art. 29, inserindo mais alguns dispositivos (alíneas "e" e "f"):

Art. 29. O trânsito de veículos nas vias terrestres abertas à circulação obedecerá às seguintes normas:

(...)

VII – os veículos destinados a socorro de incêndio e salvamento, os de polícia, os de fiscalização e operação de trânsito e as ambulâncias, além de prioridade no trânsito, gozam de livre circulação, estacionamento e parada, quando em serviço de urgência, de policiamento ostensivo ou de preservação da ordem pública, observadas as seguintes disposições:

a) quando os dispositivos regulamentares de alarme sonoro e iluminação intermitente estiverem acionados, indicando a proximidade dos veículos, todos os condutores deverão deixar livre a passagem pela faixa da esquerda, indo para a direita da via e parando, se necessário;

b) os pedestres, ao ouvirem o alarme sonoro ou avistarem a luz intermitente, deverão aguardar no passeio e somente atravessar a via quando o veículo já tiver passado pelo local;

c) o uso de dispositivos de alarme sonoro e de iluminação vermelha intermitente só poderá ocorrer quando da efetiva prestação de serviço de urgência;

d) a prioridade de passagem na via e no cruzamento deverá se dar com velocidade reduzida e com os devidos cuidados de segurança, obedecidas as demais normas deste Código.

e) as prerrogativas de livre circulação e de parada serão aplicadas somente quando os veículos estiverem identificados por dispositivos regulamentares de alarme sonoro e iluminação intermitente;

f) a prerrogativa de livre estacionamento será aplicada somente quando os veículos estiverem identificados por dispositivos regulamentares de iluminação intermitente;

GABARITO: CERTO.

29. **(CESPE – 2015 – MPU – TÉCNICO DO MPU)** De acordo com o Código de Trânsito Brasileiro (CTB), Lei nº 9.503/1997, e as resoluções do Conselho Nacional de Trânsito (Contran), julgue o item a seguir.

Considerando a classificação dada pelo CTB às vias abertas à circulação e aos respectivos limites de velocidade, a velocidade máxima em estradas desprovidas de sinalização regulamentadora é de 110 km/h para automóveis, de 90 km/h para ônibus e de 80 km/h para caminhões.

Certo ( )   Errado ( )

Nas estradas, independentemente da espécie do veículo, a velocidade será sempre de 60 km/h. A alteração causada pela Lei nº 13.281/16 foi marcante, visto que padronizou a velocidade para as estradas, independentemente do tipo de veículo.

GABARITO: ERRADO.

LEGISLAÇÃO DE TRÂNSITO

30. **(CESPE – 2014 – CÂMARA DOS DEPUTADOS – ANALISTA LEGISLATIVO – CONSULTOR LEGISLATIVO ÁREA XIII)** Acerca das normas de circulação de veículos e pedestres nas vias públicas e dos sinais de sinalização relacionados a essa circulação, julgue o item abaixo:

Em uma rodovia com três faixas de circulação de sentido único, como mostrado na figura I, o condutor de um automóvel que esteja na faixa central não será obrigado a deslocar seu veículo para a faixa da direita, caso depare, à sua frente, com a placa de sinalização vertical representada na figura II.

Figura I

Figura II

Certo ( )   Errado ( )

A sinalização de regulamentação da figura II determina que somente os ônibus, caminhões e veículos de grande porte devem-se manter à direita. Como na questão estamos tratando de um automóvel, essa sinalização não se aplica a essa espécie de veículo.

GABARITO: CERTO.

Considerando que o motorista deve conduzir um veículo em perfeitas condições de funcionamento e percorrer trechos de trânsito urbano e estradas, julgue o item a seguir com base no código brasileiro de trânsito e suas alterações.

31. **(CESPE – 2012 -TJ/AC – TÉCNICO JUDICIÁRIO – MOTORISTA)** A utilização da luz alta em uma via iluminada é recomendada para assegurar que os pedestres percebam a existência do veículo a uma distância segura.

Certo ( )   Errado ( )

A luz alta só será utilizada, conforme previsão do art. 40, II, nas vias não iluminadas, à noite, e quando não estiver seguindo ou cruzando com outro veículo.

Art. 40. O uso de luzes em veículo obedecerá às seguintes determinações:

(...)

II – nas vias não iluminadas o condutor deve usar luz alta, exceto ao cruzar com outro veículo ou ao segui-lo.

GABARITO: ERRADO.

32. **(CESPE – 2012 – TJ/AC – TÉCNICO JUDICIÁRIO – MOTORISTA)** Caso o cinto de segurança esteja com a pré-carga muito forte, é permitido utilizar um dispositivo que o afrouxe um pouco, uma vez que o incômodo durante longo tempo causará dificuldades de condução do veículo.

Certo ( )   Errado ( )

A Resolução nº 278/08, em seu art. 1º, proíbe expressamente dispositivo que afrouxe ou modifique o seu funcionamento normal. Ainda que tal resolução não se encontre no CTB, é importante complementar o uso do cinto de segurança.

Art. 1º Fica proibida a utilização de dispositivos no cinto de segurança que travem, afrouxem ou modifiquem o seu funcionamento normal.

Parágrafo Único Não constitui violação do disposto no caput a utilização do cinto de segurança para a instalação de dispositivo de retenção para transporte de crianças, observadas as prescrições dos fabricantes desses equipamentos infantis.

Art. 2º O descumprimento do disposto nesta Resolução acarretará as sanções previstas no inciso IX, do art. 230 do Código de Trânsito Brasileiro.

GABARITO: ERRADO.

33. **(FCC – 2017 – ARTESP – ESPECIALISTA EM REGULAÇÃO DE TRANSPORTE I – ENGENHARIA CIVIL)** Segundo o Código Trânsito Brasileiro, é vedado ao motorista profissional dirigir por mais de cinco horas e meia ininterruptas veículos de transporte rodoviário coletivo de passageiros ou de transporte rodoviário de cargas. O condutor é obrigado, dentro do período de vinte e quatro horas, a observar o mínimo de X horas de descanso, que podem ser fracionadas. O valor de X é

a) quatro.

b) dez.

c) oito.

d) seis.

e) onze.

O CTB estabelece que o motorista profissional deverá descansar no mínimo 11 horas diárias, sendo 8 horas ininterruptas e 3 horas podendo ser fracionadas.

VEÍCULOS DE TRANSPORTE DE CARGA	VEÍCULOS DE TRANSPORTE COLETIVO DE PASSAGEIROS
Vedado dirigir por mais de 5h30 ininterruptas	
Dentro de 24 horas → **mínimo de 11** horas de descanso, sendo necessariamente 8 horas ininterruptas	
Cada 5h30 → 30 min. de descanso (facultado o fracionamento), ou seja, 30 min dentro de 6 horas	Cada 4 h → 30 min. (facultado o fracionamento), ou seja, dentro de 4h30 deve-se dar 30 min. de descanso

GABARITO: E.

LEGISLAÇÃO DE TRÂNSITO

34. **(CONSULPLAN – 2017 – TRF/2ª REGIÃO – TÉCNICO JUDICIÁRIO)** Entende-se como tempo de direção ou de condução apenas o período em que o condutor estiver efetivamente ao volante, em curso entre a origem e o destino.

Certo ( )   Errado ( )

Literalidade do art. 67-C, § 4º, em que afirma que se entende como tempo de direção ou de condução apenas o período em que o condutor estiver efetivamente ao volante, em curso entre a origem e o destino.

GABARITO: CERTO.

35. **(CONSULPLAN – 2017 – TRF/2ª REGIÃO – TÉCNICO JUDICIÁRIO)** É vedado ao motorista profissional dirigir por mais de doze horas e meia ininterruptas veículos de transporte rodoviário coletivo de passageiros ou de transporte rodoviário de cargas.

Certo ( )   Errado ( )

Na verdade, a lei trabalha com o tempo de 5h30', não doze horas e meia. Logo, prazo superior a 5h30' é também vedado.

GABARITO: CERTO.

36. **(AOCP – 2019 – CÂMARA DE CABO DE SANTO AGOSTINHO/PE – MOTORISTA)** Ao motorista profissional de veículos de transporte rodoviário coletivo de passageiros ou transporte rodoviário de cargas, é vedado dirigir por mais de cinco horas e meia ininterruptas, conforme o art. 67-C (CTB). Sobre a condução de veículos por motorista profissional, assinale a alternativa correta.

a) Serão observados 20 minutos para descanso a cada 4 horas e 30 minutos na condução de veículo rodoviário de passageiros, sendo facultado o seu fracionamento e o do tempo de direção.

b) Em nenhuma situação, o tempo de direção poderá ser superior ao período já estabelecido em lei, para que o condutor, o veículo e a carga cheguem a um lugar que ofereça a segurança e o atendimento demandados, ainda que não haja comprometimento da segurança rodoviária.

c) O condutor é obrigado, dentro do período de 24 horas, a observar o mínimo de 09 horas de descanso, que podem ser fracionadas, usufruídas no veículo e coincidir com os intervalos mencionados no § 1º, observadas no primeiro período de 8 horas ininterruptas de descanso.

d) Serão observados 30 minutos para descanso dentro de cada 6 horas na condução de veículo de transporte de carga, sendo facultado o seu fracionamento e o do tempo de direção desde que não ultrapassadas 5 horas e meia contínuas no exercício da condução.

A: Na verdade, o tempo de descanso será de 30 minutos.

B: A Resolução nº 525/15 determina que é possível prolongar o tempo de direção ininterrupta do veículo no caso citado.

C: Dentro de 24 h, o condutor deverá observar o tempo mínimo de descanso de 11 h, sendo 08 h obrigatoriamente ininterruptas, e as demais podendo ser fracionadas.

GABARITO: D.

37. **(FCC – 2019 – DETRAN/SP – AGENTE ESTADUAL DE TRÂNSITO)** No que se refere à condução de veículos por motoristas profissionais,

a) serão observados 30 minutos para descanso a cada 4 horas na condução de veículo rodoviário de passageiros, sendo facultado o seu fracionamento e o do tempo de direção.

b) é vedado ao motorista profissional dirigir, por mais de 4 horas e meia ininterruptas, veículos de transporte rodoviário coletivo de passageiros ou de transporte rodoviário de cargas.
c) serão observados 30 minutos para descanso dentro de cada 5 horas na condução de veículo de transporte de carga, sendo facultado o seu fracionamento.
d) o condutor é obrigado, dentro do período de 24 horas, a observar o mínimo de 9 horas de descanso, que podem ser fracionadas.
e) em situações excepcionais de inobservância justificada de tempo de direção, devidamente registradas, o tempo de direção poderá ser elevado por mais 4 horas, desde que não haja comprometimento da segurança rodoviária.

Mais uma vez, nossa tabela se mostra útil. Repare:

VEÍCULOS DE TRANSPORTE DE CARGA	VEÍCULOS DE TRANSPORTE COLETIVO DE PASSAGEIROS
Vedado dirigir por mais de 5h30' ininterruptas	
Dentro de 24 h → **mínimo de 11** h de descanso, sendo necessariamente 8 h ininterruptas	
Cada 5h30 → 30' de descanso (facultado o fracionamento), ou seja, 30 min dentro de 6h	Cada 4 h → 30' (facultado o fracionamento), ou seja, dentro de 4h30min deve-se dar 30' de descanso

GABARITO: A.

38. **(CESPE – 2014 – CÂMARA DOS DEPUTADOS – ANALISTA LEGISLATIVO – CONSULTOR LEGISLATIVO ÁREA XIII)** Nas situações abaixo, tanto o ciclista mostrado na figura I quanto o ciclista mostrado na figura II têm direitos e deveres equiparados àqueles dos pedestres.

Figura I

Figura II

Certo ( )   Errado ( )

LEGISLAÇÃO DE TRÂNSITO

Somente o ciclista desmontado se equipara ao pedestre em direitos e obrigações, conforme previsão do art. 68, § 1º.

Art. 68. É assegurada ao pedestre a utilização dos passeios ou passagens apropriadas das vias urbanas e dos acostamentos das vias rurais para circulação, podendo a autoridade competente permitir a utilização de parte da calçada para outros fins, desde que não seja prejudicial ao fluxo de pedestres.

§ 1º O ciclista desmontado empurrando a bicicleta equipara-se ao pedestre em direitos e deveres.

GABARITO: ERRADO.

39. **(CESPE – 2011 – STM – TÉCNICO JUDICIÁRIO)** O ciclista, mesmo quando desmontado e empurrando sua bicicleta, não tem direito de circular pelos passeios, visto que estes são de uso exclusivo dos pedestres.

Certo ( )   Errado ( )

O pedestre desmontado se equipara ao pedestre em direitos e deveres, conforme o art. 68, § 1º do CTB.

GABARITO: ERRADO.

40. **(CESPE – 2010 – MPU – TÉCNICO DE APOIO ESPECIALIZADO – TRANSPORTE)** Considerando a importância da sinalização para a segurança do trânsito, julgue o item que se segue.

Em local onde haja sinalização semafórica de controle de passagem para a travessia de via, o pedestre deve aguardar o instante apropriado para atravessar.

Certo ( )   Errado ( )

A questão trabalha com a sinalização do foco de pedestres, a qual deverá ser obedecida pelo transeunte.

Art. 70. Os pedestres que estiverem atravessando a via sobre as faixas delimitadas para esse fim terão prioridade de passagem, exceto nos locais com sinalização semafórica, onde deverão ser respeitadas as disposições deste Código.

Parágrafo único. Nos locais em que houver sinalização semafórica de controle de passagem será dada preferência aos pedestres que não tenham concluído a travessia, mesmo em caso de mudança do semáforo liberando a passagem dos veículos.

GABARITO: CERTO.

41. **(CESPE – 2010 – MPU – TÉCNICO DE APOIO ESPECIALIZADO – TRANSPORTE)** De acordo com o CTB, é assegurada a circulação dos pedestres nos passeios ou passagens apropriadas das vias urbanas e acostamentos das vias rurais, podendo a autoridade competente permitir a utilização de parte da calçada para outros fins, desde que não haja prejuízo ao fluxo de pedestres.

No que se refere aos pedestres e aos condutores não motorizados, julgue o item a seguir.

Na construção de trechos urbanos de vias rurais bem como na de obras de arte, devem ser previstos passeios destinados à circulação dos pedestres.

Certo ( )   Errado ( )

Novamente literalidade do art. 68 do CTB. Os passeios para pedestres, nesse caso, podem se enquadrar em calçadas ou passarelas.

Art. 68. É assegurada ao pedestre a utilização dos passeios ou passagens apropriadas das vias urbanas e dos acostamentos das vias rurais para circulação, podendo a autoridade competente permitir a utilização de parte da calçada para outros fins, desde que não seja prejudicial ao fluxo de pedestres.

(...)

§ 5º Nos trechos urbanos de vias rurais e nas obras de arte a serem construídas, deverá ser previsto passeio destinado à circulação dos pedestres, que não deverão, nessas condições, usar o acostamento.

GABARITO: CERTO.

42.   **(CESPE – 2010 – MPU – TÉCNICO DE APOIO ESPECIALIZADO – TRANSPORTE)** De acordo com o CTB, é assegurada a circulação dos pedestres nos passeios ou passagens apropriadas das vias urbanas e acostamentos das vias rurais, podendo a autoridade competente permitir a utilização de parte da calçada para outros fins, desde que não haja prejuízo ao fluxo de pedestres.

No que se refere aos pedestres e aos condutores não motorizados, julgue o item a seguir.

Em áreas urbanas, caso não haja passeios ou não seja possível a utilização destes, a circulação de veículos na pista de rolamento deve ser feita com prioridade sobre os pedestres, que devem andar pelos bordos da pista, em fila única.

Certo ( )   Errado ( )

Os pedestres terão prioridade sobre os veículos (Art. 68, § 2º).

Art. 68. É assegurada ao pedestre a utilização dos passeios ou passagens apropriadas das vias urbanas e dos acostamentos das vias rurais para circulação, podendo a autoridade competente permitir a utilização de parte da calçada para outros fins, desde que não seja prejudicial ao fluxo de pedestres.

(...)

§ 2º Nas áreas urbanas, quando não houver passeios ou quando não for possível a utilização destes, a circulação de pedestres na pista de rolamento será feita com prioridade sobre os veículos, pelos bordos da pista, em fila única, exceto em locais proibidos pela sinalização e nas situações em que a segurança ficar comprometida.

Cumpre observar que este dispositivo está em consonância com o que já estava previsto no art. 29, § 2º, que, de forma geral, já previa que todos os veículos serão responsáveis pela incolumidade dos pedestres. Vejamos:

Art. 29. O trânsito de veículos nas vias terrestres abertas à circulação obedecerá às seguintes normas:

(...)

§ 2º Respeitadas as normas de circulação e conduta estabelecidas neste artigo, em ordem decrescente, os veículos de maior porte serão sempre responsáveis pela segurança dos menores, os motorizados pelos não motorizados e, juntos, pela incolumidade dos pedestres.

GABARITO: ERRADO.

LEGISLAÇÃO DE TRÂNSITO

43. **(FUNRIO – 2009 – PRF – POLICIAL RODOVIÁRIO FEDERAL)** É assegurada ao pedestre a utilização dos passeios ou passagens apropriadas das vias urbanas e dos acostamentos das vias rurais para circulação, podendo a autoridade competente permitir a utilização de parte da calçada para outros fins, desde que não seja prejudicial ao fluxo de pedestres. Em relação aos pedestres e aos condutores de veículos não motorizados é correto afirmar que:

a) nas áreas rurais, quando não houver passeios ou quando não for possível a utilização destes, a circulação de pedestres na pista de rolamento será feita com prioridade sobre os veículos, pelos bordos da pista, em fila única, e também em locais proibidos pela sinalização e nas situações em que a segurança ficar comprometida.

b) nas vias urbanas, quando não houver acostamento ou quando não for possível a utilização dele, a circulação de pedestres, na pista de rolamento, será feita com prioridade sobre os veículos, pelos bordos da pista, em fila única, em sentido contrário ao deslocamento de veículos, e também em locais proibidos pela sinalização e nas situações em que a segurança ficar comprometida.

c) nos trechos urbanos de vias rurais e nas obras de arte a serem construídas, deverá ser previsto passeio destinado à circulação dos pedestres, que deverão, nessas condições, usar o acostamento.

d) onde não houver obstrução da calçada ou da passagem para pedestres, o órgão ou entidade com circunscrição sobre a via deverá assegurar a devida sinalização e proteção para circulação de pedestres.

e) o ciclista desmontado empurrando a bicicleta equipara-se ao pedestre em direitos e deveres.

Previsão contida no art. 68, o qual afirma que é assegurada ao pedestre a utilização dos passeios ou passagens apropriadas das vias urbanas e dos acostamentos das vias rurais para circulação, podendo a autoridade competente permitir a utilização de parte da calçada para outros fins, desde que não seja prejudicial ao fluxo de pedestres. O ciclista desmontado empurrando a bicicleta equipara-se ao pedestre em direitos e deveres.

GABARITO: E.

44. **(CESPE – 2002 – PRF – POLICIAL RODOVIÁRIO FEDERAL)** Não é absoluta a preferência, referida no quinto tópico, dos pedestres que atravessam a via sobre as faixas delimitadas para esse fim, já que, havendo sinalização semafórica no local, eles só poderão atravessar a via quando o sinal luminoso autorizar. Entretanto, é absoluta a preferência em faixas onde não estejam posicionados agentes de trânsito nem semáforos, requerendo-se, contudo, que os pedestres deem um sinal de advertência aos motoristas antes de iniciarem a travessia.

Certo ( )   Errado ( )

A preferência não é absoluta. Por exemplo, cruzar pistas de rolamento nos viadutos, pontes, ou túneis, salvo onde exista permissão, inclusive caracteriza uma infração de trânsito.

GABARITO: ERRADO.

Em frente a uma mercearia, há um cartaz que diz o seguinte.

ENTREGAM-SE PEDIDOS FEITOS POR TELEFONE.

As entregas são feitas por Alberto, que utiliza uma bicicleta para realizar o serviço.

Utilize o texto acima para responder à questão.

45. **(CESPE – 2002 – PRF – POLICIAL RODOVIÁRIO FEDERAL)** Caso houvesse grande movimentação de pessoas em um passeio em que não fosse expressamente permitido conduzir bicicletas, configuraria infração de trânsito o fato de Alberto, mesmo não estando montado na bicicleta, empurrá-la sobre o referido passeio.

Certo ( )   Errado ( )

O ciclista desmontado, empurrando a bicicleta, equipara-se ao pedestre. Logo, não haverá configuração de infração de trânsito prevista no art. 255 do CTB.

GABARITO: ERRADO.

46. **(FUNRIO – 2009 – PRF – POLICIAL RODOVIÁRIO FEDERAL)** Assinale a alternativa falsa:

   a) Todo cidadão ou entidade civil tem o direito de solicitar, por escrito aos órgãos ou entidades do Sistema Nacional de Trânsito (SNT), a adoção de medidas relacionadas com a fiscalização e implantação de equipamentos ou segurança no trânsito.

   b) As campanhas de trânsito devem esclarecer quais as atribuições dos órgãos e entidades pertencentes ao SNT e como proceder a tais solicitações.

   c) Os órgãos ou entidades pertencentes do SNT, não são obrigados a analisar as solicitações, por escrito, a eles encaminhadas.

   d) Analisadas as solicitações os órgãos ou entidades do SNT, devem responder, por escrito, dentro de prazos mínimos, sobre a possibilidade ou não de atendimento, esclarecendo ou justificando a análise efetuada.

   Os órgãos ou entidades pertencentes ao Sistema Nacional de Trânsito têm o dever de analisar as solicitações e responder, por escrito, dentro de prazos mínimos, sobre a possibilidade ou não de atendimento, esclarecendo ou justificando a análise efetuada, e, se pertinente, informando ao solicitante quando tal evento ocorrerá (art. 73).

   GABARITO: C.

47. **(FUMARC – 2003 – ETTBH – ANALISTA)** O direito de solicitar aos órgãos ou entidades do Sistema Nacional de Trânsito sinalização, fiscalização e implantação de equipamentos de segurança, bem como de sugerir alterações em normas relativas a trânsito, é assegurado:

   a) apenas a agentes públicos.

   b) apenas a entidades públicas.

   c) apenas a autoridades de trânsito.

   d) a todo cidadão ou entidade civil.

   Todo cidadão ou entidade civil tem o direito de solicitar, por escrito, aos órgãos ou entidades do Sistema Nacional de Trânsito, sinalização, fiscalização e implantação de equipamentos de segurança, bem como sugerir alterações em normas, legislação e outros assuntos pertinentes a este Código (art. 72).

   GABARITO: D.

LEGISLAÇÃO DE TRÂNSITO

48. **(CESPE – 2003 – POLÍCIA MILITAR/DF – SARGENTO)** Com referência a atribuições, o Código de Trânsito Brasileiro (CTB) prevê que os órgãos executivos de trânsito das esferas estadual e municipal têm funções concorrentes, ou seja, têm as mesmas atribuições.

Certo ( )   Errado ( )

Em regra, os Estados (Executivos de Trânsito dos Estados) possuem competência, em sentido amplo, de fiscalização da legalidade dos veículos, enquanto, em regra, aos Municípios (Executivos de Trânsito Municipal) caberá a fiscalização por circulação, parada e estacionamento, além de conceder autorização para veículos de tração animal e propulsão humana.

GABARITO: ERRADO.

49. **(COPESE/UFT – 2019 – PREFEITURA DO PORTO NACIONAL – PEDAGOGO)** Relativamente à educação para o trânsito, assinale a alternativa correta.

a) A educação para o trânsito é direito de todos, mas não constitui dever prioritário para os componentes do Sistema Nacional de Trânsito.

b) Caberá ao Ministério da Saúde, mediante proposta do Contran, estabelecer campanha nacional de esclarecimento de condutas a serem seguidas nos primeiros socorros em caso de acidentes de trânsito.

c) A educação para o trânsito será promovida apenas no ensino médio e superior, por meio de ações coordenadas entre os órgãos do Sistema Nacional de Trânsito e de Educação.

d) Um percentual de trinta por cento do total dos valores arrecadados destinados à Previdência Social, do Prêmio do Seguro Obrigatório de Danos Pessoais causados por Veículos Automotores de Via Terrestre DPVAT), será repassado mensalmente ao Coordenador do Sistema Nacional de Trânsito para aplicação exclusiva em programas destinados a primeiros socorros.

e) Não é possível haver convênios entre os órgãos e entidades executivas de trânsito e os órgãos de educação para se promover a educação para o trânsito.

Previsão expressa do art. 77, caput. Aqui não se pode confundir as atribuições do Ministério da Saúde com as atribuições do Ministério da Educação. Perceba o que diz o art. 77:

Art. 77. No âmbito da educação para o trânsito caberá ao Ministério da Saúde, mediante proposta do Contran, estabelecer campanha nacional esclarecendo condutas a serem seguidas nos primeiros socorros em caso de acidente de trânsito.

GABARITO: B.

50. **(CESPE – 2009 – DETRAN/DF – AUXILIAR DE TRÂNSITO)** Do total dos valores arrecadados destinados à Previdência Social e relativos ao prêmio do seguro obrigatório de danos pessoais causados por veículos automotores de via terrestre (DPVAT), 10% devem ser repassados mensalmente ao coordenador do Sistema Nacional de Trânsito para aplicação exclusiva em programas destinados à prevenção de acidentes de trânsito.

Certo ( )   Errado ( )

Aqui existe dois pontos do texto de lei que devem ser observados: o percentual de 10% e o período em que serão repassados os valores, que será mensalmente. Os Ministérios da Saúde, da Educação e do Desporto, do Trabalho, dos Transportes e da Justiça, por intermédio do Contran, desenvolverão e implementarão programas destinados à prevenção de acidentes. Parágrafo único. O percentual de DEZ POR CENTO do total dos valores arrecadados

destinados à Previdência Social, do Prêmio do Seguro Obrigatório de Danos Pessoais causados por Veículos Automotores de Via Terrestre – DPVAT, de que trata a Lei nº 6.194, de 19 de dezembro de 1974, serão repassados mensalmente ao Coordenador do Sistema Nacional de Trânsito para aplicação exclusiva em programas de que trata este artigo.

GABARITO: CERTO.

51. **(UFMT – 2015 – DETRAN/MT – PEDAGOGO)** Sobre a educação para o trânsito prevista no Código de Trânsito Brasileiro, assinale a afirmativa INCORRETA

a) Será promovida, especificamente, nas escolas de Ensino Fundamental, por meio de planejamento e ações coordenadas entre os órgãos e entidades do Sistema Nacional de Trânsito e de Educação, da União, dos Estados, do Distrito Federal e dos Municípios, nas respectivas áreas de atuação.

b) É obrigatória a existência de coordenação educacional em cada órgão ou entidade componente do Sistema Nacional de Trânsito.

c) Os órgãos ou entidades executivas de trânsito deverão promover, dentro de sua estrutura organizacional ou mediante convênio, o funcionamento de Escolas Públicas de Trânsito, nos moldes e padrões estabelecidos pelo Conselho Nacional de Trânsito.

d) A educação para o trânsito é direito de todos e constitui dever prioritário para os componentes do Sistema Nacional de Trânsito.

A educação para o trânsito será promovida na pré-escola e nas escolas de 1º, 2º e 3º graus, por meio de planejamento e ações coordenadas entre os órgãos e entidades do Sistema Nacional de Trânsito e de Educação, da União, dos Estados, do Distrito Federal e dos Municípios, nas respectivas áreas de atuação.

GABARITO: A.

52. **(IPAD – 2014 – PREFEITURA DE RECIFE/PE – AGENTE DE SEGURANÇA MUNICIPAL – GUARDA MUNICIPAL)** Acerca da educação para o trânsito, assinale a alternativa correta:

a) Não é um objetivo básico do Sistema Nacional de Trânsito.

b) Não é competência dos Conselhos Estaduais de Trânsito.

c) Não é competência do órgão máximo executivo da União que deve administrar o fundo nacional destinado a segurança e educação no trânsito.

d) A educação do trânsito desde a pré-escola até os cursos de graduação deve decorrer da atuação conjunta de todos os órgãos municipais, estaduais e federativo do Sistema Nacional de Trânsito e Educação.

e) Ao Ministério de Defesa Civil, que abrange os Corpos de Bombeiros e Serviços SAMU, cabe estabelecer campanha nacional esclarecendo condutas a serem seguidas nos primeiros socorros em caso de acidente de trânsito.

O tema de educação no trânsito vem repercutindo muito nas provas. É importante salientar que a educação no trânsito é um dos objetivos da Política Nacional de Trânsito (art. 6º), de competência dos Cetrans e Contrandife. Quem administra o fundo com aplicação nessa área é o DENATRAN.

Art. 76. A educação para o trânsito será promovida na pré-escola e nas escolas de 1º, 2º e 3º graus, por meio de planejamento e ações coordenadas entre os órgãos e entidades do

LEGISLAÇÃO DE TRÂNSITO

Sistema Nacional de Trânsito e de Educação, da União, dos Estados, do Distrito Federal e dos Municípios, nas respectivas áreas de atuação. Parágrafo único. Para a finalidade prevista neste artigo, o Ministério da Educação e do Desporto, mediante proposta do Contran e do Conselho de Reitores das Universidades Brasileiras, diretamente ou mediante convênio, promoverá:

I – a adoção, em todos os níveis de ensino, de um currículo interdisciplinar com conteúdo programático sobre segurança de trânsito;

II – a adoção de conteúdos relativos à educação para o trânsito nas escolas de formação para o magistério e o treinamento de professores e multiplicadores;

III – a criação de corpos técnicos interprofissionais para levantamento e análise de dados estatísticos relativos ao trânsito;

IV – a elaboração de planos de redução de acidentes de trânsito junto aos núcleos interdisciplinares universitários de trânsito, com vistas à integração universidade na área de trânsito.

GABARITO: D.

53. **(UECE – 2018 – DETRAN/CE – ASSISTENTE DE ATIVIDADE DE TRÂNSITO)** A educação para o trânsito será promovida na pré-escola e nas escolas de 1º, 2º e 3º graus, por meio de planejamento e ações coordenadas entre os órgãos e entidades do Sistema Nacional de Trânsito e de Educação, da União, dos Estados, do Distrito Federal e dos Municípios, nas respectivas áreas de atuação. Considerando as ações a serem promovidas pelo Ministério da Educação e do Desporto, mediante proposta do Contran e do Conselho de Reitores das Universidades Brasileiras, analise os itens listados a seguir e assinale-os com V ou F conforme sejam verdadeiros ou falsos.

( ) Adoção, em todos os níveis de ensino, de um currículo interdisciplinar com conteúdo programático sobre segurança de trânsito.

( ) Elaboração de planos de prevenção de acidentes de trânsito junto aos núcleos interdisciplinares universitários de trânsito, com vistas à integração universidades–sociedade na área de trânsito.

( ) Adoção de conteúdos relativos à educação para o trânsito nas escolas de formação para o magistério e o treinamento de professores, estudantes e multiplicadores.

( ) Criação de corpos técnicos interprofissionais para levantamento e análise de dados estatísticos relativos ao Trânsito.

Está correta, de cima para baixo, a seguinte sequência:

a) F, V, F, V.
b) V, F, F, V.
c) V, F, V, F.
d) F, V, V, F.

1) A afirmação no primeiro tópico é consistente com a primeira medida prevista no art. 76 do CTB;

2) O erro aqui envolve o tipo de plano elaborado pelos núcleos universitários, que não será de prevenção, mas de redução de acidentes;

3) Outro erro constatado do texto de lei é que o CTB não prevê os estudantes no rol legal do art. 76;

4) Afirmação correta, nos termos do art. 76, III do CTB.

GABARITO: B.

54. **(CESPE – 2020 – PRF – CURSO DE FORMAÇÃO PROFISSIONAL)** Considerando a legislação de trânsito brasileira, julgue o item a seguir.

A educação para o trânsito deve ser promovida nas escolas de ensino fundamental e médio, inclusive na pré-escola.

De fato, a educação para o trânsito é deve ser praticada desde a pré-escola, até o 3º grau, segundo o art. 76 do CTB. Vale dizer que a lei de diretrizes e bases da educação alterou essa nomenclatura para ensino fundamental (1º grau), ensino médio (2º grau) e ensino superior (3º grau).

GABARITO: CERTO.

55. **(CONTEMAX – 2019 – PREFEITURA DE CONCEIÇÃO/PB – CONDUTOR DE VEÍCULO DE URGÊNCIA)**
A educação no trânsito é um direito de todos e constitui dever prioritário para os componentes do Sistema Nacional de Trânsito. Acerca da educação para o trânsito, analise as afirmações a seguir e marque a afirmativa INCORRETA:

a) Os órgãos ou entidades executivos de trânsito deverão promover, dentro de sua estrutura organizacional ou mediante convênio, o funcionamento das Escolas Públicas de Trânsito, nos moldes e padrões estabelecidos pelo CENTRAN.

b) As campanhas referentes a educação no trânsito no âmbito nacional são de caráter permanente.

c) No que diz respeito à campanha para divulgação da educação no trânsito os serviços de rádio e difusão sonora de sons e imagens explorados pelo poder público são obrigados a difundi-las gratuitamente, com a frequência recomendada pelos órgãos competentes do Sistema Nacional de Trânsito.

d) Os órgãos ou entidades do Sistema Nacional de Trânsito deverão promover outras campanhas no âmbito de sua circunscrição e de acordo com as peculiaridades locais.

e) A educação para o trânsito será promovida na pré-escola e nas escolas de 1º, 2º e 3º graus, por meio de planejamento e ações coordenadas entre os órgãos e entidades do Sistema Nacional de Trânsito e de Educação, da União, dos Estados, do Distrito Federal e dos Municípios, nas respectivas áreas de atuação.

O erro está no final da assertiva A, que afirma que os moldes e padrões estabelecidos para o funcionamento das EPTs segue as normas do CENTRAN. Nem existe CENTRAN. Outro ponto a ser destacado, que inclusive foi inserido pela Lei nº 14.071/20 foi a inserção das EPTs no âmbito dos municípios, também cabendo a essas entidades a função de criar, implantar e manter escolas públicas de trânsito, destinadas à educação de crianças e adolescentes, por meio de aulas teóricas e práticas sobre legislação, sinalização e comportamento no trânsito.

GABARITO: A.

56. **(CESGRANRIO – 2009 – DETRAN/AC – AGENTE DE AUTORIDADE DE TRÂNSITO)** Com quantas horas de antecedência a autoridade de trânsito com circunscrição sobre a via deverá avisar à comunidade, por intermédio dos meios de comunicação social, qualquer interdição da via, indicando caminhos alternativos a serem utilizados?

a) 60.

b) 48.

LEGISLAÇÃO DE TRÂNSITO

c) 36.
d) 24.
e) 12.

Previsão expressa no art. 95 do CTB, na qual salienta um prazo de 48 h de aviso com antecedência para que dê tempo dos condutores se adiantarem.

Art. 95. Nenhuma obra ou evento que possa perturbar ou interromper a livre circulação de veículos e pedestres, ou colocar em risco sua segurança, será iniciada sem permissão prévia do órgão ou entidade de trânsito com circunscrição sobre a via.

(...)

§ 2º Salvo em casos de emergência, a autoridade de trânsito com circunscrição sobre a via avisará a comunidade, por intermédio dos meios de comunicação social, com quarenta e oito horas de antecedência, de qualquer interdição da via, indicando-se os caminhos alternativos a serem utilizados.

GABARITO: B.

57. **(CESPE – 2002 – PRF – POLICIAL RODOVIÁRIO FEDERAL)** Pedro dirigia um veículo automotor que lhe fora emprestado por João e foi parado em uma blitz, quando um dos agentes de trânsito lhe pediu que exibisse sua CNH e os documentos de registro e licenciamento do automóvel que dirigia.

A partir dessa situação e sabendo que o CTB define como crime – Dirigir veículo automotor, em via pública, sem a devida Permissão para Dirigir ou Habilitação – e como infração – Conduzir veículo sem os documentos de porte obrigatório, julgue o item seguinte.

Se a blitz ocorresse em uma rodovia federal com duas pistas de rolamento, uma em cada sentido, e o agente de trânsito determinasse que Pedro deveria estacionar o carro no acostamento da pista de rolamento diversa da que vinha seguindo, estacionando o carro no sentido oposto ao do fluxo, Pedro deveria negar-se a realizar tal operação, pois as ordens do agente de trânsito não podem sobrepor-se ao CTB e este determina que, nas operações de estacionamento, o veículo deverá ser posicionado no sentido do fluxo.

Certo ( )   Errado ( )

Novamente, literalidade do texto do art. 89 do CTB.

Art. 89. A sinalização terá a seguinte ordem de prevalência:

I – as ordens do agente de trânsito sobre as normas de circulação e outros sinais;

II – as indicações do semáforo sobre os demais sinais;

III – as indicações dos sinais sobre as demais normas de trânsito.

GABARITO: ERRADO.

58. **(CESPE – 2013 – PRF – POLICIAL RODOVIÁRIO FEDERAL)** Se, durante a execução de obra ao longo de uma rodovia federal, a empresa responsável pela obra interromper a circulação de veículos e a movimentação de cargas em uma das faixas de rolamento sem a prévia permissão do órgão de trânsito competente, a PRF deverá interditar a obra e aplicar as penalidades civis e multas decorrentes da infração cometida pela empresa.

Certo ( )   Errado ( )

Não compete à PRF a aplicação das penalidades civis e multas pela execução de obras sem autorização. Nesse sentido, ficará a cargo dos órgãos ou entidades de trânsito executivos rodoviários, como o DNIT.

GABARITO: ERRADO.

59. **(IADES – 2015 – ELETROBRAS – TÉCNICO – ADAPTADA)** Os gestos do agente de trânsito e do condutor são considerados sinais de trânsito, sendo que os primeiros têm prevalência sobre as normas de circulação e outros sinais.

Certo ( )   Errado ( )

Percebemos que a questão faz dois questionamentos: o primeiro relativo à classificação da sinalização; conforme previsão do art. 87, VI, os gestos do agente de trânsito e do condutor são tipos de sinais. Já a última parte da questão versa sobre a ordem de prevalência; conforme previsão do art. 89, as ordens do agente de trânsito têm prevalência sobre as normas de circulação e outros sinais (previsão do art. 89, I).

GABARITO: CERTO.

60. **(IADES – 2015 – ELETROBRAS – ELETRICISTA MOTORISTA)** Quanto à prioridade da sinalização de trânsito, assinale a opção correta.

a) Os semáforos prevalecem sobre as ordens do agente de trânsito.

b) As ordens do agente de trânsito prevalecem sobre as normas de circulação e outros sinais.

c) As normas de circulação prevalecem sobre os semáforos.

d) As normas de circulação prevalecem sobre as ordens do agente de trânsito e outros sinais.

e) As sinalizações verticais prevalecem sobre as ordens do agente de trânsito.

Para fixar bem, segue o art. 89:

Art. 89. A sinalização terá a seguinte ordem de prevalência:

I – as ordens do agente de trânsito sobre as normas de circulação e outros sinais;

II – as indicações do semáforo sobre os demais sinais;

III – as indicações dos sinais sobre as demais normas de trânsito.

GABARITO: B.

61. **(UPE – 2006 – PREFEITURA DE OLINDA – AGENTE DE TRÂNSITO E TRANSPORTE)** Marque a alternativa que relaciona corretamente a classificação dos sinais de trânsito.

a) Verticais, horizontais, luminosos e sonoros.

b) Verticais, horizontais, luminosos, sonoros e gestos do agente de trânsito e do condutor.

c) Horizontais, luminosos, sonoros, dispositivos de sinalização auxiliar e gestos do agente de trânsito e do condutor.

d) Horizontais, luminosos, sonoros, dispositivos de sinalização auxiliar, gestos do agente de trânsito e do condutor, e verticais.

e) Luminosos, sonoros, dispositivos de sinalização auxiliar, gestos do agente de trânsito, e horizontais.

LEGISLAÇÃO DE TRÂNSITO

Pode-se perceber que, para obter êxito em questões assim, é preciso procurar a assertiva mais completa. Conforme o art. 87, a que se enquadra neste perfil é a alternativa D.

Art. 87. Os sinais de trânsito classificam-se em:

I – verticais;

II – horizontais;

III – dispositivos de sinalização auxiliar;

IV – luminosos;

V – sonoros;

VI – gestos do agente de trânsito e do condutor.

GABARITO: D.

62. **(FCC – 2006 – TRT/24ª – AUXILIAR JUDICIÁRIO)** A sinalização será colocada em posição e condições que a tornem perfeitamente visível e legível durante o dia e à noite, em distância compatível com a segurança do trânsito, conforme normas e especificações fixadas
    a) pelo Conselho Estadual de Trânsito – CETRAN.
    b) pelo Departamento Estadual de Trânsito – Detran.
    c) pelo Conselho Nacional de Trânsito – CONTRAN
    d) pela Polícia Rodoviária Federal.
    e) pela Prefeitura Municipal.
    Note o esquema do art. 80 do CTB:
    GABARITO: C.

63. **(FCC – 2020 – AL/AP – AUXILIAR LEGISLATIVO – AUXILIAR DE TRANSPORTES)** Considere as ilustrações A e B abaixo:

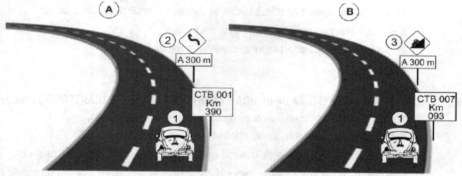

Aceleraldo está conduzindo seu veículo (Figura 1) pelas rodovias CTB 001 (A) e CTB 007 (B). Nas ilustrações A e B, visualiza as sinalizações verticais de advertência indicadas, respectivamente, pelas Figuras 2 e 3. A sinalização apresentada pela:

a) Figura 3 indica "Declive acentuado" e Aceleraldo deve desengrenar o motor de seu veículo para reduzir a emissão de poluentes.

b) Figura 2 indica "Curva acentuada à esquerda" e Aceleraldo deve diminuir a velocidade, com antecedência, usando o freio e, se necessário, reduzir a marcha antes de entrar na curva.

c) Figura 3 indica "Declive acentuado" e Aceleraldo deve desligar o motor de seu carro a fim de diminuir o consumo de combustível.

d) Figura 2 indica "Curva sinuosa à esquerda" e Aceleraldo deve aumentar rapidamente a velocidade durante a curva com o objetivo de neutralizar os vetores centrífugos e centrípetos.

e) Figura 2 indica "Curva acentuada em "S" à esquerda e Aceleraldo deve diminuir a velocidade, com antecedência, usando o freio e, se necessário, reduzir a marcha antes de entrar na curva.

O item 2 da figura "A" trabalha a sinalização horizontal chamada de "curva acentuada em S à esquerda. Trata-se notadamente de uma sinalização de advertência (vide formato). Já o item 3 da figura "B" apresenta a sinalização de "declive acentuado", complementado de uma sinalização auxiliar de distância (300m). Portanto, aqui se deve memorizar a nomenclatura das placas.

GABARITO: E.

64. (FCC – 2020 – AL/AP – AUXILIAR LEGISLATIVO – AUXILIAR DE TRANSPORTES) Considere a ilustração abaixo:

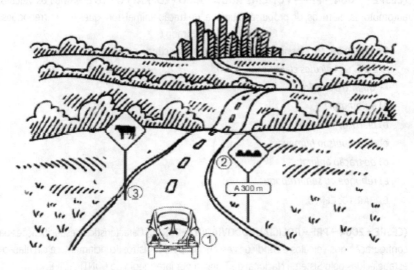

Freionildo está conduzindo seu veículo (Figura 1) pela rodovia e visualiza as sinalizações verticais de advertência indicadas, respectivamente, pelas Figuras 2 e 3. A sinalização apresentada pela:

a) Figura 2 indica "Saliência ou lombada" e que Freionildo deve reduzir a velocidade, usando os freios, porém deve evitar acioná-los durante a passagem pela lombada, pois essa atitude aumenta o desequilíbrio de todo o conjunto do carro.

b) Figura 3 indica "Animais" e Freionildo deve diminuir a velocidade e evitar o uso de luz alta ou baixa contra o animal.

c) Figura 2 indica "Depressão" e Freionildo deve evitar movimentos bruscos com a direção.

d) Figura 3 indica "Animais selvagens" e Freionildo deve reduzir a marcha e buzinar para afastar os animais que adentrarem a rodovia.

LEGISLAÇÃO DE TRÂNSITO

e) Figura 2 indica "Pista irregular" e Freionildo deve aumentar a velocidade, com o objetivo de passar mais rápido pelas irregularidades e evitar danos aos componentes da suspensão.

Mais uma vez a banca cobrou a nomenclatura da sinalização vertical, o que não pode ser confundida com as demais sinalizações. Repare:

GABARITO: B.

65. **(CESPE – 2004 – PRF – POLICIAL RODOVIÁRIO FEDERAL)** O CTB classifica os veículos em: automotores, elétricos, de propulsão humana, de tração animal, reboques e semirreboques.

Certo ( )   Errado ( )

De fato, o art. 96 classifica os veículos da forma citada pela questão. Veja:

Art. 96. Os veículos classificam-se em:

I – quanto à tração:

a) automotor;

b) elétrico;

c) de propulsão humana;

d) de tração animal;

e) reboque ou semirreboque.

GABARITO: CERTO.

66. **(CESPE – 2004 – PRF – POLICIAL RODOVIÁRIO FEDERAL)** Características, especificações básicas, configuração dos veículos e condições essenciais para registro, licenciamento e circulação serão estabelecidas pelo Sistema Nacional de Trânsito por intermédio do CONTRADIFE.

Certo ( )   Errado ( )

Note que, em se tratando da regulamentação dada pela questão, tal dispositivo se aplica em todo o território brasileiro. Sendo um dispositivo normativo e aplicável em todo o Brasil, só poderia ser o Contran o órgão regulamentador, não o Contrandife.

Art. 97. As características dos veículos, suas especificações básicas, configuração e condições essenciais para registro, licenciamento e circulação serão estabelecidas pelo Contran, em função de suas aplicações.

GABARITO: ERRADO.

67. **(CESPE – 2004 – PRF – POLICIAL RODOVIÁRIO FEDERAL)** Um veículo só poderá transitar pela via pública quando atender aos requisitos e condições de segurança estabelecidos no CTB e em normas do Detran.

Certo ( )   Errado ( )

O Detran não estabelece normas de trânsito, mas apenas funciona com órgão executivo dos Estados.

Art. 99. Somente poderá transitar pelas vias terrestres o veículo cujo peso e dimensões atenderem aos limites estabelecidos pelo Contran.

GABARITO: ERRADO.

68. **(CESPE – 2004 – PRF – POLICIAL RODOVIÁRIO FEDERAL)** Não havendo linha regular de ônibus, o transporte remunerado de passageiros em veículos de carga, entre localidades de origem e destino que estiverem situadas em municípios limítrofes de um mesmo estado, poderá ser autorizado eventualmente e a título precário, desde que cumpra os requisitos estabelecidos pelo Contran.

Certo ( )   Errado ( )

Colocação perfeita citada pela questão. Tal dispositivo se encontra regulamentado pela Resolução 508 do Contran, e admite as condições de tráfego, de acordo com o previsto. O prazo de duração da AET será de 12 meses, nos termos do art. 108 do CTB.

Art. 108. Onde não houver linha regular de ônibus, a autoridade com circunscrição sobre a via poderá autorizar, a título precário, o transporte de passageiros em veículo de carga ou misto, desde que obedecidas as condições de segurança estabelecidas neste Código e pelo Contran.

Parágrafo único. A autorização citada no caput não poderá exceder a doze meses, prazo a partir do qual a autoridade pública responsável deverá implantar o serviço regular de transporte coletivo de passageiros, em conformidade com a legislação pertinente e com os dispositivos deste Código.

GABARITO: CERTO.

69. **(CESPE – 2004 – PRF – POLICIAL RODOVIÁRIO FEDERAL)** Para circular em vias públicas, os veículos automotores produzidos a partir de 1º/1/1999 devem ser dotados, como equipamentos obrigatórios, de encosto de cabeça em todos os assentos, exceto nos assentos centrais, e cinto de segurança graduável e de três pontos em todos os assentos, podendo, nos assentos centrais, o cinto ser do tipo subabdominal.

Certo ( )   Errado ( )

De fato, o art. 105 do CTB foi alterado buscando-se abarcar os dispositivos de segurança em questão. Veja:

Art. 105. São equipamentos obrigatórios dos veículos, entre outros a serem estabelecidos pelo Contran:

LEGISLAÇÃO DE TRÂNSITO

I – cinto de segurança, conforme regulamentação específica do Contran, com **EXCEÇÃO** dos veículos destinados ao transporte de passageiros em percursos em que seja permitido **VIAJAR EM PÉ**;

II – para os veículos de transporte e de **CONDUÇÃO ESCOLAR**, os de transporte de passageiros com mais de **DEZ LUGARES** e os de carga com peso bruto total superior a **QUATRO MIL, QUINHENTOS E TRINTA E SEIS QUILOGRAMAS**, equipamento registrador instantâneo inalterável de velocidade e tempo;

III – encosto de cabeça, para todos os tipos de veículos automotores, segundo normas estabelecidas pelo Contran;

IV – (VETADO)

V – dispositivo destinado ao controle de emissão de gases poluentes e de ruído, segundo normas estabelecidas pelo Contran.

VI – para as bicicletas, a campainha, sinalização noturna dianteira, traseira, lateral e nos pedais, e espelho retrovisor do lado esquerdo.

VII – equipamento suplementar de retenção – **AIR BAG FRONTAL** para o condutor e o passageiro do **BANCO DIANTEIRO**.

Dispensado para veículos destinados à exportação!

VIII – luzes de rodagem diurna (alterado pela Lei nº 14.071 de 2020).

GABARITO: CERTO.

70. **(CESPE – 2004 – PRF – POLICIAL RODOVIÁRIO FEDERAL)** A carga transportada em veículos destinados ao transporte de passageiros, do tipo ônibus, não precisa ser acomodada em compartimento próprio, separado dos passageiros, desde que haja espaço físico suficiente para garantir a segurança no compartimento dos passageiros.

Certo ( )   Errado ( )

Ao se transportar carga em veículos de passageiros, é obrigatório que essa carga esteja em local apropriado, como o porta-malas, tendo em vista a projeção da carga em caso de frenagem brusca ou acidente, de acordo com o art. 109 do CTB, cuja desobediência gera infração de natureza grave.

Art. 109. O transporte de carga em veículos destinados ao transporte de passageiros só pode ser realizado de acordo com as normas estabelecidas pelo Contran.

Art. 248. Transportar em veículo destinado ao transporte de passageiros carga excedente em desacordo com o estabelecido no art. 109:

Infração – grave;

Penalidade – multa;

Medida administrativa – retenção para o transbordo.

GABARITO: ERRADO.

71. **(CESPE – 2002 – PRF – POLICIAL RODOVIÁRIO FEDERAL)** Considere a seguinte situação hipotética. Após a aprovação de Gil em concurso vestibular para ingresso na Universidade Federal de Minas Gerais, seus pais quiseram presenteá-lo com um automóvel. Dirigiram-se, então, ao órgão executivo de trânsito competente, objetivando efetivar a troca da placa do veículo usado que haviam adquirido. Foram informados, então, que a placa iniciada pelas letras GIL seguidas dos números correspondentes ao ano do nascimento do filho não estava mais afeta a um veículo em circulação, já que, em decorrência da destruição havida em acidente, fora dada baixa no respectivo registro. Nessa situação, mesmo com a baixa do registro anterior, não será possível atender à solicitação dos pais de Gil.

Certo ( )   Errado ( )

As placas dianteira e traseira são formas de identificação externa do veículo, e serão individualizadas, nos termos do art. 115 do CTB.

Art. 115. O veículo será identificado externamente por meio de placas dianteira e traseira, sendo esta lacrada em sua estrutura, obedecidas as especificações e modelos estabelecidos pelo Contran.

§ 1º Os caracteres das placas serão individualizados para cada veículo e o acompanharão até a baixa do registro, sendo vedado seu reaproveitamento.

GABARITO: CERTO.

72. **(CESPE – 2002 – PRF – POLICIAL RODOVIÁRIO FEDERAL)** Acerca das definições do CTB quanto aos veículos e às infrações de trânsito, julgue os itens a seguir.

Considere a seguinte situação hipotética. Em visita a Brasília – DF, Sandro observou a existência de inúmeros veículos de representação com placas especiais. Divisou, entre outras, as placas I e II, com as cores verde e amarela da Bandeira Nacional como cores de fundo, e as placas III e IV, com a cor de fundo branca.

LEGISLAÇÃO DE TRÂNSITO

Conhecedor da legislação de trânsito, Sandro encaminhou, então, correspondência ao órgão executivo de trânsito do DF, insurgindo-se contra a violação das normas de trânsito que regulam a identificação dos veículos. Nessa situação, Sandro terá razão se tiver afirmado que pelo menos três placas violam as normas de trânsito.

Certo ( )   Errado ( )

Três placas apresentam erros: Na primeira placa o brasão utilizado está incorreto, visto que deveria ser igual ao da segunda placa; a terceira e quarta placas deveriam estar com fundo preto, e as letras na cor dourada. Sendo assim, são especificações das placas:

CATEGORIA DO VEÍCULO	COR PLACA E TARJETA	
	FUNDO	CARACTERES
Particular	Cinza	Preto
Aluguel	Vermelho	Branco
Experiência/Fabricante	Verde	Branco
Aprendizagem	Branco	Vermelho
Coleção	Preto	Cinza
Oficial (generalidades)	Branco	Preto
Missão Diplomática	Azul	Branco
Corpo Consular	Azul	Branco
Organismo Internacional	Azul	Branco
Corpo Diplomático	Azul	Branco
Acordo e Cooperação Internacional	Azul	Branco
Representação (Autoridades)	Preto	Dourado
Chefes de Poder + outras autoridades	Verde e amarela	Cinza

GABARITO: CERTO.

73. **(CESPE – 2002 – PRF – POLICIAL RODOVIÁRIO FEDERAL)** Considere a seguinte situação hipotética. Preocupada com os sucessivos aumentos no preço da gasolina, Laura decidiu alterar o motor do seu veículo para combustão a álcool. Assim, procedeu-se à modificação em oficina de notória especialização e habilitada a emitir certificação, após o que Laura dirigiu-se ao órgão executivo de trânsito competente para efetuar a alteração no registro do veículo, submetendo-o a regular vistoria. Nessa situação, foi regular o procedimento de Laura, e, não havendo constatação de problemas na vistoria, o órgão executivo de trânsito competente deverá anotar a alteração no campo apropriado do Certificado de Registro de Veículo.

Certo ( )   Errado ( )

Previsão contida no CTB no art. 98, em que afirma que nenhum proprietário ou responsável poderá, sem prévia autorização da autoridade competente, fazer ou ordenar que sejam feitas no veículo modificações de suas características de fábrica. A autoridade competente, neste caso, é o Detran.

GABARITO: ERRADO.

74. **(FGV – 2010 – DETRAN/RN – ANALISTA DE SUPORTE – INFORMÁTICA)** Com relação à identificação do veículo, marque a alternativa correta:

a) O veículo será identificado externamente por meio de placas dianteira e traseira, sendo esta lacrada em sua estrutura, obedecidas as especificações e modelos estabelecidos pelo Contran.

b) Os caracteres das placas serão individualizados para cada veículo e o acompanharão até a baixa do registro, sendo permitido seu reaproveitamento para outro veículo.

c) Os aparelhos automotores destinados a puxar ou arrastar maquinaria de qualquer natureza ou a executar trabalhos agrícolas e de construção ou de pavimentação não necessitam de registro e licenciamento da repartição competente.

d) Os veículos de duas ou três rodas não são dispensados da placa dianteira.

Previsão legal contida no art. 115 do CTB:

Art. 115. O veículo será identificado externamente por meio de placas dianteira e traseira, sendo esta lacrada em sua estrutura, obedecidas as especificações e modelos estabelecidos pelo Contran.

GABARITO: A.

75. **(CESPE – 2003 – POLÍCIA MILITAR/DF – CABO)** Veículo automotor, ônibus e veículo particular são possíveis classificações para os veículos.

Certo ( )   Errado ( )

Veículo automotor refere-se quanto à tração; ônibus refere-se quanto à espécie (passageiros); e particular quanto à categoria (Art. 96, CTB).

GABARITO: CERTO.

76. **(CESPE – 2003 – TJ/DF – TÉCNICO JUDICIÁRIO – ÁREA TRANSPORTE)** Como forma de proteger os passageiros, o CTB proíbe que estes sejam transportados, em qualquer hipótese, em veículos destinados ao transporte de cargas.

Certo ( )   Errado ( )

LEGISLAÇÃO DE TRÂNSITO

É possível se transportar passageiros em veículos de carga quando houver as adaptações regulamentadas pelo Contran.

Art. 108. Onde não houver linha regular de ônibus, a autoridade com circunscrição sobre a via poderá autorizar, a título precário, o transporte de passageiros em veículo de carga ou misto, desde que obedecidas as condições de segurança estabelecidas neste Código e pelo Contran.

GABARITO: ERRADO.

77. **(CESPE – 2003 – TJ/DF – TÉCNICO JUDICIÁRIO – ÁREA TRANSPORTE)** Aparelhos automotores destinados a puxar ou arrastar maquinaria de qualquer natureza ou a executar trabalhos agrícolas e de construção ou pavimentação não serão submetidos a registro e licenciamento, mesmo que lhes seja facultado trafegar nas vias.

Certo ( )   Errado ( )

O art. 115, § 4º cita que os aparelhos automotores destinados a puxar ou a arrastar maquinaria de qualquer natureza ou a executar trabalhos de construção ou de pavimentação são sujeitos ao registro na repartição competente, se transitarem em via pública, dispensados o licenciamento e o emplacamento.

Além disso, o § 4º-A complementa afirmando que os tratores e demais aparelhos automotores destinados a puxar ou a arrastar maquinaria agrícola ou a executar trabalhos agrícolas, desde que facultados a transitar em via pública, são sujeitos ao registro único, sem ônus, em cadastro específico do Ministério da Agricultura, Pecuária e Abastecimento, acessível aos componentes do Sistema Nacional de Trânsito.

GABARITO: ERRADO.

78. **(FCC – 2020 – AL/AP – AUXILIAR LEGISLATIVO)** No tocante à segurança, os veículos só poderão transitar pela via quando atendidos os requisitos e condições de segurança estabelecidos no Código de Trânsito Brasileiro (CTB) e em normas do Conselho Nacional de Trânsito (Contran), sendo que:

a) Onde não houver linha regular de ônibus, a autoridade com circunscrição sobre a via poderá autorizar por até 24 meses, a título precário, o transporte de passageiros em veículo de carga ou misto, desde que obedecidas as condições de segurança estabelecidas no CTB e pelo Contran.

b) Segundo normas estabelecidas pelo Contran, o encosto de cabeça é equipamento obrigatório apenas para veículos de aluguel.

c) Para as bicicletas, a campainha, o espelho retrovisor no lado esquerdo e a sinalização noturna dianteira, traseira, lateral e nos pedais são equipamentos obrigatórios.

d) O equipamento registrador instantâneo inalterável de velocidade e tempo é obrigatório para os veículos de transporte e de condução escolar com peso bruto total superior a 5.000 quilogramas.

e) O equipamento registrador instantâneo inalterável de velocidade e tempo é obrigatório para os veículos de transporte de passageiros com mais de 8 lugares.

A: Onde não houver linha regular de trânsito, a autoridade poderá autoriza o trânsito em veículos de carga por 12 meses, não 24.

C: O encosto de cabeça é obrigatório para todos os veículos.

D: O PBT citado pelo CTB é de 4.536 kg, não 5.000 kg.

E: Na verdade, a quantidade de passageiros é igual a 10.

GABARITO: C.

79. **(QUADRIX – 2020 – CRMV/AM – MOTORISTA)** Para os veículos de transporte de passageiros com mais de dez lugares, é obrigatório o equipamento registrador instantâneo inalterável de velocidade e tempo.

Certo ( )   Errado ( )

Os veículos de transporte de passageiros de dez lugares ou mais deverão apresentar tacógrafo, conforme o art. 105 do CTB.

GABARITO: CERTO.

80. **(UPENET – 2006 – PREFEITURA DE OLINDA – AGENTE DE TRÂNSITO E TRANSPORTE)** Quanto à classificação dos veículos, pode-se afirmar que são veículos:

a) de passageiros, dentre outros: a motocicleta, o caminhão, a caminhonete.

b) de carga, dentre outros: a motocicleta, o caminhão, o carro de mão.

c) de passageiros, dentre outros: o trator de esteira, a bicicleta, a motoneta.

d) de competição, dentre outros: a bicicleta, a motoneta, o ônibus.

e) quanto à categoria, apenas os oficiais, os de representação diplomática, os particulares e os de aluguel.

a) os caminhões não são veículos de passageiros.

b) Percebe-se que a motocicleta pode ser classificada tanto como de passageiro, quanto de carga, a depender do contexto, porém não ao mesmo tempo.

c) o trator de esteira não é considerado veículo de passageiros.

d) nenhum dos veículos citados são de competição.

e) ainda falta os veículos de aprendizagem.

GABARITO: B.

81. **(CESPE – 2019 – PRF – POLICIAL RODOVIÁRIO FEDERAL)** A chave de roda é de porte obrigatório inclusive em veículos equipados com pneus capazes de trafegar sem ar, ou em veículos equipados com dispositivo automático de enchimento emergencial.

Certo ( )   Errado ( )

A Resolução no 14 do Contran estabelece, em seu art. 1º, realmente que a chave de roda é item obrigatório nos veículos, porém, no art. 2º da mesma Resolução há algumas exceções, dentre elas, a obrigatoriedade da chave de roda, inciso V, alínea a.

GABARITO: ERRADO.

82. **(FCC – 2018 – DETRAN/MA – ASSISTENTE DE TRÂNSITO – ADAPTADA)** Quanto à tração, os veículos classificam-se em: automotor, elétrico, de propulsão humana, de tração animal e:

a) utilitário.

b) ciclomotor.

c) reboque ou semirreboque.

d) triciclo.

e) caminhão-trator.

De acordo com art. 96, os veículos classificam-se em:

LEGISLAÇÃO DE TRÂNSITO

I – quanto à tração:

a) automotor;

b) elétrico;

c) de propulsão humana;

d) de tração animal;

e) reboque ou semirreboque.

GABARITO: C.

83. **(CESPE – 2019 – PRF – POLICIAL RODOVIÁRIO FEDERAL)** O dispositivo destinado ao controle de ruído do motor é obrigatório em triciclos e quadriciclos.

Certo ( )   Errado ( )

De acordo com a Resolução nº 14/98:

Art. 1º. Para circular em vias públicas, os veículos deverão estar dotados dos equipamentos obrigatórios relacionados abaixo, a serem constados pela fiscalização e em condições de funcionamento:

IV – para as motonetas, motocicletas e triciclos:

10) dispositivo destinado ao controle de ruído do motor, dimensionado para manter a temperatura de sua superfície externa em nível térmico adequado ao uso seguro do veículo pelos ocupantes sob condições normais de utilização e com uso de vestimentas e acessórios indicados no manual do usuário fornecido pelo fabricante, devendo ser complementado por redutores de temperatura nos pontos críticos de calor, a critério do fabricante, conforme exemplificado no Anexo desta Resolução.

V – para os quadriciclos:

10) dispositivo destinado ao controle de ruído do motor;

GABARITO: CERTO.

84. **(FCC – 2018 – DETRAN-MA – ASSISTENTE DE TRÂNSITO – ADAPTADA)** Os veículos de transporte de carga e os coletivos de passageiros deverão conter, em local facilmente visível, inscrição indicativa de:

a) comprimento total, altura, largura e peso bruto total.

b) altura, lotação, tara e peso bruto total combinado ou capacidade máxima de tração.

c) tara, peso bruto total, peso bruto total combinado ou capacidade máxima de tração e lotação.

d) potência, lotação e peso bruto total.

e) lotação, tara, largura, comprimento e altura

O art. 117 do CTB regulamentou a questão de informações relevantes (CMT, PBTC, PBT e lotação) em diversos tipos de veículos, como os de transporte de carga e coletivo de passageiros. O tema também foi abordado pela Resolução nº 290/08.

Art. 117. Os veículos de transporte de carga e os coletivos de passageiros deverão conter, em local facilmente visível, a inscrição indicativa de sua tara, do peso bruto total (PBT), do peso bruto total combinado (PBTC) ou capacidade máxima de tração (CMT) e de sua lotação, vedado o uso em desacordo com sua classificação.

GABARITO: C.

85. **(IDECAN – 2017 – CBM/DF – SOLDADO – CONDUTOR E OPERADOR DE VIATURAS)** É permitido o uso de cortinas, persianas fechadas ou similares nas áreas envidraçadas dos veículos em movimento?
a) Não.
b) Não, salvo nos veículos que possuam espelhos retrovisores em ambos os lados.
c) Não, mesmo que as cortinas ou persianas sejam translúcidas.
d) Sim, desde que as cortinas ou persianas sejam translúcidas.
e) Sim, nos veículos de carga.

Art. 111. É vedado, nas áreas envidraçadas do veículo: II – o uso de cortinas, persianas fechadas ou similares nos veículos em movimento, salvo nos que possuam espelhos retrovisores em ambos os lados.
GABARITO: B.

86. **(CESPE – 2004 – PRF – POLICIAL RODOVIÁRIO FEDERAL)** É obrigatória, para a expedição do CRV, a apresentação da nota fiscal fornecida pelo fabricante ou revendedor, ou documento equivalente, expedido por autoridade competente.

Certo ( )   Errado ( )

Para a expedição do Certificado de Registro de Veículo o órgão executivo de trânsito consultará o cadastro do RENAVAM e exigirá do proprietário a nota fiscal fornecida pelo fabricante ou revendedor, ou documento equivalente expedido por autoridade competente.
GABARITO: CERTO.

87. **(CESPE – 2004 – PRF – POLICIAL RODOVIÁRIO FEDERAL)** Ao ser transferida a propriedade do veículo, o CRV acompanha o veículo, segundo a regra de que o acessório segue o principal.

Certo ( )   Errado ( )

Nos termos do art. 123, será obrigatória a expedição de novo Certificado de Registro de Veículo quando:
I – for transferida a propriedade;
II – o proprietário mudar o Município de domicílio ou residência;
III – for alterada qualquer característica do veículo;
IV – houver mudança de categoria.
GABARITO: ERRADO.

88. **(CESPE – 2004 – PRF – POLICIAL RODOVIÁRIO FEDERAL – ADAPTADA)** Será obrigatória a expedição de novo CRV quando, entre outras hipóteses, for alterada qualquer característica do veículo.

Certo ( )   Errado ( )

O art. 123 elenca as hipóteses de novas expedições do CRV, entre as quais está a citada na questão.
GABARITO: CERTO.

89. **(CESPE – 2004 – PRF – POLICIAL RODOVIÁRIO FEDERAL)** O comprovante de quitação de débitos relativos a tributos, encargos e multas é documento exigido para a expedição de novo CRV.

Certo ( )   Errado ( )

Pedro Canezin

LEGISLAÇÃO DE TRÂNSITO

O art. 124 do CTB estabelece um rol de documentos necessários para a expedição de novo CRV. Observe:

Art. 124. Para a expedição do novo Certificado de Registro de Veículo serão exigidos os seguintes documentos:

(...)

VIII – comprovante de quitação de débitos relativos a tributos, encargos e multas de trânsito vinculados ao veículo, independentemente da responsabilidade pelas infrações cometidas.

GABARITO: CERTO.

90. **(CESPE – 2004 – PRF – POLICIAL RODOVIÁRIO FEDERAL)** Quando o proprietário de um veículo mudar de residência no mesmo município, deverá comunicar, no prazo máximo de 15 dias, o novo endereço e aguardar o novo licenciamento para alterar o Certificado de Licenciamento Anual.

Certo ( )   Errado ( )

Nos termos do art. 123, § 2º, o prazo a que a questão se refere é de 30 dias, não 15.

GABARITO: ERRADO.

91. **(CESPE – 2004 – PRF – POLICIAL RODOVIÁRIO FEDERAL)** Considere a seguinte situação hipotética. O proprietário de um veículo sinistrado, com laudo pericial de perda total, transferiu o seu domicílio de Luziânia – GO para Brasília – DF, levando consigo o referido veículo. Nessa situação, por ocasião da transferência de domicílio interestadual, o proprietário deverá providenciar a realização de vistoria no veículo sinistrado junto ao Departamento de Trânsito correspondente ao novo domicílio.

Certo ( )   Errado ( )

O art. 126 determina que o proprietário de veículo irrecuperável, ou destinado à desmontagem, deverá requerer a baixa do registro, no prazo e forma estabelecidos pelo Contran, vedada a remontagem do veículo sobre o mesmo chassi de forma a manter o registro anterior. A Resolução nº 05 do Contran também afirma que não se realizará vistoria em veículo sinistrado com laudo pericial de perda total, no caso de ocorrer transferência de domicílio do proprietário.

GABARITO: ERRADO.

92. **(CESPE – 2002 – PRF – POLICIAL RODOVIÁRIO FEDERAL)** Caso a propriedade de um reboque licenciado pelo órgão executivo de trânsito competente seja transferida, o proprietário antigo deverá encaminhar a esse órgão cópia autenticada do comprovante de transferência de propriedade, devidamente assinado e datado.

Certo ( )   Errado ( )

No caso de transferência de propriedade, o proprietário antigo deverá encaminhar ao órgão executivo de trânsito do Estado dentro de um prazo de **sessenta dias (novo prazo, de acordo com a Lei nº 14.071/2020)**, cópia autenticada do comprovante de transferência de propriedade, devidamente assinado e datado, sob pena de ter que se responsabilizar solidariamente pelas penalidades impostas e suas reincidências até a data da comunicação. O comprovante de transferência de propriedade de que trata o caput poderá ser substituído por documento eletrônico, na forma regulamentada pelo Contran.

Art. 134. No caso de transferência de propriedade, expirado o prazo previsto no § 1º do art. 123 deste Código sem que o novo proprietário tenha tomado as providências necessárias à efetivação da expedição do novo Certificado de Registro de Veículo, o antigo proprietário deverá encaminhar ao órgão executivo de trânsito do Estado ou do Distrito Federal, no prazo de 60 (sessenta) dias, cópia autenticada do comprovante de transferência de propriedade, devidamente assinado e datado, sob pena de ter que se responsabilizar solidariamente pelas penalidades impostas e suas reincidências até a data da comunicação.

Parágrafo único. O comprovante de transferência de propriedade de que trata o caput deste artigo poderá ser substituído por documento eletrônico com assinatura eletrônica válida, na forma regulamentada pelo Contran.

GABARITO: CERTO.

93. **(IBADE – 2019 – PREFEITURA DE RONDÔNIA – MOTORISTA)** O uso de cinto de segurança por todos os ocupantes do veículo é:

a) uma medida de segurança, mas não é obrigatório.

b) obrigatório somente para os ocupantes dos bancos dianteiros.

c) obrigatório quando trafegar em velocidades superiores a 40 Km/h.

d) obrigatório para todos os ocupantes do veículo.

e) opcional porque amassa a roupa.

Art. 105. São equipamentos obrigatórios dos veículos, entre outros a serem estabelecidos pelo Contran:

I – cinto de segurança, conforme regulamentação específica do Contran, com exceção dos veículos destinados ao transporte de passageiros em percursos em que seja permitido viajar em pé;

GABARITO: D.

94. **(UPENET/IAUPE – 2003 – PREFEITURA MUN. JAB. GUARARAPES – AGENTE DE TRÂNSITO E TRANSPORTES)** Qual das alternativas abaixo não se aplica quando da expedição de novo Certificado de Registro de Veículos?

a) Certificado de Registro de Veículo anterior.

b) Certificado de Licenciamento anual.

c) Comprovante de transferência de propriedade, quando for o caso, conforme modelo e normas estabelecidas pelo Contran.

d) Certidão negativa de roubo ou furto de veículo, expedida no município do registro, que poderá ser substituída por informação do Contran.

e) Comprovante de quitação de débitos relativos a tributos, encargos e multas de trânsito vinculados ao veículo, independentemente da responsabilidade pelas infrações cometidas.

Tal questão tentou confundir o candidato com os arts. 123 e 124 do CTB. Veja:

Art. 123. Será obrigatória a expedição de novo Certificado de Registro de Veículo quando:

I – for transferida a propriedade;

II – o proprietário mudar o Município de domicílio ou residência;

III – for alterada qualquer característica do veículo;

LEGISLAÇÃO DE TRÂNSITO

IV – houver mudança de categoria.

§ 1º No caso de transferência de propriedade, o prazo para o proprietário adotar as providências necessárias à efetivação da expedição do novo Certificado de Registro de Veículo é de trinta dias, sendo que nos demais casos as providências deverão ser imediatas.

§ 2º No caso de transferência de domicílio ou residência no mesmo Município, o proprietário comunicará o novo endereço num prazo de trinta dias e aguardará o novo licenciamento para alterar o Certificado de Licenciamento Anual.

§ 3º A expedição do novo certificado será comunicada ao órgão executivo de trânsito que expediu o anterior e ao RENAVAM.

Art. 124. Para a expedição do novo Certificado de Registro de Veículo serão exigidos os seguintes documentos:

(...)

VII – certidão negativa de roubo ou furto de veículo, expedida no Município do registro anterior, que poderá ser substituída por informação do RENAVAM;

GABARITO: D.

95. **(CESPE – 2020 – PRF – POLICIAL RODOVIÁRIO FEDERAL – CURSO DE FORMAÇÃO)** Com relação aos documentos de porte obrigatório, julgue o item subsequente.

Será dispensado o porte do certificado de registro e licenciamento de veículo quando o agente fiscalizador tiver acesso a sistema informatizado que permita verificar se o veículo está devidamente licenciado.

Certo ( )   Errado ( )

Art. 133. É obrigatório o porte do Certificado de Licenciamento Anual.

Parágrafo único. O porte será dispensado quando, no momento da fiscalização, for possível ter acesso ao devido sistema informatizado para verificar se o veículo está licenciado. (Inovação Legislativa de 2016 no CTB).

GABARITO: CERTO.

96. **(FGV – 2019 – PREFEITURA DE SALVADOR/BA – AGENTE DE TRÂNSITO E TRANSPORTE)** No caso de transferência de domicílio ou residência no mesmo Município, o proprietário do veículo comunicará o novo endereço ao órgão executivo de trânsito num prazo máximo de:
a) 15 dias.
b) 30 dias.
c) 45 dias.
d) 60 dias.
e) 90 dias.

No caso de transferência de domicílio ou residência no mesmo Município, o proprietário comunicará o novo endereço num prazo de trinta dias e aguardará o novo licenciamento para alterar o Certificado de Licenciamento anual, sob pena de infração de natureza leve (art. 241).

GABARITO: B.

97. **(UPENET – 2006 – PREFEITURA DE OLINDA/PE – AGENTE DE TRÂNSITO E TRANSPORTE)** A expedição de novo Certificado de Registro de Veículo é obrigatória, quando:

a) houver transferência da propriedade do veículo, salvo se o novo proprietário for cônjuge do anterior.

b) o proprietário se deslocar para outro Município distinto de seu domicílio ou residência.

c) houver qualquer alteração na característica do veículo.

d) houver qualquer mudança na categoria do veículo, salvo a alteração de aluguel para particular.

e) houver, à exceção da cor, qualquer alteração na característica do veículo.

A alteração de qualquer característica deverá ser autorizada pelo Detran, e em seguida, emitido um novo CRV contendo a alteração.

GABARITO: C.

98. **(FUMARC – 2007 – PREFEITURA DE BETIM/MG – TRÂNSITO E SERVIÇO DE TRANSPORTE)** Registro Nacional de Veículos Automotores é dado pelo órgão competente. O registro de cada veículo, constando na documentação específica, recebe a sigla de:

a) IPVA.

b) Detran.

c) Cetran.

d) Renavam.

O registro dos veículos que transitam em território brasileiro será constado no RENAVAM – Registro Nacional de Veículos Automotores.

GABARITO: D.

99. **(CPCON – 2019 – PREFEITURA DE GUARABIRA – AGENTE DE TRÂNSITO – ADAPTADA)** O capacete motociclístico devidamente afixado à cabeça pelo conjunto formado pela cinta jugular e engate, por debaixo do maxilar inferior, é obrigatório para condutores e passageiros de motocicletas.

Certo ( )   Errado ( )

Art. 54. Os condutores de motocicletas, motonetas e ciclomotores só poderão circular nas vias:

I – utilizando capacete de segurança, com viseira ou óculos protetores;

Art. 55. Os passageiros de motocicletas, motonetas e ciclomotores só poderão ser transportados:

I – utilizando capacete de segurança;

Art. 244. Conduzir motocicleta, motoneta e ciclomotor:

I – sem usar capacete de segurança com viseira ou óculos de proteção e vestuário de acordo com as normas e especificações aprovadas pelo Contran;

II – transportando passageiro sem o capacete de segurança, na forma estabelecida no inciso anterior, ou fora do assento suplementar colocado atrás do condutor ou em carro lateral;

Infração – gravíssima;

Penalidade – multa e suspensão do direito de dirigir;

Medida administrativa – Recolhimento do documento de habilitação;

GABARITO: CERTO.

LEGISLAÇÃO DE TRÂNSITO

100. **(VUNESP – 2020 – PREFEITURA MUNICIPAL DE MORRO AGUDO – MOTORISTA)** Ao trafegar com um veículo em uma via aberta à circulação, deve-se ter o cuidado de que o veículo esteja em ótimas condições de manutenção, com a documentação em dia e o condutor portando os documentos obrigatórios. Quais documentos são de porte obrigatório para transitar em uma via aberta a circulação?

a) Certificado de Registro do Veículo e IPVA pago.

b) Carteira Nacional de habilitação ou permissão para dirigir válida e Certificado de Registro de Veículo.

c) Carteira Nacional Habilitação ou permissão para dirigir válida.

d) Autorização do proprietário do veículo e Carteira Nacional de Habilitação.

e) Carteira Nacional de Habilitação ou permissão para dirigir válida e Certificado de Licenciamento Anual.

O art. 139 e 153 do CTB regulamentam o que foi cobrado:

Art. 133 – É obrigatório o porte do Certificado de Licenciamento Anual.

Art. 159. (.)

§ 1º – É obrigatório o porte da Permissão para Dirigir ou da Carteira Nacional de Habilitação quando o condutor estiver à direção do veículo.

GABARITO: E.

101. **(FCC – 2019 – DETRAN/SP – OFICIAL ESTADUAL DE TRÂNSITO)** Antes do registro e licenciamento, o veículo novo, nacional ou importado, que portar a nota fiscal de compra e venda ou documento alfandegário, poderá transitar:

a) do local de descarga ao órgão de trânsito do município de destino, nos dez dias consecutivos à data do carimbo de saída do veículo, constante da nota fiscal ou documento alfandegário correspondente.

b) do pátio da fábrica às concessionárias ou indústrias encarroçadoras.

c) do local de descarga às concessionárias ou indústrias encarroçadoras.

d) da montadora ou concessionária ao local de descarga.

e) do pátio de fábrica ou indústria encarroçadora às concessionárias.

Respostas conforme a Resolução do Contran nº 04 de 1998 (art. 4º) a saber:

a) do pátio da fábrica, da indústria encarroçadora ou concessionária e do Posto Alfandegário, ao órgão de trânsito do município de destino, nos quinze dias consecutivos à data do carimbo de saída do veículo, constante da nota fiscal ou documento alfandegário correspondente;

b) do pátio da fábrica, da indústria encarroçadora ou concessionária, ao local onde vai ser embarcado como carga, por qualquer meio de transporte;

c) Gabarito.

d) do pátio da fábrica, da indústria encarroçadora ou concessionária, ao local onde vai ser embarcado como carga, por qualquer meio de transporte;

e) do pátio da fábrica, da indústria encarroçadora ou concessionária e do Posto Alfandegário, ao órgão de trânsito do município de destino, nos 15 dias consecutivos à data do carimbo de saída do veículo, constante da nota fiscal ou documento alfandegário correspondente;

GABARITO: C.

102. **(CESPE – 2020 – PRF – POLICIAL RODOVIÁRIO FEDERAL – CURSO DE FORMAÇÃO)** A carteira nacional de habilitação de categoria E se aplica aos condutores de combinações de veículos automotores e elétricos com mais de uma unidade tracionada, desde que o PBTC da unidade acoplada, reboque, semirreboque, trailer ou articulada seja menor que 10.000 kg.

Certo ( )   Errado ( )

Categoria E – condutor de combinação de veículos em que a unidade tratora se enquadre nas categorias B, C ou D e cuja unidade acoplada, reboque, semirreboque, trailer ou articulada tenha 6.000 kg (seis mil quilogramas) ou mais de peso bruto total, ou cuja lotação exceda a 8 (oito) lugares.

GABARITO: ERRADO.

103. **(CESPE – 2020 – PRF – POLICIAL RODOVIÁRIO FEDERAL – CURSO DE FORMAÇÃO)** Os condutores dos veículos destinados à condução de escolares devem ser habilitados, no mínimo, na categoria D, independentemente da lotação do veículo; é necessário também que tenham sido aprovados em curso especializado para o transporte de escolares, nos termos da regulamentação do Contran.

Certo ( )   Errado ( )

Art. 138. O condutor de veículo destinado à condução de escolares deve satisfazer os seguintes requisitos:

I – ter idade superior a vinte e um anos;

II – ser habilitado na categoria D;

III – (VETADO);

IV – não ter cometido mais de uma infração gravíssima nos 12 (doze) últimos meses (modificado pela Lei nº 14.071 de 2020);

V – ser aprovado em curso especializado, nos termos da regulamentação do Contran.

GABARITO: CERTO.

104. **(CESPE – 2020 – PRF – POLICIAL RODOVIÁRIO FEDERAL – CURSO DE FORMAÇÃO)** É necessário realizar curso especializado para a condução de veículos de transporte de carga indivisível.

Certo ( )   Errado ( )

O art. 27 da Resolução nº 789/20 salienta a hipótese tratada pela questão. Veja:

Art. 27. Os cursos especializados serão destinados a condutores habilitados que pretendam conduzir veículo de transporte coletivo de passageiros, de escolares, de produtos perigosos e de carga indivisível, de emergência e motocicletas e motonetas destinadas ao transporte remunerado de mercadorias (motofrete) e de passageiros (mototáxi).

GABARITO: CERTO.

105. **(CESPE – 2020 – PRF – POLICIAL RODOVIÁRIO FEDERAL – CURSO DE FORMAÇÃO)** A carteira nacional de habilitação de categoria B se aplica aos condutores de tratores de roda e equipamentos automotores destinados a executar trabalhos agrícolas.

Certo ( )   Errado ( )

O trator de roda, o trator de esteira, o trator misto ou o equipamento automotor destinado à movimentação de cargas ou execução de trabalho agrícola, de terraplenagem, de construção

LEGISLAÇÃO DE TRÂNSITO

ou de pavimentação só podem ser conduzidos na via pública por condutor habilitado nas categorias C, D ou E. (REGRA)

GABARITO: CERTO.

106. **(IDIB – 2020 – PREFEITURA DE GOIANA/PE – AGENTE DE FISCALIZAÇÃO DE TRÂNSITO E TRANSPORTES)** Os veículos especialmente destinados à condução coletiva de escolares somente poderão circular nas vias com autorização emitida pelo órgão ou entidade executivos de trânsito dos Estados e do Distrito Federal, exigindo-se, para tanto,

a) inspeção anual para verificação dos equipamentos obrigatórios e de segurança.

b) lanternas de luz vermelha, fosca ou amarela dispostas nas extremidades da parte superior dianteira e lanternas de luz amarela dispostas na extremidade superior da parte traseira.

c) lanternas de luz branca, fosca ou amarela dispostas nas extremidades da parte superior dianteira e lanternas de luz vermelha dispostas na extremidade superior da parte traseira.

d) pintura de faixa horizontal na cor amarela, com cinquenta centímetros de largura, à meia altura, em toda a extensão das partes laterais e traseira da carroçaria, com o dístico ESCOLAR, em vermelho, sendo que, em caso de veículo de carroçaria pintada na cor amarela, as cores aqui indicadas devem ser invertidas.

a) A inspeção é semestral, não anual.

Art. 136. (.)

II – inspeção SEMESTRAL para verificação dos equipamentos obrigatórios e de segurança;

b) na extremidade dianteira não existe luz vermelha.

Art. 136. (...)

V – lanternas de luz branca, fosca ou amarela dispostas nas extremidades da parte superior dianteira e lanternas de luz vermelha dispostas na extremidade superior da parte traseira;

c) Gabarito.

Art. 136(...).

V – lanternas de luz branca, fosca ou amarela dispostas nas extremidades da parte superior dianteira e lanternas de luz vermelha dispostas na extremidade superior da parte traseira;

d) a largura da faixa é de 40 cm, não 50 cm.

Art. 136. (...)

III – pintura de faixa horizontal na cor amarela, com 40 cm de largura, à meia altura, em toda a extensão das partes laterais e traseira da carroçaria, com o dístico ESCOLAR, em preto, sendo que, em caso de veículo de carroçaria pintada na cor amarela, as cores aqui indicadas devem ser invertidas;

GABARITO: C.

107. **(CONTEMAX – 2019 – PREFEITURA DE CONCEIÇÃO/PB – CONDUTOR DE VEÍCULO DE URGÊNCIA)** Não é exigência para os veículos destinados à condução coletiva de escolares circularem nas vias:

a) Registro como veículo de passageiros.

b) Equipamento registrador instantâneo inalterável de velocidade e tempo.

c) Inspeção anual para verificação dos equipamentos obrigatórios e de segurança.

334

d) Cintos de segurança em número igual à lotação.

e) Lanternas de luz branca, fosca ou amarela disposta nas extremidades da parte superior dianteira e lanternas de luz vermelha dispostas na extremidade superior da parte traseira.

A inspeção é semestral, como já visto.

GABARITO: C.

108. **(CESPE – 2019 – PRF – POLICIAL RODOVIÁRIO FEDERAL)** Entre as três situações ilustradas a seguir, apenas o dispositivo utilizado na Figura 1A9-V é permitido para o transporte de galões de água mineral com capacidade de até 20 litros.

Figura 1A9-III   Figura 1A9-IV

Figura 1A9-V

O art. 139-A determina que apenas em side-car é autorizado o transporte de água ou gás de cozinha, não se admitindo em posição do assento suplementar.

GABARITO: CERTO.

109. **(FCC – 2019 – DETRAN/SP - OFICIAL ESTADUAL DE TRÂNSITO)** As motocicletas e motonetas destinadas ao transporte remunerado de mercadorias – motofrete – somente poderão circular nas vias com autorização emitida pelo órgão ou entidade executivo de trânsito dos Estados e do Distrito Federal, exigindo-se, para tanto:

I. Registro como veículo da categoria de carga.

II. Instalação de protetor de motor mata-cachorro, fixado no chassi do veículo, destinado a proteger o motor e a perna do condutor em caso de tombamento, nos termos de regulamentação do Conselho Nacional de Trânsito (Contran).

III. Instalação de aparador de linha antena corta-pipa, nos termos de regulamentação do Contran.

Está correto o que consta em

LEGISLAÇÃO DE TRÂNSITO

a) I, apenas.
b) II e III, apenas.
c) II, apenas.
d) I e III, apenas.
e) I, II e III.

Na verdade, o veículo de motofrete deve estar registrado como veículo de aluguel, não de carga, portanto apenas a assertiva I está errada.
GABARITO: B.

110. **(VUNESP – 2018 – PC/SP – AGENTE POLICIAL)** Assinale a alternativa que corretamente define a categoria de habilitação.
   a) Categoria C – condutor de veículo motorizado utilizado em transporte de carga, cujo peso bruto total exceda a três mil e quinhentos quilogramas.
   b) Categoria B – condutor de veículo motorizado de duas ou três rodas, com ou sem carro lateral.
   c) Categoria E – condutor de veículo motorizado utilizado no transporte de passageiros, cuja lotação exceda a oito lugares, excluído o do motorista.
   d) Categoria A – condutor de veículo motorizado cujo peso bruto total não exceda a três mil e quinhentos quilogramas e cuja lotação não exceda a oito lugares, excluído o do motorista.
   e) Categoria D – condutor de combinação de veículos em que a unidade tratora se enquadre nas categorias B e C e cuja unidade acoplada, reboque, semirreboque, trailer ou articulada tenha 6.000 kg (seis mil quilogramas) ou mais de peso bruto total, ou cuja lotação exceda a 8 (oito) lugares.

A questão cobrou a literalidade do art. 143. Veja:
Art. 143. Os candidatos poderão habilitar-se nas categorias de A a E, obedecida a seguinte gradação:

I – Categoria A – condutor de veículo motorizado de duas ou três rodas, com ou sem carro lateral;

II – Categoria B – condutor de veículo motorizado, não abrangido pela categoria A, cujo peso bruto total não exceda a três mil e quinhentos quilogramas e cuja lotação não exceda a oito lugares, excluído o do motorista;

III – Categoria C – condutor de veículo motorizado utilizado em transporte de carga, cujo peso bruto total exceda a três mil e quinhentos quilogramas;

IV – Categoria D – condutor de veículo motorizado utilizado no transporte de passageiros, cuja lotação exceda a oito lugares, excluído o do motorista;

V – Categoria E – condutor de combinação de veículos em que a unidade tratora se enquadre nas categorias B, C ou D e cuja unidade acoplada, reboque, semirreboque, trailer ou articulada tenha 6.000 kg (seis mil quilogramas) ou mais de peso bruto total, ou cuja lotação exceda a 8 (oito) lugares.

GABARITO: A.

111. **(UECE – 2018 – DETRAN/CE – AGENTE DE TRÂNSITO E TRANSPORTE)** A habilitação para conduzir veículo automotor e elétrico será apurada por meio de exames que deverão ser realizados junto ao órgão ou entidade executivos do Estado ou do Distrito Federal, do domicílio ou residência do candidato, ou na sede estadual ou distrital do próprio órgão. Assinale a opção que NÃO corresponde a um dos requisitos obrigatórios a serem preenchidos pelo condutor:

a) ser penalmente imputável.

b) saber ler e escrever.

c) possuir Carteira de Identidade ou equivalente.

d) possuir carteira de habilitação categoria A.

O art. 140 do CTB estabelece que o condutor, para se tornar habilitado, deve ser penalmente imputável, ter documento de identidade ou equivalente e ser alfabetizado. A Resolução n$^\circ$ 789/20 ainda complementa inserindo o CPF como requisito de habilitação.

GABARITO: D.

112. **(UECE – 2018 – DETRAN/CE – AGENTE DE TRÂNSITO E TRANSPORTE)** O candidato à habilitação deverá submeter-se a exames realizados pelo órgão executivo de trânsito, na seguinte ordem:

a) de aptidão física e mental; escrito, sobre legislação de trânsito; de noções de primeiros socorros, conforme regulamentação do Contran; de direção veicular, realizado na via pública, em veículo da categoria para a qual estiver habilitando-se.

b) escrito, sobre legislação de trânsito; de aptidão física e mental; noções de primeiros socorros, conforme regulamentação do Contran; de direção veicular, realizado na via pública, em veículo da categoria para a qual estiver habilitando-se.

c) de aptidão física e mental; noções de primeiros socorros, conforme regulamentação do Contran; escrito, sobre legislação de trânsito; de direção veicular, realizado na via pública, em veículo da categoria para a qual estiver habilitando-se.

d) de direção veicular, realizado na via pública, em veículo da categoria para a qual estiver habilitando-se; de aptidão física e mental; escrito, sobre legislação de trânsito; e de noções de primeiros socorros.

Para ficar mais claro, de acordo com a Resolução n$^\circ$789/20, fica mais fácil organizar os exames da seguinte forma:

Exames médicos (aptidão física e mental);

Curso teórico e técnico de formação de condutores;

Exame teórico;

Curso prático;

Exame prático.

No entanto, veja como o CTB aborda o tema:

Art. 147. O candidato à habilitação deverá submeter-se a exames realizados pelo órgão executivo de trânsito, na seguinte ordem:

I – de aptidão física e mental;

II – (VETADO)

III – escrito, sobre legislação de trânsito;

LEGISLAÇÃO DE TRÂNSITO

IV - de noções de primeiros socorros, conforme regulamentação do Contran;

V - de direção veicular, realizado na via pública, em veículo da categoria para a qual estiver habilitando-se.

GABARITO: A.

113. **(FCC - 2018 - DETRAN/MA - ASSISTENTE DE TRÂNSITO)** A Carteira Nacional de Habilitação será conferida ao condutor portador de Permissão para Dirigir ao término de:
    a) doze meses, desde que ele não tenha cometido nenhuma infração de natureza grave ou gravíssima ou seja reincidente em infração média.
    b) vinte e quatro meses, desde que ele não tenha cometido nenhuma infração de natureza grave ou gravíssima ou seja reincidente em infração média.
    c) dezoito meses, desde que ele não tenha cometido nenhuma infração de natureza grave ou gravíssima ou seja reincidente em infração média.
    d) dezoito meses, desde que ele não tenha cometido nenhuma infração de natureza gravíssima, grave ou média.
    e) seis meses, desde que ele não tenha cometido nenhuma infração de natureza média ou seja reincidente em infração média por uma única vez.

    A questão aborda o prazo da PPD e as condições para que o indivíduo adquira a habilitação definitiva. Nos termos do art. 148, § 3º, a Carteira Nacional de Habilitação será conferida ao condutor no término de um ano, desde que o mesmo não tenha cometido nenhuma infração de natureza grave ou gravíssima ou seja reincidente em infração média.

    GABARITO: A.

114. **(CESPE - 2020 - PRF - POLICIAL RODOVIÁRIO FEDERAL - CURSO DE FORMAÇÃO)** É necessário realizar curso especializado para a condução de veículos de transporte de carga indivisível.

    Certo ( )   Errado ( )

    A Resolução nº 789/20 apregoa que os cursos especializados serão destinados a condutores habilitados que pretendam conduzir veículo de transporte coletivo de passageiros, de escolares, de produtos perigosos e de carga indivisível, de emergência e motocicletas e motonetas destinadas ao transporte remunerado de mercadorias (motofrete) e de passageiros (mototáxi).

    GABARITO: CERTO.

115. **(IESAP - 2015 - DETRAN/MA - ASSISTENTE DE TRÂNSITO - ADAPTADA)** Com base no Código de Trânsito Brasileiro, responda à questão.

    Prescreve o art. 148-A que, deverão submeter-se a exames toxicológicos para a habilitação e renovação da Carteira Nacional de Habilitação os condutores das categorias:
    a) A, B e C.
    b) C, D e E.
    c) B, C, D e E.
    d) A, B, C, D e E.

A lei estabelece que os candidatos habilitados nas categorias C, D e E deverão submeter-se ao teste.

Art. 148-A. Os condutores das categorias C, D e E deverão comprovar resultado negativo em exame toxicológico para a obtenção e a renovação da Carteira Nacional de Habilitação.

Lembrando que a Lei nº 14.071/20 modificou o prazo para a renovação da CNH, da seguinte forma:

Art. 147. (...)

§ 2º O exame de aptidão física e mental, a ser realizado no local de residência ou domicílio do examinado, será preliminar e renovável com a seguinte periodicidade:

I – a cada 10 (dez) anos, para condutores com idade inferior a 50 (cinquenta) anos;

II – a cada 5 (cinco) anos, para condutores com idade igual ou superior a 50 (cinquenta) anos e inferior a 70 (setenta) anos;

III – a cada 3 (três) anos, para condutores com idade igual ou superior a 70 (setenta) anos.

§ 3º O exame previsto no § 2º INCLUIRÁ avaliação psicológica preliminar e complementar sempre que a ele se submeter o condutor que exerce atividade remunerada ao veículo, incluindo-se esta avaliação para os demais candidatos apenas no exame referente à primeira habilitação.

Havendo qualquer indício de doença ou incapacidade física ou mental, poderá o perito que realizar o exame indicar prazos de renovação dos exames diversos daqueles previstos acima.

§ 4º Quando houver indícios de deficiência física ou mental, ou de progressividade de doença que possa diminuir a capacidade para conduzir o veículo, os prazos previstos nos incisos I, II e III do § 2º deste artigo poderão ser diminuídos por proposta do perito examinador.

§ 5º O condutor que exerce atividade remunerada ao veículo terá essa informação incluída na sua Carteira Nacional de Habilitação, conforme especificações do Conselho Nacional de Trânsito – Contran.

Tendo em vista o alto índice de reprovação no exame psicológico e a forma de se realizar tal exame, a Lei nº 14.071 criou alguns critérios importantes, visando a impessoalidade do serviço público:

1ª) As avaliações física e psíquica deverão observar critérios objetivos;

2ª) Os profissionais de medicina e psicologia deverão ser fiscalizados pelos respectivos conselhos, ao menos uma vez ao ano.

§ 6º Os exames de aptidão física e mental e a avaliação psicológica deverão ser analisados OBJETIVAMENTE pelos examinados, limitados aos aspectos técnicos dos procedimentos realizados, conforme regulamentação do Contran, e subsidiarão a fiscalização prevista no § 7º deste artigo.

§ 7º Os órgãos ou entidades executivos de trânsito dos Estados e do Distrito Federal, com a colaboração dos conselhos profissionais de medicina e psicologia, deverão fiscalizar as entidades e os profissionais responsáveis pelos exames de aptidão física e mental e PELA AVALIAÇÃO PSICOLÓGICA NO MÍNIMO 1 (UMA) VEZ POR ANO.

GABARITO: B.

LEGISLAÇÃO DE TRÂNSITO

116. **(EXATUS – 2016 – CODAR – OPERADOR DE RETROESCAVADEIRA)** A aprendizagem NÃO poderá realizar-se:

a) Acompanhado o aprendiz por instrutor habilitado.

b) Nos horários estabelecidos pelo órgão executivo de trânsito.

c) Nos locais estabelecidos pelo órgão executivo de trânsito.

d) Nos termos estabelecidos pelo órgão executivo de trânsito.

Na verdade, a aprendizagem deve ser feita com instrutor AUTORIZADO pelo Detran, sendo também necessariamente habilitado. A questão "queimou" aquilo que o próprio CTB afirma, percebendo-se que foi cobrado apenas a literalidade. Veja:

Art. 158. A aprendizagem só poderá realizar-se:

I – nos termos, horários e locais estabelecidos pelo órgão executivo de trânsito;

II – acompanhado o aprendiz por instrutor autorizado

GABARITO: A.

117. **(FUNCAB – 2015 – DETRAN/MA – ASSISTENTE DE TRÂNSITO)** Após a data de vencimento da CNH, o condutor tem que solicitar a sua renovação junto ao Detran em até:

a) 10 dias.

b) 15 dias.

c) 20 dias.

d) 30 dias.

e) 60 dias.

A renovação da carteira de habilitação deverá se dar dentro do prazo de 30 dias após a data de vencimento.

GABARITO: D.

118. **(UFMT – 2015 – DETRAN/MT – AGENTE DO SERVIÇO DE TRÂNSITO)** A habilitação para conduzir veículo automotor e elétrico será apurada por meio de exames que deverão ser realizados junto ao órgão ou entidade executivos do Estado ou do Distrito Federal, do domicílio ou residência do candidato, ou na sede estadual ou distrital do próprio órgão, devendo o condutor preencher os seguintes requisitos:

a) Ser penalmente imputável, saber ler e escrever, comprovar que votou na última eleição.

b) Ser penalmente imputável, saber ler e escrever, possuir Carteira de Identidade ou equivalente.

c) Saber ler e escrever, possuir Carteira de Identidade ou equivalente, comprovar que votou na última eleição.

d) Saber ler e escrever, possuir Carteira de Identidade ou equivalente e, para as pessoas do sexo masculino, apresentar o Certificado de Reservista.

Novamente sendo cobrado os requisitos, que são: ser penalmente imputável (não apenas maior de 18 anos), saber ler e escrever, possuir carteira de identidade ou equivalente + CPF.

GABARITO: B.

119. **(CESPE – 2002 – PRF – POLICIAL RODOVIÁRIO FEDERAL)** Considere a seguinte situação hipotética.

Ricardo, recém-casado, viajou para Salvador, onde passou sua lua-de-mel. Durante a viagem, ele dirigiu seu carro, que tem direção hidráulica, com a mão esquerda ao volante e a mão direita enlaçada à mão de sua esposa. Dirigiu ele abaixo da velocidade máxima da via e com bastante cuidado, soltando a mão da esposa cada vez que era necessário mudar a marcha ou acionar equipamentos do veículo e, após realizar essas operações, voltava a segurar-lhe a mão. Nessa situação, a conduta de Ricardo configurou direção irregular, e, portanto, um agente de trânsito que a observasse teria o dever de autuar Ricardo pela prática da infração.

Certo ( )   Errado ( )

Nesse caso, é possível enquadrar o infrator em uma infração de natureza média prevista no art. 252, V.

Art. 252. Dirigir o veículo:

(...)

V – com apenas uma das mãos, exceto quando deva fazer sinais regulamentares de braço, mudar a marcha do veículo, ou acionar equipamentos e acessórios do veículo.

GABARITO: CERTO.

120. **(CESPE – 2002 – PRF – POLICIAL RODOVIÁRIO FEDERAL)** Pedro dirigia um veículo automotor que lhe fora emprestado por João e foi parado em uma blitz, quando um dos agentes de trânsito lhe pediu que exibisse sua CNH e os documentos de registro e licenciamento do automóvel que dirigia. A partir dessa situação e sabendo que o CTB define como crime "Dirigir veículo automotor, em via pública, sem a devida Permissão para Dirigir ou Habilitação" e como infração "Conduzir veículo sem os documentos de porte obrigatório", julgue o item seguinte.

Se Pedro fosse habilitado, mas houvesse esquecido sua CNH em casa, ele não teria cometido crime, mas apenas uma infração leve, que o sujeitaria a medida administrativa de retenção do veículo até a apresentação do documento.

Certo ( )   Errado ( )

Neste caso hipotético, seria caracterizada a infração prevista no art. 232, que possui penalidade de multa e uma infração de natureza leve além da medida administrativa de retenção do veículo até a apresentação do documento. Vale citar que para caracterização do crime é necessário que, além de não ser habilitado, haja a geração de perigo de dano.

GABARITO: CERTO.

121. **(CESPE – 2002 – PRF – POLICIAL RODOVIÁRIO FEDERAL)** Julgue o seguinte item, relativo ao trânsito nas vias brasileiras, segundo o CTB.

Considere a seguinte situação hipotética. Em uma rodovia em que as velocidades máximas permitidas estão de acordo com o CTB, embora transitando pela faixa da direita, um trator de rodas passou por um radar da PRF a uma velocidade de 30 km/h. Nessa situação, o condutor do veículo cometeu infração média.

Certo ( )   Errado ( )

Nesse caso, esse veículo deveria passar a pelo menos 45 km/h, que seria 50% da velocidade máxima permitida para rodovias não sinalizadas, independentemente de ser pista dupla

LEGISLAÇÃO DE TRÂNSITO

ou simples, para os veículos que não se classificam nas espécies automóveis, camionetas e motocicletas. Logo, o condutor cometeu uma infração de natureza média.
GABARITO: CERTO.

122. **(CESPE – 2002 – PRF – POLICIAL RODOVIÁRIO FEDERAL)** Considere a seguinte situação hipotética. Um automóvel sofreu abalroamento na sua parte traseira, e o serviço de reparos da lataria foi executado de forma regular, tendo sido necessária, contudo, a retirada da placa, com a consequente remoção do lacre, para a realização do serviço. Ao receber o veículo de volta, com a placa colocada no local devido, o proprietário não atentou para a ausência do lacre. Meses depois, essa ausência foi constatada em procedimento de fiscalização durante uma viagem. Nessa situação, embora não tenha agido com dolo, o condutor cometeu infração gravíssima, não podendo o veículo ser liberado para a continuidade da viagem em face da necessária imposição da medida administrativa de remoção do veículo.

Certo ( )   Errado ( )

Neste caso, vale analisar o conhecimento acerca das infrações administrativas as quais possuem caráter objetivo, ou seja, não importa se a infração foi cometida com dolo ou culpa, mas sim o fato. Conforme o procedimento de fiscalização, deverá o agente da autoridade de trânsito, sem fazer juízo de valor, lavrar o auto de infração referente ao art. 230, I, o qual prevê a medida administrativa de remoção do veículo, tornando a questão correta.

Art. 230. Conduzir o veículo:
I – com o lacre, a inscrição do chassi, o selo, a placa ou qualquer outro elemento de identificação do veículo violado ou falsificado;
Infração – gravíssima;
Penalidade – multa e apreensão do veículo;
Medida administrativa – remoção do veículo.
GABARITO: CERTO.

123. **(CESPE – 1998 – PRF – POLICIAL RODOVIÁRIO FEDERAL)** Ao constatar o mau estado de conservação de um veículo, em uma rodovia, o patrulheiro rodoviário deve:
a) multar o condutor e liberar o veículo;
b) advertir o condutor e remover o veículo;
c) multar o condutor e apreender o veículo;
d) multar o condutor e reter o veículo para regularização;
e) advertir o condutor e recolher o Certificado de Registro.

De acordo com o art. 230, XVIII, esta é uma infração de natureza grave com medida administrativa de retenção do veículo para regularização. Vale citar que a questão possui um erro formal ao afirmar que o PRF deve multar, pois é de conhecimento que multa é uma penalidade e a competência para aplicação dela é só da "autoridade de trânsito". Portanto, conforme dito, não caberia ao agente da autoridade de trânsito, o PRF, a aplicação da multa.
Art. 230. (...)
XVIII – em mau estado de conservação, comprometendo a segurança, ou reprovado na avaliação de inspeção de segurança e de emissão de poluentes e ruído, prevista no art. 104;

Infração – grave;
Penalidade – multa;
Medida administrativa – retenção do veículo para regularização.
GABARITO: D.

124. **(CESPE – 1998 – PRF – POLICIAL RODOVIÁRIO FEDERAL)** O condutor de veículo que estiver envolvido em acidente com vítima, que deixar de prestar ou providenciar socorro, podendo fazê-lo, configura uma ação:

    a) grave, com multa 5 vezes e suspensão do direito de dirigir;

    b) gravíssima, com multa 5 vezes e suspensão do direito de dirigir;

    c) grave, com multa 3 vezes e suspensão do direito de dirigir;

    d) gravíssima, com multa 3 vezes e suspensão do direito de dirigir;

    e) gravíssima, com multa 4 vezes e recolhimento do documento de habilitação.

    Nesse caso, o condutor se enquadra no art. 176 do CTB.

    Art. 176. Deixar o condutor envolvido em acidente com vítima:

    I – de prestar ou providenciar socorro à vítima, podendo fazê-lo;

    II – de adotar providências, podendo fazê-lo, no sentido de evitar perigo para o trânsito no local;

    III – de preservar o local, de forma a facilitar os trabalhos da polícia e da perícia;

    IV – de adotar providências para remover o veículo do local, quando determinadas por policial ou agente da autoridade de trânsito;

    V – de identificar-se ao policial e de lhe prestar informações necessárias à confecção do boletim de ocorrência:

    Infração – gravíssima;

    Penalidade – multa (cinco vezes) e suspensão do direito de dirigir;

    Medida administrativa – recolhimento do documento de habilitação.

    GABARITO: B.

125. **(CESPE- 1998 – PRF – POLICIAL RODOVIÁRIO FEDERAL)** Nos feriados prolongados, ocorrem com frequência grandes engarrafamentos nas rodovias, devido à prática perigosa de transitar pelo acostamento para ultrapassar veículos em marcha lenta. Atento ao perigo dessa ação, o policial rodoviário poderá aplicar multa com multiplicador de:

    a) 5 vezes;

    b) 2 vezes;

    c) 3 vezes;

    d) 4 vezes;

    e) 5 vezes.

    Diante da situação apresentada, é possível perceber que a conduta tipificada é o trânsito no acostamento, prevista no art. 193 do CTB.

LEGISLAÇÃO DE TRÂNSITO

Art. 193. Transitar com o veículo em calçadas, passeios, passarelas, ciclovias, ciclofaixas, ilhas, refúgios, ajardinamentos, canteiros centrais e divisores de pista de rolamento, acostamentos, marcas de canalização, gramados e jardins públicos:

Infração – gravíssima;

Penalidade – multa (três vezes).

GABARITO: C.

126. **(VUNESP – 2020 – PREFEITURA DE MORRO AGUDO – MOTORISTA)** Uma rodovia está sinalizada com placa de velocidade máxima permitida de 60 km/h. Caso um condutor passe pelo local e seja flagrado por radar fixo existente no local a 85 km/h, poderá ser multado com infração:
a) gravíssima.
b) grave.
c) média.
d) leve.
e) levíssima.

Na verdade, 50% de 60 km/h = 30 km/h. Logo, 60 + 30 = 90 km/h. Somente a partir de 90 km/h seria infração gravíssima, conforme o art. 218 do CTB. 85 km/h é infração grave, conforme gabarito da banca.

GABARITO: B.

127. **(FCC – 2018 – TRT – 15ª REGIÃO – TÉCNICO JUDICIÁRIO – SEGURANÇA)** Considere as ilustrações abaixo e as seguintes situações:
I. Os veículos 1 e 2 encontram-se parados.
II. O veículo 3 encontra-se estacionado.
III. Existe sinalização vertical regulamentando o estacionamento em 45° na ilustração 1.

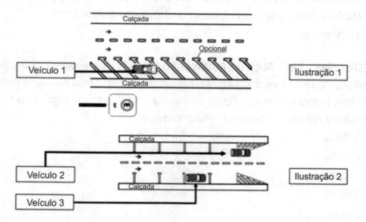

Analisando-se as situações e ilustrações descritas, o(s) veículo(s):
a) 1, 2 e 3 não cometeram infração de trânsito, pois estão parados.

344

b) 1, apenas, cometeu infração de trânsito.
c) 1 e 2, apenas, não cometeram infração de trânsito.
d) 2 e 3, apenas, não cometeram infração de trânsito.
e) 3, apenas, não cometeu infração de trânsito.

Vamos analisar a situação em tela:

1) Fica bem claro que o veículo 1 praticou infração de natureza média de estacionar em desacordo com o CTB (art. 181, IV);

2) O veículo 2 praticou infração de estacionar sobre marca de canalização, de natureza grave (art. 181, VIII);

3) Por fim, o veículo 3 encontra-se corretamente estacionado no sentido do fluxo e em local adequado.

GABARITO: E.

128. **(UFMT – 2017 – DETRAN/AC – TÉCNICO)** Considerando as infrações previstas no CTB, é correto afirmar que é exemplo de infração grave:
a) dirigir veículo com carteira nacional de habilitação ou permissão para dirigir de categoria diferente da do veículo que esteja conduzindo.
b) deixar o condutor ou passageiro de usar o cinto de segurança.
c) confiar ou entregar a direção de veículo a pessoa que, mesmo habilitada, por seu estado físico ou psíquico, não estiver em condições de dirigi-lo com segurança.
d) atirar do veículo ou abandonar na via objetos ou substâncias.

As alternativas a, c e d correspondem, respectivamente, a infrações gravíssima (art. 162, III), gravíssima (art. 166) e média (art. 172).

GABARITO: B.

129. **(FCC – 2018 – TRT – TÉCNICO JUDICIÁRIO – SEGURANÇA)** Considere a figura abaixo.

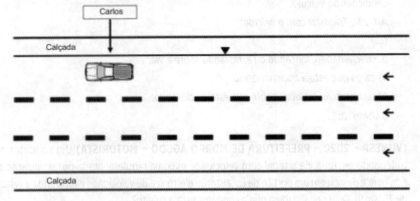

Nesse caso, Carlos parou seu veículo afastado a menos de cinquenta centímetros da guia da calçada, o que:
a) não constitui infração de trânsito.

LEGISLAÇÃO DE TRÂNSITO

b) constitui infração de trânsito leve, passível apenas de multa.

c) constitui infração de trânsito média, passível de multa e remoção do veículo.

d) pode ser sujeita à penalidade de advertência por escrito se Carlos não for reincidente nessa mesma infração, nos últimos seis meses, caso a autoridade, considerando o prontuário do infrator, entenda esta providência como mais educativa.

e) pode ser sujeita à penalidade de advertência por escrito se Carlos não for reincidente nesta mesma infração, nos últimos doze meses, caso a autoridade, considerando o prontuário do infrator, entenda esta providência como mais educativa.

O CTB apenas penaliza o condutor que estaciona o veículo afastado da guia da calçada de 50 centímetros ou mais (art. 181, II e III).

GABARITO: A.

130. **(FCC – 2018 – DETRAN/MA – ANALISTA DE TRÂNSITO)** O Analista de Trânsito Godofredo, ao se aproximar do veículo oficial que utilizaria durante seu turno de serviço, identificou uma mancha de combustível sob o veículo. Manobrou o veículo na garagem e prosseguiu para suas atividades rotineiras, que incluíam a participação em um projeto de educação e segurança de trânsito em uma escola pública. Ao chegar ao seu destino, outro motorista advertiu-lhe que o veículo oficial estava derramando combustível na via pública. A conduta praticada por Godofredo:

a) não caracteriza infração de trânsito.

b) caracteriza infração de trânsito leve e sujeita à penalidade de multa.

c) caracteriza infração de trânsito média e sujeita à penalidade de multa.

d) caracteriza infração de trânsito grave, sujeita à penalidade de multa e medida administrativa de retenção do veículo para regularização.

e) caracteriza infração de trânsito gravíssima, sujeita à penalidade de multa e medida administrativa de retenção do veículo para regularização.

Tal situação caracteriza infração de natureza gravíssima do art. 231, visto que envolve as condições do veículo.

Art. 231. Transitar com o veículo:

(...)

II – derramando, lançando ou arrastando sobre a via:

a) carga que esteja transportando;

b) combustível ou lubrificante que esteja utilizando;

GABARITO: E.

131. **(VUNESP – 2020 – PREFEITURA DE MORRO AGUDO – MOTORISTA)** Um condutor estava trafegando em uma via arterial com velocidade máxima regulamentada por sinalização de 60 Km/hora e passou em um pórtico de fiscalização eletrônica de velocidade e foi aferida a velocidade de 79 Km/h. Qual penalidade a que o condutor estará sujeito?

a) Somente multa.

b) Suspensão do direito de dirigir.

c) Cassação da Carteira Nacional de Habilitação.

d) Frequência obrigatória de curso de reciclagem.

e) Apenas uma advertência por escrito.

De acordo novamente com o art. 218 do CTB, a penalidade prevista para excesso de velocidade de 20% a 50% da velocidade regulamentada é apenas a multa.

GABARITO: A.

132. **(VUNESP – 2020 – PREFEITURA DE MORRO AGUDO – MOTORISTA)** De acordo com o art. 201 do Código de Trânsito Brasileiro (CTB), é permitido o tráfego de bicicletas em pistas duplas em vias urbanas ou rurais, desde que a circulação ocorra nos bordos de rolamento da pista (extremidades) e no mesmo sentido dos veículos, caso não existam ciclovias, ciclofaixas ou acostamentos.

Qual a distância lateral mínima que os veículos devem manter das bicicletas?

a) 1,50 metros.

b) 1,80 metros.

c) não existe distância mínima.

d) 2,50 metros.

e) 1,20 metros.

Previsão expressão do art. 201 do CTB:

Art. 201. Deixar de guardar a distância lateral de um metro e cinquenta centímetros ao passar ou ultrapassar bicicleta:

Infração – média;

Penalidade – multa.

GABARITO: A.

133. **(CESPE – 2018 – PRF – POLICIAL RODOVIÁRIO FEDERAL)** Considere que um condutor embriagado tenha sido flagrado dirigindo um veículo e que, mediante a aplicação de teste com etilômetro, tenha-se comprovado a sua embriaguez. Nessa situação, o policial que o autuou não deve preencher o termo de constatação de embriaguez, visto que esse termo somente deve ser utilizado caso o condutor se recuse a realizar os procedimentos de verificação da dosagem de alcoolemia.

Certo ( )   Errado ( )

Com fins de consubstanciar o auto de infração, o agente da autoridade de trânsito preencherá o termo de constatação de embriaguez, conforme previsão da Resolução nº 432/13 do Contran.

GABARITO: ERRADO.

134. **(CESPE – 2008 – PRF – POLICIAL RODOVIÁRIO FEDERAL)** Retenção é a medida administrativa aplicada aos veículos apreendidos, que ficam retidos no depósito até que os proprietários tomem as providências necessárias para a sua restituição.

Certo ( )   Errado ( )

Esta espécie de medida administrativa é a remoção do veículo. A retenção visa sanar a irregularidade no momento.

GABARITO: ERRADO.

LEGISLAÇÃO DE TRÂNSITO

135. **(CESPE – 2009 – DETRAN/DF – AUXILIAR DE TRÂNSITO)** Considere-se que as infrações de um indivíduo cometidas no trânsito tenham atingido, em doze meses, quarenta pontos. Nesse caso, para fins de suspensão do direito de dirigir, devem ser abertos dois processos administrativos de suspensão da carteira: um relativo aos vinte primeiros pontos e outro em relação aos vinte pontos seguintes.

Certo ( )   Errado ( )

Conforme previsão do art. 7º, § 1º da Resolução nº 723, só será aberto um único processo administrativo de suspensão mesmo que a soma dos pontos ultrapasse vinte no período de doze meses.

Art. 7º, § 1º Será instaurado um único processo administrativo para aplicação da penalidade de suspensão do direito de dirigir quando a soma dos pontos relativos às infrações cometidas atingir 20 (vinte), no período de 12 (doze) meses.

GABARITO: ERRADO.

136. **(CESPE – 2009 – DETRAN/DF – AUXILIAR DE TRÂNSITO)** Considere a seguinte situação hipotética. Antônio praticou sua primeira infração de trânsito em 3/4/2004. Em 10/3/2005, praticou nova infração que, juntas com as demais, totalizaram 20 pontos. Nesse caso, a pretensão punitiva de aplicar a penalidade de suspensão do direito de dirigir prescreverá em 4/4/2009.

Certo ( )   Errado ( )

Existem 2 (dois) tipos de prescrições: a punitiva e a executória, aquela prevista no art. 24 da Resolução nº 723, prescrevendo ambas em 5 anos, sendo contada a partir da data do cometimento da infração que ensejar a instauração do processo administrativa. Já esta (executória) inicia a partir da data da notificação para a entrega da CNH. Como na questão a infração que ensejou a abertura do procedimento de suspensão foi a do dia 10/03/2005, logo prescreverá em 11/03/2010.

GABARITO: ERRADO.

137. **(CESPE – 2004 – PRF – POLICIAL RODOVIÁRIO FEDERAL)** As infrações são classificadas, de acordo com a sua gravidade, nas seguintes categorias e correspondentes perdas de pontos: gravíssima – 7 pontos; grave – 6 pontos; média – 5 pontos; leve – 3 pontos.

Certo ( )   Errado ( )

A ordem correta é: gravíssima – 7 pontos; grave – 5 pontos; média – 4 pontos; e leve – 3 pontos.

GABARITO: ERRADO.

138. **(CESPE – 2004 – PRF – POLICIAL RODOVIÁRIO FEDERAL)** Se, após obter sua Carteira Nacional de Habilitação (CNH), um jovem motorista, no decorrer de um mês, cometer duas infrações de natureza gravíssima, uma de natureza grave e cinco de natureza média, sua CNH será automaticamente cassada pelo órgão competente.

Certo ( )   Errado ( )

Tanto a cassação como a suspensão não serão aplicadas de forma imediata (regra), devendo ser garantidos a ampla defesa e o contraditório, conforme previsão do art. 265, CTB.

348

Art. 265. As penalidades de suspensão do direito de dirigir e de cassação do documento de habilitação serão aplicadas por decisão fundamentada da autoridade de trânsito competente, em processo administrativo, assegurado ao infrator amplo direito de defesa.

GABARITO: ERRADO.

139. **(CESPE – 2004 – PRF – POLICIAL RODOVIÁRIO FEDERAL)** Para fins de cassação, o motorista que ainda estiver com a Permissão para Dirigir terá o número de pontos reduzido pela metade, ou seja, sua permissão será cassada quando ele atingir 10 pontos.

Certo (   )   Errado (   )

Não há que se falar em pontuação em se tratando da PPD. Assim, o condutor poderá cometer quantas infrações leves quiser dentro do prazo de validade.

GABARITO: ERRADO.

140. **(CESPE – 2004 – PRF – POLICIAL RODOVIÁRIO FEDERAL)** Do motorista infrator pode ser exigida a participação em curso de reciclagem, a qualquer tempo, entre outras hipóteses, se for constatado que ele está pondo em risco a segurança do trânsito.

Certo (   )   Errado (   )

Previsão expressa do art. 268, V.

Art. 268. O infrator será submetido a curso de reciclagem, na forma estabelecida pelo Contran:

(...)

V – a qualquer tempo, se for constatado que o condutor está colocando em risco a segurança do trânsito;

GABARITO: CERTO.

141. **(CESPE – 2005 – PRF – POLICIAL RODOVIÁRIO FEDERAL – CURSO DE FORMAÇÃO)** Entre as penalidades aplicáveis às infrações de trânsito, a advertência por escrito é aplicada a infratores que, entre outros requisitos, tenham um bom comportamento no trânsito ao longo de sua vida. Quando aplicada, ela substitui a multa, mas não elimina o cômputo dos pontos referentes à infração.

Certo (   )   Errado (   )

Atualmente, a advertência por escrito substitui tanto a pontuação (§ 7º, art. 10, Resolução nº 619/16), quanto à multa.

GABARITO: ERRADO.

142. **(CESPE – 2013 – PRF – POLICIAL RODOVIÁRIO FEDERAL – ADAPTADA)** No transporte de carga, quando esta for proveniente de apenas um embarcador e o peso declarado na nota fiscal for superior ao limite legal, ocorrerá a responsabilidade solidária entre o embarcador e o transportador. Nesse caso, há apenas uma infração e, consequentemente, apenas uma autuação, com dois responsáveis.

Certo (   )   Errado (   )

Tem-se excesso expresso na nota fiscal, ou seja, o peso embarcado foi o respectivo declarado na nota fiscal, logo, ambos têm conhecimento. Nesta hipótese existe uma única autuação, com dois responsáveis (art. 257, § 6º), ensejando responsabilidade solidária.

GABARITO: CERTO.

LEGISLAÇÃO DE TRÂNSITO

143. **(CESPE – 2013 – PRF – POLICIAL RODOVIÁRIO FEDERAL – ADAPTADA)** Independentemente da gravidade da infração cometida, a multa correspondente poderá ser substituída pela penalidade de advertência. Entretanto, para que isso ocorra, o condutor deve ter bom comportamento no trânsito ao longo de sua vida e não pode ser reincidente na mesma infração nos últimos 12 meses.

Certo ( )   Errado ( )

Como já visto, a advertência por escrito será aplicada em infrações leves e médias somente.

Art. 267. Deverá ser imposta a penalidade de advertência por escrito à infração de natureza leve ou média, passível de ser punida com multa, caso o infrator não tenha cometido nenhuma outra infração nos últimos 12 (doze) meses (modificado pela Lei n o 14.071 de 2020).

GABARITO: ERRADO.

144. **(CESPE – 2013 – PRF – POLICIAL RODOVIÁRIO FEDERAL – ADAPTADA)** Ocorrerá a responsabilidade solidária entre o embarcador e o transportador quando a carga for proveniente de apenas um embarcador e o peso declarado na nota fiscal for superior ao limite legal. Nesse caso, ocorrerá apenas uma infração e, consequentemente, apenas uma autuação, com dois responsáveis.

Certo ( )   Errado ( )

Como ambos têm conhecimento acerca da situação relatada, a responsabilidade será solidária, nos termos do art. 257, § 6º do CTB.

GABARITO: CERTO.

145. **(CETREDE – 2017 – PREFEITURA DE AQUIRAZ/CE – GUARDA MUNICIPAL)** O infrator NÃO será submetido a curso de reciclagem, na forma estabelecida pelo Contran, quando:

a) sendo contumaz, for necessário à sua reeducação.

b) se envolver em qualquer acidente, mesmo não tendo contribuído, independentemente de processo judicial.

c) suspenso do direito de dirigir.

d) condenado judicialmente por delito de trânsito.

e) for constatado, a qualquer tempo, que o condutor está colocando em risco a segurança do trânsito.

A questão exige do candidato as hipóteses de reciclagem. Veja:

Art. 268. O infrator será submetido a curso de reciclagem, na forma estabelecida pelo Contran:

I – quando, sendo contumaz, for necessário à sua reeducação (revogado pela Lei no 14.071/20)

II – quando suspenso do direito de dirigir;

III – quando se envolver em acidente grave para o qual haja contribuído, independentemente de processo judicial;

IV – quando condenado judicialmente por delito de trânsito;

V – a qualquer tempo, se for constatado que o condutor está colocando em risco a segurança do trânsito;

VI – em outras situações a serem definidas pelo Contran (revogado pela Lei no 14.071/20).

GABARITO: B.

350

146. **(SERCTAM – 2016 – PREFEITURA DE QUIXADÁ/CE – MOTORISTA)** Qual das penalidades abaixo não recai sobre o motorista que dirigir sob efeito de álcool ou qualquer outra substância psicoativa que determine dependência?

a) Retenção do veículo.

b) Recolhimento da Carteira Nacional de Habilitação.

c) Suspensão do direito de dirigir.

d) Cassação da Carteira Nacional de Habilitação.

Uma das questões mais capciosas que se tem em concurso é afirmar que o art. 165 do CTB gera cassação, o que não é verdade.

Art. 165. Dirigir sob a influência de álcool ou de qualquer outra substância psicoativa que determine dependência:

Infração – gravíssima;

Penalidade – multa (dez vezes) e suspensão do direito de dirigir por 12 (doze) meses.

Medida administrativa – recolhimento do documento de habilitação e retenção do veículo, observado o disposto no § 4 o do art. 270 da Lei nº 9.503, de 23 de setembro de 1997 – do Código de Trânsito Brasileiro.

Parágrafo único. Aplica-se em dobro a multa prevista no caput em caso de reincidência no período de até 12 (doze) meses.

GABARITO: D.

147. **(VUNESP – 2020 – PREFEITURA DE CANANÉIA/SP – MOTORISTA)** Quando suspenso o direito de dirigir, de acordo com o art. 263 do CTB, e o condutor infrator for pego conduzindo qualquer veículo automotor, terá sua Carteira de Habilitação:

a) cancelada.

b) apreendida.

c) anulada.

d) revogada.

e) cassada.

Nos termos do art. 263, é clara a literalidade de quem ser flagrado na situação de suspensão terá a habilitação cassada. Vale lembrar que os órgãos de trânsito entendem que deve haver constatação em flagrante para que exista a cassação.

GABARITO: E.

148. **(FCC – 2020 – AL/AP – AUXILIAR LEGISLATIVO – AUXILIAR DE TRANSPORTES)** Considere:

I. Advertência por escrito.

II. Multa.

III. Retenção do veículo.

IV. Transbordo de carga.

A autoridade de trânsito, na esfera das competências estabelecidas pelo Código de Trânsito Brasileiro (CTB) e dentro de sua circunscrição, aplicará, às infrações de trânsito, dentre outras,

LEGISLAÇÃO DE TRÂNSITO

as seguintes penalidades:

a) I, II, III e IV.

b) II e III, apenas.

c) I e IV, apenas.

d) I e II, apenas.

e) III e IV, apenas.

Nessa questão, basta lembrar que todas as medidas administrativas começam com a letra R, exceto o transbordo de carga. Logo, apenas as assertivas I e II estão corretas. Vale ressaltar que a suspensão, cassação da PPD, cassação da CNH e curso de reciclagem também são penalidades.

GABARITO: D.

149. **(CESPE – 2008 – PRF – POLICIAL RODOVIÁRIO FEDERAL – CURSO DE FORMAÇÃO)** No caso de colisão frontal envolvendo dois automóveis, é obrigatória a realização de procedimento para exame de alcoolemia em ambos os condutores, mesmo que eles tenham falecido no acidente.

Certo ( )   Errado ( )

A questão trata o exame de alcoolemia em vítima fatal como exceção e, não como obrigatoriedade, conforme previsão do art. 11, da Resolução nº 432/13.

Art. 11. É obrigatória a realização do exame de alcoolemia para as vítimas fatais de acidentes de trânsito.

GABARITO: ERRADO.

150. **(CESPE – 2003 – PRF – POLICIAL RODOVIÁRIO FEDERAL – CURSO DE FORMAÇÃO)** Considere a seguinte situação.

Preocupado em não se atrasar para uma reunião, um condutor descuidou-se e excedeu o limite de velocidade permitido para determinada via, razão por que foi autuado por um PRF. Após a lavratura do AI, mais preocupado ainda quanto ao horário, o condutor, embora agisse educada e respeitosamente, recusou-se terminantemente a assinar o referido AI. Nessa situação, a recusa em assinar o AI caracterizou irregularidade passível de nova autuação.

Certo ( )   Errado ( )

Nenhum condutor é obrigado a assinar o AIT. O STJ já se manifestou no sentido de não se caracterizar desobediência a não assinatura do AIT, enaltecendo o princípio do *"Nemo Tenetur se Detegere"* (princípio da não produção de provas contra si mesmo).

GABARITO: ERRADO.

151. **(CESPE – 2004 – PRF – POLICIAL RODOVIÁRIO FEDERAL – CURSO DE FORMAÇÃO)** A notificação do infrator é requisito para a validade da autuação e da(s) eventual(is) punição(ões) e(ou) medida(s) administrativa(s) que vier(em) a ser imposta(s). Nesse sentido, o CTB prevê que, sempre que o AI for lavrado, estará suprido o requisito da notificação.

Certo ( )   Errado ( )

Conforme a Resolução nº 619/16 – Estabelece e normatiza os procedimentos para a aplicação das multas por infrações, a arrecadação e o repasse dos valores arrecadados.

352

Art. 3º, § 5º O Auto de Infração de Trânsito valerá como notificação da autuação quando for assinado pelo condutor e este for o proprietário do veículo.

Art. 4º À exceção do disposto no § 5º do artigo anterior, após a verificação da regularidade e da consistência do Auto de Infração de Trânsito, a autoridade de trânsito expedirá, no prazo máximo de 30 (trinta) dias contados da data do cometimento da infração, a Notificação da Autuação dirigida ao proprietário do veículo, na qual deverão constar os dados mínimos definidos no art. 280 do CTB.

GABARITO: ERRADO.

152. **(CESPE – 2002 – PRF – POLICIAL RODOVIÁRIO FEDERAL)** Considere a seguinte situação hipotética.

Um policial rodoviário federal identificou que um carro se movia além da velocidade máxima permitida na via e ordenou ao condutor que parasse. Porém, essa ordem não foi obedecida e o policial, embora não tivesse conseguido identificar o motorista, anotou a placa do veículo.

Nessa situação, com base no CTB, o policial não deve lavrar auto de infração, mas lavrar ocorrência policial, para que a autoridade competente possa apurar a autoria da infração.

Certo ( )   Errado ( )

Ao agente da autoridade de trânsito só cabe lavrar uma infração administrativa prevista no art. 195, não havendo configuração de crime de desobediência.

O agente da autoridade de trânsito deverá observar a previsão de autuações sem abordagens conforme art. 280, § 3º.

Art. 280. Ocorrendo infração prevista na legislação de trânsito, lavrar-se-á auto de infração, do qual constará:

I – tipificação da infração;

II – local, data e hora do cometimento da infração;

III – caracteres da placa de identificação do veículo, sua marca e espécie, e outros elementos julgados necessários à sua identificação;

IV – o prontuário do condutor, sempre que possível;

V – identificação do órgão ou entidade e da autoridade ou agente autuador ou equipamento que comprovar a infração;

VI – assinatura do infrator, sempre que possível, valendo esta como notificação do cometimento da infração.

§ 1º (VETADO)

§ 2º A infração deverá ser comprovada por declaração da autoridade ou do agente da autoridade de trânsito, por aparelho eletrônico ou por equipamento audiovisual, reações químicas ou qualquer outro meio tecnologicamente disponível, previamente regulamentado pelo Contran.

§ 3º Não sendo possível a autuação em flagrante, o agente de trânsito relatará o fato à autoridade no próprio auto de infração, informando os dados a respeito do veículo, além dos constantes nos incisos I, II e III, para o procedimento previsto no artigo seguinte.

§ 4º O agente da autoridade de trânsito competente para lavrar o auto de infração poderá ser servidor civil, estatutário ou celetista ou, ainda, policial militar designado pela autoridade de trânsito com jurisdição sobre a via no âmbito de sua competência.

GABARITO: ERRADO.

LEGISLAÇÃO DE TRÂNSITO

153. **(CESPE – 2002 – PRF – POLICIAL RODOVIÁRIO FEDERAL)** Na situação em que o condutor do veículo evadir-se do local, a notificação da penalidade de multa porventura imposta, decorrente da infração de desobedecer ao comando policial para parar, será encaminhada ao proprietário do veículo. O notificado deverá, então, depositar 50% do valor da multa, para efeito de recorrer contra a imposição dessa penalidade pecuniária. A autoridade que impôs a multa não poderá exercer juízo de retratação, devendo encaminhar o recurso para julgamento por uma das juntas administrativas de recursos de infrações (JARI).

Certo ( )   Errado ( )

Não é exigido o recolhimento de valor pecuniário, nem durante a fase de primeiro recurso e nem no segundo recurso.

Art. 284. O pagamento da multa poderá ser efetuado até a data do vencimento expressa na notificação, por oitenta por cento do seu valor.

§ 1º Caso o infrator opte pelo sistema de notificação eletrônica, se disponível, conforme regulamentação do Contran, e opte por não apresentar defesa prévia nem recurso, reconhecendo o cometimento da infração, poderá efetuar o pagamento da multa por 60% (sessenta por cento) do seu valor, em qualquer fase do processo, até o vencimento da multa.

§ 2º O recolhimento do valor da multa não implica renúncia ao questionamento administrativo, que pode ser realizado a qualquer momento, respeitado o disposto no § 1º.

§ 3º Não incidirá cobrança moratória e não poderá ser aplicada qualquer restrição, inclusive para fins de licenciamento e transferência, enquanto não for encerrada a instância administrativa de julgamento de infrações e penalidades.

§ 4º Encerrada a instância administrativa de julgamento de infrações e penalidades, a multa não paga até o vencimento será acrescida de juros de mora equivalentes à taxa referencial do Sistema Especial de Liquidação e de Custódia (Selic) para títulos federais acumulada mensalmente, calculados a partir do mês subsequente ao da consolidação até o mês anterior ao do pagamento, e de 1% (um por cento) relativamente ao mês em que o pagamento estiver sendo efetuado.

GABARITO: ERRADO.

154. **(FUNRIO – 2009 – PRF – POLICIAL RODOVIÁRIO FEDERAL)** Sistema Nacional de Trânsito é o conjunto de órgãos e entidades da União, dos Estados, do Distrito Federal e dos Municípios que tem por finalidade o exercício das atividades de planejamento, administração, normatização, pesquisa, registro e licenciamento de veículos, formação, habilitação e reciclagem de condutores, educação, engenharia, operação do sistema viário, policiamento, fiscalização, julgamento de infrações e de recursos e aplicação de penalidades. NÃO compõem o Sistema Nacional de Trânsito os seguintes órgãos e entidades:

a) Os órgãos e entidades executivos de trânsito da União, dos Estados, do Distrito Federal e dos Municípios; os órgãos e entidades executivos rodoviários da União, dos Estados, do Distrito Federal e dos Municípios; e a Polícia Rodoviária Federal.

b) O Conselho Nacional de Trânsito – Contran, coordenador do Sistema e órgão máximo normativo e consultivo; os Conselhos Estaduais de Trânsito (Cetran) e o Conselho de Trânsito do Distrito Federal (Contrandife), órgãos normativos, consultivos e coordenadores; e a Polícia Federal.

c) A Polícia Rodoviária Federal; as Polícias Militares dos Estados e do Distrito Federal; e as Juntas Administrativas de Recursos de Infrações (JARI).

d) O Conselho Nacional de Trânsito – Contran, coordenador do Sistema e órgão máximo normativo e consultivo; os Conselhos Estaduais de Trânsito (Cetran) e o Conselho de Trânsito do Distrito Federal (Contrandife), órgãos normativos, consultivos e coordenadores.

e) A Polícia Rodoviária Federal; as Polícias Militares dos Estados e do Distrito Federal; as Juntas Administrativas de Recursos de Infrações – JARI; os órgãos e entidades executivos de trânsito da União, dos Estados, do Distrito Federal e dos Municípios; e os órgãos e entidades executivos rodoviários da União, dos Estados, do Distrito Federal e dos Municípios.

Questão bem simples, conforme prevê o art. 7º do CTB. Ressalte-se aqui que as polícias judiciárias, vale dizer, civil e federal, não integram o Sistema Nacional de Trânsito. Vejamos:

Art. 7º Compõem o Sistema Nacional de Trânsito os seguintes órgãos e entidades:

I – o Conselho Nacional de Trânsito – Contran, coordenador do Sistema e órgão máximo normativo e consultivo;

II – os Conselhos Estaduais de Trânsito – Cetran e o Conselho de Trânsito do Distrito Federal – Contrandife, órgãos normativos, consultivos e coordenadores;

III – os órgãos e entidades executivos de trânsito da União, dos Estados, do Distrito Federal e dos Municípios;

IV – os órgãos e entidades executivos rodoviários da União, dos Estados, do Distrito Federal e dos Municípios;

V – a Polícia Rodoviária Federal;

VI – as Polícias Militares dos Estados e do Distrito Federal; e

VII – as Juntas Administrativas de Recursos de Infrações – JARI.

GABARITO: B.

155. **(PUC–PR – 2006 – URBS/PR – AGENTE DE TRÂNSITO E TRANSPORTE)** Assinalar a alternativa correta:

As ordens emanadas por gestos de agentes da autoridade de trânsito prevalecem sobre as regras de circulação e as normas definidas por outros sinais de trânsito. Braço levantado verticalmente, com a palma da mão para frente, está indicando:

a) Ordem de parada obrigatória para todos os veículos. Quando executada em interseções, os veículos que já se encontrem nela não são obrigados a parar.

b) Ordem de diminuição de velocidade.

c) Ordem de seguir.

LEGISLAÇÃO DE TRÂNSITO

d) Ordem para aumentar a velocidade e desobstruir o trânsito.

e) Ordem de parada para todos os veículos que venham de direções que cortem ortogonalmente a direção indicada pelos braços estendidos, qualquer que seja o sentido.

Ordem de Parada Obrigatória para todos os veículos – Braço levantado verticalmente, com a palma da mão para frente;

Ordem de Diminuição da Velocidade – Braço estendido horizontalmente, com a palma da mão para baixo, fazendo movimentos verticais;

Ordem de Seguir – Braço levantado, com movimento de antebraço da frente para a retaguarda e a palma da mão voltada para trás;

Ordem de Parada para todos os veículos que venham de direções que cortem ortogonalmente a direção indicada pelo braço estendido, qualquer que seja o sentido de seu deslocamento – Braço estendido horizontalmente, com a palma da mão para frente, do lado do trânsito a que se destina.

GABARITO: A.

156. **(IAUPE – 2006 – PREFEITURA MUNICIPAL DE PAULISTA/PE – AGENTE DE TRÂNSITO)** Este sinal informa:

a) fim de pista dupla.
b) pista dividida.
c) início de pista dupla.
d) passagem obrigatória à direita.
e) mão dupla.

Mais uma questão questionando placas. A sinalização de advertência em questão indica pista dividida e não deve ser confundida com placas semelhantes. Veja:

A-42a
Início de
pista dupla

A-42b
Fim de
pista dupla

A-42c
Pista
dividida

GABARITO: B.

157. **(PUC/PR – 2006 – URBS/PR – AGENTE DE TRÂNSITO E TRANSPORTE)** Quando o policial, com o apito dá sinal com um silvo longo, ele está indicando que o condutor deve:

a) manter-se à direita.
b) manter-se à esquerda.

c) parar o veículo.
d) acender a lanterna.
e) diminuir a marcha do veículo.
Um silvo breve significa: Siga.
Dois silvos breves significam: Pare.
Um silvo longo significa: Diminua a marcha.
GABARITO: E.

158. **(NC/UFPR – 2006 – TCE/PR – MOTORISTA)** Uma placa retangular, com fundo azul, no qual está escrito "PEDÁGIO 1 km" em letras brancas é uma placa de:
a) Indicação.
b) Comparação.
c) Convergência.
d) Divergência.
e) Estacionamento.
Trata-se da sinalização de indicação – Pedágio (S-16).

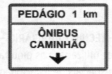

GABARITO: A.

159. **(NC/UFPR – 2006 – TCE/PR – MOTORISTA)** Um agente de trânsito, ao utilizar sinais sonoros com um apito, emite dois silvos breves. A ordem transmitida por esse sinal é:
a) "Diminua a velocidade".
b) "Atenção".
c) "Acenda a lanterna".
d) "Siga em frente".
e) "Pare".
Um silvo breve significa: Siga.
Dois silvos breves significam: Pare.
Um silvo longo significa: Diminua a marcha.
GABARITO: E.

160. **(CESPE – 2006 – TSE – TÉCNICO JUDICIÁRIO)** Os sinais sonoros que são emitidos pelos agentes de trânsito por meio de silvos de apito precisam ser prontamente entendidos e obedecidos, sob pena de causar tumultos desnecessários no fluxo de veículos. Com referência ao significado desses sinais, julgue os itens abaixo.
I. Um silvo breve significa pare e é empregado para uma ordem de parada de um veículo.

LEGISLAÇÃO DE TRÂNSITO

II. Dois silvos breves significam um pedido para que os motoristas estejam a postos, prontos para se deslocarem.

III. Um silvo longo significa diminuir a marcha e é empregado quando for necessário fazer diminuir a marcha dos veículos.

Assinale a opção correta.

a) Nenhum item está certo.
b) Apenas o item I está certo.
c) Apenas o item III está certo.
d) Todos os itens estão certos.

Sinal de apito	Significado	Emprego
Um silvo breve	Seguir	Liberar o trânsito em direção/sentido indicado pelo agente.
Dois silvos breves	Parar	Indicar parada obrigatória.
Um silvo longo	Diminuir a marcha	Quando for necessário fazer diminuir a marcha dos veículos.

Os sinais sonoros somente devem ser utilizados em conjunto com os gestos dos agentes.

GABARITO: C.

161. **(FCC – 2007 – TRF/4ª REGIÃO – TÉCNICO JUDICIÁRIO – SEGURANÇA E TRANSPORTE)** Quanto à sinalização horizontal, as cores utilizadas nas pinturas de símbolos de pessoas portadoras de deficiência física, em áreas especiais de estacionamento ou de parada para embarque e desembarque, são as:

a) azul e branca.
b) branca e amarela.
c) vermelha e branca.
d) amarela e preta.
e) preta e branca.

A sinalização horizontal se apresenta em cinco cores:

– Amarela: utilizada na regulação de fluxos de sentidos opostos; na delimitação de espaços proibidos para estacionamento e/ou parada e na marcação de obstáculos.

– Vermelha: utilizada para proporcionar contraste, quando necessário, entre a marca viária e o pavimento das ciclofaixas e/ou ciclovias, na parte interna destas, associada à linha de bordo branca ou de linha de divisão de fluxo de mesmo sentido e nos símbolos de hospitais e farmácias (cruz).

– Branca: utilizada na regulação de fluxos de mesmo sentido; na delimitação de trechos de vias, destinados ao estacionamento regulamentado de veículos em condições especiais; na marcação de faixas de travessias de pedestres, símbolos e legendas.

– Azul: utilizada nas pinturas de símbolos de pessoas portadoras de deficiência física, em áreas especiais de estacionamento ou de parada para embarque e desembarque.

–Preta: utilizada para proporcionar contraste entre o pavimento e a pintura.

GABARITO: A.

358

162. **(FCC - 2007 - TRF/4ª REGIÃO - TÉCNICO JUDICIÁRIO - SEGURANÇA E TRANSPORTE)** Com relação à sinalização vertical de indicação de serviços auxiliares, à esquerda estão indicadas as placas para os condutores. À direita, as suas denominações:

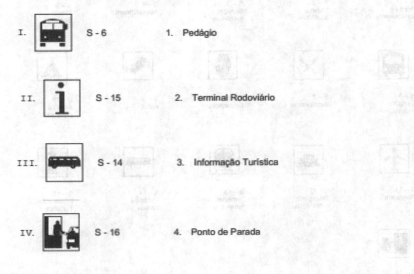

A correlação correta é:
a) I - 3, II - 2, III - 4, IV - 1.
b) I - 2, II - 4, III - 3, IV - 1.
c) I - 2, II - 1, III - 4, IV - 3.
d) I - 1, II - 3, III - 2, IV - 4.
e) I - 2, II - 3, III - 4, IV - 1.

Nos termos da Resolução nº 160/04, são pictogramas, entre outros:

LEGISLAÇÃO DE TRÂNSITO

GABARITO: E.

163. **(NC/UFPR – 2006 – TCE/PR – MOTORISTA)** Qual é a denominação dada às vias terrestres urbanas que não possuem cruzamentos diretos, não possuem semáforos nem passagens diretas para pedestres e cujo acesso se faz por pistas paralelas que permitem entrar com velocidade compatível com a do fluxo de trânsito?
    a) Rodovias.
    b) Vias de trânsito rápido.
    c) Vias arteriais.
    d) Vias coletoras.
    e) Estradas.

    Tem-se como definição que VIA DE TRÂNSITO RÁPIDO é aquela caracterizada por acessos especiais com trânsito livre, sem interseções em nível, sem acessibilidade direta aos lotes lindeiros e sem travessia de pedestres em nível.

    GABARITO: B.

164. **(CESPE – 2004 – PRF – POLÍCIA RODOVIÁRIA FEDERAL)** Entre os principais conceitos adotados para efeito da legislação e para a atividade de fiscalização e policiamento de trânsito, os termos via e pista se equivalem: representam a superfície por onde transitam veículos, pessoas e animais, incluindo ilhas e canteiros centrais.

    Certo ( )   Errado ( )

A questão misturou os conceitos. Olha como funciona:

VIA: superfície por onde transitam veículos, pessoas e animais, compreendendo a pista, a calçada, o acostamento, ilha e canteiro central.

PISTA: parte da via normalmente utilizada para a circulação de veículos, identificada por elementos separadores ou por diferença de nível em relação às calçadas, ilhas ou aos canteiros centrais.

GABARITO: ERRADO.

165. **(CESPE – 2020 – PRF – POLICIAL RODOVIÁRIO FEDERAL – CURSO DE FORMAÇÃO)** Ainda que não haja interposição de recurso contra a penalidade de suspensão do direito de dirigir, a autoridade de trânsito deve notificar o infrator para entregar sua carteira nacional de habilitação até a data do término do prazo constante na notificação.

Certo ( )   Errado ( )

Ainda que não haja recurso, existe a necessidade da entrega da CNH para ser encaminhada ao Detran, tendo em vista a suspensão do direito de dirigir.

GABARITO: CERTO.

166. **(CESPE – 2014 – CÂMARA DOS DEPUTADOS – ANALISTA LEGISLATIVO – CONSULTOR LEGISLATIVO ÁREA XIII)** Com relação à atividade do motorista profissional, ao cometimento de infração de trânsito por condutor habilitado em país estrangeiro e ao crime de trânsito advindo da conduta de dirigir sob a influência de álcool, julgue o próximo item.

Considere a seguinte situação hipotética: Lauro foi autuado pelo cometimento de infração de trânsito, por dirigir sob a influência de álcool, tendo sido punido com multa e suspensão do direito de dirigir por doze meses. Além disso, foram-lhe impostas as medidas administrativas de recolhimento do documento de habilitação e retenção do veículo. Na oportunidade, a infração foi comprovada mediante a constatação, por agente da autoridade de trânsito, dos sinais de alteração da capacidade psicomotora, nos termos da legislação pertinente. Ato contínuo, mediante a concordância do infrator, foi colhida amostra para a realização de exame de sangue que, ao seu final, apresentou resultado tipificador do cometimento de crime de trânsito.

Nessa situação hipotética, se Lauro for punido com detenção pela prática de crime de trânsito, tal punição elidirá tanto as punições quanto as medidas administrativas relacionadas à infração de trânsito.

Certo ( )   Errado ( )

O cometimento de um delito de trânsito não elidirá a tipificação da infração de trânsito, conforme previsão expressa do art. 7º, § 1º, da Resolução nº 432/13 do Contran, visto que se trata de esferas diversas (administrativa e criminal).

Art. 7º, § 1º A ocorrência do crime de que trata o caput não elide a aplicação do disposto no art. 165 do CTB.

GABARITO: ERRADO.

LEGISLAÇÃO DE TRÂNSITO

Em relação à legislação que instituiu o Código de Trânsito Brasileiro, julgue os itens subsequentes.

167. **(CESPE - 2011 - PC/ES - DELEGADO DE POLÍCIA - ESPECÍFICOS)** É admissível a denominação de crime de trânsito para a conduta de dano cometida com dolo, a exemplo daquele que, intencionalmente, utiliza o seu veículo para a prática de um crime.

Certo ( )   Errado ( )

Os crimes de trânsito estão previstos nos art. 302 a 312 do CTB. Dentre eles, não se encontra o crime de dano, que está previsto no art. 163 do código penal. É importante destacar que o CP só prevê o dano como crime na modalidade dolosa. Assim, não é admissível a denominação de crime de trânsito para a conduta de dano cometida com dolo, a exemplo daquele que, intencionalmente, utiliza o seu veículo para a prática de um crime.

GABARITO: ERRADO.

168. **(CESPE - 2011 - PC/ES - DELEGADO DE POLÍCIA - ESPECÍFICOS)** Os crimes de entregar a direção de veículo automotor a pessoa não habilitada e de falta de habilitação se aperfeiçoam com a simples conduta, sem que se exija prova da efetiva probabilidade de dano.

Certo ( )   Errado ( )

O crime previsto no art. 310 do CTB (permitir, confiar ou entregar a direção de veículo auto-motor a pessoa não habilitada, com habilitação cassada ou com o direito de dirigir suspenso, ou, ainda, a quem, por seu estado de saúde, física ou mental, ou por embriaguez, não esteja em condições de conduzi-lo com segurança) é de perigo abstrato, não necessitando de demonstração de perigo.

O crime previsto no art. 309 do CTB (dirigir veículo automotor, em via pública, sem a devida Permissão para Dirigir ou Habilitação ou, ainda, se cassado o direito de dirigir, gerando perigo de dano) é um crime de perigo concreto, por isso precisa da efetiva probabilidade do dano.

Assim, acordo com a Súmula no 575 do STJ: Constitui crime a conduta de permitir, confiar ou entregar a direção de veículo automotor à pessoa que não seja habilitada, ou que se encontre em qualquer das situações previstas no art. 310 do CTB, independentemente da ocorrência de lesão ou de perigo de dano concreto na condução do veículo. STJ. 3ª Seção. Aprovada em 22/06/2016, DJe 27/06/2016.

GABARITO: ERRADO.

169. **(CESPE - 2011 - PC/ES - DELEGADO DE POLÍCIA - ESPECÍFICOS)** Considere a seguinte situação hipotética. Cláudia, penalmente responsável, ao dirigir veículo automotor sem habilitação, em via pública, atropelou e matou um pedestre. Nessa situação hipotética, Cláudia responderá por homicídio culposo em concurso material com o delito de falta de habilitação.

Certo ( )   Errado ( )

Não é possível concurso visto que tal conduta se amolda entre as modalidades de aumento de pena (princípio da especialidade). Os crimes previstos no CTB no arts. 302 (homicídio culposo na direção de veículo automotor) e 303 (lesão corporal culposa) admitem aumen-tativos, que estão previstos no § 1º do art. 302, que são:

Art. 302, § 1º No homicídio culposo cometido na direção de veículo automotor, a pena é aumentada de 1/3 (um terço) à metade, se o agente:

I – não possuir Permissão para Dirigir ou Carteira de Habilitação;

II – praticá-lo em faixa de pedestres ou na calçada;

III – deixar de prestar socorro, quando possível fazê-lo sem risco pessoal, à vítima do acidente;

IV – no exercício de sua profissão ou atividade, estiver conduzindo veículo de transporte de passageiros.

GABARITO: ERRADO.

170. **(CESPE – 2011 – PC/ES – DELEGADO DE POLÍCIA – ESPECÍFICOS)** No caso de réu reincidente em crime de trânsito, é obrigatório que o magistrado, ao julgar a nova infração, fixe a pena prevista no tipo, associada à suspensão da permissão ou habilitação de dirigir veículo automotor.

Certo ( )   Errado ( )

O CTB, no art. 296, passou a prever como obrigatória a aplicação da suspensão da permissão ou habilitação de dirigir veículo automotor quando condutor reincidente na prática de crime de trânsito.

Art. 296. Se o réu for reincidente na prática de crime previsto neste Código, o juiz aplicará a penalidade de suspensão da permissão ou habilitação para dirigir veículo automotor, sem prejuízo das demais sanções penais cabíveis.

GABARITO: CERTO.

171. **(CESPE – 2010 – MPU – TÉCNICO DE APOIO ESPECIALIZADO – TRANSPORTE)** Pratica crime em espécie o condutor que se recusa a entregar à autoridade de trânsito ou a seus agentes, mediante recibo, os documentos exigidos por lei, para averiguação de sua autenticidade.

Certo ( )   Errado ( )

Isso é uma infração própria para o condutor que se recusa a entregar os documentos de porte obrigatório prevista no art. 238 do CTB. Já se manifestou o STJ também afirmando que tal conduta não se enquadra em desobediência.

Art. 238. Recusar-se a entregar à autoridade de trânsito ou a seus agentes, mediante recibo, os documentos de habilitação, de registro, de licenciamento de veículo e outros exigidos por lei, para averiguação de sua autenticidade:

Infração – gravíssima;

Penalidade – multa e apreensão do veículo;

Medida administrativa – remoção do veículo.

GABARITO: ERRADO.

172. **(CESPE – 2009 – DETRAN/DF – ANALISTA – ADVOCACIA)** Considere que Gustavo conduza o seu veículo à velocidade de 110 km/h, quando a sinalização do local aponta como limite máximo a velocidade de 50 km/h e, de forma culposa, tenha atropelado Maria, que teve lesão corporal leve. Nesse caso, Gustavo deverá responder por crime de lesão corporal culposa, desde que haja representação da vítima.

Certo ( )   Errado ( )

No CTB, a lesão corporal culposa em regra é condicionada a representação. Porém, existem exceções listadas no art. 291, § 1º, incisos I, II e III que torna a ação pública incondicionada no crime de lesão corporal culposa pela não aplicação da Lei nº 9.099/95.

LEGISLAÇÃO DE TRÂNSITO

Art. 291, § 1º Aplica-se aos crimes de trânsito de lesão corporal culposa o disposto nos arts. 74, 76 e 88 da Lei no 9.099, de 26 de setembro de 1995, exceto se o agente estiver:

I – sob a influência de álcool ou qualquer outra substância psicoativa que determine dependência;

II – participando, em via pública, de corrida, disputa ou competição automobilística, de exibição ou demonstração de perícia em manobra de veículo automotor, não autorizada pela autoridade competente;

III – transitando em velocidade superior à máxima permitida para a via em 50 km/h (cinquenta quilômetros por hora).

GABARITO: ERRADO.

Uma das preocupações do policial rodoviário federal ao chegar a um local de acidente de trânsito com vítima é preservar o local para que se realize a perícia, a fim de identificar e responsabilizar o(s) verdadeiro(s) culpado(s) pelo acidente. Com relação à preservação do local de um acidente de trânsito, julgue os itens seguintes.

173. **(CESPE – 2004 – PRF – POLICIAL RODOVIÁRIO FEDERAL)** Constitui crime modificar o estado do lugar, das coisas ou das pessoas para eximir de responsabilidade o verdadeiro culpado do acidente.

Certo ( )   Errado ( )

Item previsto no art. 312 do CTB, crime de fraude processual no trânsito. Apesar da nomenclatura "fraude processual", indaga-se esse apelido doutrinário, pois tal conduta pode se dar tanto no inquérito quanto no processo.

Art. 312. Inovar artificiosamente, em caso de acidente automobilístico com vítima, na pendência do respectivo procedimento policial preparatório, inquérito policial ou processo penal, o estado de lugar, de coisa ou de pessoa, a fim de induzir a erro o agente policial, o perito, ou juiz:

Penas – detenção, de seis meses a um ano, ou multa.

Parágrafo único. Aplica-se o disposto neste artigo, ainda que não iniciados, quando da inovação, o procedimento preparatório, o inquérito ou o processo aos quais se refere.

GABARITO: CERTO.

174. **(CESPE – 2004 – PRF – POLICIAL RODOVIÁRIO FEDERAL)** Não constitui crime alterar o local do acidente para que haja socorro de vítimas.

Certo ( )   Errado ( )

O fato é atípico. O crime do art. 312 do CTB (Fraude Processual) só é punível a título de dolo, ou seja, "vontade livre e consciente" de inovar, artificiosamente, na pendência de procedimento criminal, o estado de lugar, coisa ou pessoa. No entanto, entre a formalidade da manutenção do local de acidente e o socorro de vítimas, prevalece o direito fundamental.

GABARITO: CERTO.

175. **(CESPE – 2004 – PRF – POLICIAL RODOVIÁRIO FEDERAL)** Não constitui crime alterar a posição de veículo acidentado para evitar que ocorra outro acidente.

Certo ( )   Errado ( )

Esta questão apresenta uma excludente para caracterização do crime. O art. 312 só é caracterizado a título de dolo, ou seja, o agente deve ter a finalidade de alterar o local com o intuito de prejudicar o perito, juiz ou agente.

GABARITO: CERTO.

O CTB, em seu art. 311, censura a conduta de trafegar em velocidade incompatível com a segurança nos locais considerados pelo legislador como perigosos, elegendo essa conduta como criminosa e impondo-lhe a pena de detenção de 6 meses a 1 ano ou multa. Acerca desse assunto, julgue os itens que se seguem.

176. **(CESPE – 2004 – PRF – POLICIAL RODOVIÁRIO FEDERAL)** Velocidade incompatível é aquela desenvolvida acima da máxima permitida para o local de acordo com a sinalização das placas.

Certo ( )   Errado ( )

Excesso de velocidade não é necessariamente sinônimo de velocidade incompatível. Velocidade Incompatível é a velocidade que agride a segurança viária. Ocorre quando o condutor não se atenta para as condições da via ou peculiaridades momentâneas. Será constatada por declaração do agente de trânsito ou por testemunhas. Configura infração do art. 220 do CTB e crime do art. 311 do CTB.

GABARITO: ERRADO.

177. **(CESPE – 2004 – PRF – POLICIAL RODOVIÁRIO FEDERAL)** O CTB indica os locais próximos a escolas, estações de embarque e desembarque de passageiros, logradouros estreitos e hospitais como locais considerados perigosos.

Certo ( )   Errado ( )

O art. 220 traz caracterizado como infração gravíssima trafegar com velocidade incompatível próximo a esses locais. Além disso, havendo perigo de dano, configurar-se-á o art. 311.

Art. 220. Deixar de reduzir a velocidade do veículo de forma compatível com a segurança do trânsito:

(...)

XIV – nas proximidades de escolas, hospitais, estações de embarque e desembarque de passageiros ou onde haja intensa movimentação de pedestres:

Infração – gravíssima;

Penalidade – multa.

Art. 311. Trafegar em velocidade incompatível com a segurança nas proximidades de escolas, hospitais, estações de embarque e desembarque de passageiros, logradouros estreitos, ou onde haja grande movimentação ou concentração de pessoas, gerando perigo de dano:

Penas – detenção, de seis meses a um ano, ou multa.

GABARITO: CERTO.

178. **(CESPE – 2004 – PRF – POLICIAL RODOVIÁRIO FEDERAL)** Para a consumação do delito tipificado no referido artigo, é necessário que ocorra dano, ou seja, as pessoas sejam lesionadas ou mortas em virtude da velocidade incompatível.

Certo ( )   Errado ( )

LEGISLAÇÃO DE TRÂNSITO

O crime da velocidade incompatível, do art. 311 do CTB, é um crime de perigo concreto, de via pública e doloso. Para que o condutor responda pelo delito não é necessário que o condutor esteja com excesso de velocidade, basta que essa velocidade seja incompatível com a segurança, podendo causar um dano superveniente. Para constatar se há situação de perigo, utiliza-se a teoria do homem médio.

GABARITO: ERRADO.

179. **(CESPE – 2004 – PRF – POLICIAL RODOVIÁRIO FEDERAL)** A prova da velocidade incompatível pode ser feita por testemunhas, não se exigindo a prova de radares ou equivalentes.

Certo ( )   Errado ( )

Não se exige comprovação por radares. O crime de velocidade incompatível pode ser caracterizado por meio de prova testemunhal.

GABARITO: CERTO.

180. **(CESPE – 2004 – PRF – POLICIAL RODOVIÁRIO FEDERAL)** A conduta de dirigir veículo automotor sob a influência de álcool, em nível superior ao permitido, não configura, necessariamente, crime perante a lei brasileira, sendo punida administrativamente como infração gravíssima, com penalidade de multa e suspensão do direito de dirigir. Para ser enquadrada na categoria de crime, a embriaguez do condutor deve expor a dano potencial a incolumidade de outrem.

Certo ( )   Errado ( )

O crime de embriaguez é de perigo abstrato. Basta estar acima dos índices estabelecidos pelo CTB ou pelo Resolução nº 432 do Contran.

GABARITO: ERRADO.

181. **(CESPE – 2004 – PRF – POLICIAL RODOVIÁRIO FEDERAL)** Com referência a velocidade, julgue o item subsequente.

O excesso de velocidade é causa de aumento de pena nos delitos de trânsito.

Certo ( )   Errado ( )

A forma como o assunto foi abordado na questão ficou muito genérica. As hipóteses de causas de aumentos do CTB são taxativas e estão previstas no art. 302, §1º do CTB.

GABARITO: ERRADO.

Petrônio conduzia o seu veículo automotor com velocidade 40% superior à máxima permitida para a via. Ao fazer uma ultrapassagem pela contramão, Petrônio não observou a presença de um veículo que trafegava em sentido contrário e colidiu frontalmente com ele. Em decorrência dessa colisão, um passageiro do veículo atingido pelo de Petrônio sofreu lesão corporal. Conforme averiguou a autoridade policial que compareceu ao local, Petrônio não possuía Carteira Nacional de Habilitação (CNH).

Com relação à situação hipotética apresentada acima, julgue os itens a seguir.

182. **(CESPE – 2005 – PRF – POLICIAL RODOVIÁRIO FEDERAL – CURSO DE FORMAÇÃO)** Por ter praticado lesão corporal culposa na direção de veículo automotor, Petrônio deverá responder pelos crimes de trânsito previstos no Código de Trânsito Brasileiro (CTB) e poderá receber pena de reclusão de 6 meses a 2 anos.

Certo ( )   Errado ( )

Petrônio responderá, sim, pelo crime de lesão corporal culposa, devido à imprudência caracterizada na questão (excesso de velocidade e ultrapassagem na contramão), mas estará sujeito a uma pena de detenção de 6 meses a 2 anos.

GABARITO: ERRADO.

183. **(CESPE – 2005 – PRF – POLICIAL RODOVIÁRIO FEDERAL – CURSO DE FORMAÇÃO)** O fato de Petrônio não possuir CNH aumentará sua pena de um terço à metade.

Certo ( )   Errado ( )

Cometer os crimes previstos nos arts. 302 e 303, mas não estar habilitado é uma hipótese de aumento de pena de 1/3 a 1/2.

GABARITO: CERTO.

À luz do CTB, julgue os itens que se seguem, relativos à omissão de socorro.

184. **(CESPE – 2005 – PRF – POLICIAL RODOVIÁRIO FEDERAL – CURSO DE FORMAÇÃO)** Respondem pela omissão de socorro, conforme o CTB, o condutor de veículo envolvido em acidente e qualquer outro motorista que passe pelo local, logo após o acidente, que deixar de prestar o imediato socorro à vítima.

Certo ( )   Errado ( )

Somente responderá pelo crime do art. 304 do CTB o condutor envolvido em acidente e não culpado. Responderá pelo Código Penal o condutor não envolvido no acidente que não presta socorro (art. 135 do CP).

GABARITO: ERRADO.

185. **(CESPE – 2018 – PC/SE – DELEGADO DE POLÍCIA)** Incide nas penas previstas no CTB relativas à omissão de socorro o condutor de veículo envolvido em acidente de trânsito que deixe de prestar o imediato socorro à vítima ainda que sua omissão seja suprida por terceiros ou que se trate de vítima com morte instantânea ou com ferimentos leves.

Certo ( )   Errado ( )

Conforme o art. 304, parágrafo único, na omissão de socorro do CTB, o socorro não poderá ser suprido por terceiros, ao contrário que ocorre no Código Penal.

Art. 304. Deixar o condutor do veículo, na ocasião do acidente, de prestar imediato socorro à vítima, ou, não podendo fazê-lo diretamente, por justa causa, deixar de solicitar auxílio da autoridade pública:

Penas – detenção, de seis meses a um ano, ou multa, se o fato não constituir elemento de crime mais grave.

Parágrafo único. Incide nas penas previstas neste artigo o condutor do veículo, ainda que a sua omissão seja suprida por terceiros ou que se trate de vítima com morte instantânea ou com ferimentos leves.

GABARITO: CERTO.

LEGISLAÇÃO DE TRÂNSITO

186. **(CESPE – 2018 – PC/SE – DELEGADO DE POLÍCIA)** Situação hipotética: Após grave colisão de veículos, pessoas que transitavam pelo local — condutores de outros veículos e pedestres alheios ao evento — deixaram, sem justificativa, de prestar imediato socorro às vítimas. Assertiva: Nessa situação, os terceiros não envolvidos no acidente não responderão pelo crime de omissão de socorro previsto no Código de Trânsito Brasileiro.

Certo ( )   Errado ( )

Quem se omitir e não for envolvido em acidente responderá pelo art. 135 do CP, não pelo art. 304 do CTB.

GABARITO: CERTO.

187. **(CESPE – 2018 – POLÍCIA FEDERAL – PERITO CRIMINAL FEDERAL – ÁREA 12)** Dois motoristas, Pedro e José, foram levados à central de flagrantes da polícia civil após terem sido parados em uma blitz no trânsito. Segundo a polícia civil, Pedro, de trinta e dois anos de idade, foi submetido ao teste do bafômetro, durante a blitz, e o resultado mostrou 0,68 miligramas de álcool por litro de ar expelido. Ele pagou fiança e deverá responder em liberdade por crime de trânsito. Conforme os policiais, José, de vinte e dois anos de idade, se recusou a submeter-se ao teste do bafômetro, mas o médico legista do Instituto Médico Legal (IML) que o examinou comprovou alteração da capacidade psicomotora em razão do consumo de substância psicoativa que determina dependência. José também pagou fiança para ser liberado.

Com relação a essa situação hipotética, julgue o item a seguir.

A conduta de conduzir veículo automotor com capacidade psicomotora alterada em razão da influência de substância psicoativa que não seja bebida alcóolica não está prevista como crime no Código de Trânsito Brasileiro.

Certo ( )   Errado ( )

O art. 306 do CTB caracteriza como crime dirigir veículo automotor tanto sob influência de álcool quanto por efeito de outra substância entorpecente.

Art. 306. Conduzir veículo automotor com capacidade psicomotora alterada em razão da influência de álcool ou de outra substância psicoativa que determine dependência:

Penas – detenção, de seis meses a três anos, multa e suspensão ou proibição de se obter a permissão ou a habilitação para dirigir veículo automotor.

GABARITO: ERRADO.

Ao final de uma festa, Godofredo e Antônio realizaram uma disputa automobilística com seus veículos, fazendo manobras arriscadas, em via pública, sem que tivessem autorização para tanto. Nessa contenda, houve colisão dos veículos, o que causou lesão corporal culposa de natureza grave em um transeunte. Considerando a situação hipotética apresentada e o disposto no Código de Trânsito Brasileiro, julgue os itens.

188. **(CESPE – 2019 – PRF – POLICIAL RODOVIÁRIO FEDERAL)** Godofredo e Antônio responderiam por crime de trânsito independentemente da lesão corporal causada, pois a conduta de ambos gerou situação de risco à incolumidade pública.

Certo ( )   Errado ( )

Caso não houvesse a colisão e a lesão corporal, os agentes ainda assim responderiam pelo caput do art. 308 do CTB (crime de racha).

Art. 308. Participar, na direção de veículo automotor, em via pública, de corrida, disputa ou competição automobilística ou ainda de exibição ou demonstração de perícia em manobra de veículo automotor, não autorizada pela autoridade competente, gerando situação de risco à incolumidade pública ou privada:

Penas – detenção, de 6 (seis) meses a 3 (três) anos, multa e suspensão ou proibição de se obter a permissão ou a habilitação para dirigir veículo automotor.

§ 1º Se da prática do crime previsto no caput resultar lesão corporal de natureza grave, e as circunstâncias demonstrarem que o agente não quis o resultado nem assumiu o risco de produzi-lo, a pena privativa de liberdade é de reclusão, de 3 (três) a 6 (seis) anos, sem prejuízo das outras penas previstas neste artigo.

§ 2º Se da prática do crime previsto no caput resultar morte, e as circunstâncias demonstrarem que o agente não quis o resultado nem assumiu o risco de produzi-lo, a pena privativa de liberdade é de reclusão de 5 (cinco) a 10 (dez) anos, sem prejuízo das outras penas previstas neste artigo.

GABARITO: CERTO.

189. **(CESPE – 2019 – PRF – POLICIAL RODOVIÁRIO FEDERAL)** Godofredo e Antônio estão sujeitos à pena de reclusão, em razão do resultado danoso da conduta delitiva narrada.

Certo ( )   Errado ( )

Como houve lesão corporal, o crime será qualificado, incidindo a pena do art. 308, parágrafo primeiro:

Art. 308, § 1º Se da prática do crime previsto no caput resultar lesão corporal de natureza grave, e as circunstâncias demonstrarem que o agente não quis o resultado nem assumiu o risco de produzi-lo, a pena privativa de liberdade é de reclusão, de 3 (três) a 6 (seis) anos, sem prejuízo das outras penas previstas neste artigo.

GABARITO: CERTO.

190. **(CESPE – 2019 – PRF – POLICIAL RODOVIÁRIO FEDERAL)** Por se tratar de lesão corporal de natureza culposa, é vedada a instauração de inquérito policial para apurar as condutas de Godofredo e Antônio, bastando a realização dos exames médicos da vítima e o compromisso dos autores em comparecer a todos os atos necessários junto às autoridades policial e judiciária.

Certo ( )   Errado ( )

Quando enquadrado dentro das hipóteses que extrapolam o limite máximo da pena de 2 anos, como é o caso em tela, haverá sim inquérito policial.

GABARITO: ERRADO.

191. **(CESPE – 2019 – PRF – POLICIAL RODOVIÁRIO FEDERAL)** Dirigindo seu veículo automotor, Luciano atropelou um transeunte, causando-lhe ferimentos leves. Luciano não prestou socorro à vítima nem solicitou auxílio da autoridade pública. Nessa situação, a conduta de Luciano será considerada atípica, caso um terceiro tenha prestado apoio à vítima em seu lugar.

Certo ( )   Errado ( )

LEGISLAÇÃO DE TRÂNSITO

O crime do art. 304 não pode se coadunar com o art. 303 (lesão corporal). O que acontecerá é o conluio com aumento de pena de um terço a metade, ainda que haja atendimento por terceiros, lesões leves ou morte instantânea da vítima.

GABARITO: ERRADO.

192. **(CESPE – 2019 – PRF – POLICIAL RODOVIÁRIO FEDERAL)** Felipe, ao violar a suspensão para dirigir, foi flagrado e autuado pela autoridade competente, em operação de fiscalização, conduzindo seu veículo automotor em via pública. Nessa situação, Felipe responderá por crime de trânsito e poderá receber como pena nova imposição adicional de suspensão pelo dobro do primeiro prazo, sendo vedada a substituição de pena privativa de liberdade por restritiva de direito, em razão da natureza da infração.

Certo ( )   Errado ( )

Apesar de a questão não citar que houve violação da suspensão necessariamente judicial, a questão se torna errada ao afirmar que será aplicada nova suspensão pelo dobro do primeiro prazo (que, na verdade, será o prazo idêntico ao primeiro) e que não admite a substituição da pena privativa de liberdade pela restritiva de direito, visto que o art. 312-A expressamente lgera a hipótese de aplicação. Veja:

Art. 312-A. Para os crimes relacionados nos arts. 302 a 312 deste Código, nas situações em que o juiz aplicar a substituição de pena privativa de liberdade por pena restritiva de direitos, esta deverá ser de prestação de serviço à comunidade ou a entidades públicas, em uma das seguintes atividades:

(...)

GABARITO: ERRADO.

193. **(CESPE – 2019 – PRF – POLICIAL RODOVIÁRIO FEDERAL)** Lucas, motorista de ônibus, quando dirigia seu coletivo, atropelou e matou, culposamente, uma pedestre. Sávio, ao conduzir seu veículo em um passeio com a família, atropelou culposamente, na faixa de pedestre, uma pessoa, que faleceu no mesmo instante. Severino, ao dirigir seu veículo, atropelou culposamente uma transeunte que estava na calçada; ela morreu em seguida. Nessas situações, Lucas, Sávio e Severino responderão por crime de trânsito, cujas penas poderão, pelas circunstâncias fáticas, ser aumentadas até a metade, e suas habilitações para dirigir deverão ser suspensas.

Certo ( )   Errado ( )

Perceba que em todas as situações haverá incidência de majorante do art. 302, parágrafo primeiro (neste caso, atropelamento na faixa de pedestres, calçada e em atividade de transporte coletivo de passageiros).

GABARITO: CERTO.

194. **(CESPE – 2019 – PRF – POLICIAL RODOVIÁRIO FEDERAL)** Alfredo, conduzindo seu veículo automotor sem placas, atropelou um pedestre. Alessandro, dirigindo um veículo de categoria diversa das que sua carteira de habilitação permitia, causou lesão corporal culposa em um transeunte, ao atingi-lo. Nessas situações, as penas impostas a Alfredo e a Alessandro serão agravadas, devendo o juiz aplicar as penas-base com especial atenção à culpabilidade e às circunstâncias e consequências do crime.

Certo ( )   Errado ( )

Trata-se de hipóteses agravantes genéricas, não podendo ser confundidas com o aumento de pena. Veja:

	AGRAVANTES GENÉRICAS	AUMENTO DE PENA DE 1/3 A ½ (ROL TAXATIVO)
Tipo penal aplicado	Todos, exceto art. 302 (homicídio culposo) e 303 (lesão corporal culposa) do CTB, quando coniventes com as hipóteses de aumento de pena.	Arts. 302 e 303 do CTB.
Natureza jurídica	Funcionam como um pêndulo entre a pena em abstrato.	Pode extrapolar a pena em abstrato.
Hipóteses	Com dano potencial para **DUAS OU MAIS** pessoas ou com grande risco de grave dano patrimonial a terceiros; Utilizando o veículo **SEM PLACAS**, com placas **FALSAS OU ADULTERADAS**; **SEM** possuir Permissão para Dirigir ou Carteira de Habilitação; Com Permissão para Dirigir ou Carteira de Habilitação de **CATEGORIA DIFERENTE** da do veículo; Quando a sua **PROFISSÃO OU ATIVIDADE** exigir cuidados especiais com o transporte de passageiros ou de **CARGA**; Utilizando **VEÍCULO** em que tenham sido **ADULTERADOS EQUIPAMENTOS** ou características que afetem a sua segurança ou o seu funcionamento de acordo com os limites de velocidade prescritos nas especificações do fabricante; Sobre **FAIXA DE TRÂNSITO** temporária ou permanentemente destinada a pedestres.	**NÃO POSSUIR** Permissão para Dirigir ou Carteira de Habilitação; Praticá-lo em **FAIXA DE PEDESTRES** ou na **CALÇADA;** Deixar de prestar socorro, quando possível fazê-lo **SEM RISCO PESSOAL**, à vítima do acidente; No exercício de sua **PROFISSÃO OU ATIVIDADE**, estiver conduzindo veículo de transporte de passageiros. **OBS.: MACETE! Não Faça Omissão de Passageiros!**

GABARITO: CERTO.

LEGISLAÇÃO DE TRÂNSITO

195. **(CESPE – 2005 – PRF – POLICIAL RODOVIÁRIO FEDERAL – CURSO DE FORMAÇÃO)** Determinado condutor trafegava nas proximidades de uma escola com velocidade incompatível com a segurança requerida no horário em que os alunos saem da escola. Havia naquele momento grande movimentação de pessoas no local, o que gerou perigo de dano a essas pessoas.

Diante dessa situação hipotética, julgue o próximo item.

O referido condutor cometeu crime que deve ser punido com detenção de 6 meses a um ano ou com multa.

Certo ( )   Errado ( )

Nota-se que a questão elenca exatamente o que prevê o art. 311 do CTB: Trafegar com **VELOCIDADE INCOMPATÍVEL** nas proximidades de **ESCOLAS**, gerando **PERIGO DE DANO**, cuja pena é detenção de seis meses a um ano, ou multa.

GABARITO: CERTO.

Juvenildo, que trafegava com seu automóvel a uma velocidade de 80 km/h em uma via pública onde a velocidade máxima permitida era de 60 km/h, não observou que quatro pessoas atravessavam na faixa de pedestre e os atropelou. Por estar desesperado, Juvenildo, mesmo ciente de que ele próprio não corria risco pessoal, fugiu do local sem prestar socorro. Uma das vítimas veio a falecer no local, outra faleceu no hospital e as outras duas sofreram lesão corporal, permanecendo mais de 15 dias no hospital.

Considerando a situação hipotética descrita acima, julgue os itens a seguir.

196. **(CESPE – 2005 – PRF – POLICIAL RODOVIÁRIO FEDERAL – CURSO DE FORMAÇÃO)** Em relação às vítimas que faleceram, Juvenildo deve responder por homicídio culposo, conforme o Código de Trânsito Brasileiro (CTB), com a pena aumentada de um terço à metade, por ter praticado o homicídio na faixa de pedestre e por não ter prestado socorro em circunstâncias que não lhe acarretariam risco pessoal.

Certo ( )   Errado ( )

Nesta hipótese, tem-se o crime previsto no art. 302 com **AUMENTO** relativo ao atropelamento ter se dado sobre a **FAIXA DE PEDESTRE** e à **OMISSÃO DE SOCORRO.**

GABARITO: CERTO.

197. **(CESPE – 2005 – PRF – POLICIAL RODOVIÁRIO FEDERAL – CURSO DE FORMAÇÃO)** O fato de ter causado dano potencial para quatro pessoas constitui, nessa situação, uma circunstância agravante genérica.

Certo ( )   Errado ( )

O inciso I do art. 298 do CTB apresenta várias hipóteses agravantes em crimes de trânsito, dentre elas, praticá-lo com dano potencial para **DUAS** ou **MAIS PESSOAS.**

GABARITO: CERTO.

198. **(CESPE – 2005 – PRF – POLICIAL RODOVIÁRIO FEDERAL – CURSO DE FORMAÇÃO)** Se o mesmo fato tivesse ocorrido em um estacionamento de um supermercado, portanto, em área particular, Juvenildo responderia pelo delito com base no Código Penal Brasileiro (CPB).

Certo ( )   Errado ( )

Neste caso hipotético, mesmo o atropelamento ter se dado em uma via particular, o crime ainda será enquadrado no CTB, uma que vez o art. 303 prevê a lesão corporal na direção de veículo automotor, ou seja, independentemente se o fato ocorreu em via pública ou privada, ainda será matéria do CTB. Além disso, ainda haverá aumento de pena devido ao fato de ter ocorrido em **FAIXA DE PEDESTRE** e ter gerado risco a **2 OU MAIS PESSOAS.**

GABARITO: ERRADO.

199. **(CESPE – 2005 – PRF – POLICIAL RODOVIÁRIO FEDERAL – CURSO DE FORMAÇÃO)** Se, de forma semelhante ao descrito na situação hipotética, alguém em uma bicicleta atingisse outra pessoa em uma faixa de pedestre deixando-a com ferimentos, responderia, da mesma forma, por lesão corporal, conforme o Código de Trânsito Brasileiro.

Certo ( )   Errado ( )

Os arts. 302 (Homicídio culposo na direção de veículo automotor) e 303 (Lesão corporal culposa na direção de veículo automotor) somente serão aplicados quando envolverem veículos automotores. A bicicleta é um veículo de propulsão humana, portanto deverá ser tipificado no CP.

GABARITO: ERRADO.

200. **(CESPE – 2002 – PRF – POLICIAL RODOVIÁRIO FEDERAL)** Se o condutor de uma motocicleta estiver sob o efeito da substância entorpecente vulgarmente conhecida como cocaína e, em decorrência disso, causar acidente com vítima fatal, então ele responderá criminalmente pelo homicídio e pela condução perigosa do veículo. Porém, a conduta do motociclista não poderá ser enquadrada no tipo que define a embriaguez ao volante, em face da natureza da substância utilizada.

Certo ( )   Errado ( )

Como não? O art. 306 define como crime conduzir veículo automotor com capacidade psicomotora alterada seja por álcool, seja por qualquer outra substância psicoativa, como a cocaína, por exemplo.

GABARITO: ERRADO.

201. **(VUNESP – 2013 – DETRAN/SP – Agente de trânsito)** Os crimes de homicídio e lesão corporal previstos no CTB são:

a) eventualmente culposos.

b) eventualmente dolosos.

c) culposos.

d) dolosos.

e) culposos e dolosos.

Os crimes previstos nos Arts. 302 e 303 são culposos, de dano e admitem aumentativos.

GABARITO: C.

LEGISLAÇÃO DE TRÂNSITO

202. **(FCC – 2012 – TRE/SP – Analista judiciário)** Julgue os itens abaixo com relação à aplicação da Lei 9.099/95 aos crimes de trânsito:

I. Todos os delitos de trânsito são considerados crimes de menor potencial ofensivo.

II. O instituto "composição civil dos danos" apenas é aplicável no homicídio culposo e na lesão corporal culposa, cometidos na direção de veículo automotor.

III. Inovou a lei seca, pois retira da lesão corporal culposa causada na direção de veículo automotor a possibilidade de aplicação da "composição civil dos danos", "transação penal" e a necessidade de "representação", se combinadas com algumas circunstâncias específicas.

a) Apenas I está correta.

b) Apenas II está correta.

c) Apenas III está correta.

d) Apenas I e II estão corretas

e) Apenas I e III estão corretas

I: ERRADO. Apesar de a maioria dos crimes de trânsito ser de menor potencial ofensivo, têm-se crimes que não o são, como por exemplo, os contidos nos Arts. 302, 306 e 308.

II: ERRADO. O crime previsto no Art. 302 (homicídio culposo na direção de veículo automotor) não é crime de menor potencial ofensivo, haja vista que sua pena máxima em abstrato é de 4 anos, não alcançando, portanto, os benefícios da Lei 9.099/95; além disso, o crime previsto no Art. 303 (lesão corporal culposa na direção de veículo automotor), quando diante de 3 circunstâncias, perderá a aplicação desses benefícios. Vejamos:

1 - sob a influência de álcool ou qualquer outra substância psicoativa que determine dependência.

2 - participando, em via pública, de corrida, disputa ou competição automobilística, de exibição ou demonstração de perícia em manobra de veículo automotor, não autorizada pela autoridade competente.

3 - transitando em velocidade superior à máxima permitida para a via em 50 km/h (cinquenta quilômetros por hora).

III: Correto. Previsão literal do Art. 291, § 1º, incisos I, II e III.

GABARITO: C.

203. **(FGV – 2010 – DETRAN/RN – Administração de rede)** De acordo com a Lei nº. 9503, de 23 de setembro de 1997 (Código de Trânsito Brasileiro), aplicam-se aos crimes de trânsito de lesão corporal culposa a composição dos danos civis, a transação penal e a necessidade de a vítima oferecer representação, EXCETO:

a) Se o agente for amigo íntimo da vítima.

b) Se o agente for inimigo capital da vítima.

c) Se o agente estiver participando, em via pública, de corrida, disputa ou competição automobilística, de exibição ou demonstração de perícia em manobra de veículo automotor, não autorizada pela autoridade competente.

d) Transitando em velocidade superior à máxima permitida para a via em 30 km/h.

e) Se o agente for parente em linha reta ou colateral, até o terceiro grau, inclusive, da vítima.

Novamente, o conteúdo previsto expressamente no Art. 291, § 1º, incisos I, II e III.

GABARITO: C.

204. **(CESPE – 2008 – PRF – Policial Rodoviário Federal)** De acordo com o CTB, assinale a opção correta acerca das ações penais por crimes cometidos na direção de veículos automotores.

a) Em nenhuma hipótese se admite a aplicação aos crimes de trânsito de disposições previstas na lei que dispõe sobre os juizados especiais criminais.

b) A suspensão ou a proibição de se obter a permissão ou a habilitação para dirigir veículo automotor pode ser imposta como penalidade principal, mas sempre de forma isolada, sendo vedada a aplicação cumulativa com outras penalidades.

c) A penalidade de suspensão ou de proibição de se obter a permissão ou a habilitação para dirigir veículo automotor tem a duração de dois anos.

d) Transitada em julgado a sentença condenatória, o réu será intimado a entregar à autoridade judiciária, em 24 horas, a permissão para dirigir ou a CNH.

e) Ao condutor de veículo, nos casos de acidentes de trânsito de que resulte vítima, não se imporá a prisão em flagrante, nem se exigirá fiança, se ele prestar pronto e integral socorro àquela.

a) ERRADO. A maioria dos crimes de trânsito admite os institutos beneficiadores da Lei 9.099/95.

b) ERRADO. O erro da questão é sua generalização e vedação. O Art.292 não precisa ser SEMPRE de forma isolada e nem é vedado a sua aplicação cumulativa com outras penalidades.

c) ERRADO. O prazo da suspensão judicial será de 2 meses a 5 anos.

Art. 293. A penalidade de suspensão ou de proibição de se obter a permissão ou a habilitação, para dirigir veículo automotor, tem a duração de dois meses a cinco anos.

d) ERRADO. O prazo é de 48h, conforme previsão do Art. 293, § 1º do CTB.

§ 1º Transitada em julgado a sentença condenatória, o réu será intimado a entregar à autoridade judiciária, em quarenta e oito horas, a Permissão para Dirigir ou a Carteira de Habilitação.

e) CORRETO. Cópia literal do Art. 301 do CTB.

GABARITO: E.

205. **(UFPR – 2006 – TCE/PR – Motorista - Adaptada)** Os crimes de trânsito estão previstos no capítulo 19 do Código de Trânsito Brasileiro, no Código Penal, no Código de Processo Penal e na Lei 9.099, de 26/09/95. Acerca do assunto, considere as seguintes ocorrências:

Praticar homicídio ou lesões corporais culposas (não intencionais) estando na direção de veículo automotor.

Dirigir sob efeito de álcool ou de substâncias de efeitos similares.

Deixar de prestar socorro imediato a vítimas de acidentes de trânsito ou deixar o local para fugir da responsabilidade civil ou criminal.

Dirigir ou permitir que alguém dirija sem ser habilitado, com habilitação cassada, embriagado ou sem condições físicas ou mentais de dirigir com segurança.

LEGISLAÇÃO DE TRÂNSITO

São considerados crimes de trânsito os comportamentos discriminados em:
- a) 1 somente.
- b) 1 e 2 somente.
- c) 1, 2 e 3 somente.
- d) 2 e 4 somente.
- e) 1, 3 e 4.

Os itens 1, 2 e 3 estão corretas, pois basicamente são cópias do texto legal. Contudo, o item 4 encontra-se errado, pois o crime do Art. 309 só abrange dirigir sem habilitação, com habilitação cassada ou ainda se em categoria incompatível, desde que esteja gerando perigo de dano.

GABARITO: C.

206. **(FUNCAB – 2013 – PC/ES - delegado)** Suponha-se que dois veículos se choquem num cruzamento, produzindo-se ferimentos nos motoristas e provando-se que agiram culposamente. Segundo esta frase marque as alternativas abaixo que estão corretas:
- a) Trata-se de compensação de culpas.
- b) Trata-se de concorrência de culpas.
- c) Os dois respondem por crime de lesão corporal culposa.
- d) O motorista A é sujeito ativo do crime em relação a B, que é vítima.
- e) O motorista B é sujeito ativo do crime em relação a A, que é vítima.

Como os dois agiram culposamente na geração do acidente, responderão por lesão corporal. Além disso, não é admitida compensação de culpas no direito penal brasileiro.

GABARITO: C.

207. **(FGV – 2014 – OAB - Advogado)** Roberto, um homem imprudente, vendo seu desafeto atravessando a faixa de pedestres atropela-o matando-o, a fim de se livrar seu inimigo. Roberto responderá por
- a) Homicídio, segundo o CTB, com a agravante genérica de penalidade devido ao fato de estar seu desafeto atravessando a faixa de pedestre.
- b) Homicídio, segundo o CTB, com aumento de pena de um terço à metade.
- c) Por lesão corporal, segundo o CTB, tendo a agravante genérica de penalidade devido ao fato de estar seu desafeto atravessando a faixa de pedestres.
- d) Por lesão corporal sem agravante de pena.
- e) Nenhuma das alternativas.

Já que Roberto queria matar seu desafeto (ou seja, havia dolo), responderá pelo Código Penal.

GABARITO: E.

208. **(FGV – 2010 – DETRAN/RN – Administração de rede)** "A conduz veículo automotor em via pública quando percebe que B, seu inimigo, atravessará a rua, momento em que A, objetivando causar lesões corporais em B, o atropela, tendo a vítima sofrido lesões corporais de natureza leve." A será responsabilizado pelo crime de:

a) Lesões corporais dolosas, previsto no Código Penal art. 129 do Decreto-Lei nº. 2848, de 7 de dezembro de 1940.

b) Lesões corporais culposas, previsto no Código de Trânsito art. 303, da Lei nº. 9503/97, de 23 de setembro de 1997.

c) Lesões corporais culposas, previsto no Código Penal art. 129, §6º do Decreto-Lei nº. 2848, de 7 de dezembro de 1940.

d) Perigo para a vida ou saúde de outrem art. 132 do Decreto-Lei nº. 2848, de 7 de dezembro de 1940.

e) Omissão de socorro, previsto no Código Penal Decreto-Lei nº. 2848, de 7 de dezembro de 1940.

"A" responderá por Lesão corporal dolosa do CP, uma vez que o carro foi usado como um meio para a consumação do delito.

GABARITO: A.

209. **(IDIB – 2020 – Prefeitura de Goiânia – Agente de Fiscalização de trânsito e transportes)** Sobre os crimes de trânsito, assinale a alternativa correta.

a) A multa reparatória poderá ser superior ao valor do prejuízo demonstrado no processo.

b) A penalidade de suspensão ou de proibição de se obter a permissão ou a habilitação para dirigir veículo automotor tem a duração de seis meses a cinco anos.

c) A suspensão ou a proibição de se obter a permissão ou a habilitação para dirigir veículo automotor pode ser imposta isolada ou cumulativamente com outras penalidades.

d) Aos crimes cometidos na direção de veículos automotores, previstos no Código de Trânsito Brasileiro, por serem crimes especiais, nunca se aplicam as normas gerais do Código Penal e do Código de Processo Penal.

A multa reparatória, justamente pela função que se presta, não pode ser maior ao prejuízo causado. Já a duração da suspensão judicial tem prazo de 2 meses a 5 anos. Por fim, por expressa previsão no art. 291, aplica-se subsidiariamente o Código Penal e o CPP, bem como leis especiais como a 9.099/95 aos crimes de trânsito.

GABARITO: C

210. **(IBADE – 2019 – Prefeitura de Seringueira - Motorista)** Transitar a 50 Km/h acima do limite regulamentado para a via e envolver-se em acidente com vítimas é:

a) infração grave sujeita a multa e retenção do veículo.

b) um crime de trânsito.

c) infração gravíssima sujeita a multa e retenção do veículo.

d) um acidente, pois, a pista estava escorregadia e o veículo não parou.

e) uma fatalidade.

A questão citada deixa aberto uma série de possibilidades, mas não resta dúvidas que se trata de crime. No entanto, não fica o tema perfeitamente claro. Repare: simplesmente se envolver em acidente com vítima não caracteriza crime de trânsito. Agora, se houve dolo por parte do agente, ele poderá responder pelo crime de dano, ou havendo lesões, poderá responder por lesão culposa ou dolosa, a depender do contexto, como o enunciado postulou estar acima do limite de velocidade, pressupõe ao menos a condição de imprudência.

GABARITO: B

Pedro Canezin

LEGISLAÇÃO DE TRÂNSITO

211. **(FAUEL – 2019 – Prefeitura de Maringá - Agetrans)** Todas as condutas proibidas aos condutores de veículo automotores estão descritas na Lei nº 9.503/1997, que institui o Código de Trânsito Brasileiro. Na lei, há infrações civis e administrativas, punidas pelos órgãos de trânsito com multas e penalidades. Mas há, também, infrações penais, ou seja, os crimes de trânsito. Assinale a alternativa INCORRETA sobre os CRIMES DE TRÂNSITO.

a) Nos crimes de trânsito o infrator não é apenas autuado pelo órgão de trânsito, mas sofre um processo judicial criminal e esse processo está sujeito às regras descritas no Código Penal e no Código de Processo Penal.

b) Se cometer um crime de trânsito, o motorista pode ser condenado às penalidades de detenção ou multa. Também é possível que o juiz aplique a penalidade de suspensão ou proibição de se obter a permissão ou a habilitação.

c) Considera-se crime de trânsito violar a suspensão ou a proibição de se obter a permissão ou a habilitação para dirigir veículo automotor imposta com fundamento no Código de Trânsito Brasileiro.

d) Dirigir com velocidade acima de 50% da permitida é considerada infração de trânsito gravíssima que leva à multa, sete pontos na carteira, e as penalidades ocorrem em duas esferas: criminal e administrativa.

O erro da assertiva "D" está em afirmar que transitar acima do limite de velocidade em **50% é crime. Realmente existe a infração citada (Art. 218), mas não se caracteriza crime simplesmente os fatos narrados na assertiva. Para que haja crime de velocidade incompatível se mostra necessário o perigo concreto.**

GABARITO: D

212. **(CONSULPAM – 2019 – Prefeitura de Viana - Motorista)** Ainda de acordo com o Código de Trânsito Brasileiro – CTB, marque o item CORRETO sobre o enunciado abaixo:

Ao condutor de veículo, nos casos de acidentes de trânsito de que resulte vítima:

a) Se imporá a prisão em flagrante e não se exigirá fiança se prestar pronto e integral socorro à vítima.

b) Não se imporá a prisão em flagrante e não se exigirá fiança se prestar pronto e integral socorro à vítima.

c) Se imporá a prisão em flagrante e se exigirá fiança se prestar pronto e integral socorro à vítima.

d) Nenhum dos itens anteriores está correto.

O art. 301 salienta aquilo que foi levantado na questão. Doutores, reparem que envolvidos em acidente com vítima deverão prestar apoio aos demais envolvidos, independentemente de quem está certo ou errado. Aqui o que se presta pé cuidar da vida humana e da saúde. Por isso, não poderá ser preso em flagrante o condutor que gera esse tipo de situação, prestando auxílio aos demais envolvidos.

GABARITO: B

378

213. **(VUNESP – 2019 – TJ/RJ - Juiz)** Aquele que conduz veículo automotor sob a influência de álcool ou de qualquer outra substância psicoativa que determine dependência e, nessas condições, causa morte de terceiro por imprudência responde por

a) homicídio culposo na direção de veículo automotor e embriaguez ao volante, em concurso formal.

b) homicídio culposo na direção de veículo automotor, qualificado.

c) homicídio culposo na direção de veículo automotor e embriaguez ao volante, em concurso material.

d) homicídio doloso, na modalidade dolo eventual e embriaguez ao volante, em concurso formal.

e) homicídio doloso, na modalidade dolo eventual e embriaguez ao volante, em concurso material.

Com o advento da lei 13.546/2017, o art. 302 ganhou uma nova qualificadora que sanou a lacuna existente entre a realização ou não de concurso de crimes entre o art. 306 e o 302. Neste sentido, foi tornado qualificado o crime de homicídio culposo na direção de veículo automotor, não restando mais dúvidas sobre a aplicação do concurso de crimes. ,

GABARITO: B

214. **(IDIB – 2019 – Prefeitura de Petrolina – Guarda Civil)** Praticar homicídio culposo na direção de veículo automotor é crime previsto no Código de Trânsito Brasileiro, com pena de detenção de dois a quatro anos. Caso o agente esteja com a Carteira de Habilitação suspensa, é possível afirmar que:

a) A pena de detenção se transmuda em pena de reclusão.

b) A pena será aumentada, por conta do uso indevido da Carteira de Habilitação, de 1/3 (um terço) à metade.

c) A pena de detenção se transmuda em pena de prisão simples.

d) Não será possível a aplicação da mesma causa de aumento direcionada aos casos em que o agente não possui Permissão para Dirigir ou Carteira de Habilitação.

e) A pena será aumentada, por conta do uso indevido da Carteira de Habilitação, de 1/3 (um terço).

Primeiramente, o que se deve destacar é que conduzir veículo com habilitação suspensa administrativamente não caracteriza crime de trânsito. Também não caracteriza agravante ou aumento de pena, por falta expressa de previsão legal. A agravante de não possuir PPD ou CNH não se aplica neste caso (INFORMATIVO 581, STJ).

GABARITO: D

215. **(ACESSO – 2019 – PC/ES - Delegado)** Em relação às infrações penais relacionadas ao trânsito, assinale a opção correta.

a) O fato de dirigir perigosamente automóvel sem ser habilitado, vindo a causar lesão corporal em transeunte, implica o delito de lesão corporal culposa (art. 303 do CTB – Lei 9.503/97), o qual, em regra, é de ação penal pública condicionada a representação do ofendido. Contudo, caso a vítima não ofereça a representação para a deflagração da ação penal por tal delito, poderá o ministério público deflagrar a ação penal em desfavor do agente pelo delito previsto no artigo 309 do CTB – Lei 9.503/97, consoante entendimento do STJ.

LEGISLAÇÃO DE TRÂNSITO

b) O crime de conduzir automóvel sem possuir permissão para dirigir ou habilitação é classificado como sendo de perigo concreto, cuja tipificação exige a prova de geração do perigo de dano, sendo desnecessário que a condução do veículo ocorra em via pública.

c) A contravenção de falta de habilitação para dirigir veículo ainda se encontra em vigor em relação às embarcações a motor, sendo que sua caracterização também exige a prova da geração de perigo de dano.

d) A embriaguez ao volante é crime de perigo concreto, sendo necessário ainda para a sua configuração, que tal delito seja perpetrado em via pública.

e) O fato de o agente descumprir, deliberadamente, a decisão proferida por autoridade administrativa de trânsito, determinando a suspensão para dirigir veículo automotor, não caracteriza, segundo o STJ, o delito previsto no art. 307 do CTB.

a) O delito do art. 309 foi absorvido pela conduta de praticar lesão corporal culposa na direção de veículo automotor, tipificada no art. 303 do CTB, crime de ação pública condicionada à representação. Como a representação não foi formalizada pela vítima, houve extinção da punibilidade, que abrange tanto a lesão corporal como a conduta de dirigir sem habilitação (INFORMATIVO 796, STJ).

b) Na verdade, o que se exige no art. 309 é a condução necessariamente na via pública.

c) O art. 309 do CTB, que reclama decorra do fato perigo de dano, derrogou o art. 32 da Lei das Contravenções Penais no tocante à direção sem habilitação em vias terrestres (Súmula 720, STF). Não exige prova do perigo de dano (concreto), é crime de perigo abstrato.

d) O tipo penal não exige perigo de dano (perigo concreto), ou seja, trata-se de crime de perigo abstrato, conforme a jurisprudência do STJ e STF.

GABARITO: E

216. **(CONSULPLAM – 2019 – MPE/SC - Promotor)** Se o agente pratica homicídio culposo na direção de veículo automotor (art. 302 da Lei n. 9.503/1997), em uma ocasião na qual estava conduzindo o veículo com a capacidade psicomotora alterada em razão da influência de álcool (art. 306 da Lei n. 9.503/1997), se implementa um concurso formal de delitos.

Certo ( )   Errado ( )

Atualmente não há que se falar em concurso entre o art. 302 e o art. 306, tendo em vista a criação da qualificadora de embriaguez implementada no parágrafo 3º do art. 302 do CTB.

GABARITO: ERRADO

217. **(CESPE – 2019 – DPE/DF – Defensor Público)** Situação hipotética: Simão praticou lesão corporal culposa enquanto conduzia veículo automotor. Além de ter dirigido com a capacidade psicomotora alterada em razão da ingestão de bebida alcoólica, o condutor apresentou carteira de habilitação vencida. Assertiva: Nessa situação, segundo entendimento do STJ, Simão responderá pelos delitos de embriaguez ao volante e de lesão corporal na condução de veículo automotor, devendo incidir, ainda, a causa de aumento de pena, por ter conduzido veículo automotor com a carteira de habilitação vencida.

Certo ( )   Errado ( )

O fato de o condutor estar com a CNH vencida não se enquadra na causa de aumento do inciso I do § 1º do art. 302 do CTB (HC 226.128/TO, Rel. Ministro ROGERIO SCHIETTI CRUZ, SEXTA TURMA, julgado em 07/04/2016, DJe 20/04/2016).

GABARITO: ERRADO

218. **(FCC – 2019 – DETRAN/SP – Agente Estadual de Trânsito)** Praticar lesão corporal culposa na direção de veículo automotor incorre em penas de

a) detenção de 6 meses a 3 anos, multa e suspensão ou proibição de se obter a permissão ou a habilitação para dirigir veículo automotor.

b) detenção de 6 meses a 2 anos e suspensão ou proibição de se obter a permissão ou a habilitação para dirigir veículo automotor.

c) reclusão de 1 a 2 anos, multa e suspensão ou proibição de se obter a permissão ou a habilitação para dirigir veículo automotor.

d) detenção de 6 meses a 1 ano, e multa.

e) detenção de 6 meses a 1 ano, ou multa, se o fato não constituir elemento de crime mais grave.

Questão que não traz valor agregado nenhum. Exige simplesmente o decoreba da lei. Para resolver, bastasse memorizar as penas do crime do art. 3030 do CTB.

GABARITO: B

219. **(VUNESP – 2020 – Morro Agudo - Motorista)** De acordo com o artigo 295 do CTB, a suspensão para dirigir veículo automotor ou a proibição de se obter a permissão ou a habilitação será sempre comunicada pela autoridade judiciária

a) ao Departamento Estadual de Trânsito.

b) à Circunscrição Regional de Trânsito.

c) ao Conselho Nacional de Trânsito.

d) ao Departamento de Estrada e Rodagem.

e) à Junta Administrativa de Recurso de Infrações.

Art. 295. A suspensão para dirigir veículo automotor ou a proibição de se obter a permissão ou a habilitação será sempre comunicada pela autoridade judiciária ao...

(1) Conselho Nacional de Trânsito - CONTRAN,

(2) e ao órgão de trânsito do Estado

GABARITO: C

220. **(VUNESP – 2020 – Morro Agudo - Motorista)** De acordo com o artigo 293 do CTB, que trata dos Crimes de Trânsito, a penalidade de suspensão ou de proibição de se obter a permissão ou a habilitação, para dirigir veículo automotor, tem a duração de

a) um ano a dois anos.

b) um mês a um ano.

c) dois meses a dois anos.

d) dois meses a cinco anos.

e) três meses a dois anos.

LEGISLAÇÃO DE TRÂNSITO

Art. 293. A penalidade de suspensão ou de proibição de se obter a permissão ou a habilitação, para dirigir veículo automotor, tem a duração de dois meses a cinco anos.

§ 1º Transitada em julgado a sentença condenatória, o réu será intimado a entregar à autoridade judiciária, em quarenta e oito horas, a Permissão para Dirigir ou a Carteira de Habilitação.

§ 2º A penalidade de suspensão ou de proibição de se obter a permissão ou a habilitação para dirigir veículo automotor não se inicia enquanto o sentenciado, por efeito de condenação penal, estiver recolhido a estabelecimento prisional.

GABARITO: D

221. **(ADM&TEC – 2018 – Prefeitura de Toritama – Motorista - adaptada)** De acordo com o Código de Trânsito Brasileiro, é infração grave dirigir o veículo transportando pessoas, animais ou volume à esquerda do motorista ou entre os seus braços e/ou pernas.

Certo ( )   Errado ( )

O art. 252, II do CTB classifica tal conduta como infração de natureza média, com penalidade de multa.

GABARITO: ERRADO

222. **(IAUPE – 2006 – Prefeitura de Guararapes - Motorista)** A Semana Nacional de Trânsito é comemorada anualmente no período compreendido entre
    a) 20 e 27 de agosto.
    b) 18 e 25 de setembro.
    c) 15 e 22 de setembro.
    d) 08 e 15 de janeiro.
    e) 24 e 31 de março.

Literalidade do Art. 326 do CTB, que define a semana nacional de trânsito no período entre 18 a 25 de setembro.

GABARITO: B.

223. **(FUMARC – 2003 – BHTRANS – Assistente Administrativo)** O Código de Trânsito Brasileiro determina o depósito mensal, na conta de fundo de âmbito nacional destinado à segurança e educação de trânsito, do seguinte percentual do valor das multas de trânsito arrecadadas:
    a) cinco por cento.
    b) dez por cento.
    c) quinze por cento.
    d) vinte por cento.

Outra vez a cópia do texto legal. Art. 320, § 1º: O percentual de CINCO POR CENTO do valor das multas de trânsito arrecadadas será depositado, mensalmente, na conta de fundo de âmbito nacional destinado à segurança e educação de trânsito.

GABARITO: A.

224. **(FADESP – 2019 – DETRAN/PA – Agente de Trânsito)** De acordo com o artigo 328 do Código de Trânsito Brasileiro, o veículo apreendido ou removido a qualquer título e não reclamado por seu proprietário dentro do prazo de sessenta dias contados a partir da data de recolhimento será avaliado e levado a leilão. Com relação a esse caso é correto afirmar o seguinte:

 a) o leilão deve ser realizado preferencialmente por meio eletrônico.

 b) publicado o edital do leilão, a preparação poderá ser iniciada após quinze dias, contados da data de recolhimento do veículo.

 c) se não houver oferta igual ou superior ao valor da avaliação, o lote será incluído no leilão seguinte, quando será arrematado pelo maior lance, desde que por valor não inferior a setenta por cento do avaliado.

 d) mesmo classificado como conservado, o veículo que for levado a leilão por três vezes e não for arrematado será leiloado como sucata.

 e) a cobrança das despesas com estada no depósito será limitada ao prazo de três meses.

 a) De fato, o leilão deve ser realizado preferencialmente por meio eletrônico.

 b) publicado o edital do leilão, a preparação poderá ser iniciada após TRINTA dias, contados da data de recolhimento do veículo.

 c) se não houver oferta igual ou superior ao valor da avaliação, o lote será incluído no leilão seguinte, quando será arrematado pelo maior lance, desde que por valor não inferior a CINQUENTA por cento do avaliado.

 d) mesmo classificado como conservado, o veículo que for levado a leilão por DUAS vezes e não for arrematado será leiloado como sucata.

 e) a cobrança das despesas com estada no depósito será limitada ao prazo de SEIS meses.

 GABARITO: A.

225. **(CESPE – 2004 – PRF – Policial Rodoviário Federal)** Considerando a terminologia e a tipificação de veículos automotores, bem como os requisitos para que estes circulem em vias públicas, julgue o item subsequente: Os veículos elétricos não são automotores e, portanto, o seu condutor, ao atropelar um pedestre, não comete crime de trânsito, sendo julgado apenas conforme o Código Penal.

Certo (   )   Errado (   )

 Se o veículo possuir um motor de propulsão que o faça circular por seus próprios meios, trata-se de um veículo automotor, independentemente se for por fonte elétrica ou combustiva. Já os veículos elétricos circulam, em regra, por meio de um trajeto previamente definido e com fiações como os bondes, por exemplo.

 GABARITO: ERRADO.

226. **(CESPE – 2005 – Curso de formação PRF – Policial Rodoviário Federal)** De acordo com resolução pertinente do CONTRAN, para conduzir o veículo especial denominado motor-home (motor-casa), é exigida do condutor a habilitação na categoria C.

Certo (   )   Errado (   )

LEGISLAÇÃO DE TRÂNSITO

Não é bem assim que funciona. O motorista pode conduzir motor-home com a categoria B, desde que o veículo possua até 6 toneladas e com até 8 passageiros, excluindo o condutor. Por outro lado, pode ser pode também ser conduzido por categoria C nos casos em que o veículo supere 6 toneladas e que não ultrapasse o limite de 8 passageiros e também com a categoria D para os casos em que o limite de passageiros supere 8 passageiros.

GABARITO: ERRADO.

227. **(CESPE – 2005 – Curso de formação PRF – Policial Rodoviário Federal)** Ultrapassagem e passagem referem-se à ação de passar à frente de outro veículo que se desloca no mesmo sentido, em menor velocidade. Naquela, a passagem se dá por veículo que trafega na mesma faixa, nesta, por veículo que trafega em faixa distinta.

Certo ( )   Errado ( )

Ultrapassagem é movimento de passar à frente de outro veículo que se desloca no mesmo sentido, em menor velocidade e na mesma faixa de tráfego, necessitando sair e retornar à faixa de origem. Agora, passagem é movimento de passagem à frente de outro veículo que se desloca no mesmo sentido, em menor velocidade, mas em faixas distintas da via.

Com referência aos diversos dispositivos insertos no CTB vigente e nos demais documentos normativos que abrangem a legislação de trânsito, julgue os itens que se seguem.

GABARITO: CERTO.

228. **(CESPE – 2005 – Curso de formação PRF – Policial Rodoviário Federal)** Entre os principais conceitos adotados para efeito da legislação e para a atividade de fiscalização e policiamento de trânsito, os termos via e pista se equivalem: representam a superfície por onde transitam veículos, pessoas e animais, incluindo ilhas e canteiros centrais.

Certo ( )   Errado ( )

A questão misturou os conceitos. Olha como funciona:

VIA: superfície por onde transitam veículos, pessoas e animais, compreendendo a pista, a calçada, o acostamento, ilha e canteiro central.

PISTA: parte da via normalmente utilizada para a circulação de veículos, identificada por elementos separadores ou por diferença de nível em relação às calçadas, ilhas ou aos canteiros centrais.

GABARITO: ERRADO.

229. **(CESPE – 2005 – Curso de formação PRF – Policial Rodoviário Federal)** Embora haja condutores que entendam ser sinônimos os termos conversão e retorno, do ponto de vista dos principais conceitos adotados para efeito da legislação e para a atividade de fiscalização e policiamento de trânsito, esse entendimento é improcedente, pois o primeiro refere-se a um movimento em ângulo, à esquerda ou à direita, de mudança da direção original do veículo, enquanto o segundo identifica um movimento de inversão total de sentido da direção original do veículo.

Certo ( )   Errado ( )

Exatamente:

CONVERSÃO: movimento em ângulo, à esquerda ou à direita, de mudança da direção original do veículo.

RETORNO: movimento de inversão total de sentido da direção original de veículos.
GABARITO: CERTO.

230. **(CESPE – 2002 – PRF – Policial Rodoviário Federal)** Considere a seguinte situação hipotética.
Considere o sinal de trânsito reproduzido em preto e branco abaixo para julgar o item que se segue, segundo o CTB.

A largura de uma determinada ponte, que liga os bairros A e B, não era suficiente para a existência de quatro faixas de trânsito. Assim, objetivando aliviar o tráfego nessa ponte, procedeu-se à criação de uma terceira faixa, de modo que a do centro foi destinada à utilização nos sentidos A-B e B-A, conforme a intensidade do tráfego nos diferentes horários do dia. Com a criação da terceira faixa, a largura das calçadas laterais foi reduzida e não foi possível a colocação de canteiros centrais separando as faixas de fluxos diversos, as quais, por isso, foram separadas por prismas de concreto apostos em série. Nessa situação, a ponte não demanda a realização de obra de engenharia, para efeito de adequar a existência das três faixas de trânsito aos ditames da legislação, haja vista o CTB admitir a separação de faixas de tráfego por meio de dispositivos de canalização.

Certo ( )   Errado ( )

A questão quis saber se era necessária a realização de obra de engenharia para efeito de adequar a existência de três faixas de trânsito sobre a ponte. Não é necessário, pois o CTB admite a separação de faixas de tráfego por meio de dispositivos de canalização. O que são eles? Os dispositivos de canalização são:

• **Prismas** – têm a função de substituir a guia da calçada (meio-fio) quando não for possível sua construção imediata, sendo na cor: branca ou amarela, de acordo com a marca viária que complementa.

• **Segregadores** – têm a função de segregar pistas para uso exclusivo de determinado tipo de veículo ou pedestres, na cor amarela.

GABARITO: CERTO.

231. **(FUMARC – 2003 – BHTRANS – Assistente Administrativo)** Considerados os conceitos e definições constantes do Anexo I do Código de Trânsito Brasileiro, assinale a alternativa INCORRETA.
   a) ciclofaixa – parte da pista de rolamento destinada à circulação exclusiva de ciclos, delimitada por sinalização específica.
   b) conversão – movimento em ângulo, à esquerda ou à direita, de mudança da direção original do veículo.
   c) passagem de nível – todo cruzamento de nível entre uma via e uma linha férrea ou trilho de bonde com pista própria.

LEGISLAÇÃO DE TRÂNSITO

d) via arterial – aquela caracterizada por acessos especiais com trânsito livre, sem interseções em nível, sem acessibilidade direta aos lotes lindeiros e sem travessia de pedestres em nível.

VIA ARTERIAL: aquela caracterizada por interseções em nível, geralmente controlada por semáforo, com acessibilidade aos lotes lindeiros e às vias secundárias e locais, possibilitando o trânsito entre as regiões da cidade.

GABARITO: D.

232. **(CESPE – 2008 – PRF – Policial Rodoviário Federal)** Nos termos do já citado Anexo I, o obstáculo físico, colocado na pista de rolamento, destinado à ordenação dos fluxos de trânsito em uma interseção, identifica-se como:

a) acostamento.

b) ilha.

c) bordo da pista.

d) canteiro central.

ILHA - obstáculo físico, colocado na pista de rolamento, destinado à ordenação dos fluxos de trânsito em uma interseção. Não se deve confundir Ilha com Canteiro central.

CANTEIRO CENTRAL: obstáculo físico construído como separador de duas pistas de rolamento, eventualmente substituído por marcas viárias (canteiro fictício).

GABARITO: B.

233. **(FUMARC – 2003 – BHTRANS – Assistente Administrativo)** A definição - máximo peso que a unidade de tração é capaz de tracionar, indicado pelo fabricante, baseado em condições sobre suas limitações de geração e multiplicação de momento de força e resistência dos elementos que compõem a transmissão - é dada pelo Código de Trânsito Brasileiro para a:

a) consumo máximo.

b) velocidade máxima do veículo.

c) capacidade máxima de tração.

d) capacidade máxima de consumo de combustível.

Tem-se como definição a CAPACIDADE MÁXIMA DE TRAÇÃO como o máximo peso que a unidade de tração é capaz de tracionar, indicado pelo fabricante, baseado em condições sobre suas limitações de geração e multiplicação de momento de força e resistência dos elementos que compõem a transmissão.

GABARITO: C.

234. **(UFPR – 2006 – TCE/PR - Motorista)** O Código de Trânsito Brasileiro traz em seu Anexo I um conjunto de conceitos e definições importantes. Em relação a esses conceitos e definições, considere as afirmativas abaixo:

CONVERSÃO é o movimento em ângulo, à esquerda ou à direita, de mudança da direção original do veículo.

CAMINHONETE é o veículo destinado ao transporte de carga com peso bruto total de até três mil e quinhentos quilogramas.

CAMIONETA é o veículo misto destinado ao transporte de passageiros e carga no mesmo compartimento.

ESTACIONAMENTO é a imobilização de veículos por tempo superior ao necessário para embarque ou desembarque de passageiros.

Assinale a alternativa correta.

a) Somente as afirmativas 1 e 4 são verdadeiras.
b) Somente as afirmativas 2 e 3 são verdadeiras.
c) Somente as afirmativas 1, 2 e 4 são verdadeiras.
d) Somente a afirmativa 3 é verdadeira.
e) As afirmativas 1, 2, 3 e 4 são verdadeiras.

Perfeito. A questão simplesmente abordou conceitos, os quais estão todos corretos.
GABARITO: E.

As placas de sinalização vertical são classificadas de acordo com as suas funções, podendo ser de regulamentação, advertência e indicação. Com relação à sinalização e considerando as figuras I, II e III abaixo, julgue os itens a seguir.

Figura I   Figura II   Figura III

235. **(CESPE – 2004 – PRF – Policial Rodoviário Federal)** A sinalização de regulamentação visa informar aos usuários as condições, proibições, obrigações ou restrições no uso das vias, por isso, suas mensagens são imperativas e seu desrespeito constitui infração de natureza média. O formato desse tipo de sinalização é circular, de fundo branco, tarja e orla vermelhas, símbolo e letras de cor preta.
Certo ( )   Errado ( )

Nem sempre configura infração de natureza média, o desrespeito à placa de regulamentação pode caracterizar infrações de natureza leve, média, grave e até gravíssima. Vejamos alguns exemplos abaixo:
GABARITO: ERRADO.

 - Desrespeitar = natureza gravíssima (Art. 208)

 - Desrespeitar = natureza leve (Art. 227, IV)

236. **(CESPE – 2004 – PRF – Policial Rodoviário Federal)** A figura I exemplifica uma sinalização de advertência, que tem caráter de recomendação e cuja finalidade é advertir acerca da prioridade de estacionamento no local para ambulâncias.
Certo ( )   Errado ( )

LEGISLAÇÃO DE TRÂNSITO

Trata-se de uma sinalização de regulamentação e não de advertência, como apresentado na questão.

GABARITO: ERRADO.

237. **(CESPE – 2004 – PRF – Policial Rodoviário Federal)** A frase da placa ilustrada na figura II tem objetivo de orientar os condutores quanto à condição perigosa da via, sendo dispensável, pois traduz o significado do símbolo nela impresso.

Certo ( )   Errado ( )

A questão tem dois erros: A placa ilustrada tem como objetivo advertir, e não orientar, ao contrário do afirmado. Além disso, ela não é dispensável, pois havendo necessidade de fornecer informações complementares aos sinais de advertência, estas devem ser inscritas em placa adicional ou incorporada à placa principal, formando um só conjunto, na forma retangular, admitida a exceção para a placa adicional contendo o número de linhas férreas que cruzam a pista. As cores da placa adicional devem ser as mesmas dos sinais de advertência.

GABARITO: ERRADO.

238. **(CESPE – 2004 – PRF – Policial Rodoviário Federal)** A figura III ilustra uma sinalização de regulamentação vertical que adverte os condutores de veículos a respeito da ultrapassagem proibida, nos dois sentidos da via, nos próximos 2.000 m.

Certo ( )   Errado ( )

A placa mencionada não é de advertência, e sim de indicação. A placa que proíbe a ultrapassagem é:

GABARITO: ERRADO.

Julgue os itens subsequentes, relativos à sinalização de trânsito.

239. **(CESPE – 2004 – PRF – Policial Rodoviário Federal)** A figura abaixo ilustra uma placa de orientação de destino diagramada.

Certo ( )   Errado ( )

As placas de orientação de destino indicam ao condutor a direção que ele deve seguir para atingir determinados lugares, orientando seu percurso e(ou) distâncias. A referida figura mostra um marcador de alinhamento que serve para alertar o condutor do veículo quando houver alteração do alinhamento horizontal da via.

GABARITO: ERRADO.

240. (CESPE – 2004 – PRF – Policial Rodoviário Federal) Nas figuras abaixo, são ilustrados dispositivos de sinalização auxiliar.

Certo ( )   Errado ( )

A Sinalização de Obras tem como característica a utilização dos sinais e elementos de Sinalização Vertical, Horizontal, Semafórica e de Dispositivos e Sinalização Auxiliares combinados.
GABARITO: CERTO.

241. (CESPE – 2004 – PRF – Policial Rodoviário Federal) Considerando que, na figura abaixo, é ilustrado um cruzamento de vias em que um agente da autoridade de trânsito encontra-se em pé sobre a faixa de sinalização horizontal mais próxima ao veículo 2, é correto afirmar que o gesto do agente corresponde a ordem de parada para os veículos 2 e 4 e a permissão para que os veículos 1 e 3 continuem seus percursos.

Certo ( )   Errado ( )

Ordem de parada para todos os veículos que se encontrem em intersecções; os que já se encontram não são obrigados a parar.
GABARITO: CERTO.

242. (CESPE – 2004 – PRF – Policial Rodoviário Federal) Nas figuras I e II abaixo, são mostrados exemplos de sinalização complementar de regulamentação e de advertência, respectivamente.

Certo ( )   Errado ( )

Exatamente isso. São, respectivamente, sinalização de regulamentação e de advertência.
GABARITO: CERTO.

243. (CESPE – 2004 – PRF – Policial Rodoviário Federal) A inobservância da sinalização vertical de advertência, a exemplo do que ocorre com a totalidade da sinalização horizontal, não enseja o cometimento de infração de trânsito, caracterizando tão-somente uma atitude de imprudência.

Certo ( )   Errado ( )

A sinalização horizontal em casos específicos tem poder de regulamentação, por exemplo, ao ultrapassar diante da faixa contínua amarela, caracteriza uma infração gravíssima, prevista no Art. 203, V.

GABARITO: ERRADO.

244. **(CESPE – 2004 – PRF – Policial Rodoviário Federal)** Embora a placa mostrada na figura abaixo não faça parte da sinalização de regulamentação, o motociclista que não seguir a orientação nela inscrita será passível de multa devido ao fato de que seu veículo não estará dotado de todos os equipamentos obrigatórios para circular em vias públicas.

MOTOCICLISTA USE SEMPRE O CAPACETE

Certo ( )   Errado ( )

A questão é verdadeira. Não se trata de uma placa de regulamentação, mas de placa educativa. Além disso, não usar capacete caracteriza infração gravíssima do Art. 244, I.

GABARITO: CERTO.

245. **(CESPE – 2014 – PRF – Policial Rodoviário Federal)** Os gestos do agente da autoridade de trânsito prevalecem sobre as regras de circulação e as normas definidas por outros sinais de trânsito. Em face desse assunto, julgue as associações gesto/ descrição propostas no item a seguir.

Ordem de parada para todos os veículos.

Ordem de parada para todos os veículos que venham de direções que cortem ortogonalmente a direção indicada pelos braços estendidos, qualquer que seja o sentido do seu deslocamento.

Ordem de parada para todos os veículos que venham da direção indicada pelo braço estendido.

Certo ( )   Errado ( )

A descrição da terceira figura está equivocada, pois a ordem de parada é para todos os veículos que cortem ortogonalmente, e não na direção indicada pelo braço estendido.

GABARITO: ERRADO.

246. **(CESPE – 2002 – PRF – Policial Rodoviário Federal)** Considere que o condutor de um caminhão de carga originário de Ponta Porã, ao aproximar-se de uma área de fiscalização localizada na BR-463, visualize o sinal de regulamentação vertical reproduzido em preto e branco na figura ao lado. Nessa situação, o condutor do veículo de carga deverá posicioná-lo para pesagem obrigatória.

Certo ( )   Errado ( )

Na resolução nº 160/04, que alterou o anexo II do CTB, não existe sinalização de regulamentação para pesagem. Existe a obrigatoriedade imposta pela norma, de forma expressa no artigo 209 do CTB, em que diz que aquele que deixa de submeter o veículo a pesagem responde por uma infração de natureza grave do Art. 209. Tal sinalização indica alfândega.

Art. 209. Transpor, sem autorização, bloqueio viário com ou sem sinalização ou dispositivos auxiliares, deixar de adentrar às áreas destinadas à pesagem de veículos ou evadir-se para não efetuar o pagamento do pedágio:

Infração - grave;

Penalidade - multa.

GABARITO: ERRADO.

Julgue o item a seguir, relativo à circulação de veículos automotores e à conduta dos motoristas no trânsito em vias terrestres nacionais.

247. **(CESPE – 2002 – PRF – Policial Rodoviário Federal)** Sabe-se que, em determinado trecho em que a rodovia BR-040 atravessa uma cidade do estado de Minas Gerais, há um entroncamento de vias conforme o esquema abaixo.

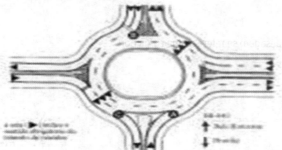

Considerando que, no entroncamento, a circulação dos veículos seja definida observando-se as regras do CTB, então, ao deslocar-se da posição A para a posição C, utilizando a rotatória, o condutor de um veículo deveria avistar, na posição B, o seguinte sinal de regulamentação vertical, de fundo branco e orla vermelha.

Certo ( )   Errado ( )

LEGISLAÇÃO DE TRÂNSITO

Quem já se encontra circulando pela rotatória é que tem a preferência. Conforme previsão do Art. 29, III, "b", a preferência será de quem já está circulando pela rotatória, e não de quem vai adentrá-la.
GABARITO: ERRADO.

248. **(CESPE – 2002 – PRF – Policial Rodoviário Federal)** Considere o sinal de trânsito reproduzido em preto e branco abaixo para julgar o item que se segue, segundo o CTB.

As linhas de divisão de fluxos opostos, contínuas ou seccionadas, são sempre amarelas, enquanto as de divisão de fluxos de mesmo sentido são sempre brancas. As linhas de bordo podem, excepcionalmente, ser apostas na cor amarela.

Certo ( )   Errado ( )

A sinalização horizontal amarela pode ser usada nos seguintes casos: na regulamentação de fluxos de sentidos opostos, na delimitação de espaços proibidos para estacionamento e/ou parada e na marcação de obstáculos.
GABARITO: CERTO.

249. **(CESPE – 2002 – PRF – Policial Rodoviário Federal)** Para evitar danos ao pavimento das rodovias, existem áreas de pesagem obrigatória para os veículos de carga e coletivos. Observe a placa abaixo:

A placa indica que a pesagem se refere a uma carga por:
a) eixo;
b) tara;
c) roda;
d) chassi;
e) veículo.

Exatamente o que prevê a placa R-17:

R-17
Peso máximo
permitido por
eixo

GABARITO: A.

250. **(CESPE – 1998 – PRF – Policial Rodoviário Federal)** Quando se aproximam veículos do Corpo de Bombeiros, ambulâncias, veículos de Polícia e outros, o policial pode ter necessidade de impedir o trânsito em todas as direções e depois, ao voltar à normalidade, determinar o movimento normal de seguir em frente. Para tanto, o policial deverá usar dois sinais de apito, que são:

a) dois silvos breves / um silvo longo;

b) um silvo breve / dois silvos breves;

c) três silvos longos / três silvos breves;

d) um silvo longo e um breve / um silvo breve;

e) um silvo breve e um longo / dois silvos longos.

Pelo enunciado da questão, primeiro o policial deverá indicar a parada, e em seguida, siga em frente com cuidado. Para isso, dois silvos breves indicam parada obrigatória e um silvo longo, siga com marcha baixa (lentamente).

GABARITO: A.

LEGISLAÇÃO DE TRÂNSITO

FÍSICA

LEONARDO OLIVEIRA

FÍSICA

1. **(CESPE – 2010 – SEDU/ES – PROFESSOR B)** Suponha que, simultaneamente, um carro parta de São Paulo para o Rio de Janeiro com velocidade constante de 120 km•h-1, e outro, do Rio de Janeiro para São Paulo com a velocidade constante de 100 km•h-1, ambos seguindo pela mesma estrada. Com base nessas informações e sabendo que a distância entre São Paulo e Rio de Janeiro é de 400 km, julgue os próximos itens.

   Se um carro que partiu do Rio de janeiro gastar 3 horas para ir até São Paulo na mesma estrada, a velocidade média desenvolvida por ele deverá ser superior a 160 km•h-1.

   Certo ( )   Errado ( )

   Como a velocidade média é dada pela variação do espaço sobre a variação do tempo, tem-se:
   Vm = ΔS/Δt

   O tempo decorrido e a distância entre Rio de Janeiro e São Paulo é respectivamente de 3h e 400 km, logo a velocidade média será de aproximadamente:
   Vm = ΔS/Δt = 400/(3) = 400/3 = 133,33 km/h.
   GABARITO: ERRADO.

2. **(CESPE – 2010 – SEDU/ES – PROFESSOR B)** Para o controle de velocidade nas estradas, os radares dos policiais rodoviários medem a velocidade média dos carros.

   Certo ( )   Errado ( )

   Como a velocidade média é a variação da posição em um determinado tempo, os radares (móvel, estático e portátil) dos policiais utilizam **a velocidade instantânea**, para determinar a velocidade que o automóvel se encontra naquele instante da trajetória desempenhada. Logo, para que os radares pudessem utilizar a velocidade média como parâmetro, teria que ter uma variação no espaço, ou seja, dois pontos preestabelecidos como referência para em uma determinada variação de tempo obter-se a velocidade média. Os radares fixos utilizam a velocidade média e, por meio dessa obtém-se a velocidade instantânea aproximando o tempo a um valor extremamente pequeno.

   Logo, **os radares dos policiais rodoviários federais (móveis, estáticos e portáteis) medem a velocidade instantânea e não a velocidade média.**
   GABARITO: ERRADO.

3. **(CESPE – 2010 – SEDU/ES – PROFESSOR B)** Se o carro que partiu de São Paulo percorrer 100 km com uma velocidade de 100 km•h-1 e 200 km com velocidade de 50 km•h-1, então, para conseguir fazer o trajeto em 5 horas e 30 minutos, o motorista deverá, no último trecho, desenvolver uma velocidade superior a 180 km•h-1.

   Certo ( )   Errado ( )

   Podemos verificar os tempos dos seguintes trechos de São Paulo ao Rio de Janeiro que o carro desempenhou:

   1º trecho: S1 = 100 km, V1 = 100 km/h
   t1 = S1/V1 = 100/100 = 1h
   Então: o tempo gasto no 1º trecho foi de t1 = 1h.

   2º trecho: S2 = 200 km, V2 = 50 km/h
   t2 = S2/V2 = 200/50 = 4h
   Então: o tempo gasto no 2º trecho foi de t2 = 4h.

Perceba que o tempo total para fazer o trajeto é de 5h30, dessa forma, como o carro já percorreu o tempo de t = 1h + 4h = 5h e a distância de 300 km, faltam ainda 30 min (equivalente em horas de (1/2)h) e 100 km para serem percorridos no último trecho. Portanto, a velocidade no último trecho será de:

Vm = $\Delta S/\Delta t$ = 100/(1/2) = **200 km/h.**

GABARITO: CERTO.

4. **(CESPE – 2010 – SEDU/ES – PROFESSOR B)** Os carros deverão se encontrar após 1 hora e 49 minutos.

Certo ( )   Errado ( )

Considerando o referencial em São Paulo (SP), temos as seguintes equações para o carro que sai de SP e o carro que sai do Rio de Janeiro (RJ):

Carro de SP: $S_{SP} = So_{SP} + V_{SP} \cdot t$

Como o referencial foi estabelecido em SP, a posição inicial So_{SP} = 0 em relação a esse referencial e a velocidade VSP = 120 km/h tem sinal positivo pelo sentido convencional, logo:

$S_{SP} = So_{SP} + V_{SP} \cdot t$

S_{SP} **= 120 . t** (Eq. 1)

Carro do RJ: $S_{RJ} = So_{RJ} + V_{RJ} \cdot t$

Como o referencial foi adotado em SP, a posição inicial SoRJ fica a 400 km desse referencial e a velocidade VRJ = 100 km/h tem sinal negativo pelo sentido convencional, logo:

$S_{RJ} = So_{RJ} + V_{RJ} \cdot t$

S_{RJ} **= 400 - 100 . t** (Eq. 2)

O tempo que os dois carros deverão se encontrar será quando os espaços finais dos dois carros serão iguais, isto é, $S_{SP} = S_{RJ}$. Assim, igualando as Equações 1 e 2, tem-se: 120t = 400 - 100t

120t + 100t = 400

220t = 400

t = 400/220 = 20/11 = 11/11 + 9/11 = 1h + 9/11h.

Transformando 9/11 em minutos, tem-se:

(9/11) $\times$ 60 = 49,09 min.

Portanto, o encontro dos dois carros será de aproximadamente de **1h 49,09 min**, que é após 1 hora e 49 minutos.

GABARITO: CERTO.

5. **(CESPE – 2011 – CBM/ES – SOLDADO DO CORPO DE BOMBEIRO MILITAR)** A elaboração e a interpretação de gráficos são duas das habilidades mais importantes que um estudante de ciências deve desenvolver. Ao se analisar um gráfico, pode-se determinar, por meio de uma relação matemática extraída dele, parâmetros que têm significado físico importante no estudo de determinados fenômenos. Exemplo disso é o gráfico a seguir, que pode representar, entre outras coisas, a relação entre duas grandezas físicas: h, no eixo das ordenadas, e d, no eixo das abscissas.

FÍS

FÍSICA

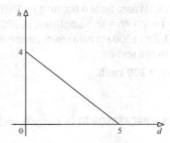

Com base no gráfico apresentado, julgue os itens a seguir, relacionado à cinemática.

Supondo-se que, no gráfico, h represente a velocidade de um objeto, em unidades de m/s, e d represente o tempo, em segundos, conclui-se que é igual a 10 m a distância percorrida pelo objeto no intervalo de tempo de 0 a 5 s.

Certo ( )   Errado ( )

Como h representa a velocidade e d representa o tempo, temos que achar a distância percorrida ΔS do objeto nesse intervalo de tempo, o qual será igual a área abaixo do gráfico, ou seja, a área do triângulo. Dessa forma, tem-se:

ΔS = A (área do triângulo) = b×h/2 = (5 × 4)/2 =10 m.

Verifique que isso é verdadeiro, pois se multiplicarmos a unidade de velocidade pela unidade de tempo, obtemos a unidade de distância percorrida: [m/s] . [s] = [m], representando, desse modo, o cálculo da área da figura formada abaixo do gráfico, no caso em questão: um triângulo.

GABARITO: CERTO.

6.   **(CESPE – 2011 – CBM/ES – SOLDADO DO CORPO DE BOMBEIRO MILITAR)** Considerando que h represente o espaço percorrido por um objeto, e d, o tempo decorrido nesse percurso, é correto afirmar que o gráfico apresentado anteriormente ilustra um movimento uniformemente acelerado.

Certo ( )   Errado ( )

Considerando que h seja o espaço percorrido pelo objeto, e d, o tempo, temos a representação de uma reta no gráfico (equação do 1º grau), que, por sua vez, representa um Movimento Retilíneo e Uniforme. Assim, para esse tipo de movimento a velocidade é constante e a aceleração é igual a zero. Logo, não se trata de um movimento uniformemente acelerado.

GABARITO: ERRADO.

7.   **(CESPE – 2011 – CBM/ES – SOLDADO DO CORPO DE BOMBEIRO MILITAR)** Quando d está entre 0 e 5, a relação entre as grandezas h e d, mostradas no gráfico, é representada por uma função matemática quadrática, dada pela relação h=4d-(4/5)d².

Certo ( )   Errado ( )

A relação h=4d-(4/5)d² matemática quadrática no plano cartesiano é representada por uma parábola com concavidade para baixo. Portanto, **o gráfico de h em relação a d representa uma reta (função do 1º grau)** tendo uma relação de h = 4 – 4/5d.

GABARITO: ERRADO.

8. **(CESPE – 2011 – CBM/ES – SOLDADO DO CORPO DE BOMBEIRO MILITAR)** Considerando-se que as grandezas h e d tenham dimensões de comprimento, conclui-se que esse gráfico poderia ser utilizado para descrever o movimento de um objeto que se desloca sobre um plano inclinado.

Certo ( )   Errado ( )

Como as grandezas h e d são dimensões de comprimento, essa representação gráfica poderia ser utilizada para descrever um objeto deslocando sobre o plano inclinado. É pertinente avaliar que as duas grandezas, por serem mensuráveis fisicamente em unidades de comprimento, ou seja, concretizadas no mundo físico, podem descrever de forma concreta um objeto descendo ou subindo uma ladeira.

GABARITO: CERTO.

9. **(CESPE – 2014 – CBM/CE – SOLDADO DO CORPO DE BOMBEIRO)** Nas operações de salvamento de vítimas de afogamento, nadadores de resgate necessitam saltar de um helicóptero diretamente na água. Em uma operação de salvamento, t segundos após o salto, $h(t) = 20 - 5t^2$, em metros, descreve a altura em que se encontra o nadador de resgate acima da água no instante t; $v(t) = -10t$, em metros por segundo, descreve a velocidade do nadador em queda livre no instante t.

No que se refere a essa situação hipotética, julgue os itens a seguir.

O valor absoluto da velocidade com que o nadador de resgate atinge a água é superior a 19 m/s.

Certo ( )   Errado ( )

Como a equação $h(t) = 20 - 5t^2$ representa a altura do nadador de resgate acima (lugar mais elevado) da água, temos que para um instante de t = 0s, a altura $h(0) = 20 - 5 0^2 = 20$ m.

Veja que o referencial adotado nesse caso é o nível da água, pois a sua posição inicial é So = 20 m. Assim, quando o nadador atingir a superfície da água a sua posição $h(t) = 0$. Logo, tem-se:

$h(t) = 20 - 5t^2$

$0 = 20 - 5t^2$

$5t^2 = 20$

$t^2 = 20/5$

$t = \sqrt{4} = 2$ s.

Portanto, utilizando a equação que representa a velocidade, e substituindo o tempo de queda de t = 2s, temos a velocidade máxima com que o nadador de resgate atinge a água:

$v(t) = -10t$

$v(2) = -10 \times 2 = $ **-20 m/s.**

Perceba que a velocidade é negativa, pois o sentido adotado é de baixo para cima (ascendente), pois a aceleração da gravidade $g = 10$ m/s^2 é sempre direcionada para o centro da terra e essa, pelo sentido adotado, encontra-se negativa.

GABARITO: CERTO.

10. **(CESPE – 2014 – CBM/CE – SOLDADO DO CORPO DE BOMBEIRO)** A distância que o nadador percorrerá em queda livre nos primeiros 1,3 s após o salto é superior a 10 m.

Certo ( )   Errado ( )

Verifique que no tempo de 1,3 s, a distância que o nadador percorrerá será em relação a água de: $h(t) = 20 - 5t^2$

$h(1,3) = 20 - 5 \times (1,3)^2$

h(1,3) = 11,55 m.

Como queremos saber a distância após o salto, isto é, em relação ao ponto de onde ele saltou, temos:

H' = 20 − h(1,3) = 20 − 11,55 = **8,45 m**.

GABARITO: ERRADO.

11. **(CESPE – 2014 – CBM/CE – SOLDADO DO CORPO DE BOMBEIRO)** O gráfico a seguir descreve, corretamente, a altura do helicóptero em cada instante t e o tempo em que o nadador esteve em queda livre.

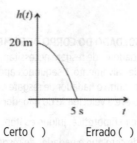

Certo ( )   Errado ( )

Como a equação $h(t) = 20 - 5t^2$ representa a altura do nadador de resgate acima (lugar mais elevado) da água, temos que para um instante de t = 0s, a altura $h(0) = 20 - 5 \cdot 0^2 = 20$ m.

Veja que o referencial adotado nesse caso é o nível da água, pois a sua posição inicial é So = 20 m. Assim, quando o nadador atingir a superfície da água a sua posição h(t) = 0. Logo, tem-se:

$h(t) = 20 - 5t^2$

$0 = 20 - 5t^2$

$5t^2 = 20$

$t^2 = 20/5$

$t = \sqrt{4} = 2$ s.

Portanto, o gráfico deveria apresentar um valor de 2 s quando a altura h(t) = 0, como mostra a figura abaixo.

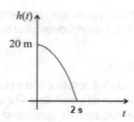

GABARITO: ERRADO.

12. **(CESPE – 2016 – POLÍCIA CIENTÍFICA/PE – PERITO CRIMINAL)** Para determinar a profundidade de um poço, uma pessoa soltou uma pedra em direção ao fundo do poço, a partir de sua borda, e cronometrou o tempo que decorreu desde o instante daquela ação até o momento em que escutou o som da pedra atingindo o fundo do poço.

Considerando-se que, no momento desse experimento, a velocidade do som fosse igual a 340

m/s, a aceleração da gravidade fosse igual a 10 m/s² e que o observador tenha escutado o barulho da pedra ao bater no fundo do poço após decorrido 1,43 segundo do momento no qual ela fora abandonada, é correto concluir que a profundidade L do poço, em metros, será:
a) 8,5 < L < 9,5.
b) 7,5 < L < 8,5.
c) 6,5 < L < 7,5.
d) 10,5 < L < 12,0.
e) 9,5 < L < 10,5.

Pode-se observar que quando a pedra cai, ela desempenha um Movimento Retilíneo Uniformemente Variado (MRUV). A pedra ao atingir o fundo do poço produz um som que desempenha um Movimento Retilíneo Uniforme até chegar no ouvido da pessoa. Considerando que esse meio, onde o som se propaga, é homogêneo. Logo podemos dividir o trajeto em duas partes: a pedra caindo e o som da pedra, produzido no fundo do poço.

Pedra caindo:

$$s = s_o + v_o t + \frac{a}{2} t^2$$

É possível verificar, que no momento que a pedra cai, a aceleração gravitacional de 10 m/s² é constante, porém o movimento é acelerado. Considerando a referência na borda do poço, tem-se:

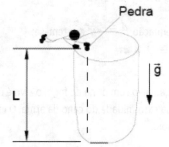

$s_o = 0\ m,\ s = L,\ v_o = 0\ m/s,\ a = g = 10\ m/s^2$ e $t = t_d$

Substituindo na equação horária do movimento:

$$L = 0 + 0.t_d + \frac{10}{2} t_d^2 \rightarrow L = 5.t_d^2$$

O som, como foi descrito acima, sobe com a velocidade de 340 m/s constante propagando-se no ar. Então, a equação do MRU, será:

$$s = s_o + v.t_S$$

Substituindo a equação do espaço:

$$L = 0 + 340.t_S \rightarrow L = 340.t_S$$

Como podemos observar, as distâncias, tanto de subida quanto de descida, são iguais a d, logo, podemos igualar as duas equações:

$$340.t_S = 5.t_d^2$$

Leonardo Oliveira

$t_d{}^2 = 68 \cdot t_s$

$t_s = \dfrac{t_d{}^2}{68}$

Como o tempo gasto total t_T é igual a 1,43 s, temos:

$t_d + t_s = 1{,}43$

Substituindo t_s pela equação anterior, obtém-se:

$t_d + \dfrac{t_d{}^2}{68} = 1{,}43$

Multiplicando por 68 toda equação:

$t_d{}^2 + 68 t_d = 97{,}24$

$t_d{}^2 + 68 t_d - 97{,}24 = 0$

Utilizando Bhaskara

$\Delta = b^2 - 4 \cdot a \cdot c = 68^2 - 4 \cdot (1) \cdot (-97{,}24) = 5012{,}96 \rightarrow \sqrt{5012{,}96} \cong 70{,}8$

$t_d = \dfrac{-b \mp \sqrt{\Delta}}{2a}$

$t_d = \dfrac{-68 \mp 70{,}8}{2} \rightarrow t_d = -69{,}4s \text{ ou } t_d \cong 1{,}4s$

Logo, substituindo o valor de t_d na equação $d = 5 \cdot t_d{}^2$, tem-se:

$L = 5 \times 1{,}4^2 \rightarrow L = 5 \times 1{,}96 \cong 9{,}8\,m$.

GABARITO: E.

A figura seguinte ilustra uma prova de tiro ao alvo com arma de fogo: o alvo é um círculo de 20 cm de diâmetro e está localizado a 50 m da extremidade do cano da arma. O cano da arma e o centro do alvo estão à altura de 1,5 m do solo.

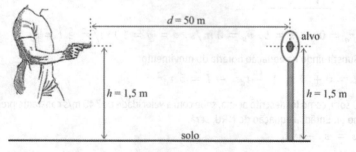

Nessa situação, um projétil de massa igual a 15 g sai do cano da arma paralelamente ao solo, com velocidade horizontal inicial de 720 km/h.

Tendo como referência a situação apresentada, julgue os itens a seguir, considerando que a aceleração da gravidade seja de 9,8 m/s² e desprezando o atrito do ar sobre o projétil.

13. **(CESPE – 2019 – PRF – POLICIAL RODOVIáRIO FEDERAL)** O deslocamento do projétil na direção horizontal ocorre de acordo com uma função quadrática do tempo.

Certo ( )   Errado ( )

Como é desprezado o atrito do ar, a velocidade na direção horizontal é constante. Logo a função que descreve esse movimento é uma função linear do tempo e não quadrática do tempo.

GABARITO: ERRADO.

14. **(CESPE – 2019 – PRF – POLICIAL RODOVIÁRIO FEDERAL)** Na situação em tela, o projétil atingirá o alvo circular.

Certo ( )   Errado ( )

Como podemos observar, com relação à direção vertical, no eixo y, a bala desempenha um Movimento Uniformemente Variado (MUV). Logo a velocidade é variável. Dessa forma, adotando como referência o ponto em que a bala sai da arma, como mostra a figura, tem-se:

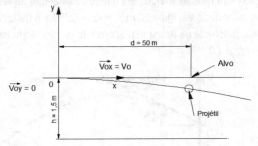

Para o eixo x, direção horizontal, a bala descreve um Movimento Uniforme (MU), pois é desprezado o atrito do ar. Dessa forma, a velocidade é constante em toda trajetória. Logo podemos representar nesse eixo:

$$S_x = S_{ox} + v_{ox} t_D$$

Como pode-se observar, $S_x = d$, $S_{ox} = 0$ e $v_{ox} = v_o = 720 \ km/h = 200 \ m/s$.

A bala percorrerá o tempo para chegar ao alvo. Então, substituindo a equação acima temos um tempo t_D de:

$$50 = 0 + 200 \cdot t_D \rightarrow t_D = \frac{50}{200} = 0,25 \ s$$

Para o eixo y, tem-se:

Para este caso, $S_{oy} = 0$ e $v_{oy} = 0$.

Assim, substituindo os respectivos valores das variáveis, temos o valor de Sy, que é a distância percorrida no eixo y (com relação à altura):

$$S_y = 0 + 0 \cdot 0,25 + \frac{9,8}{2} 0,25^2 \cong 0,306 \ m \ ou \ 30,6 \ cm$$

Portanto, como a distância percorrida no eixo y é maior do que o raio do alvo de 10 cm (diâmetro de 20 cm), a bala não atingirá o alvo.

GABARITO: ERRADO.

Leonardo Oliveira

FÍSICA

A Figura I, a seguir, ilustra uma colisão ocorrida entre um carro e uma moto parada. A massa total do carro era de 2.000 kg, e o módulo de sua velocidade era igual a VC. A moto tinha massa igual a 120 kg e era pilotada por um motociclista cuja massa era de 80 kg.

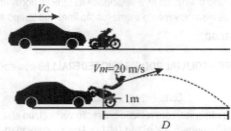

Figura I

Imediatamente após a colisão, carro e moto permaneceram parados e um quarto de energia cinética do carro foi transmitido para o motociclista, que foi arremessado de uma altura de 1 m, a uma velocidade Vm igual 20 m/s. após a colisão, o motociclista descreveu uma trajetória oblíqua, mostrada na figura II, percorrendo na direção horizontal, até atingir o solo, uma distância igual a D.

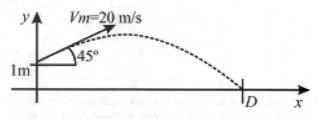

Figura II

Sabendo que cos 45º = √2/2, considere que 10 m/s² seja p módulo da aceleração da gravidade e despreze a resistência do ar.

15. **(CESPE – 2018 – PC/MA – PERITO CRIMINAL)** Considerando as informações e figuras apresentadas no texto, a distância horizontal D, em m, percorrida pelo motociclista arremessado é:

a) superior a 40.
b) inferior a 2.
c) superior a 2 e inferior a 5.
d) superior a 5 e inferior a 10.
e) superior a 10 e inferior a 40.

Tomando como referência o ponto "P" podemos utilizar a equação da distância máxima, quando o ângulo for de 45º, em relação a esse nível até o ponto "Q", como mostra a figura a seguir.

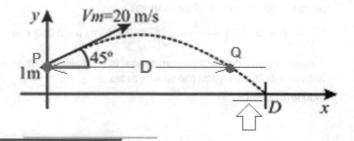

404

Temos a Equação da distância máxima quando o ângulo é de 45º:

$D = (Vo)^2/g$

Sendo: Vo a velocidade inicial e g a aceleração gravitacional, então:

$D = (20)^2/10 = 400/10 = 40$ m.

Dessa maneira, podemos verificar que o motociclista além de percorre do ponto "P" até o ponto "Q" a distância de 40 m, ele continuará caindo uma distância em relação ao eixo x, como mostra a seta, uma certa distância. Portanto, a distância será maior que 40 m.

GABARITO: A.

16. **(CESPE – 2016 – POLÍCIA CIENTÍFICA/PE – PERITO CRIMINAL)** Considere que um projétil tenha sido disparado de uma pistola com velocidade inicial de módulo igual a Vo e em ângulo θ (ascendente) em relação à horizontal.

Desprezando a resistência do ar, assinale a opção correta acerca do movimento realizado por esse projétil:

a) No ponto de altura máxima, a velocidade resultante do projétil será nula.

b) A aceleração do projétil será nula no ponto de altura máxima.

c) A única força atuante no projétil durante todo o movimento é o seu peso.

d) O alcance horizontal que o projétil pode atingir depende de sua massa.

e) A componente horizontal da velocidade do projétil varia de ponto a ponto na trajetória, porém sua componente vertical é invariável.

A: No ponto mais alto (altura máxima) a velocidade em relação a y será zero, já a velocidade em relação a x continuará constante, pois o movimento em relação a x (desprezando a resistência do ar) será um Movimento Retilíneo Uniforme (MRU). Como para este movimento a velocidade é constante em toda trajetória, a velocidade resultante será a própria velocidade em relação a x.

B: A aceleração, em relação ao eixo vertical, é considerada constante em todo trajeto que o projétil percorre.

C: A única força que atua durante todo movimento, desprezando a resistência do ar, no projétil no ar é a força peso.

D: O alcance horizontal independe da massa do projétil, logo só depende da velocidade inicial, do ângulo de inclinação em relação à horizontal e da aceleração gravitacional ($D = (2v^2 \cdot sen\theta \cdot cos\theta)/g$).

E: Como a resistência do ar é desprezada, a componente horizontal da velocidade do projétil é constante, ou seja, o movimento horizontal do projétil é um Movimento Retilíneo Uniforme. Porém a componente vertical da velocidade é variável, pois se trata de um Movimento Retilíneo Uniformemente Variável em razão da aceleração gravitacional.

GABARITO: C:

FÍSICA

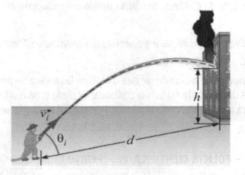

Na figura acima, é mostrada a cena de um bombeiro, que, no plano horizontal, usa um jato de água para apagar o incêndio em um apartamento localizado a hm de altura, em relação ao mesmo plano horizontal. Nessa figura $\vec{v}_i$, é o vetor velocidade do jato de água ao sair da mangueira θ_i; é o ângulo de inclinação do bico da mangueira em relação ao plano horizontal; e d é a distância entre o bombeiro e o edifício.

Com base nessas informações, considerando que sejam nulas as forças de atrito sobre qualquer elemento do sistema e que o jato de água seja uniforme, julgue os próximos itens.

17. **(CESPE – 2014 – CBM/CE – SOLDADO DO CORPO DE BOMBEIRO)** O jato de água atinge o alcance máximo na horizontal quando $\theta_i = 45°$.

Certo ( )   Errado ( )

Em um lançamento oblíquo, a altura máxima, como também o alcance máximo, é obtida quando o ângulo de inclinação em relação à horizontal é de $\theta_i = 45°$.

GABARITO: CERTO.

18. **(CESPE – 2014 – CBM/CE – SOLDADO DO CORPO DE BOMBEIRO)** A forma parabólica do jato de água deve-se exclusivamente à força gravitacional.

Certo ( )   Errado ( )

Como podemos verificar, a única força que age nas partículas de água no ar é a força peso (influência da força gravitacional), pois as forças de atrito sobre qualquer elemento do sistema são desprezadas. Logo a forma parabólica deve-se, justamente, à força gravitacional (força peso), no qual a aceleração gravitacional influencia (P = m · g).

GABARITO: CERTO.

19. **(CESPE – 2014 – CBM/CE – SOLDADO DO CORPO DE BOMBEIRO)** A projeção no eixo horizontal do movimento das partículas de água, após saírem da mangueira, descreve um movimento uniformemente acelerado.

Certo ( )   Errado ( )

No eixo horizontal as partículas de água desenvolvem um Movimento Retilíneo Uniforme (MRU), dessa forma a velocidade é constante, logo a aceleração é igual a zero. Portanto, não existe movimento acelerado para o movimento horizontal.

GABARITO: ERRADO.

20. **(CESPE – 2014 – CBM/CE – SOLDADO DO CORPO DE BOMBEIRO)** A orientação do vetor velocidade do jato de água e de suas componentes nos eixos vertical e horizontal do plano cartesiano que contém a trajetória do jato de água e que apresenta um dos eixos contido no plano horizontal em que se encontra o bombeiro pode ser corretamente representada pela seguinte figura, em que x_M é o ponto no qual o jato de água atinge sua altura máxima.

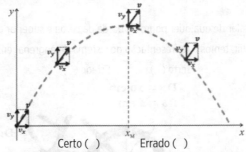

Certo ( )   Errado ( )

A representação gráfica, como mostra a figura acima, o vetor velocidade em relação a "y" no ponto x_M (ponto no qual o jato de água atinge sua altura máxima) não é igual a zero. Sendo nesse ponto o vetor Vy igual a zero. Quando as partículas de água passam nesse ponto mais alto, o valor de Vy muda de sentido e passa a apontar com o mesmo sentido da aceleração gravitacional, para baixo, como mostra a figura.

Pode-se observar também que a configuração do vetor velocidade em relação a y (Vy), depois de X_M, está também representada de maneira errada na figura anterior, pois essa velocidade Vy tem sentido descente.

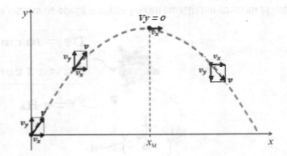

GABARITO: ERRADO.

21. **(CESPE – 2018 – SEDUC/AL – PROFESSOR – FÍSICA)** Acerca da mecânica newtoniana, julgue o item a seguir. O movimento circular uniforme é assim chamado por não envolver aceleração.

Certo ( )   Errado ( )

O Movimento Circular Uniforme (MCU), independentemente da velocidade escalar ser constante, existe a aceleração centrípeta. Logo, em movimentos circulares, a aceleração centrípeta estará sempre presente.

GABARITO: ERRADO.

Leonardo Oliveira

FÍSICA

22. (CESPE – 2016 – FUB – TÉCNICO DE LABORATÓRIO – FÍSICA) Em uma bicicleta, os diâmetros da roda, coroa e catraca são, respectivamente, iguais a 80 cm, 30 cm e 10 cm. Um ciclista que está utilizando a bicicleta consegue dar 2 pedaladas por segundo, sendo cada pedalada correspondente a uma volta completa.

Considerando essa situação hipotética, julgue os próximos itens, assumindo que 3 seja o valor de ϖ.

A velocidade escalar de qualquer ponto na borda da coroa é superior a 2 m/s.

Pela figura a seguir, temos a representação do sistema de engrenagens.

Certo ( )   Errado ( )

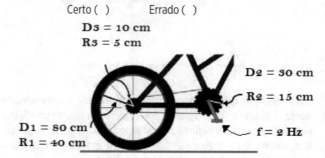

Primeiramente, podemos achar a frequência da coroa, pois o ciclista desenvolve 2 pedaladas por segundo. Sendo cada pedalada correspondente uma volta completa, temos que a frequência é calculada pelo número de voltas (pedaladas) a cada segundo, então:

f = (nº de pedaladas)/(segundo) = 2/1 = **2 Hz**.

Tem-se na coroa um sistema de engrenagem ligado ao mesmo eixo, logo:

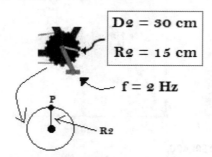

Para esse sistema de engrenagens, ligados ao mesmo eixo, as velocidades angulares são iguais em toda extensão da coroa, por sua vez a frequência será igual em toda extensão, pois $\varpi = 2\pi f$.

Desta maneira, assumindo que 3 seja o valor de ϖ:

ϖ = 2 . n . 2 = 4 n rad/s

A velocidade linear **V₂** relaciona-se com a velocidade angular ϖ_2 (velocidade angular da coroa) pela equação:

V₂ = R₂ . ϖ_2

Como o raio da coroa é de 15 cm (R₂ = 0,15 m), a velocidade linear V₂ na borda da coroa, será:

V₂ = 0,15 4 3 = 1,8 m/s.

408

Portanto, **a velocidade escalar de qualquer ponto na borda da coroa não é superior a 2 m/s**.

GABARITO: ERRADO.

23. **(CESPE – 2016 – FUB – TÉCNICO DE LABORATÓRIO – FÍSICA)** A velocidade angular da catraca é três vezes maior do que a velocidade angular da coroa.

Certo ( )   Errado ( )

Para o sistema de engrenagens entre catraca e coroa, temos a representação pela figura a seguir:

Desse modo, a representação do sistema é de duas polias interligadas por uma correia (corrente), como mostra a figura a seguir:

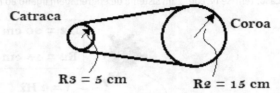

Para esses casos de interligação de polias, as velocidades lineares nos pontos periféricos das duas roldanas (polias), em cada instante t, têm o mesmo módulo, logo:

V_2 **(velocidade linear da coroa) =** V_3 **(velocidade linear da catraca)**

Dessa forma, a velocidade angular da catraca ($\varpi 3$) em relação à velocidade angular da coroa ($\varpi 2$), sabendo que $V = R.\varpi$, será de:

$R_2 . \varpi_2 = R_3 \varpi_3$

$15 . \varpi_2 = 5 \varpi_3$

$\varpi_3 = (15/3) \varpi_2$

$\varpi_3 = 3 . \varpi_2$

Portanto, a **velocidade angular da catraca** é **três vezes maior** do que a **velocidade angular da coroa**.

GABARITO: CERTO.

FÍSICA

24. **(CESPE – 2009 – FUB – FÍSICO)** A velocidade escalar da bicicleta é superior a 14 m/s.

Certo ( )   Errado ( )

Pela figura a seguir, temos a representação do sistema de engrenagens.

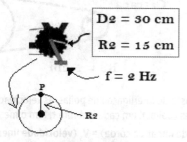

Primeiramente, podemos achar a frequência da coroa, pois o ciclista desenvolve 2 pedaladas por segundo. Sendo cada pedalada correspondente a uma volta completa, temos que a frequência é calculada pelo número de voltas (pedaladas) a cada segundo, então:

f = (nº de pedaladas)/(segundo) = 2/1 = **2 Hz**.

1 Caso: tem-se na coroa um sistema de engrenagem ligado ao mesmo eixo, logo:

Para esse sistema de engrenagens, ligados ao mesmo eixo, as velocidades angulares são iguais em toda extensão da coroa, por sua vez a frequência será igual em toda extensão, pois ϖ = **2πf**.

Dessa maneira, assumindo que 3 seja o valor de ϖ:

ϖ = 2 . π . 2 = **4 π rad/s**

A velocidade linear V2 relaciona-se com a velocidade angular ϖ_2 (velocidade angular da coroa) pela equação:

$V_2 = R_2 \cdot \varpi_2$

Como o raio da coroa é de 15 cm (R_2 = 0,15 m), a velocidade linear V_2 na borda da coroa será:

V_2 = 0,15·4·3 = **1,8 m/s**.

2 Caso: para esse caso de interligação de polias com correia, as velocidades lineares nos pontos periféricos das duas roldanas (polias), em cada instante t, têm o mesmo módulo, como mostra a figura:

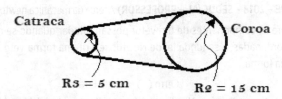

V_2 (velocidade linear da coroa) = V_3 (velocidade linear da catraca)
V_3 = 1,8 m/s.
3 Caso: finalmente, a representação da catraca com a roda será de uma polia ligada a um mesmo eixo, ou seja, a velocidade angular da catraca (ϖ_3) é igual à velocidade angular da roda (ϖ_1) como mostra figura a seguir.

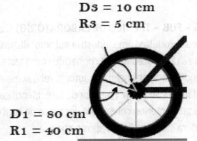

Desse modo, podem achar a velocidade escalar da borda da roda V1, que será a velocidade escalar da bicicleta pela relação:

$\varpi 1 = \varpi 3$

Sabendo que $V_1 = R_1 \cdot \varpi_1$ e $V_3 = R_3 \cdot \varpi_3$, temos:
$V_1/R_1 = V_3/R_3$
$V_1/0,4 = 1,8/0,05$
V1 = 14,4 m/s.
Portanto, **a velocidade escalar da bicicleta é superior a 14 m/s.**
GABARITO: CERTO.

25. **(CESPE – 2018 – SEDUC/AL – PROFESSOR)** Acerca da mecânica newtoniana, julgue o item a seguir.
A mecânica newtoniana é válida em referenciais acelerados.
Certo ( )   Errado ( )
Para mecânica newtoniana, os referenciais inerciais são aqueles referenciais adotados onde o corpo se encontra em repouso ou em Movimento Retilíneo Uniforme, ou seja, a aceleração tem valor nulo.
GABARITO: ERRADO.

FÍSICA

26. **(CESPE – 2018 – SEDUC/AL – PROFESSOR)** Acerca da mecânica newtoniana, julgue o item a seguir.

Embora as componentes de um vetor possam mudar quando se muda a origem do sistema de coordenadas, a segunda lei de Newton, escrita na forma vetorial, mantém exatamente a mesma forma.

Certo ( )   Errado ( )

Pela Segunda Lei de Newton, a força resultante vetorial é igual à massa (grandeza escala e constante) multiplicada pela aceleração vetorial.

No deslocamento de qualquer sistema de coordenadas do inicialmente adotado, a força resultante e a aceleração continuam as mesmas em módulo, pois elas têm mesma direção e sentido, para esse caso em específico. Logo os valores considerados são os módulos dessas grandezas vetoriais, e, portanto, não se alteram.

GABARITO: CERTO.

27. **(CESPE – 2016 – FUB – TÉCNICO DE LABORATÓRIO)** Com o objetivo de avaliar o sistema de segurança de seus produtos, uma indústria automobilística nacional submeteu um automóvel de 900 kg de massa a um procedimento conhecido como teste de impacto, constituído de duas fases: na primeira, denominada arrancada, o automóvel é acelerado, por 10 s, partindo do repouso até atingir a velocidade de 36 km/h; na segunda fase, identificada como colisão, o veículo, ainda com a velocidade da fase anterior, colide com um bloco de concreto não deformável e para após 0,1 s, tendo sua estrutura sido danificada após o choque.

A partir dessa situação hipotética, julgue os itens a seguir, considerando que o módulo da aceleração da gravidade seja de 10 m/s^2.

Na fase da colisão, os danos causados na estrutura do automóvel se explicam por que as forças trocadas entre o automóvel e o bloco de concreto têm intensidades diferentes, uma vez que o automóvel estava em movimento e o bloco de concreto estava em repouso.

Certo ( )   Errado ( )

Como o veículo aplicou uma força sobre um bloco de concreto, de acordo com a Terceira Lei de Newton receberá deste uma força de mesma intensidade, mesma direção e sentido oposto à força que aplicou no bloco. Portanto, tem a mesma intensidade.

GABARITO: ERRADO.

28. **(CESPE – 2010 – SEDU/ES – PROFESSOR B)** Com relação às forças de atrito entre duas superfícies, julgue o item a seguir.

Quando duas superfícies ásperas, em contato, deslizam uma sobre a outra, o aumento de temperatura é atribuído à troca de calor entre essas superfícies em razão da diferença de temperatura entre elas.

Certo ( )   Errado ( )

O aumento de temperatura é atribuído ao atrito em razão do contato entre as duas superfícies, microscopicamente, rugosas, isto é, com imperfeições na estrutura física dos materiais em contato.

GABARITO: ERRADO.

29. **(CESPE – 2017 – PM/MA – CONHECIMENTO GERAIS)**

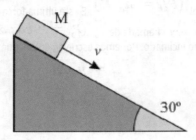

Figura 1

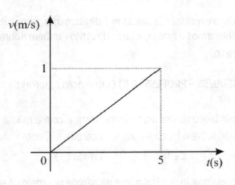

Figura 2

A figura 1 precedente ilustra um bloco de massa M que parte do repouso e desliza sobre um plano inclinado de 30°, com atrito, durante 5 s, até atingir sua base. A figura 2 mostra o gráfico do módulo da velocidade, v, do bloco nesse intervalo de tempo.

Com base nas informações e nas figuras apresentadas, julgue os próximos itens, considerando que o seno de 30° é igual a 0,5.

A força resultante sobre o bloco é nula.

Certo ( )   Errado ( )

Pela 2ª Lei de Newton, a força resultante é igual à massa multiplicada pela aceleração.

A força resultante será nula quando tivermos o Equilíbrio Estático (corpo em repouso) ou Equilíbrio Dinâmico (corpo no Movimento Retilíneo e Uniforme).

E como a figura II representa um gráfico de velocidade versos tempo, por meio de uma reta crescente, ou seja, a velocidade é variável, temos a existência de aceleração no sistema. Logo, o sistema apresenta força resultante não nula, pois trata-se de um Movimento Uniformemente Variado (MUV).

GABARITO: ERRADO.

30. **(CESPE – 2017 – PM/MA – CONHECIMENTO GERAIS)** Ao se dobrar a massa desse bloco, a força de atrito atuante também será dobrada.

Certo ( )   Errado ( )

Leonardo Oliveira

FÍSICA

Como temos que a força de atrito é igual ao coeficiente de atrito dinâmico multiplicada pela força normal $(\vec{F}_{at} = \mu_d \cdot \vec{N})$. E esta última força é igual em módulo à força peso decomposta no eixo y, chamada de $\vec{P}_y$ $(\vec{P}_y = \vec{P} \cdot \cos \alpha)$, pois trata-se de um sistema envolvendo plano inclinado. Podemos escrever, então, que:

$$\vec{F}_{at} = \mu_d \cdot \vec{N}$$
$$\vec{F}_{at} = \mu_d \cdot \vec{P}_y$$
$$\vec{F}_{at} = \mu_d \cdot \vec{P} \cdot \cos \alpha$$

Sabemos que $\vec{P} = m \cdot \vec{g}$. Logo, substituindo: $\vec{F}_{at} = \mu_d \cdot m \cdot \vec{g} \cdot \cos \alpha$

Analisando bem a expressão, a massa **m** é diretamente proporcional à força de atrito $\vec{F}_{at}$. Portanto, se dobrarmos a massa, a força de atrito também dobrará.

GABARITO: CERTO.

31. **(CESPE – 2010 – SEDU/ES – PROFESSOR B)** Com relação às forças de atrito entre duas superfícies, julgue o item a seguir.

Ao se pressionar um bloco contra uma parede vertical com a mão, a direção da força de atrito exercida pela parede sobre o bloco é paralela à parede e aponta para cima.

Certo ( )   Errado ( )

O bloco está pressionado verticalmente na parede por meio de uma Força $\vec{F}$. Com isso, a tendência é o bloco ser puxado pela força peso $\vec{P}$. Na figura a seguir podemos representar as forças que agem nesse bloco.

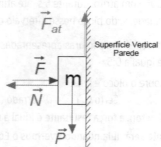

Logo a força de atrito tem direção e sentido contrário ao sentido do movimento. Pode-se verificar que a iminência de movimento do bloco acontece quando **a força $\vec{F}$ aplicada for de intensidade necessária a produzir uma intensidade de força normal $\vec{N}$ capaz de anular a força peso $\vec{P}$ por meio da força de atrito.**

Observe bem:

O equilíbrio estático acontece quando?

$$\vec{F}_R = \vec{0} \quad \text{(Equilíbrio Estático)}$$

$$\vec{P} - \vec{F}_{at} = \vec{0} \rightarrow \vec{P} = \vec{F}_{at}$$

Como a força de atrito é $\vec{F}_{at} = \mu_e . \vec{N}$ e a força peso é $\vec{P} = m.\vec{g}$, substituindo temos: $m.\vec{g} = \mu_e . \vec{N}$

Veja que m, $\vec{g}$ e μ_e são constantes e que a força $\vec{F}$ tem a mesma intensidade em módulo da força $\vec{N}$. Logo, para que essa igualdade se estabeleça (o Equilíbrio Estático), a força $\vec{F}$ multiplicada com o coeficiente de atrito estático μ_e deve anular a força peso $\vec{P} = m.\vec{g}$.

GABARITO: CERTO.

32. **(CESPE – 2019 – PRF – POLICIAL RODOVIÁRIO FEDERAL)** Um veículo de 1.000 kg de massa, que se desloca sobre uma pista plana, faz uma curva circular de 50 m de raio, com velocidade de 54 km/h. O coeficiente de atrito estático entre os pneus do veículo e a pista é igual a 0,60.

A partir dessa situação, julgue o item que se segue, considerando a aceleração da gravidade local igual a 9,8 m/s².

Se o veículo estivesse sujeito a uma aceleração centrípeta de 4,8 m/s², então ele faria a curva em segurança, sem derrapar.

Certo ( )   Errado ( )

A força de atrito será a própria força centrípeta e a força peso se anula com a força normal, pois a pista (superfície) é plana. Dessa forma, podemos escrever:

$$\vec{F}_{cp} = \vec{F}_{at} = m.\vec{a}_{cp} = m.\frac{v^2}{R}$$

Para a velocidade máxima $v_{Máx}$ (velocidade correspondente para que o carro esteja na iminência de escorregamento) a força de atrito será máxima, ou seja, estaremos com o coeficiente de atrito estático e, por sua vez, o carro estará na iminência de escorregamento. Logo obtém-se a velocidade máxima:

$$\vec{F}_{at\,Máx} = \mu_e . \vec{N} = m.\frac{v_{Máx}^2}{R} \rightarrow \mu_e . \vec{P} = m.\frac{v_{Máx}^2}{R} \rightarrow \mu_e . m.\vec{g} = m.\frac{v_{Máx}^2}{R}$$

$$v_{Máx}^2 = \mu_e . g . R \rightarrow v_{Máx} = \sqrt{\mu_e . g . R}$$

Logo a aceleração centrípeta máxima $\vec{a}_{cpMáx}$ será:

$$\vec{a}_{cpMáx} = \frac{v_{Máx}^2}{\vec{R}} \rightarrow \vec{a}_{cpMáx} = \frac{\mu_e . g . \vec{R}}{\vec{R}} \rightarrow \vec{a}_{cpMáx} = \mu_e . \vec{g}.$$

Substituindo os valores do atrito estático entre os pneus do veículo, a pista de 0,60 e a aceleração da gravidade local de 9,8 m/s², temos essa aceleração centrípeta máxima:

$$\vec{a}_{cpMáx} = \mu_e . g \rightarrow \vec{a}_{cpMáx} = 0,6.9,8 \rightarrow \vec{a}_{cpMáx} = 5,88\,m/s^2.$$

Leonardo Oliveira

Portanto, se o veículo estivesse sujeito a aceleração centrípeta de 4,8 m/s², o veículo não chegaria a derrapar, pois essa aceleração é menor que 5,88 m/s².

GABARITO: CERTO.

33. **(CESPE – 2019 – PRF – POLICIAL RODOVIÁRIO FEDERAL)** O veículo está sujeito a uma aceleração centrípeta superior à aceleração gravitacional.

    Certo ( )   Errado ( )

    A aceleração centrípeta (a_{cp}) é dada pela fórmula:

    $$a_{cp} = \frac{v^2}{R}$$

    Substituindo os valores da velocidade do veículo de 54 km/h (15 m/s) e do raio da curva de 50 m, temos essa aceleração centrípeta:

    $$a_{cp} = \frac{v^2}{R} \to a_{cp} = \frac{15^2}{50} \to a_{cp} = 4,5\ m/s^2.$$

    Portanto, **a aceleração centrípeta de 4,5 m/s², será menor do que a aceleração gravitacional que é de 9,8 m/s².**

    GABARITO: ERRADO.

34. **(IBFC – 2017 – POLÍCIA CIENTÍFICA/PR – AUXILIAR DE NECROPSIA E AUXILIAR DE PERÍCIA)** Um motociclista realiza um movimento circular em um plano vertical dentro de uma estrutura esférica conhecida como "globo da morte" de raio de 6,4 m. Então, o menor valor da velocidade no ponto mais alto, para a moto não perder o contato com o globo, é de: (adote g= 10 m/s²)

    a) 4 m/s.
    b) 8 m/s.
    c) 12 m/s.
    d) 16 m/s.
    e) 20 m/s.

    A mínima velocidade que o corpo deve ter para não perder o contato com a superfície esférica acontece quando no ponto mais alto do "Globo", a reação normal é igual a zero.

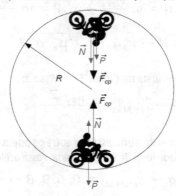

A resultante das forças é a própria força centrípeta, logo fazendo a decomposição no ponto mais alto, tem-se:

$$\vec{F}_{cp} = m.\frac{v^2}{R}.$$

Para a velocidade mínima, então:

$$\vec{P} + \vec{N} = m.\frac{v_{Min}^2}{R} \rightarrow m.\vec{g} = m.\frac{v_{Min}^2}{R} \rightarrow v_{Min} = \sqrt{R.g}.$$

Substituindo os valores, tem-se:

$$v_{Min} = \sqrt{6,4.10} = 8 \text{ m/s}.$$

GABARITO: B.

35. **(CESPE – 2019 – PRF – POLICIAL RODOVIÁRIO FEDERAL)** Caso o freio de mão falhe, e faça o automóvel descer sem nenhuma força de atrito atuando, a velocidade no final da ladeira é igual a 72 km/h.

Certo ( )   Errado ( )

Primeiramente, o tamanho da ladeira pode ser encontrado, utilizando-se a lei dos senos para o triângulo retângulo. Dessa forma, tem-se:

$$sen\ (30°) = \frac{40}{\Delta S} \rightarrow \Delta S = \frac{40}{0,5} = 80\ m$$

Sabendo que o automóvel se encontra na metade da ladeira, esse irá percorrer a metade da distância dessa ladeira, até chegar no final. Assim, a distância percorrida pelo automóvel será de $\Delta S' = 40\ m$.

Utilizando a 2ª lei de Newton, tem-se:

$$\vec{F}_R = m \times \vec{a}.$$

Como é desprezada a força de atrito, a única força que age no automóvel, em relação ao eixo ×, é a força $\vec{P}_x$. Força esta que faz o automóvel descer. Assim, tem-se: $\vec{P}_x = m \times \vec{a}$.

Como $\vec{P}_x = \vec{P} \times sen(30°)$, então substituindo pela equação anterior, tem-se:

$$\vec{P} \times sen(30°) = m \times \vec{a}.$$

O peso é a massa multiplicada pela aceleração gravitacional, ou seja: $\vec{P} = m \times \vec{g}$.

Logo obtém-se pela substituição de $\vec{P}$:

$$\cancel{m} \times \vec{g} \times sen(30°) = \cancel{m} \times \vec{a} \rightarrow 10,0 \times 0,5 = \vec{a} \rightarrow \vec{a} = 5\ m/s^2.$$

Pela Equação de Torricelli, pode-se encontrar a velocidade no final da ladeira. Portanto, substituindo os valores correspondentes e admitindo que o automóvel saiu do repouso, isto é, $v_o = 0$. Tem-se:

$$\vec{v}^2 = \vec{v}_o^2 + 2 \times \vec{a} \times \overrightarrow{\Delta S'} \rightarrow \vec{v}^2 = 0^2 + 2 \times 5 \times 40$$

$$v^2 = 400 \rightarrow v = \sqrt{400} = 20\ m/s.$$

Transformando de m/s em km/h, ou seja, multiplicando por 3,6, tem-se que a velocidade
$v = 72 \ km/h$.

GABARITO: CERTO.

36. **(CESPE – 2011 – CBM/DF – SOLDADO)** Uma bola de massa 0,5 kg desce uma cascata de altura igual a 43,7 m com velocidade vertical inicial de 5,0 m/s em direção ao leito de um rio. A bola começa a cair até atingir o leito do rio e flutuar sobre a água. Na queda, a bola encontra uma resistência que dissipa 30% de sua energia mecânica. Após pequeno percurso de instabilidade, ela segue suavemente parada em relação à água, que se desloca com velocidade de 7,0 m/s. Nesse trecho calmo o rio tem profundidade de 2,0 m.

O trabalho realizado pelo peso da bola em queda independe da existência da força de atrito e da altura da qual ela cai.

Certo (   )   Errado (   )

O trabalho realizado pela força peso da bola é dado por $\zeta P = P \cdot h$, e falar em trabalho é falar em energia. Logo, como parte dessa energia é dissipada (30% de sua energia mecânica é perdida), ou seja, o trabalho realizado teria 70% de sua energia potencial, e como o trabalho depende da altura que a bola cai, o trabalho realizado depende tanto da força de atrito quanto da altura de que a bola cai.

GABARITO: ERRADO.

37. **(CESPE – 2019 – PRF – POLICIAL RODOVIÁRIO FEDERAL)** A figura seguinte ilustra uma prova de tiro ao alvo com arma de fogo: o alvo é um círculo de 20 cm de diâmetro e está localizado a 50 m da extremidade do cano da arma. O cano da arma e o centro do alvo estão à altura de 1,5 m do solo.

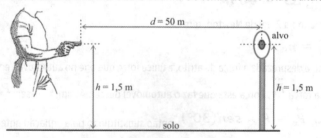

Nessa situação, um projétil de massa igual a 15 g sai do cano da arma paralelamente ao solo, com velocidade horizontal inicial de 720 km/h.

Tendo como referência a situação apresentada, julgue os itens a seguir, considerando que a aceleração da gravidade seja de 9,8 m/s² e desprezando o atrito do ar sobre o projétil.

Se o alvo fosse retirado da direção do projétil, então o trabalho realizado pela força gravitacional para levar o projétil até o solo seria superior a 0,10 J.

Certo (   )   Errado (   )

Por se tratar de força conservativa, o trabalho realizado por essa força gravitacional independe da trajetória percorrida entre os dois pontos diferentes considerados, ou seja, independentemente do tempo transcorrido para transportar um corpo entre dois pontos, o trabalho será o mesmo. Por sua vez, só depende do ponto de saída e chegada. Assim, temos que o trabalho realizado até o solo será:

$\zeta P = P \cdot h$

Sendo a massa da bala de 15 g ou 0,015 kg e a altura até chegar no solo de 1,5 m, substituindo teremos:

$\zeta P = m \cdot g \cdot h = 0,015 \cdot 9,8 \cdot 1,5 = 0,22$ J.

Logo o trabalho é superior a 0,10 J.

GABARITO: CERTO.

38. **(CESPE – 2016 – FUB – TÉCNICO DE LABORATÓRIO)** Em um local onde a aceleração da gravidade é constante, uma escada rolante foi projetada para se movimentar com velocidade escalar constante e transportar passageiros entre dois pisos separados por uma distância vertical de altura H.

Considerando que não haja força dissipativa no sistema e que 100% do trabalho do motor que movimenta a escada seja transferido para os passageiros, julgue o item subsequente.

Se a massa média dos passageiros for constante, então quanto maior for o número de passageiros transportados por minuto, maior será a potência desenvolvida pelo motor para movimentar a escada.

Certo ( )   Errado ( )

A potência do motor Pot, admitindo que não haja força dissipativa no sistema e que 100% do trabalho do motor seja transferido para os passageiros, será:

Pot = $\zeta/\Delta t$

O trabalho de uma força, no caso a força peso, é a massa multiplicada pela aceleração gravitacional **g** e pela altura **H**, logo a potência é dada por:

$P_{ot} = \zeta/\Delta t$

$P_{ot} = (m \cdot g \cdot H)/\Delta t$.

Admitindo a massa média dos passageiros e a aceleração gravitacional constante, e sabendo que a altura H é fixa, pela equação $P_{ot} = (m \cdot g \cdot H)/\Delta t$, temos que quanto maior for m (massa de cada passageiro) transportada por minuto, maior será a potência desenvolvida pelo motor para movimentar a escada.

GABARITO: CERTO.

39. **(CESPE – 2013 – PRF – POLICIAL RODOVIÁRIO FEDERAL)** Considerando que um veículo com massa igual a 1.000 kg se mova em linha reta com velocidade constante e igual a 72 km/h, e considerando, ainda, que a aceleração da gravidade seja igual a 10 m/s², julgue os itens a seguir.

Quando o freio for acionado, para que o veículo pare, a sua energia cinética e o trabalho da força de atrito, em módulo, deverão ser iguais.

Certo ( )   Errado ( )

Como o carro está com velocidade constante de 72 km/h, e logo depois são acionados os freios, a única força que age para fazer o veículo parar é a força de atrito (força resultante do sistema). Portanto, para que ele pare, o trabalho da força de atrito tem que ser igual à variação da energia cinética nesse trecho, ou seja: $\tau_{F\ atrito} = \Delta E_c$. Pois o trabalho da força resultante é a variação da energia cinética.

GABARITO: CERTO.

FÍSICA

40. **(CESPE – 2011 – CBM/DF – SOLDADO)** Uma bola de massa 0,5 kg desce uma cascata de altura igual a 43,7 m com velocidade vertical inicial de 5,0 m/s em direção ao leito de um rio. A bola começa a cair até atingir o leito do rio e flutuar sobre a água. Na queda, a bola encontra uma resistência que dissipa 30% de sua energia mecânica. Após pequeno percurso de instabilidade, ela segue suavemente parada em relação à água, que se desloca com velocidade de 7,0 m/s. Nesse trecho calmo o rio tem profundidade de 2,0 m.

Tendo como referência a situação apresentada e considerando que

a aceleração da gravidade seja g = 9,8 m/s², que 1 atm = 105 Pa e que a densidade da água é igual a 1.000 kg/m³, julgue os itens que se seguem.

A bola atinge a base da cascata com velocidade vertical, em módulo, superior a 24,0 m/s.

Certo ( )   Errado ( )

A energia mecânica na queda é a soma da energia cinética com a energia potencial em relação ao leito do rio. Assim, tem-se:

$$E_{M\,antes} = E_{M\,depois} \rightarrow E_{C\,antes} + E_{P\,antes} = E_{C\,depois} + E_{P\,depois}$$

Perceba que 30% da energia mecânica é dissipada. Logo ficando 70% dessa energia no momento antes e, assim, a energia potência depois é transferida em energia totalmente cinética. Então:

$$0,7(E_{C\,antes} + E_{P\,antes}) = E_{C\,depois} \rightarrow 0,7\left(\frac{m.v_{antes}^2}{2} + m.g.h\right) = \frac{m.v_{depois}^2}{2}$$

Colocando a massa em evidência podemos cancelar:

$$0,7.\cancel{m}\left(\frac{v_{antes}^2}{2} + g.h\right) = \frac{\cancel{m}.v_{depois}^2}{2}$$

Isolando a velocidade depois v_{depois} **, tem-se:**

$$v_{depois}^2 = 2.0,7.\left(\frac{v_{antes}^2}{2} + g.h\right) \quad v_{depois} = \sqrt{0,7.(v_{antes}^2 + 2.g.h)}.$$

Sendo $v_{antes} = 5,0\,m/s$, $g = 9,8\,m/s^2$ e $h = 43,7\,m$

, temos o valor da velocidade v_{depois} **na base da cascata:**

$$v_{depois} = \sqrt{0,7.(5^2 + 2.9,8.43,7)} =$$

$$v_{depois} = \sqrt{617,064} = 24,8\,m/s$$

GABARITO: CERTO.

41. **(CESPE – 2011 – CBM/DF – SOLDADO)** A variação da energia cinética ao finalizar a queda é igual a 150,0 J.

Certo ( )   Errado ( )

A variação da energia cinética é o trabalho da força resultante, logo:

$$\tau_{FR} = \Delta E_c \rightarrow \tau_{FR} = \frac{m.v_{depois}^2}{2} - \frac{m.v_{antes}^2}{2} \rightarrow \tau_{FR} = \frac{0,5.24,8^2}{2} - \frac{0,5.5^2}{2}$$

$$\tau_{FR} = 153,76 - 6,25 \quad \tau_{FR} = 147,51\,J$$

GABARITO: ERRADO.

42. **(CESPE – 2013 – PRF – POLICIAL RODOVIÁRIO FEDERAL)** Considerando que um veículo com massa igual a 1.000 kg se mova em linha reta com velocidade constante e igual a 72 km/h, e considerando, ainda, que a aceleração da gravidade seja igual a 10 m/s², julgue os itens a seguir.

Antes de iniciar o processo de frenagem, a energia mecânica do veículo era igual a 200.000 J.

Certo ( )   Errado ( )

Como a velocidade é constante e o veículo está se movendo em linha reta, esse, antes da frenagem, desenvolvia um movimento retilíneo uniforme. Na iminência de entrar em processo de frenagem, como o veículo está em movimento, possui energia cinética que é a própria energia mecânica antes da frenagem. Logo:

$$E_{M\,antes} = E_{C\,antes} \rightarrow E_{M\,antes} = \frac{m.v_{antes}^2}{2}$$

Transformando a velocidade de 72 km/h para m/s e substituindo os valores, tem-se a energia mecânica antes da frenagem:

$$E_{M\,antes} = \frac{1000.20^2}{2} \rightarrow E_{M\,antes} = 200.000\,J$$

GABARITO: CERTO.

43. **(CESPE – 2013 – PRF – POLICIAL RODOVIÁRIO FEDERAL)**

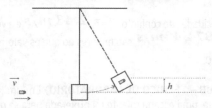

Uma bala de revólver de massa igual a 10 g foi disparada, com velocidade v, na direção de um bloco de massa igual a 4 kg, suspenso por um fio, conforme ilustrado na figura acima. A bala ficou encravada no bloco e o conjunto subiu até uma altura h igual a 30 cm.

Considerando essas informações e assumindo que a aceleração da gravidade seja igual a 10 m/s², julgue o item abaixo.

Se toda a energia cinética que o conjunto adquiriu imediatamente após a colisão fosse transformada em energia potencial, a velocidade do conjunto após a colisão e a velocidade com que a bala foi disparada seriam, respectivamente, superiores a 2,0 m/s e a 960 m/s.

Certo ( )   Errado ( )

Como toda energia cinética da bala foi transformada em energia potencial, para elevar o bloco a uma altura h, houve **a conservação da energia. Assim, temos:**

$$E_{mec\,antes} = E_{mec\,depois} \rightarrow E_{c\,antes} + \cancel{E_{p\,antes}} = \cancel{E_{c\,depois}} + E_{p\,depois}$$

Sendo a massa da bala $m_b = 10g$ e a massa do bloco $M_B = 4kg$, obtém-se:

$$\frac{(\cancel{m_b + M_B}).v^2}{2} = (\cancel{m_b + M_B}).g.h$$

FÍSICA

Perceba que no segundo momento, em que a bala crava no bloco, as massas se somam, ou seja, é considerado que não há perda, praticamente, da massa do bloco no preenchimento da bala. Assim, podemos calcular a velocidade v **do conjunto**.

$$v = \sqrt{2.g.h} \to v = \sqrt{2.10.0,3} = \sqrt{6} \cong \sqrt{3}.\sqrt{2} = 1,73 \cdot 1,41 \to v \cong 2,43 \ m/s$$

Para achar a velocidade com que a bala foi disparada, deve-se considerar que a quantidade de movimento de um sistema isolado de forças externas é constante. Logo:

$$\vec{Q}_{Antes} = \vec{Q}_{Depois}$$

Como pode ser observado, antes da colisão da bala no bloco, este se encontra parado $(\vec{v}_B = 0)$ e depois que a bala é encravada no bloco, as massas se somam. Então:

$$m_b . \vec{v}_b + \cancel{M_B . \vec{v}_B} = (m_b + M_B)v$$

Isolando o valor da velocidade da bala com que foi disparada $\vec{v}_b$, tem-se:

$$m_b . \vec{v}_b + \cancel{M_B . \vec{v}_B} = (m_b + M_B)v \to \vec{v}_b = \frac{(m_b + M_B)v}{m_b}$$

Substituindo os valores:

$$\vec{v}_b = \frac{(0,01+4).2,43}{0,01} \cong 974,43 \ m/s$$

Portanto, as velocidades do conjunto $v = 2,43 \ m/s$ e a velocidade com que a bala foi dispara $v_b = 974,43 m/s$ são maiores do que os valores especificados na questão.

GABARITO: CERTO.

44. **(CESPE – 2016 – FUB – TÉCNICO DE LABORATÓRIO)** Em um local onde a aceleração da gravidade é constante, uma escada rolante foi projetada para se movimentar com velocidade escalar constante e transportar passageiros entre dois pisos separados por uma distância vertical de altura H.

Considerando que não haja força dissipativa no sistema e que 100% do trabalho do motor que movimenta a escada seja transferido para os passageiros, julgue o item subsequente.

A força aplicada pela escada rolante a cada passageiro é proporcional à velocidade escalar com que a escada se movimenta.

Certo ( )   Errado ( )

A potência é expressa como: **P**ot = ζ/Δt

Pot = (PH)/Δt.

Logo temos que a velocidade é dada por **H** (altura) sobre Δt (tempo), ou seja, **v = H**/Δt. Dessa forma, podemos expressar a potência **P**ot = **P . v**.

Sendo:

P = força peso;

V = velocidade.

Portanto, percebemos que **a velocidade é inversamente proporcional à força P (força peso) aplicada pela escada rolante a cada passageiro** e diretamente proporcional à potência **P**ot para manter a potência solicitada pelo motor, ou seja, **a velocidade é constante** ao transportar passageiros entre os dois pisos.

GABARITO: ERRADO.

45. **(CESPE – 2016 – FUB – TÉCNICO DE LABORATÓRIO)** Devido ao fato de não haver forças dissipativas no sistema, a energia mecânica de cada passageiro permanece constante durante todo o percurso.

Certo ( )   Errado ( )

Como a velocidade é constante, não temos variação de energia cinética no sistema, e como também, devido ao fato de não haver forças dissipativas no sistema, a energia mecânica do sistema resume-se à energia potencial, sendo esta conservada em todo deslocamento vertical. Portanto, a energia mecânica será constante durante todo percurso.

GABARITO: CERTO.

46. **(CESPE – 2017 – SEDF – PROFESSOR DE EDUCAÇÃO BÁSICA)**

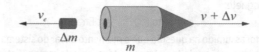

Quando um foguete se movimenta no espaço vazio, seu momento é modificado porque parte de sua massa é eliminada na forma de gases ejetados. Como esses gases adquirem algum momento, o foguete recebe um momento compensador no sentido oposto, sendo, portanto, acelerado como resultado da propulsão dos gases ejetados. As figuras apresentadas ilustram o sistema de propulsão idealizado pelo cientista russo Konstantin Tsiolkovsky: um foguete de massa inicial m + Δm, que se desloca com velocidade v, sofre, em certo instante, um acréscimo de velocidade Δv ao ejetar parte da sua massa (Δm) em alta velocidade (ve). A velocidade inicial do foguete é muito menor que a velocidade da massa ejetada (v < ve). Tendo como referência as informações precedentes, julgue os itens subsequentes, assumindo que o momento linear do sistema se conserva e que as massas m e Δm não estão sujeitas a forças externas ou de campo.

O momento linear total do sistema descrito é nulo no caso de o referencial estar localizado no centro de massa do sistema.

Certo ( )   Errado ( )

O momento linear do sistema se conserva quando as massas m e Δm não estão sujeitas a forças externas ou de campo, para um sistema conservativo. Assim, o impulso é igual ao vetor nulo.

Sabendo que o impulso é a variação da quantidade de movimento (momento linear), temos:

I = ΔQ → 0 = Q$_f$ - Qi

FÍSICA

Sendo: Qf a quantidade de movimento final e Qi a quantidade de movimento inicial, portanto temos que $Q_f = Q_i$, isto é, o momento linear é nulo, pois a quantidade de movimento final é igual a quantidade de movimento inicial.

GABARITO: CERTO.

47. **(CESPE – 2017 – SEDF – PROFESSOR DE EDUCAÇÃO BÁSICA)** A energia cinética do sistema é conservada – ou seja, permanece constante – na direção do movimento mostrado nas figuras, em razão da conservação do momento linear.

Certo ( )   Errado ( )

Não há conservação da energia cinética, mesmo existindo a conservação do momento linear. Pois, como podemos perceber, o foguete de massa inicial m + Δm, que se desloca com velocidade v, sofre, em certo instante, um acréscimo de velocidade Δv ao ejetar parte da sua massa (Δm) em alta velocidade (ve). Logo a velocidade aumenta em relação à velocidade inicial, devido ao ejetar de parte da massa Δm, isto é, a energia cinética se altera em relação à energia cinética inicial **(Ec = m · v^2/2)**, tanto em razão da variação de massa quanto à variação da velocidade, sendo que esta última cresce mais, significativamente, em relação à massa.

GABARITO: ERRADO

48. **(CESPE – 2017 – SEDF – PROFESSOR DE EDUCAÇÃO BÁSICA)** O acréscimo de velocidade adquirida pelo foguete devido à ejeção contínua de sua massa depende das massas final e inicial do foguete.

Certo ( )   Errado ( )

Como foi assumido na questão que o momento linear do sistema se conserva e que as massas m e Δm não estão sujeitas a forças externas ou de campo. Então, para que a quantidade de movimento seja conservada, a diminuição de massa deve ser compensada pelo o aumento de velocidade, e, assim, respeitar que a quantidade de movimento inicial é igual a quantidade de movimento final ($Q_i = Q_f$).

GABARITO: ERRADO.

49. **(CESPE – 2019 – PRF – POLICIAL RODOVIÁRIO FEDERAL)** Um veículo de 1.000 kg de massa, que se desloca sobre uma pista plana, faz uma curva circular de 50 m de raio, com velocidade de 54 km/h. O coeficiente de atrito estático entre os pneus do veículo e a pista é igual a 0,60.

A partir dessa situação, julgue o item que segue, considerando a aceleração da gravidade local igual a 9,8 m/s².

Considere que esse veículo colida com outro veículo, mas o sistema permaneça isolado, ou seja, não haja troca de matéria com o meio externo nem existam forças externas agindo sobre ele. Nesse caso, segundo a lei de conservação da quantidade de movimento, a soma das quantidades de movimento dos dois veículos, antes e após a colisão, permanece constante.

Certo ( )   Errado ( )

Quando um sistema é considerado com corpos isolados de forças externas e não há troca de matéria, a quantidade de movimento se conserva, ou seja, a soma das quantidades de movimento dos dois veículos, antes e após a colisão, permanece constante.

GABARITO: CERTO.

50. **(CESPE – 2016 – FUB – TÉCNICO DE LABORATÓRIO)** Com o objetivo de avaliar o sistema de segurança de seus produtos, uma indústria automobilística nacional submeteu um automóvel de 900 kg de massa a um procedimento conhecido como teste de impacto, constituído de duas fases: na primeira, denominada arrancada, o automóvel é acelerado, por 10 s, partindo do repouso até atingir a velocidade de 36 km/h; na segunda fase, identificada como colisão, o veículo, ainda com a velocidade da fase anterior, colide com um bloco de concreto não deformável e para após 0,1 s, tendo sua estrutura sido danificada após o choque.

A partir dessa situação hipotética, julgue o item a seguir, considerando que o módulo da aceleração da gravidade seja de 10 m/s^2.

Na segunda fase do teste, a força de impacto sobre o veículo foi equivalente ao peso de um objeto de 9 toneladas de massa.

Certo ( )   Errado ( )

Pelo Teorema do Impulso, tem-se que o Impulso é igual à variação da quantidade de movimento:

$I = \Delta Q$

Logo, como o impulso é dado pela força multiplicada pela variação de tempo e que a variação da quantidade de movimento é dada por $Q_f - Q_i$, temos:

$F \, \Delta t = Q_f - Q_i$

Percebemos que essa força de impacto tem sentido contrário ao deslocamento, logo é negativa, assim:

$- F \, \Delta t = Q_f - Q_i$

Como o veículo para após 0,1 s, temos que a velocidade final é igual a zero, por sua vez, a quantidade de movimento Q_f será zero. Então, substituindo os valores do tempo de 0,1, da massa m = 900 kg e da velocidade inicial de 36 km/h (10 m/s), teremos:

$- F \, \Delta t = - Q_i$

$F \, \Delta t = m \, v_i$

$F \, 0,1 = 900 \cdot 10$

$F = 9000/0,1 = 90.000 \, N$

Portanto, a massa m será de:

$m = P/g = 90000/10 = 9.000 \, kg$ **ou 9 toneladas.**

GABARITO: CERTO.

GEOPOLÍTICA BRASILEIRA

NILTON MATOS

GEOPOLÍTICA

1. **(CESPE/CEBRASPE – 2019 – PREFEITURA DE SÃO CRISTÓVÃO/SE – PROFESSOR)** Na segunda metade do século XX, a Revolução Verde no Brasil diversificou a produção e mudou a geografia do plantio; por outro lado, também gerou o chamado desemprego estrutural, na medida em que a mecanização agrícola substituiu muitos trabalhadores rurais.

Certo ( )   Errado ( )

O propósito da Revolução Verde era, inicialmente, o aumento da produção de alimentos em escala mundial como forma de garantia de segurança alimentar. Embora tenha se registrado ganhos produtivos em diversos países, a Revolução Verde trouxe consigo consequências para os pequenos produtores, para o ordenamento do território e para o meio ambiente.

GABARITO: CERTO.

2. **(CESPE/CEBRASPE – 2019 – PREFEITURA DE SÃO CRISTÓVÃO/SE – PROFESSOR)** Na mecanização e a produtividade da agropecuária brasileira põem o Brasil em posição mundial de destaque na produção e exportação de commodities.

Certo ( )   Errado ( )

O Brasil se consolidou nos últimos 25 anos como o maior exportador líquido (diferença entre exportações e importações) de produtos agropecuários do mundo, apesar do persistente protecionismo e de crescentes barreiras sanitárias e fitossanitárias no comércio global de alimentos.

GABARITO: CERTO.

3. **(CESPE/CEBRASPE – 2019 – PREFEITURA DE SÃO CRISTÓVÃO/SE – PROFESSOR – ADAPTADA)** O fato de o produto interno bruto (PIB) do Brasil estar entre os maiores do mundo reduziu a desigualdade social na última década.

Certo ( )   Errado ( )

O tema desigualdade social no Brasil é uma pauta indissociável de diversas outras problemáticas no país. É inviável tratar sobre desigualdade sem falar sobre o processo histórico de concentração de renda no país, sem falar sobre o racismo estrutural, sobre a concentração de terras, desigualdades de oportunidades, entre diversas outras questões.

GABARITO: ERRADO.

4. **(CESPE – 2019 – SLU/DF – ANALISTA)** As cidades no Brasil, em suas diferentes escalas (metrópole, cidade média ou pequena), apresentam elementos de desigualdade que se expressam no território: a precarização da habitação e do saneamento básico contribui para a formação de periferias pobres, parcialmente integradas à dinâmica urbana.

Certo ( )   Errado ( )

A desigualdade prejudica e limita o status social dos mais pobres, além de seu acesso a direitos básicos, como: acesso à educação e saúde de qualidade, direito à propriedade, direito ao trabalho, direito à moradia, ter boas condições de transporte e locomoção, entre outros.

GABARITO: CERTO.

5. **(CESPE – 2019 – SLU/DF – ANALISTA)** Os povos indígenas, em sua diversidade, são um exemplo de população tradicional que adota o sistema de uso coletivo da terra e de seus recursos como modo de vida sustentável e de combate à escassez.

Certo ( )   Errado ( )

As práticas dessas comunidades com o manejo dos polinizadores são fundamentais para o meio ambiente e para o bem-estar do homem em todo o planeta.

GABARITO: CERTO.

6. **(CESPE – 2019 – SLU/DF – ANALISTA)** Grandes empreendimentos instalados em pequenas cidades promovem a economia local e contribuem para o aumento da oferta e da qualidade dos serviços públicos locais.

Certo ( )   Errado ( )

A atração de grandes investimentos para pequenas cidades gera mecanismos para o aumento da circulação de capital em âmbito local, contribuindo para o crescimento econômico.

GABARITO: CERTO.

7. **(CESPE – 2019 – SLU/DF – ANALISTA)** Na atualidade, o know-how das empresas do setor energético brasileiro permite a construção de grandes empreendimentos hidroelétricos com baixo impacto no meio ambiente e nas comunidades envolvidas.

Certo ( )   Errado ( )

Na área que recebe o grande lago que serve de reservatório da hidrelétrica, a natureza se transforma: o clima muda, espécies de peixes desaparecem, animais fogem para refúgios secos, árvores viram madeira podre debaixo da inundação. Isso fora o impacto social: milhares de pessoas deixam suas casas e têm de recomeçar sua vida do zero num outro lugar.

GABARITO: ERRADO.

8. **(CESPE – 2019 – SLU/DF – ANALISTA)** No Brasil do século XX, o êxodo rural foi a principal causa migratória do processo de metropolização, cuja consequência foi a fragmentação social mediante uma urbanização desordenada.

Certo ( )   Errado ( )

O êxodo rural no Brasil se desenvolveu na segunda metade do século XX e vem perdendo força nos últimos anos. O êxodo rural corresponde ao processo de migração em massa da população do campo para as cidades, fenômeno que costuma ocorrer em um período considerado curto, como o prazo de algumas décadas.

GABARITO: CERTO.

9. **(CESPE – 2019 – SLU/DF – ANALISTA)** A renda per capita de uma região influencia decisivamente a disposição estrutural da sua rede urbana, contudo é fator irrelevante para a mobilidade socioespacial no interior das cidades.

Certo ( )   Errado ( )

A questão erra ao afirmar que a renda per capita é fator irrelevante para a mobilidade socioespacial no interior das cidades.

GABARITO: ERRADO.

HIS GEO

GEOPOLÍTICA

10. **(CESPE – 2019 – SLU/DF – ANALISTA)** A expressão da segregação socioeconômica está diretamente ligada ao valor de troca da terra urbana, por meio da especulação imobiliária e da gentrificação.

Certo ( )   Errado ( )

Com a urbanização do planeta, o processo de gentrificação – a expulsão de moradores antigos após a especulação imobiliária em um bairro – tornou-se um dos principais problemas da atualidade.

GABARITO: CERTO.

11. **(CESPE – 2019 – SLU/DF – ANALISTA)** A Lei de Terras, editada no Segundo Reinado, marcou o primórdio da distribuição desigual de terras característica da estrutura fundiária brasileira, por ter estabelecido que a compra fosse a única forma de aquisição de terras públicas.

Certo ( )   Errado ( )

A distribuição desigual da terra está longe de ser um assunto novo no Brasil. Surgiu com a vinda dos portugueses, que lotearam o País e o transformaram em capitanias hereditárias, comandadas pela nobreza vinda da Europa.

GABARITO: ERRADO.

12. **(CESPE – 2019 – SLU/DF – ANALISTA)** A coleta e a destinação de resíduos sólidos são consideradas como problemas ambientais urbanos para os quais a maioria das cidades brasileiras ainda não tem uma solução eficaz.

Certo ( )   Errado ( )

Os impactos da má gestão dos resíduos sólidos causam poluição atmosférica, poluição hídrica, poluição do solo e poluição visual, e, além disso, dependendo do tipo de resíduos, podem causar doenças para população, ocasionando o dano à saúde das pessoas.

GABARITO: CERTO.

13. **(CESPE – 2019 – PRF – POLICIAL RODOVIÁRIO FEDERAL)** O processo de globalização econômica e desenvolvimento tecnológico é marcado pela solidariedade organizacional entre empresas, sistema financeiro, tecnologia e lugares eleitos como regiões de investimento pela economia globalizada e, com o capital globalizado, busca-se desenvolver as regiões de modo a diminuir as desigualdades regionais e a oferecer uma economia justa e solidária.

Certo ( )   Errado ( )

A globalização tem sido responsável não apenas pelo aprofundamento da desigualdade, mas também pelo indesejável processo de homogeneização sociocultural.

GABARITO: ERRADO.

14. **(CESPE – 2019 – PRF – POLICIAL RODOVIÁRIO FEDERAL)** A rede de transporte rodoviário integra todo o território brasileiro, com rodovias conectando em rede todos os municípios das cinco macrorregiões do território nacional, e a predominância desse modal de transporte é fator de vulnerabilidade em relação aos países desenvolvidos, os quais também dependem desse modal de transporte.

Certo ( )   Errado ( )

Nos países desenvolvidos, o transporte de mercadorias é feito predominantemente por ferrovias e hidrovias. No Brasil e em outros países subdesenvolvidos, predomina o transporte rodoviário. Muitos países desenvolvidos de grande extensão e deficitários em combustíveis fósseis deveriam expandir seus meios de transporte ferroviário e hidroviário, não rodoviário.

GABARITO: ERRADO.

15. **(CESPE – 2019 – PRF – POLICIAL RODOVIÁRIO FEDERAL)** O custo do frete e as grandes distâncias a serem percorridas entre as regiões produtoras e os centros urbanos consumidores e os portos de exportação são fatores que impactam diretamente no preço dos produtos agropecuários e industriais brasileiros e em sua competividade nos mercados nacional e internacional.

Certo ( )   Errado ( )

O custo do transporte é parte fundamental na formação do preço dos bens, por isso a baixa qualidade da infraestrutura de transporte impacta diretamente na sociedade de forma geral. O país necessita de investimentos constantes no setor, a fim de se adequar à oferta de transporte e às demandas previstas.

GABARITO: CERTO.

16. **(CESPE – 2018 – BNB – ANALISTA BANCÁRIO)** O Nordeste tornou-se um grande receptor de migrantes das outras regiões do Brasil, em razão de fatores como a crise do ciclo da cana-de-açúcar, a perda da capital federal para o Rio de Janeiro e os ciclos econômicos de grande acumulação de capital acontecidos fora da região nordestina.

Certo ( )   Errado ( )

O Nordeste foi marcado durante décadas por intensos fluxos migratórios com destino especialmente ao Sudeste. Esses fluxos, que foram mais acentuados entre as décadas de 1950-1970, são interpretados pela literatura como uma resposta à seca ou aos diferenciais econômicos regionais.

GABARITO: ERRADO.

17. **(CESPE – 2018 – BNB – ANALISTA BANCÁRIO)** Matopiba, uma região de cerrado que abrange três estados nordestinos, é considerada uma fronteira agrícola no Brasil, sendo responsável, em grande parte, pela produção brasileira de grãos.

Certo ( )   Errado ( )

Região considerada a grande fronteira agrícola nacional da atualidade, o Matopiba compreende o bioma Cerrado dos estados do Maranhão, Tocantins, Piauí e Bahia e responde por grande parte da produção brasileira de grãos e fibras.

GABARITO: CERTO.

18. **(CESPE – 2018 – IPHAN – ANALISTA)** A urbanização brasileira ocorreu, inicialmente, em áreas isoladas, como verdadeiras ilhas, generalizando-se somente a partir do século XX.

Certo ( )   Errado ( )

As indústrias, sobretudo a têxtil e a alimentícia, difundiam-se, principalmente nos Estados de São Paulo e Rio de Janeiro. Esse desenvolvimento industrial acelerado necessitava de grande quantidade de mão de obra para trabalhar nas unidades fabris, na construção civil,

GEOPOLÍTICA

no comércio ou nos serviços, o que atraiu milhares de migrantes do campo para as cidades (êxodo rural).

GABARITO: CERTO.

19. **(CESPE – 2018 – IPHAN – ANALISTA)** O vale do São Francisco se destaca por seu potencial econômico, sendo reconhecido como um grande produtor de frutas do país.

Certo ( )   Errado ( )

A região tem uma produção anual de mais de um milhão de toneladas de frutas, das quais 80% são uvas de mesa e mangas, responsáveis por aproximadamente 80% da área de frutas plantadas no local. A região é responsável por 95% das exportações brasileiras de uvas e mangas.

GABARITO: CERTO.

20. **(CESPE – 2018 – IPHAN – ANALISTA)** O sistema produtivo implantado no Brasil promoveu, desde o início da colonização, uma relação espacial de exploração econômica entre o espaço subordinante e o espaço subordinado.

Certo ( )   Errado ( )

Os países europeus colonizaram diversos territórios e populações ao redor do mundo por meio da violência. O Brasil era uma colônia que visava apenas a exploração dos seus recursos naturais.

GABARITO: CERTO.

21. **(CESPE – 2018 – SEDUC/AL – PROFESSOR)** As primeiras ações governamentais para instituir mecanismos para a gestão ambiental no país voltaram-se à criação de parques nacionais.

Certo ( )   Errado ( )

No período de 69 anos foram criados 62 parques nacionais. O primeiro foi criado em junho de 1937 sob a égide do primeiro Código Florestal brasileiro e o último criado em junho de 2006 já sob a vigência do Sistema Nacional de Unidades de Conservação.

GABARITO: CERTO.

22. **(CESPE – 2018 – SEDUC/AL – PROFESSOR)** Ao mesmo tempo em que detém uma rica diversidade natural, mineral, histórica e cultural, o Brasil é um país de grandes contrastes econômicos regionais, pois ainda possui quantitativo populacional vivendo abaixo da linha de pobreza.

Certo ( )   Errado ( )

O Brasil, nas últimas décadas, vem confirmando uma tendência de enorme desigualdade na distribuição de renda e elevados níveis de pobreza. Um país desigual, exposto ao desafio histórico de enfrentar uma herança de injustiça social que exclui parte significativa de sua população do acesso a condições mínimas de dignidade e cidadania.

GABARITO: CERTO.

23. **(CESPE – 2018 – ABIN – OFICIAL DE INTELIGÊNCIA)** Fundamentados no aumento da expectativa de vida, que resulta em crescimento das despesas com aposentadorias, serviços de saúde e assistência social, setores da sociedade brasileira defendem a necessidade de reforma do sistema previdenciário nacional.

Certo ( )   Errado ( )

Assim, um dos argumentos centrais para os defensões da reformas está relacionado ao crescimento da despesa previdenciária combinado ao processo veloz de envelhecimento da população brasileira.

GABARITO: CERTO.

24. **(CESPE – 2018 – ABIN – OFICIAL DE INTELIGÊNCIA)** A partir da adoção de políticas públicas de ocupação do território nacional durante o regime militar, a fronteira agrícola expandiu-se para o Centro-Oeste, que passou a ser visto como "celeiro do mundo", destinado à produção de commodities como as do complexo grão carnes e à agropecuária em larga escala.

Certo ( )   Errado ( )

Considerado, até a década de 1980, um local de solos pobres e vegetação minguada, o Cerrado vem ganhando importância para dois grupos de interesses distintos. De um lado os biólogos, pesquisadores e ecologistas, que anunciam descobertas atrás de descobertas sobre a biodiversidade e importância desse bioma dentro dos ecossistemas brasileiros. Do outro lado figuram os expoentes do agronegócio, representados principalmente pelos sojicultores que, depois de descobrirem a potencialidade da exploração agrícola da região, veem o Cerrado como terra a ser conquistada.

GABARITO: CERTO.

25. **(CESPE – 2018 – ABIN – OFICIAL DE INTELIGÊNCIA)** A expansão da fronteira agrícola na Amazônia Legal é marcada por conflitos entre assentados e grandes projetos agropecuários e de mineração e por intensa devastação e desperdício dos recursos naturais e da biodiversidade, o que compromete o futuro da região.

Certo ( )   Errado ( )

Dos quase mil conflitos registrados em 2017 e 2018, mais da metade (59%) ocorreram pela disputa de terras sem legalização e/ou sem titulação legal. Na maioria dos casos, comunidades tradicionais e indígenas cujos territórios não foram reconhecidos e demarcados, ou áreas de posseiros sem reconhecimento.

GABARITO: CERTO.

26. **(CONSESP - 2018 - Prefeitura de Ouro Verde - SP - Adaptada)** O processo de participação social da mulher nas últimas décadas, tem colaborado para a diminuição da taxa de fecundidade e natalidade no país. Dentre os vários motivos, podemos afirmar que um dos principais responsáveis por essa redução na taxa de fecundidade foi a redução da atividade sexual devido à vida mais conturbada nas cidades.

Certo ( )   Errado ( )

A mulher ter conquistado uma maior autonomia social no mercado de trabalho

- Casamentos tardios;

HIS GEO

GEOPOLÍTICA

- Maior acesso à escolaridade;
- Alto custo de criação dos filhos.

GABARITO: ERRADO.

27. **(CONSESP - 2017 - Prefeitura de São Pedro - SP - Adaptada)** O elevado progresso técnico-científico e a participação de todos os povos e classes sociais aos computadores e à internet fazem com que não existam fronteiras entre povos e nações, havendo hoje uma só realidade para todos.

Certo ( )   Errado ( )

Um erro comum em questões de globalização a "generalização", visto que nem todos têm acesso às tecnologias, às redes, às facilidades que muitas vezes a globalização proporciona. Ela aumenta a disparidade entre classes e igualdade.

GABARITO: ERRADO.

28. **(CONSESP - 2017 - Prefeitura de São Pedro - SP - Adaptada)** A expressão cultural dos grupos humanos é um elemento que diferencia os povos, não permitindo a homogeneização do mundo em um único espaço, dificultando a completa globalização.

Certo ( )   Errado ( )

Com a Globalização, ampliaram-se as facilidades de comunicação e, consequentemente, a transmissão dos valores culturais. Assim, observa-se que as diferentes culturas e os diferentes costumes podem se interagir sem a necessidade de uma integração territorial.

GABARITO: CERTO.

29. **(Crescer Consultorias - 2017 - Prefeitura de Conceição do Canindé - PI - Adaptada)** Nas questões agropecuárias seja na produção para abastecimento interno, assim como para exportação, o Brasil está figurado entre os maiores produtores, estando entre os líderes de produções como: a cana-de-açúcar, o café, a soja, a carne bovina e o fumo.

Certo ( )   Errado ( )

O Brasil se consolidou nos últimos 25 anos como o maior exportador líquido (diferença entre exportações e importações) de produtos agropecuários do mundo, apesar do persistente protecionismo e de crescentes barreiras sanitárias e fitossanitárias no comércio global de alimentos. É o que confirma um levantamento recém-concluído pela Organização Mundial do Comércio (OMC), que reforça as perspectivas de que essa tendência, que se tornou mais aguda a partir do ano 2000, ainda deverá se aprofundar.

GABARITO: CERTO.

30. **(UPENET/IAUPE - 2017 - Prefeitura de Pombos - PE – Adaptada)** O crescimento vegetativo difere-se do natural pelo fato de o primeiro desconsiderar a influência das migrações.

Certo ( )   Errado ( )

O crescimento vegetativo representa a diferença entre a taxa de natalidade e a taxa de mortalidade. É também chamado de crescimento natural.

GABARITO: ERRADO.

31. **(UPENET/IAUPE - 2017 - Prefeitura de Pombos - PE – Adaptada)** O crescimento natural caracteriza-se pela diferença entre as taxas de natalidade e mortalidade.

Certo ( )   Errado ( )

Crescimento vegetativo = Tn – Tm

GABARITO: CERTO.

32. **(UPENET/IAUPE - 2017 - Prefeitura de Pombos - PE – Adaptada)** A taxa de fecundidade refere-se à média do número de filhos de cada mulher em uma determinada população.

Certo ( )   Errado ( )

A taxa de fecundidade é uma estimativa da quantidade de filhos que uma mulher teria ao longo de sua vida reprodutiva. É geralmente expressa como o número de nascimentos por 1.000 mulheres em idade fértil.

GABARITO: CERTO.

33. **(UPENET/IAUPE - 2017 - Prefeitura de Pombos - PE – Adaptada)** A revolução técnico-científica-informacional tem contribuído para o aumento de áreas anecúmenas.

Certo ( )   Errado ( )

Um antigo conceito grego, utilizado ainda hoje, divide o planeta em duas porções: a porção habitável - o ecúmeno, do grego oikoumêne, que significa "habitada (a Terra)", ou seja, a área habitável ou já habitada da Terra - e o anecúmeno, que é composto por áreas desprovidas de povoamento ou que, devido às suas condições naturais, abrigam pouquíssimos indivíduos.

GABARITO: ERRADO.

34. **(Instituto AOCP - 2016 - IF-BA - Adaptada)** Estados produtores de gêneros agrícolas têm perdido cada vez mais postos de trabalho por conta da mecanização do campo. Sem emprego, esses trabalhadores buscam ocupação em cidades menores, onde se habituam melhor.

Certo ( )   Errado ( )

Não precisa ser necessariamente cidades menores. há também para as grandes metrópoles.

GABARITO: ERRADO.

35. **(Instituto AOCP - 2016 - IF-BA - Adaptada)** Existe uma tendência de esvaziamento das cidades, especialmente as metrópoles, em favor de uma vida mais bucólica e afastada do estresse da vida urbana. O movimento é quase uma contraposição ao êxodo rural ocorrido no século XX.

Certo ( )   Errado ( )

Não há que se falar em esvaziamento. atualmente há maior crescimento nas cidades médias.

GABARITO: ERRADO.

36. **(Instituto AOCP - 2016 - IF-BA - Adaptada)** Os estados que tradicionalmente eram "fornecedores" de mão-de-obra como os do Nordeste ou o estado de Minas Gerais, têm cada vez mais recebido população que havia migrado anteriormente para outros estados. Desse modo, há um expressivo aumento da migração de retorno.

Certo ( )   Errado ( )

GEOPOLÍTICA

Minas Gerais passa a receber contingentes crescentes procedentes de São Paulo. A expansão da área de influência de São Paulo no Sudeste pode estar criando novas centralidades regionais, que vêm absorvendo parte dos efeitos do processo de desconcentração econômica e demográfica da metrópole paulista.

GABARITO: CERTO.

37. **(Instituto AOCP - 2016 - IF-BA - Adaptada)** Não há uma mudança expressiva dos movimentos migratórios do século XX para o século XXI, de modo que as regiões Norte e Nordeste continuam sendo áreas repulsoras de população enquanto os estados do Sul e do Sudeste continuam recebendo população.

Certo (   )   Errado (   )

No Nordeste e Norte ocorre a migração de retorno.

GABARITO: ERRADO.

38. **(Instituto AOCP - 2016 - IF-BA - Adaptada)** Devido ao recente paradigma de cuidado à natureza, sustentabilidade e educação ambiental, cada vez mais pessoas têm buscado viver na região amazônica. Os estados abrangidos pela floresta tiveram um ganho populacional expressivo nos últimos dez anos.

Na verdade, mais pela expansão da fronteira agrícola e a zona franca de Manaus ali entre outros

GABARITO: ERRADO.

39. **(TJ-SC - 2010 - TJ-SC - Analista de Sistemas - Adaptada)** A população brasileira é desigualmente distribuída no território. Ainda existe um forte contraste entre as regiões litorâneas, densamente povoadas e o interior de ocupação rarefeita. Mas, isto está mudando. O recente crescimento econômico das cidades médias do interior evidenciam esta modificação.

Certo (   )   Errado (   )

A população brasileira está irregularmente distribuída no território, isso fica evidente quando se compara algumas regiões ou estados, o Sudeste do país, por exemplo, apresenta uma densidade demográfica de 87 hab/km2, as regiões Nordeste, Sudeste e Sul reúnem juntas 88% da população, distribuída em 36% de todo o território, fato contrário à densidade demográfica do Norte e Centro-Oeste, que são, respectivamente, 4,1 hab/km2 e 8,7 hab/km2, correspondendo a 64% do território total.

GABARITO: CERTO.

40. **(TJ-SC - 2010 - TJ-SC - Analista de Sistemas - Adaptada)** Nas últimas décadas, houve um aumento dos movimentos migratórios intrarregionais, em consequência de novos polos de atração em cidades médias do interior do país, relacionados a desconcentração industrial e ao crescimento do setor agrário.

Certo (   )   Errado (   )

A partir dos anos 1990, as políticas de isenção de impostos e doação de terrenos feitas por estados e municípios acabaram atraindo as empresas para diferentes regiões.

Consequentemente, a ampliação da oferta de emprego nesses locais impulsionou o recebimento de migrantes.

GABARITO: CERTO.

41. **(TJ-SC - 2010 - TJ-SC - Analista de Sistemas - Adaptada)** As altas densidades populacionais nas áreas costeiras do Brasil estão diretamente relacionadas ao processo histórico de colonização e povoamento do país.

Certo ( )   Errado ( )

A concentração na área litorânea brasileira, especialmente na região do Vale do Paraíba que abrange territórios de São Paulo e Rio de Janeiro, tem causa principal a colonização e industrialização do país. No início era complicado explorar o interior local devido à mata densa e também por conta da chegada via navegação ao território brasileiro, o litoral acabou tornando-se um ponto estável de povoamento.

GABARITO: CERTO.

42. **(Alfacon – Carreiras Policiais – 2020)** A Geopolítica pode ser definida como o ramo da geografia que interpreta os fenômenos históricos, econômicos e políticos dos países e seus reflexos no cenário mundial.

Certo ( )   Errado ( )

A expressão "geopolítica" foi elaborada pelo cientista político Rudolf Kjellén, logo no início do século XX. Adepto das teorias do alemão Friedrich Ratzel, Kjellén definiu este novo conceito através da relação entre os fatos políticos de um determinado local com seus espaços geográficos.

GABARITO: CERTO.

GEOPOLÍTICA

LÍNGUA INGLESA

FABIO ROLDÃO

LÍNGUA INGLESA

BASED ON THE TEXT, JUDGE THE FOLLOWING QUESTIONS: 1, 2, 3 and 4.

Boots, belts, glasses, purses, and other items land in a plastic tray. It's a procedure frequent flyer are painfully familiar with, one of those things that are deemed necessary to get from point A to point B by air. "People increasingly expect to be treated like cattle at airports", says the Executive Director of a Human Rights group. "What we have seen over the years is a large level of security theatre, and more worryingly ridiculous technologies being deployed with little thought."

But security experts believe the ever-evolving technologies are justified. The senior Vice-President of a leading security screening and imaging firm says that security technology and screening methods simply must continue "to adapt to **changing** threats."

Airport security is one of the least popular aspects of travel, according to a passenger survey conducted by the International Air Transport Association (IATA). Airports have realized this, and some are now making efforts to make the experience of being touched, scanned, and having your suitcase rummaged through as painless as possible, while maintaining the same level of scrutiny.

It also did not take long for people to wonder just how much the scanners were seeing, especially after the media published a picture of the head of the Transportation Security Administration's research lab which showed her being scanned and appearing rather nude. It was an eye-opener for many, and privacy groups took up the cause. Soon officials acknowledged that the technology had to be tuned down a bit in the USA and several other countries.

Internet (adapted).

1. **(CESPE – 2015 – DEPEN – AGENTE PENITENCIÁRIO FEDERAL ÁREA 6)** The word "changing" conveys the idea that threats are constantly evolving.

Certo ( )   Errado ( )

De acordo com o enunciado, temos a seguinte afirmação: a palavra "mudança" transmite a ideia de que ameaças estão constantemente evoluindo. Pode-se encontrar a palavra *changing* no segundo parágrafo do texto; vejamos o trecho completo: "[...] *screening methods simply must continue 'to adapt to changing threats'"* ([...] métodos de triagem devem continuar "a se adaptar às mudanças de ameaças"). Assim, pode-se concluir que a afirmação da questão está correta, pois a palavra *changing* transmite a ideia de que ameaças estão constantemente evoluindo.

GABARITO: CERTO.

2. **(CESPE – 2015 – DEPEN – AGENTE PENITENCIÁRIO FEDERAL ÁREA 6)** A member of a Human Rights group and a representative of a security firm have similar points of view.

Certo ( )   Errado ( )

De acordo com o enunciado, um membro de um grupo de Direitos Humanos e um repre-sentante de uma empresa de segurança têm pontos de vista semelhantes. Essa afirmação está incorreta e pode-se perceber isso por meio dos seguintes trechos: *"'People increasingly expect to be treated like cattle at airports'", says the Executive Director of a Human Rights group."* ("Cada vez mais, as pessoas esperam serem tratadas como gado em aeroportos", afirma o diretor executivo de um grupo de Direitos Humanos.); *"But security experts believe the ever-evolving technologies are justified. The senior Vice-President of a leading security screening and imaging firm says that security technology and screening methods simply must continue 'to adapt to changing threats'".* ("Mas os especialistas em segurança acreditam que as tecnologias em constante evolução são justificadas. O vice-presidente sênior de uma empresa líder em triagem de segurança e imagem diz que a tecnologia de segurança e os

440

métodos de triagem devem continuar 'a se adaptar às ameaças em mudança'."). Assim, percebe-se que o membro de um grupo de Direitos Humanos e o representante de uma empresa de segurança têm pontos de vista semelhantes.

GABARITO: ERRADO.

3. **(CESPE – 2015 – DEPEN – AGENTE PENITENCIÁRIO FEDERAL ÁREA 6)** People who regularly travel by air are not surprised by the security procedures.

Certo ( )   Errado ( )

O enunciado diz que pessoas que viajam regularmente de avião não se surpreendem com os procedimentos de segurança. Pode-se identificar no primeiro parágrafo um trecho que confirma a afirmação feita pelo enunciado. Boots, belts, glasses, purses and other items land in a plastic tray. *"It's a procedure frequent flyers are painfully familiar with [...]"* (É um procedimento que os passageiros frequentes estão dolorosamente familiarizados), ou seja, os procedimentos de segurança são dolorosos, porém familiares.

GABARITO: CERTO.

4. **(CESPE – 2015 – DEPEN – AGENTE PENITENCIÁRIO FEDERAL ÁREA 6)** Some airports are concerned with easing distress passengers have to go through during inspection.

Certo ( )   Errado ( )

De acordo com o enunciado da questão, alguns aeroportos estão preocupados em amenizar a angústia que os passageiros têm que passar durante a inspeção. No terceiro parágrafo do texto encontra-se o seguinte trecho: *"Airports have realized this, and some are now making efforts to make the experience of being touched, scanned and having your suitcase rummaged through as painless as possible, while maintaining the same level of scrutiny."* (Os aeroportos perceberam isso, e alguns agora estão se esforçando para tornar a experiência de ser tocado, examinado e ter sua mala vasculhada o menos doloroso possível, mantendo o mesmo nível de escrutínio.). Portanto, pode-se afirmar que sim, alguns aeroportos estão preocupados em amenizar a angústia que os passageiros têm que passar durante a inspeção.

GABARITO: CERTO.

El Niño (The boy) is mostly likely to continue during the summer of 2015, according to new estimates for the Northern Hemisphere from the National Weather Service Climate Prediction Center. What can you expect in El Niño conditions? Warmer sea-surfaces that could send floods to South America, potentially impacting farmers and confounding food production, among other things.

Internet: <www.reuters.com > (adapted).

5. **(CESPE – 2015 – DEPEN – AGENTE PENITENCIÁRIO FEDERAL ÁREA 6)** According to the text, the effects of El Niño phenomena are sure to reach South America before they have impact on the Northern Hemisphere.

Certo ( )   Errado ( )

A afirmação feita pelo enunciado diz o seguinte: de acordo com o texto, os efeitos do fenômeno El Niño certamente chegarão à América do Sul antes de impactar o Hemisfério Norte. *"El Niño (The boy) is mostly likely to continue during the summer of 2015, according to new estimates for the Northern Hemisphere [...] Warmer sea-surfaces that could send floods to South America, potentially impacting [...]."* {O El Niño (o menino) provavelmente

LÍNGUA INGLESA

continuará durante o verão de 2015, de acordo com novas estimativas para o Hemisfério Norte [...] Superfícies do mar mais quentes que podem enviar inundações para a América do Sul, potencialmente impactando[...]}. Assim, pode-se perceber que o El Niño continuará no Hemisfério Norte e poderá enviar inundações para a América do Sul. Ou seja, não é certo que os efeitos do fenômeno chegarão à América do Sul antes de impactar o Hemisfério Norte.

GABARITO: ERRADO.

BASED ON THE TEXT, JUDGE THE FOLLOWING QUESTIONS: 6, 7 and 8.

Western intelligence agencies used to inhabit a parallel world where spy battled spy. Their trade was stealing or guarding secrets. Their masters were the men and women in government. Today the intelligence services are part of everyone's world. Their main task has been to protect society from terrorists and criminals. They are increasingly held to account in the press, parliaments and courts.

The intelligence revolution is partly the result of new technology. As recently as 1999, on becoming director of the American National Security Agency (NSA), Michael Hayden asked to send an e-mail to all staff. He was told: "We can't actually do that." The organization used computers to break codes rather than to surf the web as everyone else did. The NSA's new facility in Utah, the first of several, now stores exabytes of data drawn from everyday communications. At Britain's GCHQ, most code-breaking was done on paper until well into the 1980s.

The revolution has brought spying closer to ordinary people. After the attacks on America on September 11th 2001, counter-terrorism and counter-insurgency became the focus for the American intelligence agencies. Almost two-thirds of today's intelligence personnel have been hired since 9/11. As the world has moved online, so the spooks have become involved in monitoring organized crime and pedophiles as well as terrorists.

In a not very remote past, spies sent coded messages using short-wave radios and dead letter boxes. Now the communications of the spooks' new targets are mixed in with everyone else's, shuttling between computers and smartphones that are identical to those on your desk and in your pocket. Counter-terrorism, in particular, is **pre-emptive**. Hence the security services have had to act as hunters of conspiracies rather than gatherers of evidence.

Western intelligence — Shaken and stirred. In: The Economist, 12/11/2016 (adapted).

6. **(CESPE – 2018 – ABIN – OFICIAL TÉCNICO DE INTELIGÊNCIA – CONHECIMENTOS GERAIS)** GCHQ experts decided to stop producing academic papers about code-breaking techniques only in the two last decades of the last century.

Certo ( )   Errado ( )

O enunciado diz que os especialistas do GCHQ decidiram parar de produzir artigos acadêmicos sobre técnicas de quebra de código apenas nas duas últimas décadas do século passado. Mas, no segundo parágrafo do texto, encontra-se o seguinte trecho: *"At Britain's GCHQ, most code-breaking was done on paper until well into the 1980s."* (No GCHQ da Grã-Bretanha, a maior parte da quebra de código era feita no papel até meados da década de 1980.). Assim, percebe-se que o texto não diz nada sobre parar de produzir artigos acadêmicos sobre técnicas de quebra de código. Ao pensarmos dessa forma, estaríamos extrapolando a interpretação do texto.

GABARITO: ERRADO.

7. **(CESPE – 2018 – ABIN – OFICIAL TÉCNICO DE INTELIGÊNCIA – CONHECIMENTOS GERAIS)** The idea expressed in "Counter-terrorism (...) is pre-emptive" can be also found in the following proverb: It is better to prevent than to cure.

Certo ( )   Errado ( )

Segundo o enunciado, a ideia expressada em *"Counter-terrorism (...) is pre-emptive"* também pode ser encontrada no seguinte provérbio: *It is better to prevent than to cure*. É necessário olhar para o significado dos dois trechos mencionados pela questão. Enquanto o primeiro diz: *"Counter-terrorism, in particular, is pre-emptive. Hence the security services have had to act as hunters of conspiracies rather than gatherers of evidence."* (O contraterrorismo, em particular, é preventivo. Por isso, os serviços de segurança têm atuado como caçadores de conspirações, em vez de coletores de provas.); já no que diz respeito ao provérbio: *"It is better to prevent than to cure."* (Melhor prevenir do que remediar). A afirmativa feita pela questão está correta, uma vez que o contraterrorismo foi considerado uma forma de prevenção ao terrorismo. Portanto, prevenir é melhor do que remediar.

GABARITO: CERTO.

8. **(CESPE – 2018 – ABIN – OFICIAL TÉCNICO DE INTELIGÊNCIA – CONHECIMENTOS GERAIS)** The author defends the idea that the fight against organized and sexual crimes has diverted invaluable but scarce resources from what should be America's secret services' main goal: the combat against terrorism.

Certo ( )   Errado ( )

A partir do enunciado, temos a seguinte afirmação: o autor defende a ideia de que a luta contra os crimes organizados e sexuais desviou recursos inestimáveis, porém escassos, do que deveria ser o principal objetivo dos serviços secretos da América: o combate ao terrorismo. No final do terceiro parágrafo, encontra-se o seguinte trecho: *"As the world has moved online, so the spooks have become involved in monitoring organized crime and paedophiles as well as terrorists."* (À medida que o mundo se move on-line, os espiões se envolvem no monitoramento do crime organizado e dos pedófilos, bem como dos terroristas.). Vale ressaltar que pedofilia não é sinônimo de crimes sexuais, sendo coisas distintas. Além disso, em momento algum o texto fala de desvio de recursos para combater esse tipo de crime. A afirmação feita pela questão extrapola os limites de interpretação do texto.

GABARITO: ERRADO.

BASED ON THE S TEXT, JUDGE THE QUESTIONS: 9, 10 and 11.

The solid-waste disposal company Daily Disposal services tens of thousands of residences, businesses and construction sites in San Diego. In the past, drivers with residential routes received two printouts each morning: a 30-page document listing more than 1,000 customers they needed to visit that day, and a separate five- or six-page document listing customers with delinquent accounts. As drivers made stops, they had to compare the two lists to determine whether to pick up each customer's containers. With more than 90 drivers in the field, Daily Disposal needed a more efficient way to route trucks and document trash pickup. So, the company invested in a custom mobile app called eMobile, Samsung Galaxy tablets with 10.1-inch screens and cellular service from Sprint. Rather than receiving stacks of paper each morning, drivers simply download the day's route onto their tablets via the eMobile app. As they move along, the mounted tablets tell them exactly where to stop. When drivers arrive at customers' homes, they push one of three buttons on the touchscreen: "done," "not out" or "skip." Daily Disposal's entire fleet now has mounted tablets. All residential drivers are using the solution, and drivers who pick up from

LÍNGUA INGLESA

commercial and construction sites will begin using it soon. And the company is looking for other ways to automate operations. "What we're doing may seem simple, but it's huge for us," says Todd Ottonello, vice president of the company. "This also helps with our efforts to go green. The solution completely changes an industry."

Taylor Mallory Holland. Tablets bring waste management technology into the digital age. Internet: (adapted).

9. **(CESPE –2019 – SLU/DF – ANALISTA DE GESTÃO DE RESÍDUOS SÓLIDOS – INFORMÁTICA)** On the basis of the last quote the article provides from the vice president of Daily Disposal, one can infer that the company has not invested in any other initiatives to lessen its negative impact on the environment.

Certo ( )   Errado ( )

Antes de avançarmos para a resposta, precisamos entender o que o enunciado está nos dizendo. Nesse caso, ele está afirmando que, conforme a última citação do vice-presidente, a companhia não está fazendo investimento em outras alternativas para diminuir o impacto negativo no meio ambiente. *"This also helps with our efforts to go green. The solution completely changes an industry."* (Isso também ajuda com nossos esforços para aderir ao movimento verde. A solução muda completamente uma indústria.). Com base nesse trecho, é possível concluir que eles estão investindo em alternativas para diminuir o impacto negativo no meio ambiente. Entender a expressão *"go green"* (movimento verde) é fundamental para o entendimento da questão.

GABARITO: ERRADO.

10. **(CESPE – 2019 – SLU/DF – ANALISTA DE GESTÃO DE RESÍDUOS SÓLIDOS – INFORMÁTICA)** The text states that Daily Disposal uses a mobile app, tablets, and cellular phone service for the work they do with both their residential and commercial customers.

Certo ( )   Errado ( )

O enunciado diz o seguinte: o texto afirma que a Daily Disposal usa um aplicativo móvel, tablets e serviço de telefone celular para o trabalho que eles fazem com seus clientes particulares (residenciais) e comerciais (empresas). No trecho seguinte do texto, identificamos o erro da questão: *"All residential drivers are using the solution, and drivers who pick up from commercial and construction sites will begin using it soon."* (Todos os motoristas residenciais estão usando a solução, e os motoristas que atendem nos locais comerciais e de construção começarão a usá-lo em breve.). Como podemos perceber, o serviço só será oferecido às empresas no futuro. Afirmação diferente do que encontramos no enunciado. Portanto, questão errada.

GABARITO: ERRADO.

11. **(CESPE – 2019 – SLU/DF – ANALISTA DE GESTÃO DE RESÍDUOS SÓLIDOS – INFORMÁTICA)** The article primarily deals with how one waste management company is incorporating contemporary technology into their routine in order to improve the service they provide.

Certo ( )   Errado ( )

Analisando o enunciado: o artigo trata principalmente de como uma empresa de gerencia-mento de resíduos está incorporando a tecnologia contemporânea em sua rotina, a fim de melhorar o serviço prestado. Ao olhar para o seguinte excerto podemos resolver a questão: *"With more than 90 drivers in the field, Daily Disposal needed a more efficient way to route trucks and document trash pickup. So, the company invested in a custom mobile app called eMobile, Samsung Galaxy tablets with 10.1-inch screens and cellular service from Sprint."* (Com mais de 90 motoristas em campo, o Daily Disposal precisava de uma maneira mais eficiente de traçar a rota dos caminhões e documentar a coleta de lixo. Portanto, a empresa investiu em um aplicativo móvel personalizado chamado eMobile, tablets Samsung Galaxy com telas de 10,1 polegadas e serviço de celular da Sprint.) Assim, percebe-se a transição de uma empresa de gerenciamento de resíduos incorporando a tecnologia contemporânea em sua rotina, conforme diz enunciado. Portanto, questão correta.

GABARITO: CERTO.

Language situation on the Internet: sites and users

The Internet is essentially non-geographic, but it is possible to look at the geography of its users as well as of information placed or exchanged on the Web. For most of the time the U.S. users and English language content (which is also U.S. centered) dominated the Internet. What is the present situation? The art of estimating how many are online throughout the world is an inexact one at best. Surveys abound, using all sorts of measurement parameters. The attitudes towards the role of languages on the Internet are as diverse as the attitudes and opinions that people hold about languages in general. The user groups of different languages are ensuring their presence and usage by network communities. There are people who, like Yukio Tsuda, consider that the dominance of English signifies continuity of neo-colonialism through colonialization of consciousness and ensures social and communication inequality as well as language discrimination. The dominance of English language on the Web for a long time was ensured not only by the place of its origin and international character but by technology and standards, which did not support different characters and other multilingual features. At present these technical problems are either solved or under investigation. Barriers to localization and multilingualism are falling away. The possibilities and diversity of language resources as well as means of teaching, learning, promoting, and practicing language are constantly growing. The major move was creation of means supporting different character sets.

MACEVICIUTE. E. Multilingual virtual world: languages on the Internet. **Revista Razón y Palabra**, n. 42, 2004 (adapted).

Concerning the ideas of the previous text and the vocabulary used in it, judge the following items.

12. **(CESPE – 2018 – IPHAN– ANALISTA I – ÁREA 7)** It can be inferred from the text that nowadays it is possible to ensure the support for languages that need characters other than the Western alphabet.

Certo ( )   Errado ( )

O enunciado está fazendo a seguinte afirmação: pode-se inferir a partir do texto que atualmente é possível garantir o suporte a idiomas que precisam de caracteres diferentes do alfabeto ocidental. Pode-se encontrar no quarto parágrafo o seguinte trecho: *"The dominance of English language on the Web for a long time was ensured not only by the place of its origin and international character but by technology and standards, which did not support different characters and other multilingual features. At present these technical problems are either solved or under investigation."* (O domínio da língua inglesa na Web para muito tempo foi assegurado não só pelo lugar de sua origem e caráter internacional, mas pela tecnologia e padrões, que não suportavam caracteres diferentes e outros recursos multilíngues. Atualmente estes problemas técnicos estão resolvidos ou sob investigação.) Portanto, gabarito correto.

GABARITO: CERTO.

LÍNGUA INGLESA

13. **(CESPE – 2018 – IPHAN – ANALISTA I – ÁREA 7)** It can be concluded from the text that technology has always allowed a diverse presence of languages on the Web.

Certo ( )   Errado ( )

O enunciado diz o seguinte: conclui-se, a partir do texto, que a tecnologia sempre permitiu uma presença diversificada de idiomas na Web. Porém, logo no primeiro parágrafo, pode-se encontrar uma contradição a essa afirmação presente no enunciado. *For most of the time the U.S. users and English language content (which is also U.S. centered) dominated the internet.* [Na maioria das vezes, os usuários dos Estados Unidos e o conteúdo do idioma inglês (que também é centrado nos Estados Unidos) dominavam a internet.]. Assim, pode-se afirmar que não, a tecnologia nem sempre permitiu essa presença diversificada de idiomas na web.

GABARITO: ERRADO.

14. **(CESPE – 2018 – IPHAN – ANALISTA I – ÁREA 7)** According to the text, quantifying the number of Internet users is somewhat imprecise.

Certo ( )   Errado ( )

O enunciado traz a seguinte afirmação: de acordo com o texto, quantificar o número de usuários da Internet é um tanto impreciso. Com base no texto, temos a seguinte situação: *"the art of estimating how many are online throughout the world is an inexact one at best* [...]*"* (a arte de estimar quantas pessoas estão on-line em todo o mundo é inexata.). Assim, percebemos que há uma certa diferença entre o enunciado e o texto. No enunciado, fala-se da quantidade de usuários e, no texto, fala-se da quantidade de pessoas on-line. Ao afirmar que o enunciado está correto estaríamos extrapolando a interpretação do texto.

GABARITO: ERRADO.

15. **(CESPE – 2018 – IPHAN – ANALISTA I – ÁREA 7)** It can be concluded from the text that the virtual environment is not susceptible to geographical analysis.

Certo ( )   Errado ( )

De acordo com o enunciado, conclui-se a partir do texto que o ambiente virtual não é suscetível à análise geográfica. Tal informação é contrária ao que o texto traz no primeiro parágrafo: *"The internet is essentially non-geographic, but it is possible to look at the geography of its users* [...]*."* (A internet é essencialmente não geográfica, mas é possível observar a geografia de seus usuários [...]). A partir da leitura deste trecho, percebe-se que a afirmação feita no enunciado está errada.

GABARITO: ERRADO.

BASED ON THE TEXT, JUDGE THE FOLLOWING QUESTION

The increase in scrutiny and reduction in powers for security agencies has to a considerable extent been triggered by the revelations of the former National Security agency whistle-blower Edward Snowden. These disclosures, along with other leaks from organizations such as WikiLeaks, have shed light on a series of illegal practices adopted by intelligence agencies in many countries, in particular the USA, Germany and the UK.

This has led to an unprecedented shift in the nature of intelligence legislation in many parts of the world, with security services witnessing a reduction in their powers for the first time in the post-9/11 era, defined by the West's commitment to the war on terror.

However, despite claims that the agencies are working in the interest of national security, critics counter that overbearing surveillance practices erode and restrict many civil liberties. In spite of the introduction of restrictions in the USA and Germany, Great Britain appears to be heading in the opposite direction when it comes to surveillance policy, with the UK's Conservative government putting forward plans to grant spy agencies yet more powers to deal with threats to national security.

The British government has outlined its highly controversial plan to introduce the Investigatory Powers Bill, which would grant agencies not only more power but also allow them to force Internet companies to log and track **users'** web history for up to a year to allow for the police and security services access. It is thought the plan would also compel companies to collect and hold data on mobile phone applications like WhatsApp and Snapchat.

Snowden: the legacy of the Leaks. Internet: (adapted).

16. **(CESPE – 2018 – ABIN – AGENTE DE INTELIGÊNCIA)** The author of the text implies that the fight against terrorism is no longer a major priority for Anglo-American intelligence services.

Certo ( )   Errado ( )

De acordo com o enunciado, temos a seguinte afirmação: o autor do texto dá a entender que a luta contra o terrorismo não é mais uma grande prioridade para os serviços de inteligência anglo-americanos. O segundo parágrafo traz o seguinte: "*This has led to an unprecedented shift in the nature of intelligence legislation in many parts of the world, with security services witnessing a reduction in their powers for the first time in the post-9/11 era, defined by the West's commitment to the war on terror.*" (Isso levou a uma mudança sem precedentes na natureza da legislação de inteligência em muitas partes do mundo, com os serviços de segurança testemunhando uma redução em seus poderes pela primeira vez na era pós-11 de setembro, definida pelo compromisso do Ocidente com a guerra ao terror.). Esse é o único momento do texto que fala sobre uma redução nos poderes pela primeira vez no pós-11 de setembro. Assim, não é possível afirmar que a luta contra o terrorismo não é mais uma grande prioridade para os serviços de inteligência anglo-americanos. Ao fazer isso, estaríamos extrapolando os limites do texto.

GABARITO: ERRADO.

BASED ON THE TEXT, JUDGE THE QUESTIONS: 17, 18, 19 e 20

With Ebola nearly stamped out in West Africa, vaccine trials will probably fail to provide enough useful data on how well they protect people against the deadly virus, the WHO (World Health Organization) said on Tuesday.

"The best news is we are going to zero cases, there is absolutely no doubt about that," said WHO researcher J. Kieny. But two experimental Ebola vaccines being tested on volunteers may not yield sufficient data on efficacy as case numbers fall, Kieny said.

"It is not clear whether it will be possible to have even a hint of efficacy from these two vaccines," she said, noting that they already had been proven safe. "To have efficacy we must see if people are actually protected, as the number of cases is going down it is not clear whether there will be a strong robust answer to this question at the end of epidemic," she said.

The WHO, a United Nations agency, hosted a two-day experts' meeting on Ebola research and development after the world's largest epidemic that has killed more than 11,000 since December 2013.

Consultations will be held in coming months on issues including developing protocols, data sharing and storing biological material including the virus and blood serum of patients, Kieny said.

Internet (adapted).

Fabio Roldão

LÍNGUA INGLESA

17. **(CESPE – 2015 – DEPEN– AGENTE PENITENCIÁRIO FEDERAL ÁREA 6)** Even though the vaccines could be tested, the results may not be useful to assess their efficacy.

Certo ( )   Errado ( )

Segundo o enunciado, ainda que as vacinas possam ser testadas, os resultados podem não ser úteis para avaliar sua eficácia. O gabarito está correto e podemos identificar isso por meio do seguinte trecho do terceiro parágrafo: *"It is not clear wheather it will be possible to have even a hint of efficacy from these two vaccines."* (Não está claro se será possível ter até mesmo um indício de eficácia a partir destas duas vacinas.). No parágrafo anterior do texto, encontramos o seguinte: *"'But two experimental Ebola vaccines being tested on volunteers may not yield sufficient data on efficacy as case numbers fall', Kieny said."* (Mas duas vacinas experimentais contra o Ebola testadas em voluntários podem não produzir dados suficientes sobre a eficácia à medida que o número de casos diminui, disse Kieny.). Assim, pode-se afirmar que sim, ainda que as vacinas possam ser testadas, os resultados podem não ser úteis para avaliar sua eficácia.

GABARITO: CERTO.

18. **(CESPE – 2015 – DEPEN – AGENTE PENITENCIÁRIO FEDERAL ÁREA 6)** The West region of Africa is totally free from the Ebola virus.

Certo ( )   Errado ( )

O enunciado da questão diz o seguinte: a região oeste da África está totalmente livre do vírus Ebola. Essa afirmação está incorreta e pode-se verificar isso por meio do seguinte trecho do primeiro parágrafo: *"With Ebola nearly stamped out in West Africa [...]."* (Com o Ebola quase eliminado no Oeste da África...). Para resolver essa questão, é preciso conhecer o significado da expressão *"stamp out"* (eliminar) e também da palavra *"nearly"* (por pouco/quase/aproximadamente). Assim, pode-se concluir que a região Oeste da África NÃO está totalmente livre do vírus Ebola.

GABARITO: ERRADO.

19. **(CESPE – 2015 – DEPEN – AGENTE PENITENCIÁRIO FEDERAL ÁREA 6)** The WHO mentioned has no intention of keeping biological material related to the disease.

Certo ( )   Errado ( )

O enunciado diz o seguinte: a Organização Mundial da Saúde (OMS) citada não tem intenção de guardar material biológico relacionado à doença. De acordo com último parágrafo do texto, percebe-se que essa afirmação está errada: *"Consultations will be held in coming months on issues including developing protocols, data sharing and storing biological material including the virus and blood serum of patients", Kieny said.* (As consultas serão realizadas nos próximos meses sobre questões como o desenvolvimento de protocolos, compartilhamento de dados e armazenamento de material biológico, incluindo o vírus e o soro sanguíneo de pacientes, disse Kieny.). No segundo parágrafo encontramos a informação de que J. Kieny é um pesquisador da OMS. Assim, conclui-se que sim, a OMS tem e vai guardar material biológico da doença.

GABARITO: ERRADO.

20. **(CESPE – 2015 – DEPEN – AGENTE PENITENCIÁRIO FEDERAL ÁREA 6)** The world had never witnessed an Ebola epidemic of such magnitude as the one mentioned in the text.

Certo ( )   Errado ( )

Segundo o enunciado, temos a seguinte afirmação: o mundo nunca havia testemunhado uma epidemia tão grande quanto a mencionada no texto. A afirmação está correta com base no quarto parágrafo do texto: "*The WHO, a United Nations agency, hosted a two-day experts' meeting on Ebola research and development after the world's largest epidemic that has killed more than 11,000 since December 2013.*" (A OMS, uma agência das Nações Unidas, sediou uma reunião de especialistas de dois dias em pesquisa e desenvolvimento do Ebola após a maior epidemia do mundo que matou mais de 11.000 desde dezembro de 2013.). Assim, com base no texto, pode-se confirmar que sim, o mundo nunca havia testemunhado uma epidemia tão grande quanto a mencionada no texto.

GABARITO: CERTO.

ACCORDING TO THE TEXT, JUDGE THE FOLLOWING ITEMS.

When reflecting on the Fourth Industrial Revolution I cannot help but think I'm in one of Isaac Asimov's novels. In his Foundation series he starts off with a mathematician who develops a branch of mathematics that can predict the future, but only on a large scale. He foresees the imminent fall of the Galactic Empire, which will result in untold suffering and human misery, which could be averted.

When talking about the Fourth Industrial Revolution as personified through artificial intelligence, we generally are referring to machine learning, deep learning, robotics, the internet of things. It is the symbiotic relationship between man and machine.

First, technology and the advancement of smart technologies are purported to equate to modernity. If the population of a certain country is not using smart technologies then it is left behind. Smartphones, smart freezers, smart cars and so much more.

Then there are the labour implications of the revolution. It's all too easy to say we must prepare for the eventuality of job losses and retrain ourselves to be employable in the digital age. But this is easier said than done. A closer examination of the issue suggests that the only real jobs protected from complete overhaul by machines are creative ones — not only the arts, but also high-level jobs such as CEOs and managers in the financial and corporate worlds. Meaning, to state the obvious, the current elite will have job security while blue-collar workers will be threatened by huge job losses due to machines.

Critical questions that must be answered are that one undisputed need for this revolution is a constant supply of electricity, without which we cannot have satellite communication to keep smart devices working, fibre connectivity and so on. Many countries will then be left out of the Fourth Industrial Revolution.

Oscar Van Heerden. The rise of the machines:
Are we ready to participate in the Fourth Industrial Revolution?
In: Daily Maverick News. Internet (adapted)

21. **(CESPE – 2018 – MPE/PI – ANALISTA MINISTERIAL – TECNOLOGIA DA INFORMAÇÃO)** Smart technologies depend on satellite communication.

Certo ( )   Errado ( )

Olhando para o enunciado: as tecnologias inteligentes dependem da comunicação via satélite. Pode-se dizer que a afirmativa do enunciado está correta, conforme último parágrafo do texto: "*Critical questions that must be answered are that onde undisputed need for this revolution is a constant supply of electricity, without which we cannot have*

LÍNGUA INGLESA

satellite communication to keep smart devices working." (As questões críticas que devem ser respondidas são as de que uma necessidade incontestável dessa revolução é um fornecimento constante de eletricidade, sem a qual não podemos ter comunicação via satélite para manter os dispositivos inteligentes funcionando.). Assim, confirma-se o que é dito no enunciado: tecnologias inteligentes dependem da comunicação via satélite.

GABARITO: CERTO.

22. **(CESPE –2018 – MPE/PI – ANALISTA MINISTERIAL – TECNOLOGIA DA INFORMAÇÃO)** Digital instruction will guarantee employability.

Certo ( )   Errado ( )

A partir do enunciado, tem-se a seguinte afirmação: instrução digital irá garantir a empregabilidade. No quarto parágrafo do texto encontra-se o seguinte trecho: *"[...] we must prepare for the eventuality of job losses [...]. A closer examination of the issues suggests that the only real jobs protected from complete overhaul by machines are creative ones – not only the arts, but also high levels jobs such as CEOs and managers [...]."* ([...] devemos nos preparar para a eventualidade de perda de empregos [...]. Uma análise mais atenta às situações sugere que os únicos trabalhos reais protegidos de uma inspeção completa por máquinas são criativos – não apenas as artes, mas também trabalhos de alto nível, como CEOs e gerentes [...]). Portanto, pode-se afirmar que instruções digitais não irão garantir a empregabilidade.

GABARITO: ERRADO.

23. **(CESPE – 2018 – MPE/PI – ANALISTA MINISTERIAL – TECNOLOGIA DA INFORMAÇÃO)** Regular wage-earning workers will soon compete with machines for jobs.

Certo ( )   Errado ( )

A alternativa mostra que trabalhadores com salário regular irão, em breve, competir com máquinas por emprego. No final do quarto parágrafo do texto encontramos a justificativa da questão: *"Blue-collar workers will be threatened by huge job losses due to machine"* (Operários serão ameaçados por enormes perdas de trabalho em função das máquinas). Vale a pena chamar a atenção pelos termos usados para se referir aos operários tanto no enunciado da pergunta quanto no texto: *"wage-earning workers"* (trabalhadores com salário regular) e *"blue-collar workers"* (trabalhadores de colarinho azul).

GABARITO: CERTO.

24. **(CESPE – 2018 – MPE/PI – ANALISTA MINISTERIAL – TECNOLOGIA DA INFORMAÇÃO)** If a country fulfills the requirements for electricity, it will not be left out of the Fourth Industrial Revolution.

Certo ( )   Errado ( )

A partir do enunciado temos a seguinte afirmação: se um país preencher os requisitos de eletricidade, ele não será deixado de fora da Quarta Revolução industrial. Encontramos no último parágrafo as informações necessárias para resolver a questão: *"[...] one undisputed need for this revolution is a constant supply of electricity, without which we cannot have satellite communication to keep smart devices working, fibre connectivity and so on. Many countries will then be left out of the Fourth Industrial Revolution."* (Uma necessidade incontestável dessa revolução é o fornecimento constante de eletricidade, sem a qual não podemos ter comunicação via satélite para manter os dispositivos inteligentes funcionando,

450

conectividade por fibra e assim por diante. Muitos países serão deixados de fora da Quarta Revolução Industrial.) Nesse trecho, o texto expõe a necessidade do abastecimento constante de eletricidade e que muitos países serão deixados de fora, ou seja, o texto não dá garantir de que se o país preencha os requisitos de eletricidade ele não ficará de fora.

GABARITO: ERRADO.

25. **(CESPE – 2018 – MPE/PI – ANALISTA MINISTERIAL – TECNOLOGIA DA INFORMAÇÃO)** Modernity nowadays is related, at least in part, to the use of smart objects in general.

Certo ( )   Errado ( )

Vamos ao enunciado: a modernidade atualmente está relacionada, pelo menos em parte, com o uso de objetos inteligentes em geral. No terceiro parágrafo do texto é possível encontrar a justificativa para essa afirmação: *"first, technology and advancement of smart technologies are purported to equate to modernity. If the population of a certain country is not using smart technologies then it is left behind. Smartphones, smart freezers, smart cars and so much more."* (primeiro, a tecnologia e o avanço das tecnologias inteligentes são equiparados à modernidade. Se a população de um determinado país não estiver usando tecnologias inteligentes, ela será deixada para trás. Smartphones, freezers inteligentes, carros inteligentes e muito mais.). Assim pode-se dizer que a afirmação feita no enunciado está correta, a modernidade atualmente está relacionada, pelo menos em parte, com o uso de objetos inteligentes em geral.

GABARITO: CERTO.

26. **(CESPE – 2018 – MPE/PI – ANALISTA MINISTERIAL – TECNOLOGIA DA INFORMAÇÃO)** The technology which concerns the new Industrial Revolution revolves around the interaction between humans and artificial intelligence.

Certo ( )   Errado ( )

De acordo com o enunciado, a tecnologia que diz respeito à nova Revolução Industrial gira em torno da interação entre humanos e inteligência artificial. No final do segundo parágrafo do texto encontramos o seguinte trecho: *"It is the symbiotic relationship between men and machine."* (É a relação simbiótica entre homens e máquinas). Nesse caso é possível considerar máquinas sinônimo de inteligência artificial, uma vez que no início desse parágrafo o texto fala: *"[...] personified through artificial intelligence, we are referring to machine learning [...]."* (personificado por meio da inteligência artificial, estamos nos referindo ao aprendizado de máquinas [...].). Além disso, vale apontar a definição de simbiose: é uma associação a longo prazo entre dois organismos de espécies diferentes, seja essa relação benéfica para ambos os indivíduos envolvidos ou não. Assim, pode-se dizer que sim, a tecnologia que diz respeito à nova Revolução Industrial gira em torno da interação entre humanos e inteligência artificial.

GABARITO: CERTO.

27. **(CESPE – 2018 – MPE/PI – ANALISTA MINISTERIAL – TECNOLOGIA DA INFORMAÇÃO)** Asimov's mathematician predicts unavoidable misery for the human race, following the fall of the Galactic Empire.

Certo ( )   Errado ( )

De acordo com o enunciado, tem-se a seguinte afirmação: a matemática de Asimov prevê miséria inevitável para a raça humana, após a queda do Império Galáctico. Podemos encontrar

LÍNGUA INGLESA

essas informações no primeiro parágrafo e realmente o matemático prevê a miséria da raça humana, porém o enunciado usa o termo *"unavoidable"* (inevitável) e, na última sentença do primeiro parágrafo, temos *"which could be averted"* (que pode ser evitado). Ou seja, os termos *"avert"* e *"avoid"* são sinônimos, ao acrescentar o sufixo *"able"* (*avel*) na palavra *avoid* muda ela de "evitar" para "evitável"; ao acrescentar o prefixo "un", dá o sentido contrário (igual normal e anormal). Assim, a partir dessa junção, tem-se a palavra *"unavoidable"* = inevitável. Portanto, pode-se dizer que o gabarito está errado porque no enunciado fala que é uma situação inevitável (*"unavoidable"*) e o texto diz que pode ser evitado (*"which could be averted"*).

GABARITO: ERRADO.

ACCORDING TO THE TEXT, JUDGE THE FOLLOWING ITEMS.

Language situation on the Internet: sites and users

The Internet is essentially non-geographic, but it is possible to look at the geography of its users as well as of information placed or exchanged on the Web. For most of the time the U.S. users and English language content (which is also U.S. centered) dominated the Internet.

What is the present situation? The art of estimating how many are online throughout the world is an inexact one at best. Surveys abound, using all sorts of measurement parameters. The attitudes towards the role of languages on the Internet are as diverse as the attitudes and opinions that people hold about languages in general.

The user groups of different languages are ensuring their presence and usage by network communities. There are people who, like Yukio Tsuda, consider that the dominance of English signifies continuity of neo-colonialism through colonialization of consciousness and ensures social and communication inequality as well as language discrimination.

The dominance of English language on the Web for a long time was ensured not only by the place of its origin and international character but by technology and standards, which did not support different characters and other multilingual features. At present these technical problems are either solved or under investigation.

Barriers to localization and multilingualism are falling away. The possibilities and diversity of language resources as well as means of teaching, learning, promoting, and practicing language are constantly growing. The major move was creation of means supporting different character sets.

MACEVICIUTE. E. Multilingual virtual world: languages on the Internet. **Revista Razón y Palabra**, n. 42, 2004 (adapted).

Concerning the ideas of the previous text and the vocabulary used in it, judge the following items.

28. **(CESPE– 2018 – IPHAN– ANALISTA I – ÁREA 7)** The word "resources" (linha 27) could be replaced with **sources**, preserving the meaning of the sentence.

Certo ( )   Errado ( )

Questão de sinônimos. A banca tenta confundir o aluno com palavras que têm a grafia semelhante, porém significados diferentes. O enunciado sugere a substituição da palavra *"resource"* (recurso) pela palavra *"source"* (fonte). Portanto, gabarito errado.

GABARITO: ERRADO.

452

29. **(CESPE – 2018 – IPHAN – ANALISTA I – ÁREA 7)** The phrase "Surveys abound" could be correctly replaced by **There are numerous surveys**, without altering the meaning of the sentence.

Certo ( )   Errado ( )

Questão de sinônimos. O enunciado está sugerindo a substituição de *"Surveys abound"* (abundância de pesquisas) por *"There are numerous surveys"* (existem inúmeras pesquisas). Gabarito correto, pois as duas expressões trazem a ideia de haver muitas pesquisas, porém cada frase foi escrita de uma forma.

GABARITO: CERTO.

ACCORDING TO THE TEXT, JUDGE THE FOLLOWING ITEMS.

A man in Britain has ruptured his throat by suppressing a particularly forceful sneeze. **This behavior, doctors warn, could damage your ears or even burst a brain aneurysm.**

The 34-year-old man turned up at an emergency department after pinching his nose and closing his mouth to stop his sneezing. He felt a pop as the sneeze ripped through his throat and made his soft tissue swell. His throat began to hurt when he swallowed, and his voice changed.

The rupture was so serious that doctors kept the man in hospital for a week. He was fed by a tube through his nose and treated with antibiotics in case of infection in the chest cavity. He made a full recovery.

A ruptured throat is an extremely rare consequence of stifling a sneeze. Holding back a sneeze can cause ear damage and, in some cases, even the rupture of a brain aneurysm. While incredibly unlikely, this side effect could be deadly.

Halting a sneeze via blocking nostrils and mouth is a dangerous maneuver and **should be** avoided, as it may lead to numerous complications.

Internet (adapted).

Concerning the previous text and its linguistic aspects, judge the following items.

30. **(CESPE– 2018 – SEDUC/AL – PROFESSOR DE INGLÊS)** The phrase "should be" can be replaced with **might be** without changing the meaning of the sentence.

Certo ( )   Errado ( )

A questão trabalha com sinônimos e verbos modais. Basicamente, a questão quer saber se é possível substituir o *"should be"* (deve/ pode ser) por *"might be"* (pode/deve ser) sem alteração do sentido. O *"should"* e o *"might* "são verbos modais, ou seja, são verbos que alteram ou completam o sentido do verbo principal. O *"should"* é traduzido como "pode ou deve", porém o seu sentido é de conselho. Já o *"might"* é traduzido como pode/ deve, porém com o sentido de possibilidade ou chance de algo acontecer. O enunciado fala que é possível a substituição de um pelo outro sem alteração do sentido da frase, o que não é possível já que estamos tratando de verbos modais utilizados em sentidos diferentes.

GABARITO: ERRADO.

31. **(CESPE – 2018 – SEDUC/AL – PROFESSOR DE INGLÊS)** In the sentence "This behavior, doctors warn, could damage your ears or even burst a brain aneurysm", the pronoun "your" could be substituted by one's with no relevant change in meaning.

Certo ( )   Errado ( )

Fabio Roldão **LIN ING**

LÍNGUA INGLESA

Questão de sinônimos envolvendo o uso dos pronomes. O enunciado diz que é possível substituir o *"your"* (seu, sua, seus, suas) por *"one's"* (de alguém). Ao traduzirmos a sentença do enunciado, encontra-se a seguinte afirmação: os médicos alertam que esse comportamento pode danificar **seus** ouvidos ou até estourar um aneurisma cerebral. Ao pensar na proposta feita pelo enunciado e substituir as palavras sugeridas tem-se: os médicos alertam que esse comportamento pode danificar os ouvidos de **alguém** ou até estourar um aneurisma cerebral. Na sentença em que temos o uso do *"your"*, ele não está definindo alguém, Portanto, após a troca do *"your"* por *"one's"*, é até desnecessário colocar o "de alguém". Assim, a frase ficaria da seguinte maneira: os médicos alertam que esse comportamento pode danificar os ouvidos ou até estourar um aneurisma cerebral. Dessa maneira, pode-se dizer que a afirmação feita pelo enunciado está correta.

GABARITO: CERTO.

With Ebola nearly stamped out in West Africa, vaccine trials will probably fail to provide enough useful data on how well they protect people against the deadly virus, the 4 WHO (World Health Organization) said on Tuesday.

"The best news is we are going to zero cases, there is absolutely no doubt about that," said WHO researcher J. Kieny. "But two experimental Ebola vaccines being tested on volunteers may not yield sufficient data on efficacy as case numbers fall", Kieny said.

"It is not clear whether it will be possible to have even a hint of efficacy from these two vaccines," she said, noting that they already had been proven safe. "To have efficacy we must see if people are actually protected, as the number of cases is going down it is not clear whether there will be a strong **robust** answer to this question at the end of epidemic," she said.

The WHO, a United Nations agency, hosted a two-day experts' meeting on Ebola research and development after the world's largest epidemic that has killed more than 11,000 since December 2013.

"Consultations will be held in coming months on issues 22 including developing protocols, data sharing and storing biological material including the virus and blood serum of patients", Kieny said.

Internet (adapted).

Based on the previous text, judge the following item.

32. **(CESPE – 2015 – DEPEN – AGENTE PENITENCIÁRIO FEDERAL ÁREA 6)** The word "robust" can be correctly replaced by **effective** without this bringing any change of meaning to the sentence of the text.

Certo ( )   Errado ( )

A partir do enunciado, encontra-se a seguinte afirmação: A palavra *"robust"* pode ser corretamente substituída por **effective** sem que isso traga qualquer mudança de significado à oração. A questão está sugerindo a troca de *"robust"* por *"effective"*, sem alteração de sentido. Ao buscar a palavra no texto, encontra-se o seguinte trecho: "[...] *there will be a strong robust answer to this question"* (haverá uma resposta sólida forte para essa questão). A palavra *"robust"* significa eficaz/ concreta. Após a troca, o trecho ficaria assim: haverá uma resposta concreta forte para essa questão. Assim, percebe-se que não houve alteração de sentido ao substituir as palavras.

GABARITO: CERTO.

454

The increase in scrutiny and reduction in powers for security agencies has to a considerable extent been triggered by the revelations of the former National Security agency 4 whistle-blower Edward Snowden. These disclosures, **along with** other leaks from organizations such as WikiLeaks, have shed light on a series of illegal practices adopted by 7 intelligence agencies in many countries, in particular the USA, Germany, and the UK.

This has led to an unprecedented shift in the nature of 10 intelligence legislation in many parts of the world, with security services witnessing a reduction in their powers for the first time in the post-9/11 era, defined by the West's commitment to the 13 war on terror.

However, despite claims that the agencies are working in the interest of national security, critics counter that 16 overbearing surveillance practices erode and restrict many civil liberties. In spite of the introduction of restrictions in the USA and Germany, Great Britain appears to be heading in the 19 opposite direction when it comes to surveillance policy, with the UK's Conservative government putting forward plans to grant spy agencies yet more powers to deal with threats to 22 national security.

The British government has outlined its highly controversial plan to introduce the Investigatory Powers Bill, 25 which would grant agencies not only more power but also allow them to force Internet companies to log and track **users'** web history for up to a year to allow for the police and security 28 services access. It is thought the plan would also compel companies to collect and hold data on mobile phone applications like WhatsApp and Snapchat.

Snowden: the legacy of the Leaks. Internet: (adapted).

Based on text, judge the following item.

33. **(CESPE – 2018 – ABIN – AGENTE DE INTELIGÊNCIA)** In the text, "along with" can be correctly replaced with the synonymous expression after a long time.

Certo ( )   Errado ( )

De acordo com o enunciado, no texto, "*along with*" pode ser substituído corretamente pela expressão sinônima "*after a long time*". A expressão "*Along with*" significa "junto com", enquanto a expressão "*after a long time*" significa "depois de muito tempo". As expressões possuem significado diferentes. Portanto, elas não podem ser substituídas como expressões sinônimas.

GABARITO: ERRADO.

The Japanese practice of shinrin-yoku — literally translated as "forest bathing" — is based on a simple premise: immerse yourself in the forest, absorb its sights, sounds, and smells, and you will reap numerous psychological and physiological benefits. The Forest Agency of Japan launched a campaign to introduce the activity in 1982, and, since then, its popularization there has been matched by a stream of supporting research concerning the role that nature can play in human health. Studies have shown that regular exposure to forest environments can lower blood pressure and anxiety, reduce anger, and strengthen the immune system. The forest-bathing spirit has gained **followers** in the United States, too: you can now sign up to join the national Forest Bathing Club (whose registration form includes a field for "spirit animal"), or apply to become a certified forest-therapy guide. Or you can simply go to a local greenspace, disconnect, and listen to the trees.

Internet (adapted).

Concerning the ideas and linguistic aspects of the previous text, judge the following item.

LÍNGUA INGLESA

34. **(CESPE – 2018 – SEDUC/AL – PROFESSOR – INGLÊS)** If the word "followers" were replaced by **adepts**, there would be a significant change in meaning in the sentence.

Certo ( )   Errado ( )

Nessa questão. o enunciado tenta induzir o candidato ao erro. A questão afirma que se a palavra *"followers"* (seguidores) fosse substituída por *"adepts"* (perito/ conhecedor) haveria uma mudança real no significado da sentença. Como pode-se perceber, a palavra *"adept"* é um falso cognato, pois NÃO significa adepto, mas, sim, habilidoso, proficiente. Portanto, ao substituir "seguidores" por "perito" haveria uma mudança significativa no sentido da oração.

GABARITO: CERTO.

When reflecting on the Fourth Industrial Revolution I cannot help but think I'm in one of Isaac Asimov's novels. In his Foundation series he starts off with a mathematician who develops a branch of mathematics that can predict the future, but only on a large scale. He foresees the imminent fall of the Galactic Empire, which will result in untold suffering and human misery, which could be averted.

When talking about the Fourth Industrial Revolution as personified through artificial intelligence, we generally are referring to machine learning, deep learning, robotics, the internet of things. It is the symbiotic relationship between man and machine.

First, technology and the advancement of smart technologies are purported to equate to modernity. If the population of a certain country is not using smart technologies, then it is left behind. Smartphones, smart freezers, smart cars and so much more.

Then there are the labour implications of the revolution. It's all too easy to say we must prepare for the eventuality of job losses and retrain ourselves to be employable in the digital age. But this is easier said than done. A closer examination of the issue suggests that the only real jobs protected from complete overhaul by machines are creative ones — not only the arts, but also high-level jobs such as CEOs and managers in the financial and corporate worlds. Meaning, to state the obvious, the current elite will have job security while blue-collar workers will be threatened by huge job losses due to machines.

Critical questions that must be answered are that one undisputed need for this revolution is a constant supply of electricity, without which we cannot have satellite communication to keep smart devices working, fibre connectivity and so on. Many countries will then be left out of the Fourth Industrial Revolution.

Oscar Van Heerden. The rise of the machines:
Are we ready to participate in the Fourth Industrial Revolution?
In: Daily Maverick News. Internet (adapted)

Judge the following item, concerning the vocabulary used in text.

35. **(CESPE – 2018 – MPE/PI – ANALISTA MINISTERIAL – TECNOLOGIA DA INFORMAÇÃO)** The word "undisputed" (linha 30) may be replaced by **unquestioned**, without altering the meaning of the sentence.

Certo ( )   Errado ( )

Estamos diante de uma questão de sinônimos e precisamos analisar a substituição da palavra *"undisputed"* (indiscutível) por *"unquestioned"* (inquestionável) sem alterar o sentido da oração. A afirmativa está correta, pois indiscutível e inquestionável são sinônimos. Além dessas, incontestável e incontroverso também poderiam estrar aqui como sinônimos.

GABARITO: CERTO.

36. **(CESPE – 2018 – MPE/PI – ANALISTA MINISTERIAL – TECNOLOGIA DA INFORMAÇÃO)** The phrase **unprecedented suffering** conveys the same idea as "untold suffering" (linha 6).

Certo ( )   Errado ( )

Essa questão está cobrando sinônimos de adjetivos. É preciso analisar se *"unprecedented suffering"* (sofrimento sem precedentes/sofrimento jamais visto) é a mesma coisa que *"untold suffering"* (sofrimento profundo/ sofrimento incalculável). Ao avaliar a tradução das palavras, percebe-se que elas possuem sentidos diferentes e que não podem ser utilizadas como sinônimos. É importante olhar mais uma vez para a palavra *"untold"*: nessa ocorrência, ela aparece como um adjetivo, entretanto vale lembrar que *"told"* (disse) é a forma passada de *"to tell"* (dizer). Com o acréscimo do prefixo "un", houve mudança na configuração da palavra, que antes era um verbo e passou a ser um adjetivo. Assim, pode-se dizer que não é possível fazer a troca expressando a mesma ideia.

GABARITO: ERRADO.

CONCERNING THE TEXT AND ITS LINGUISTIC ASPECTS, JUDGE THE FOLLOWING QUESTIONS.

A man in Britain has ruptured his throat by suppressing a particularly forceful sneeze. This behavior, doctors warn, could damage your ears or even burst a brain aneurysm.

The **34-year-old** man turned up at an emergency department after pinching his nose and closing his mouth to stop his sneezing. He felt a pop as the sneeze ripped through his throat and made his soft tissue swell. His throat began to hurt when he swallowed, and his voice changed.

The rupture was so serious that doctors kept the man in hospital for a week. He was fed by a tube through his nose and treated with antibiotics in case of infection in the chest cavity. He made a full recovery.

A ruptured throat is an extremely rare consequence of stifling a sneeze. Holding back a sneeze can cause ear damage 16 and, in some cases, even the rupture of a brain aneurysm. While incredibly unlikely, this side effect could be deadly.

Halting a sneeze via blocking nostrils and mouth is a dangerous maneuver and should be avoided, as it may lead to numerous complications.

Internet (adapted).

37. **(CESPE – 2018 – SEDUC/AL – PROFESSOR DE INGLÊS)** There are two modal verbs in the last sentence of the text.

Certo ( )   Errado ( )

O enunciado está dizendo que existem dois verbos modais na última sentença do texto. Primeiro, precisamos entender o que são esses verbos modais: são verbos que alteram ou completam o sentido do verbo principal. Nesse caso em específico temos o *"should"* (pode/deve) com o sentido de conselho, recomendação por parte de quem fala. Além do *"should"* temos também é possível encontrar o *"may"* (pode/deve) apenas como opção e não mais como conselho. Portanto, questão correta, existem dois verbos modais no texto.

GABARITO: CERTO.

LÍNGUA INGLESA

38. **(CESPE – 2018 – SEDUC/AL – PROFESSOR DE INGLÊS)** In the phrase "34-year-old man", the noun "year" is in the singular because it is part of an adjective.

Certo ( )   Errado ( )

O enunciado diz que, na frase "homem de 34 anos de idade", o substantivo "ano" está no singular porque faz parte de um adjetivo. A afirmação está correta. Vale explicar um pouco sobre os adjetivos em inglês, que sempre vêm antes dos substantivos (diferente do português). Além disso, os adjetivos no inglês não possuem forma plural. Nesse caso "*34-year-old man*" está dando uma qualidade ao homem, uma característica ao substantivo "*man*". Assim, como os adjetivos em inglês estão sempre no singular, pode-se afirmar que sim, o substantivo "ano" está no singular porque faz parte de um adjetivo.

GABARITO: CERTO.

39. **(CESPE – 2018 – SEDUC/AL – PROFESSOR DE INGLÊS)** The story presented in the article is based on superstition and unscientific beliefs.

Certo ( )   Errado ( )

Conforme o enunciado tem-se a seguinte afirmação: a história apresentada no artigo é baseada em superstições e crenças não científicas. Em momento algum conseguimos encontrar no texto indícios de que essa questão está correta. Muito pelo contrário: o texto já começa falando de uma situação que aconteceu com um homem na Grã-Bretanha, então, não é baseado em superstição. Além disso, o texto traz trechos como "*A ruptured throat is an extremely rare consequence of stifling a sneeze.*" (Uma garganta rompida é uma consequência extremamente rara de sufocar um espirro.). Nesse excerto, percebe-se que o texto não foi redigido sob crenças não científicas. Do início ao fim, ele fornece indícios de que o texto foi escrito baseado em acontecimentos e não em superstições e crenças não científicas.

GABARITO: ERRADO.

Western intelligence agencies used to inhabit a parallel world where spy battled spy. Their trade was stealing or guarding secrets. Their masters were the men and women in government. Today the intelligence services are part of everyone's world. Their main task has been to protect society from terrorists and criminals. They are increasingly held to account in the press, parliaments and courts.

The intelligence revolution is partly the result of new technology. As recently as 1999, on becoming director of the American National Security Agency (NSA), Michael Hayden asked to send an e-mail to all staff. He was told: "We can't actually do that." The organization used computers to break codes rather than to surf the web as everyone else did. The NSA's new facility in Utah, the first of several, now stores exabytes of data drawn from everyday communications. At Britain's GCHQ, most code-breaking was done on paper until well into the 1980s.

The revolution has brought spying closer to ordinary people. After the attacks on America on September 11th 2001, counter-terrorism and counter-insurgency became the focus for the American intelligence agencies. Almost two-thirds of today's intelligence personnel have been hired since 9/11. As the world has moved online, so the spooks have become involved in monitoring organized crime and pedophiles as well as terrorists.

In a not very remote past, spies sent coded messages using short-wave radios and dead letter boxes. Now the communications of the spooks' new targets are mixed in with everyone else's, shuttling between computers and smartphones that are identical to those on your desk and in your pocket. Counter-terrorism, in particular, is pre-emptive. **Hence** the security services have had to act as hunters of conspiracies rather than gatherers of evidence.

Western intelligence — Shaken and stirred. In: The Economist, 12/11/2016 (adapted).

Based on text, judge the following item.

40. (CESPE – 2018 – ABIN – OFICIAL TÉCNICO DE INTELIGÊNCIA – CONHECIMENTOS GERAIS)

The connector "Hence" introduces a logical conclusion.

Certo ( )   Errado ( )

De acordo com o enunciado, temos a seguinte afirmação: o conector *"Hence"* introduz uma conclusão lógica. A palavra *"hence"* significa "consequentemente", a qual pode ser entendida como: que ocorre em consequência de; ou efeito ou resultado de. Assim, pode-se afirmar que sim, a palavra *"hence"* introduz uma conclusão lógica, que ocorre em consequência de algo.

GABARITO: CERTO.

ACCORDING TO THE TEXT, JUDGE THE FOLLOWING ITEMS.

The Japanese practice of shinrin-yoku — literally translated as "forest bathing" — is based on a simple premise: immerse yourself in the forest, absorb its sights, sounds, and smells, and you will reap numerous psychological and physiological benefits. The Forest Agency of Japan launched a campaign to introduce the activity in 1982, and, since then, its popularization there **has been matched** by a stream of supporting research concerning the role that nature can play in human health. Studies have shown that regular exposure to forest environments can lower blood pressure and anxiety, reduce anger, and strengthen the immune system. The forest-bathing spirit has gained followers in the United States, too: you can now sign up to join the national Forest Bathing Club (whose registration form includes a field for "spirit animal"), or apply to become a certified forest-therapy guide. Or you can simply go to a local greenspace, disconnect, and listen to the trees.

Internet (adapted).

41. (CESPE - 2018 – SEDUC/AL – PROFESSOR – INGLÊS) In the sentence "Studies have shown that regular (...) and strengthen the immune system", the verb "have" could be omitted and the sentence would still be grammatically acceptable.

Certo ( )   Errado ( )

Segundo o enunciado na sentença, tem-se a seguinte afirmação: *"Studies have shown that regular (...) and strengthen the immune system."* (Os estudos têm mostrado que regular (...) e fortalecer o sistema imunológico). Seria possível retirar o *"have"* (têm) e ainda seria gramaticalmente aceito. Reparem que não falamos de alteração de sentido, pois a questão pergunta apenas se a sentença está gramaticalmente correta. Nesse caso, não faz sentido analisar a forma do português, então, vamos direto à gramática inglesa. A frase apresentada pelo texto está no *present perfect*, em que é obrigatório o uso do verbo *to have* + verbo no particípio passado. Nesse caso tem-se *"have shown"*, em que *"shown"* é a forma do particípio passado do verbo *"show"* (mostrar). Como já citado, o uso do *"have"* é obrigatório para esse tempo verbal. Para a questão ficar correta, o verbo *"shown"* dever ser passada para o *simple past "showed"*, fazendo com que a questão fique correta. Porém, não houve essa indicação por parte do enunciado. Portanto, questão errada.

GABARITO: ERRADO.

Fabio Roldão   LIN ING

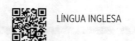

LÍNGUA INGLESA

42. **(CESPE – 2018 – SEDUC/AL – PROFESSOR – INGLÊS)** The verb phrase "has been matched" is an example of a passive voice construction.

Certo ( )   Errado ( )

Essa questão é uma mistura de interpretação de texto com voz ativa e passiva. A questão está correta, vamos ver o porquê. Estamos diante da voz passiva do tempo verbal *present perfect*. Esse tempo verbal é construído basicamente pelo verbo "to have" + "been" (verbo *to be* no particípio passado) + verbo no particípio passado. Se estivesse na voz ativa seria apenas o verbo "to have" + verbo no particípio passado. Segue um exemplo: *They have cleaned the house.* (voz ativa) | *The house has been cleaned by them.* (voz passiva). Portanto, enunciado está dizendo que a estrutura *"has been matched"* está na voz passiva.

GABARITO: CERTO

O **AlfaCon Notes** é um aplicativo perfeito para registrar suas **anotações de leitura**, deixando seu estudo **mais prático**. Viva a experiência Alfacon Notes. Para instalar, acesse o Google Play ou a Apple Store.

Cada tópico de seu livro contém **um Código QR** ao lado.

Escolha o tópico e faça a leitura do Código QR utilizando o aplicativo AlfaCon Notes para registrar sua anotação.

Pronto para essa **nova experiência?** Então, baixe o App **AlfaCon Notes** e crie suas anotações.

Acesse seu material complementar:

1. Acesso o site **www.alfaconcursos.com.br** para se cadastrar **gratuitamente** ou para efetuar seu login.

2. Digite o código abaixo na aba **Regastar código**. Seu código estará disponível por 120 dias a partir do primeiro acesso.

3. Após a validação do código, você será redirecionado para a página em que constam seus materiais (cursos on-line, mentoria, atualizações, material complementar e erratas). Todo esse conteúdo está disponível gratuitamente.

Mais que um livro, é uma experiência!